廣開土王碑文의 世界

권오엽

저자서문

　광개토왕비문은 광개토왕의 훈적을 그의 아들 장수왕이 비를 세우고 그곳에 명기한 것으로 알고 있는 사람들이 많다. 그런 일반적인 인식이 틀린 것은 아니나, 딱 들어맞는 인식이라고도 말할 수 없을 것이다. 그러한 인식은 광개토왕이 이룬 훈적을 중시하여, 그것을 구성한 장수왕의 입장을 간과하게 만들 수 있기 때문이다.
　광개토왕의 훈적에 긍지를 가지고 그것을 중시하는 것은 좋은 일이다. 그러나 그러한 인식은 「비문」을 사료라는 테두리 안에 구속하기 쉽다. 그것을 넓은 세계에 해방시켜 놓고 볼 수 있는 여유를 가지지 못하게 할 수도 있다. 「비문」을 사료로 단정하고 그곳에서 사실을 추구하려는 마음은 독자를 편협하게 만들고 서두르게 만들 수 있다. 그렇게 되면 그것이 이야기하는 신화의 의미나 허구적 내용의 기록을 설명할 수 없게 된다.
　추모왕이 난생했다는 이야기나, 용을 타고 승천했다는 이야기, 또 백제와 신라가 고구려의 속국이었다는 기록은 어떻게 받아들여야 한다는 말인가. 허구와 사실을 어떤 기준으로 판별해내고, 사실과 허구의 혼재를 어떻게 설명해야 할 것인가. 사실적 내용을 중시하는 자들은, 과장이나 「비문」의 특성 정도로 치부하고 있었다. 그러나 그것은 「비문」 전체를 부정할 수 있는 사고일 수도 있다.
　신화와 역사적 사실을 접속하고 무한한 시간과 공간을 축으로 해서 구성된 「비문」은 일정한 자체논리를 근간으로 해서 이루어졌기 마련이다. 그러한 논리를 보지 못하는 연구자, 그런 논리를 찾아보려고 하지 않는 연구자들은, 허구적인 내용과 신화적인 요소는 묵살해도 무방하다는 사고인 것 같다. 그것들을 제거하고 남는 것이 사실이라고 생각하는 것 같은데, 그것은 너무나 안이한 사고라고 생각한다.

그런 사고는 부분의 의미를 중시하게 한다. 부분이 전체의 흐름과 모순을 이루어도 개의치 않는다. 그 부분이 다른 자료와 공통점을 가지면 그것을 사실로 여기고, 그것을 근거로 「비문」을 정의하려 한다. 그것은 부분이 부분으로서 의미를 이루는 것이 아니라 전제적인 흐름의 보장을 받아야 한다는 사실을 간과하는 경우에 가질 수 있는 사고로, 사실의 규명에는 도움이 될지 모르나 「비문」의 이해로 직결되지는 않는다.

그래서 사실의 추구를 목적으로 하는 것이 아닌, 「비문」을 텍스트로 보고 그것을 이해하려는 연구가 필요하다. 부분이 부분으로서 의미를 가지는 것이 아니라, 전체적인 흐름과 조화를 이룰 때 의미를 가지게 된다는 사실, 전체는 부분에 편재하고 부분은 전체에 의해서 의미를 이룰 수 있다는 인식을 바탕으로 하는 연구를 필요로 한다는 것이다.

「비문」은 1800여자의 한문으로 구성되어 있다. 결코 짧지 않은 문장이다. 그것은 신화적인 제1부, 광개토왕의 훈적이 기록된 제2부, 조상 숭배를 내용으로 하는 제3부로 구성되어 있다. 그런데 종래에는 제1부만을 건국신화로 여기고, 그것의 간단함을 한탄하며 고구려의 건국을 논할 때도 「비문」은 제외시키고 있었다. 안타까운 일이었다고 생각한다.

그러나 건국신화는 제1부에 한정되는 것이 아니라, 조상과 후손을 기축으로 하여 「비문」 전체를 통어하고 있다. 말하자면 「비문」 전체가 건국신화라는 이야기이다. 그렇게 보아야 한다는 것이 본서의 내용을 이룬다. 그래야 「비문」의 진정한 모습이 보이게 되고 이해할 수 있게 된다. 또 건비하고 「비문」을 명기한 장수왕의 의도도 알게 된다.

「비문」은 장수왕이 스스로의 정통성을 확인하는 목적으로 구성한 텍스트이다. 그것을 확인하는 방법으로 추모왕이나 광개토왕을 주역으로 설정한 것이다. 주역을 행하는 것은 추모왕과 광개토왕이나, 그것이 장수왕의 의도에 의해서 설정된 결과라는 것을 우리는 직시해야 한다. 장수왕은 선조들의 활동을 통하여, 선조들의 신화적 요소를 확인하는 방법으로 자신의 정통성을 획득하고 있는 것이다. 「비문」의 이해에는 그것을 아는 것이 전제조건이다. 그렇지 못하면, 사실의 규명에 사로잡혀 바른 이해가 불가능하게 된다.

「비문」이 이야기하는 세계는 고구려가 주재하는 천하이다. 천제와의 혈통을 축으로 하여 천지간을 공간으로 하는 그 천하는, 천제의 혈통을 계승한 후손들에 의해 통치되는 세계로, 그 질서에 따르지 않는 세력은 존재할 수 없다. 그러한 대원칙 속에 모든 나라들이 등장하기 때문에 그곳에 등장하는 나라는 조공을 조건으로 해서 고구려의 주변국으로 위치하게 된다. 그것이 주변국이 고구려에 조공해야 하는 이유이고 조공하지 않으면 정토당하는 이유였다. 그 조공을 매개로 하여 고구려와 주변국간의 관계를 정립하면, 비문이 이야기하는 세계상은 저절로 부각된다. 또 그것은 고구려왕의 은덕에 의한 왕화의 정도를 알 수 있는 척도이기도 하다.

주변국들은 조공을 조건으로 고구려의 천하에 참여하고, 천하의 질서를 위배하여 정토를 당하는 경우에도 조공을 다시 서약하면 과오를 용서받고 원상으로 복귀할 수 있다. 그런 의미에서 조공은 주변국이 되는 조건이고 천하질서의 척도라 할 수 있다. 실제적으로 존재했던 임나가라나 왜 등이 주변국으로 인정받지 못하는 것은 조공한 일이 없었기 때문이다. 그래서 왜는 천하의 주변국이 되지 못하고, 천하의 권외에 존재하다가 천하에 나타나기만 하면 추방당하는 것이다. 요컨대 왜는 천하의 구성세력으로 인정받지 못하고 있는 것이다. 고구려는 왜에게 조공을 요구한 일이 없다. 접전을 해도 그저 추방시키는 것에 머문다. 포섭하려는 자세를 보이지 않는다. 그것은 주변국으로 인정하지 않기 때문에 취할 수 있는 자세였다.

「비문」은 조공을 매개로 고구려와 주변국을 구별하는 것만이 아니라 주변국과 왜도 구별하고 있다. 주변국은 질서를 어기고도 조공을 재서약하면 원래의 관계로 복귀할 수 있다. 그런 과정을 거치면서 왕화되어 간다. 그러나 왜는 권외로 추방당할 뿐이다. 그것이 원래의 질서를 복원하는 일이었다. 왜는 왕화의 대상이 아니었다. 왜는 화이사상으로 차별 당한다는 면에서는 주변국과 동질적이었으나, 왕화사상으로 포섭되는 과정에서는 그렇지 못하다. 그 경우의 왜는 주변국과 구별되어, 주변국은 포섭되고 왜는 배제된다.

　이상과 같은 것이 「비문」 속에서의 국제교류이다. 그러한 원칙, 「비문」의 논리를 이해하게 되면 「비문」에는 고구려와 대등한 세력은 존재하지 않는다는 것을 자연스럽게 알게 될 것이다. 「비문」의 해석은 그 같은 원칙을 대전제로 해서 이루어져야 한다. 그러기 위해서는 「비문」을, 그것을 성립시키는 자체논리에 입각해서 이해하려는 노력이 필요하다. 「비문」이 이야기하는 신화의 의미를 경시하지 않고, 그것들이 시사하는 의미를 그대로 받아들일 때 이 모든 것이 가능하기 마련이다.

2007년 6월 21일 동산에서
권오엽

목 차

서장

1 비문텍스트의 문제 ·· 13
   1) 사료로서의 비문 ······················· 13   2) 이진희의 연구 ························· 15
   3) 석문의 비교연구 ······················· 17   4) 텍스트로서의 석문 ··················· 18
   5) 탁본의 문제 ···························· 19   6) 석회도포설 ······························ 20
   7) 탁본의 변조 ···························· 25   8) 미즈타니의 석문 ····················· 26
   9) 개찬설에 대한 반론 ················ 28   10) 왕건군의 개입 ······················ 30
   11) 탁본의 변천사 ······················· 33   12) 비문의 석문과 해석 ············· 39

2 비문텍스트의 이해 ··· 50
   1) 비문의 독자성 ························· 50   2) 참모본부의 연구 ····················· 51
   3) 신화의 의미 ···························· 53   4) 허구의 의미 ···························· 55
   5) 천하질서와 조공 ····················· 57   6) 자료의 비교기준 ····················· 59
   7) 구성자의 의도 ························· 61   8) 3부 구성의 비문 ···················· 63

3 사실화의 인식 ·· 65
   1) 비문의 사실화 ························· 65   2) 한국사 인식 ···························· 67
   3) 한국인의 연구 ························· 70

4 문장해석에 의한 이해 ··· 75
   1) 신묘년조의 신해석 ·················· 75   2) 유미조공 ································· 78
   3) 고구려의 천하 ························· 81   4) 비문과 중국 ···························· 82

5 본서의 구성 ·· 84
   1) 각장의 특성 ···························· 84   2) 조상과 후손 ···························· 85
   3) 비문의 세계 ···························· 87   4) 천하사상 ································· 90

6 広開土王碑文의 世界

제1장 연구사 비판과 본서의 입장

1 「비문」의 발견과 연구의 시작 93
    1) 사코우(酒勾)와 요코이(橫井) 93   2) 일본의 한국사 인식 97

2 한국의 연구 104
    1) 조선 이전의 인식 104   2) 망국시대의 연구 108
    3) 정인보 이후의 연구 109   4) 이진희의 영향 112

3 비문의 구조 115
    1) 전체와 부분 115   2) 천제와 왕통 118
    3) 고구려 중심의 교류 119

4 부분에 편재하는 전체 122
    1) 사실 추구의 허실 122   2) 천제의 후손이라는 논리 125
    3) 서영수의 전제문 125   4) 신묘년조의 허구설 127
    5) 전체와 부분 129

5 비문신화의 연구 131
    1) 일본의 연구 131
        (1) 신화의 의미 131   (2) 초기의 신화해설 133
        (3) 신화의 사실화 135   (4) 대표찰로서의 신화 137
        (5) 신화적 방법 139
    2) 한국의 연구 141
        (1) 신화연구의 흐름 141   (2) 자료전승의 상태 142
        (3) 동명과 주몽 144   (4) 구조와 의미 149
        (5) 민속과의 관계 151   (6) 왕통보의 문제 152

6 맺는 말 157

제2장 정통성의 논리

1 신화와 정통성 ··· 161
　1) 왕통의 동질성 ············ 161　　2) 조상과 후손의 동질성 ·········· 163
　3) 수묘(守墓)의 의미 ········· 165　　4) 고구려의 왕권 ··················· 167
　5) 장수왕과 왕권 ············ 170

2 왕통보 ··· 174
　1) 왕통보의 의미 ··· 174
　　(1) 17세손 ················· 174　　(2) 신화가 보장하는 천손 ······· 176
　2) 신화와 정통성 ··· 177
　　(1) 난생(卵生)의 장소 ······ 177　　(2) 천제의 질서와 천하 ········· 182
　　(3) 천자의 건국 ············ 183　　(4) 비문신화의 독자성 ··········· 185
　3) 왕통의 동질성 ··· 186
　　(1) 추모왕의 신화 ·········· 186　　(2) 광개토왕의 무위 ············· 189
　　(3) 풍작의 예고 ············ 193　　(4) 호천부조와 승천 ············· 194
　4) 소승기업(紹承基業) ·· 198
　　(1) 생략된 중계왕 ·········· 198　　(2) 중계왕의 효시 대주류왕 ···· 200
　　(3) 대주류왕에 대한 상식 ··· 201　　(4) 금석문의 특징 ················ 203
　　(5) 계보 승계의 전형 ······· 207　　(6) 계보의 신화성과 사실성 ··· 212

3 왕통의 권능 ·· 214
　1) 계승되는 권능 ··· 214
　　(1) 혈통으로 보장되는 정통성 ·· 214　　(2) 신화상의 권능 ·············· 215
　　(3) 왕통보의 기업 ·········· 218
　2) 강세와 순행의 무위 ··· 220
　　(1) 강세시의 무의 ·········· 220　　(2) 순행남하와 무위 ············· 225
　　(3) 『고사기』의 순행 ········ 228　　(4) 이계방문의 의미 ············· 229
　3) 자연지배력 ··· 231
　　(1) 도하의 의미 ············ 231　　(2) 자연지배 주능 ················ 232
　4) 도(道) ·· 235
　　(1) 유류왕의 계보적 위치 ··· 235　　(2) 도의 의미 ····················· 238
　　(3) 샤머니즘과 도 ·········· 242

4 장수왕 ·· 244
　1) 조상의 수호 ··· 244
　　(1) 조상의 수호조건 ············ 244　　(2) 수호의 확인 ····················· 247
　　(3) 수호와 수렵 ··················· 248　　(4) 수호와 수묘 ····················· 253
　2) 조상과의 교류 ··· 254
　　(1) 「비문」 구성자의 의도 ········ 254　　(2) 교언의 수묘 ····················· 256
　　(3) 수묘인의 신분 ················ 258　　(4) 기록상의 수묘인 ············· 260
　　(5) 고구려인의 제사 ············· 263　　(6) 교류로서의 수묘 ············· 266
　3) 장수왕의 정통성 ··· 269
　　(1) 현왕으로서의 천손 ········ 269　　(2) 현왕통치의 예고 ············ 270

제3장 광개토왕비문의 세계

1 비문세계의 구성국 ·· 275
　1) 천하의 구성 ·· 275
　　(1) 세계의 공간과 시간 ········ 275　　(2) 조공의 의미 ····················· 276
　　(3) 조공과 무관한 왜 ············ 277　　(4) 천하의 주변국 ················· 278

2 북부여 ·· 280
　1) 전적상의 북부여 ··· 280
　2) 천제지자가 강세한 곳 ··· 282
　3) 부여와의 관계 ··· 283
　　(1) 추모왕의 동부여 출생설 ······ 287　　(2) 부란강세의 장소 ················· 290
　　(3) 천하사상의 방위관념 ········ 293
　3) 숙신(肅愼) ·· 297
　　(1) 영락 8년의 정토 대상국 ····· 297　　(2) 한예 · 숙신 · 백제설 ············ 298
　　(3) 신라설 ····························· 299
　4) 임나가라(任那加羅) ·· 301
　　(1) 귀복한 임나가라 ············· 301　　(2) 안라인수병 ······················· 302
　　(3) 백제와 왜의 연합군 ········· 307　　(4) 신라매금의 논사 ·············· 307
　　(5) 고구려의 입장 ················· 309
　5) 비문의 천하와 후연 ·· 310

3 주변제국 ··· 313
  1) 조공하는 주변국 ··· 313
  2) 비려(稗麗) ·· 314
    (1) 비려의 정체 ············ 314   (2) 정토의 원인 ············ 318
    (3) 조공과 전리품 ········ 319   (4) 전렵의 의미 ············ 322
    (5) 왕화 ·························· 323
  3) 백잔(百殘) ·· 324
    (1) 구시속민의 백잔 ···· 324   (2) 신묘년조와 백잔 ···· 327
    (3) 유미조공 ·················· 333   (4) 백잔과 왜의 화통 ···· 334
    (5) 신묘년조의 새해석 ···· 335   (6) 영토확장과 무관한 정토 ···· 339
    (7) 백잔의 왕화 ············ 340
  4) 신라 ··· 342
    (1) 구시속민의 신라 ···· 342   (2) 왕화된 신라 ············ 344
    (3) 고구려의 신라수호 ···· 345   (4) 백잔과의 차이 ········ 347
    (5) 논사 ·························· 348   (6) 친고구려 반왜 ········ 349
  5) 동부여 ··· 350
    (1) 천하확인의 완료 ···· 350   (2) 주변국의 전형 ········ 351
    (3) 동부여의 실체 ········ 352   (4) 무위를 통한 왕화 ···· 354
    (5) 속민의 귀화 ············ 356   (6) 압로의 의미 ············ 358
    (7) 공파성의 의미 ········ 359   (8) 조공을 시사하는 표현 ···· 360
    (9) 다양한 왕화 ············ 362

4 권외의 왜 ·· 365
  1) 왜(倭)의 등장 ··· 365
    (1) 빈번한 왜의 등장 ···· 365   (2) 주변국과의 관계 ···· 366
    (3) 추방의 의미 ············ 368   (4) 왜와 신묘년 ············ 369
  2) 격퇴대상의 왜 ·· 371
    (1) 의무가 없는 왜 ······ 371   (2) 왜의 불궤 ················ 372
  3) 백잔과의 화통 ·· 378
    (1) 왜의 독자교류 ········ 378   (2) 고구려의 신라수호 ···· 378
  4) 제외된 왕화의 대상 ··· 380

5 등장하지 않는 중국 ·· 382
  1) 전적과 다른 「비문」 ··· 382
  2) 영락 17년조의 중국 ·· 383
  3) 중국기록이 없는 이유 ··· 385

10　広開土王碑文의 世界

　　4) 기록하지 않은 중국 ·· 386
　　5) 모순되는 세계관 ··· 388
　　6) 『고사기』의 천하 ··· 391

6 결론 ·· 393

제4장　동아시아세계와 천하사상

1 서론 ·· 397
　1) 각국의 독자의식 ·· 397
　2) 텍스트로서의 신화 ··· 399

2 동아시아세계와 천하 ··· 401
　1) 제와 천 ··· 401
　2) 사방과 천하 ·· 402
　3) 한의 천하와 책봉 ·· 404
　4) 상호가 필요했던 책봉 ··· 406
　5) 중국과 주변국의 의도 ··· 407

3 고구려의 천하사상 ·· 409
　1) 독자의식의 발아 ·· 409
　　(1) 금석문의 천하 ············· 409　　(2) 자주적 치국 ··············· 410
　　(3) 서종족 ·························· 414　　(4) 왜를 대동하는 고구려 ······· 415
　2) 천하사상 ·· 416
　　(1) 천하와 사방 ················ 416　　(2) 호칭의 독자성 ··············· 416
　　(3) 자주적 책봉 ················ 419
　3) 비문의 천하 ·· 421
　　(1) 신화적 시점 석(昔) ·········· 421　　(2) 고구려와 주변국의 차별 ···· 423
　　(3) 주변국의 전신 ············ 423　　(4) 조공과 정토 ··············· 424
　　(5) 혈통이 보장하는 천명 ········ 425
　4) 모두루묘지의 천하 ·· 427
　　(1) 이케다의 보고 ············ 427　　(2) 묘지의 주인공 ············· 432
　　(3) 묘지의 석문과 석독 ··· 434　　(4) 모두루가의 계보 ········ 441
　　(5) 천손이 통치하는 고구려 ······ 443　　(6) 북도 ························· 445
　　(7) 자족비하의 노객 ········ 447　　(8) 절대왕조 ······················ 448

5) 중원고구려비의 천하 ·· 451
　　　(1) 중원고구려비 ···················· 451　　(2) 중원고구려비문의 대의 ····· 452
　　　(3) 중원고구려비의 세계 ········· 454　　(4) 수천 ································ 456
　　　(5) 화이사상의 실천 ················ 457　　(6) 중원고구려비문의 석문 ···· 461

4 일본의 천하사상 ·· 464
　1) 치천하의 사상 ·· 464
　　　(1) 외번의 자긍심 ···················· 464　　(2) 책봉관계 ························· 466
　　　(3) 천하의식 ···························· 467　　(4) 기록의 천하의식 ············· 469
　2) 천황의 신화 ·· 471
　　　(1) 일계적 발달단계론 ············ 471　　(2) 신화의 독자성 ················· 474
　　　(3) 요모쯔쿠니(黃泉国) ············ 476
　3) 『고사기』의 신화 ·· 478
　　　(1) 위원중국과 주변국 ············ 478　　(2) 고천원의 기득권 ············· 479
　　　(3) 천조대어신 ························ 481
　4) 『일본서기』의 신화 ·· 483
　　　(1) 일서의 문제 ······················ 483　　(2) 고천원이 없는 세계 ········ 484
　　　(3) 음양의 세계 ······················ 486
　5) 천황의 세계로서의 천하 ·· 490
　　　(1) 『고사기』의 천하 ············ 490　　(2) 『일본서기』의 천하 ········ 495

5 결론 ··· 498

종장

후기 ·· 501

서 장

1 비문 텍스트의 문제

1) 사료로서의 비문

광개토왕비(이하에서는 「왕비」라 함)는 장수왕이 부왕(국강상광개토경평안호태왕: 이하 광개토왕이라 함)의 사거를 계기로 세운 것으로, 그것에는 약 1800자를 새긴 비문이 있다. 그것을 광개토왕비문(이하 「비문」이라 함)이라 하는데, 그것은 돌에 명기된 것이기 때문에 그 내용의 이해는 간단할 것으로 생각하기 쉽다. 그러나 그것은 그렇지 않다. 돌에 명기한 「비문」임에도, 그것을 정확히 읽어내는 것은 불가능한 일이고, 읽어낸다 해도 그것의 해석은 읽는 사람에 따라 달라, 그것을 바탕으로 하는 주장도 다양하다. 경우에 따라서는 상반적이기도 하다.

그것은 「왕비」에 파손된 부분이 많이 있는 탓이기도 하지만, 그것에 접근하는 목적이나 방법 등의 차이, 즉 「비문」에 대한 기본적인 입장의 차이에서 유래하는 면이 많다. 이 「비문」에 가장 민감한 반응을 보이는 것은 우리를 비롯한 일본과 중국이나, 그중에서도 일본의 관심은 집념에 가깝다. 어떤 면에서는 「비문」의 연구는 일본의 집념에 의해 진행되어 왔다고도 말할 수 있을 것이다. 「왕비」가 우리의 유물이기에 우리가 관심을 갖는 것은 당연한 일이라 할 수 있겠으나, 일본과 중국이 관심을 가지는 것은 어떤 의미를 가지는 것일까. 연구사를 보게 되면, 그것에 대한 열정은 학문에 대한 열정 그 이상이다.

우리가 「왕비」의 존재나 그 성격을 알지 못하고 있을 때, 일본이 보인 관심과 추진력은 파격적인 것이었다. 우리가 일본에 나라를 강탈당하는 위기에 당황하고 있을 때, 일본은 우리의 주권을 무시하는 정당성을 그곳에서 구하고 있었다. 그들은 그곳에서 일본이 우위를 점하는 사실을 구하여 자신들이 주장하는 역사를 확정하려 했다. 그러한 뚜렷한 목적이 있었기 때문에, 「비문」을 일급사료로 여기고 그 해독에 온갖 정열을 쏟고 있었던 것이다.

그러한 노력이 일정한 성과를 거두어, 당시에는 일본이 우위를 차지하는 한일고대사를 구축하는데 성공한 것처럼 보이기도 했다. 그렇게 해서 정립시킨 결과를 일본은 인정하고 믿으려 하였으며, 우리는 그것의 계획된 오류를 지적하며 그 질곡에서 벗어나려 노력해 왔다.

일본이 「비문」으로 자신들의 역사를 분식하고 있을 때, 우리는 그것이 우리 선조가 건립한 것이라는 사실조차 몰랐으며, 그것의 존재를 알게 되었을 때는 이미 그 연구에 참여할 수 있는 권리를 박탈당했을 때였다. 몇몇 사람이 참여하기도 하였으나, 그것은 일본이 제시해 놓은 통설에 동의한다는 대전제를 인정하는 사람에게 한정되었다.

문제는 그 연구에 자유롭게 참가할 수 있게 된 후의 일이다. 「왕비」가 우리 것이라는 안도감 때문인지, 일본인들의 그것에 대한 집념이나 열정에 미치지 못했던 것 같다. 일본인들이 정립한 통설을 부정하는 데는 열정적이었으나, 그 열정에 충족되는 논리가 정립되었다고는 생각되지 않는다. 그럼에도 이미 연구는 종료되었다고 생각하는 사람도 있는 것 같다.

많은 연구자가 지적한 대로, 「비문」이 무엇을 이야기하려 하는가를, 「비문」에 입각해서 이해하려는 노력이 부족했다. 우선 급한 것이 일본인들에 의해 왜곡되었다고 생각하는 통설을 부정하고, 그것을 대체하는 주장을 펴는 일이었기 때문에 어쩔 수 없는 일이었을 지도 모른다. 그렇다 해도 정열의 대부분을 그것에 소진했으면서도 그 결과는 시원스럽지 못하다.

원래 「비문」의 연구가 일정한 목적 하에서 시작되었기에, 그것을 부정하는 연구도 일정한 목적을 가질 수밖에 없었는데, 그것이 「비문」은 사실(史実)을 기록한 사료라는 관념을 형성하고, 그 같은 관념은 「비문」의 본질의 이해보다는 기존설의 부정을 제일의 목적으로 삼게 하고 말았다. 그러나 그러한 목적은 비난하는 상대가 범한 그 오류까지도 답습하는 결과를 초래하게 된다. 많은 연구가 「비문」에 충실해야 한다면서도 「비문」을 떠난 결과를 도출해내고 마는 것은, 그러한 연구의 목적과 방법이 자초하는 한계였다.

올바른 「비문」의 이해는 민족적 감정으로 가능한 일이 아니다. 일본이 구축한 기존논리가 일정한 목적에 부합하는 것이라면, 그것은 「비문」의 진정한 의미에 의해서 와해되기 마련이다. 그럼에도 아직은 그러한 방법의 모색에 소극적이다. 자유로운 연구가 가능하게 된 후, 남북한의 많은 연구자가 새로운 의견을 제시하였으나, 그것들은 일본이 구축한 기존설을 부정하는 선에서 머물고 있다. 또 그러한 주장들은 일부의 관심을 끄는 선에 머물렀을 뿐, 일반적인 관심으로 발전되지도 못했다. 그래서 지금도 많은 사람들은 감정을 바탕으로 하는 상식을 가지고 「왕비」와 「비문」을 이야기할 뿐이다. 「비문」의 연구에 관여하는 학자들이나 관계학문에 종사하는 사람들의 책임은 엄하게 힐문되어야 할 것이다.

2) 이진희의 연구

자유스러운 연구가 가능하게 되자, 일본의 통설을 부정하는 의견을 여러 차례 제시하였으나, 일본은 별다른 반응을 보이지 않았다. 그 통설을 믿고 싶었거나, 그것에 대한 신뢰가 그 만큼 컸기 때문이었을 것이다. 그러던 일본이 더 이상 침묵을 지킬 수 없는 상황이 전개되었다. 그들이 신뢰하는 통설을 지키기 위한 적극적인 대응이 이루어지기 시작한 것은, 일본군이 「비문」을 변조했다는 개찬설(改竄説)을 이진희가 제시하고 난 후부터였다[1]. 이진희의 개찬설이 제기되자, 일본은 침묵을 깨고 그것에 대응하는 논리를 적극적으로 제시하기 시작했다.

그 중에는 부정이 아니라 비난에 가까운 의견을 제시하는 사람도 있었다. 그들이 이진희의 개찬설을 부정하고 비난하면, 이진희가 대응하는 형식으로 열띤 논쟁이 전개 되었다. 그것은 중국까지 참여하여 국제적인 양상으로 발전하였다. 그 논쟁의 한 가운데서 이진희는 장렬하게 대응하고 있었다.

서로가 말로는 민족적인 이데올로기를 없애자고 하였으나 실제로는 그 질곡을 벗어나지 못하고 있었다. 한국인들의 주장에 민족적인 감정이 깃들여 있다는 것은 부정하기 어려운 면이 있다. 타민족의 역사를 자국의 상황에 맞추어 자행한 역사의 왜곡으로 피해를 당한 입장이기에, 그것은 피해갈 수 없는 일인지도 모른다. 오히려 그것이 없다면 그것이 이상한 일일 것이다. 일본의 역사왜곡을 시정하겠다는 사명감이 있었기에, 왜곡된「비문」의 가치를 바로 잡으려는 노력도 가능했을 것이다. 그 민족적 자부심을 연구로 승화시킬 수 있었기에, 한일 양국의「비문」논쟁이 활성화되게 된 셈이다. 이진희가 촉발시킨「비문」연구의 커다란 전기였다.

이진희가 제시한 개찬설이란, 일본이 파견한 스파이 사코우카게아키(酒匂景信)[2]가「비문」의 일부를 변조했다는 내용으로, 만일 그것이 사실이라면 그때까지 실행해온 연구의 기반이 무너지게 되어 심각한 문제가 아닐 수 없다. 개변된 자료를 근거로 하여 연구가 이루어져 왔다면, 그것은 바른 연구라고 말할 수 없는 일이었다. 미리 설정해둔 결과에 맞추어「비문」을 해석하고 있었던 것에 불과하다.

「비문」을 바르게 이해하기 위해서는, 그것을 어떻게 석문하는가가

---

1) 李進熙「広開土王陵碑文의 謎-初期日朝関係研究史上의 問題点」『思想』제575(岩波書店, 1972년 5월)호. 「広開土王陵碑研究史上의 問題点-1910년까지 중국에서의 연구를 둘러싸고」『考古学雑誌』제58~1(1972년 7월).
2) 일본지명을 표기함에 있어 장음을 살리고, ガ行 ダ行은「가기구게고」「다지즈데도」로, カ行 タ行은「카키쿠케코」「타찌쯔테토」로 표기하기로 한다.
　　・예 「大阪 - 오오사카」「東京 - 토우쿄우」

중요한 문제이고, 또 그 석문을 어떤 방법으로 접근하는 가가 중요한 문제이다. 현재「비문」의 석문은 다양하게 존재하는데, 그것들은 그것이 탁본된 연대나 방법에 따라 근본적인 차이를 보이고 있다. 그 중에서 어느 것을 텍스트로 사용하느냐가 그 연구의 관건이 된다.

3) 석문의 비교연구

여러 일본학자들이 많은 석문의 특성을 비교 조사하여, 이진희의 개찬설을 부정하는 의견을 제시하였는데, 시라사키쇼우이찌로우도3) 그 중의 한 사람이었다. 그는 의학용기까지 사용하는 집념으로 가능한 한 많은 석문을 실견하고 여러 석문을 비교대조하여, 그 차이점을 찾아내려 하였다. 그 연구의 내용과는 별도로 하더라도, 이진희의 연구결과를 계기로 하여, 촉발된「비문」에 대한 열정은 대단한 것이었다. 그가 비교 검토했다는 석문은 다음과 같다.

사코우쌍구가묵본(酒勾双鉤加墨本) (1883)
양수경(楊守敬)탁본 (1902년 이전)
나이토우코우난구장탁본(内藤湖南旧蔵拓本)
샤반누탁본 (1907)
나이토우코우난구장사진(内藤湖南旧蔵写真)
이마니시류우사진(今西竜写真) (1913)
이마니시류우탁본(今西竜拓本) (1913)
쿠로이타카쯔미사진(黒板勝美写真) (1918)
총독부탁본(総督府拓本) (1919년 이전)
동양문화연구소소장탁본(東洋文化研究所所蔵拓本)
쿄우다이인문연구소소장탁본(京大人文研究所所蔵拓本)
이케우찌히로시사진(池内宏写真) (1935)
카나코오우테이씨소장탁본(金子鴎亭氏所蔵拓本)

---

3) 白崎昭一郎『広開土王碑文の 研究』(吉川弘文館, 平成5년).

미즈타니테이지로우씨소장탁본(水谷悌二郞氏所藏拓本)
우에다마사아키씨소장탁본(上田正昭氏所藏拓本)
큐우슈우대학소장탁본(九州大學所藏拓本) (1927)
오오사카시립박물관보관탁본(大阪市立博物館保管拓本)
토우쿄우한국연구원소장탁본(東京韓國硏究院所藏拓本)

무려 18종에 이른다. 그러나 이것이 유포된 석문의 전부가 아니다. 그만큼 「비문」의 세계는 다양하고 그래서 복잡하기 마련이다. 그런 상황 속에서 어떤 석문을 선택하여 「비문」의 연구를 진행하느냐는 참으로 어렵고도 중요한 문제이다.

4) 텍스트로서의 석문

필자는 「비문」이 이야기하는 것을 「비문」에 입각하여, 그것이 이야기하는 진실을 이해하고, 그것이 구성하는 세계의 의미를 규명하는 것을 연구의 목적으로 한다. 그 목적을 달성하는 방법으로 「비문」 연구에 많은 노력을 기울인 타케다유키오(武田幸男)의 「광개토왕비문석문」을4) 주요 텍스트로 하기로 한다. 그것은 다음과 같은 이유이다.

「비문」의 텍스트문제에 대해서는 현재 사용하는 「비문」이 원비를 탁(拓)한 「원석탁본」인가, 비에 석회를 칠하고 원하는 자를 새겨 넣은 다음에 탁한 「석회탁본」인가 하는 문제, 「석회탁본」을 뜬 것이 일본의 의도된 행위였는가, 탁본을 직업으로 하는 자의 단순한 상품화전략이었는가 하는 등의 문제가 있다.

그러한 상황 속에서도 석문에 대한 연구는, 여러 석문을 통하여 「왕비」에 석회를 칠했다는 석회도말(塗抹)의 의미를 규명하려는 노력, 문자를 비교 검토하여 원자를 추정하려는 노력 등이 다방면에서 이루어져왔다. 그것들이 연구의 중심에 위치한다고 말할 정도였다. 그러나

---

4) 武田幸男「부록1『広開土王碑文釈文』」・「부록2『広開土王碑文』釈文」『고구려사와 동아시아』(岩波書店, 1989년), PP.430~437.

본장에서는 그러한 문제는 가급적 피하고, 석문의 유래를 살펴보고, 「타케다유키오석문」을 텍스트로 하려는 의도를 확인하는 선에 머물기로 한다. 그것은 본서가 「비문」이 이야기하는 천하사상을 이해하고, 그 천하사상을 근거로 해서 장수왕이 구축한 고구려의 세계를 확인하는 것을 목적으로 하기 때문이다.

5) 탁본의 문제

「비문」의 연구는 「왕비」가 발견되고 그것을 탁본하기 시작한 초기에, 일본이 파견한 육군참모본부에 소속한 정보원 사코우카게아키(酒勾景信)가 일본으로 가지고 들어간 쌍구본(双鈎本)을 근거로 하여 육군참모본부가 주관하는 형식으로 시작되었다. 오늘날까지도 많은 일본인들이 믿고 있는 「비문」에 대한 통설은, 이 쌍구본을 텍스트로 하여 그 당시에 정립된 것이 대부분이다. 그런데 그때 정립된 통설이 오늘날까지 영향을 미치고 있는 것에 반해, 그 탁본에 대한 의문은 일찍부터 제기되었다. 이 탁본을 텍스트로 하여 「비문」을 연구한 미야케요네키찌(三宅米吉)는 자신의 논문 「고려고비고추가高麗古碑考追加」에서5), 자신의 논문을 정정하며,

> 전부호(前敷号)에 실은 고려고비고는 사코우씨가 들여온 원탁본(原揮本), 현금 제국박물관에 진열되어 있는 것에 의해 고증한 것인데, 그 탁본에 틀림없이 자획이나 문자의 위치에 얼마간의 잘못이 있을 것이라고 생각하였으나, 당시 우리나라에는 이것 외에 달리 비교할 탁본이 없었기 때문에 어찌할 수가 없어, 그 연유를 그 논문에서 이야기하였었다. 그런데 이번에 다행스럽게도 코마쯔노미야(小松宮) 전하가 소장하고 계시는 다른 탁본을 배견할 기회가 있어, 구탁본에 잘못이 있다는 사실을 알았다.

---

5) 三宅米吉 「高句麗古碑考追加」『고고학회잡지』2편5호(고고학회, 1898년), P.186.

라고 쌍구본과는 다른 탁본이 존재한다는 사실과 그 탁본들 사이에 이동(異同)이 있다는 사실을 지적하고, 쌍구본을 자료로 하는 데에는 근본적으로 문제점이 있다는 사실을 지적하고, 그 이전에 발표한 자신의 논문 일부를 정정하였다. 그러면서 「그러나 이 새로운 탁본은 탁한 그대로여서 석면(石面)의 요철이 심하여 자형이 선명하지 못한 것이 많아 아주 읽기 어려운 곳이 있어 아직도 유감스러운 점이 적지 않다. 다만 신탁본은 비의 4면을 각각 1장에 탁하였기 때문에 문자의 위치에는 잘못이 없다 한다」라고, 자신이 참고한 코마쯔노미야탁본의 상태까지도 소개하였다.

현지에서 「왕비」를 실견하고 확인한 것은 사코우카게아키, 쿠라쯔지아케토시(倉辻明俊) 등이나, 그들은 일본의 참모본부가 파견한 군인들로 정보활동을 수행하고 있던 자들이었다. 이진희의 조사에 의하면 그들은 현지어를 유창하게 사용할 수 있을 정도의 훈련을 받고난 후에, 중국인으로 변장하여 중국의 각지에 잠입한 정보원들이었다. 일본에 「비문」을 가지고 돌아간 사코우카게아키는 북경에서 중국어를 습득하고 중국인 의사로 변장하여 성경성(盛京省)일대를 누빈 인물이다[6].

6) 석회도포설

군인이 아닌 학자가 공식적으로 현지를 처음으로 방문한 것은 토리이류우조우(島居竜蔵)이다[7]. 동경제국대학 이과대학 강사인 그는 1905년 10월에 봉천(奉天) 무순(撫順) 통화(通化) 등을 거쳐 통구(通溝)로 들어가 「왕비」를 조사하고 보고서를 작성하였다. 그가 작성한 보고서에는,

---

6) 李進熙『広開土王碑와 七支刀』(학생사, 1980), P.23.
7) 島居竜蔵「鴨緑江上流의 高句麗遺蹟」『南滿洲調査報告』, 南滿洲鉄道株式会社, 1910).『島居竜蔵全集』제10권(朝日新聞社, 1976년), P.105.

호태왕의 비문……일찍이 일본에 전해졌기 때문에, 그 존재는 비교적 세상 사람들이 알고 있다하나, 그것이 어떠한 상태로 존재하는가는, 자세히 알고 있는 자는 드물 것 같다. 종래 이 비에 대한 유일한 미징이라면, 지난 메이지 12년에 발행한 『회여록(会余錄)』이다. 동지에 의하면 호태왕의 비는 한 번 침수 당하였으나, 어느 때인가 그것을 발굴하여, 결국에는 오늘날처럼 지상에 나타나게 되었다라고 되어있다. 그렇지만 비석이 소재하는 곳의 부근은 평원일 뿐 아니라, 그처럼 커다란 비는 쉽게 매몰될 수가 없기 때문에, 가령 그 하부가 땅속 깊이 묻힌다 해도, 그 상부는 의연히 건립 당시 그대로 있었기 마련이다. 내가 그 높이를 재었을 때, 그 대석은 땅속에 매몰되어 그 높이가 어느 정도인지를 모르지만, 받침돌에서 정상까지는 2장 5촌이다.

라고 왕비가 지하에 매몰되다 다시 발견되었다는 종래의 매몰설을 부정하였다. 그리고 토리이는 그 거대한 석재를 어디서 어떻게 운반해 온 것일까 하는 점에 의문을 나타내고, 그것의 용도를 선돌(立石)로 추측하였다. 그는 그 탐사 과정의 어려웠던 일을, 「도중은 마적의 소굴로 이곳을 통과하는 것이 아주 곤란하였으나 겨우 통과하여」라고 소개하고, 그 탐사를 특필할 만한 일이라고 평가하고, 본인 스스로가 자신을 「나는 그 선구자다」라고 평가하고 있었다.

그러나 조사연구서에 「비문」을 인용할 경우에는, 자신이 현지에서 어렵게 구했다는 탁본을 인용하는 것이 아니라 『회여록』에 실린 석문을 인용하였다. 이는 「비문」간에 보이는 이동을 알면서도 그것을 대수롭게 여기지 않았다는 사실을 시사하는 것으로, 어쩌면 그것이 당시의 한계였는지도 모른다. 그 이후에도 일본인에 의한 현지에서의 「비문」 확인작업은 계속되었다.

토리이류우조우가 다시 「비문」을 조사하던 1913년에, 세키노테이(関野貞)와 이마니시류우(今西竜)도 조선총독부의 위촉을 받고 현지에 가서 조사하였다. 그리고 작성한 보고서에서, 세키노테이도 역시 「왕비」가 매몰되었다 발견되었다는 매몰설을 부정하며, 「왕비」의 탁본을 직업으로 하는 사람이 존재한다는 사실을 주장하였다. 세키노테이[8]는 그의 논문 「만주집안현 및 평양부근의 고구려시대의 유적」에서

> 석면이 너무 거칠어 탁본의 문자가 명확성이 결여됐기 때문에 10년 정도 전부터 문자 주변의 틈새에 석회를 칠하고, 이후 매년 석회를 가지고 곳곳을 보수하였다. 그리고 자세히 조사하여 보니 문자의 간지(間地)는 석회로 발랐을 뿐만이 아니라, 왕왕 자획을 보충하거나, 아예 새롭게 석회 위에 새로운 문자를 새긴 것도 있다. 그렇지만 그러한 보족은 대체적으로 원자와 다르지 않은 것 같다. 그러므로 절대적으로 신뢰하기는 어렵다(생구천인生口千人을 생백천인生白千人으로 한 것처럼).

이라고 「왕비」에 석회를 도포(塗布)하여 보수하거나 자획을 보충했다는 사실을 분명히 밝히고 있다. 석회의 도포란 비면에 석회 등을 바르고 그 위에 어떤 자의 자획을 보충하거나 아예 새로운 자를 새겨 넣는 작업을 말한다. 그처럼 비면에 석회를 도포한 사실을 분명히 하면서도, 그렇게 해서 만들어진 문자들이 원자와 그다지 다르지 않다는 사실과, 그것을 절대적으로 신뢰해서는 안 된다는, 어쩌면 모순이라고 말할 수 있는 의견을 제시하기도 하였다.

그 조사에 동행한 이마니시류우[9]도 「광개토경호태왕릉비에 대하여」라는 논문을 통하여 「비문」이 매몰되었었다는 주장을 부정하였다.

> 원비면 그대로 탁본을 뜨면 아주 선명하지 못하고 자형도 명료하지 않은 것이 많기 때문에, 비면이 심하게 결락된 제1면의 일부 같은 곳은 이토(泥土)로 그곳을 전충(塡充)하고, 또 모든 사면의 전면에 석회를 발라 자형(字形)만을 나타내고, 문자 이외의 면에 있는 요철(凹凸)을

---

8) 関野貞「満洲輯安県 및 平壤附近의 高句麗時代의 遺蹟」1·2 『考古学雑誌』5~3·4(고고학회, 1914년 11·12월), P.222.
9) 今西竜「広開土境好太王陵碑에 대하여」,(『訂定増補大日本時代史(고대) 부록』, 1915). 『조선고사의 연구』(国書刊行会, 1970년), P.454.

메워 평평하게 하여, 그저 탁본을 선명하게 뜨는 일에만 열중하였다. 그렇기 때문에 문자 중에는 아예 공인(工人)의 손으로 만들어지는 것도 있고, 일부분을 수보한 것으로 말하자면 아주 많다. 탁본작업자는 선명하게 문자를 현출(現出)시키기만 하면, 그들은 그만이기에 그 외의 일은 일체 고려하지 않았다. 그래서 제3면 제1행 같은 곳은 아예 탁하지 않았다. 수보할 경우 원자의 자획에도 많은 주의를 기울였다고는 생각되지 않기 때문에, 이 비문을 사료로 하여 역사를 고증하려고 하는 데는 깊은 경계를 요한다.

라며, 제1면의 심하게 결락된 부분에 이토를 바른 사실, 또 전면에 석회를 바른 사실, 문자 중에는 탁본을 뜨는 공인(工人)이 만든 자도 있어, 「비문」을 사료로 사용할 경우에는 많은 경계가 필요하다는 사실까지도 지적하였다. 그러면서 「원비면에 아무런 인공을 가하지 않은, 또 후일에 탁본에 묵으로 가공하지 않은 순량(純良)한 탁본을, 나는 문학박사 호리타케오(堀竹雄)씨가 소장하고 있는 것을 본 일이 있다」라고, 가공되지 않은 원석탁본을 실제로 본 사실을 소개하기도 하였다.

그처럼 「왕비」에 석회를 도포했다는 사실은 1918년에 「비문」을 조사한 쿠로이타카쯔미(黑板勝美)도10) 확인하고 있다. 쿠로이타는 1918년에 현지에 가서 「왕비」를 조사하고, 그것을 조사하는데 따른 위험성을 이야기했다. 그는 강연회에서 현지에 가서 「비문」을 조사하는 데는 마적들의 위험을 감수해야 한다는 사실을 이야기했다. 말하자면 일본은 그 같은 위험을 감수하면서까지 「비문」의 연구에 관심을 보였던 것이다.

그 같은 관심과 실행은 개인의 역량을 초과하는 것으로, 국가의 전폭적인 관심과 지원이 있을 경우에 가능한 일이었다. 일본의 연구자들은 그처럼 일본이라는 국가가 당시에 보인 집념에 가까운 관심을 무시하거나 과소평가하려는 경향이 많다. 그에 반해 한국의 연구자들은

---

10) 黑板勝美(「本会 제109회 例会記事」『역사지리』32~5, 大正7년 11월).

논리적으로 접근하려는 노력이 충분하지 못했던 것 같다. 이진희의 집 넘어린 연구가 있음에도 그것이 경시당하고 있다는 감이 든다. 그 연구를 바탕으로 하는 후학들의 연구가 뒤따라야 할 것이다.

쿠로이타는 일단 도포한 석회가 벗겨져 떨어지는 상황을 강연회에서 발표까지 하였다.

> 탁본을 선명하게 하기 위하여 칠식(漆喰)을 하였다. 그러나 이 칠식으로 분명하게 된 문자는, 과연 모두 원자 그대로일까. 이것을 해결하기 위하여 비면을 씻고 서양정으로 쪼아서 칠식을 떨어뜨리기 시작하였으나, 원래 용이한 일이 아니었기 때문에, 우선 의미가 의심스러운 문자를 분명하게 하기 위하여, 칠식을 떨어뜨리고 재미있는 발견을 하였다. 예를 들자면 지염수상파기구부락칠백(至塩水上破其丘部落七百)의 「상(上)」은 「구(丘)」로 되고, 「기구(其丘)」는 「집재(集在)」로 되어 나타나고, 순유(狛遊)는 「순유(狗遊)」가 되어, 종래 의미가 분명하지 않았던 것을 쉽게 읽을 수 있게 되었다.

이는 실지로 「왕비」의 문자를 변조하여 탁본하는 일이 실존했다는 사실의 확인이었다. 그처럼 「비문」은 변조되고 있었던 것이다. 그 「비문」을 쿠로이타 본인이 비면을 물로 씻어보기도 하고 정으로 쪼아보기도 하였더니, 원래의 문자가 다른 문자로 변조되어 있었다는 것이다. 실지경험을 바탕으로 하는 증언이다. 그 같은 작업이 선명한 탁본을 얻기 위한 방법이었다고 하지만 그것은 분명히 목적에 의한 「비문」의 변조였다. 「왕비」에 석회를 칠하고 탁본을 뜨거나, 탁본에 다시 먹칠하는 방법으로 변조하고 있었던 것이다. 그러한 행위가 많든 적든 간에, 또 고의적이건 편의상이건 간에 그것이 이루어졌다는 사실은, 또 다른 목적을 위해서도 이루어질 수 있다는 가능성을 시사한다.

7) 탁본의 변조

　탁본의 변조는 특수한 일이 아니었다. 탁본에 다시 묵을 칠하여 원하는 문자를 만든 탁본, 즉 변조된 탁본을 취급하게 되면 손이 더러워지기 때문에, 먹물로 변조된 탁본과 그렇지 않은 탁본의 구별은, 손이 더러워지는 상황으로 구별 가능했다고 말할 정도로 변조가 이루어지고 있었다. 그 상황을 쯔다소우키찌(津田左右吉)는11) 다음처럼 말하고있다.

> 12월 6일(수) 임시로 나와 호태왕의 비를 만지작거렸다. 손이 새까매졌다. 석양의 해가 아름답다. 12월8일(금) 잔뜩 흐린 겨울날이다. 또 손을 검게 하며 호태왕비를 펼쳤다. 호리(堀)한테 빌린 것은 세공하지 않아서 손이 더러워지지 않는다. 그 대신에 조금도 읽을 수가 없다. 학습원 것은 분명히 읽을 수 있는 대신에, 어느 정도 만들어진 흔적이 있다. 손이 더러워지는 것도 그 때문이다. 알지 못하는 것을 무리하여 알게 하려고 하는 역사가는 사람의 얼굴에 먹을 칠하는 것이라고 생각했다. 역사가의 손에 먹을 칠하는 탁본 모조자(模造者) 쪽이 훨씬 죄가 가볍다.

「비문」을 만지는데 손에 먹이 묻고 안 묻는 것으로 원석탁본과 변조된 탁본을 구별할 수 있었다는 것은, 「비문」의 변조가 쉽게 이루어지고 있었다는 사실을 의미한다. 또 쯔다소우키찌가 역사가와 모조자가 저지르는 죄의 경중을 비교하는 것을 보면, 변조된 「비문」으로 역사를 입증하려는 행위가 존재했었다는 사실을 미루어 짐작할 수 있다.
　쯔다소우키찌가 「알지 못하는 것을 무리하여 알게 하려고 하는 역사가는 사람의 얼굴에 먹을 칠하는 것이라고 생각했다. 역사가의 손에 먹을 칠하는 탁본 모조자(模造者) 쪽이 훨씬 죄가 가볍다」라고 말한 것은, 비문의 개찬설과 더불어 다시 생각해볼 문제이다. 그가 탁본을 모조하는 자의 죄가 훨씬 가볍다며, 탁본의 모조와 죄를 연관하여 이야기하는 것은 무엇을 의미하는 것일까.

---

11) 津田左右吉『鼠日記』3(1911년).

「비문」의 개찬설과 관련하여 일본 육군참모본부가 파견한 사코우카게아키가 들여간 탁본 이야기를 할 때, 대부분의 일본인들은 그의 단순한 운반자로서의 역할만을 이야기 한다. 그의 신분과 당시 일본의 국책 등을 감안하면, 그 이상의 활동이 있었을 것이라고 충분히 생각할 수 있음에도 그의 활약을 운반책으로 한계 지우고 있다. 그 같은 사고는 중국인 왕건군(王健群)12)이 「당시의 조건으로 보아 비록 숙련된 탁공일지라도 보름 이상의 시간이 아니면 불가능하다」라고 말한 것을 기화로 하여 정설로 자리 잡게 된다.

8) 미즈타니의 석문

「비문」에 관해 새로운 문제를 제기한 자는 미즈타니테이지로우(水谷悌次郎)였다. 그는 「비문」에 석회를 칠했다는 석회도포설을 인정하고 그것에 대한 경고를 하는 선에 그치지 않고, 여러 탁본을 비교하고, 문자 하나하나를 성의 있게 조사하여 정도(精度) 높은 「비문」을 작성하여 발표하였다13).

미즈타니는 석문을 작성하는데, 다소 차이를 보이는 8개의 탁본과 탁본사진을 비교하고, 이마니시류우가 「모든 4면의 전면에 석회를 바르고, 자형만을 나타내어, ……문자 중에는 아예 공인의 손으로 만들어진 것이 있다. 일부분을 수보한 것은 아주 많다」라고 말한 사실, 쿠로이타카쯔미(黒板勝美)가 「탁본을 선명하게 하기 위하여 칠식을 하였다」라고 말한 사실, 또 이케우찌히로시(池内宏)가 「탁비를 업으로 하는 자는 묵객소인(墨客騒人)을 즐겁게 하기 위하여 칠식하여 자획의 결손을 보충하고, 경우에 따라서는 아주 불분명한 자를 보전(補塡)하는 일조차 과감하게 실행하였다」14)라고 말한 의견 등을 근거로 하였다.

---

12) 王健群 林東錫역 『광개토왕비연구』(역민사, 1985년), P.61.
13) 水谷悌次郎 『書品』100, 1959년 6월). 『好太王碑考』(開明書院, 1977년), P.93.
14) 池内宏 「広開土王碑発見의 由来와 碑石의 現像」『史学雑誌』49~1(사학회, 1938년).

그리고 탁본 상호간에 보이는 차이의 원인을 원비의 석면을 칠식하는 방법으로 가공한 사실에서 찾으며, 「30자 정도는 아주 다른 문자가 가면(仮面)에 만들어졌다」라고 주장하였다. 그리고 사코우카게아키가 가져온 동경국립박물관본이 탁본이 아니라 쌍구곽전본(双鈎廓塡本)이라는 의견도 제시하였다. 그러면서 쌍구본은 귀중한 고탁본을 복제할 목적으로 만들어지는 것인데, 사코우가 가져온 쌍구본을 탁하기 위하여 사용된 원본이 탁본이 아니라는 사실도 언명하였다15). 이 의견을 평가하는 이진희는,

> 미즈타니씨의 논문에서 가장 주목해야 할 것은, 각 시기의 탁본을 자세히 비교 검토하는 한편, 종래의 연구자가 거의 의심하지 않았던 비문 50자에 대해, 석회가 비교적 많이 박락(剝落)한 탁본(미즈타니씨는 더 오래 된 것으로 추정하고 있다)을 근거로 하여 정정한 일일 것이다. 그것의 사실 여부는 어찌되었든, 미즈타니가 다수의 석문이나 탁본을 모아, 그곳에 나타나는 비문의 차이를 고문헌을 찾아서 정정하는 종래의 방법을 비판함과 동시에, 석문이나 탁본의 자료적 비판을 행한 일은, 광개토왕릉비 연구를 크게 전진시켰다고 말해야 할 것이다. 다음에 미즈타니탁본을 비의 전면에 석회를 바르기 전의 탁본으로 하는 것에는 문제가 있으나, 이것이 비문의 변화를 추구하는데 있어서는 귀중한 자료라는 것은 부정할 수 없다.

라고, 일단 미즈타니의 의견을 평가하였다. 그리고 탁본이 후에 뜬 것이 그 이전 것보다 선명하다는 사실이나 탁본에 세로로 그은 선이 나타나있는 것 등을 지적하고, 그 같은 일은 금석학의 상식에는 있을 수 없는 일이라고 단정하고, 그것이 「비문」을 변조한 사실을 시사하는 것이라며, 「비문」의 개찬설(改竄説)을 주장하였다.

---

15) 水谷悌次郎 「호태왕비자의 변상」『호태왕비고』(開明書院, 1977년). P.125.

9) 개찬설에 대한 반론

이진희는 1972년에, 「광개토왕릉비의 수수께끼」「광개토왕릉비 연구사상의 문제점」이라는 두 논문에서 충격적인 「비문」의 개찬설을 제기하고16), 『광개토왕릉비의 연구』에서, 앞의 논문과 방대한 자료(석문·탁본)를 정리하여 공표하였다.

이진희의 문제제기는 워낙 충격적인 것이어서 처음부터 많은 관심을 모았다. 1972년 4월 23일에 오카야마(岡山)대학에서 열린 고고학연구총회의 보고를 주목한 당일의 『요미우리신문』은 「광개토왕비문에 의혹-이진희씨 등의 연구논문」(동년 4월 23일부)이라고 제하고, 이진희의 연구골자를 정리하고, 「비문의 바꿔치기가 사실이라면 종래의 연구에 큰 영향을 미치게 될 것이다」라고 예측하였다.

이 보도가 「이진희씨 등」이라고 말한 것은 나카쯔카아키라(中塚明)의 「근대일본사에 있어서의 조선문제」나17), 사에키아리키요(佐伯有清)씨의 「고구려 광개토왕릉비문재검토를 위한 서장」18) 등이 그 이전에 발표되었기 때문이다.

1972년 11월 12일에 동경대학에서 개최된 사학회 제70회대회 동양사학회에서 후루타타케히코(古田武彦)는 「고구려 호태왕비문의 신사실-이진희설에 대한 비판을 중심으로 하여」19)를 발표하여 논쟁이 전개 되었다.

이진희의 개찬설이 옳다면, 당연히 종래에 이루어졌던 왜(倭)에 대한 해석, 그것은 성립하지 않게 되어, 일본역사학계의 「전전 전후를

---

16) 李進熙 전게주1.
17) 中塚明 「근대일본사에 있어서의 조선문제-특히 『광개토왕릉비』를 둘러싸고」, 『사상』제561호(岩波書店, 1971년 3월).
18) 佐伯有清 「高句麗広開土王陵碑問題検討를 위한 序章」『일본역사』287(1972년 4월).
19) 古田武彦 「高句麗好太王碑文의 新事実-이진희설에 대한 비판을 중심으로 하여」『사학회제70회대회 프로그램』연구발표 요지(『사학잡지』81~12, 1972년 12월).

통하여 큰 뉴스의 하나로, 고대사는 완전히 다시 기록되지 않으면 안 된다」(『아사히신문』1972년 11월 11일 석간, 오오사카판)고, 일본사회가 인식할 정도였다. 메스컴이 관심을 보여 이 논쟁은 신속하고 상세하게 알려지게 되어, 이진희와 후루타의 논쟁은 「백열하는 광개토왕릉비 논쟁」으로 소개되었다. 그리고 그 관심을 충족시키기 위해, 논쟁의 요점과 두 사람의 담화를 소개하고, 우에다마사아키(上田正昭)와 우메하라스에지(梅原末治)의 코멘트까지 소개하였다.

후루타는 이진희설이 완전한 허구라며 「이씨의 광개토왕릉비의 연구는 지금까지의 자료를 정리한 점에서는 뛰어난 것이라고 생각한다. 그러나 사코우대위가 비문을 개찬했다고 한다면 자료로 사용할 수 없게 되기 때문에, 이씨의 설을 면밀히 재검토했다. 이설(李說)은 완전히 허구이고 사코우대위에 관한 새로운 자료도 이설을 부정하고 있다」라며 부정하였다.

이에 대해 이진희는 후루타의 반증이 직접증거가 아니라며 「사코우대위는 분명히 비문의 쌍구에 관계하였고, 「비문지유래기(碑文之由來記)」는 요코이(橫井)씨가 쓴 것이라는 증거도 있다. 비문의 해석이 공표되기 이전에 요코이씨와 사코우씨가 동석했다는 자료도 나왔다」라고 응수하였다.

이 같은 열띤 공방은, 관계있는 전문학자만이 아니라 저널리즘이나 시민들의 관심까지 끌고 있었다. 그 관심을 반영하는 각지는, 「가짜인가 진짜인가. 광개토왕비문 사학회대회, 일조학자간의 논쟁(후루타타케히코씨, 이진희씨)」(『아사히신문』오오사카판, 1972년 11월 14일부), 「호태왕비문의 논쟁 백열, 개찬설 부정-후루타씨 필적이 다르다고 주장」(『요미우리신문』 1972년 11월 14일부), 「광개토왕릉비 논쟁을 둘러싼 재검토 시작된 고대 일조관계사」(『아사히신문』오오사카판, 1972년 11월 15일부), 「일조고대사 광개토왕비」(『마이니찌신문』1973년 1월 3일부), 「광개토왕릉비의 국제조사를」(1973년 2월 20일부, 사설), 「왕비의 수수께끼-이노우에미쯔사다(井上光貞)씨」(1973년 5월 15일부)라고 보도하고 있었다.
 이러한 관심은 자연히 전문학자들의 연구논문으로 이어졌다. 그 중, 우메하라스에지(梅原末治)20)는 이진희설에 대하여,

> 그것도 이후 위의 쌍구가묵본에 의한 일본의 연구가 지속적으로 이루어진 것을 가지고, 그것을 씨(酒句: 저자주)를 파견한 당시의 참모본부까지 포함시켜, 그 기획을 통제 아래서 이루어 졌다라고 하는, 그야말로 비문을 떠난, 전적으로 씨의 탓으로 하는 공허한 것으로, 대정(大正) 2년 이후의 동비에 대한 연구 고사를 무시한 것이었다.

라며, 메이지 17년에 상식적으로는 도저히 있을 수 없는 작위가, 비를 일본으로 가져온 사코우대위에 의해서 이루어진 것으로 독단한 것이라며 이진희설을 비판하였다. 이노우에사다미쯔(井上光貞)도 석회도포작전설은 비문연구의 계기가 되었다는 점에서는 좋은 자극이 되었다면서도, 논증의 과정에는 의문을 보였다.
 그 첫째가 사코우는 중국의 석공이 뜬 쌍구본을 가지고 돌아왔다고 생각하는 것이 자연스럽다는 것이다. 둘째는, 석회를 도포한 것이 군부의 고의였는지 탁공의 부작위적인 행위였는가라는 것을 증명해낼 수 없다는 점을 지적하였다. 셋째로 이씨가 지적한 위험한 문자가 비교적 적고, 대부분의 문자와 문맥이 원래 그대로라며 이진희설을 「공중에 쌓은 누각」이라며 비하하였다(「왕비의 수수께끼를 둘러싸고」『마이니찌신문』, 1973년 5월 15일 석간).

10) 왕건군의 개입

 이진희의 개찬설이 일본의 국내외적으로 반향을 불러일으키게 되었는데, 중국의 왕건군(王建群)의 반응도 그 하나였다. 왕건군은 그의

---

20) 梅原末治「高句麗広開土王陵碑에 관한 既往의 조사와 이진희씨의 동비의 신설에 대하여」『일본역사』302(吉川弘文館, 1973년), P.7.

저서 『광개토왕비연구』21)에서,

> 이선생은 어떤 약간의 탁본에서 몇몇의 탁본 글자를 비교하고 견격(堅格)의 유무를 비교하여 사코우카게아키가 비문 글자를 개작한 것과 석회도말작전은 사실이라고 증명한다. 그러나 그가 인용한 탁본은 그 탁본 자체에 착오가 있는 것이다. 탁본의 글자의 유무 혹은 착오의 여부가 결코 사코우의 쌍묵본이 개작되었는지의 여부와 참모본부가 석회도말작전을 시행했는지의 여부를 증명할 수는 없게 되어 있다.

라고 사코우와 참모본부에 의한 석회도말 사실을 부정하고,

> 역사는 객관적으로 존재하는 것이기 때문에 역사를 연구함에도 반드시 실사구시(実事求是)에 근원을 두어야 한다. 우리나라에 대해 파괴적 간첩활동을 한 사코우카게아키와 당시의 일본 육군참모본부의 그 못된 사람, 못된 짓에 대해서도 역시 마찬가지다. 철저히 이들의 죄악을 폭로하려면 실제 증거를 대야 한다. 그 어떤 털끝만큼의 사실이 아닌 말을 가해서는 안 된다.

라며, 이데올로기 비판과 실사구시는 엄밀히 구별하여, 무엇이 역사에 있어서의 객관적인 존재인가를 구해야 한다며 「비문」이 석회로 도말된 것을 탁공의 행위로 판단하였다.

말하자면 「왕비」처럼 거대한 비에서 4면에 걸쳐서 탁본을 뜬다는 것은 한 사람의 숙련된 탁공을 시킨다 해도, 반 달 이상의 시간을 필요로 하고, 또 사코우는 스파이였기 때문에 시간적으로도 능력적으로도 해낼 수 없다는 것이다.

그리고 사코우가 「비문」을 개찬하고 있었다면 그 부근에 살고 있는 주민이 그것을 알지 못했을 리가 없다는 것이 판단의 근거였다. 그러

---

21) 王健群 林東錫역 전게주12, P.63.

면서 왕건군은 탁공 초균덕(初均德)의 사진을 입수하고, 초균덕이 손수 작성했다는 「비문」을, 초균덕의 조카 초문태(初文泰)한테 입수하여 소개하기도 하였다.

이는 일본연구자들의 주장과 동일한 의견으로, 일본인들을 안심시키는 의견이었다. 이후로 왕건군은 일본에서 열리는 강연회 등에 초대받게 된다. 그러나 그 같은 의견은 정보원으로서 훈련을 통하여 체득했을 탁월한 그의 능력을 감안하지 않은 의견이다. 위험을 무릅쓰고 파견된 정보원, 위험을 감수하면서까지 부임한 정보원의 치밀하게 기획된 활동이 있었는지 없었는지에 대해서는 아무런 언급이 없다. 그런 의견을 내기 위해서는 그가 조국 일본을 위해서는 목숨도 버릴 수 있는 정보원이 어떤 일을 어떤 방법으로 수행하고 있었는가를 먼저 분석했어야 한다. 왕건군의 의견대로 그저 단순히 묵과할 수만도 없는 것이 정보원 사코우대위의 숨겨진 암약이다.

왕건군의 실사구시는 「비문」의 판독으로 이어져, 미즈타니테이지로우(水谷悌二郎)가 작성한 1566자의 석문보다도 많은 1655자에 이르는 석문을 작성하여 발표하였다. 왕건군은 「왕비」가 공개되지 않았을 때, 「비문」을 지근에서 매일 같이 관찰할 수 있는 길림성 문물연구소장으로 근무하며 연구한 사람이기에 그의 주장은 많은 사람의 관심을 끌기에 충분하였다.

그는 당시에 대다수의 연구자가 현장을 확인할 수 없는 상황에서 연구를 진행한다는 것, 그렇기에 잘못된 의견을 주장하게 되는 현실을 안타깝게 여긴다는 의견을 피력하기도 하였다. 그러면서 「원비에 가까운 정탁본(精拓本)과 최신탁본을 선택해서 축자축구식(逐字逐句式)으로 현장에서 대조하여 새로이 석문(판독문)을 작성했으며 아울러 그 석문을 근거로 비문 속에 기록된 역사적 사실을 축조식(逐条式)으로 고석(考釈)을 시도했다」라고[22] 말하였다. 그만큼 자신을 보인 석문이

---

22) 王健群 林東錫역 전게주12 머리말.

기에 많은 기대를 모았다.

그러나 그것을 분석한 타케다유키오(武田幸男)는 「그 명성에 어울리는 가치를 가지는 것은 50여자로, 그 중 정석(正釈)으로 단정하기 어려운 것이 30을 넘고, 또 종래의 오석(誤釈)에 따른 것은 그 수에 포함되지 않는다」라고 말하며, 미즈타니석문보다 좋을 것이 없다며, 그다지 평가하지 않았다. 또 후지타토모지(藤田友治)[23]도 왕건군의 연구에는 원전의 직접 확인이 미미하다는 점을 지적하며, 「선행설의 무시 내지 오해는 왕씨 자신의 잘못된 연구사의 이용법에 있는 것이 아닐까」라고 연구의 기본자세를 완곡하게 비난하였다. 「비문」을 지근거리에서 실시한 관찰을 기반으로 하는 연구결과에 대한 지적이기에, 의외라고 느끼는 것과 동시에 석문의 중요성을 새삼 느끼게 된다.

11) 탁본의 변천사

「왕비」의 석문에는 문제가 많다. 시간과 더불어 「비문」의 풍화도 진행되기 때문에, 초기에 뜬 초기비면의 상태를 전해주는 원석탁본이 높이 평가되는 것은 당연한 일이다. 그런 면에서 생각하면, 「비문」을 바르게 이해한다는 의도로 「비문」을 읽기 쉽게 탁본한다며 「왕비」에 석회를 바르고(塗抹) 탁본을 뜬 것이 오히려 「비문」의 바른 이해를 저해하고 있는 셈이다.

따라서 「비문」의 이해에는 어느 탁본을 텍스트로 하느냐가 중요한 것이다. 그래서 「비문」을 이해하는 데는, 탁본이 만들어져 유포된 과정이나 현상을 파악하는 것이 우선되어야 한다. 「비문」의 변천 과정을 정면으로 취급하고 그것을 문제로 제기했던 미즈타니테이지로우는 탁본작성 과정을 다음처럼 3기로 나누어서 정리하였다.

---

23) 藤田友治『호태왕비논쟁의 해명』(新泉社, 1986년). P.215.

1기 1884년-쌍구곽전본(双鉤廓塡本)이 만들어진 시기. 사코우카게아키본, 반조음(潘祖蔭)본, 오대징(吳大澂)본 등.
2기 1887년-원석탁본이 만들어진 시기. 양이(楊頤)본, 오대징본(전기의 것과는 다른 것), 미즈타니테이지로우본 등.
3기 1889년-석회탁본이 만들어진 시기. 이운종(李雲從)본, 오초보(吳椒甫)본, 나진옥(羅振玉)본 등.

으로 정리하여, 원석탁본이 작성된 시기를 설정하고 원석탁본의 존재를 인정하였다. 그러나 「비문」의 개찬설을 주장한 이진희씨는,

1기 1882년-제1차 가공 후에 쌍구가묵본이 만들어진 시기. 진사예(陳士芸: 吳大澂)본, 사코우카게아키본, 반조음(潘祖蔭)본 등.
2기 1887년-본격적 탁본(혹은 석회전면도부 이전의 탁본)이 만들어진 시기. 양이본, 코마쯔노미야(小松宮)본, 이운종본 등.
3기 1899년-석회도부(석회전면도부 작전에 의해서 제2차 가공이 행해진) 후에 탁본이 만들어진 시기. 나이토우코우난(内藤湖南)본, 양수경(楊守敬)본 등.
4기 3기에서 얼마 후-제3차 가공 후에 탁본이 만들어진 시기. 오초보본, 샤반누본, 구조선총독부본 등.
5기 석회박락(剝落)진행기-동양문고본, 쿄우토대학인문연구소본 카나코오우테이(金子鷗亭)본, 미즈타니테이지로우본 등.

으로 정리하여, 비문에 3회에 걸쳐서 석회를 칠하고 그 위에 문자를 명기했다는 「석회도말」에 의한 개찬설을 주장하였다. 그러면서 원석탁본의 존재는 인정하지 않았다. 이 개찬설을 부정하는 왕건군[24]은 5기로 구분하는 의견을 제시하였다.

---
24) 王健群 林東錫역 전게주12, P.66.

1기 광서光緖 초년(1875)~광서13년(1887)년 전후- 쌍구가묵본이 유행한 시기.
2기 광서 13년(1887)~광서 15년(1889) 전후-쌍구가묵본과 정식탁본(원석탁본)이 함께 유행하던 시기.
3기 광서 15년(1889)경~광서 28년(1902) 전후-정식탁본이 유행한 시기(오탁본을 포함).
4기 광서 28년(1902) 전후~1937년 전후. 석회를 칠한 후에 탁본한 것이 유행하던 시기.
5기 1963년부터-석회가 탈락한 후 탁제하는 시기.

로 구분하였다.

이상 세 사람의 비문관에는 상위가 있으나, 이진희가 주장한 원탁본의 부재설은 원탁본의 존재를 인정하는 설과 근본적인 차이를 보인다. 이진희는 미즈타니본에서 석회의 박락이 진행되고 있다는 사실을 전제로 한 다음에, 미즈타니본이 만들어진 시기를 1930년대로 추정했다[25]. 그 의견을 인정하지 않는 타케다유키오는 이전의 변천 과정을 염두에 두고, 새롭게 각종 묵본의 성질을 조사하여, 새로운 변천 과정을 제시하며 원석탁본의 존재를 증명하려 하였다.

타케다유키오는 사코우묵본이 쌍구과정을 거치지 않은 것이라는 스에마쯔야스카즈(末松保和)의 의견을 근거로 하여, 「먼저 비자(碑字)를 탁본한 다음에 공방(工房)에서 탁본을 시료(試料)로 하여 석문하고, 그것에 주필(朱筆)을 가하거나 빛에 비추는 방법 등으로 별지에 모사한」 묵수곽전본(墨水廓塡本)으로 추정하였다. 그러면서 그때 시료로 사용하였던 원탁본이 존재했을 것이라는 의견이다. 즉 초기에 묵본을 작성한 자는 원석탁본을 시료로만 간주하고, 그것을 시료로 하여 막대한 노력·시간을 들여 묵수곽전본을 만들었기 때문에, 그 시료로 사용

---

25) 李進熙 『광개토왕릉비의 탐구』(一潮閣, 1982년), P.92.

되었을 원석탁본이 존재했다는 것이다.

또 타케다는 중국의 양이(楊頤)가 1887년에 담국환(談国桓)의 아버지 광경(広慶)에게 부탁하여 원석탁본 6본을 구하고, 담가(談家)도 2본을 소장하고 있었으나 일청전쟁으로 소실되었다고 말하는 담국환의 「수찰(手札)」[26] 등의 기록을 근거로 하여 원석탁본이 존재했을 가능성을 주장하였다. 그러면서 미즈타니테이지로우가 사코우본 석문의 교정에 참고했다는 고마쯔노미야(小松宮)의 구장탁본(旧蔵拓本)이나 쯔다소우키찌(津田左右吉)・이마니시류우(今西竜)가 우연히 보았다는 호리마사오(堀正雄)의 구장본처럼 소재가 불명한 것과 현존하는 미즈타니테이지로우본을 근거로 하여, 짧지만 묵수곽전본에 만족하지 않은 사람들의 요구에 응하여 원석탁본을 뜨던 시기가 존재했을 것이라며, 원석탁본의 존재를 주장하였다. 그러면서 각종 묵본의 성질을 분별하여 그 변천 과정을 다음처럼 정리하였다.

1기 1881년-원석탁본을 시료로 하여 묵수곽전본이 만들어진 시기. 사코우본 등.
2기 1887년-의식하여 원석탁본을 작성한 시기. 미즈타니테이지로우본 등.
3기 1890년-오로지 석회탁본이 작성된 시기. 나이토우코우난본, 샤반뉴본, 나카노세이이찌(中野政一)본, 큐우슈우대학도서관본, 아타찌코우이찌(足立幸一)본 등.

으로 분류하고, 현존하는 원석탁본으로는, 중국의 전사년도서관갑을본(伝斯年図書館甲乙本)・한국의 『서통(書通)』본・미즈타니테이지로우본・카나코오우테이장본(金子鴎亭蔵本)・임창순장본(任昌淳蔵本) 등을 들었다.

또 서건신(徐健新)[27]은, 「탁본에 붙여진 제발(題跋), 제기(題記) 등

---

26) 談国桓 「手札」『輯安県誌』(民国20年).

의 고증이나 탁본의 제작년도를 조사한 결과, 이상의 12종의 탁본은 모두 석회보자(石灰補字) 현상이 발생하기 이전의 탁본이라는 것을 의심할 수가 없다」라며, 원석탁본의 존재를 인정하였다. 그리고 탁본을 묵수곽전본·석회탁본·원석탁본으로 분류하고, 그 중에 묵수곽전본이 제일 적고, 석회본이 제일 많은 것이라 하였다. 그러면서 현재 동아시아에서 파악할 수 있는 원석탁본을 12종류로 추정했다.

이는 원석탁본의 존재를 부정하는 이진희설과는 배치되는 의견이다. 그러한 원석탁본의 존재 여부를 둘러싼 논쟁의 시발점을 이룬 것이 이진희씨의 개찬설이었다. 그 개찬설을 둘러싼 많은 논쟁을 거친 오늘날에는, 그 가설이 성립할 여지는 거의 없다라는 의견이 나오기도 한다[28]. 그러나 이진희씨는 개찬설을 발표한 후에 수차에 걸쳐 현지를 방문하여 비면을 관찰하고 나서도 자설의 타당성을 주장하고 있다. 이진희의 연구는「비문」연구에 있어 타의 추종을 불허할 정도의 것이었음에도, 그 내용을 이해하려는 후학들의 진지한 자세가 충분하지 못한 것 같다. 특히 일본육군참모본부가 중심이 되어 추진한 연구과정에 대한 내용은 이후에 진지하게 취급되어야 할 것이다. 그럴 경우 그「개찬설」의 의미도 재평가될 것이다.

이진희씨는 비면이 변화하는 과정에서 크고 작은 자갈(礫)들이 빠져나갔다는 사실을 근거로 하여, 미즈타니본이 1930년대의 후반에 작성되었다는 주장이 옳다며, 그것이 원석탁본이 아니라는 주장을 견지하고 있다. 그러면서 탁본의 편년을 바탕으로 하여 도출한 참모본부에 의한 개찬설을 뒤집을 연구가 나타나지 않았다며 자설의 타당성을 역설한다[29].

「왕비」는 발견되어 현재에 이르도록, 100여년에 걸쳐 자연적으로 풍

---

27) 徐健新「好太王碑論争原石拓本」『古代史研究最前線』(新人物往来社, 1998), P.176.
28) 李成市「表象으로서의 広開土王碑文」『思想』842(岩波書店, 1994년8월), P.35.
29) 李進熙『高句麗·渤海를 가다』(青丘文化社, 1997), P.57.

화되기도 하고 석회를 도포하는 인위적인 개변을 만나, 현재는 만신창이가 되어, 「왕비」보다 원석탁본이 본래의 면목을 지키고 있을 것이라는 서건신은, 문헌의 기록을 근거로 하여 총수 50내지 60부의 원석탁본의 존재를 추정한다. 그것은 청조의 이운종(李雲從)이 1889년에 뜬 50부와 영희(栄禧) 담광경(談広慶) 등이 뜬 것을 근거로 하는 추정이다.

이상에서 살펴본 것처럼, 현재 전해지는 「비문」의 성격은 복잡 미묘하기 그지없다. 이런 상황에서 어떤 석문을 텍스트로 하느냐 하는 문제는 「비문」 이해의 근본을 이루는 일이라 할 수 있을 것이다. 그런 점에서, 많은 논쟁을 관찰하고 그 논쟁에 직접 참여하여 광범위한 비교분석 과정을 거친 다음에 작성한 것이 타케다유키오의 석문이라는 것을 생각하면, 그것을 텍스트로 하여 논리를 전개해나가도 특별한 문제는 없을 것으로 생각된다.

이런 연유에서, 타케다유키오의 석문을 텍스트로 하여 신화를 필두로 하여 구성된 「비문」의 세계, 즉 「비문」이 이야기하고 있는 천하사상과, 그 천하사상에 의거하여 구축된 고구려의 천하를 확인해보기로 한다. 단 하선을 그은 부분은 본인의 뜻에 따라 일부를 수정하였는데, 이것은 김영만과 서영수의 주장을 근거로 한다[30].

---

30) 金永万 「광개토왕비문의 신연구」 1 『新羅伽倻文化』 11(1980년, 신라가야문화연구소), P.23. 徐栄洙 「"辛卯年記事"의 변상과 원상」 『広開土好太王碑 研究 100년』(학연문화사, 1996년 12월).

12) 비문의 석문과 해석

広開土王碑文

<第Ⅰ面>

  惟昔始祖鄒牟王之創基也出自北夫余天帝之子母河伯女郎剖卵降世生而有聖□□□□□命駕
2 巡幸南下路由夫余奄利大水王臨津言曰我是皇天之子母河伯女郎鄒牟王為我連葭浮龜応声即為
  連葭浮龜然後造渡於沸流谷忽本西城山上而建都焉不樂世位天遣黄竜来下迎王王於忽本東罡履
4 竜首昇天顧命世子儒留王以道興治大朱留王紹承基業遝至十七世孫国罡上広開土境平安好太王
  二九登祚号為永楽太王恩沢洽于皇天威武振被四海掃除□□庶寧其業国富民殷五穀豊熟昊天不
6 弔卅有九宴駕棄国以甲寅年九月廿九日乙酉遷就山陵於是立碑銘記勲績以示後世焉其辞曰
  永楽五年歳在乙未王以稗麗不□□人躬率往討過富山負山至塩水上破其三部洛六七百営牛馬羣
8 羊不可称数於是旋駕因過襄平道東来□城力城北豊五備海遊観土境田猟而還百残新羅旧是属民
  由来朝貢而倭以辛卯年来渡□破百残□□新羅以為臣民以六年丙申王躬率□軍討伐残国軍□□
10 南攻取寧八城臼模盧城各模盧城幹氐利□城□□城関弥城牟盧城弥沙城□蔦城阿旦城古利□
  利城雑珍城奥利城勾牟城古須耶羅城莫□□□城□而耶羅□瑑城於□城農□□豆奴城沸□□

<第Ⅱ面>

  利城弥鄒城也利城太山韓城掃加城敦抜城□□□城婁売城散那城那旦城細城牟婁城亏婁城蘇灰
2 城燕婁城析支利城巖門□城味城□□□□□□利城就鄒城□抜城古牟婁城閏奴城貫奴城彡穣
  城□□城儒□盧城仇天城□□□□其国城残不服義敢出百戦王威赫怒渡阿利水遣剌迫城□□
4 侵穴□便囲城而残主困逼獻□男女生口一千人細布千匹跪王自誓従今以後永為奴客太王恩赦先
  迷之愆録其後順之誠於是得五十八城村七百将残主弟并大臣十人旋師還都八年戊戌教遣偏師観
6 肅慎土谷因便抄得莫□羅加太羅谷男女三百余人自此以来朝貢論事九年己亥百残違誓与倭和
  通王巡下平穣而新羅遣使白王云倭人満其国境潰破城池以奴客為民帰王請命太王恩慈称其忠誠
8 □遣使還告以□計十年庚子教遣歩騎五万往救新羅従男居至新羅城倭満其中官軍方至倭賊退
  □侵背急追至任那加羅従抜城城即帰服安羅人戍兵□新羅□城□倭潰城大
10   □□尽更□□安羅人戍兵満□□□□其□□□□□□言

<第Ⅲ面>

　□□□□□□□□□□□□□□□□□□□□□□□□□辞□□□□□□□□□潰
2 □□□□安羅人戌兵昔新羅寐錦未有身来論事□國岡上廣開土境好太王□□□寐錦□□□勾
　□□□□朝貢十四年甲辰而倭不軌侵入帯方界□□□□□石城□連船□□□□躬率□□従平穣
4 □□□鋒相遇王幢要截盪刺倭寇潰敗斬殺無数十七年丁未教遣歩騎五万□□□□□□□□□師
　□□合戦斬殺蕩尽所穫鎧鉀一万余領軍資器械不可称數還破沙溝城婁城□住城□□□□□那
6 □城廿年庚戌東夫余旧是鄒牟王属民中叛不貢王躬率往討軍到余城而余城国駭□□□□□□
　□□王恩普覆於是施還又其慕化随官来者味仇婁鴨盧卑斯麻鴨盧椯社婁鴨盧肅斯舍鴨盧□□□
8 鴨盧凡所攻破城六十四村一千四百守墓人烟戸売勾余民国烟二看烟三東海賈国烟三看烟五敦城
　民四家尽為看烟亏城一家為看烟碑利城二家為国烟平穣城民国烟一看烟十訾連二家為看烟俳婁
10 人国烟一看烟卌三梁谷二家為看烟梁城二家為看烟安夫連廿二家為看烟□谷三家為看烟新城三
　家為看烟南蘇城一家為国烟新来韓穢沙水城国烟一看烟一牟婁城二家為看烟図比鴨岑韓五家為
12 看烟勾牟客頭二家為看烟求図韓一家為看烟舎蔦城韓穢国烟三看烟廿一古図耶羅城一家為看烟
　図古城国烟一看烟三客賢韓一家為看烟阿旦城雑珍城合十家為看烟巴奴城韓九家為看烟臼模盧
14 城四家為看烟各模盧城二家為看烟牟水城三家為看烟幹氐利城国烟一看烟三弥鄒城国烟一看烟

<第Ⅳ面>

　　　　七也利城三家為看烟豆奴城国烟一看烟二奥利城国烟二看烟八須鄒城国烟二看烟五百
2 残南居韓国烟一看烟五太山韓城六家為看烟農売城国烟一看烟七閏奴城国烟二看烟廿二古牟婁
　城国烟二看烟八瑑城国烟一看烟八味城六家為看烟就咨城五家為看烟彡穣城廿四家為看烟散那
4 城一家為国烟那旦城一家為看烟勾牟城一家為看烟於利城八家為看烟比利城三家為看烟細城三
　家為看烟国罡上広開土境好太王存時教言祖王先王但教取遠近旧民守墓洒掃吾慮旧民転当嬴劣
6 若吾万年之後安守墓者但取吾躬巡所略来韓穢令備洒掃言教如此是以如教令取韓穢二百廿家慮
　其不知法則復取旧民一百十家合新旧守墓戸国烟卅看烟三百都合三百卅家自上祖先王以来墓上
8 不安石碑致使守墓人烟戸差錯唯国罡上広開土境好太王尽為祖先王墓上立碑銘其烟戸不令差錯
　又制守墓人自今以後不得更相転売雖有富足之者亦不得擅買其有違令売者刑之買人制令守墓之

<석독>

惟れ、昔、始祖鄒牟王の創基せるなり。北夫余自り出づ。天帝の子にして、母は河伯の女郎なり。卵を剖きて世に降り、生れながらに而て聖を有ち、□□□、□□駕を命じ、巡幸して南下す。路は夫余の奄利大水に由る。王、津に臨みて言ひて曰く、「我は是れ皇天の子、母は河伯の女郎、鄒牟王なり、我が為に葭を連ね、亀を浮ばしめよ」と。声に応じ、即ち為に葭を連ね、亀を浮べ、然る後に造渡せしむ。沸流谷の忽本の西に於て、山上に城づきて、都を建つ。世位を楽しまず。天、黄竜を遣はし、来下して王を迎へしむ。王、忽本の東岡に於て、竜首を履みて天に昇り、世子の儒留王に顧命し、道を以て興治せしむ。大朱留王、基業を紹承し、十七世孫の国岡上広開土境平安好太王に至るに遝ぶ。二九にて登祚し、号して永楽太王と為ふ。恩沢は皇天に洽く、威武は振ひて四海を被ふ。□□を掃除し、其の業を庶寧す。国は富み、民は殷にして、五穀豊熟す。昊天弔まず、卅有九にして宴駕し、国を棄つ。甲寅の年、九月廿九日乙酉を以て、山陵に遷就す。是に於て碑を立て、勲続を銘記し、以て後世に示す。其の辞に曰く。

永楽五年、歳の乙未に在りしとき、王、稗麗の□人を□せざりしを以て、躬ら率ゐて往討す。富山・貧山を過ぎ、塩水の上に至り、其の三部洛、六・七百営を破る。牛、馬、群羊、数を称るべからず。是に於て駕を旋し、因りて襄平を過ぎ、東来候□城・力城・北豊・五備海を道き、土境を遊観し、田猟して還る。

百残・新羅は旧より是れ属民であったのに、由未、朝貢しない。倭は、辛卯年以来渡りはじまる。それで王は百残と倭を破り、新羅を降し、新羅を臣民と為せり。以て、六年の丙申、王、躬ら□軍を率る、残国を討伐す。軍は□の南に□し、寧八城・臼模廬城・各模廬城・幹氐利城・□□城・関弥城・牟廬城・弥沙城・□舍蔦城・阿旦城・古利

城・□利城・雑珍城・奥利城・勾牟城・古須耶羅城・莫□□□城・□而耶羅城・㺨城・於利城　農売城　豆奴城　沸□□利城・弥鄒城・也利城・太山韓城・掃加城・敦抜城・□□□城・婁売城・散那城・那旦城・細城・牟婁城・于婁城・蘇灰城・燕婁城・析支利城・巖門□城・味城・□□□□□□利城・就鄒城・□抜城・古牟婁城・閏奴城・貫奴城・彡穰城・□□城・儒□盧城・仇天城・□□□𭓃を攻取し、其の国城を□す。残、義に服さず、敢て出でて百戦す。王、威しく赫怒し、阿利水を渡り、遣はして城に刺ひ迫らしむ。□□穴を侵し□便ち城を囲む。而して残主、因逼して、男・女の生口一千人、細布千匹を献□し、王に跪づきて、自ら「今従り以後、永く奴客為らむ」と誓ふ。太王、恩もて先迷の愆を赦し、其の後順の誠を録す。是に於て五十八城、村七百を得、残主の弟、幷びに大臣十人を將ひ、師を旋して、都に還る。

　八年の戊戌。教してを偏師を遣はし、肅慎の土谷を観せしむ。因りて便ち莫□羅城・加太羅谷の男・女三百余人を抄得す。此れ自り以来、朝貢し、論事す。

　九年の己亥。百残、誓ひに違き、倭と和通せり。王、平穣に巡下す。而ち新羅、使を遣はし、王に白して云く、「倭人は其の国境に満ち、城池を潰破し。奴客を以て民と為せり。王に帰して命を請はむ」と。太王、恩慈もて其の忠誠を稱ふ。□に使を遣はし、還り告げしむるに、□計を以てす。

　十年の庚子。教して歩騎五万を遣はし、往きて新羅を救はしむ。男居城從り新羅城に至るまで、倭は其の中に満つ。官軍、方に至らんとするに、倭賊、退□す。背を侵して急追し、任那加羅の從抜城に至るや、城は即ち帰服す。安羅人の戌兵、新羅城・□城を□す。倭□し、倭潰ゆ。城は大いに□□、盡更□□、安羅人の戌兵満□□□□其□□□□□□□言□□□□□□□□□□□□□□□□□□□□□□□□□□

□辞□□□□□□□□□□潰□□□安羅人の戌兵。昔、新羅の寐錦、未だ身く来りて論事せしこと有らざりき。□国罡上広開土境好太王□□□寐錦□□□句□□□□朝貢す。

　十四年の甲辰。而ち倭は不軌にして、帯方の界に侵入し、□□□□□石城□連船□□□せり。王、躬ら率ゐて□□し、平穰従り□□□鋒、相ひに王幢に遇ひ、要截して盪刺す。倭寇は潰敗し、斬殺せらるるの無数なり。

　十七年の丁未。教して歩騎五万を遣はし、□□□□□□□□師、□□合戦し、斬殺して蕩尽す。穫る所の鎧・鉀は一万余領、軍資・器械は数を称るべがらず。還るに、沙溝城・婁城・□住城・□□□□□那□城を破る。

　廿年の庚戌。東夫余、旧より是れ鄒牟王の属民なるも、中ごろより叛きて貢がざりき。王、躬ら率ゐて往討す。軍、余城に至る。而して余城の国、駭れて□□□□□□□□、王の恩は普く覆ふ。是に於て施還す。又た、其の慕化して、官に随ひ来れる者は、味仇婁鴨盧・卑斯麻鴨盧・椯社婁鴨盧・肅斯舍鴨盧・□□□鴨盧なり。

　凡そ攻破せし所の城六十四、村一千四百なり。

　守墓人の烟戸。売勾余の民は、国烟が二、看烟が三、東海の賈は、国烟が三、看烟が五。敦城の民は、四家もて尽く看烟と為す。干城は、一家もて看烟と為す。碑利城は、二家もて国烟と為す。平穰城の民は、国烟が一、看烟が十。訾連は、二家もて看烟と為す。俳婁の人は、国烟が一、看烟が卅三。梁谷は、二家もて看烟と為す。梁城は、二家もて看烟と為す。安夫連は、廿二家もて看烟と為す。□谷は、三家もて看烟と為す。新城は、三家もて看烟と為す。南蘇城は、一家もて国烟と為す。新来の韓と穢。沙水城は、国烟が一、看烟が一。牟婁城は、二家もて看烟と為す。豆比鴨岑の韓は、五家もて看烟と為す。句牟客

頭は、二家もて看烟と為す。求㡓の韓は、一家もて看烟と為す。舎蔦城の韓と穢は、国烟が三、看烟が廿一。古㐮耶羅城は、一家もて看烟と為す。㛃古城は、国烟が一、看烟が三。客賢の韓は、一家もて看烟と為す。阿旦城と雑珍城とは、十家を合はせて看烟と為す。巴奴城の韓は、九家もて看烟と為す。臼模盧城は、四家もて看烟と為す。各模盧城は、二家もて看烟と為す。牟水城は、三家もて看烟と為す。幹氏利城は、国烟が一、看烟が三。弥鄒城は、国烟が一、看烟が七。也利城は、三家もて看烟と為す。豆奴城は、国烟が一、看烟が二。奥利城は、国烟が二、看烟が八。須鄒城は、国烟が二、看烟が五。百残の南に居る韓は、国烟が一、看烟が五。太山韓城は、六家もて看烟と為す。農売城は、国烟が一、看烟が七。閏奴城は、国烟が二、看烟が廿二。古牟婁城は、国烟が二、看烟が八。瑑城は、国烟が一、看烟が八。味城は、六家もて看烟と為す。就咨城は、五家もて看烟と為す。彡穣城は、廿四家もて看烟と為す。散那城は、一家もて国烟と為す。那旦城は、一家もて看烟と為す。勾牟城は一家もて看烟と為す。於利城は、八家もて看烟と為す。比利城は、三家もて看烟と為す。細城は、三家もて看烟と為す。

　国岡上広開土境好太王の存せられし時、教して言へらく、「祖王・先王、但だ教して遠・近の旧民を取り、墓を守りて洒掃せしめしのみ。吾れ、旧民の転りて当に羸劣せんことを慮る。若し、吾れ、万年の後も守墓者を安んぜんには、但だ吾れ躬ら巡りて略来せし所の韓と穢とを取り、洒掃に備へ令めよ」と。教を言ふこと、此の如し。是を以て、教の如く、韓と穢との二百廿家を取ら令む。其の法を知らざるを慮り、則ち復た旧民の一百十家を取る。新・旧の守墓戸を合はせて、国烟は卅、看烟は三百、都合三百卅家なり。上祖・先王自り以来、墓の上に石碑を安んぜず、守墓人の烟戸を使て差錯せしむるに致れり。

唯だ国岡上広開土境好太王のみ、尽く祖・先王の為に、墓の上に碑を立て、其の烟戸を銘し、差錯せ令めざりき。又た、制す、「守墓人は、今自り以後、更相に転売するを得ず。富足の者有りと雖も、亦た擅に買ふを得ず。其れ、令に違きて売る者有らば、之を刑す。買ふ人は制令もて墓を守らしむ」。(하선 부분은 필자의 석문)

<해석>
　생각컨대, 옛적에. 시조 추모왕(鄒牟王)이 나라를 창기(創基)하셨도다. 북부여에서 시작하였다. 천제의 아들로서, 그 어머니는 하백의 딸이다. 알을 깨고 세상에 내려와, 태어나면서부터 신성함을 가지고, □□□□, □□수레를 명하여, 순행하여 남하하였다. 길은 부여의 엄리대수에 이르렀다. 왕이 나루에 임하여 말씀하여 이르시길, 「나는 바로 황천의 아들로, 어머니는 하백의 딸인, 추모왕이니, 나를 위하여 갈대를 엮고, 거북이를 띄워라」라고 말씀하셨다. 그 소리에 응하여, 즉시 그렇게 하여 갈대를 엮고, 거북이를 띄우고, 그런 후에 건너게 하였다. 비류곡의 홀본(忽本) 서쪽에 있는, 산상에 성을 쌓고, 도읍을 세웠다. 왕위를 즐겨하지 않았다. 하늘이 황용을 보내어, 내려와서 왕을 맞이하게 하였다. 왕은 홀본의 동강에서, 용의 머리를 밟고 하늘에 올라, 세자 유류왕에게 고명하여, 도로써 흥치하게 하였다. 대주류왕은, 기업을 소승(紹承)하여, 17세손인 국강상광개토경평안호태왕에 이르러 미쳤다. 18세에 등조하고, 호를 영락대왕이라 한다. 은택은 황천과 같고, 무위는 떨쳐 사해를 덮었다. □□를 소제하여, 기업으로 서영하여, 나라는 부유하고, 민은 성하여, 오곡이 풍숙하였다. 호천은 불쌍히 여기지 않았다. 39세에 돌아가시어, 나라를 버렸다. 갑인년, 9월 29일 을유에 산릉으로 천취(遷就)하였다. 여기에 이르러 비를 세우고, 훈적을 명기하여, 그것으로 후세에 알린다. 그 사(辭)에 말하기를,
　영락 5년, 세가 을미에 있을 때, 왕은 비려의 □인을 □하지 않는

것을 가지고, 친히 이끌고 왕토하였다. 부산·賚산을 지나 염수의 근처에 이르러, 그 3개 부락과 6, 7백 영(营)을 평정했다. 소와 말, 군양, 수를 헤아릴 수 없었다. 여기서 수레를 돌려, 양평을 지나, 동래·후성·역성·북풍오비해를 지나, 토경을 유관하고, 전렵하며 돌아왔다.

　백잔과 신라는 원래부터 속민이었는데, 아직 조공하지 않고, 왜(倭)는 신묘년부터 건너오기 시작하였다. 그러므로 왕은 백잔과 왜를 공파하고, 신라는 복속시켜 신민으로 삼았다. 그리고 6년인 병신, 왕이 친히 □군을 이끌고 잔국을 토벌했다. 군은 □의 남쪽에 □하여, 영팔성·구모려성·각모려성·간저리성·□□성·관미성·모려성·미사성·□사조성·아단성·고리성·□리성·잡진성·오리성·구모성·고수야라성·막□□□성·□이야라성·전성·어리성·농매성·두노성·비□□리성·미추성·야리성·태산한성·소가성·돈발성·□□□성·누매성·산나성·나단성·세성·모루성·우루성·소회성·연루성·석지이성·암문□성·미성·□□□□□□리성·취추성·□발성·고모루성·윤노성·관노성·삼양성·□□성·유□로성·구천성·□□□□을 공격하여 빼앗고, 그 국성을 □하였다. 잔은 의에 복종치 않고, 감히 나와서 백전하였다. 왕이 대단히 혁노하여, 아리수를 건너, 파견하여 성을 치며 공격하였다. □□혈을 치고, 바로 성을 포위하였다. 그러자 잔주가 곤핍하여 남녀 포로를 일 천 명, 세포 천 필을 바치고, 왕에게 꿇어 앉아 스스로「이제부터 이후에는 영원히 노객이 되겠습니다」라고 맹세했다. 태왕의 은으로 선매의 잘못을 용서하고, 그 후의 순하는 정성을 기록하였다. 이리하여 58성과 7백 개의 마을을 얻고, 잔주의 동생 및 대신 10명을 데리고, 군사를 되돌려 환도하였다.

　8년 무술, 교하여 편사를 보내어, 숙신토곡을 보게 하였다. 그리고 바로 막□라성·가태라곡의 남녀 3백여 명을 사로잡았다. 이 일 이후에 조공하고, 논사하였다.

　9년 기해에 백잔이 맹세를 어기고, 왜와 화통하였다. 왕이 평양으로 순하하였다. 바로 신라가 사신을 보내어, 왕에게 아뢰어 말하기를,「왜인은 그 국경에 가득 차 성지를 파괴한다. 노객은 민이 되어, 왕에게 귀하여 명령을 청합니다,」라고 하였다. 태왕이 은자로 그 충성을 칭찬하였다. □에 사신을 보내어, 돌아가서 알리게 하기를, □계를 가지고 하였다.

10년 경자. 교하여 보기 5만 명을 보내, 가서 신라를 구하게 하였다. 남거성에서 신라성에 이르기까지, 왜는 그 안에 가득찼다. 관군이 도착하려 하니, 왜적이 퇴□하였다. 뒤를 쫓아가 급히 공격하여, 임나가라의 종발성에 도착하자마자, 성은 바로 귀복하였다. 라인의 술병을 두어, 신라성·□성을 □하였다. 왜가 □하고, 왜가 무너졌다. 성은 크게 □□, 더욱이□□, 라인의 수병을 두었다. 만□□ □□기□□□□□□□언□□□□□□□□□□□□□□□□□ □□□□□□사□□□□□□□□□□궤□□□□라인의 수병을 두다.

옛날 신라의 매금이 몸소 와서 논사한 적이 없었다. □국강상광개토경호태왕□□□□매금□□□구□□□□조공하였다.

14년인 갑진에, 이른바 왜는 불궤하게도, 대방의 계에 침입하여, □ □□□□석성□연선□□□하였다. 왕이 친히 이끌고 □□하여, 평양에서 □□□봉, 서로 왕당에서 만나, 요절하여 탕자하였다. 왜구는 궤패하여, 참살당한 자가 무수였다.

17년의 정미, 교하여 보기 5만을 파견하여, □□□□□□□□□사, □□합전하여, 참살하여 탕자하였다. 노획한 투구와 갑옷(鎧鉀)은 1만여 벌, 군자·기계는 셀 수 없었다. 돌아오면서 사구성·루성·□주성·□□□□□□나□성을 쳐 부셨다.

20년 경술, 동부여는 이는 옛적부터 추모왕의 속민이었는데, 도중에 배신하여 조공을 바치지 않았다. 왕이 친히 이끌고 왕토하였다. 군사가 여성에 이르렀다. 그러자 여성의 나라, 놀라서 □□□□□□□□□□, 왕의 은혜가 널리 덮었다. 여기서 시환하였다. 또 그것을 모화하여, 관을 따라서 온 자는 미구루압로·비사마압로·서사루압로·숙사사압로·□□□압로였다.

　무릇 공파한 성이 64성이고, 촌락이 1천 4백이었다.

　수묘인의 연호. 매구여의 민은 국연이 2, 간연이 3, 동해의 매는 국연이 3, 간연이 5. 돈성의 민은 4가를 모두 간연으로 삼았다. 간성은 1가를 간연으로 하였다. 비리성은 2가로 국연으로 삼았다. 평양성의 민은 국연이 1, 간연이 10, 시련은 2가로 간연으로 하였다. 배루의 민은 국연이 1, 간연이 33, 양곡은 2가가 간연이 되었다. 양성은 2가를 간연으로 하였다. 안부련은 22를 간연으로 하였다. □곡은 3가를 간연으로 하였다. 신성은 3가를 간연으로 하였다. 남소성은 1가를 국연으로 하였다. 신래의 한과 예. 사수성은 국연이 1, 간연이 1. 모루성은 2가를 간연으로 하였다. 두비압령의 한은 5가를 간연으로 하였다. 구모객두는 2가를 간연으로 하였다. 구저의 한은 1가를 간연으로 하였다. 사조성의 한과 예는 국연이 3, 간연이 21. 고수야라성은 1가를 간연으로 하였다. 경고성은 국연이 1, 간연이 3. 객현의 한은 1가를 간연으로 하였다. 아단성과 잡진성은 10가를 합하여 간연으로 하였다. 파노성의 한은 9가를 간연으로 하였다. 구모로성은 4가를 간연으로 하였다. 각모로성은 2가를 간연으로 하였다. 모수성은 3가를 간연으로 하였다. 한씨리성은 국연이 1, 간연이 3. 미추성은 국연이 1, 간연이 7. 야리성이 3가를 간연으로 하였다. 두노성은 국연이 1, 간연이 2. 오리성은 국연이 2, 간연이 8. 수추성은 국연이 2, 간연이 5. 백잔의 남에 있는 한은 국연이 1, 간연이 5. 태산한성은 6가를 간연으로 하였다. 농매성은 국연이 1, 간연이 7. 윤노성은 국연이 2, 간연이 22. 고모루성은 국연이 2, 간연이 8. 전성은 국연이 1, 간연이 8. 미성은 6가를 간연으로 하였다. 취자성은 5가를 간연으로 하였다. 삼양성은 24가를 간연으로 하였다. 산나성은 1가를 국연으로 하였다. 나단성은 1가를 간연으로 하였다. 구모성은 1가를 간연으로 하였다. 어리성은 8가를 간연으로 하였다. 비리성은 3가를 간연으로 하였다. 세성은 3가를 간연으로 하였다.

국강상광개토경호태왕이 생존해 계실 때, 교하여 말씀하시기를, 「조왕·선왕, 단지 교하여 원·근의 구민을 취하여, 묘를 지키고 쇄소시킬 뿐. 나는, 구민이 변하여 그야말로 영열(嬴劣)해지려는 것을 염려한다. 만일, 내가, 만년 후에도 수묘자를 안전하게 확보하기 위해서는, 그저 내가 몸소 돌아 약래한 한과 예를 취하여, 쇄소에 대비하게 하라」라고 말씀하였다. 교하여 말하길, 이와 같았다. 이를 가지고, 교처럼, 한과 예의 220가를 취하게 하였다. 그 법을 알지 못하는 것을 고려하여, 다시 구민 110가를 취하였다. 신·구의 수묘호를 합하면, 국연이 30, 간연이 300으로 도합 330가이다. 상조·선왕부터 이래. 묘상에 비석을 세우지 아니하여, 수묘인 연호로 하여금 차착하기에 이르렀다. 오직 국강상광개토경호태왕만이 모든 조·선왕을 위하여, 묘상에 비를 세우고, 그 연호를 기록하여, 차착하지 않게 하였다. 또 만들어, 「수묘인은, 지금 이후로, 서로 전매하지 못한다. 부가 족한 자가 있다 해도, 역시 멋대로 사는 것을 못한다. 그래서 법을 어기고 파는 자가 있으면, 이를 형한다. 사는 자에게는 제령으로 묘를 지키게 한다」.

2 비문 텍스트의 이해

1) 비문의 독자성

장수왕은 「왕비」를 세우고, 그곳에 부왕의 훈적을 명기하여 후세에 알린다(立碑銘記勳績以示後世)는 내용이 포함되는 「비문」을 명기하였다. 그곳의 훈적이라는 표현이 「비문」의 성격을 잘 반영한 것이라고 인식한 후세인들은, 「왕비」를 광개토왕의 훈적비로 인식하게 된다. 그래서 「비문」의 연구는 그곳에서 광개토왕이 수립한 업적을 확인하는 것이 중심을 이루게 되었다. 그것은 「비문」의 내용을 『삼국사기』와 같은 유사기록과 비교 검토하는 방법을 통해서 역사적 사실을 추구하는 연구였다.

그처럼 사실의 규명을 목적으로 하는 연구에서는, 「왕비」를 건립하고 「비문」을 구성한 장수왕의 의도 등은 경시되기 쉬웠다. 「비문」을 사료로 여기기 때문에, 그곳에서 사실을 확인하고, 그 사실을 바탕으로 자신들이 의도하는 목적을 달성시키는 것이 우선될 수밖에 없었다. 자연히 연구는 장수왕의 입장보다는 「비문」이 이야기하는 광개토왕의 입장을 중시하는 형태로 이루어지게 되었다.

「비문」은 (1·1·1~1·6·39)의 제1부, (1·7·1~3·8·15)의 제2부, (3·8·16~4·9·41)의 제3부로 구성되어 있는데, 그 중의 제2부에 광개토왕의 훈적으로 생각할 수 있는 내용의 기록이 있다. 대부분의 연구자들은 그것을 광개토왕이 수립한 역사적 사실의 기록으로 인정하고, 그 역사적 사실을 확인하는데 전력을 경주하고 있었다. 그것은 마치 제2부가 「비문」의 전체인 것처럼 여겨질 정도로 이루어지는 연구 상황이었다.

제2부에는 당시의 고구려의 국제교류를 반영한 것으로 여길 수 있는 내용이 기록되어 있는데, 고구려와 백잔·신라·비려·왜·동부여 등의 다양한 형태의 교류가 기록되어 있다. 실존했던 나라들의 교류였

기 때문에, 그것들은 역사적 사실로 간주되기에 충분했다. 「왕비」를 사료로 보고, 사실을 근거로 해서 구성된 것이 「비문」이라는 사고를 바탕으로 해서 보면, 그것은 당연한 일이었고 연구의 목적과도 잘 부합되는 일이었을 것이다.

그곳에 있는 고구려와 왜의 교류는, 한국과 일본의 교류로도 생각할 수 있기 때문에 양국이 관심을 갖는 부분이다. 그것은 양국의 자존심과도 직결될 수도 있는 부분이기에, 첨예한 대립을 불러일으키고 있다. 같은 내용의 기록이지만 민족적 입장에 따라 그 내용의 해석도 차이를 보인다. 그러한 민족적 감정이 「비문」을 떠난 연구가 가능하게 된 하나의 원인이었다. 즉 연구자들은 「비문」을 통하여 일정한 사실의 확인에 그치는 것이 아니라, 자국의 이익에 부합하는 결과도출을 생각하고 있었던 것이다.

2) 참모본부의 연구

연구가 「비문」을 떠나 민족주의와 연계되면, 자국의 이익에 부합하는 결과의 도출을 먼저 생각하게 된다. 그럴 경우의 결과란 처음부터 의도되거나 설정된 목표에 부합되기 마련이다. 그런 연구는 「비문」이 이야기하려는 본의나 목적과는 무관하여, 「왕비」를 건립하고 「비문」을 명기한 자의 의도가 경시되기 쉽다. 또 그것은 상대국의 민족적 반발을 불러일으켜, 상대에게도 자국의 입장을 우선하게 한다. 그럴 경우 우선되는 것이, 상대보다 우위를 차지할 수 있는 사실의 도출로, 결국에는 서로가 상호를 부정하는 결론만을 도출하게 된다.

그러한 연구의 도화선은, 제국주의 실현으로 자국의 이익의 극대화를 꾀했던 일본제국주의였다. 일본은 「비문」에서 일본이 우위를 차지하는 고대사를 입증하려 했다. 그것이 일본이 「비문」 연구에 지대한 관심을 보인 가장 큰 이유였다. 당시의 일본은 「비문」의 내용을 일본이 처한 상황과 대응시켜, 일본이 저지르려는 침략활동의 정당성을 그곳에서 구하려 하고 있었다. 고구려와 왜의 접전을 편의적으로 해석하여, 당시의 일본제국의 대륙진출의 정당성을, 「비문」의 고구려와 왜의 관계에서 구하고 있었다. 그러한 목적이 있었기 때문에 연구에 많은 노력을 기울였음에도, 그 순수성을 인정받지 못하는 것이다.

연구에 처음부터 참여한 참모본부 편찬과료(編纂課僚)의 요코이타 다나오(橫井忠直)는 왜와 관련된 기술이 있는 제2부의 「신묘년(辛卯年)」조를 중시하고, 그곳에서 일본이 우위를 차지하는 5세기의 일한간의 역사상을 정립하려 하였다.

「비문」에서 왜의 자주성을 인정하고 「비문」을 근거로 『일본서기』 등이 전하는 고기록의 내용을 사실로 인정하는 반면, 한국의 고기록의 내용을 부정하려 하였다. 그러한 목적적인 연구가 연구의 기본적인 틀을 이루어, 이후의 연구도 그 테두리를 벗어나지 못했다. 그러나 그것은 고대한일관계의 본질을 왜곡하는 일이었으므로, 한국 측의 입장에서는 절대로 용납할 수 없는 일이었다. 그러한 뚜렷한 목적이 있었기 때문에, 「비문」의 연구는 제2부에 집중될 수밖에 없었다.

그것도 왜와 한국과의 교류를 내용으로 한다고 생각하는 「신묘년」조의 해석을 둘러싼 대립이었다. 그것은 왜를 주체로 하는 일본과 한국이 그것을 부정하며 고구려를 주역으로 설정하는 형태로 전개되었다. 그것은 「비문」 연구를 칭하면서도, 「신묘년」조를 일탈하지 못하는 것이었다. 「신묘년」조에서의 우위를 바탕으로, 현재를 확인하려는 듯한 연구였다. 그 결과 한일 양국이 제기하는 주장은 상반적이었으나 「비문」을 사료로 보고 그곳에서 자국에 유리한 결과를 도출하려는 목적이나, 그것을 도출해내는 방법은 유사했다. 그것이 「비문」을 떠난 「비문」의 연구가 가능하게 된 원인이었다.

3) 신화의 의미

그 같은 「비문」을 떠난 논쟁은 그것의 바른 이해를 저해하기 마련이다. 따라서 우리는 그 근본적인 문제를 다시 짚어보고 새로운 방법에 근거하여 생각해 보아야 할 것이다. 기존의 연구 경향이란, 단적으로 말하자면, 그것은 「비문」의 일부에 집착하여 전체적 구조와의 관계를 생각하지 않는 것이었다. 그러한 방법으로는 신화적인 조상과 사실적인 자손이 혈통을 매개로 해서 이어지는 왕통보의 의미를 파악할 수 없게 된다. 그래서 「비문」이 이야기하는 신화적 서술의 의미를 간과하고 사실의 추구에만 급급하고 있었던 것이다.

「비문」이 이야기하는 신화성이란, 시조 추모왕을 「천제지자(天帝之子)」・「호천지자(昊天之子)」라고 칭하는 것이나, 난생한 「천제지자」가 강세하여 고구려를 건국하는 것 등을 예로 들 수 있다. 그리고 또 신화적 내용이 직접적으로 이야기되는 당사자에 한정되는 것으로 생각하기 쉬우나, 그것은 그렇지 않다. 「비문」이 추모왕을 매개로 해서 일정한 내용을 신화적으로 이야기했다 해도, 그 신화성은 추모왕에게 한정되는 것이 아니라, 혈통을 매개로 해서 왕통보를 계승하는 모든 후손이 공유하게 된다.

그것은 광개토왕의 서거를 표현한 「연가기국(宴駕棄國)」을 통해서도 확인할 수 있는 일이다. 「연가기국」이란 군공(君公)의 사거를 완곡히 표현한 것이나, 그것은 광개토왕이 스스로 승천을 원했다는 의미를 포함한다. 그러한 승천의 자의성은 추모왕이 세위를 즐기지 않고 승천을 원했다는 「불락세위(不樂世位)」에 포함되어 있는 자의성과 같은 것이다. 추모왕의 죽음을 「불락세위」로 표현하여, 추모왕 스스로가 원하여 승천했다는 것이나, 광개토왕의 승천을 「연가기국」으로 표현하여 광개토왕 스스로가 승천을 원하였다는 것은 선조와 후손의 동질성을 시사하는 표현이다. 그것에는 신화적인 표현인가 사실적인 표현인가의 차이가 있을 뿐이다.

이처럼 혈통을 같이 하는 선조와 후손의 사거를 「승천(昇天)」이나

「기국(棄国)」으로 표현하는 것이, 이질적인 것이 아니라 동질적인 표현이라는 것은, 신화적인 표현과 사실적인 표현에서 오는 차이에 불과하다. 다시 말해 그것은 동일 혈통으로 이어지는 조상과 후손의 동질성의 이형적인 표현으로, 동질적 내용의 표현에 있어서, 신화성을 강조한 것인가 사실성을 강조한 것인가의 차이에 불과하다.

「비문」은 왕통의 권위나 능력을 신화적 선조를 통해 소개하고, 후손이 실현하는 것으로 그것을 입증하고 있다. 즉 선조의 예고된 신화적 요소를 후손이 사실적으로 실현하여 그 동질성을 확인하고 있는 것이다. 따라서 「비문」의 이해는 이처럼 조상의 신화성이 혈통을 매개로 후손에게 전이되고, 선조의 권능을 후손이 혈통적으로 전이 받는다는 것, 그것이 「비문」의 기본논리라는 것, 「비문」은 그 논리를 바탕으로 하여 성립된다는 사실 등이 전제되어야 한다.

그 같은 기본논리를 생각하면, 「비문」에서 신화적 요소가 차지하는 의미는 무시할 수 없게 된다. 천과 지의 접속이나 과거와 현재의 접속이란, 신화성을 매개로 해서 연결되는 공간과 시간이다. 천에서 태어난 「천제지자」가 지상으로 내려와 고구려를 건국하는 것으로 확장된 공간과 태고의 과거에서 영원한 미래로 이어지는 시간은, 신화와 역사적 사실을 접속하는 구성을 통해서만 가능한 공간과 시간인 것이다.

그러한 시간과 공간이, 고구려의 건국을 천지창조의 시간에 위치시키고, 고구려의 절대적인 질서를 보장하여, 천지간의 교류를 비롯한 모든 교류를 고구려에 독점시켜, 「비문」에 등장하는 모든 나라를 고구려의 복속국이게 한다. 이런 관점으로 보게 되면 「비문」의 내용이 역사적 사실과 보이는 차이점도 이해할 수 있고, 긴밀한 관계를 가졌던 중국에 관한 기록이 생략된 이유도 이해할 수 있게 된다.

따라서 유사한 사서들이 전하는 내용이 「비문」에 없는 것은, 자료의 미비나 기록의 누락으로 보기보다는, 「비문」을 구성하는 일정한 논리에 의한 결과로 보아야 한다. 말하자면 「비문」이 이야기하고 있는 것들은 사실의 기록으로 보기보다는, 「비문」 상의 사실(事実)로 보아야 한다. 따라서 「비문」의 이해는 그것이 일정한 자체논리에 의해 구성되었다는 사실을 인정하고, 접근하는 방법으로 이루어져야 한다. 「비문」의 이해는 그것을 조건으로 한다.

그러함에도 종래에는, 「비문」의 벽두를 장식하는 신화의 의미를 무시하거나, 그것을 제외하고 남는 것이 사실이라는 사고를 바탕으로 해서 이루어지고 있었다. 연구가 사실의 기록이라고 여겨지는 부분에 집중되는 형태로 이루어져온 것도 그러한 사고가 초래한 결과였다. 그러한 사고는 「비문」의 본질을 간과하게 만든다.

신화의 의미를 이해하게 되면 추모왕이 천제의 아들이라는 것이나, 하늘에서 난생(卵生)한 추모왕이 내려와 고구려를 건국했다는 사실의 의미, 고구려와 주변국들 간의 교류가 갖는 의미도 이해할 수 있게 된다. 천제의 아들이 지상으로 내려와 고구려를 건국했다는 추모왕의 신화는, 「천제지자」를 매개로 하여 고구려의 왕통을 천제에 연결하여, 천제와 고구려왕을 동질화・동격화시키는 일이었다. 또 그것이 고구려가 천에게 수호 받는 원인이었다.

그 같은 천제와 고구려왕의 혈연관계는, 천제가 고구려의 건국에 관여했다는 사실이나, 천제의 관여로 고구려의 건국이 가능했다는 사실을 시사하여, 고구려왕이 천하를 통치해야 하는 정통성을 보장해주게 된다. 즉 천제와 추모왕이 부자관계라는 혈연관계는 그 혈통을 계승한 후손이 통치하는 고구려를 천하의 중심에 위치시킨다. 천의 고구려 보장이었다.

4) 허구의 의미

「비문」은 고구려와 관계를 갖는 백잔 신라 등을 복속국으로 하고 있는데 그것은 사실과 다른 허구이다. 그처럼 사실과 다른 허구이기에, 역사적 사실이라는 면에서 접근하기 보다는 고구려를 천하의 중심에 위치시키려는 허구의 결과라는 점을 이해하고 접근해야 한다. 그래야 허구를 이야기하는 「비문」의 본의도 알게 되고, 「비문」이 이야기하는 천하의 의미나, 중국에 대한 기록이 생략된 이유 등도 알 수 있게 된다.

고구려는 중국에 조공을 바치는 방법으로 중국의 중화세계에 참여하여 책봉을 받고 있었다. 「비문」을 구성한 장수왕도 마찬가지였다. 그럼에도 불구하고 「비문」에는 중국이 등장하지 않는다. 그에 대한 의문은 연구가 시작될 당시부터 제기되었으나 사실적으로는 설명되지 않는다. 그것은 중국을 생략하는 것으로 고구려의 천하관을 실현하려는 방법으로 보아야만 납득할 수 있는 일이기 때문이다. 고구려는 중국의 천하에 참여하면서 그 경험을 살려 자국을 천하의 중심에 위치시키는 천하관을 구축하였는데, 그것을 실현하는 방법으로 중국을 생략한 것이다. 그것은 고구려만이 아니라, 중국의 천하에 참여하는 대부분의 주변국이 그러했다.

「비문」은 천지의 창생이나 「천제지자」가 「강세(降世)」한 시기를 명시하지 않고 그저 석(昔)이라 했는데, 그것은 시점이 분명하지 않은 신화적 시간이지 역사적 시간은 아니다. 그것은 천지가 창생되고, 천제와 「하백여랑(河伯女郎)」이 신혼(神婚)을 맺어 추모왕을 난생(卵生)시키고, 난생한 추모왕이 「강세」하여 고구려를 건국한 시점으로 보아야 한다.

그처럼 천지가 창생되고 그곳을 주거로 하는 신들이 천지간을 왕래하며 신혼을 맺는 「석」의 시점에, 추모왕이 지상으로 「강세」하여 고구려를 건국했다면, 그것은 천지가 창생된 후에 일어난 최초의 일로, 고구려가 지상에 건국된 최초의 국가였다는 것을 의미한다. 그렇게 고구려의 건국을 역사적 시점으로 표현하지 않고, 「비문」의 시간을 「석」과 「구(旧)」로 구별하면서 고구려가 건국된 시점을 「석」으로 한 것은, 고구려의 건국을 천지창생 후의 최초에 위치시키는 「비문」의 방법이었다. 또 그것이 「비문」에 중국이 참여할 여지를 두지 않는 방법이었다.

「비문」은 「백잔」이나 신라 동부여 등의 주변국을 「구시속민(旧是属民)」이나 「구시추모왕속민(旧是鄒牟王属民)」으로 표현하여 고구려가 건국된 당시부터의 속국으로 취급하고 있는데, 그것은 역사적 사실로는 설명이 되지 않는 이야기다. 그 같은 내용이 역사적 사실이 아니라는 것은 「비문」을 구성한 자도 잘 알고 있었을 것이므로, 그것의 진실 여부를 확인하려는 노력보다는 그 같은 허구를 기술한 의도를 파악하는 것이 중요한 일이다. 사실적 내용에 그 같은 허구적 요소를 혼재시키는 의도는, 독자적인 천하관을 성립시키기 위한 「비문」의 방법으로 보아야 한다.

5) 천하질서와 조공

「비문」은 백잔이나 신라·동부여를 고구려의 주변국으로 기록하고 있다. 「비문」이 사실과는 달리 백잔과 신라를 「구시속민」으로, 동부여를 「구시추모왕속민」로 기록하여, 모든 나라들을 고구려의 「속민」으로 위치시키고 있다. 그것을 어떻게 보아야 할 것인가. 그저 허구로만 보아야 하는 것일까. 그러나 그것은 단순한 허구가 아니라, 고구려를 천하의 중심에 위치시키기 위한 방법, 고구려 이외의 나라들을 주변국으로 위치시키는 기술의 방법으로 보아야 한다.

고구려가 제국을 주변국으로 한다는 것은, 고구려가 그 나라들한테 조공을 받는다는 사실, 그 나라들이 조공하지 않으면 정토한다는 사실, 또 그 정토가 조공을 서약하는 것으로 종료된다는 사실로 확인되는 일이다. 모든 정토가 조공을 원인으로 한다는 사실은, 고구려의 주변국과의 관계가 조공을 매개로 한다는 것, 그 세계의 질서가 조공을 매개로해서 유지된다는 것을 의미한다.

고구려의 정토가 조공을 매개로 한다는 것은, 「비문」에 기술된 「유미조공(由未朝貢)」이나 「조공」 등의 표현으로 확인할 수 있는데, 조공을 매개로 하는 정토는 조공을 다시 서약하는 것으로 종료된다. 이처럼 주변국들이 원래부터 고구려의 복속국이었고, 조공을 매개로 하여 정토전이 시종한다는 사실은, 주변국이 고구려가 건국될 당시부터 속국이었다는 사실과 고구려가 정토를 통하여 새로 확장한 영토가 없다 는 것을 의미한다. 광개토왕은 광대한 영토를 확장한 왕이었기 때문에, 광개토왕의 정토로 확장된 영토가 없다는 주장을 받아들이기 어려울 것으로 생각하나, 적어도 「비문」의 기록은 그렇다.

주변국이 「구시속민」·「구시추모왕속민」이었다는 것은 추모왕대부터 그 주변국들이 고구려의 「속민」이었다는 것을 의미한다. 그리고 광개토왕의 정토가 조공을 매개로 하여 시종한다는 것은, 그것이 영토의 확장을 목적으로 하는 것이 아니라, 기존질서를 유지시킨다는 차원에서 이루어졌다는 것이 된다. 원초적인 속국이 질서를 위배하였기 때문에 실시한 정토가 질서를 회복하는 것으로 종료된다면, 새로 확장한 영토는 없기 마련이다.

질서의 척도인 조공을 하지 않는 것은, 기존의 질서를 위배하는 일이기 때문에, 고구려는 정토하여 그 질서의 원상을 회복시키지 않으면 안 되었다. 그렇게 하여 천하의 원상을 유지시키는 것이 천하의 중심에 위치하는 고구려의 책무였다. 조공 자체가 고구려의 질서를 준수한다는 의무를 지고 있다는 것을 의미하기 때문에, 고구려가 조공하지 않는 주변국을 정토한다는 것은, 이미 고구려의 질서로 통치되고 있는 나라를 상대로 하는 일이기 때문에, 그것의 승패에 관계없이 새로 확장한 영토는 없기 마련이다.

그처럼 주변국들이 추모왕대부터 고구려의 속민이었다면, 「비문」의 천하는 추모왕에 의해 완성된 셈이다. 후손들은 그 천하를 계승하여 통치하고 있는 것에 지나지 않는다. 그 천하의 질서가 주변국에 의해 깨지면, 천제의 후손들은 정토하여 원상을 회복시켜야 했다. 그것이 천하를 주재하는 통치자의 임무였다. 그 같은 성질의 정토를 영토의 확장과 연계하는 것은, 역사적 사실을 선입견을 바탕으로 하는 「비문」의 접근이라고 말할 수 있을 것이다.

그처럼 어떤 객관적 사실을 근거로 하여 접근하는 것은 「비문」을 떠난 노력에 불과하다. 따라서 「비문」의 정토활동은 광개토왕에게 한정되는 것이 아니라, 왕통을 계승하는 모든 고구려왕이 행하는 통치내용을 상징하는 기록, 또는 전형으로 보아야 한다.

그 같은 사고를 바탕으로 해서 접근할 때, 「비문」이 역사적 사실을 기록한 사료가 아니라는 것이나, 유사한 내용을 전하는 타기록과 동일하게 취급해서는 안 된다는 사실도 알게 된다. 결국 「비문」은 일정한 자체논리를 바탕으로 해서 구성된 독자적인 텍스트로 보아야 한다. 그러한 인식이 「비문」의 이해에 절실히 요구되는 조건이다.

6) 자료의 비교기준

그런 점에서 말하자면, 왕건군[31])이 『삼국사기』의 이해에 「비문」의 「북부여」를 접목시켜, 그곳의 「동부여」를 「기구도其旧都(사칭구부여즉동부여史称旧夫余 即東夫余)」라고, 북부여와 동부여를 동일시한 것이나, 임기중[32])이 「비문」의 「천제지자」를 『삼국사기』의 해모수(解慕漱)와 동일시하여, 추모왕을 「(그의 부는) 천제의 아들이었다」라고 설명한 것은 이해할 수 없는 일이다. 그것은 「비문」과 『삼국사기』를 아무런 기준도 없이 대응시켜 합성한 것으로, 「비문」의 텍스트로서의 논리를 전혀 고려하지 않은 결과라고 말할 수밖에 없다. 다른 텍스트를 아무런 기준도 없이 대응 보완시켜 소기의 결과를 도출해내려는 식의 노력은 텍스트를 이해하려는 정당한 방법이라고 할 수 없다.

그런 방법이 아니라 각 기록의 특성을 바탕으로 해서 이해하려는 노력과 방법이 필요하다. 「비문」이 자체의 논리를 바탕으로 해서 성립되었다면 다른 기록들도 그러하다는 사실을 먼저 인식하고 접근해야 할 것이다. 그럴 경우, 기록들이 보이는 유사점을 중시하고, 그것들을 대응시키고 보완시키는 방법으로 소기의 결론을 도출해내려는 노력이

---

31) 王健群 林東錫역 전게주12, P.296.
32) 林基中 「한국에서 호태왕비의 탁본과 비문연구」『광개토호태왕비연구100년』(고구려학회, 1996년), P.200.

각 기록의 특성을 무시하게 된다는 사실을 알게 될 것이다.

모든 기록이 자체논리를 바탕으로 해서 구성된다면, 그 논리는 일부분이 아니라 전체에 일관되게 적용되며 통어하기 마련이다. 그처럼 일정한 논리가 전체를 일괄적으로 통어하고 있다면, 어떤 의미가 부분에 한정되는 것이라면, 그것은 재고되어야 할 의미이다.

「비문」의 이해는 그것을 성립시키는 자체논리에 따라, 전체의 의미를 파악하는 형태로 이루어져야 한다. 만일 부분은 충족시켜줄 수 있는 의미라 해도, 그것이 전체적인 흐름과 모순을 이룬다면 그것은 바른 의미라 할 수 없다. 그런 의미에서 「비문」이 이야기하는 의미는 전체적인 구조 속에서 파악되어야 한다. 그래야만이 전체의 의미와 더불어 전체가 포함하는 부분의 의미도 이해할 수 있을 것이다.

전체와 부분이 모순을 이루지 않아야 한다는 것은, 전체가 부분의 의미를 존재하게 해주는 것, 부분이 전체를 가능하게 한다는 것을 의미한다. 「비문」이 스스로를 가능하게 하는 것은 소재의 집적(集積)이 아니라, 그 전체로서의 구조와 논리를 갖는 것으로 가능하게 된다. 중요한 것은 「전체가 부분에 편재(遍在)한다」[33]는 것으로, 부분이 전체에 의해서 부분일 수 있다는 것이다.

부분에 사로잡혀, 그것을 유사기록이나 어떤 사실(事実)과 결부시켜 사실(史実)을 추구하여 역사로 환원시킨다 해도, 그것이 「비문」의 바른 이해로 이어지는 것은 아니다. 「비문」이 자체논리에 입각하여 구성된 이상, 그 논리에 따라 이해되어야 한다는 것은 당연한 일이다. 따라서 「비문」을 바르게 이해한다는 것과 그곳에서 특정한 사실을 구해낸다는 것은 차원이 다른 이야기다. 본서는 종래의 연구에 대한 비판과 본서의 입장을 분명히 한다는 입장에서, 부분은 전체에 편재한다는 사실을 염두에 두고 「비문」에 접근한다는 사실을 명확히 해둔다.

---

33) 西郷信綱「古事記를 읽다」『古事記注釈』1(平凡社, 1975년). P.20

7) 구성자의 의도

전체와 부분의 통일성에 입각하여 구성된 「비문」을 이해하는 데 있어, 「비문」이 직접 이야기하는 내용 이상으로 중요한 것은 그것이 작성된 시대적 상황과 작성자의 의도다. 「비문」이 광개토왕의 훈적을 후세에 알리는 것을 목적으로 한다는 것이 일반적인 인식이다. 그러나 「비문」이 광개토왕의 모든 훈적을 기록하는 것이 아니라, 선별된 내용으로 구성되었다는 사실을 생각하면, 꼭 그렇게 말할 수만도 없는 일이다.

「비문」이 일정한 목적이나 자체논리에 입각하여 구성되었다는 점을 고려하면, 그곳에서 꼭 읽어내야 할 것은 그것이 작성되어야만 했던 필요성과 그 필요에 응하여 「비문」을 구상하고 작성한 사람의 의도이다. 그런데도 종래의 연구는 광개토왕의 훈적을 확인하는 작업에 몰두하여, 「왕비」를 건립하고 「비문」을 구상했을 장수왕의 의도는 간과하고 있었다.

사실의 기술로 생각하는 「비문」의 제2부는 광개토왕의 정토활동을 주 내용으로 하고 있는데, 그것을 광개토왕 개인의 훈적으로 인식하고 광개토왕에게 한정하여 사실화하려는 것이 지금까지의 일반적인 연구의 형태였다. 그러나 그것이 신화적으로 추모왕의 출자와 건국을 이야기 하고, 광개토왕을 추모왕의 「17세손」으로 명기하여, 천제의 후손으로 위치시키고 있다는 사실을 생각하면, 그것을 광개토왕에게 한정시킬 수 없는 일이다. 「비문」이 광개토왕을 추모왕을 매개로 천제의 후손으로 설정한 것은, 혈통으로 추모왕과 광개토왕의 동질성을 확인하려는 「비문」의 방법으로 보아야 한다.

그리고 그 같은 대응으로 동질성을 확인하는 일은, 추모왕이나 광개토왕의 칭송만을 목적으로 하는 것이라고는 말할 수 없다. 오히려 그것은, 그 혈통을 계승하여 현세의 통치에 임하고 있는 현왕, 즉 「비문」을 구성한 장수왕의 칭송을 궁극의 목적으로 한다고 보아야 할 것이다. 「비문」이 혈통을 매개로 추모왕과 광개토왕을 동질화 시키면서, 광개토왕의 훈적을 나열하고 있는 것은, 그 훈적들을 광개토왕에게 한정시키는 것이 아니라, 천제의 혈통을 계승한 후손이 세운 훈적을 이야기하여, 그것을 왕통보의 권능으로 일반화시키고, 그 왕통보를 계승한 후손이라면 누구라도 실현할 수 있다는 가능성을 제시한 것으로 보아야 한다. 다시 말하자면, 「비문」은 광개토왕의 훈적으로 왕통의 권능을 확인하고, 그것을 왕통에게 공유시키고 있는 것이다.

천제의 후손이라는 점에서는 광개토왕이나 장수왕은 동일하다. 그 구체적인 것이 광개토왕을 「천제지자」나 「황천지자(皇天之子)」의 「17세손」으로 표현한 것이다. 그 표현은 천제(황천)의 권능이 시조 추모왕에게 전이되고, 또 그것이 혈통적으로 광개토왕이나 장수왕 등의 후손에게 전이된다는 사실의 확인이었다. 다만, 장수왕의 경우에는 「18세손」에 해당된다는 차이가 있을 뿐이다. 따라서 「천제지자」의 후손이 수립했다는 훈적이란 혈통적으로 전이되는 천제의 권능을 바탕으로 해서 이룰 수 있었던 것, 그래서 동질적이라고 말할 수 있는 것이다. 천제의 혈통을 축으로 하는 왕통보의 의미와 목적이 거기에 있다고 보아야 한다. 「비문」은 그렇게 해서, 「비문」이 이야기하는 훈적을 선조와 후손에게 공유시킨다.

그 같은 훈적의 공유는 조상과 후손의 동질성을 확인하는 방증으로, 「비문」이 기술한 훈적의 의미를 보다 분명하게 해준다. 백잔 신라 등이 추모왕대부터 고구려의 속국이었다는 사실은 광개토왕의 정토활동이 영토확장을 위한 것이 아니라, 계승받은 천하의 원상(原象)을 유지하기 위한 활동이었다는 것을 의미한다. 「비문」의 훈적이 정토활동을 중심으로 기술되어 있기 때문에, 영토의 확장이라고 생각할 수도 있겠으나 그 대상이 건국 당시부터의 속국이었다는 사실을 생각하면, 그것은 영토의 확장이라고 말할 수 없다. 그것은 기존질서를 유지하기 위한 통치활동에 지나지 않는다.

8) 3부 구성의 비문

「비문」의 전체상을 3부 구성에 입각하여 말한다면, 그것은 조상의 후손수호와 그것에 대한 후손의 보은의례를 축으로 하고 있다고 말할 수 있다. 제1부에서는 천제와 시조의 혈연관계와 그 혈통으로 이어지는 왕통보의 소개, 그리고 천제의 수호를 통하여 조상의 후손수호를 확인하고 있다.

제2부는 광개토왕의 훈적을 이야기 하는 부분으로, 신화적인 왕통의 권능이 현실적으로 이루어질 수 있는 가능성을 시사한다. 또 그것은 조상의 수호가 후손들의 통치를 보장한다는 사실까지도 의미한다. 제3부에서는 조상의 그러한 수호와 보장에 대한 후손의 보은의례를, 후손의 수묘활동을 통해서 이야기한다. 그러한 보은의례가 조상의 수호를 지속적으로 보장받는 방법이었던 것이다.

이처럼 제1부에서 조상과 후손간의 혈통관계를 확인하고, 제3부에서 조상에 대한 후손의 의례를 확인하고, 제2부에서 조상의 훈적을 나열하는 것은, 그 훈적의 의미를 조상의 수호와 연계하고 있다는 것을 의미한다. 즉 제1부의 조상의 후손수호에 대한 보은의례로, 제3부에 기술된 내용과 같은 수묘의례를 행하고 있었기 때문에, 제2부에서 이야기하는 것과 같은 훈적이 가능했다는 것이다.

이처럼 3부의 유기적인 관계를 가지는 「비문」을, 그 전체적인 구성을 감안하지 않고, 필요로 하는 부분의 의미에 집착하며 접근하게 되면, 그것이 이야기하려는 본래의 의도를 제대로 파악할 수 없게 된다.

「비문」을 본격적으로 연구하기 시작한 일본은 그것의 본래 의미보다는 자국과 유관한 기록에서 자국에 유리한 결론을 도출해내는 것을 목적으로 하였다. 말하자면, 그곳에 기록된 「왜」를 어떻게 해석할 것인가가 최대의 관심사였다. 일본은 「비문」의 내용이 당시 추진하고 있던 조선병합 정책과 잘 어울리는 것으로 판단하고[34], 그 정당성을 「비

---

34) 末松保和「解說高句麗好太王碑硏究」(『歷史敎育』7~4, 1959년). 『朝鮮史著作

문」에서 구하려 하였다. 그러한 시대적 요구에 응하는 식의 연구가, 그곳에서 사실(史実)을 도출해내려는 연구자세를 초래하여, 사실의 추구에 집착하는 연구가 주류를 이루게 된 셈이다.

그렇게 해서 도출된 결과를 어떻게 받아들일까. 그것은 민족에 따라 그 평가도 다르다. 그것으로 침략의 정당성을 확보했다고 생각하는 일본과 한국의 반응이 같을 수는 없는 일이었다. 그 결과를 둘러싸고 한일간에 논쟁이 전개되는 것은 당연한 일이다.

일본이, 왜가 백잔과 신라를 「신민」으로 삼았다는 식으로 「신묘년」조의 해석을 내놓으면서부터, 그 연구는 사실을 추구하는 방향으로 치우치게 되었다. 그것에 한국이 반발하는 것은 당연한 일이었다. 한국은 일본이 내놓은 주장을 부정하며, 고구려가 우위를 차지한다는 주장을 제시하였다. 그렇게 해서 시작된 논쟁은 상호를 부정하면서 반복될 뿐이었다. 그러는 사이에 연구는 「비문」을 떠나, 「비문」이 이야기하지도 않은 사실을, 「비문」을 빙자하여 추구하는 방향으로 흐르게 되었다.

그처럼 동일한 「비문」을 해석하는데 있어, 서로 상반되는 견해가 제시되고, 그 주장을 입증하려는 연구와 논쟁이 반복되는 것은 그것을 구성하는 자체 논리를 감안하지 않은 접근방법에 원인이 있다. 사실을 추구하는데 급급하여 그것을 성립시키는 자체논리에 입각하는 연구가 아니었다는 것을 생각하면, 그것은 일어날 수밖에 없는 현상이다. 그래서 「비문」의 자체논리를 존중하고 그 논리에 입각하여 연구하려는 의식이 필요하다.

集3・고구려와 朝鮮古代史』(吉川弘文館, 1996년), P.128.

3 사실화의 인식

1) 비문의 사실화

1883년에 사코우카게아키(酒匂景信)가 쌍구본을 구하여 일본으로 가져가자, 그것을 바탕으로 하여 해군성군사부의 아오에히데(青江秀)가 『동부여영락대왕비명해(東夫余永樂大王碑銘解)』35)를 집필하고, 육군참모본부의 요코이타다나오(横井忠直)가 『고구려고비(高句麗古碑)』를36) 집필하였다. 그것이 본격적인「비문」연구의 시작이었다.「비문」의「신묘년(辛卯年)」조에 각별한 관심을 보인 요코이타다나오는,

> 신묘년, 이것은 간지의 칭으로, 연월을 말하지 않는다, 그래서 그것이 과연 몇 년을 말하는지 자세하지 않다. 그렇지만, 이 비문의 앞에 영락(永樂) 5년의 을유(乙酉)가 있고, 뒤에 6년 병신(丙申)이 있는 것을 생각하면, 이 신묘년 역시 영락의 신묘년이기 마련이다. 영락의 신묘년이란, 즉 영락 원년이다. 영락 원년은 진(晋)의 태원(太元)16년으로, 우리 닌토쿠천황(仁德天皇) 어우(御宇) 79년이다. (중략) 생각하건데, 이 비문이 백제신라구시속민(百済新羅旧是属民) 운운이라고 말하는 것은, 우리 병(兵)이 바다를 건너(渡海) 두 나라(二国)를 신민(臣民)으로 한 것은, 이 신묘년의 해(歲)에 시작으로 하는 것과 닮아있다.

라며,「비문」의 내용을 일본의 고기록『고사기(古事記)』나『일본서기(日本書紀)』의 내용과 비교하여 사실을 추구하려 하고 있었다. 그처럼「비문」의「신묘년」을 자국의 고기록과 비교하는 것은, 그것에 사실성을 부여하여, 그것들이 이야기하는 내용까지도 사실로 인정시키려는 의도였다. 즉「비문」을 근거로 하는 고기록의 사실화였다.

「비문」을 근거로 고기록을 사실화하고, 그것을 근거로「비문」의「신

---

35) 青江秀(『東夫余永樂太王碑銘之解』, 1884, 国立国会書館蔵)
36) 横井忠直(『高句麗古碑考』, 1884, 東京都立日比谷図書館蔵)

묘년」조를 사실화시키는 것이었다. 그렇게 「비문」이 이야기하는 시대부터 백제와 신라가 왜의 속민이었다는 내용을 사실로 정착시켜, 다시 그것을 근거로 하여 일본이 우위를 차지하는 한일고대사를 설정하려 하였다. 또 그러한 노력이 일본의 의도대로 일정한 성과를 거두어, 고대부터 일본이 한반도를 통치하였다는 주장이 상당기간은 고대사 전반을 통어하기도 하였다.

1889년에 발간된 「왕비」의 특집호 『회여록(会余録)』에 「비문」이 공표되자, 그것을 계기로 연구가 활발하게 이루어졌다. 그 연구자 중의 한 사람으로, 역사학계의 제일선에서 활약하고 있던 칸마사토모(菅政友)는 공간된 「비문」을 바탕으로 하여 고증을 전개하는데, 그곳의 「이위신민(以爲臣民)」의 부분을,

> 이위신민이란, 앞의 백잔신라(百残新羅)의 2국을 받아서 말한 것으로, 아래에 이위노객(以奴客爲民)이라고 보이는 민(民)이 신라를 가리킨다는 것을 생각하면, 여기에 위신민(爲臣民)이라고 있는 신(臣)은 백잔이고, 민(民)은 신라에 해당하여, 원래부터 이국(二國)을 각각 구별하고 있었다.

라고 해석하여, 「비문」의 「신민(臣民)」을 「신(臣)」의 백잔과 「민(民)」의 신라로 구별하여 설정하였다. 이것은 백잔과 신라가 당시에 왜의 속민(属民)이었다는 사실을 전제로 하는 주장이었다. 이러한 주장에 대해서는 약간의 의문이 제시되기도 하였으나, 그 의문이 당시의 흐름을 역류시키거나 저지시키지는 못하였다.

같은 취지의 의견이 연구자들 사이에 되풀이 되면서, 왜가 조선남부를 속민으로 하여 통치했을 것이라는 요코이타다나오(橫井忠直)의 주장은 한일고대사의 조설(祖説)을 이루기에 이르렀다. 그러면서 「비문」 연구의 원형도 이 초기 단계에서 정형화되게 되었다. 그것은 타케다유키오(武田幸男)가 「일본 역사학의 진보에도 불구하고 요코이가 정시

(呈示)한 해석의 큰 틀을 벗어나는 제언이 없는 체, 그저 통설을 조술(祖述)해 왔다」라고 말한 그대로였다.

그 요코이타다나오는 1884년에 일본어(和文)로 두 종류의 「고구려고비고(高句麗古碑考)」를 쓰고, 1888년에는 한문으로, 3편의 「고구려고비고」를 썼으며, 1889년에는 그 중의 하나를 『회여록』제5집에 발표하였다. 발표한 그 일련의 논문들의 명제는 동일하였으나, 집필을 되풀이해나가는 것과 더불어 한국역사에 대한 의식, 편견이라고 말할 수밖에 없는 그의 의식이 노골적으로 나타나기 시작한다. 1888년에 쓴 논고에 이르면 「한사(韓史)」에 대한 편견이 한층 노골적이다. 그것은 불신이라기보다는 비난으로 변해 있었다. 그리고 『회여록』에 이르러서는 「한사에 오류가 많다」라는 의견을 태연히 밝힐 정도였다.

예를 들자면 『삼국사기』 등이 고구려의 시조를 추모가 아니라 주몽(朱蒙)으로 기술하고 있는 것을 지적하며, 「한사」에 「추모왕」에 대한 기록이 없는 것은, 조선에는 난세가 계속되어 시조나 중조의 이름을 사람들이 잊어버렸기 때문이라고 단정하였다. 그래서 『삼국사기』 등은 신용할 수 없다 라며 비난하고 있었다. 그렇게 「한사」를 비난하는 그이지만, 일본에 관한 것이 되면 정반대의 태도를 취한다. 일본인들은 「조상을 중시하여, 국체는 존엄하고, 조상의 공적 혈통을 중시하기 때문에, 신민이 되려고 귀화해 오는 것이다」라는 식으로 칭송하여 미화하고 있었다.

2) 한국사 인식

그러한 요코이타다나오의 주장을 사에키아리키요(佐伯有清)는 당시에 벌어진 기년논쟁(紀年論争)에서 『일본서기』 등의 고기록에 대한 평가가 아주 낮은 것에 비해, 『삼국사기』・『동국통감(東国通鑑)』 등의 「한사」에 대한 평가가 높은 것에 대한 반발이고, 보수반동들을 대변한 사고라고 단정하였다. 당시에는 『일본서기』의 내용을 사실로 보고, 그것을 근거로 해서 일본사를 정립하려는 움직임이 거세게 소용돌이 치고 있었다. 그 흐름에 따라 「한사」를 불신하거나 부정하려는 논조는 그 이후에도 참모본부의 주도로 더욱 더 치밀하게 추진되고 있었다. 그런 흐름을 대표하듯 칸마사토모는,

> 한사(韓史)는 모두가 아주 후세에 이루어진 것이라, 오류가 아주 많기 때문에 주로 하여 이야기할 수 없고, (중략) 한사는 믿기 어려운 것이 많기 때문에 의심하지 않을 수 없다37).

라고 오류가 많은 「한사」이기에 믿을 수 없다고 단정하고 있었다. 그런데 그러한 견해는 요코이타다나오의 주장, 즉 요코이타다나오가 「고구려고비고」를 통해서 이야기한 「한사」에 대한 비난과 불신에서 영향을 크게 받은 것이 틀림없다. 그것은 칸마사토모 스스로가 논문의 말미에서 「본회원 요코이타다나오군이 육군참모본부에 봉사하며, 일찍이 이 고비를 얻어 이것을 고증하여, 고(稿)를 쓴 것이 3·4편이 된다한다. 본고도 많은 것을 그것에서 취하였다」라고 밝히고 있는 것으로 확인되는 일이다. 이처럼 칸마사토모의 주장이 요코이타다나오의 의견에 영향 받았다는 것은, 그처럼 「한사」를 비하하려는 의식이 당시에 주류를 이루고 있었다는 것을 의미한다.

그에 반해 나카미찌요(那珂通世)는38) 일방적으로 「한사」를 부정하는 시류에 의문을 표하여, 「고사의 기년은 사가의 망찬(妄撰)으로 된 것이다」라고 말하며, 『일본서기』의 기년은 사가의 작위에 불과하다는 사실을 지적하고, 오히려 그 기년은 「한사」를 근거로 해서 증명해야 한다는 주장을 폈다. 그러면서 일본의 고사보다는 「한사」를 신용해야 한다는 주장까지 폈다.

또 아베코우조우(阿部弘蔵)는 신공황후(神功皇后)가 삼한을 정벌했

---

37) 菅政友 「高句麗好太王碑銘考」 『史学会雑誌』 22(사학회, 1891년 9월), P.26.
38) 那珂通世 「日本上古年代考」 『文』 1~8·9(知性社, 1888년).

다는 기사를 근거로 하는 기년에 「신(信)을 놓기 어렵다」라며 일본의 고기록의 사실성에 회의를 나타냈고39), 요시다토우고(吉田東伍)는 고기록에 기재된 연수의 의미를, 「그야말로 후세 사가의 망찬」으로 단정하고, 그것을 다시 감싸서는 안 될 것이라는 경계성 의견까지 밝힌다. 그리고 잘못은 「한사」가 아니라 『일본서기』 등에 있는 것이라 했다40).

오찌아이나오스미(落合直澄)는 더 나아가 「만일 세상에 한사가 없다면, 천만세가 흘러도 우리 역사의 기년을 정정하고 그 사실을 밝히는 것이 불가능하다」라고, 「한사」의 기록으로 일본기록의 실질도 검증할 수 있다는 의견을 제시하였다41). 그처럼 자국의 고기록보다 한국의 「한사」를 더 신용해야 한다는 주장들이 제시되는 것을 계기로 하여 본격적으로 시작된 것이 일본의 기년논쟁이었다.

「비문」에서 사실을 구하고, 더불어 자국의 고기록들이 전하는 신화적 내용들까지 사실로 인정하여, 자국이 우위를 차지하는 한일고대사를 구축하려는 목적이 초래한 것이 기년논쟁이다. 그처럼 현실의 요구에 부응하여 추진되는, 현실을 정당화시키려는 목적을 갖는 연구에 있어서, 자국에 이로운 사실의 기록으로 해석할 수도 있는 기록을 사료로 보려는 움직임은, 어쩌면 당연한 일이었는지도 모른다. 그런 사고에서는 자국에 이로울 것 같은 내용의 기록으로 보이는 부분이 중요하기 마련이다. 비록 부분이 전체의 의미와 모순을 이룬다 해도 그것은 문제가 아니었다. 그런 사고를 바탕으로 하는 것이 기년논쟁이었고, 그것은 「비문」을 연구하는 도중에 발생한 고기록을 사실화하려는 의도의 일환이었다.

그러나 「비문」은 사실적인 기록만이 아니라 도저히 사실로 인정할 수 없는 신화적인 내용도 포함하고 있다. 그럼에도 「비문」에서 사실의

---

39) 阿部弘蔵 「征韓考」 『文』 1~11(知性社, 1888년), P.156.
40) 吉田東伍 「那珂씨연대고에 의해 정한의 연대를 증명한다」 『文』(知性社, 1888년 10월), P.222.
41) 落合直澄 「韓史論」 『帝国紀年私案』(金港堂, 1888년), P.211.

추구를 목적으로 하는 연구자들은 그 신화성이 가지는 의미를 인정하는 여유를 가지지 못한다. 그처럼 신화성의 의미에 무관심한 채 기년 논쟁을 전개하는 그들은, 사료로 인정하는 「비문」에서 사실을 추구해 낼 수 있다고 인식하고 있었다. 그래서 「한사」를 비난하는 측이나 「한사」를 신뢰하려는 측이, 고대의 일정한 시기에 한국을 지배했다는 일본고대국가의 존재를 「비문」에서 확인하려 했다는 점에서는 차이를 보이지 못했다.

3) 한국인의 연구

이에 반하여 한국은 「왕비」가 자국의 유물이라는 사실조차 모르고 있었다. 1830년에 편집된 『강계읍지(江界邑誌)』를[42] 보면, 당시의 조선인들은 「왕비」를 금나라 황제의 석비로 인식하고 있었다. 그러한 당시에 일본은 이미(1883년) 「비문」을 입수하여 그것을 근거로 해서 조선을 침략하고, 그것을 바탕으로 대륙으로 침략의 범위를 확대시켜 나갈 계획을 수립하고 그 정당성을 구축하려 하고 있었다.

그 후에 간행된 『증보문헌비고(增補文獻備考)』에[43] 「비문」이 수록되기도 하고, 『황성신문(皇城新聞)』이나 『서북학회월보(西北学会月報)』[44] 등에도 「비문」이 소개된 것을 보면, 「왕비」의 정체를 알고 관심도 가지게 되었던 것 같다. 신채호[45]가 고구려의 유적지를 답사하며 「왕비」에 관하여 언급한 것을 보면, 한국인들에 의해 본격적인 연구는 이루어지지 않았으나, 「왕비」나 「비문」의 존재를 인식하고, 그에 대한 관심도 가지기 시작했다는 것은 분명하다. 「비문」의 존재를 알면서도 그것에 대한 연구에 충실할 수 없었다는 것이, 당시의 한국이 가지는 한계이고 불행이었다.

---

42) 『江界邑誌』(純祖庚寅(1830년編)
43) 『增補文獻備考』권36 与地考24.
44) 『皇城新聞』1905.10.31~11.6일. 『西北学会月報』1~9(1909.2)
45) 申采浩 『조선상고사』상(삼성문화재단, 1979년), P.211.

한국 측이「비문」의 연구에 참가할 수 있었던 것은, 그 연구를 중국인들이나 일본인들이 독점하여 70여년이나 지나, 그것에 대해 일정한 통설이 정착된 후 부터였다. 그런 상황에서, 종래의 통설을 부정하며 독자적인 의견을 발표한 것이 정인보(鄭寅普)이다. 정인보는 1955년에 일본학계의 전통적인 해석을 비판하고, 고구려나 백제의 세력을 높이 평가하는 해석을 제시하였다. 그는 한문으로 쓴 논문에서「신묘년」조를 다음처럼 해석하였다[46].

> 百残新羅 於太王 俱為属民 而倭則甞来侵句麗 句麗 亦甞渡海往侵 交相攻 而百残 乃通倭為不利於新羅 太王以為 此 吾臣民也 曷敢爾哉 於是 躬率水軍而行也
> 백잔과 신라는 태왕에게 있어서는 모두 속민이다. 그리고 왜는 자주 고구려에 내침하고, 고구려도 역시 바다를 건너 (왜에) 왕복하며, 서로 공격하였다. 그리고 백잔이 왜와 통하였기 때문에, 신라는 불리한 정세가 되었다. 태왕은 백잔도 신라도 자신의 신민인데 어찌하여 이러한 짓을 하는가라고 생각하였다. 이리하여 태왕은 스스로 수군을 이끌고 출진하였다.

이는 종래 일본인들이「왜」가 주역을 행하고,「백잔」이나 신라를 왜의 속민으로 인정하는 통설을 부정하는 획기적인 의견이었다. 이를 계기로 한국인의「비문」연구가 비로소 시작되었다고 말할 수 있다.「왜」를「신묘년」조의 주역으로 설정하는 종래의 연구와는 달리 고구려를 주역으로 설정한 것은,「비문」이 고구려인이 구성한 것이라는 점을 감안하면 극히 당연한 일이었다. 그처럼 당연한 인식을 바탕으로 하는 주장이 제기되어,「비문」해석을 둘러싼 진정한 논쟁이 가능하게 된 것이다. 그런 면에서 정인보의 연구가「비문」연구의 진정한 시발점이

---

46) 鄭寅普「広開土境平安好太王陵碑文釈略」『庸斉白楽濬博士還甲記念国学論輯』(연세대학교, 1955), P.674.

었다고 말할 수 있는 것이다.
 그러나 정인보의 주장은 「비문」에 없는 자를 보족(補足)하고, 또 결락(欠落)되거나 아직 어떻게 읽어야 할지가 확실하지 않은 자들을 주관적으로 상정하여 작성한 해석이라는 비난을 받기도 한다. 즉 정인보는 본문에 없는 「고구려」·「태왕」·「왜」 등의 주어나 술어를 삽입하여, 고구려를 주역으로 설정시키며 「비문」을 해석하려 하였다.
 그것은 「백잔」과 신라가 고구려의 「속민」이라는 것, 「신묘년」에 왜가 침략해왔기 때문에 고구려가 바다를 건너(渡海) 왜를 격파했다는 것, 「백잔」이 왜와 연합하여 신라를 침공했기 때문에 고구려가 도해하여 「백잔」을 쳤다는 내용이었다. 그 해석은 왜의 활약을 강조해온 종래의 통설과는 달리 고구려가 주도적 역할을 수행한다는 내용이다.
 이후 고구려를 주역으로 설정하는 주장은 정인보설을 조형(祖型)으로 하여, 박시형(朴時亨)이나 김석형(金錫亨) 등으로 이어지며 발전하게 된다. 박시형이나 김석형[47]도 고구려를 주역으로 하는 정인보설을 근간으로 하며 자신들의 주장을 새롭게 제시하였다. 박시형은 신묘년조를,

> 왜가 신묘년에 침입해 왔기 때문에, 우리 고구려는 바다를 건너가서, 그것을 격파하였다. 그런데 백제는 (왜를 끌어들여서) 신라를 침략하여, 그것을 자신의 신민으로 삼았다. 이리하여 대왕은 6년 병신에, 몸소 수군을 이끌고 가서 백제를 쳐서 승리하였다[48].

라고, 고구려가 침입해온 왜와, 신라를 침략하는 백제를 쳐서 이긴 내용의 기록으로 보았다. 이는 바다를 건너는 「도해」의 주어를 고구려로 보고, 「파(破)」의 목적어를 「왜」로 보는 해석이었다. 또 김석형은 「비문」의 「왜」를 북구주(北九州)에 사는 백제계의 세력으로 보고 자설을

---

47) 朴時亨저 金浩天역 『広開土王陵碑』(소시에테, 1985년). 金錫亨·조선사연구회역 『고대조일관계사』(勁草書房, 1969년).
48) 朴時亨저 金浩天역 전게주47, P.196.

확립하였다. 북구주에 거주하며 백제에 통제당하는 세력의 「왜」가 고국인 백제의 명을 받고 동원된 것으로 추정한 것이다.

> 이 「왜」는 지금까지 설명한 것에서 생각하면, 당연히 북구주의 백제계의 「왜」로, 고국을 위해 동원된 것일 것이다. 그래서 비문의 논리에서 말하자면, 속민의 위치에서 탈각하기 위하여 (그러나, 사실은 백제가 고구려에 대하여 대공세를 취했기 때문에), 고구려는 수군으로 바다를 건너, 그 왜군의 고국이고, 자신을 위협하는 주된 대상 백제를 격파한 것이었다49).

라고, 북구주의 백제계 세력이 침입해왔기 때문에 그것을 응징하는 방법으로, 그들의 고국에 해당하는 백제를 친 것이라 하였다. 이때 고구려는 백제를 격파하는 것에 멈추지 않고, 신라와 접촉하여, 신라까지 자기편으로 만들었다는 것이다. 즉 고구려왕은 신라왕까지도 「신민」으로 삼은 것이다.

그러면서 김석형은 비문의 과장을 간파하고, 「매우 과장된 표현이나 사실에는 가까운 이야기다」라며, 「비문」의 과장성과 사실성을 동시에 인정하려 하였다. 그러나 그 같은 인식은 『삼국사기』 등의 기록을 바탕으로 하는 것으로, 「비문」을 사료로 보는 종래의 사고를 벗어나지 못하는 것을 그 한계로 한다. 그러면서도 고구려가 주역을 행하는 정인보의 주장을 발전시킨 그의 의견은, 일본학계의 전통적인 해석과는 상반되는 것으로, 일본이 독점하던 연구에 한국인이 참가할 수 있게 되었기에 제기할 수 있는 것이었다.

이처럼 동일한 「비문」의 해석에 있어서, 상반되는 의견이 제기되는 원인은, 원자료에 해당하는 탁본상의 문제에서 기인하는 것으로 생각하는 것이 일반적이다. 그러나 그것만은 아니다. 근본적인 원인이 「비문」을 사실을 기술한 사료로 보고 접근하는 데 있는 것이다.

---

49) 金錫亨·조선사연구회역『고대조일 관계사』(勁草書房, 1969년), P.370.

일본 측은 물론 일본이 정립한 통설을 부정하는 한국 측도 「비문」을 사료로 본다는 점에서는 차이가 없다. 「비문」의 연구에 자유롭게 참가하게 된 한국 측은 그때까지 연구를 독점하고, 그것을 왜곡해 온 일본 역사가들이 정립한 조선사상이나 한일관계사를 비판하고 극복하기 위하여, 왜를 중심으로 하는 해석을 부정하고, 고구려를 중심으로 하는 해석을 제기하려 노력하였다.
　그것은 정당한 일이었고 선결되어야 할 문제였다. 그럼에도 불구하고, 「비문」에 접근하는 방법이 일본의 그것을 답습한다는 점과 「비문」을 사료로 인식하고 접근한다는 점에서, 「비문」의 이해는 태생적으로 한계점을 가지게 되었다. 한국 측의 연구자들은 일본이 정립시킨 통설을 비판하고 부정하는데 많은 노력을 기울였으나, 그 의견을 도출해내는 방법은 「비문」에서 사실을 찾아낼 수 있다고 생각하는, 종래의 일본 연구자들이 갖고 있었던 사고와 다르지 않았다.
　일본 측은 「비문」의 전체적 구조 속에서 「신묘년」조의 의미를 구하기보다는, 「신묘년」조를 「비문」에서 고립시킨 상태에서 그 의미를 파악하려 하였다. 그리고 결국에는 「왜」가 중심을 이루는 고대한일관계를 구축해냈다. 그렇게 구축된 통설을 부정하는 것을 선결 문제로 설정한 한국 측이었기에, 한국 측의 연구는 일본 측이 결론을 도출해낸 방법을 답습할 수 밖에 없었다. 그러면서 결론에 있어서는 상반되는 내용을 도출해내고 있었다.
　그런 점에서, 한국 측의 연구방법이 일본의 그것보다 진전된 것이라고 말할 수는 없을 것이다. 결국 「비문」에서 자국에 이로운 사실을 입증하려 했던 일본과 마찬가지로, 한국도 한국에 유리한 사실을 도출해내기에 급급했다. 그것은 「비문」의 사실화의 패러다임이라고 말해야 하는 규제였다. 「비문」을 사료로 보고 그곳에서 사실을 확인하려는 비문관이, 「비문」의 바른 이해를 저해하는, 스스로를 한계짓는 한계점이었다고 말해야 할 것이다.

4 문장해석에 의한 이해

1) 신묘년조의 신해석

한국 측에 의해, 고구려를 「신묘년」조의 주역으로 해서 해석한 것을 계기로 그것을 둘러싼 논쟁은, 문장을 어떻게 해석할 것인가를 중심으로 해서 이루어지게 되었다. 마에자와카즈유키(前沢和之), 하마다코우사쿠(浜田耕策), 사에키아리키요(佐伯有淸) 등은 「신묘년」조를 「비문」의 제2부에서 어떻게 위치시킬 것인가를 심각하게 생각하였는데, 그러한 노력으로 연구는 새로운 국면을 맞이하게 되었다.

마에자와카즈유키[50]는 「신묘년」조를 6년 이후에 광개토왕이 백제 등을 복속시킨 사정과 그 과정을 분명하게 하기 위하여 삽입한 「삽입문」으로 보고, 그 해에 왜가 백제를 신민으로 삼았다는 것은 사료에서 방증할 수가 없는 것으로 하였다. 그러면서도 「신묘년」조의 주어는 여전히 왜로 보았다. 사에키아리키요[51]는 고구려가 백제를 치고 신라를 신민으로 했다는 사실을 근거로 하여 「신묘년」의 주역을 고구려로 보았다.

타케다유키오[52]는 「비문」의 「귀왕(帰王)」이나 조공 등의 술어가 갖는 의미를 통하여, 당시의 고구려를 중심으로 하는 주변제국의 국제관계상의 구조를 분명히 하려 하였다. 그는 고구려의 국제관계를 이야기하는 「비문」에, 중국에 관한 기술이 없는 것에 반하여 왜에 대한 기술이 빈번한 사실을, 고구려가 남부에 보이는 높은 관심 그리고 왜에 대한 심각한 인식에 의한 결과로 풀이하였다. 이는 고구려가 왜를 중시하였고, 「비문」이 그것을 반영했다는 것으로, 왜가 중심세력을 이루었다는 종래설을 재확인하고 있었다.

---

50) 前沢和之「광개토왕비문을 둘러싼 2·3의 문제점-신묘년 부분을 중심으로」『続日本記研究』159(1972년), P.16.
51) 佐伯有淸『연구사광개토왕비』(吉川弘文館, 1974년), P.275.
52) 武田幸男「신묘년조의 재음미」『고구려사와 동아시아』(岩波書店, 1989년), P.217

하마다코우사쿠[53]는, 종래의「신묘년」조의 해석이 그 일절의 해석에 지나치게 성급하였으며, 그러한 자세가「비문」전체에서 점하는 일절의 위치와 기능을 제대로 파악하지 못하게 한다는 사실을 지적하였다. 그러면서「신묘년」조가 전치문(前置文)이라는 의견을 제시하였다. 그것은「비문」의 기년구조를, 왕 스스로가 정토를 행하는 친정의「왕궁솔(王躬率)」과 왕이 군단을 파견하여 정토하는「교견(敎遣)」으로 분류하고,「왕궁솔」은 반드시 전치문을 동반하지만,「교견」에는 전치문이 없다는 것이다. 그러면서「신묘년」조를「왕궁솔」고유의 전치문으로 보았다.

이 하마다코우사쿠의 전치문설은 종래에 일본이 정립한 통설을 합리화시켜주는 한편, 역설적으로「비문」의 허구설을 주장하는 자기모순에 빠진다는 비판을 받고도 있으니[54],「비문」을 전체적 구조에서 파악하려고 시도한 것은 평가할 만한 일이다. 다만 그가 말하는 전체라는 것이「비문」전체를 의미하는 것이 아니라 제2부에 한정된다는 것이 큰 아쉬움으로 남는다. 그 역시 사실화의 패러다임에서 벗어나지 못했다.

한국 측에 있어서도「비문」의 문연구는 문장의 이해라는 면에서 추진되었다. 천관우[55]는 이진희씨의「개찬설」을「신묘년」조에 적용하여,「래도해파(來渡海破)」의「파(破)」를「고(故)」로 읽으면, 합리적인 해석이 가능하다는 주장을 제시하며, 조선총독부탁본의「파(破)」가「고(故)」로 보인다는 사실을 이야기 하였다. 그러나 조선총독부탁본이 비면에 석회를 바르고 원하는 자를 만들어 탁본을 뜬 것이라는 것을 생각하면, 그다지 신뢰할 수 없는 의견이다. 이형구[56]도「신묘년」조의「래도해(來渡海)」를「불공인(不貢因)」,「왜(倭)」를「후(後)」로 보고,「파(破)」

---

53) 浜田耕策「고구려광개토왕릉비문의 허상과 실상」『일본역사』304(일본역사사, 1973년), P.86
54) 徐栄洙「広開土王陵碑文의 征服記事再検討」상『역사학보』98(역사학회, 1982년), P.10.
55) 千寛宇「広開土王陵碑再論」『全海宗華甲紀念論叢』(일조각, 1979년), P.533
56) 李亨求「広開土王碑文의 소위 신묘년기사에 대하여」『東方学志』29(연세대학교 국학연구소, 1981년), P.41.

의 주체를 광개토왕으로 하고, 결자 부분을 「왜구(倭寇)」로 보았다. 정두희57)는 「비문」에 등장하는 제국을, 비려·후연·동부여의 북방국과 「백잔」·신라·왜의 남방국으로 구분하고, 고구려와 남방 3국간의 관계를 「백잔」 신라는 광개토왕 이전부터의 속국으로 보고, 왜는 「신묘년」에 고구려가 바다를 건너(도해) 복속시킨 것으로 보았다. 정두희는 「신묘년」조를,

  백제·신라는 광개토왕 이전부터 고구려의 속민으로 조공해 왔지만, 왜는 광개토왕 영락6년, 즉 신묘년에야 비로소 고구려가 바다를 도해 파하여 고구려의 위엄에 복속시켰다. 백잔이 신라를 침공하여 그 신민으로 삼았다.

라고 해석하였다. 이는 「왕비」가 광개토왕의 훈적을 칭송하는 것을 목적으로 해서 건립되었다는 인식을 근거로 하는 해석이다. 그러면서 「신묘년」조를 「백제·신라는 광개토왕 이전부터 고구려의 속민으로 조공해 왔지만, 왜는 광개토왕 영락6년, 즉 신묘년에야 비로소 고구려가 바다를 건너 격파하여 고구려의 위엄에 복속시켰다(百殘新羅 旧是属民 由來朝貢 而倭以辛卯年来 渡□破)」의 전반부와 「백잔이 신라를 침공하여 그 신민으로 삼았다(百殘□□新羅 以為臣民)」의 후반부로 구별하여, 전반부를 영락6·8·9·14년조의 서문으로 보고, 후반부를 6년 병신조에 기록된 백제 정복의 원인으로 보았다. 전치문설의 일종이다.

  그러나 전치문설을 제시한 하마다코우사쿠가 「신묘년」조를 「백제와 신라는 이전부터 고구려의 속신으로서 조공을 계속해왔다. 그러나 왜가 신묘년에 바다를 건너 조선반도에 침입하여 백제를 파하고 또한 신라를 토벌하여 그 두 나라를 신민으로 삼았다」라고 풀이한 것을, 「씨는 연대기 하나하나를 독립된 것으로 비문구조를 파악했기 때문에 이

---

57) 鄭杜熙 「광개토왕릉비문 신묘년조기사의 재검토」『역사학보』82 (역사학회, 1979년), P.207.

구절이 대백제·대왜 작전의 전체에 걸치는 문장으로 보지 않았」기 때문이라며 부정하였다58).

그러면서 하마다의 주장이 「비문」의 해석에 있어서 비교적 새로운 의견이나, 종래에 일본인들이 주장한 것과 다를 것이 없고, 그런 면에서 구태의연하다는 평가를 내렸다. 그리고 하마다씨가 「신묘년」조를, 광개토왕의 공적을 찬양하기 위한 것을 목적으로 과장되게 표현된 것이 적지 않다며, 그것의 사료적 가치에 회의를 표했다는 사실을 소개하면서도, 그것에 대한 본인의 의견은 말하지 않았다. 다만 「지나치게 일본인들의 주장을 의식하다가 수묘인조(守墓人条)와 같은 동비상의 주요사료가 망각된다는 것은 실로 애석한 일이 아닐 수 없다」라며, 비문의 사료적 가치를 강조하고 있을 뿐이다.

2) 유미조공

「비문」의 연구가 진행됨에 따라 「신묘년」조에 집착하는 자세를 반성하며, 부분에 집착할 것이 아니라 전체적인 구조를 파악해야 한다는 의견이 여러 곳에서 나오게 되었다. 그것은 「비문」 연구의 진일보라고 생각한다. 그러나 논쟁중인 사안에서 탈출하기 위한 방법이 되어서는 안 될 것이다. 「비문」의 전부가 사실의 기록이 아니라는 것을 생각하면, 하마다씨가 주장한 허구설도 진지하게 생각해 볼 의견이라고 생각한다.

「비문」「유래조공(由来朝貢)」의 「래(来)」가 「미(未)」의 오독이라는 김영만(金永万)은59), 「신묘년」조를 「백제와 신라는 옛날 우리 고구려의 속민이었는데도 조공을 하지 않고, 왜는 신묘년부터 내침하였다」로 풀이하였다. 이 의견을 인정하는 서영수는 하마다코우사쿠가 「비문」의 과장된 표현을 근거로 제기한 허구설을 부정하였다.

---

58) 鄭杜熙 전게주57, P.208.
59) 金永万 「광개토왕비문의 신연구」1『新羅伽倻文化』11(1980년, 신라가야문화연구소), P.23.

서영수(徐栄洙)는60) 「신묘년」조 기사를, 6년의 「백잔」 정토와 8년의 신라 정토전의 수행명분을 나타내는 도론적(導論的) 성격의 전제문(前提文)인 동시에 9년 이후에 기술된 복잡한 남진정복의 사실을 기술한 성격을 함께 지니는 기사로 보았다. 그래서 주된 남진 목표인 백제와 신라를 문두에 두고 있으며, 왜가 부수적으로 나타나는데, 그것도 6년과 8년에 행한 정토전의 대상에는 왜가 포함될 여지가 없다는 것이다.

이 의견에 따르게 되면, 고구려와 왜가 직접 교류하게 되는 것은 영락 10년부터로 보아야 한다. 「백잔」이 고구려와의 서약을 위배하고 왜와 화통하고, 「백잔」과 화통한 왜가 신라의 국경에서 성지를 「궤파(潰破)」하자, 신라가 사자를 파견하여 구원을 요청한 것이 영락 9년이었다. 그리고 그 요청에 응하여 고구려가 「보기 5만」을 파견한 것이 영락 10년이다. 이것이 「비문」이 이야기하는 고구려와 왜의 첫 교류였다.

서영수는 「비문」의 제2부를 11단락으로 나누어, 종래에는 동일기사로 취급한 5년조·8년조·9년조를 둘로 나누었다. 그것은 영락 5년조의 전반부를 비려 정토의 기술로, 후반부를 서북방영토의 순수로 보는 의견이다. 그러면서 왕이 친정하는 비려의 정토임에도, 그 후반부의 기술에는 전치문이 없다는 사실을 지적하며, 이것을 왕궁솔의 경우에도 전치문이 따르지 않을 수 있다는 사실의 실증으로 보았다. 전치문설에 대한 모순점의 지적이었다.

또 영락10년조에 있는 보기 5만을 신라에 보내어 구원하게 했다는 「교견보기오만주구신라(教遣歩騎五万住救)」는, 신라왕이 고구려왕의 노객으로 귀순한 사실을 확인하며 구원을 요청하는 「이노객위민귀왕청명(以奴客為民帰王請命)」에 응한 교견으로 보았다. 그렇다면 교견형도 비록 시간을 달리 해서 기술되지만 정토의 이유를 밝히는 전치문을 갖는 경우도 있는 것이 되어, 전치문이 왕궁솔(王躬率)의 기사에만 동반된다는 하마다코우사쿠설은 모순을 나타내게 된다. 서영수의 주장

---

60) 徐栄洙 전게주54, P.33.

대로라면 전치문을 포함하는 왕궁솔(王躬率)의 기사가「비문」의 정형적 구조라는 하마다코우사쿠의 주장은 재검토되어야 한다.

연민수61)는「신묘년」조를 광개토왕이 출정하는 정당성을 총체적으로 집약한 문장으로 보고,「신묘년」조에 설정된 속민관계는 사적 전제 위에서 기술된 것이 아니고, 광개토왕이 즉위한 후 백제에 대한 열세로부터 반전해서 전승이 거듭됨에 따라, 그때까지 백제에 대한 열세에서 반전한 우월의식, 즉 당시의 현실적 관계가 과거의 역사에 투영되어 이후 태왕의 정토의 명분을 정당화하는 기술체계로 된 것이라 했다.

이것은 광개토왕이 즉위하면서부터 전개된 일련의 백제 정토전을 일개년의 일로 하여, 고구려가 백제·신라와의 조공관계를 확약시킨 시점을 모태로 하여, 속민·조공관계의 역사적 기원을 내용으로 하는 구문을 신묘년조에 위치시키기 위한 허문으로 보는 사고이다. 즉「비문」에 허구가 포함된다는 사고의 표출이다.

「비문」이 백잔 신라를 왜의 신민으로 한 것을 고구려가 옛날부터의 속민(旧是属民)의 땅에 대한 해방전쟁을 수행할 수 있는 명분을 부여하기 위한 허문으로 간주하고, 왜를 고구려 영토권의 외연에 존재하면서 고구려의 남방경영을 방해하는 세력으로 보았다.

이는「비문」이 사실을 기록한 사료라는 생각과,「비문」을 구성하는 방법으로 허구성을 포함시켰다고 생각하는 모순적인「비문」관이다. 그처럼「비문」의 허구성을 인정하면서도 그 의미에 대해서는 말하지 않는 것은 사실의 추구에 급급한 결과라고 생각한다.「비문」의 사실성만을 중시하여, 그곳에서 추구한 사실을 어떻게 위치시킬 것인가에 집착하는 것은,「비문」을 사실화 하려는 패러다임의 문제로 다시 생각해 볼 문제이다.

---

61) 延敏洙「광개토왕비문에 보이는 대외관계」『삼한의 사회와 문화』(한국고대사연구회, 1995년), P.237.

3) 고구려의 천하

「비문」의 이해에 중요한 것은 그것이 이야기하는 천하의 중심인 고구려와 그 주변국의 관계를 어떻게 이해할 것인가이다. 「비문」의 천하는 고구려와 그 주변에 존재하는 비려·백잔·신라·동부여 등으로 구성되어 있어, 왜는 그 천하를 구성하는 주변국에 속하지 않는다. 왜는 천하의 외연에 존재하며 천하의 질서를 파괴하는 이계의 세력, 그래서 배제되어야 하는 세력으로 설정되어 있다. 그 같은 왜의 이질성은 조공을 통해서 확인할 수 있는 일이다.

천하를 구성하는 주변국은 고구려에 조공하는 것을 조건으로 하기 때문에, 주변국이 조공의 의무를 이행하지 않으면 정토당한다. 그리고 그 정토는 주변국이 조공을 재서약하는 것으로 종료된다. 그처럼 정토가 조공을 매개로 하여 시종된다는 것은, 조공이 고구려와 주변국간의 질서를 유지하는 척도였다는 것을 의미한다. 또 그것은 고구려에 조공하는 나라만을 천하의 구성에 참여하는 주변국으로 인정하고 있다는 사실도 의미한다.

또 주변국의 교류는 제한적이다. 조공을 하며 천하에 참여하면서도, 다른 주변국과의 교류는 금지된다. 오직 고구려와의 교류만이 허용된다. 그러한 원칙을 지키는 것이 주변국에게 주어진 의무이다. 만일 그것을 위반하는 주변국이 나타나면, 고구려는 질서를 유지하는 차원에서 정토하지 않으면 안 된다. 그것이 주변국의 조공을 받는 고구려의 책무였다.

고구려는 조공을 받는 대신 그들이 참여하는 천하의 질서를 유지시킬 책임을 진다. 기존의 질서를 잘 유지하는 것이, 조공하고 참여하는 주변국에 대한 종주국의 의무였다. 질서를 위배하는 주변국이 나타나 천하의 질서가 어지러워지면, 조공하며 참가하는 주변국의 신뢰를 얻을 수 없게 된다. 질서를 위배하는 주변국이 나타나거나 이질적 세력이 나타나게 되면, 그에 합당하는 응징을 가해 질서를 회복시켜야 한다. 따라서 고구려가 정토를 행하는 것은 그에 합당하는 원인이 발생한 것으로 보아야 한다.
 고구려가 왜를 격퇴하는 것도 그런 의미에서, 천하를 유지시키는 통치의 일환이었다. 고구려는 천하의 질서를 유지시키기 위해, 왜와 같은 천하의 구성세력이 아닌 이질세력이 나타나게 되면, 그것을 격퇴시켜 질서를 유지시켜야 했다. 「비문」이 기술하고 있는 고구려와 왜의 교전은 그런 의미로 받아들여야 한다. 따라서 「신묘년」조는 왜와 백잔·신라와의 관계를 축으로해서 이해할 것이 아니라, 고구려와 백잔·신라·왜와의 관계를 축으로 해서 이해해야 한다. 그것이 「신묘년」조를 이해하는 기본조건이다.

 4) 비문과 중국

 「비문」을 이해하는 데는 또 하나의 조건이 있다. 그것은 중국에 관한 기술이 없다는 사실을 어떻게 이해할 것인가의 문제이다. 「비문」의 연구가 시작될 당시부터 연구를 주도했던 요코이타다나오[62]가, 『동국통감(東國通鑑)』이 전하는 중국에 관한 내용이 「비문」에 전혀 기술되어 있지 않은 사실을 알고 「나는 크게 당황했다」고 말할 정도였다. 고구려와 긴밀한 관계를 가졌던 것이 중국이고, 또 유사한 사서들이 기술하고 있다는 사실을 생각하면, 당연히 가질 수 있는 의문이었다. 그같은 의문은 「비문」이 중국에 관한 사항을 기술했는가 안 했는가의 문제로, 그것을 규명하는 일은 「비문」을 이해하는데 빠뜨릴 수 없는 조건이다.
 「비문」의 중국문제를 심각히 받아들인 미즈타니테이지로우(水谷悌二郎)[63]는 「17년조」에 중국에 관한 사항이 기술되어 있을 가능성과, 어쩌면 사정에 의해서 기술하지 못했을 경우의 가능성을 동시에 이야기하였다. 그에 비해 천관우(千寬宇)[64]는 광개토왕이 후연을 토멸하고

---

62) 橫井忠直 『高句麗古碑考』(都立日比谷図書館蔵, 1884년 12월), 37張.
63) 水谷悌二郎 『書品』100, 1959년 6월). 『好太王碑考』(開明書院, 1977년), P.93.

요하선(遼河線)을 확보한 것은 고구려의 역사에 아주 큰 의미를 가지기 때문에 기술하지 않을 까닭이 없을 것이라며, 17년조를 중국에 관한 기술로 보았다. 그러나 박시형(朴時亨)65)은 광개토왕이 중국을 상대로 해서 세운 무훈이란 그다지 높이 평가되는 것도 아니고, 광개토왕의 후반부터 장수왕 초기까지 중국과 우호관계가 유지되었기 때문에 기술하지 않았을 수도 있는 것으로 보았다.

그러나 「비문」의 문맥이나 구조상으로 보면 17년조는 천하의 질서를 위반한 백잔을 징벌한 기사에 해당하므로, 「17년조」를 중국의 기술로 보는 설은 인정할 수 없다. 그렇게 되면 「비문」에는 중국이 등장할 곳이 없게 된다. 다시 말하자면 「비문」은 중국에 관한 사항을 기술하지 않았던 것이다.

이처럼 「비문」에 중국에 관한 기술이 없다는 것은, 자료의 부족이나 기술의 누락이 아니라 「비문」을 성립시키는 원칙이나 논리상의 문제로 받아들여야 한다. 고구려 중심의 천하를 이야기하는 「비문」의 세계에 중국이 등장하는 것은 천하관의 상충을 초래하게 된다. 즉 중국의 중화사상을 실현하는 천하관과 「비문」의 그것이 모순을 노정하게 된다. 그래서 「비문」은 중국을 생략할 수 밖에 없었던 것이다. 그것은 의도된 중국의 배제였다.

이 같은 「비문」이 고구려 중심의 이야기로 구성되고, 그 방법의 하나로 중국에 관한 사항을 생략하고 있다는 사실 등은, 「비문」을 이해하는 데는 그것이 사실을 기술한 텍스트가 아니라는 인식을 가질 것을 요구한다. 중요한 것은 제1부의 신화적 부분을 모두로 하여 「비문」이 구성되어 있다는 것을 인식하고, 그 신화가 통어하는 「비문」의 전체상을 먼저 생각해야 한다는 것이다. 그것은 「비문」을 사료로 단정할 것이 아니라 신화를 매개로 하는 허구를 포함하는 텍스트로 보고 접근해야 한다는 사실의 암시였다.

---

64) 千寬宇「広開土王의 征服活動」『韓国史市民講座』(一潮閣, 1988년), P.54
65) 朴時亨저 金浩天역 전게주47, P.109.

5 본서의 구성

1) 각장의 특성

　본서는「비문」의 텍스트 이해를 목적으로 하여, 4장으로 나누어 설명하기로 한다. 제1장에서는 종래의 연구사를 조감 비판하며 본서의 입장을 확인한다.「비문」의 연구는 당시의 정치적 필요성에 응하는 형식으로 이루어져 왔다. 예를 들자면「신묘년」조에서 일본이 중심이 되는 한일고대사를 정립하기 위하여「비문」을 이용하는 형식으로 시작한 것이 그 대표적인 일이다.

　그러나 그렇게 해서 도출된 결과란 한국 측이 도저히 받아들일 수 없는 내용이었기 때문에, 한국 측의 연구는 일본 측이 정립한 통설을 부정하는 일에서부터 시작하지 않으면 안 되었다. 일본의 통설을 부정하고 고구려를「비문」이 이야기하는 세계의 중심에 위치시키는 결론을 도출하는 데 모든 정열을 소진시키고 있었다. 같은「비문」을 놓고 서로가 자국에 이로운 결론을 도출하려는 노력이 진지하기는 하였으나, 그것은「비문」을 바르게 이해하는 방법이 되지는 못한다. 사실의 추구를 목적으로 하는 자들에게는「비문」이 사료로 보일 뿐이다. 그래서「비문」에서 필요로 하는 사실을 추구하기 위해 동원하는 방법은 서로가 동일하였다. 그런데도 도출하는 그 결과는 서로가 상반적이다.

　제1장에서는 그러한 종래의 연구, 다시 말하자면, 제2부를 중심으로 하는 역사적 연구 및「비문」에서 사실을 구하려는 연구를 비판적으로 검토하려 한다. 3부 구성의「비문」은 조상과 후손을 기축으로 해서 구성되었는데, 그것은 조상의 수호가 있었기에 고구려의 건국이 가능했고 후손들의 통치가 보장되고,「비문」이 이야기하는 것과 같은 훈적도 가능했다는 것을 의미한다. 그래서「비문」을 이해하는 데는 그것을 성립시키는 기본논리를 바탕으로 해서 조상과 후손간의 혈통적 유대관계를 이해하려는 노력이 우선되어야 한다.

제1부가 이야기하는 조상이 후손을 수호하는 혈통적 조상의 보장과 제3부가 이야기하는 후손의 보은의례로서의 수묘의례의 결과가 제2부가 이야기하는 훈적의 형태로 나타난 것이라고 생각한다면, 제2부가 이야기하는 내용은 「비문」 전체의 흐름 속에서만 의미를 가지게 된다. 그런 점에서 「비문」의 부분에 한정되는 해석이나 의미는 그 정당성을 가지지 못하는 것이다.

2) 조상과 후손

제2장에서는 천제에 유래하는 왕통의 의미나 동질성 등을 분석하여, 혈통으로 이어지는 조상과 후손의 관계를 규명한다. 천은 어떤 이유에서 「천제지자」를 「강세」시켜 고구려를 건국하게 했는가 하는, 그 의미를 규명하는 것이 「비문」을 이해하는 첩경이라고 생각한다. 천은 고구려가 건국될 당시부터 관여하고 있는데, 그러한 관여가 있었기에, 천은 천하의 운영에 관여할 권리와 후손이 통치하는 천하를 보장해야 하는 의무를 지게 된다. 이것이 천제의 천하보장이며 이 보장은 후손이 통치하는 천하에 한정되는 왕통의 특권이다.

「비문」은 신화와 역사적 사실을 접속하는 형태로 구성되었는데, 이 구성을 어떻게 이해해야 할 것인가. 신화와 역사적 사실이 시대적으로 연결되어 있어, 시대를 달리하는 다른 사건으로 인식하기 마련이나, 그 본질을 생각하면 그것들은 이질적인 것이 아니라 동질적인 것이다. 동질의 권능이 처해진 상황에 따라 다른 형태로 발현되는 차이에 불과한 것이다.

그렇다면 신화적으로 이야기된 추모왕의 기술은 추모왕에게 한정되는 것이 아니라 사실적으로 기술된 광개토왕에게도 적용되는 내용으로 보아야 한다. 더 나아가서는 왕통보를 계승하는 모든 후손에게도 해당되는 것으로 보아야 할 것이다. 이처럼 선조와 후손을 동질화시켜 절대화시키는 것이 왕통의 절대성을 실현하는 「비문」의 방법이었다.

그 같은 사실은 「비문」이 이야기한 추모왕과 광개토왕의 본질을 규명하여 비교하는 과정을 통하여 확인할 수 있는 일이다.

선조와 후손의 기록을 통하여 그 본질을 규명하고 비교하게 되면, 신화와 역사적 사실이 접속된 의미도 분명해진다. 선조의 신화적 내용이 후손왕의 통치로 실현되는 것이라면, 그것은 선조의 신화로 암시된 가능성이 후손의 통치할 천하상을 예고하여 보장하는 것으로 간주할 수 있다. 즉 선조의 신화로 왕권의 권능을 소개하고 그것을 후손에게 실현시켜 왕통의 권능을 확인하고 있는 것이다.

「비문」은 「천제지자」가 「강세」하여 고구려를 건국한 결과만을 기술하고 있으나, 「천제지자」가 이계이기 마련인 지상으로 내려와서 순행하여 고구려를 건국했다는 것은, 그 과정에 선주민들의 「천제지자」에 대한 저항이 있었을 것이라는 것을 충분히 상정할 수 있는 일이다. 「천제지자」의 「강세」와 「순행」을 자신들의 영역에 대한 침입으로 간주하는 선주민들이 반발하고 저항했다면, 그것을 극복해야 가능한 것이 고구려의 건국이었다. 따라서 「강세」한 「천제지자」가 「순행」을 계속하는 과정에서는, 광개토왕이 정토과정에서 발휘했던 것과 같은 무위가 동원되었을 가능성은 쉽게 추정할 수 있다.

그럴 경우 추모왕이 천제의 아들이고, 광개토왕이 추모왕의 17세손이라는 천제와의 혈연관계는, 천제와 추모왕과 광개토왕을 동격화하고 권능의 동일성을 보장하기에 충분한 조건이다. 또 천제의 권능이 혈통으로 전이되고, 왕통보가 천제의 권능을 계승하는 것으로 형성된다는 사실은 선조와 후손의 동일성을 혈연으로 확증하는 것이 된다.

그 같은 동일성은 선조의 권능이 후손에게 전이된다는 것으로, 그것이 「비문」의 왕통보를 성립시키는 기본논리였다. 그러한 사실들을 인식할 때, 「비문」이 유류왕(儒留王)을 설명한 「이도흥치(以道興治)」나 대주류왕(大朱留王)을 설명한 「소승기업(紹承基業)」의 의미도 이해할 수 있게 된다.

제2장에서는 왕통이 천제의 혈통으로 연결되어 있다는 사실을 배경

으로 하여, 「천제지자」의 건국활동이 천명으로 이루어졌다는 사실을, 그리고 그 천명을 「천제지자」의 혈통을 잇는 후손들이 계승하고 있다는 사실을 확인하려 한다. 고구려왕이 천명을 대행한다는 사실을 확인하는 것이 고구려왕이 천하에 군림하는 정통성을 확인하는 일이 될 것이다.

3) 비문의 세계

제3장에서는 「비문」의 세계관에 대해서 논한다. 「비문」에는 나라라고 생각할 수 있는 국명들이 기재되어 있는데, 그들 상호간의 관계나 그것이 존재하는 위치설정이 복잡하고 어렵다. 「비문」을 해석할 때 고구려와 왜의 관계가 논쟁의 중심을 차지하는 것도 그런 연유이다. 북부여·임나가라·안라·숙신·비려·백잔·신라·왜·동부여 등이 「비문」의 국명으로 생각할 수 있는 용어인데, 그것들 모두를 국명으로 인정할 것인가가 문제이다. 또 그것이 「비문」을 이해하는 하나의 기본조건이다.

「비문」은 조공을 매개로 하여 고구려와 주변국간의 관계를 설정하고, 조공을 하는 주변국과 고구려에 의해서 구성되는 천하를 이야기하고 있기 때문에, 고구려에 조공한 일이 없는 북부여·임나가라·안라·숙신 등은 「비문」이 인정하는 국가로 취급해서는 안 된다. 고구려에 조공한 사실을 확인할 수 있는 것이 비려·백잔·신라·동부여 등이기 때문에, 「비문」의 천하는 그 나라들을 주변국으로 하여 성립된 것으로 보아야 한다. 이처럼 고구려와 주변국간의 위치를 정립시키는 하나의 기준이 조공이다. 그만큼 조공이 가지는 의미는 크다. 따라서 그 조공의 의미를 명확히 하는 것이 「비문」이 이야기하는 교류관계의 특징을 이해하는 길이며, 주변제국의 특징도 확인할 수 있는 일이다.

이처럼 조공을, 고구려와 주변국 간에 이루어지는 교류의 의미를 파악하는 하나의 기준으로 삼을 때, 조공을 제국 간에 이루어지는 교류의 기준으로 보았을 때, 「비문」에서 왜가 차지하는 위치가 다른 주변 제국과는 이질적이라는 사실도 분명해진다. 왜는 「비문」에서 가장 많이 등장하는 나라이고, 고구려와 직접적으로 교전한 나라이다. 그러면서도 고구려에 조공한 일이 없으며, 고구려도 왜에 조공을 요구하는 일이 없었다.

그처럼 교류하면서도 조공과는 관계가 없었다는 것은, 왜가 천하 구성에 참여하는 나라가 아니라, 그 권외에 존재하며 천하의 의사와는 관계없이 나타나는 세력, 천하의 입장에서 보면 경계하고 추방해야 할 세력이라는 것을 의미한다.

천하의 통치가 주변국의 왕화를 목적으로 한다는 것과 고구려의 주변국 정토가 조공을 재서약하는 것으로 종료된다는 사실을 함께 생각하면, 조공은 왕화의 정도를 확인하는 척도라 할 수 있을 것이다. 그런데 왜의 경우에 한하여 조공과 무관하게 영역에서 격퇴하는 것으로 활동이 종료된다. 다시 말하자면 포섭하려는 의도가 보이지 않는다. 그것은 왜를 왕은으로 왕화시켜야 할 대상으로 여기지 않았다는 것을 의미한다. 즉 왜는 왕화의 대상이 아니었던 것이다. 그러한 왜를 고구려와는 물론 여타 주변국과도 동질적인 국가로 인정할 수는 없다.

「비문」의 천하에 중국이 등장하지 않는다는 사실은 많은 의문을 낳는다. 고구려와 긴밀한 관계의 중국임에도, 「비문」에 중국에 관한 언급이 없다는 것은 참으로 이해하기 어려운 일이라서, 그것은 「비문」의 연구가 시작된 시점부터 제기된 문제였다. 광개토왕의 중국에 대한 훈적이 특기할 정도의 내용이 아니었다는 의견, 어떤 사정이 있어 기술하지 못했을 것이라는 의견, 「비문」의 결손된 부분에 기재되었을 것이라는 의견 등이 제시되었으나, 그것은 「비문」이 이야기하는 천하관에 입각하여 생각해야 될 문제다.

원래 「비문」의 천하를 성립시키는 천하사상이란, 고구려가 중국의 천하에 참여한 경험을 살려서 구축한 것이었다. 그래서 고구려의 천하에 중국을 등장시키는 것은 자국을 절대화시키는 가치관과 상충된다.

고구려의 절대성이 중국의 그것과 모순을 이루기 때문에, 「비문」에 중국을 등장시킬 수 없었던 것이다.

그처럼 「비문」이 중국을 생략하는 방법으로 고구려의 천하관을 실현시키고 있었다는 사실은, 고구려의 천하를 실현시키기 위해 「비문」의 구성에 일정한 윤색작업이 있었다는 것을 의미한다. 고구려는 일찍부터 경험한 중화사상을 바탕으로, 모든 주변국을 화이사상에 의해 화이(華夷)로 차별하여 구별하였으나, 그것에 적용할 수 없는 것이 중국이었기 때문에, 「비문」은 중국을 생략할 수 밖에 없었던 것이다. 중국을 생략하는 방법으로 고구려의 천하사상을 「비문」을 통하여 실현한 것이다.

그런 「비문」이기에, 그곳에서 고구려의 천하 이외의 천하를 인정하는 듯한 내용의 기술은 있을 수 없다. 중국의 천하를 인정할 수 있는 기술은 물론, 여타 주변국의 천하를 인정하는 기술도 있을 수 없다. 그것이 「비문」의 한계이다. 백제나 신라가 무조건적으로 속국 취급을 받는 것도 「비문」의 의도된 결과이다. 이런 「비문」에 왜가 백잔과 신라를 속민으로 했다거나 백잔이 왜를 부속국으로 했다는 일, 즉 왜나 백잔의 천하를 인정하는 듯한 기술이 존재한다는 것은 생각할 수도 없는 일이다.

고구려의 천하는 「비문」의 일관된 또 하나의 논리, 모든 주변국과의 교류는 물론 천과의 교류도 고구려가 독점한다는 사실에서도 인정된다. 고구려는 「비문」 속의 모든 교류를 독점하는데, 주변국들의 교류는 고구려에 한정된다. 주변국이 행한 독자적인 교류로 생각할 수 있는 것이 영락 9년조에 있는 백잔과 왜의 교류를 의미하는 「백잔위서여왜화통(百殘違誓与倭和通)」이나, 「비문」 스스로가 그것을 「위서」라고 단정하여, 질서에 위배된다는 사실을 분명히 하였다. 그것은 고구려가 모든 교류를 독점해야 한다는 당위성의 방증이다.

그렇게 질서를 위배하면서 실행한 교류의 결과 백잔과 왜는 고구려에게 정토당하게 되는데, 그것이 모든 교류를 고구려가 독점해야 한다는 논리의 확인이었다. 고구려는 주변국을 정토와 수호하는 방법으로 천하의 질서를 유지시켜 나가는데, 그 방법의 선택은 주변국의 태도에 따라 결정된다. 예를 들면 신라는 수호하는 방법으로 왕화시키는 대상이라면 백잔은 정토하는 방법으로 왕화시키는 대상이었다. 그것은 백잔이 반고구려적 친왜적인 자세를 취한 것에 반하여 신라는 친고구려적 반왜적인 자세를 취했기 때문이다. 이러한 고구려와 주변국들의 관계나 조공을 매개로 하여 이루어지는 정토전의 의미를 이해하게 되면, 「비문」이 이야기하는 고구려의 천하의 의미도 명확해지기 마련이다.

4) 천하사상

제4장에서는 자국을 천하의 중심으로 간주하는 사상이 고구려가 독자적으로 만들어낸 것이 아니라, 중국의 천하에 참여한 주변국들이 그 경험을 바탕으로 하여 구축한 것이라는 사실, 그리고 「비문」이 그것을 실현하고 있다는 사실 등을 확인한다.

자국을 중심으로 하는 천하관은 고구려만이 아니라, 백잔이나 신라, 그리고 권외세력인 왜도 그것을 구축하고 실현하고 있었다. 그것을 생각하면, 「비문」이 이야기하는 천하의 의미도 분명해질 것이다. 중국은 자국 중심의 질서관계를 구축하였는데, 그 바탕이 되는 논리가 중화사상이다. 그 중국의 천하를 모델로 하여 동아시아의 천하사상이 성립되었다고 보아야 한다. 고구려의 천하사상은 「비문」만이 아니라 모두루묘지(牟頭婁墓誌)나 중원고구려비(中原高句麗碑)를 통해서도 확인된다.

중국에 조공하여 책봉을 받고 있던 왜는, 또 한편에서는 자국을 천하의 중심으로 하는 천하관을 구축하고 있었다. 에타후나야마(江田船山)에서 출토된 철도(鉄刀)에 명기된 치천하(治天下) 라고 하는 표현이 있는 것은, 왜를 중심으로 하는 천하관을 이미 구축하고 있었다는 사실을 시사한다. 그것은 왜가 중국을 천하의 중심으로 보고, 그 천하에 조공하며 참여한 것과 동시대에 표현된 것으로, 당시의 왜에는 중국을 천하의 중심으로 하는 천하관과 왜를 중심으로 하는 천하관이 병존하고 있었다는 것을 의미한다66).

『고사기』가 백제나 신라를 이야기 하면서, 중국에 관한 것을 이야기 하지 않는 것은 「비문」이 중국에 관한 것을 생략한 것처럼, 명확한 논리에 근거하는 결과였다.

이처럼 「비문」이 이야기 하는 천하사상은 고구려 독자적인 것이 아니라, 동아시아 제국이 공유하는 사상으로, 자국의 정통성을 확립하기 위한 근본적 조건으로 확보하고 있었던 것이다. 그 세계관에 의해 성립된 텍스트로 「비문」을 파악해야 한다. 따라서 이것을 단순한 사료로 간주하고 그곳에서 사실을 구하려 한다면, 그렇게 해서 얻은 결과의 진위와 상관없이 「비문」을 바르게 이해하는 방법이라고 말할 수 없게 될 것이다.

「비문」 속에서 주역을 행하고 있는 것은 추모왕과 광개토왕이나, 두 왕을 주역으로 설정한 것은 「왕비」를 건립하고 「비문」을 구성한 장수왕이었다. 그것을 생각하면, 「비문」을 이해하는 데에는 장수왕의 입장을 이해하는 것이 선행되어야 한다. 장수왕은 추모왕과 광개토왕이 천제의 혈통을 계승했다는 사실과 천하의 통치를 천제가 보장한다는 사실을 확인하는 방법으로, 그 후손인 자신의 정통성을 확인하고 있는 것이다.

「비문」이 이야기하는 훈적은 광개토왕에게 한정되는 것이 아니라, 장수왕에게도 해당되는 것이었다. 광개토왕의 훈적은 추모왕의 신화적인 건국능력과 동질적인 것이고, 그것들이 천제의 권능을 기반으로 한다는 사실을 생각하면, 「비문」이 기술한 모든 훈적은 혈통으로 전이되는 천제의 권능이, 후손이 처한 상황에 맞게 변형되어 발현된 것으로 보아야 한다. 그래서 「비문」은 기술된 당사자 만이 아니라 왕통보를 계승한 모든 후손들의 정통성을 확인하는 텍스트로 보아야 한다.

---

66) 西嶋定生 『日本歷史의 国際環境』(東京大学出版会, 1994년), P.77.

제1장

연구사 비판과 본서의 입장

1 「비문」의 발견과 연구의 시작

1) 사코우(酒匂)와 요코이(橫井)

장수왕이 414년에 건립한 「왕비」가 청국인들에 의해, 청국의 성경성(盛京省) 회인현(懷仁縣) 통구(洞溝: 通溝)에서 1875년(光緖 초년, 明治 8년)에 재발견되었는데, 그것을 탁(拓)한 쌍구본이 일본으로 들여간 것이 1883년이었다. 아주 빠른 입수였다. 「비문」이 유포되는 실정을 감안하면 그 신속함에 놀라지 않을 수 없다.

1875년, 당시 회인현의 설치위원이었던 장월(章樾: 후에 동현의 知縣이 됨)의 밑에 있으며 금석학에 관심을 가진 관월산(關月山)이 현지에 가서 「왕비」를 황량한 들판(荒煙蔓草中)에서 발견하고, 몇 자를 수탁(手拓)하였다. 그것이 「비문」의 일부가 탁출되기 시작한 시초의 일이었다. 그 후 쉽게 탁출하기 위한 방법으로 「비문」을 뒤덮고 있는 이끼나 넝쿨을 태우게 되었는데, 이 때에 비면의 일부가 훼손되고 말았다.

청의 금속학자로 알려진 오대징(吳大澂: 1835~1902)은 1886년에, 과거 1882년 9월부터 12월까지 회인현의 지현(知縣)을 지낸 바 있는 진사예(陳士芸)한테 「왕비」의 「묵수곽전본(墨水廓塡本)」을 받았다. 이 「묵수곽전본」은 비면의 이끼나 넝쿨(蔓草)을 태운 직후에 만들어진 것으로 추정된다. 오대징의 「황화기정(皇華紀程)」(『은례왕재사당총서(殷

礼枉在斯堂叢書』소수)이 전하는 바에 의하면, 이 탁본의 문자는 청랑(晴朗)했으나, 문맥은 통하지 않았다. 그리고 반조음(潘祖蔭: 1830~1890)이 소장했던 탁본과 지묵은 모두 같은 것이었다고 한다.

엽창치(葉昌熾: 1847~1917)의 「봉천일칙奉天一則」(『語石』)에는, 1885년에 이홍예(李鴻裔: 1831~1885)가 입수한 「비문」의 탁본 2본 중 그 1본을 반조음에게 보낸 사실이 기록되어 있다. 이것이 오대징이 말하는 반조음소장본일 것이다. 이러한 탁본은 3, 40매의 지편(紙片)으로 탁출한 것으로, 엽창치가 그 지편의 배열과 고석(攷釈)을 부탁받았으나, 십여일(旬日)에 걸쳐 노력하고도, 결국에는 제대로 연결하지 못했다고 엽창치 스스로가 토로한 바 있다.

오대징・반조음・이홍예 등, 청의 금석학자・서가가 입수한 「왕비」의 탁본은 모두 비 전면을 1매의 종이로 탁(擢)한 것이 아니라, 여러 장의 종이를 사용하여 탁한 것으로, 그것들은 오대징이 말하는 「묵수곽전본」, 즉 「쌍구가묵본(双鈎加墨本」(문자를 石刷할 때, 점획의 외변을 따라 세선을 그어, 옮겨 쓰고, 문자의 주변을 먹으로 비벼 칠하여 만든 것)」이었다. 그것은 모두 1882년(광서 초, 메이지 15) 경에 작성된 것 같다[1].

이상 사에키아리키요(佐伯有清)가 정리한 초기의 비문 사정으로 보면, 1882년에 탁출된 것으로 생각되는 「비문」을 1883년에 일본이 입수한 것이니, 참으로 신속한 조치였다. 그렇게 빨리 「비문」을 입수할 수 있었던 것은, 정보를 수집할 목적으로 청나라에 파견되어 활약하고 있던 군인 사코우카게아키(酒匂景信)의 공로에 의한다.

사코우카게아키가 「비문」의 탁본(双鈎本)을 들여가자, 일본의 군부는 그것을 사료(史料)로 간주하고 해독・해석을 시작하여, 해군성 군사부의 아오에히데(青江秀)가 『동부여영락대왕비명해(東夫余永楽大王碑銘解)』[2]를, 육군참모본부의 요코이타다나오(橫井忠直)가 『고구려

---

1) 佐伯有清『硏究史広開土王碑』(吉川弘文館, 1981), P.4.
2) 青江秀『東夫余永楽太王碑銘之解』(国立国会図書館蔵, 1884).

비(高句麗古碑)』를 발표하였는데, 그것이 1884년이었다. 참으로 빠른 접근이자 연구의 시작이었다. 은밀하기는 하였지만, 그렇게 해서 본격적인 「비문」의 연구가 시작되게 되었다. 그러한 과정 즉, 「비문」이 발견되어 일본에 들어온 경위에 대한 일반적인 사실을 아오에히데는 다음과 같이 소개하였다.

> 요즈음 모 신문이 말하길, 만주 성경성과 조선국을 경계하는 압록강 상류에서, 고래로 물밑에 묻혀 있던 하나의 큰 석비가 있는 것을, 요즈음 성경장군이 듣게 되어, 많은 노력을 들여 어렵게 그것을 파내어 석면을 씻어내었을 때, 마침 일본인 모씨가 그곳에 있다가, 그것을 석탁(石擢)하여 가지고 들여왔다. 목하 참모본부에서 소장하고 있으나 그 비는 높이가 약 3장(丈) 폭이 1장 5·6척으로, 자체(字体)는 뛰어난 예서이다. 연대가 오래 되어 여러 곳이 마멸되어 읽어내기 어려운 문자가 있다. 또 그 비석을 파낼 때에 따로 높이 8촌 폭 4·5 정도의 기형인 기와를 한 개 얻었다. 기와의 옆면 좌우에는 「원대왕지묘안여산고여구(原大王之墓安如山固如丘)」라는 11자가 새겨져 있다고 한다.

라고 신문기사를 바탕으로 하여, 「비문」이 우연히 발견되어 일본에 유입된 것처럼 기술하였다. 그러면서 인용의 전거를 「모 신문」으로 하고, 그것을 들여온 사람에 대해서도 확실히 밝히지 않고 「모 씨」로 하고 있는데, 그것은 유입해 온 자를 확인할 수 없었기 때문이 아니라, 확실하게 밝힐 수 없는 그럴만한 사정이 있었기 때문이었을 것이다. 즉 「비문」이 유입된 경로를 공적으로 밝히지 못할 어떤 사정이 있었던 것이다. 그리고 「왕비」가 물밑(水底)에 파묻혀 있었다는 기술 등은 후일에 잘못된 사실로 밝혀지게 된다.

「비문」의 「신묘년(辛卯年)」조의 기사에 관심을 보인 요코이타다나오는,

신묘년은 단지 간지를 칭할 뿐, 년을 말하지 않는다. 그래서 그것이 과연 무슨 해인지 자세하지 않다. 그렇지만 이 비문의 앞에 영락 5년의 을유가 있고, 뒤에 6년 병신이 있는 것을 가지고 생각하면, 이 신묘년도 역시 영락의 신묘이기 마련이다. 영락의 신묘는, 즉 영락 원년이다. 영락 원년은 진(晋)의 태원(太元) 16년으로, 우리 인덕천왕의 어우(御宇) 79년을 말한다. (중략) 생각하건대, 이 비문이 백제 신라가 옛날부터 속민이었다고 운운하고 있는 것은, 우리 군대가 도해하여 두 나라를 신민으로 삼았다는 것은, 이 신묘년의 해를 가지고 시작으로 한다는 것과 닮아있다3).

라고, 「비문」을 신공(神功)황후가 백제와 신라 고구려를 정벌하여 왜의 속국으로 삼았다는 『일본서기』나 『고사기』의 전승과 연계하여, 백제와 신라가 왜의 속국이었다는 것을 기정사실로 취급하려 하였다. 요코이타다나오의 그러한 주장은 「비문」에 왜가 11회나 등장한다는 사실을 근거로 하여 통설로 정착하게 되었다. 1889년에는 「왕비」의 특집호인 『회여록(会余録)』을 통하여 「비문」과 「왕비」가 발굴된 과정 등이 공표되자 「비문」의 연구가 활발하게 전개되게 되었다4). 그 중의 한 사람인 칸마사토모(管政友)는 『고사기』와 『일본서기』의 기술을 인용하면서 비문의 「이위신민(以爲臣民)」을,

이위신민이란, 위의 백잔 신라 두 나라를 받아서 말하였다. 하문에, (이노객위민: 以奴客爲民)이라고 보이는 민이, 신라를 가리킨다는 것을 생각하면, 여기에 (위신민: 爲臣民)이라고 있는 신은 백잔, 민은 신라에 해당하여, 원래부터 두 나라가 각각 그렇게 구별되어 있었던 것일까5).

---

3) 横井忠直 『高句麗古碑考』(東京都立日比谷図書館蔵, 1884), P.18~19.
4) 菅政友 「高麗好太王碑銘考」(『史学会雑誌』第2編 第22~25号・明治24年9~12月), 那珂通世 『高句麗古碑考』(『史学雑誌』第47~49, 明治26年 10月~12), 三宅米吉 「高麗古碑考」(『考古学会雑誌』2編 1~3号, 明治31).
5) 菅政友 「高麗好太王碑銘考」(『史学会雑誌』第2編 第22号・1891年9月), P.38.

라고 백제와 신라가 「왜」의 속국이라는 사실을 전제하면서, 백잔과 신라를 「신(臣)」과 「민(民)」으로 구별하였는데, 그것은 요코이타다나오의 의견을 발전시킨 주장이었다. 그 후에도 왜가 한반도의 남부를 속민으로 하고 있었다는 요코이타다나오의 주장은 한일고대사의 조설(祖說)을 이루어, 「비문」 연구의 원형은 참모본부가 주관했던 초기에 정형화된 셈이다. 그것은 타케다유키오(武田幸男)가 「일본 역사학의 진보에도 불구하고, 요코이타다나오가 정시(呈示)한 해석의 큰 범위를 벗어나는 제언이 없는 채로, 그저 통설을 조설해왔다」라고 말할 정도의 인식이었다.

2) 일본의 한국사 인식

그런데 요코이타다나오의 주장은 한국 역사에 대한 불신과 일본을 존대하는 사고를 기반으로 해서 이루어진 주장이었다. 그는 1884년에 두 편의 「고구려고비고」를 쓰고, 1889년 6월에는 『회여록』제5집에 「고구려고비고」를 발표하였는데, 그것들의 제목은 같았으나 내용은 완전히 달랐다.

그 논문들을 비교 검토한 사에키아리키요(佐伯有淸)는 「명치 17년(1884)의 『고구려고비고』에 있어서도, 12월 본이 되면 「한사(韓史)」에 대한 편견이 보이기 시작하는데, 명치21년의 『고구려고비고』에서는 그것이 일층 노골화되어, 불신이라기보다는 비난으로 바꾸어진 것을 주목해야 한다」라고 지적하였듯이, 한국 역사에 오류가 많다는 것을 지적하며 비난하고 있다[6]. 그것은 요코이타다나오가 「비문」의 주해를 반복하면서, 한국 역사에 대한 신뢰가 불신과 비난으로 바뀌게 되었다는 것으로, 거기에는 그럴 만한 이유가 있을 것이다. 그의 한국사에

---

6) 3종의 이본은, 최초에 京都대학본이, 다음에 無窮会本이, 최후에 회여록본이 쓰여진 것으로 추정된다(佐伯有淸「明治21年本『高句麗古碑考』의 성립」『広開土王碑와 参謀本部』吉川弘文館, 昭和51年), P.87

대한 비난을 예로 들면, 한국의 사서에 「추모왕(鄒牟王)」이라는 기록이 없다는 것을 지적하는 다음과 같은 것이 될 것이다.

> 그 나라는 세상이 어지러워 사람들의 이산이 계속되고, 그 위에 혁명이 있었기 때문에, 시조나 중종(中宗)의 덕업(德業)조차, 후인이 그 이름을 잊지 않고 기억해두지 못했던 것이다. 우리나라에서는 그러한 일 없이, 국체(国体)는 존엄하고, 조상의 공적을 기리고, 혈통을 중히 여겼기 때문에, 귀화한 신민도, 훈도를 받아서, 전혀 그 유래를 잃어버리지 않았다[7].

라고, 한사에 관해서는 될 수 있는 한 비난을 하면서도, 일본역사에 관해서는 태도를 바꾸어 적극적으로 미화하려고 하였다. 그러한 사고는 3본의 논문 모두가 일치한다.

요코이타다나오의 그 같은 주장을 사에키아리키요는[8], 당시에 이루어지고 있었던, 「왕비」의 연대를 『일본서기』의 기년(紀年)에 관련시켜, 그것을 사실화하려는 일련의 작업 중에 벌어진 논쟁, 즉 기년논쟁(紀年論争)의 일환으로 보았다.

일본인들의 한사에 대한 신뢰는, 이이다타케사토(飯田武郷)가 『동부여영락태왕비명부죽리산인고증(東夫余永樂太王碑銘附竹里山人考証)』에서, 「근래 세상에 나타난 동부여영락태왕의 비문과 함께 생각하건데 동국통감 등의 서(書)도 받아들일 수 없는 서라고 간단히 말하기 어렵다」라고 실토하며 신뢰성을 표한 것이나 나카미찌요(那珂通世)가 일본의 「고사의 기년은 사가의 망찬에 의해 이루어졌다」라고 말하며, 『일본서기』에 기술된 기년의 신뢰에 회의를 나타내고 있었던 것 등을 보면, 일본인들이 일본의 고기록보다는 한사를 신뢰하는 세력이 존재

---

7) 彼邦乱離相踵 加有革命 是以雖始祖中宗之徳業 不能使後人不忘其名 如我邦則不然国体尊厳(『高句麗古碑考』, 京都大学本).
8) 佐伯有清 「명치21년본『高句麗古碑考』의 성립」(『名古屋大学日本史論集』하, 1974년).

하고 있었다는 것을 짐작할 수 있다.

그러한 신뢰는 「신공(神功)·응신(応神)의 연대는 한사를 기준으로 해서 증명해야 한다」9)라고 말할 정도였다. 그러한 분위기였기에 아베 코우조우(阿部弘蔵)10) 같은 자는, 신공황후가 삼한을 정벌했다는 기사를 사가가 날조한 것으로 보았을 것이다.

요시다토우고(吉田東伍)는 나카미찌요의 주장을 받아서, 「기(紀)의 연수에 이르러서는, 모두 후세 사가의 망찬에 의한 것을, 다시 숨길 수가 없다」고 논하고 「한사에는……그러한 착류(着謬)가 있다고는 생각되지 않는다. 오히려 잘 생각해보면(熟廬), 결국 이 착류는 우리에게 있었다고 단언하지 않을 수 없다」라고, 한사에는 그다지 착오가 없고, 오히려 착류는 『일본서기』 등에 있다고 단언하고 있다11). 또 오찌아이 나오스미(落合直澄)는,

> 그들의 이사(二史)와 같은 것도, 상고사로 명칭을 칭해야 한다. 다만 그들 이사의 기년을 말한다면 기기(記紀)처럼 큰 착란(大錯乱)을 보이지 않는다. 그 사를 가지고 우리 사의 표준으로 삼아 대조하기에 충분하다. 만일 세상에 한사가 없었다면, 천만년이 지나도, 우리사의 기년을 정정하여 그 실(実)을 보지 못하였을 것이다. 학자가 어찌 그저 그 사를 배척할 수 있겠는가12).

라고 「한사」가 있어 일본의 「기년」도 추정할 수가 있다며 깊은 신뢰를 보이고 있다. 그러면서 「비문」에 대해서도, 「고구려비문은 당시의 기록으로, 이것보다 정확한 것은 없다. 이 비문을 보아도, 한사가 우리 고사보다 낫기 때문에, 기년 등에는 착오가 적다는 것을 알아야 한다」

---

9) 那珂通世「日本上代年代考」(『文』제1권 제8·9호, 1888년 9월).
10) 阿部弘蔵「年代考」(『文』제1권 제11호 1888년).
11) 吉田東伍「那珂氏 年代考에 의해 征韓의 年次를 証한다」(『文』제1권 제15호, 1888년 10월).
12) 落合直澄「韓史論」(『帝国紀年私案』, 1888년 10월).

라며, 일본의 「고사」보다 「한사」를 신뢰할 수 있기 때문에, 「한사」를 배척할 수 없다는 것이다. 이러한 주장에 대해 호시노히사시(星野恒)는 반발하며,

> 특히 근래에 쇄출(刷出)한 고려 호태왕비에 실린 왜이신묘년래도해(倭以辛卯年来渡海), 파백잔신라(破百残新羅), 이위신민(以為臣民) 운운하는 사실을, 삼국사기 동국통감 모두가 싣지 않은 것은(이 외에도 동비의 사실을 한사에 싣지 않은 것은 아주 많다), 그 나라에서 국욕(国辱)이라고 생각한 사실은 꺼려서 어쩌면 기록하지 않았을 것이다. 혹 기록한다 해도 그 적(籍)을 버렸을 것이다. 그런 연유로 신공황후가 그들의 역사에 보이지 않는다 해서, 방인(邦人)으로서는 결코 불안도(不安堵)하게 생각할 것이 아니다. 그러한 것을 유사기록을 그들의 역사 중에서 구하여 우리국사를 변란(変乱)하여 그것과 맞추려고 하는 것은, 엉뚱하기 그지없는 사고의 잘못이라고 말해야 한다13).

라고 반박하고, 신공황후(神功皇后)의 전승을 부정하는 의견에 대해서는, 「국사의 변란」으로 단정하는, 반동적 소론을 제기하였다. 참모본부의 위촉을 받고『일한상고사의 이면(裏面)』을 저술한 니시카와켄(西川権)도 한사를 두찬(杜撰)으로 단정하고,

> 그들은 삼국사기에 있어서 고대 일본군의 진입은 신라의 해안 내지 그 왕도에서 막고, 또 모두 이것을 방지하였다고 하였다. 백잔의 태자가 왜국의 인질이 된 것은 평화 교통을 위한 것으로 하여 모든 병력적 사항을 말살해 버리고, 그렇게 하여 신공의 정한사를 아무것도 아닌 것으로 돌려버렸다.

라며 비난하였다. 이러한 의견은 발표한 개개인의 의견이라기보다는 기년논쟁이 시작될 당초부터 존재하고 있었던 일본에서 주류를 이루

---

13) 星野恒 「落合直澄君의 帝国紀年私案을 馭한다」(『文』2~2, 1889년 1월).

는 의견이었을 것이다. 그러한 일반적인 의식, 특히 잘못된 고사에 관한 의견의 잘못을 지적하는 것을, 「국체의 변란」으로 단정하고 공격하는 당시의 사회적 풍조에 반발한 미야케요네키찌(三宅米吉)는,

> 어떤 일부 선생들은 연대의 수색(搜索) 등을 좋아하지 않고, 고사의 오류를 지적하는 것을 가지고, 국체를 무시하는 것이라며, 우리들의 연대고에 대해서도, 크게 노하고 있다고 한다. 우리들은 이 선생들의 충의 애국정신이 많은 것을 높이 평가하지만, 그 양견(量見)이 아주 좁은 것을 애석하게 생각한다. (중략) 나와 다른 행위를 하는 자는, 모두 충신 애국자가 아니라고 생각하는 것은 잘못이다. 나와 전혀 다른 행위를 하는 자라 해도, 그 정신에 있어서는 지성지충(至誠至忠)하는 것이 있을 것이다. 우리들이 연대고 문제를 제출하는 것에 어찌 타의가 있겠는가. 금후 우리나라 사람으로서 사학을 연구하게 하고, 이것을 사랑하게 하는 방법은 어떠한가. 역사를 알지 못하는 자는 나라를 알지 못한다. 나라를 알지 못하는 자가 어찌 나라를 사랑하는 정이 있겠는가. 애국정신은 사학의 연구에서 일어난다14).

라고 진실에 의거하는 연구가 애국의 길이라고 주장했다.

그러나 그러한 논쟁도 오래 지속되지는 못하였다. 일찍이 나카미찌요에게 동조하여 한국사에 신뢰를 표명했던 요시다토우고가 종전과는 달리 표변하여, 한국의 역사는 매우 허술하여 증명할 방법이 없다는 식의 의견을 내세웠다. 그러면서 한국의 역사는 중국에 기록된 여러 전승 및 한국의 고기를 근거로 하여 이야기하고, 속설도 함부로 취하여 수식한 것에 불과한 것으로, 그것도 왕실의 혁명의 와중에, 백성들이 어지러울 때 모아서 엮은 것이기 때문에 신용할 수 없다고 주장하였다15).

그처럼 한사에 신뢰를 보내던 그가 갑자기 불신을 표한 것은, 그 개

---

14) 三宅米吉 「年代考와 国体」(『文』第1卷 第14号 明治21年 10月).
15) 吉田東伍(『日韓古史断』, 明治26年 11月).

인의 사관이 변한 결과라기보다는, 시대의 요구에 굴복한 결과로 보아야 할 것이다. 즉 개인의 사관 변화에 의한 것이 아니라, 국체존엄을 우선으로 하는 시대적 요구에 굴복한 결과였다는 것이다16). 그러한 목적을 달성하는 방법으로, 적극적으로 이용된 것이 「비문」이었다.

요코이타다나오가 집필한 「고려고비고」가, 1889년에 『회여록』제5집을 통하여, 「고구려고비문」,「고구려비출토기」,「고구려고비석문」과 함께 공표되자, 활발한 연구가 시작되어 지는데, 그 시초를 이룬 것이 칸마사토모(菅政友)였다. 그는 한사를 불신하고 비난하는 요코이타다나오의 영향을 받은 듯,

> 비를 세운 갑인년은 호태왕의 아들 장수왕의 세(世)인데, 왕은 아주 오만불손을 떨며, 방자스럽게도, 천조에게조차,「고려왕교일본국(高麗王教日本國)」(일본이란 칭은 이 시점보다 훨씬 후세에 정해진 것으로 생각되어, 본서에는 왜국으로 되어 있어야 한다)를 올리고, 또 철순(鉄盾) 철적(鉄鏑)을 바쳐, 은연중에 자기 나라의 용감함을 나타내려고 할 정도의 성격이기에, 하물며 인국과의 교류를 속으로는 군신의 형태로 설정하였을 것이다. (중략) 그래서 비중에 백잔신라구시속민(百残新羅旧是属民), 유래조공(由来朝貢), 또는 동부여구시속민(東夫余旧是属民), 중반불공(中叛不貢) 등, 그 외에도 또 그런 류가 많은 것은, 스스로 공연히 잘난 체하는 것에 의한 것으로, 결국에는 사실의 진실조차 잃어 버린 것이라 말하지 않을 수 없다. 이러한 것들은, 세상에서 의심하는 자가 없는 것이 아니기에, 약간 이곳에서 말해두는 것일 뿐이다17).

라고 칸마사토모는, 『일본서기』의 기록에 의거하여, 장수왕을 거만한 성격을 소유하고 있는 인물로 묘사하고, 「비문」의 사실성을 의심하였는데, 이것은 당시에 유행하는 「한사」에 대한 불신과 경시를 그대로 나타내고 있는 하나의 예일 뿐이다.

---

16) 王健群 林東錫역 『広開土王碑研究』(역삼사, 1985), P.131.
17) 菅政友 전게주5, P.23.

이처럼「비문」을 이해하는데 있어서,「비문」이 아닌, 타기록에 의한 장수왕의 설명을 바탕으로 하여 이해하려는 것은「비문」을 바르게 이해하는 방법이 아니었다. 그러한 자세는, 참모본부가 제시한 목표를 충족시키려는 의욕에 급급한 것을 그 원인으로 한다. 한사에 대한 불신도 사실에 입각하기보다는 정해진 결과를 도출하려는 목적의식이 초래한 편견이었다. 이러한 한사불신과 일본국체의 존엄을 근저로 하는 요코이타다나오 등의 연구는,「비문」자체에 충실할 수 없는, 또 충실해서도 안 된다는 한계를 가지기 때문에, 참모본부가 요구하는 한일 고대사상에 충실한 보수파의 사고에 따르는 연구가 될 수밖에 없었다.

2 한국의 연구

1) 조선 이전의 인식

우리들은 광개토왕에 대한 긍지가 높아, 「왕비」가 존재한다는 것은 모두가 아는 사실이다. 또 그것에 대한 관심과 애착도 아주 많다. 그러나 그것의 가치를 찾아내려는 노력은 그 열정에 미치지 못하는 것 같다. 그 어느 기록에도 그 「왕비」가 우리 선조가 건립한 것이라는 기록이 없고, 그것을 실견한 후손들도 그것이 선조가 남긴 유물이라는 사실조차, 이국인들이 발견하여 연구를 진행할 때까지도 알지 못했다 하니 크게 반성할 일이었다.

고구려가 멸망하고 발해(渤海)왕조가 건립된 후, 이 지방은 환주(桓州)의 소재지였고[18], 요(遼)대에는 동경도(東京道) 소속의 환주였다[19]. 『요사(遼史)』지리지에는 환주가 고구려의 중도성(中都城)으로 되어있는데, 그 기록은, 그곳에 고구려의 궁전이 조영되었던 사실을 기록하고 있다. 이 같은 영역적인 문제가 있었다 하나, 「왕비」의 정체를 모르며 지냈다는 것은, 어떻게 생각해야 할 문제인가.

그 「왕비」의 존재에 대한 최초의 기록은, 고려말의 문헌기록에 나타난다. 1369년 고려 공민왕 19년에, 북원의 동영부를 격파하기 위해, 이성계(李成桂)가 출병하여, 우라산성(亏羅山城)을 공격하여 함락시켰다. 우라산성이 함락되자, 동영부 부근의 모든 성이 투항하여, 동쪽은 황성(皇城)까지, 북쪽은 동영부(東寧府)까지, 서쪽은 바다에까지, 남쪽은 압록강까지의 지역에 적의 종적이 없어지게 되었는데[20], 이 영역 안에 능비가 소재하고 있었다.

---

18) 「渤海(중략)有五京十五府六十二州(중략)高麗故地為西京 曰鴨渌府 領神桓豊正四州」,(『新唐書』渤海伝).
19) 「遼東京道淥州鴨淥軍節度. 本高麗故国. 渤海号西京鴨淥府(중략)都督神桓豊正四州事」,(『遼史』38地理志 東京都).
20) 「聞太祖来. 移保亏羅山城(중략)東至皇城, 北至東寧府, 西至于海, 南至鴨緑. 為之一空」,(『高麗史』권42, 恭愍王 世家).

다음에는 「용비어천가(竜飛御天歌)」21)에 그 지명이 등장한다. 여기에 기록된 우라산성은 지금의 중국 환인현(桓仁県) 동방 20여리 지점에 있는 오녀산성(五女山城)으로, 야돈촌(也頓村)은 우라산성 남측으로 하루 정도의 거리에 있는 지점이다. 황성은 오늘날의 집안, 즉 고구려의 구도에 해당한다. 또 당시의 일반인은 황성을 「대금황제성(大金皇帝城)」으로 부르고, 성의 북측 7리 지점에는 비가 있고, 그 북측에는 석축한 두 개의 능이 있었다. 이 비가 현존하는 「왕비」를 가리키는 것이다22).

또 『고려사』와 『용비어천가』 등과 전후하여 편찬된 『태조실록』에도, 『고려사』에 기술된 내용이 기재되어 있는데23), 그 중의 「황성」에는 「옛날 여진황제의 성(古女真皇帝城)」이라는 주석이 붙어있다. 이 「고여진황제성」이 『용비어천가』의 「대금황제성」인 것이다. 『용비어천가』 보다 늦게 편찬된 『동국여지승람』에는, 「만포진(満浦津)」을 지나 30리에 금국의 수도 「황성평(皇城坪)」이 있고, 그 「황성평」에는 세상에 전하는 「금국황제의 묘(金皇帝墓)와 황후묘, 황자묘」24)가 있다고 기술되어 있다. 그런데, 이러한 기록들은 원정중의 견문이나, 당시에 일반적으로 알려진 지식을 바탕으로 하여 기록된 것들이기 마련이다.

이조실록을 보면, 다음과 같은 황성에 관한 기록이 있다. 1424년(세종 6년)에 여진족 일부가 황성으로 이주하여, 수시로 정보를 제공하는 대신 생활의 보호를 요청하였다. 1433년(세종 15년)에는 조선 원정군

---

21) 「兀剌亐羅山城. 自平安道理山郡央土里口子. 北渡鴨緑婆猪浦츄二江. 至北剌山城. 在大野之中. 四面壁立高絶 唯西可上. 距離山郡二百七十里」(『竜飛御天歌』제39장주).
22) 朴時亨 『広開土王陵碑』(소시에테, 1985), P.35. 본서는 우리나라 기록에 있는 왕비에 관한 제기록을 광범위하게 찾아 자세히 논증하고 있다.
23) 「東至皇城. 北至東寧. 西至海. 南至鴨緑江. 為之一空. 皇城古女真皇帝城也」(『太祖実録』巻首)
24) 「皇城坪. 距満浦三十里. 皇帝墓. 在皇城坪. 世伝金皇帝墓. 礎石為之 高可十丈. 内有三寝. 又有皇后墓皇子等墓」『東国与地勝覧』巻之五十五, 江界府山川条).

의 일부가 만포에서 강을 건너 야인을 쳤는데, 이때 황성을 지났다. 1464년(세조 10년)에는 파저강(婆猪江)의 야인들이 강을 건너와 조선 정부에 생계보장을 요청하였다. 1467년(세조 13년)에 장군 강순(康純) · 남이(南怡) 등이 강을 건너 여진을 정토할 때, 황성평에 집결한 일이 있다. 1497년(연산군 3년)에는 조선에 왔다 돌아가는 여진인이 황성평에 숙박했다고 보고하였다. 같은 달에 조선의 관리가 강을 건너 황성평을 지나 우라산성 지방의 여진인들을 위로하고 돌아왔다25).

이같은 기록으로 볼 것 같으면, 관심만 가지고 있었다면, 그것이 자신들의 조상들이 남긴 유물이라는 것을 알아낼 수 있었을 것이다. 「왕비」에 대한 관심이나 호기심이 부족하였는지 그 정체를 모르기는 후세가 되어도 마찬가지였다.

1536년(중종 31년)에, 공조판서 심언광(沈彦光)은 경변사(警辺使)의 임무를 띠고 「황성」 일대에 거주하는 여진인을 압록강 안변(岸辺)에서 퇴거할 것을 권유하였다26). 이때 심언광은 대안에 있는 능묘와 「왕비」를 보고 「완안(完顔)씨의 고국에는 황폐한 성이 남아, 황제의 유분(遺墳)에 거대한 비가 서있다」라는 구가 들어가는 시(詩)를 지었고, 그것이 이수광의 『지봉유설』에 수록되어 전해지고 있다27). 그 시에도 「황제묘」 「황제비」로 되어있어 안타까울 뿐이다. 1596년(선조 29년)에는 신충일(申忠一)이 사절로 파견되어, 만포에서 강을 건너 황성을 통과하고, 그 행정을 기록한 『건주기정도기(建州紀程図記)』를 남겼다28). 그런데도 「왕비」의 정체를 알고 기술한 내용의 기록은 없다.

1636년에 일어난 「병자호란」과 더불어 청조(清朝)는 집안 일대의

---

25) 世宗実録六年 十一月甲申条. 同十五年三月庚申条. 五月己未条. 世祖実録十年六月 丙戌条. 同九月甲寅条. 同十三年九月己丑条. 燕山君日記 三年十月 己亥条(『朝鮮実録』).
26) 中宗実録三十一年 正月 戊午条. 壬戌条. 同二月 甲寅条. 同四月 戊申条.
27) 満浦越辺有大墳. 相伝為皇帝墓. 其下有大池. 荷花甚盛. 沈彦光満浦道中望皇帝墓詩曰 完顔故国荒城在 皇帝遺墳巨碣存. 是也(『芝峰類説』 巻十九, 陵墓).
28) 申忠一 『建州紀程図記』 図「皇城」.

출입을 금하였다. 이 때문에 그곳 소식은 접할 수 없게 되었으나, 조선인들은 벌등진(伐登鎭), 별오리(別吾里) 만포(滿浦) 등의 대안에 있는「황성」과「대금황제릉비」를 바라볼 수는 있었다. 그 상황을 1830년 (순조 30년)에 편집된『강계읍지(江界邑誌)』는 이렇게 전하고 있다.

> 황제의 성은 벌등진의 대안, 압록강의 안변에 있으나, 지금도 고성곽은 분명히 보인다. 금국 초기의 수도로 전해지고 있다. 황제의 묘는 황성원(皇城原)의 우측 1리 근처에 있는데, 그곳에 비가 서있다. 황후묘, 황자묘 등도 역시 그 산의 상하에 산재 해 있으나 석축이기에 언덕처럼 높다[29].

라고 기록하고 있는데, 그것은 1872년에 교주한『강계읍지』에도 그대로 수록되어 있다. 1860년경에 완성된『대동여지도(大東輿地圖)』에도, 압록강 대안의「황성」「황묘」등의 표지가 명기되어 있어, 조선인들이 그 실물을 보고 있었다는 것은 사실이었던 것 같다. 그저 무심히 관망하는 것으로 끝난 것이 아쉬울 뿐이다. 지적인 호기심이 없었던 것일까. 아니면 알아볼 수 있는 지적 능력이 없었던 것일까.

조선인들이「왕비」의 정체를 알고,「비문」을 기재한 것은 1908년에 간행된『증보문헌비고』에서 비롯된 것 같다. 이는 1770년(영조 46년)에 간행한『동국문헌비고』를 모태로 하여, 1790(정조 14년)에 개편을 완수하고, 다시 1831년(순조31년)에 증보하여『증보동국문헌비고』146권을 간행하였으나, 많은 문물제도의 변화를 반영하여, 1908년 1월에 250권 50책으로 발간한 것이다.

내용은 상위고(象緯考), 여지고(輿地考), 제계고(帝系考) 등 16고로 구성되어 있는데, 광개토왕비명은 제32권(여지고24) 서간도강계(西間

---

[29]「皇帝城. 在伐登鎭彼鴨綠江辺. 城郭尙今宛然. 金国初都伝. 皇帝墓. 在皇城坪上一里許 又有立碑 高可十丈 內有三寢. 皇后皇子等墓. 亦在其処山上山下. 而石築如阜」(『江界邑誌』, 1872).

島疆界)에 실려있다30). 이처럼 「왕비」와 「비문」의 존재를 알게 된 후에는, 「황성신문(皇城新聞)」이나 「서북학회월보(西北学会月報)」31)에 소개되게 된다. 이는 1900년대 초가 되어 「비문」에 관심을 가지게 되었기 때문에 있을 수 있는 일이었는데, 재빨랐던 일본과 비교하면 너무나 늦고 낮은 관심이었다.

2) 망국시대의 연구

이후 일본인의 기획된 연구에는 미치지 못하나 「비문」의 연구에 참여하게 되었다. 역사의 저작을 애국주의의 「교본」으로 하는 신채호가 「왕비」에 관한 것을 알게된 것은 망명지인 시베리아에서였다. 그는 4, 5인의 동지와 함께 집안(集安)의 고구려 유적과 「왕비」를 찾아갔으나 (망명지에서 조선고분도보를 보았다 하니, 집안을 방문한 것은 1915년 이후에 해당한다), 여비 관계상 하루밖에 머물 수가 없어, 자세한 관찰도 탁본을 구입할 수도 없었다32).

신채호는 여관에서 영자호(英子乎)라는 소년에게 들은 「왕비」와 「비문」에 관한 지식을 그의 저서『조선상고사』33)에 전하고 있다. 풍문을 기록한 것이므로, 그 여행을 통해서 알게된 정보의 정확성보다는, 우리 학자가 처음으로 「왕비」에 집념을 보였다는데 의미를 두어야 할 것이다.

고청(高青)34)은 비면에 요철과 포공(泡孔)이 있다는 사실, 우분(牛

---

30) 金永万「増補文献備考 広開土王碑銘에 대하여」-광개토왕비문의 신연구(2)-『新羅伽倻文化』12(1980),『増補文献備考』(券32. 与地考24, 西間島疆界, 弘文館, 1908).
31)「皇城新聞」(1905年10月31日, 11月 1日~6日).「西北学会月報」第1号9号 (1909・2).
32) 李進熙『광개토왕릉비의 연구』(吉川弘文館, 1972), P.44. 주37까지는 본서에 의함.
33) 申采浩『朝鮮上古史』(1948년판).
34) 高青「高句麗古都国内城遊観記」『朝光』(1938년, 9월호).

糞)을 바르고 소제(燒除)하여 문자가 박락(剝落)되었다는 사실, 그 박락 부분에 탁공이 이토(泥土)를 전충(塡充)했다는 일반적인 사실을 소개하였으나, 그것에 대한 고증은 없었다. 이인영(李仁榮)은 1938년 8월에 신충일(申忠一)의 자필보고서를 발견하여, 「신충일의 건주기정도기」35)를 발표하였다. 이병도(李丙燾)는 「성연경제여기학술술략」36)을 쓰고, 최남선(崔南善)은 조선 고문헌에 나타난 집안의 유적과 재발견 후의 일본인 연구자의 유적조사를 개관한 「통구의 고구려유적」37)을 썼으나, 새로운 사실은 없었다.

또 이홍직(李弘稙)은 「임나문제를 중심으로 하는 흠명기(欽命紀)의 정리」를 발표하여, 일본의 전통적인 방향에 따라, 『일본서기』의 기사에 보이는 인물을 검토하고, 「임나일본부」의 관리, 백제의 「일본계 관리」를 실증하려 하였다. 해방 후에 발표한 논문 「일본서기소재 고구려관계기사고」에서는 논리가 변하였다38).

3) 정인보 이후의 연구

이상과 같은 흐름, 즉 「비문」이나 일본인들의 연구 결과를 소개하는 정도에서 탈출하여, 본격적으로 「비문」의 내용을 살피고, 일본인들이 정립해 둔 통설을 부정하며, 자주적인 의견을 발표한 것은 정인보(鄭寅普)가 처음이라 할 것이다. 정인보는 왜를 「비문」의 주역으로 하는 해석을 부정하고, 고구려를 주역으로 하는 해석을 시도하여 발표하였다. 그것은 고구려나 백제의 세력을 높게 평가하는 반면 「왜」의 활약을 소극적으로 보는 견해였다. 당연히 「신묘년」조의 주역도 고구려로 설정하였다. 정인보는 「신묘년」조를39) 다음처럼 해석하였다.

---

35) 李仁榮 「申忠一의 建州紀程図記」『진단학보』제10호(1938년).
36) 李丙燾 「成研経済与其学術述略」『稲葉博士還暦記念滿鮮史叢書』(1938년).
37) 崔南善 「通溝의 高句麗遺蹟」『朝鮮의 故蹟』(1948).
38) 李弘稙 「任那問題를 中心으로 하는 欽命紀의 정리」『青丘学叢』제25호(1936년), 「日本書紀所載高句麗関係記事考」『東方学志』제1·3집(1954년·1957년).

百殘新羅旧是属民. 由来朝貢. 而倭以辛卯年来渡海破百殘聯侵新羅以為
臣民. 以六年 丙申 王躬率水軍. 討利百殘
백제와 신라는 원래 고구려의 속민으로 고구려에 조공하였다. 그런데
왜가 신묘년에 고구려에 침입하니 고구려가 바다를 건너가 왜를 격파하
였다. 이 때 백제가 왜와 연합하여 신라에 침입하니, 백제는 원래 고구
려의 신민이라 영락6년 병신에 광개토왕이 친히 백제를 정벌하였다40).

라고 「비문」의 원문을 보충하거나 빠진 자, 해석이 안 되는 자를 가상
하여, 고구려가 침입해 온 「왜」를 격파하고, 속국 백제와 신라 사이에
일어나는 분쟁의 조정역할을 수행하는 종주국으로서의 역할을 수행한
것으로 해석하였다.

「신묘년」조를 일본인들의 주장대로 해석한다면, 영락 6년의 백제정
벌은 「비문」의 논리에 맞지 않는다는 것이다. 그처럼 「비문」의 논리에
따른 해석이 이루어져야 한다는 의견을 제시한 것은 그 해석에 좋은
제안이었으나, 구체적이지 못한 점에 아쉬움이 있다. 또 해석에 많은
문자의 보입을 실행하였으나, 그것이 무엇을 근거로 하는가에 대한 설
명이 없는 것도 아쉬움으로 남는다.

하타다타카시(旗田巍)는 그것을 지적하며, 고구려가 「바다를 건너왔
다」는 문장의 주어가 된다는 것이 부자연스럽기는 하나, 경청할 점이
많다 했다. 그러면서 「비문」의 논리를 존중해야 한다는 주장을 「탁발
(卓拔)한 발상」이라 하였다41).

정인보의 주장은 한국 측의 조형을 이루며, 박시형(朴時亨)이나 김
석형(金錫亨) 등에 의해서 부분적으로 수정・정정되면서 발전하였다42).

---

39) 鄭寅普「広開土境平安好太王陵碑文釈略」『庸斉白楽濬博士還甲記念国学論輯』(1955).
40) 鄭杜熙「鉱開土王陵碑文 辛卯年 記事의 再検討」(『歴史学報』第82輯, 1979)의 訳 引用.
41) 旗田巍「広開土王碑文の諸問題」(『아시아 레뷰우14』, 1973, 3).
42) 朴時亨 전게주22, 金錫亨『古代韓日関係史』勁草書房(1969年), 佐伯有清「高句麗広開土王陵碑文의 재검토」『광개토왕과 참모본부』(吉川弘文館・1976).

박시형은 신묘년조를 다음처럼 해석하였다.

> 백제와 신라는 우리 고구려에게 오랫동안 속민으로서 이전부터 조공을 바쳐 온 것이다. 왜가 신묘년에 침입해 왔기 때문에, 우리 고구려는 바다를 건너가서 그것을 격파하였다. 그런데 백제는 (왜를 끌어 들여서) 신라를 침략하고, 그것을 자기의 신민으로 삼았다. 그래서 대왕은 6년 병신년에 몸소 군사를 이끌고 가서 백제를 쳐서 승리하였다.

라고, 왜가 신묘년에 침입하여 왔기 때문에, 고구려가 도해하여 왜를 격파하였는데도, 백제가 「왜」를 끌어들여서 신라를 쳐서 자신의 신민으로 삼았기 때문에, 대왕이 친히 수군을 이끌고 백제를 토벌한 것이라 하였다. 즉 도해의 주어를 고구려로 하고, 「파(破)」의 목적어를 「왜」로 한 것이다.

또, 김석형은 「비문」의 「왜」를 북구주에 사는 백제계의 세력으로 추정하고, 고국을 위하여 동원된 세력으로 추정하고, 다음과 같은 의견을 제시하였다.

> 비문의 논리에서 말하자면, 속민의 위치에서 이탈하였기 때문에(그러나 사실은 백제가 고구려에 대하여 대공세를 폈기 때문에) 고구려는 수군으로 바다를 건너서, 그 왜군의 고국이며 자신을 위협하는 주대상인 백제를 격파한 것이다[43].

라고 고구려가 주도적으로 백제를 격파하고 신라를 자기편으로 끌어들인 것으로 해석하였다. 이처럼 고구려를 주역으로 설정하는 주장은 과거 일본인이 독점했던 연구에 한국인이 참가하게 되면서 제기되기 시작한 것으로, 종래의 주장과는 크게 다르다.

그러나 한국 측이 연구에 참가한 후에 「비문」의 논리를 중시해야

---

43) 金錫亨 전게주42.

한다는 의견이 제시되었음에도, 「비문」을 사료로 인식하고 그곳에서 사실을 추구하려는 방법이나 목적은 변하지 않았다. 즉 「비문」의 논리를 정립하지 않은 상태에서, 한정된 부분에서 역사적 사실을 규명하려는 목적으로 접근하는 방법에는 변함이 없었던 것이다.

「비문」을 먼저 연구하기 시작한 일본인들에 의해서 왜곡된 해석이 이루어졌다고 믿는 한국 측의 학자들이었으므로, 종래의 연구결과를 부정하는 새로운 의견을 제시하면서도, 그 결론에 도달하는 방법은 종전의 그것과 크게 다르지 않았다. 즉 도출해내는 결과는 상반적이었으나 「비문」에 접근하여 그 내용을 파악해내는 방법은 동일했던 것이다. 그것은 문제성이 있다고 생각하거나 역사적 사실의 기술이라고 판단하는 부분에 대한 집착으로, 그러한 부분에 대한 집착은 그 부분을 「비문」 전체에서 유리시키는 결과를 초래시키고 말았다.

또 그러한 접근 자세는 이마니시류우(今西龍)가 비를 답사하여, 비의 4면에 석회를 바르고 글자 형태만을 나타내고 있는 비면의 상황을 지적하며, 「비문」을 사료로 하여 역사를 고증하는데는 깊은 경계가 필요하다고 경종을 울렸음에도44), 그 경종을 전혀 의식하지 않는 연구방법이었다. 이마니시류우가 말한 원자료에 대한 변조가 이루어졌다는 경종은, 당시의 연구상황을 근거로 하는 것이었을 것임에도, 그것이 경시되거나 연구에 별 영향을 끼치지 못한 것은, 「비문」연구의 목적이 너무나 확실했기 때문이었을 것이다. 그런 면에서 일본의 연구방법이나 방향이 이해가 안 되는 것은 아니나, 일본이 아닌 우리들의 자세가 그러하다면 그것은 이해할 수 없는 일이다.

4) 이진희의 영향

잘못된 자료를 근거로 하는 연구의 경향을 문제 삼은 사람이 미즈타니테이지로우(水谷悌次郎)와 이진희 등이었다. 미즈타니테이지로우

---

44) 今西竜 「広開土境好太王陵碑에 대해서」 『日本古代史』(1915).

는 자신이 수장하고 있는 탁본과 여러 종류의 탁본을 대조하여, 탁본 간에 보이는 차이를 비면에 석회가 칠해진 결과로 추정하였다45).

이진희는 사코우의 쌍구본을 비롯해서, 많은 탁본, 비의 사진, 여러 작가의 해석문, 중국에서의 「왕비」의 탁출사를 검토한 다음에 「비문」이 개찬되었다는 개찬설(改竄說)을 주장했다46). 그것은 종래의 연구의 근간을 흔들고 일본의 고대사에 새로운 전기를 제공할 수도 있었기에 큰 물의를 일으켰다. 그래서 찬반양론이 많았으나, 그것이 원자료에 이상이 있다는 사실이나 참모본부가 연구의 중심에 있었다는 사실을 환기시킨 것은 분명했다.

이진희의 개찬설에 촉발되어 한국학계에도 많은 연구자들이 「비문」의 판독과 해석 그리고 영역지배에 관한 연구결과를 발표하게 되었다47). 이들의 연구는 괄목할만하다 하겠으나, 도출해 내는 결론만이 다를 뿐, 일본인들의 연구와 크게 다르지 않다. 일정한 부분에 집착하여 세부적인 차이를 즐겨 논쟁할 뿐이었지, 방법적인 면에서는 대동소이하다는 느낌이다.

비교적 새로운 학자들은48) 종래와는 달리 「비문」의 제3부에 해당하

---

45) 水谷悌次郎(「好太王碑考」,『書品』第100号, 1959).
46) 李進熙 전게주32
47) 李丙燾 「広開土王의 雄略」,『韓国学研究叢書』제1권(1971), 文定昌 「広開土王勳績碑」,『일본고대사』(1970), 천관우 「広開土王陵碑再論」,『全海宗博士華甲紀念史学論叢』(1979), 鄭杜熙 「광개토왕릉비문 신묘년기사의 재검토」,『歴史学報』82(1979), 朴性鳳 「広開土好太王期 고구려 남진의 성격」,『韓国史研究』27, (1979), 金永万 「広開土王陵碑의 新研究」,『新羅伽倻研究』11(1980), 李亨求・朴魯姫 「広開土王陵碑文의 所謂 辛卯年記事에 대하여」,『東方学志』제29호(1981), 김정학 「広開土王碑文의 征服記事 再檢討」,『日本学』1(1981), 李基東 「広開土王碑文에 보이는 백제관계기사의 검토」,『백제연구』17(1986), 徐栄洙 「광개토왕비문의 정복기사 재검토」상・중 『역사학보』96・119(1982・1988), 연민수 「광개토왕릉비문에 보이는 대외관계」,『삼한의 사회와 문화』(1995).
48) 趙仁成 「광개토왕릉비를 통해본 고구려의 수묘제」,『한국사시민강좌』3(1988, 일조각), 金賢淑 「광개토왕비를 통해본 고구려수묘인의 사회적 성격」,『한국사연구』65(1988), 林起煥「광개토왕비의 국연과 간연」,『역사와 현실』13(1994),

는 수묘인연호에 관심을 보여 수묘인의 신분의 문제, 사회제도 등을 문제로 삼고 있다. 박시형・김석형 등이 시작한 북한의 연구는, 김유철・손영종・조희승・전대준49) 등으로 이어지는데, 그것은 주로 고대 한일관계사에 치중하여 이루어지는 것이었다.

그런데 연구의 흐름을 보면, 그것은 역사학을 연구하는 사람이 주를 이루고 있었다. 「왕비」가 고구려를 통치한 광개토왕의 사거를 기념하여 건립한 것이라는 점을 생각하면, 그것은 당연한 일로, 그러한 흐름에 의문을 표한다는 것 자체가 이상한 일일지도 모른다. 그러나 「비문」의 벽두에 위치하는 건국설화가, 문장 전체를 통제한다는 사실을 생각하면, 그것만도 아닐 것이라는 생각이 든다.

「비문」의 벽두에 위치하며, 고구려의 건국과정을 이야기하는 신화가 있음에도, 신화를 연구하는 학자들이 아무것도 의식하지 않았다면, 그것이야말로 있을 수 없는 일이었다. 그런데도 고구려의 건국신화를 이야기하는 경우에 있어서도, 고구려인이 직접 기술한 「비문」의 신화를 방치한 것은 어찌된 일일까. 나는 이러한 현상에서 독립적이지 못한 신화연구의 후진성을 엿본다. 신화를 포함하는 문학이 독립되기를 거부하고, 독자적이기를 두려워 한 결과라고 생각한다. 「비문」의 신화를 문학적인 면에서 접근해 가려는 것을, 본서의 목적으로 한다는 것을 여기서 다시 한번 확인하여 두고 싶다.

趙法鍾「광개토왕릉비문에 나타난 수묘제연구」『한국고대사연구』8, (1995), 孔錫龜「광개토왕비의 동부여에 대한 고찰」『한국사연구』(1990).

49) 김유철「고구려 광개토왕릉비에 나타난 왜의 성격」『력사과학』(1986~1), 孫永鐘「광개토왕릉비를 통하여 본 고구려의 영역」『력사과학』(1986~2), 「광개토왕릉에 보이는 수묘인연호의 계급적 성격과 립영방식에 대하여」『력사과학』(1986~3), 「광개토왕릉비 왜 관계기사의 올바른 해석을 위하여」『력사과학』(1988~2), 조희승「광개토왕릉비문에 대한 몇 가지 문제」『조선고고연구』(1988), 채희극「광개토왕비문의 해석에서 제기 되는 몇 가지 문제에 대하여」『력사과학』2(1988), 전대준「삼국사기와 광개토왕릉비문에 보이는 숙신의 정체」『력사과학』(1990~1).

3 비문의 구조

1) 전체와 부분

「신묘년조」를 고구려 중심으로 해석하는 한국학계의 의견이 제기되자, 일본학계도 민감한 반응을 보이게 되었는데, 요코이타다나오(橫井忠直)설을 그대로 믿고 따르던 일본학계 중에서는, 마에자와가즈유키(前沢和之)・하마다코우사쿠(浜田耕策)・타케다유키오(武田幸男)・사에키아리키요(佐伯有淸) 등이 그것과는 약간 다른 주장을 하였다. 그것은 비문의 부분이 아니라 전체적인 구조를 이해할 것을 주장하는, 새로운 연구 방법이었다.

마에자와카즈유키는 「신묘년조」를, 6년 이후의 광개토왕이 백제・신라 등을 복속시킨 사정과 그 과정을 밝히기 위한 「삽입문」으로 보고, 「신묘년」에 왜가 백제를 신민으로 삼았던 사료의 방증이 될 수 없다는 의견을 제시하였다. 그러면서도 「신묘년」조의 주어는 여전히 왜로 하였다[50].

사에키아리키요는 고구려가 백제를 격파하고 신라를 신민으로 한 사실을 근거로 하여, 「신묘년」의 주역을 고구려로 보았다[51]. 타케다유키오는 「비문」의 「귀왕(歸王)」이나 「조공」 등의 술어가 지니는 의미를 통하여, 당시의 고구려를 중심으로 하는 주변 제국 혹은 종족과의 국제관계의 구조를 규명하는 것이라 하였다. 그러면서 중국에 대한 기술이 없는 반면에 「왜」가 빈번하게 등장하는 사실을, 중국을 무시하고 「왜」를 중시하는 고구려의 정책의 표현으로 보았다. 또 수묘인연호(守墓人煙戶)의 구성에 관한 기술을 통하여 광개토왕이 통치한 영역지배의 실체를 분석하려 하였다[52].

---

50) 前沢和之 「広開土王陵碑文을 둘러싼 2, 3의 문제-신묘년 부분을 중심으로 하여-」『続日本紀研究』159(昭和47년2월).
51) 佐伯有淸 「高句麗広開土王陵碑文의 再檢討」『広開土王碑와 參謀本部』(吉川弘文館, 1976년), P.167.

하마다코우사쿠도 종래의 「신묘년」조의 해석이, 그 일절의 해석에 지나치게 성급하여, 일절이 「비문」 전체에서 차지하는 위치와 기능을 잃어버리게 하고 있다는 점을 지적하고, 「신묘년조」의 「전치문」설을 주장하였다53). 그것은 「비문」이 기술한 기년(紀年)을, 구조적으로 왕궁솔(王躬率)과 교견(教遣)으로 분류하고, 왕 스스로가 친정(親征)하는 「왕궁솔」에는 반드시 그것을 설명하는 「전치문」이 동반되나, 군대를 대신 파견하는 「교견」에는 그 「전치문」이 동반되지 않는다는 것으로 분석하였다.

그리고 「신묘년」조를 「왕궁솔」이 동반되는 고유의 「전치문」으로 보았다. 그러면서 이진희의 개찬설대로 「신묘년」조에 「래도해파(来渡海破)」가 존재하지 않는다면, 「비문」의 구조나 전치문의 문맥과 그 기능이 완전히 마비되는 것이라 하였다.

그런데, 이들이 말하는 「비문 전체의 구조적」 이해라고 말하는 전체란, 「비문」 전체를 이야기하는 것이 아니라, 제2부를 전체로 보는 사고였다. 즉 제2부에 한정되는 전체로, 제1부와 제3부를 제2부에 연계시키는 전체가 아니었다. 그렇지만 비록 그 전체가 제2부에 한정된다 할지라도, 「신묘년」조를 「비문」의 구조에 따라 이해하려고 한 시도나, 공덕비로 인식하는 「비문」에서 과장과 수식어구라는 허울을 벗기는 방법으로 사실을 구하려는 방법은, 「비문」 이해에 새로운 전기를 제공하는 발상의 전환이라 할 만한 일이었다.

그러나 하마다코우사쿠·타케다유키오 등의 연구는, 그러한 의도에도 불구하고, 고대 동아정치사에 있어서 왜를 주도적으로 보려는 기본 인식의 한계에서 벗어나지 못하여 결과적으로 일본의 종래설을 합리화하는 한편, 극단적으로 「비문」을 허구화하는 경향을 보였다. 서영수는 하마다의 「전치문」설에 대해 다음과 같은 의견을 표하였다.

---

52) 武田幸男 「朝貢関係의 基本性格」『고구려사와 동아시아』(岩波書店, 1989), 「장수왕의 東아시아 인식」(동서), 「広開土王의 領域支配」(동서).
53) 浜田耕策 「高句麗広開土王陵碑文의 虚像과 実像」『일본역사』304(1973), P.86.

착상의 예리함에도 불구하고 비문을 기계적인 단순구조로 파악하여 허다한 모순점을 보이고 있으며, 결국 일본구설을 합리화하는 한편, 역설적으로 비문의 허구성을 주장하여 자기모순에 빠지기도 한다54).

라며 「전치문」설의 모순을 지적하였다. 사실 하마다코우사쿠가, 「신묘년」조를, 고구려왕 스스로가 행하는 친정을 정당화하는 「전치문」으로 인정하면서도, 그것을 「백잔·신라가 고구려의 속민에서 왜의 신민(臣民)으로 변화하는 것이 이해된다」라고 해석하는 것은, 「비문」을 자국에 유리한 방향으로 해석하려는 종래의 자세에서 벗어나지 못한 것으로, 기존의 주장을 합리화하기 위해 새로운 방법을 시도한 것으로 볼 수도 있다.

또 「비문」 전체에서 차지하는 위치와 기능을 이유로 「전치문」설을 주장하면서도, 제1부나 제3부와 결부시키지 않은 것은, 전체를 제2부에 국한시키는 사고의 한계였다. 그러한 사고는 자체논리를 떠난 해석을 가능하게 할 수도 있다. 말하자면, 「비문」이 영락 원년을 「신묘년」으로 기록한 이유를 설명한 것이 그 일례이다. 그는 「신묘년」의 기사를, 왜가 백잔과 신라를 신민으로 한 사실을 반영한 기록으로 간주하고,

즉위한 당초에 돌연 왜의 침입으로 속국=백잔·신라를 잃은 것이 된다. 이것은 광개토왕의 성덕을 크게 더럽히는 일이 되므로, 송덕비의 제작자는 왜의 침입을 광개토왕이 즉위하기 전의 「신묘년」에 일어난 일로 요약하는 것으로, 광개토왕의 성덕을 더럽히는 일도 없이, 반대로 광개토왕은 즉위하자마자 전왕(前王)의 실정으로 잃은 백잔·신라의 조공을 회복시키고, 왜를 궤멸시켰을 뿐만 아니라 사방(四方)을 속민화했다는 화려한 광개토왕을 찬미하기에 충분한 수사를 표현한 것은 아니었을까55).

---

54) 徐栄洙 「広開土王陵碑文의 征服記事 再検討」上(『歴史学報』96, 1982), P.10.
55) 浜田耕作 전게주53, P.94.

라고 설명하였는데, 그것은 「비문」을 성립시키는 자체 논리에 모순되는 의견이다. 「비문」을 구성한 자가 광개토왕을 칭송할 목적으로, 광개토왕대에 발생했을지도 모르는 주변국과의 분쟁을 전왕, 광개토왕 부왕의 실정으로 돌린다는 것은, 사실의 여부와 관계없이 왕통의 신성성이나 절대성을 손상시킬 수 있는 일이다. 「비문」이 왕통의 절대성을 확인하는 것을 목적으로 한다는 것을 생각하면, 그것은 있을 수 없는 일이다.

2) 천제와 왕통

「비문」의 광개토왕은 천제를 근원으로 하는 혈통을 계승한 천손이고, 고구려를 건국한 「천제지자」 추모왕(鄒牟王)의 「17세손」이다. 그것은 광개토왕이 천제의 혈통을 이어받은 천손이라는 것, 혈통을 매개로하는 천손이라는 자격으로 왕통을 계승하였다는 것, 고구려 통치자로서의 정통성을 획득하고 있다는 것 등을 확인해주는 일이었다. 천제의 권위를 바탕으로 하는 절대성의 확인이었다. 그처럼 조상의 권위를 소중히 하는 「비문」이 광개토왕을 칭송하기 위하여 광개토왕대에 있었을지도 모르는 사건을, 다른 선조왕의 실정으로 돌리는 것과 같은 일은 있을 수 없는 일이다. 그것은 왕통의 일관적인 절대성을 부정하는 일이며, 왕통의 권위를 스스로 손상시키는 일이었다.

이러한 천제와 광개토왕과의 관계, 천제에 유래하는 왕통을 계승한 광개토왕이 그 혈연적 관계를 정통성으로 하여 통치하는 천하의 개요가 「비문」의 제1부에 기술되어 있는 것이다. 그곳에서는 광개토왕의 절대성이, 사해에 떨치는 무위(武威振被四海)라는 표현으로 약술되어 있는데, 그것을 구체화한 것이, 제2부에 기술된 정토에 관한 기술이다. 그처럼 광개토왕의 무위가 제1부에서는 개괄적으로 기술되고, 제2부에서는 주변국을 정토하는 내용으로 하여 상술되어 있다는 것은, 「비문」의 각부가 독자적으로 존재하는 것이 아니라, 상호가 유기적인 관계를 가지고 있다는 것을 의미한다. 「비문」은 부분적으로 의미를 이루는 것이 아니라, 각 부분들이 유기적인 관계를 가지며, 상호가 함께 어울리며 의미를 이루고 있는 것이다.

각 부가 유기적인 관계를 갖는 것은, 제3부가 조상과 후손간의 교류를 내용으로 한다는 것으로도 확인된다. 제3부는 조상을 숭상하는 후손에 의해 운영되는 「수묘인연호」제의 구성과 의례를 내용으로 하는데, 이처럼 후손이 행하는 조상에 대한 의례로서의 수묘제가, 혈통을 매개로 한다는 것은, 그것이 1·2부와 동질적이라는 사실을 시사한다.

천제의 혈통으로 이어지는 왕통보의 정통성을 확인하는 것이 제1부이고, 제1부의 추모왕의 신화로 예고된 왕통의 권능을 광개토왕이 실제적으로 실현하여 구체화하는 것이 제2부, 그리고 후손의 조상에 대한 숭배의례로 실행하는 수묘를 내용으로 하는 것이 제3부이다. 이처럼 각 부가 천제의 혈통을 계승한 조상과 후손이라는 혈연을 매개로 해서 구성되고, 또 각 부가 조상과 후손이라는 혈연을 축으로 해서 연계되어 있다는 것은, 각 부가 전체를 떠나서 독자적일 수 없다는 사실을 시사한다. 말하자면 어느 부분이 아닌, 전체구조 속에 구성된 것이 「비문」이라는 것이다. 따라서 그 이해도 어느 부분이 아닌, 전체구조 속에서 이루어져야 할 것이다.

3) 고구려 중심의 교류

「신묘년」조의 이해도 마찬가지이다. 그것을 이해하기 위해서는 「비문」이 이야기하는 고구려와 주변국간의 교류원칙을 먼저 이해해야 한다. 「비문」이 기본적으로 규정한 고구려와 백잔·신라·동부여·왜 등과의 교류의 원칙을 먼저 파악해야 된다는 것이다. 그것이 이야기하는 교류는 고구려를 중심으로 해서 이루어지는 것으로, 고구려는 천과의 교류는 물론, 주변국들과의 교류도 독점한다. 반면 주변국의 교류는 고구려에 한정된다.

그러한 교류의 원칙에서 배제되어 있는 것이 왜이다. 원래 왜는 「비문」의 천하에 포함되지 않는 권외세력으로, 「비문」이 이야기하는 세계, 즉 천하의 질서와는 무관하게 존재한다. 그러한 왜는 백잔이나 신라와의 교류를 통하여, 「비문」의 천하에 등장하면서, 그 질서를 위반하고 있었기 때문에, 그 대상국인 백잔은 정토당하고 왜는 권외로 추방당한다.

백잔과 왜의 교류로 인정되는 화통(和通)은, 그 내용을 설명하는 직접적인 기술이 없어, 그 내용을 잘 알 수가 없다. 그에 비해 신라나 고구려와의 교류에 대해서는 그 내용이 비교적 자세히 기술되어 있다. 백잔과 화통한 왜가 신라의 국경에 나타나자, 신라는 고구려에 구원을 요청하였고, 고구려는 그에 응하여 왜를 격퇴시킨다.

고구려는 세계의 중심에 위치하면서, 비려・백잔・신라・동부여 등을 그 주변에 위치시키는데, 「왜」는 그 주변에 속하는 것이 아니라, 그 권외에 존재한다56). 그처럼 천하의 권외에 위치하는 왜이기 때문에, 왜가 천하에 나타나는 것만으로 천하의 질서를 어지럽히는 것이 되어, 왜가 천하에 나타나면 고구려는 그 왜를 격퇴해야 한다.

고구려의 정토는, 주변국들이 조공의무를 이행하지 않거나 독자적인 외교활동을 전개하는 경우, 주변국이 독자적인 행동을 취한다고 여겼을 때, 천하의 질서에 이상이 발생했다고 판단될 때, 예외 없이 이루어진다. 그런 의미에서 왜가 백잔과 화통하고 신라국경에 나타나는 일은 천하의 질서를 교란시키는 일로, 천하의 질서를 주재하는 고구려로서는 질서를 유지한다는 차원에서, 정토하지 않으면 안 되는 사건이었다.

왜와 백잔이 화통하는 것은, 백잔이 이자(二者)교류의 원칙을 위배하는 일이었기 때문에, 고구려는 백잔을 정토하여 복속을 서약시켜야 했고, 왜는 권외로 격퇴시켜야 했다. 그렇게 하는 것이 백잔과 왜의 교류로 흐트러진 질서를 회복하는 일이었고, 속국 신라를 수호하는 일이었다. 따라서 백잔과 왜가 화통하여 고구려에게 정토당하는 것은,

---

56) 盧泰敦「5세기 고구려인의 천하관」『한국사 시민강좌』3(일조각, 1979), P.89.

왜를 등장시키는 방법으로, 천하질서가 일시적으로 무너진다 해도 결국에는 회복되며, 천하의 원상에는 변함이 있을 수 없다는 절대적인 사실을 확인하는 「비문」의 방법으로 볼 수도 있는 것이다.

이처럼 왜의 등장이 고구려의 정토활동으로 이어진다는 사실은, 「비문」에 왜가 등장하는 의미를 「비문」 스스로가 분명히 하고 있는 것으로 볼 수 있는 일이다. 즉 왜의 등장은 천하질서의 위배를 의미하고, 그것으로 질서에 이상이 생기면, 고구려는 질서를 환원시키기 위하여 정토하게 된다는 것이다. 그런 원칙에 입각하면, 「신묘년」조에는 고구려가 천하의 질서를 유지시켜야 하는 원인이나 활동이 기술되어있기 마련이다.

고구려·백잔·신라·왜 등이 등장하는 9년조와 10년조의 기술이, 권외세력 왜의 등장으로 교란된 천하의 질서를 회복하는 내용이었다는 것은, 그것의 원인을 이룬 「신묘년」조의 내용을 추정하기에 좋은 근거가 된다. 「신묘년」조에는 백잔과 신라가 정토되고 왜가 격퇴당해야 하는 원인이 기술되어있었을 것이므로, 그것은 백잔이나 신라가 천하의 질서를 위배하거나 왜가 천하에 등장한다는 내용이었기 마련이다.

그것은 다시 말하자면, 백잔과 신라가 정토당하고, 왜가 격퇴당해야 하는 원인을 기록한 것이 「신묘년」조의 내용을 이룬다는 것이 된다. 그럴 경우 고구려는 반드시 백잔과 신라를 정토하고 왜는 격퇴시켜야 한다. 그렇다 해서 그것이 왜의 독자성을 인정한다는 것은 아니다. 「비문」이 고구려의 천하를 이야기하는 이상, 그곳에는 고구려가 중심이 되는 주변국과의 교류가 기술되어있기 마련이다.

4 부분에 편재하는 전체

1) 사실 추구의 허실

이진희의「개찬설」은 일본만이 아니라 한국에도 많은 영향을 미쳐 연구를 활성화시키게 되었다. 여러 학자들에 의해서「비문」의 판독이나 해석에서부터 광개토왕의 영역지배에 걸친 연구가 이루어졌다. 이러한 연구는 이진희의「개찬설」을 계기로, 종래 일본인들이 구축한 통설을 부정하는 흐름으로 진행되었기 때문에, 도출해낸 결론은 종래의 그것과 상반적이나 그것을 도출해내는 과정이나 방법은 크게 다르지 않았다.「왕비」를 중요한 사적 사료로 여기고 그곳에서 일정한 사실(史実)을 추정하고 확인하려는 목적이 같았기 때문이다. 사실이 기록된 곳으로 여기는 일정 부분에 집중하여, 그 부분을 여타 자료와 비교하여 사실을 규명해 내려고 노력하고 있었다.

「비문」의「개찬설」을「신묘년」조의 해석에 적용한 천관우는「래도해파(来渡海破)」의「파(破)」를「고(故)」로 읽으면「비문」의 합리적인 해석이 가능하다며,「조선총독부탁본」의「파(破)」가「고(故)」일 가능성을 주장하였다[57]. 그러나 조선총독부탁본이 원석탁본이 아니라 석회를 칠하고 그 위에 원하는 자를 새겨 넣은 탁본이라는 것을 생각하면, 신뢰하기 어려운 주장이다.

이형구도「신묘년」조의「래도해」를「불공인(不貢因)」으로,「왜(倭)」를「후(後)」로 보고,『파(破)』의 주체를 광개토왕으로, 결자(欠字) 부분을「왜구」로 간주하였다[58]. 또 김영만은「신묘년」조의「유래조공(由来朝貢)」의「래(来)」를「미(未)」로 판독하고, 백제와 신라가 고구려의 속민이었음에도 불구하고, 조공하지 않았으므로 고구려가 이들을 격파한 것이고, 왜는「신묘년」부터 내침한 것으로 해석하였다[59].

---

57) 千寛宇「広開土王陵碑文再論」(『全海宗華甲紀念論叢』一潮閣, 1979), P.533.
58) 李亨求「광개토왕릉비 연구」『国史学論叢』45(1993) P.32.
59) 金永万「광개토왕비문의 신연구」1『新羅 伽倻文化』11(1980). P.44.

연민수는 여러 「비문」의 위조설을 검토하고, 「비문」의 독법과 문자 보입(補入)에 자의성이 보인다며 위조설에 부정적인 의견을 제기하였다60). 그러나 이진희씨는 자신의 「개찬설」을 계기로 이루어진 논쟁의 결과를 보고, 또 직접 「왕비」의 비면을 9회나 관찰한 후에도, 탁본의 편년에 의거하여 도출한 참모본부의 「개찬설」을 번복시킬 수 있는 연구가 아직 출현하지 않았다며 자신의 「개찬설」의 정당성을 계속 주장하고 있다61).

「비문」의 대량 결자를, 1918년에 「왕비」를 답사한 구로이타카쯔미(黑板勝美)의 범죄로 단정한 문정창은 『삼국사기』·『자치통감』의 기술과 「비문」의 훈적을 연대순으로 열거한 후, 「신묘년」에 건너 온 「왜」가 백제를 격파하여 노민(奴民)으로 했다는 기록은 사실과는 완전히 다른 것으로, 이것은 백제를 적국으로 하는 고구려의 일방적인 견해라는 주장을 폈다62).

그러나 이러한 주장들은, 고구려의 왕통이 「천제」에 유래한다는 「천제」와의 혈연적 관계를 가지고 자국과 주변제국을 차별화하는 「비문」의 논리를 고려하지 않은 주장들이었다. 「비문」의 고구려는 모든 교류를 독점하고 주변국의 조공을 받는 종주국인데, 그 정당성도 「천제」와의 혈연으로 보장받고 있는 것이다. 그렇기 때문에 고구려는 조공하지 않는 주변국을 정토할 수 있으며, 주변국이 조공을 다시 서약하면 정토를 종결짓는다.

따라서 고구려와 주변국을 대등하게 보는 생각은 자체의 논리에 반하는 일로 「비문」의 이해에 도움이 되질 못한다. 그것을 인지하지 못하고 허구의 「비문」에 접근하게 되면, 그것이 말하는 진정한 의미를 알아채지 못하고, 그저 왕통의 신성성을 강조하기 위하여 동원된 허구

---

60) 延敏殊 「광개토왕비문에 보이는 대외관계」 『三韓의 사회와 문화』(한국고대사연구회, 1995), P.231.
61) 李進熙 『高句麗・渤海를 간다』(青丘文化社, 1997), P.57.
62) 文定昌 「広開土王勲績碑文論」 『日本上古史』(柏文堂, 1970), P.73.

로 보아 넘기기 쉽다. 또 그것이 종래의 일반적인 흐름이었다.

어떠한 형태로든 한반도에서의 고구려와 왜가 접촉한 사실이 있었을 것으로 추정하는 천관우는, 왜를 「능비에 나타나는 왜의 한반도 상에서의 활동은, 예외 없이 왜 단독이 아니라 백제가 끌어들인 왜, 즉 백제・왜(혹은 가라도)의 연합으로서의 왜」로 보고, 「신묘년」조의 「왜」를 「백제가 끌어들인 왜가 신묘년 이래로 바다를 건너 백제로 온」 것이라 하였다.

그것은 왜가 백제를 굴복시켰다는 종래 일본인들의 의견과는 다른 것으로, 신라를 치기 위해 백제가 주도한 것으로 보았다. 그러면서 「신묘년」조의 기록을 「사실과는 다른 기록, 사료로서의 가치가 없는 허문(虛文)」63)이라 했다. 그리고 하마다코우사쿠의 「왜병이 조선의 땅에 있었으리라는 것은 상정할 수 있지만, 이 신묘년의 일절은 그것을 스트레이트로 전하는 것은 아니다」64)라는 의견을 인용하여, 자신의 「허문」설을 재확인하였다.

그리고 하마다코우사쿠가 「신묘년」조를, 사신의 필법에 의한 허구이지 실제로는 그렇지 않았다고 말한 견해에 대해서, 「능비 해석자의 고충을 여실히 나타내는 것으로 느껴진다」라고 말하였는데, 이는 「비문」을 사료로 단정한다면 느낄 수밖에 없는 고충이었다. 「비문」을 사료로 보기 때문에, 허구적인 내용을 접하게 되면, 천관우 스스로가 「고구려 사신(史臣)이 광개토왕을 위해 과장은 할지언정, 과연 허문을, 더구나 금석에 허문을 지어 넣었을까」라고 말한 그대로, 사신의 과장은 인정하면서도, 허문을 명기했다는 사실에는 회의를 가질 수밖에 없게 된다. 그 같은 회의는 「비문」의 독자성보다 여타 사료와의 공통점을 중시하는 사고를 원인으로 한다.

---

63) 千寬宇 전게주57, P.531.
64) 浜田耕作 전게주53.

2) 천제의 후손이라는 논리

「비문」은 추모왕을 천제의 아들로 설정하여, 그 후손을 천제와 동질화시키는 방법으로 동격화시키고 있다. 혈통을 매개로 하는 조상과 후손의 동질화였다. 그런 「비문」에 있어서는 신화적인 추모왕과 사실적인 광개토왕은 시간적인 순서가 있을 뿐 동질체인 셈이다. 때문에 광개토왕의 정토담은 추모왕의 신화가 말하는 무위로 예고되었고, 그 예고가 광개토왕의 구체적인 무위를 통하여 실현된 것으로 보아야 한다.

그래서 그 후손이 통치하는 고구려는 주변국과 구별되어 대등할 수가 없는 것이다. 고구려는 천손이 통치하는 나라이기에 천하의 중심이어야 하고, 그 외의 나라들은 고구려에 조공하며 존재하는 주변국이어야 한다. 그 논리를 파악하지 못하면 「비문」이 신화를 기록한 의미를 이해하지 못하고 단순히 과장된 허문으로 취급하게 되어, 그 의미의 해석에 고뇌하게 된다.

3) 서영수의 전제문

「비문」에 등장하는 나라를 비려(碑麗)·후연(後燕)·동부여의 북방과, 「백잔」·신라·왜의 남방국으로 분류하는 정두희는 「백잔」·신라는 광개토왕 이전부터의 속국으로 하고, 왜는 「신묘년」에 고구려가 바다를 건너 복속시킨 것으로 보았다[65]. 이것은 「왕비」가 광개토왕의 훈적을 칭송하기 위해서 건립되었다는, 건립목적을 근거로 하는 해석으로 「비문」의 연대기 하나하나를 독립된 구조로 파악하여, 「신묘년」조를 6년조의 전치문으로 간주한 하마다코우사쿠의 의견을 부정하는 주장이었다. 즉 「신묘년」조의 전반부는 영락6·8·9·10·14년조의 서문이고, 후반부가 6년조에 행한 백제정벌의 원인이라는 것이다.

또한 6년과 8년의 정복 대상에 왜가 들어갈 여지가 없다는 서영수는, 「신묘년」조의 왜의 기술이 6년조의 직접적인 정토명분으로서의 의

---

[65] 鄭杜熙 전게주40.

미를 가지는 것이 아니라며 다음처럼 이야기하였다.

> 신묘년 기사는 문자의 탈락과 변조로 이론의 여지가 있으나 명확한 것은 9년의 경우와 마찬가지로 고구려의 주 남진 목표인 백제와 신라를 문두에 두고 있으며 왜가 부수적으로 나타난다는 점이다. 자연 백제와 신라에 관한 기사내용은 정복 이유 또는 명분을 나타내는 대왕권에의 도전 또는 이탈에 관한 사실을 명기하였을 것이며, 6년과 8년의 정복 내용과 밀접한 연관을 가질 것이다. 이는 대왕권에의 도전과 응징이라는 대왕의 정복전 수행에 관한 비문구조의 자연스러운 흐름이라 할 것이다66).

라고, 「신묘년」조가 6년의 「백잔」 정복전과 8년의 신라 정복전의 수행 명분을 나타내는 도론적 성격의 「전제문」인 동시에 9년 이후에 기술된 복잡한 남진 정복사실을 집약 기술한 성격을 동시에 갖추고 있는 기사라 했다. 따라서 고구려와 왜의 직접적인 접전은 백잔과 화통한 왜가 신라국경에 나타나자, 왜의 격퇴를 요구하는 신라의 요구에 응해서 광개토왕이 보기(步騎) 5만을 파견한 10년에 시작된 셈이다.

   제2부를 8기년 구조로 본 종래의 통설을 11단락으로 분류하는 서영수는, 종래에는 동일기사로 취급했던 5년조·8년조·9년조를 둘로 나누었다. 5년조의 경우는 비려를 정토한 전반부와 서북방 영토를 순수(巡狩)한 후반부로 나누고, 후반부에 동반되는 전치문이 없다는 사실을 지적하였다. 또 10년에 보기 5만을 파견한 것도, 신라의 요청에 응한 파견이라는 내용이 9년조에 기술되어 있기 때문에 「교견형」도 정토의 이유를 다른 기년기사를 통해서 가진다는 사실을 지적하여, 전치문을 포함한 「왕솔형」의 기술이 「비문」의 전형적 구조라는 하마다코우사쿠설의 모순을 지적했다.

---

66) 徐栄洙 전게주54, P.33.

4) 신묘년조의 허구설

한편 「신묘년」조를 광개토왕 출정의 정당성을 종합적으로 집약한 하나의 문장으로 보는 연민수는[67], 「신묘년」조에 설정된 속민관계가 사실의 기술이 아니고 광개토왕의 즉위 후 백제에 대한 열세로부터 반전하여 되풀이되는 전승이 초래한 우월의식, 즉 당시의 현실적 관계가 과거의 역사에 투영되어 정토를 정당화하는 기술체계가 된 것이라 했다.

그것은 광개토왕이 즉위하면서부터 개시하였던 일련의 백제 정토전을 일개년에 이루어진 것으로 하여, 고구려가 백제·신라와의 조공관계를 집약시킨 시점을 모태로, 고구려의 속민·조공관계의 역사적 기원을 내용으로 하는 구문(構文)을 「신묘년」조에 위치시키는 방법의 허구라는 의견이다.

그리고 「비문」이 백잔·신라를 왜의 신민으로 하는 것을, 고구려가 「구시속민」의 땅에 대한 해방전쟁을 수행할 명분을 주는 허문으로 간주하고, 왜를 고구려의 영토권의 외연부에 존재하면서 고구려의 남방경영을 방해하는 교란자로 보았다.

그러나 그것은 「왜이신묘년래도해(倭以辛卯年来渡海)」를 왜가 도해해 온 것으로, 「파(破)」의 주체를 왜로 하는 사고로, 하마다코우사쿠가 송덕비의 바른 판독과 그곳에서 사실을 추출해내는 것과는 별문제라고 말한 것과 동질의 허구설이다.

또 연민수는 「비문」의 고구려와 주변국간의 관계를, 고구려가 우위성을 차지하게 된 시점에 성립된 천하관을, 그 이전부터 존재하고 있던 복속의 사적기원으로 해서 기술한 허구로 보았다.

「비문」을 이해하는데 있어서, 그것이 사실의 기록인가 사실을 근거로 한 허구인가는 아주 중요한 문제이다. 「비문」은 신화와 역사적 사실을 접속하는 형식의 구조 속에서, 광개토왕의 훈적을 이야기하고 있는데, 그것이 광개토왕의 모든 훈적을 기록하고 있는 것도 아니다. 훈

---

67) 延敏殊, 전게주60, P.240.

적의 일부를 선별한 것을 내용으로 해서 구성되어 있다. 그처럼 선별된 내용으로 구성된 것이라면, 그 선별에는 일정한 기준이 있었기 마련이다. 그래서「비문」을 이해하려면 그 선별기준이 무엇이고 무엇을 목적으로 하는 선별이었는가를 알아야 한다.

또 그 같은 선별이 사실적인 부분에만 한정되는 것이 아니라, 신화적인 부분에도 적용되었기 마련이므로, 신화를 선별한 기준도 알아야 할 것이다.「비문」을 구성하는 내용이, 일정한 기준과 목적에 의해 선별된 자료라면, 그 선별작업은「비문」의 구성단계가 아니라, 그 이전, 즉 신화와 역사적 소재를 수집할 당시부터 이루어졌을 것이다. 그러한 과정을 거쳐 구성된「비문」이기에, 그곳에 기술된「신묘년」조를 사실의 기록으로 보는 것은, 구성의 의도에 어긋나는 일일 것이다. 그것보다는 6년조에 행한 광개토왕의 정토에 정통성을 부여하는 허구표현으로 보아야 한다는 의견이[68], 부분적으로나마 설득력을 가진다.

하마다코우사쿠의 허구설을, 일본의 구설(旧説)을 정당화하는 동시에「비문」을 자료적 가치가 없는 허문으로 하는 것 자체가 모순이라는 서영수도[69],「신묘년」기사의 변상(変像)과 원상(原像)을 검토하고,「신묘년」기사가 구체적 작전기사가 아니라, 영락 6년부터 17년에 걸쳐서 복잡하게 진행된, 남진하려는 고구려의 새로운 정책을 요약하여 기술한「집약문」인 동시에 중국의 천하관을 수용하여 백제・신라 등의 인접국가에 대한 조공기사를 관철하려고 하는 정토명분이 포함되어 있는「전제문」이라 했다[70].

그것은 고구려가 독자적인 천하관을 구축하고, 그것을 실현하는 내용의「비문」을 구성했다는 것으로, 그것이 사실만을 기록하고 있는 것이 아니라는 의견이고,「비문」의 허구성을 인정하는 의견이었다. 그런데

---

68) 李種旭「広開土王碑 辛卯年条에 対한 解釈」『韓国上古史学報』10(1992), P.193.
69) 徐栄洙 전게주54 P.10.
70) 徐栄殊「辛卯年 記事의 変像과 原像」(『広開土好太王碑研究100年』, 高句麗研究会, 1996), P.402.

이 허구성의 인정은, 왕통의 절대성을 강조하기 위해 허구적인 요소가 동원되었다는 사실을 인정하는 것이었지, 그것이 사실적 요소와 접속하여 전체를 통어하는 의미까지 파악한 것은 아니었다.

「비문」의 천하관이 성립된 시점을 고구려가 주변 제국보다 우위를 점유하게 된 시점으로 보는 것이 현실적으로는 타당할지는 모르겠으나, 그렇게 된다면, 「비문」의 천하관은 시간적 영속성을 가지지 못한다. 고구려의 주변국에 대한 우위성은 그 이전으로 거슬러 올라갈 수 없으며, 또 국력의 우위성을 상실함과 동시에 잃어버리게 되는 한시적인 천하관이 되고 만다. 그 한시적인 천하관은 「비문」의 세계를 광개토왕에 국한시켜, 「천제지자」를 시조로 하는 왕통보에서 광개토왕을 단절시키고 만다.

5) 전체와 부분

하마다코우사쿠의 전체적 구조가 제2부에 국한되는 것은, 「비문」의 삼부구조를 인정하면서도, 그것이 광개토왕의 공덕비라는 것을 지나치게 의식하고, 그곳에서 과장과 수사를 제거하는 방법으로 사실을 구하려고 했기 때문이었다. 또 제2부를 가치가 높은 사료로 단정하는 고정관념이, 왜의 활동을 자의적으로 확대해석하게 하고 있다는 사실을 인정하면서도, 왜를 고구려의 최대의 대항세력이라는 통설에서 벗어나지 못하게 하는 것이다.

그러한 고정관념은 「왕비」가 공덕비이므로 당연히 「비문」은 광개토왕의 훈적을 찬미한 것이라는 선입관을 고정시켜, 「왕비」가 건립된 시대적 배경이나 「비문」을 명기한 장수왕의 의도 등을 고려하는 여유를 가지지 못하게 한다. 하마다코우사쿠가 광개토왕의 훈적을 조상왕의 실정을 바탕으로 하여 설명한 것도 그런 사고를 원인으로 한다.

「비문」의 허구를 인정하면서도 그 내용을 객관적 사실로 인정하려는 사고는 각부의 연계성을 인지하지 못하는 것을 원인으로 한다. 그러한 비문관은 제2부에 기술된 광개토왕의 훈적을, 제1부의 「은택은 천제와 같고 무위가 사해에 떨쳐, □□를 제거하여 백성이 각자의 업무에 종사하였다」및 제 3부의 「내가 순수한 곳에서 데려온 한예」[71] 등의 기술과 한계적으로는 관련시키면서도 그것들이 내포하는 의미를 종합적으로 연계시키는 여유를 가지지 못하게 한다. 그래서 결국에는 요코이타다나오가 「32자의 해석이 우리나라와 관계가 깊다」라고 말한 「신묘년」조가 「비문」의 전체인양, 대부분의 연구가 그곳에 집중하여 이루어지게 되었던 것이다.

그러나 「비문」의 이해는 자체논리를 고려하지 않고, 역사적 사실을 바탕으로 하는 방법이나 유사기록들과 비교하는 방법으로는 불가능하다. 「비문」을 성립시키는 자체논리에 입각하여 접근할 때, 그것의 진정한 의미도 이해할 수 있을 것이다. 일정한 논리에 입각하여 구성된 것이 제1부의 신화이고, 그 신화를 지탱하는 논리가 비문 전체를 통제하고 있는 것이다. 따라서 제2부의 이해는 제1부를 구성한 논리를 바탕으로 해서 이루어져야 한다. 그럴 경우에 고구려 중심의 국제관계나 정토전이 조공을 매개로 해서 이루어지는 의미, 그래서 광개토왕이 새로 확장한 영토가 없다는 「비문」상의 사실도 이해할 수 있게 된다.

또 「비문」이 주변국에는 「백잔」·「잔국」·「잔왕」·「왜적」·「왜구」 「매금」 등의 천칭을 사용한다는 사실이나, 「비문」이 왜·임나가라·북부여를 「구시속민」으로 표현하는 비려·백잔·신라·동부여 등과 구별하는 의미, 왜를 천하의 외연부에 존재시키는 의미 등도 알 수 있게 될 것이다. 역사적인 면에서는 백잔과 왜, 또는 왜와 임나가라를 동류로 분류할 수도 있다. 그러나 「비문」은 백잔이나 임나가라를 왜와 동류로 취급하고 있지 않다. 백잔과 임나가라는 고구려세계에 포함되는 데 반하여 왜는 그 세계에 포함되지 못하고, 그 외연부에 존재하는 세력에 지나지 않는다.

---

71) 「恩沢洽于皇天 威武振被四海 掃除□□ 庶寧基業 (中略) 吾躬巡所略来韓穢)」(비문 第1面・第4面).

5 비문신화의 연구

1) 일본의 연구
(1) 신화의 의미

「비문」이 3부로 구성되었다는 것은 그것의 주석이 시작된 이래로의 통설이다[72]. 그런데 3부구성이란 「비문」을 셋으로 나누어서 정리한 것이지, 이질적인 요소 셋으로 구성되었다는 것을 의미하지는 않는다. 다시 말하자면 「비문」의 세 부분이 독자적으로 존재하는 것이 아니라, 서로 유기적인 관계를 가지는 구성으로, 고구려의 세계를 이야기하고 있다는 것이다.

또 그 세계는 「천제」가 주거로 하는 「천」과 그 후손들이 통치하는 「천하」를 공간으로 하고, 「천제」에서 「천제의 후손」으로 이어지는 시간 속에 존재한다. 그처럼 전 우주를 의미하는 공간과 태고에서 영원한 미래로 이어지는 시간을 축으로 하는 세계를, 고구려 중심으로 이야기하고 있는 것이 「비문」이다. 그 세계를 확인하는 방법으로 신화와 사실을 접속시키고 있다. 그처럼 신화와 사실적인 내용이 접속된 구성의 논리를 이해하는 것이 「비문」을 이해하는 전제조건이다.

제1부는 천제와 하백여랑의 신혼으로 난생한 추모왕이 「강세」하여 건국한 고구려를 통치하는 정통성이, 혈통을 계승하는 후손에게 이어진다는 사실을 이야기 하고, 그 천하상을 광개토왕의 통치내용으로 확인하고 있다. 즉 「천」과 「지」의 공간과 「천제」에서 비롯하는 시간에 존재하는 고구려의 세계를 이야기 하면서, 그 세계를 통치하는 왕통의 유래와 특성을 내용으로 하고 있는 것이다. 왕통의 유구함과 영원함, 그리고 변하지 않는 절대성을 확인하는 방법으로, 신화적인 추모왕과 사실적인 광개토왕을 대응시키는데, 그것은 혈통의 동질성을 매개로 하는 선조와 후손의 동격화였다. 따라서 「비문」의 추모왕과 광개토왕,

---

72) 橫井忠直『高句麗古碑考』, 전게주3

그리고 그 왕통을 계승한 장수왕은 동질이고 동격인 셈이다.
　제2부는 광개토왕의 훈적을 통하여, 추모왕의 신화적인 세계를, 광개토왕의 사실적인 세계로 구체화하여 실현한 것을 내용으로 하고 있다. 그것은 고구려가 중심에 위치하는 천하였다. 그 같은 사실은 모든 주변국이 고구려에 조공한다는 사실, 주변국들의 교류가 고구려에 한정된다는 사실 등으로 확인된다.
　천하의 통치내용으로 이야기 된 광개토왕의 정토활동은 이미 추모왕의 강세와 건국과정을 통해서 제1부에서 시사된 것으로, 그것들이 제2부에서 구체적으로 사실화된 것이다. 말하자면 추모왕이 강세하여 순행한 것과 광개토왕이 질서를 위배하는 주변국을 정토하기 위하여 순행하는 것은, 혈통적으로 유래하는 천제의 무위와 동질적인 무위를 매개로 하여 실현 가능한 것이었기 때문에, 그것들을 동질적인 것으로 볼 수 있다는 것이다.
　제3부는 수묘의 원칙과 수묘인연호에 대한 설명으로 구성되어 있는데, 수묘라는 것은 후손이 조상을 숭배하는 의례활동의 일환으로, 조상에 대한 보은과 계속적인 수호의 획득을 목적으로 하기 마련이다. 즉 조상에 감사하며 지속적인 수호를 요구하는 의례인 것이다. 이처럼 후손이 조상을 대상으로 하는 의례는, 조상과 후손을 축으로 한다는 면에서 제1부와 공통적이고, 조상의 후손수호에 대한 후손의 보은의례를 내용으로 한다는 점에서는 대응을 이룬다.
　이처럼 3부로 구성된「비문」은, 조상의 수호에 후손이 보은한다는 내용으로,「조상의 수호와 후손의 보은의례를 축으로 한다. 따라서「비문」의 이해는, 천제의 혈통을 매개로 하는 조상과 후손이라는 혈통적 관계가,「비문」의 세계를 주재하는 질서의 근간이라는 사실의 이해에서부터 시작되어야 한다.
　종래의 연구는 제2부를 중심으로 이루어져 왔는데, 그것은 벽두에 위치하며「비문」전체를 통어하는 제1부와의 관계를 고려하지 않은 연구였다. 사실의 규명을 목적으로 하는 그 같은 연구에서는, 신화는 허구 이상의 가치를 인정받을 수 없었다. 그래서 무시해도 좋다고 여기고 있었던 것이다. 그러나 그처럼, 「비문」의 벽두에서 전체를 통어하는 신화의 의미를 알지 못한다면, 「비문」의 바른 이해는 불가능하기 마련이다.

신화적 요소와 사실적 요소의 접속으로 구성된 「비문」에서 신화적으로 이야기된 추모왕에게도 사실성이 포함되어 있고, 사실적으로 이야기된 광개토왕에게도 신화성이 포함되어 있다. 그런데 그것들이 의미하는 것이 상통한다는 것은, 기술된 내용들은 기술된 당사자에게 한정되는 것이 아니라, 왕통을 계승하는 모든 후손이 공유한다는 것이 된다. 따라서 신화는 왕통의 신비성만을 강조하기 위해서 준비된 것이라는 인식은 불식되어야 한다.

추모왕을 매개로 하는 신화적 내용은 추모왕에게 한정되는 것이 아니라, 광개토왕을 비롯한 모든 후손들이 공유하는 것으로, 그 내용이 신화적인가 사실적인가의 차이는, 그 후손이 처한 시대적 상황에 의한 결과일 뿐이다. 추모왕의 신화적 내용과 광개토왕의 사실적 내용은 동질적인 것이다. 그것은 결국 조상과 후손의 동질성을 배경으로 하는 「비문」의 방법이었다. 그처럼 동질적인 내용이, 신화와 사실적인 내용을 접속하는 형태로 구성된 것은, 신화와 사실적인 내용을 연결하여, 조상의 신화로 후손의 역사적인 사실을 예고하여, 후손의 실현 가능성을 보장하는 일이었다. 또 후손이 실현한 사실적 내용은 조상의 신화에 사실성을 부여한다.

(2) 초기의 신화 해설

신화의 의미를 평가하지 않는 사람들의 연구는, 제1부의 신화는 제2부의 장식물 정도로 인식하고, 그 중에서 사실성을 반영한 것이라고 생각되는 인명이나 지명 등을 규명하는 차원에서 머무는 정도였다. 초창기에 「비문」을 주석한 아오에히데(青江秀)는 『태평환우기(太平寰宇記)』・『일본서기』・『조선사략(朝鮮史略)』・『동국통감(東國通鑑)』 등을 근거로 하여 그 내용과 의미를 설명하려 하였다. 그의 추모왕에 대한 설명은 다음과 같다.

> 고구려의 시조 동명왕, 이름은 주몽, 주몽은 부여국의 방언으로, 이것을 한어로 역하면 선사(善射)라 한다. 주몽 또는 추모로 쓴다. 그 의미가 같으나, 대역하는 문자가 다를 뿐이다. 동부여왕 금와(金蛙)가 죽자 주몽이 잇는다. 스스로 고신(高辛)의 후손으로 칭하고 나라를 고구려라 이름하였다. 그래서 성을 고씨라 칭한다. 19년에 왕은 훙(薨)하여 용산(竜山)에 묻혔다. 시호를 동명왕이라 하였다73).

라로 설명하고 있는데, 이것은 「비문」이 이야기하는 추모왕이 아니다.

추모왕이 고구려를 건국했다는 사실을 근거로, 고구려의 건국에 관한 여러 기록을 참조하여 「비문」의 추모왕을 설명하고 있다. 이 같은 설명은 「비문」의 내용을 이해하기 위한 기초 작업으로, 초기연구 단계에서는 취할 수밖에 없는 방법이었을지도 모른다. 그처럼 여러 기록을 종합하는 방법으로서, 추모왕의 기록이라면 국적을 가리지 않고 인용하며, 역사적 사실과 대응하여 설명하려 하였다. 그러한 노력이 「비문」의 내용을 일반화시키는 역할은 수행했다고 생각한다.

그러나 「비문」의 내용을 역사적 사실에 대응시키는 방법으로 이해하려는 노력은, 그것을 통하여 일본역사를 확인하려는 것을 목적으로 하기 때문에, 「비문」의 의미를 파악하는 것은 중요한 문제가 아니었던 셈이다. 일본의 「비문」 연구는, 한국사의 두찬(杜撰)을 강조하는 방법으로 일본국체의 존엄성은 강조하고, 당시 일본이 기도하고 있던 침략을 정당화시키는 것을 목적으로 하였다. 일본은 침략을 정당화시키기 위하여, 그 정당성을 왜가 「비문」에서 전개하는 활동을 통하여 확보하는 것을 목적으로 하고 있었다.

아오에히데는 「신묘년」을 인덕천황(仁德天皇) 17년에 비정하고, 양

---

73) 青江秀 「東夫余永楽太王碑銘之解」, 전게주2

기록간의 차가 3년 밖에 나지 않는 것으로 보고, 「비문」의 내용을 일본의 고기록과 연계시키려 하였다. 그렇게 해서 이루어지는 것이 초기 연구의 일반적인 흐름이었다. 그것은 국익을 우선하는 육군참모본부가 주관해서 진행되는 연구의 숙명이었다. 확실한 목적에 따라 진행되는 연구에서, 사실의 기록으로 여기는 제2부가 중시되는 것은 당연한 일이었다.

(3) 신화의 사실화

요코이타다나오(橫井忠直)는 인용서도 『성씨록』·『고사기』·『동국여지승람』·『독사방여기요(読史方与紀要)』·『송서』 등으로 늘리고, 내용을 보다 상세히 주해하여, 「비문」의 고증적 연구의 원형을 완성하였다[74]. 그러는 중에, 『삼국사기』·『동국통감』 등의 사서에는 기록되어 있지 않은 추모왕의 이름이 『성씨록』에 기록되어 있다는 사실을 근거로 일본의 기록물을 절대화하고, 그 반면에 한국사는 평가절하하려고 노력하였다. 「왕비」가 건립되었던 「갑인년」을 웅략(雄略) 18년, 신공(神功)황후 섭정 34년, 응신(応神)천황 25년으로 비정하는 방법으로 일본의 고서와 「비문」을 대응시켜, 고서의 내용을 그대로 사실화시키려고 하였다.

그러한 연구방법과 목적이 신공황후가 삼한을 정벌했다는 기기(記紀)의 내용을 사실화시키고, 그렇게 사실화시킨 내용을 바탕으로 하여, 「신묘년」조를, 바다를 건넌 왜가 백잔·신라를 신민으로 삼았다는 내용으로 해석하였다. 그것은 목표를 미리 설정해 두고, 그것에 맞는 내용을 도출해내는 연구방법이었다.

그 연구의 뒤를 잇는 나카미찌요(那珂通世)도,

> 천제는 일신을 가리킨다. 아래에 황천지자라고 있는 것도 마찬가지다. 논형이 왕을 천자에 비의하였고(王疑為天子), 또 『위서』에 주몽이 자

---

74) 佐伯有清 전게주1, P.19.

신은 해모수의 아들이며 하백의 외손이라고 물에 고하였다(朱蒙告水曰 子 河伯外孫)라고 있으며, 려기(麗記)에 나는 천제의 아들(我是天帝 子)이라고 기록되어 있는 것도, 해를 천제로 본 것이다[75].

라며 『논형』·『위서』·『삼국사기』 등의 신화와 「비문」을 비교해서 「천제」와 「황천」을 일신(日神)으로 비정하고, 해모수를 천자에 비정하였다. 「비문」에서의 「황천지자」는 고구려를 건국한 추모왕이었으나, 『삼국사기』 고구려조가 이야기 하는 천제의 아들(天帝子)은 고구려를 건국했다는 주몽(「비문」의 추모왕)의 부신인 해모수(解慕漱)였다. 즉 「비문」은 고구려를 건국한 자를 천제의 아들인 「천자」로 하고 있는 것에 비해, 『삼국사기』는 천제의 아들, 「천자」를 해모수라 하고, 그 「천자」의 아들, 즉 「천손」이 고구려를 건국한 것으로 하고 있다.

이처럼 차이점이 분명함에도 불구하고, 나카미찌요는 내용의 유사점을 근거로 하여 동질의 내용으로 인정하고, 그것들을 상호간에 보충시켜 목적하는 결론을 도출해냈다. 그것은 일정한 기준에 의하는 것이 아니라, 각 기록의 유사성으로 구체성을 확보하여, 그것을 사실로 간주하는 방법이었다. 각 기록의 특성보다는 공통점을 도출하여, 그것을 사실로 인정하는 방법이다. 이마니시류우(今西竜)의 고구려건국에 대한 설명이 그 좋은 예이다.

비문에는 고구려 태조 추모왕의 아버지를 천제의 아들로 하고 어머니는 하백의 딸이라 하였다. 알에서 강출(降出)하여 부여왕에게 양육되었으나, 그 영무(英武)를 시기 당하여 부여를 떠나 남으로 도망쳐 기적적으로 일대수(一大水)를 건너 홀본(忽本)에 이르러 고구려를 건국하였다는 신화를 기록하였다[76].

---

75) 那珂通世「外交繹史」『那珂通世遺書』券2, 高句麗考.
76) 今西竜「広開土境好太王陵碑に就て」『朝鮮史의 研究』(国書刊行会, 1970), P.461.(訂正増補『大日本時代史』古代附録, 大正4年10月)

라고, 추모왕을 천제의 손자로 하고, 부여왕이 그를 양육한 것으로 하였는데, 이는 「비문」의 내용과는 관계없는 이야기로, 추모왕을 설명하는데 「비문」을 근거로 한 것이 아니라, 「비문」과 유사한 내용이 기술된 여러 전적을 종합한 설명이다. 「비문」에 기술되지도 않은 내용으로 설명하고 있는 것이다. 「비문」에는 부여왕이 양육했다거나, 시기하는 세력을 피하여 홀본으로 도망쳐서 건국했다는 등의 기술이 없다. 따라서 이는 완전히 「비문」을 떠난 이야기라고 말할 수밖에 없다.

이처럼 「비문」을 설명하면서 「비문」에 없는 내용을 이야기하는 것은, 지역 내의 동일한 설화 대다수가 「전파에 의해서 지(地)와 사람(人)을 별도로 해서 발생한 것」이라는 신화관을 원인으로 한다77). 이마니시류우가 동명과 주몽을 동일종족의 개국신인으로 보고, 역사상의 인물로 취급하여 그 이동(異同)을 논해서는 안 된다고 말한 것도 그러한 사고를 바탕으로 한다.

(4) 대표찰로서의 신화

시라토리쿠라키찌(白鳥庫吉)는 부여와 고구려의 유사 신화를 비교해서, 형식이나 내용 그리고 주인공의 명칭은 동일하지만, 양국의 건국에 100년 이상의 차이가 있다는 것을 근거로, 동명전설이 진실한 것이고, 추모왕의 전설이 표절하여 개작한 것이라는 판정을 내렸다78). 그렇게 동명과 주몽의 의미를 판단하는 것은 「비문」의 내용을 이해하는데 아무런 도움이 되지 않는다. 그러나 시라토리가 「비문」을, 고구려가 국시를 내외에 공표하는 대표찰(大標札)이라고 의미지운 것은 「비문」의 본질을 잘 간파한 의견이다.

「비문」이 국시를 공표하는 대표찰이란, 장수왕이 부여전설을 고구려 건국신화로 재작성하는 방법으로, 부여족의 종가(宗家)의 자격을 획득

---

77) 今西竜 전게주76, P.489. 『芸文』第6年第11号(大正4年11月).
78) 白鳥庫吉 「夫余国의 始祖東明王의 伝説에 관하여」『白鳥庫吉全集제5권』(岩波書店, 1970), P.386. 『服部先生古稀祝賀記念論文集』(1936年4月).

하여 부여족에게는 안도심을 부여하며 스스로는 주변국을 정벌하는 정당성을 확인하고 공시하는 의미를 가진다. 그래서 「왕비」는 단순히 부왕의 무공을 칭송하는 보통의 신도비라기보다는 고구려의 국시를 내외에 공표하는 것을 목적으로 해서 건립된 것으로 보아야 한다.

이처럼 「비문」을 대표찰로 간주하게 되면, 「비문」의 모두에 신화가 기술된 의미도, 백잔・신라가 고구려의 속민으로 기록되어있는 이유도, 동부여가 추모왕대부터의 속민으로 기록된 이유도, 서방과 북방과의 전쟁이 생략된 이유도 이해할 수 있게 된다. 즉 「비문」이 장수왕의 의도를 바탕으로 해서 구성된 것이고, 그것이 사실만을 기록한 것이 아니라는 것을 인식할 때, 「비문」이 이야기하는 내용도 정확히 이해할 수 있다는 것이다. 비록 시라토리의 주장이 의견을 제시하는 선에서 끝났지만, 그것은 「비문」을 바르게 이해할 수 있는 방법을 제시했다는 점에서 큰 의미를 갖는다.

한편 이케우찌히로시(池内宏)는 「비문」・『위서』・『삼국사기』의 왕통보가 일치하지 않은 것을 이유로, 주몽 이하 수대의 왕이 실재의 인물이 아니고, 후세의 고구려인이 공상적으로 설정했기 때문이라 했다[79]. 또 설화가 약간의 역사적 사실을 포함할 가능성을 인정하고, 고구려의 건국신화와 여타 신화가 이야기하는 남하 사실을 근거로 하여, 남하한 부여족이 고구려를 건국한 것으로 하고, 추모왕을 전설의 주인공으로 간주하여, 그가 실제상의 시조라는 사실은 부정하였다.

그러나 그것은 유사기록들이 보이는 내용상의 차이를 중국의 기술을 기준으로 하는 판단으로, 그것도 역시 「비문」을 떠난 판단에 불과하다. 이처럼 신화의 허구성을 이야기하면서 그곳에서 역사적 사실을 추정하려 하는 것은, 「비문」의 신화를 이해하는 기준을 정하지 못한 결과로 「비문」을 이해하는 바른 방법이라 할 수 없다.

그 이후에도 「비문」의 신화는 유사 신화와 비교하거나 다른 신화를

---

79) 池内宏(「高句麗의 建国伝説과 史上의 事実」『満鮮史研究上世編』(祖国社, 1951년), P.87. 『東洋学報』第28巻第2号(昭和16年).

보완하는 방법으로 인용되기는 하였으나, 내용적으로 다른 기록에 비해 간단하다는 이유로, 그것은 보다 구체적인 유사 신화의 보좌역에 머물고 있었다.

스에마쯔야스카즈(末松保和)는 고구려인이 그 시조를 천제 혹은 황천이나 일월 등으로 칭한 것과, 유사기록이 전하는 주몽의 부신 해모수의 「해(解)」를 태양이나 불(火)로 해석하고, 고씨(高氏)와 해씨(解氏)를 고구려의 국성(国姓)으로 보았다80). 이것 역시 「비문」과 여타 기록을 동질로 판단하고, 그것들이 보이는 공통점을 바탕으로 일정한 사실을 유출해내는 의견으로, 「비문」의 이해에 직접적으로 도움이 되는 것은 아니다.

그 외에도 고구려왕의 성격이나81) 왕권82), 또는 왕통보상의 문제점을 규명하려는 연구 등이 이루어졌다83). 그러나 신화가 「비문」의 모두에 기술된 의미나 신화를 역사가 계승하고 있는 의미를 추구하는 연구는 없었던 것 같다. 「비문」에서 사실을 규명하려는 연구가 대세를 이루고 있었기 때문에, 신화에는 그다지 의미를 두지 않았기 때문일 것이다. 그러나 신화의 의미를 간과하고서는 「비문」의 의미를 읽어낼 수는 없다. 이미 시라토리쿠라키찌가 이야기한 것처럼 벽두의 신화를 이해하는 것에서부터 그 연구는 시작되어야 한다.

(5) 신화적 방법

마쯔바라타카토시(松原孝俊)는 「비문」의 해독 작업과 그 역사적 연구가 정력적으로 추진된 것에 반하여 신화적 방법의 접근이 없었던 것을 개탄하고, 그 내용과 구조, 사고법, 민속학적 세계관 등의 해명을 시도하였다84). 그 중에서 다른 시대의 유사 신화를 서로 보완하며 행

---

80) 末松保和「朝鮮古代諸国의 開国伝説과 国性」『高句麗와 朝鮮古代史』(吉川弘文館, 1996년4월), P.33.『歴史』(昭和23年2・3・4月).
81) 井上秀雄「神話에 나타난 高句麗王의 性格」『朝鮮学報』81(1976年10月) 등.
82) 李成市「高句麗의 建国伝説과 王權」『史観』121冊17~30(1989).
83) 武田幸男「高句麗王系成立의 諸段階」『高句麗와 동아시아』(岩波書店, 1989).

해 왔던 종래의 연구 방법이, 쯔다소우키찌(津田左右吉)로 대표되는 일계적(一系的) 발전적인 신화관이 일본만이 아니라 한국에도 크게 만연하고 있었던 결과라고 주장하였다[85]. 그리고 중국자료와 조선자료가 동일 신화의 두 개의 텍스트라는 주박(呪縛)에서 해방되어,「비문」에 한정하여, 건립 당시에 이야기되어져 비면에 기록된 신화상(像)의 해명에 노력할 필요성이 있다는 주장을 폈다.

그러면서「비문」의 신화를 장수왕지배의 정당성과 왕권의 유지 강화를 선명(宣明)하기 위하여, 당시에 병립적으로 존재했을 수많은 이전 중에서 가장 적당한 내용의 신화를 선택하고, 역사적 기술을 채용한 것이라 하였다. 그것은 왕가의 공식적 견해가「비문」에 기술되었다는 이야기이다. 시라토리쿠라키찌가 제기한 국시의 대표찰설과 궤를 같이 하는 의견으로「비문」신화의 의미를 제대로 꿰뚫어 보는 의견이었다.

다만 신화의 선택이라는 말이, 신화소의 선별을 의미하는 것이라면 모르지만, 병립해 있는 여러 신화 중에서 하나를 선택했다는 것이라면 그것은 납득할 수 없는 의견이다. 왕가의 공식적인 견해를 선명하기 위해서라면, 종래부터 전승되는 기존신화 중에서 선별하기보다는 왕가의 통치이념에 맞는 요소를 선별하여 새로 창작하기 마련이었다. 다만 그것을 효율적으로 전파시키는 방법으로, 기존신화의 기본적 틀을 활용했을 가능성은 충분하다.

「비문」에 한정하여 신화상을 해명할 것을 주장한 마쯔바라타카토시였으나, 그도 역시「비문」의 신화를 기존신화로 인식하는 선입관에 사로잡혀「비문」의 신화가 수미일관된 우주론을 나타내고 있다고 주장하면서도,「천」과 대립하는「지하세계」를 상정하거나, 천제가 통치권을 위탁하는 상징으로서의「3점원세트」의「레거리어」를 상정하여「비문」의 세계를 왜곡하고 있다.「비문」은「지하계」나「레거리어」에 관한 기술을 일체 하지 않았는데도 마쯔바라가 그것들을 상정하는 것은「비

---

84) 松原孝俊「신화학에서 본 広開土王碑文」『朝鮮学報』第145輯(平成4年).
85) 津田左右吉『神代史의 새로운 연구』(1913).

문」중심의 연구를 이야기하면서도 종래의 방법에서 일탈하지 못했다는 것을 의미한다. 「비문」신화의 범위를 추모왕에 한정한 것이나, 그것이 이야기하는 조상과 후손과의 관계, 벽두신화와 제2부·제3부와의 유기적 관계를 보지 못한 것도 아쉬운 일이다.

이처럼 「비문」연구가 「비문」을 떠나서 이루어지게 된 것은, 「비문」에서 왜가 주역을 행한다는 사적 사실을 구하는 목적으로 연구가 시작되었기 때문이다. 일본에게 유리한 사실의 기록이라고 믿어지는 부분을 역사적 사실로 정착시키기 위한 연구에서는, 「비문」을 성립시키는 그 자체논리를 파악할 여유를 가질 수 없었다. 그 연구에서는 「비문」을 성립시키는 자체논리에 입각하기 보다는, 타 기록과의 공통점에서 목적하는 결론을 도출해내는 것이 목적이었다. 즉 「비문」을 구성하는 자체논리와 단절된 상태에서 사실이나 지명을 추정하는 연구가 이루어지고 있었던 것이다.

그 방법의 하나가 일본 자료를 존대하고 한국 자료에 불신을 표하는 것으로, 「비문」의 내용을 기기(記紀)의 신화적 기술과 비교하여 왜의 주도설을 입증하려는 노력이었다. 그래서 고구려의 건국을 이야기하는 데 있어서도 고구려 왕조가 구성한 「비문」보다도 시대와 공간을 달리하는 유사기록이 중시되었다. 중국의 자료가 시대적으로 먼저이고, 고려시대의 것이 내용적으로 풍부하다는 것이 그 이유였겠으나, 그것은 「왕비」를 건립한 의미나 「비문」의 내용을 이해하려는 것보다는 「비문」을 근거로 일정한 사실을 추구하는 연구가 초래한 결과였다. 그래서 시라토리쿠라키찌도 「비문」을 국시를 공표하는 대표찰이라며, 그 허구의 의미를 간파했으면서도 그 진정한 의미는 이해하지 못했던 것이다.

2) 한국의 연구
(1) 신화연구의 흐름

「비문」이 다른 유사기록보다 간단하다는 이유로, 그 독자성을 인정받기보다는 방증자료로 이용되는 일이 많았는데, 고구려의 건국신화를 논하는 경우에도 그러했다. 신화를 근거로 하여 어떤 사실이나 지명을 확인할 경우, 유사한 신화들이 보이는 공통점을 근거로 사실을 추정해내는 방법으로 이루어지는 연구에서 「비문」의 신화는 비정(比定)의 대상이 되거나 방증자료로 인용되는 경우가 대부분이었다. 「비문」의 신화에 대한 독자적인 연구는 거의 이루어지지 않고 있었다.

그것은 「비문」의 신화에 국한되는 일이 아니었다. 독자적인 기록을 중심으로 하지 않고 여러 기록을 종합적으로 비교하고, 그 공통점을 중시하는 연구, 즉 각 기록의 독자성을 인정하는 연구가 이루어지지 않은 것은 다른 경우에도 마찬가지였다. 각 신화의 독자성을 인정하고 그것들이 무엇을 의미하고 있는가를 규명하려는 노력보다는 공통점을 도출하여, 원하는 사실을 추구하거나, 일정한 사실을 확인하는 방증자료로 활용하는 것이 일반적인 연구경향이었다.

그러한 연구의 흐름 속에서 「비문」의 신화도 다루어졌기 때문에, 「비문」에 대한 연구 상황은, 고구려 건국신화의 연구 상황을 통해서 살펴볼 수밖에 없다. 그 연구는 「자료전승 상태의 검토」, 「부여건국신화와의 관계」, 「구조의 분석」, 「민속과의 관계」 등에서 이루어지고 있었다[86].

(2) 자료전승의 상태

고구려의 건국신화는 당시에 건립된 「비문」・「모두루묘지(牟頭婁墓誌)」 등처럼 금석문으로 전하는 것, 중국의 『위서』・『주서』・『수서』・『통전』 등의 기록으로 전하는 것, 고려시대의 『삼국사기』・『동명왕편』 등의 기록으로 전하는 것 등이 있다. 그것들을 종합적으로 검토한 홍기문(洪起文)은 부여신화를 소개한 후에 국내의 「비문」・「모두루묘지」・『삼국사기』・『삼국유사』・『동명왕편』・『제왕운기』・『세종실록지리지』 등과 중국 측의 기록을 소개하고, 그들 기록간의 관계를 정리하

---

86) 李福揆 『夫余・高句麗建国神話』(集文堂, 1998).

려 하였다87). 그리고 국내의 여러 자료를 정리하여『삼국유사』가『삼국사기』를,『세종실록지리지』가『동명왕편』의 주석을 그대로 이기한 것으로 보았다.

홍기문은 그 위에 국내의 전승을, 간략하게 전하고 있는『삼국사기』계통과 보다 상세하게 전하고 있는『동명왕편』계통으로 분류하고, 그것들이 보여주는 인명·지명·연대 등의 공통점을 근거로 하여, 금석문을 제외한 국내기록이『구삼국사』를 원전으로 하여 파생된 것이라 하였다.

중국의 기록은『후한서』와『삼국지』의 부여건국신화가, 부여의 멸망과 더불어『양서』가 기술한 고구려 건국신화로 변한 것이라 하였다. 그러면서「비문」의 신화는 문헌기록에 포함시키지 않았다. 홍기문은 「비문」의 신화를 유사 신화와 분류하여 소개하면서 그 내용이 유사기록에 비해 간단한 것을,「극히 간단한 줄거리에서 더 넘어서지 못하는 것이다」라고 한탄하였을 뿐, 다른 어떤 설명도 하지 않았다.

「비문」신화가 간단하다는 것은 내용이 구체적이 아니라는 것을 의미하겠지만, 250여자로 구성된 문장을 간단하다고 단정하는 것은 쉽게 납득할 수 없는 일이다. 짧지 않은 문장으로 이야기하는 건국신화는 유사기록과 다른 내용을 전하고 있음에도, 그 가치를 인정받지 못하고 있었다. 그것은 신화의 범위를 추모왕의 건국담에 한정시키는 사고의 한계일 것이다. 약 1800자로 구성되는「비문」의 벽두에 위치한 신화가「비문」전체를 통어한다는 사실을 고려하면, 그 신화의 내용이 간단하다고 말할 수는 없는 일이다.

한편 김석형(金錫亨)은 고구려 건국신화의 구성과 전파 과정에 관심을 보였다. 여러 기록을 검토하여, 고구려와 부여의 건국신화의 핵심이 난생출자(卵生出自)라는 점이 동일하다는 것과 중국의 기록이 이야기하는 고구려의 건국신화가『논형』계통과『위서』계통으로 분류

---

87) 洪起文『朝鮮神話研究』(社會科學院出版社, 1964), P.48.

된다는 것을 이야기하였다. 그러면서 그 내용이 알·해·하늘 등을 핵심으로 하는 것을 근거로, 그것들을 고구려 시조신화이거나 고구려의 건국과 관계가 깊은 설화로 추정했다. 그리고 그러한 난생신화가 백제·신라·가락 등의 남국으로 전파되었기 때문에, 그들 국가신화에 난생요소가 보이는 것이라 했다[88].

그 외에도 고구려 건국신화의 자료를 향유하는 집단의 세계관에 의해서 변하는 상황을, 『동명왕편』의 형상화 방식과 서사시적 입장에서 본 박일용[89], 『논형』부터 『제왕운기』까지의 자료를 통사적으로 검토하여 그 전승계보를 작성한 조희웅[90], 동명신화를 근간으로 하는 주몽신화가 출신지의 천상적 요소·신혼과 탄생 등의 신화적 요소를 하나씩 더하면서 발전적으로 형성되었다고 본 이지영[91] 등의 연구가 있다. 그러나 그것들은 유사신화의 요소를 근거로 하여, 있었을지도 모르는 사실을 추정하거나, 시대를 달리하는 것에서 보일 수밖에 없는 이질성을 기존신화에 새로운 요소가 더해져 발전된 결과로 보는 신화관이다. 그것은 어떤 하나의 신화가 시간의 흐름과 더불어 신요소를 받아들이며 발전한다는 일원적 사고를 바탕으로 한다.

(3) 동명과 주몽

고구려의 건국신화가 논의될 때 반드시 언급되는 것이 부여건국신화와의 관계설정이다. 그것은 고구려와 부여 두 나라가 역사 지리적으로 긴밀한 관계였고, 건국신화의 구성과 내용이 유사하기 때문이다. 두 신화의 관계는 주로 동일설과 별개설로 분리되어 이야기되는데, 동일설의 시초는 부여건국신화를 고구려 건국신화로 소개한 김부식의 『삼국사기』였다. 『삼국사기』는 고구려의 시조를 동명성왕으로 소개하고,

---

[88] 金錫亨「高句麗始祖東明王·朱蒙의 出生說話에 대해서」『歷史科學』(1984).
[89] 박일용「東明王說話의 演變樣相과 東明王篇의 形象化方式」『古小說史의 제문제』(集文堂, 1993).
[90] 조희웅「朱蒙說話의 伝承」『이야기문학 모코지』(博而精, 1995).
[91] 李志映『韓国神話의 神格 由来에 関한 研究』(太学社, 1995).

동명성왕의 성(姓)을 고(高)씨, 휘(諱)를 주몽이라 했다. 그러면서 주몽의 별명으로 추모(鄒牟)・상해(象解)・중모(衆牟) 등을 소개하였다[92].

근대에 들어서는 일본인들의「비문」의 연구를 통해서 이루어졌는데, 그 중의 나카미찌요(那珂通世)는 고구려의 시조로 기록된 추모・상모・중모・동명・도모(都慕) 등의 명칭을 동음이역으로 보고, 두 신화의 동일설을 주장했다. 그는『논형』・『위략』 등의 기록을 살핀 후에,『논형』에 기록된 부여의 동명에 관한 기록을 고구려의 시조를 이야기하는 주몽신화의 오기로 보았다.

그것에 영향을 받은 이병도는「비문」의 지명 등을 근거로, 동명이 부여에서 물을 건너 도망하여 고구려를 건국한 것이라는 주장과는 반대로, 후자에서 전자로 도망간 것의 오전(誤伝)이라며, 부여건국의 시조전설은 고구려 건국의 시조전설의 역전이라 했다[93]. 김상기도 그 주장에 동조하여, 동명신화의 고리국(高離国)을 고구려로 보고,『논형』의 동명신화는 고구려의 동명신화가 중국으로 이동하는 중에 본말이 전도되어, 동명이 부여의 시조로 된 것이라 했다[94].

양국의 건국신화가 본말이 전도되었다는 이 같은 주장과는 달리, 고구려의 주몽신화가 부여의 동명신화를 그대로 차용한 것으로 보는 의견도 있다. 이용범(李竜範)은 주몽신화가 지명・수명(水名)・인명에 차이를 보일 뿐, 동명신화를 그대로 모방한 것이라고 했다[95]. 그것은 두 신화가 보이는 공통적인 동일성과 부여가 고구려보다 먼저 건국되었다는 사실을 근거로 하는 주장인데, 그러한 주장은 홍기문・박두포(朴斗抱)・이선근(李宣根) 등의[96] 지지를 받으며 발전했다.

---

92)「始祖東明聖王 姓高氏 諱朱蒙(一云鄒牟 一云象解 象解 恐当作衆牟)」(『三国史記』高句麗本紀 第1).
93) 李丙燾『韓国史』(乙酉文化史, 1959).
94) 金庠基「국사상에 나타난 建国神話의 検討」『東方史論叢』(1964).
95) 李竜範『古代의 満洲関係』(1976).
96) 洪起文『朝鮮神話研究』(社会科学院出版社, 1964). 朴斗抱「民族英雄東明王説話考」『国文学研究』(暁星女子大学, 1968). 李宣根『大韓国史』(新太陽

그에 비해, 두 신화를 별개의 것으로 보는 주장은 삼국통일 후로 거슬러 올라간다. 천남산(泉南産)의 묘지(墓誌)에는 「옛날에 동명은 기(気)에 감촉되어 호천(虎川)을 건너 나라를 열었고, 주몽은 태양으로 잉태되어 패수(貝水)에 임하여 도읍을 열었다」라고 기술되어 있다. 그것은 기에 감촉된 것이 동명이고 태양으로 잉태된 것이 주몽이라며, 그 출생의 유래부터 구별하고, 또 그들이 도읍한 곳도 호천과 패수로 분명히 구별하였다. 이것은 동명의 개국과 주몽의 개국을 별개로 보는 분류였다97).

조선 초기의 김천령도 「고구려부(賦)」에서 「동명은 그 밝은 위업을 펼치고 주몽은 그것을 승계받았네」98)라고 읊는 방식으로, 동명을 주몽의 선대인으로 취급하고 있었다.

근대에는 시라토리쿠라키찌가99) 역사적 배경과 지명의 어학적 분석을 통하여, 부여민족이 고래 시조로 숭배하는 동명왕의 전설을 고구려의 것으로 다시 만들어 부여족의 종가(宗家)의 자격을 얻으려고 획책한 것이라며, 두 신화를 별개의 것으로 보았다.

이케우찌히로시(池内宏)도 고구려시조를 의미하는 많은 명칭 중에 동명이 없었다는 것을 근거로 하여, 동명왕과 주몽을 동일시한 『삼국사기』의 소전은 취할 것이 못된다면서, 동명과 주몽을 별개의 인물로 구별하였다100).

김정학(金廷鶴)은 양국의 건국신화를 살피고, 부여에 관한 것들을 『논형』계 자료, 고구려의 것들을 「비문」계의 자료와 『위서』계의 자료,

---

社, 1973).
97) 淵南産의 三男 淵南産의 墓誌(702年)에 「昔者東明感気 踰淲川而開国 朱蒙孕日 臨貝水而開都」라는 기록이 있다(『高句麗史研究』2, 延世大学校出版部, 1988).
98) 「東明啓其赫業 朱蒙承其余波」(김천령 「高句麗賦」, 1489・韓致奫 『海東歷史』6高句麗).
99) 白鳥庫吉, 전게주78.
100) 池内宏 전게주79.

이렇게 세 계통으로 나누어 검토하였다101). 그리고 그것들이 근본적으로는 동일한 것인데, 전승되는 과정에서 변·윤색된 것이라 했다. 다시 말해 부여족의 시조신화가 부족의 분열과 함께 고구려나 백제의 시조신화로 전화되었다는 것이다.

이홍직(李弘稷)은 두 신화가 유사하다는 것만으로는 그 독자성을 무시할 수 없다는 것을 전제로 하며 동일설을 비판했다102). 그리고 『논형』의 전설을 부여 동명왕의 전설로 보고, 고구려의 주몽전설을 그것과 분리해서 보아야 한다는 주장을 폈다.

특히 박시인(朴時仁)은 알타이민족의 일신신앙에 근거하는 난생신화로 동명신화가 형성되고, 그것이 민족의 대이동을 통해서 전파되었다는 식의 민족의 대이동이라는 역사적 사실이나 개연성을 논거로 하여, 양 신화를 전후관계로 구별하려 했다103). 그러나 그것을 개연성을 논거로 하고 있기 때문에 여러 기록들이 보이는 차이에는 개의치 않는 방법이었다. 아무런 근거도 없이 「비문」의 내용을 추모왕이 하늘에서 나라를 지키면서 살고 있다고 말하거나, 승천하는 왕이 유언을 남긴 것이라 하였는데, 「비문」에는 그런 내용이 없다. 자의적인 해석이라고 말할 수 있는 주장이다.

또 고구려의 기원과 국가형성에 관한 견해를 바로잡기 위해서는 건국신화의 종합적 검토가 필요하다며, 「비문」이 기술한 북부여의 실존설을 주장한 이지린은, 부여와 고구려가 북부여에서 갈라져 나왔으므로 부여가 고구려의 기원이 아니라는 견해를 제시하였다. 그러면서 동명과 주몽은 다른 뜻을 가지는 말로, 사람의 고유명사가 아니라 불특정의 신성한 존재를 의미하는 보통명사라 했다104).

고대국가에서 부여만이 건국신화를 가지지 않는다는 통설을 납득할

---

101) 金廷鶴 「조선신화의 과학적 고찰」『史海』1(朝鮮史硏究会, 1948).
102) 李弘稷 「고구려의 興起」『国史上의 諸問題』4(東国文化社, 1959).
103) 朴時仁 「동명왕 난생 移住説話의 연구-알타이계 시조신화-」『서울대학교논문집』12(서울대학교, 1966)
104) 이지린·강인숙 『高句麗歷史』(社会科学出版社, 1976).

수 없다는 이복규(李福揆)는, 주몽신화로 알려진 여러 기록의 주인공이 동명계와 주몽계로 대별되는 것을 근거로 그것들을 별개의 신화로 보았다. 양 기록의 출생지·회임의 경위·국명·남주(南走)의 동기 등에 보이는 차이를 근거로 하는 추정이었다. 따라서 주몽계의 기록에 보이는 동명이라는 칭호는 그 칭찬적 어의에 의해서, 후세에 부여된 시호로서의 동명으로, 동명계가 기록한 동명과는 구별되어야 한다는 주장이다105).

이복규의 주장에 동조하는 주승택은 『천헌성묘지명(泉獻誠墓誌銘)』과 『천남산묘지명(泉南産墓地銘)』을 새로운 자료로 추가하여, 「비문」을 종래와는 달리 해석하면서 동명과 주몽이 별인이라는 것을 입증하려 했다106). 다른 해석이란 추모왕이 이름을 대며 신분을 밝히는 부분을 종래는, 「나는 황천의 아들이고 어머니는 하백여랑인 추모왕이다. 나를 위해서 자라와 거북을 띄워서 이어주십시오(我是皇天之子, 母河伯女郎, 鄒牟王, 為我連駕浮亀)」로 단구(斷句)하였는데, 그것은 문맥이 이상하므로, 「나는 황천의 아들이고 어머니는 하백여랑이다. 추모왕은 나를 위하여 자라와 거북을 띄워서 이어주십시오(我是皇天之子 母河伯女郎, 鄒牟王為我連駕浮亀)」로 단구하는 것이 문법적으로 자연스럽다는 것이다.

이 문장에서는 「아시황천지자(我是皇天之子)」가 한 문장이고 「모하백여랑(母河伯女郎)」이 한 문장이라는 것이다. 만약 「어머니가 하백여랑인 추모왕이다」라는 문장이 되려면, 「하백여랑」과 「추모왕」 사이에 허사의 개입이 요청된다 하였다. 그러면서 동명이나 주몽이 같은 사람이 아니라 두 사람 이상이고, 고구려를 건국한 시조 추모왕이 부여를 건국한 시조 추모왕에게 구원을 요청한 것이라는 의견을 제시하였다.

---

105) 李福揆「주몽신화의 문헌기록 검토」『国際語文』(1979). 「부여건국시조신화고」『인문과학연구』1(국제대학인문과학연구소, 1982). 「동명신화와 주몽신화의 개별성」『語文研究』68(일조각, 1990).

106) 朱昇沢「고구려건국신화의 재검토」『민속연구』4(안동대학교민속학연구소, 1994), P.71.

문장의 단구를 어떻게 받아들일지 그 판단이 어렵다. 그러나 그 논조는 역시 「비문」이 아니라, 고구려 건국을 이야기하는 신화에 관한 일반적인 사실을 바탕으로 하는 의견이다. 또 그는 「고구려의 건국시조인 추모왕이 망명하는 과정에서 위기에 처하자 부여의 건국시조인 추모왕에게 자신의 안전을 기원하는 기도를 올린 것」이라며, 남하하는 추모왕을 망명자로 정의하였는데, 추모왕을 망명자로 볼만한 표현은 「비문」의 어느 곳에도 없다. 동명이라는 기술도 「비문」에는 없다.

「비문」의 추모왕은 남하하는 도중에 강에 이르자, 당당히 자신의 출생신분을 밝히며 도하방법을 요구하고 있었다. 그것은 자신이 천자라는 신분을 의식하고 취하는 당당한 자세였다. 그리고 그 요구는 즉시 실현되었다. 그처럼 요구가 즉석에서 실현되었다는 것은 그 「순행남하」가 「천제」와 「하백여랑」으로 표현되는 부모 및 조상의 수호 속에서 진행되고 있었다는 것을 의미하는 것은 아닐까. 즉 조상신들은 그 같은 경우를 미리부터, 추모왕이 강세한 이래 대비하고 있다가, 추모왕의 요구하자 그 요구에 응했다는 것이다.

따라서 「비문」의 추모왕을 망명자로 보는 주장은, 「비문」이 이야기하는 조상과 후손간의 관계, 즉 조상의 후손수호와 후손의 조상숭배가 대응되는 관계라는 것을 간과한 주장이라고 말할 수밖에 없다. 「비문」의 신화는 천제의 혈통을 축으로 하는 왕통보를 매개로 하여 천제와 후손의 동질성을 이야기하고, 그 혈통적 동질성을 근거로 왕통의 정통성을 확인하고 있다. 그처럼 천제와의 관계로 정통성을 확인하는 「비문」이 추모왕의 순행남하를 도주로 표현하여, 건국활동을 비하시킬 이유가 없었을 것이다.

(4) 구조와 의미

건국신화의 문학적 구조를 해명하는 작업은, 고구려 건국신화를 7단계로 유형화한 서구의 일반 서사구조에 비교 대응시켜, 그 구조가 세계적 보편성을 가지고 있다는 것을 증명하려고 노력한 것은 김열규(金

烈圭)가 처음이었다107). 조동일(趙東一)도 한국의 영웅담에 공통하는 구조적 골격을 7단계로 파악하여, 고구려의 건국신화가 전형적인 영웅의 일생 구조라는 것을 입증하려 했다108).

나경수(羅景洙)는 한국의 건국신화 전체를 대상으로 하여, 그 서사구조를 분석하고, 그것을 바탕으로 신화의 문화사적 위치를 규명하여, 단군신화가 농경민사회를 배경으로 하고 있는 것에 비하여 주몽신화는 그것에 기마민족 신화가 중복되어 형성된 신화로 보았다109). 이것 역시 신화의 일반적인 공통점을 기준으로 하는 규정이다.

또 그는 「비문」의 신화가 가장 오래된 신화라는 것을 인정하면서도 「비문」의 자료는 창업의 역사를 간략하게 소개하는 데 그치기 때문에 신화자료로 취급하기가 곤란하다 했는데, 그 같은 비문관은 모든 신화를 일반화시켜 단순 비교하려는 사고, 각 신화의 특성을 인정하지 않는 사고를 바탕으로 한다. 그러한 사고에서는 고구려 건국신화를 논하면서도 고구려인이 구성한 「비문」의 신화를 배제시킬 수도 있는 것이다. 그 내용이 간략하다는 것은 범위를 제1부로 국한할 경우의 의견일 뿐이다. 전 「비문」이 유기적인 관계를 가진다는 사실을 인정하면, 그렇게 말할 수는 없다. 설사 제1부로 한정한다 해도 간단하다고 단정할 수 있는 양은 아니다.

구성상 3부로 된 「비문」 신화는 건국의 유래만을 이야기하고 있는 것이 아니라, 조상과 후손의 바람직한 관계나 왕통의 권능과 정통성도 이야기하고 있다. 간단하다는 것을 이유로 자료로서의 필요성을 경시하는 것은 그 구조와 논리를 보지 못하는 결과라고 생각한다. 3부 구성의 「비문」은 각부가 독자적으로 존재하는 것이 아니라, 상호가 유기적으로 연결되어 있다는 사실을 다시 언급해 두고 싶다.

---

107) 金烈圭『民潭의 伝記的 類型』(一潮閣, 1971).
108) 趙東一「영웅의 일생, 그 문학사적 전개」,『동아문화』10(서울대학교 동아문화연구소, 1971).
109) 羅景洙「한국건국신화연구」(전남대학교박사논문, 1988).『韓國의 神話研究』(教文社, 1993), P.98.

흔히 「비문」의 제2부에 기술된 훈적은 광개토왕에 한정시키는데, 그러한 사고는 벽두에 기술된 신화도 추모왕에게 한정시키고 만다. 그러나 그 같은 사고는 부분의 의미를 중시하여, 그 부분이 전체의 흐름과 단절되어도 독자적으로 의미를 이룰 수 있다는 사고를 기반으로 한다. 또 그 같은 사고는 내용이 유사하면 동질이라고 인정하는 사고로, 어떤 요소가 채택되어 조직되어도 그 동질성을 그대로 유지한다는 사고이다. 다시 말하자면 동질의 요소가 각각 다른 텍스트의 구성요소로 채택되어도 그 동질성이 유지된다는 것이다. 그러나 조직에 있어서 요소의 중요성은 그 요소 자체가 아니라, 그 요소를 구성시켜 지탱하게 하는 조직의 논리와 목적인 것이다. 같은 요소라 해도, 그것을 구성하는 논리와 목적에 의해서 요소의 의미는 변하기 마련이다.

(5) 민속과의 관계

건국신화의 민속성에 관심을 보인 장승두(張承斗)는 신화를 구성하는 화소의 민속적 배경을 추적했다. 시조가 천제의 아들이라는 것에서는 사제자의 역할을 수행하는 원시군주의 상을, 하백여랑에서는 민속신앙의 모신상을, 해모수와 하백의 주술 경쟁에서는 결혼의례를, 일광감정에서는 원시적 생식관을 추정하였다[110].

이재수(李在秀)는 신화의 화소별 의미를 부여하였는데[111], 천신과 지신의 신혼에서는 천신과 접신하는 제의를, 해모수가 주술로 여러 동물로 화신하는 것에서는 신화의 전파를, 난생에서는 출생의 신비화를, 기아에서는 출신성분과 부녀의 청결함을, 어별교(魚鼈橋)에서는 자연현상을 추정하여 신화가 지니고 있는 민속적인 국면을 추정하려 하였다[112].

장주근(張籌根)은 고구려 건국신화의 형성과 전승의 원동력이며 기반이었던 주몽신앙의 변천사를 시대적으로 검토하여 신화의 배경을

---

110) 張承斗 「주몽전설의 민속학적 고찰」『조선』286(조선총독부, 1939).
111) 李在秀 「주몽전설고-동명왕편-논고」『경북대학교논문집』8(1964).
112) 李在秀 「주몽전설고-동명왕편-논고」(『경북대학교론문집』8(1964).

이해하려 했다. 부여는 농경국가였기 때문에 그 시조신인 동명왕에게는 농업신과 태양신적 성격이, 모신에게는 곡모신·지모신·수신적 성격이, 부신에게는 천신적 성격이 인정된다 했다. 또 그것을 전제로 하여 주몽의 별명인 동명은 태양신의 광명을 의미하는 시조신의 농경신적 측면을 의미하는 명칭으로 보았다113).

이은창(李殷昌)은 고구려 신화를 근거로 고고학을 논함에 있어서, 신화의 계통을 정리하는 과정에서 「비문」을 소개했을 뿐, 그 이외의 모든 것은 유사 신화를 근거로 하고 있다114). 그것은 신화가 소박한 것에서 복잡한 내용의 것으로 진화하므로, 내용이 풍부한 신화가 간략한 신화를 포함한다는 사고로, 신화가 연속적으로 발전한다는 발전단계론적인 신화관이다.

(6) 왕통보의 문제

「비문」이 광개토왕을 「17세손」으로 기술하고 있다는 것은 왕통보가, 5세기 초에 체계적으로 정리되어 있었다는 것을 시사한다. 그런데 『삼국사기』의 기술은 「비문」과 달리, 광개토왕을 19대왕으로 하고 있어, 그 차이를 둘러싸고 많은 의견들이 제기되었다. 그 복잡한 의견들을 타케다유키오(武田幸男)는 넷으로 분류하여 정리하였다. 즉 3대 대주류왕(大朱留王)을 기준왕으로 하고, 기준왕 자신을 제1로 세기 시작하는 의견, 기준왕을 추모왕으로 하고 추모왕부터 세기 시작한다는 의견, 기준왕을 추모왕으로 하고 3대 대주류왕부터 세기 시작한다는 의견, 기준왕을 2대 유류왕(儒留王)으로 하고 3대의 대주류왕부터 세기 시작한다는 의견 등으로 정리하였다115).

「비문」과 『삼국사기』가 기술한 왕통보상의 광개토왕의 위치에 대한

---

113) 張籌根 『한국신화의 민속학적연구』(集文堂, 1995).
114) 李殷昌 「고구려신화의 고고학적 연구」, 『한국전통문화연구』창간호(1985).
115) 武田幸男 「高句麗王系成立의 諸段階」 『고구려사와 동아시아』(岩波書店, 1989), P.283.

차이를 설명하기 위하여 제기된 그 의견들은, 사실을 근거로 하여 어느 기록에 더 신뢰성을 둘 것인가 하는 논쟁이기도 하였다. 그 중에 채희국 같은 이는 당대에 기록된 「비문」을 기준으로 하고, 『삼국사기』를 그것에 맞추어 해명하는 것이 상식이라며 「비문」을 중시하는 주장을 폈다116).

이처럼 뚜렷하게 보이는 기록 간의 차이를 해명한다는 것은, 각 기록의 특성을 파악한다는 면에서도 필요한 일이라고 생각한다. 그러나 그 같은 일은 사실을 규명한다는 면에서는 중요한 문제일지 몰라도, 왕통의 정통성을 확인한다는 면에서는, 그것이 17대이건 19대이건 간에 그다지 상관없는 문제라고 생각한다. 왕통의 유구한 전통이나 천제의 혈통을 후손이 계승했다는 사실, 그래서 신성하다는 것을 확인하는 것이 「비문」의 목적의 하나라는 사실을 감안하면, 「17세손」이라는 표현으로도 충분하다고 말할 수 있을 것이다.

고구려의 세계(世系)를 시조 동명왕과 태조왕(6대) 이후의 시대를 「고씨왕조시대」, 2대 유리왕에서 5대 모본왕에 이르는 시대를 「해씨왕조시대」로 보는 김용선(金竜善)은, 「비문」이 「4세손」에서 「16세손」까지의 왕통보를 생략하면서도, 추모왕·유류왕·대주류왕을 기록하고 있는 이유를, 「유리왕 대무신왕도 고구려사에 있어서 시조인 동명왕 못지않게 중요한 의미를 지니고 있었」기 때문으로 보았다. 그러면서 「연노부 해씨가 차지했던 왕위를 고씨가 계승한 다음부터 계루부 왕실의 권위를 높이기 위해 계루부 고씨의 조상인 주몽을 연노부 해씨 조상인 유리의 앞에다 올려놓고, 그를 고구려의 개국시조로 삼았을 가능성이 있다」라고 추정하였다117).

여기서도 「비문」의 추모왕을 유사기록의 동명왕·주몽과 동일인으로 취급하는 기준이 분명하지 않다. 그것은 「비문」의 유류왕·대주류

---

116) 채희국 「광개토왕릉비문 해석에 제기되는 몇 개의 문제에 대하여」『력사과학』88~2(1988), P.38.
117) 金竜善 「고구려 儒留王考」『역사학보』87(1980).

왕을 유리왕·대무신왕에 대응시킨다는 점에서도 마찬가지였다. 그 같은 대응은 「비문」과 『삼국사기』·『삼국유사』를 동일 자료로 인정하는 사고를 바탕으로 하기 때문에 가능한 일로, 자료의 특성이나 자주성을 고려하지 않은 사고라고 생각한다.

최재석(崔在錫)은 『삼국지위지』가 말하는 왕실 교체설을 『삼국사기』·「비문」·『위서』 등과 비교한 다음에, 근거 없는 오전으로 보았다[118]. 그 같은 왕통의 교체설은 일차적으로 증거가 확실한 「비문」이나 『삼국사기』 등의 기록이 있음에도 불구하고, 그것들을 경시하고 『삼국지위지』만을 중시한 결과로 보았다[119]. 즉 「비문」이나 『삼국사기』 등의 한국 측의 기록에 의하면, 고구려 왕통에는 교체가 없었다는 것으로, 한국 측의 자료와 중국 측의 자료상의 차이가 있다는 점을 중시한 의견이었다. 그러나 그것은 「비문」의 독자적인 의미를 파악하지 못한 의견이었기 때문에, 「비문」을 『삼국사기』와 동질적인 자료로 취급하는 선에서 머물고 말았다.

「비문」에 입각하여 그 내용을 파악하려는 채희국은 추모왕의 출생을 북부여로 하는 주장에 회의를 표하며,

> 「황천의 아들」이라고 한 것은 제1면 제1행의 「천제의 아들」이라고 한 것과 같은 뜻이다. 그런데 「황천의 아들」이라고 한 구절에는 북부여 황천의 아들이라고 되어있지 않을뿐더러 「나는 황천의 아들」이라고 명백히 주어로 밝힌 것을 보면 추모왕은 자기 아버지를 북부여 왕실과 관련된 인물로 보지 않았던 것을 알 수 있다[120].

라고, 추모왕이 북부여로부터 나왔으나, 천제의 아들이고 어머니는 하백의 딸이라 하였다. 이는 드물게 보는 「비문」에 의거하는 주장으로,

---

118) 本涓奴部為王 稍徵弱 今桂婁部大之(『三國志』魏志高句麗伝).
119) 崔在錫 「고구려의 왕위계승」, 『정신문화연구』32(1987). 「고구려의 5부」(『한국사회사논문집』4(1986).
120) 채희국 전게주116. P.36.

추모왕이 도하할 때 「황천지자」라고 신분을 밝힌 것과 승천한 사실을 근거로 하는 북부여 출생설의 부정이다.

또 유사기록이 전하는 왕통보와의 차이나 「천제지자해모수(天帝之子解慕漱)」가 부여왕이 된 것 등을 근거로 추모왕을 북부여천제지자(北夫余天帝之子)로 해석하는 것은, 문헌자료만이 아니라 사실에도 맞지 않는다 했다121). 이처럼 「비문」에 입각하여 「비문」의 내용을 이해하려 하였으나, 그것을 입증하는 과정에 있어서는 일정한 기준도 없이 유사기록을 인용하는 방법이나, 「비문」에서 사실을 도출해내려는 자세, 신화를 제1부로 한정하고 있는 것 등은 종래의 비문관과 크게 다르지 않았다.

이상에서 살펴본 바와 같이 「비문」 신화의 연구는 독자적이지 못하고, 유사신화와 동질로 취급되는 상태에서 이루어져 왔다. 그것은 기술된 시대와 전승자가 다른 신화를 동일 자료로 취급하는 연구방법이었다. 채희국처럼 「비문」을 중시하는 연구도 있었으나, 그것도 구체적인 방법에 이르면 종래의 방법이나 자세를 크게 벗어나지 못했다. 장수왕이 종가의 위치와 백제정벌의 정당성을 확보할 목적으로 「왕비」를 건립한 사실을 고려하면, 벽두에 위치하는 신화의 의미나 「비문」의 내용이 이해된다고 시라토리쿠라키찌가 일찌기 언급하였음에도 불구하고 그 같은 시도는 이루어지지 않았던 것이다.

그러한 연구는 「비문」의 내용을 이해하는 기본지식이나 그 당시의 사회상을 추정하는 데는 도움이 되겠지만, 그것이 「비문」의 이해로 직결되는 것은 아니다. 「비문」의 이해는 「왕비」가 건립된 목적과 「비문」을 성립시키는 기본원칙이나 논리를 이해하는 것에서 출발해야 한다. 즉 「비문」의 이해는 왕통의 정통성을 확인하는 왕실의 텍스트라는 사실을 먼저 인식하는 것이 그것을 이해하는 출발점이라는 것이다.

전체가 동일논리로 일관되게 구성되어 있는 「비문」에서, 그 일부분

---

121) 채희국 전게주116, P.37.

을 전체와 분리시켜서 이해하려는 노력은 「비문」에 접근하는 올바른 방법이 아니다. 왜냐하면 작품으로서의 전체는 부분적인 이야기가 모아져서 전체를 이루는 것이 아니고, 전체가 부분을 의미지우기 때문이다. 「비문」이 어느 사실의 집적(集積)을 목적으로 하고 있는 것이 아니고, 광개토왕의 모든 훈적을 기술하고 있는 것도 아니라는 사실을 생각하면, 「비문」의 이해는 그것을 구성시킨 논리를 바탕으로 해서 이루어져야 한다. 그러기 위해서는 「비문」을 완결된 왕실의 텍스트로 인정하고 이해하려는 노력이 선행되어야 한다.

6 맺는 말

「왕비」의 재발견과 더불어 일본의 주도로 시작된 「비문」의 연구는 고대 일본의 남선경영론이나 미마나일본부설의 입증을 목적으로 참모본부의 주관으로 이루어졌다. 참모본부는 한반도 침략의 세론을 조성하기 위하여 『임나고(任那考)』 등을 편찬하고, 「기기(記紀)」 등의 고기록을 사실화하려 하였다.

그 참모본부에 있어서는, 왜가 신라성에 충만했다는 등의 기사, 왜가 주도적으로 활동하는 군사적 활동으로 해석할 수도 있는 자구가 명기되어 있는 「비문」은 그들에게는 둘도 없이 소중한 일등사료로 간주되기에 충분했다. 「비문」 중에서도 왜가 한반도에서 주도권을 행사했다고 해석할 수도 있는 「신묘년」조의 기사는 당시의 일본이 갈망하고 있었던 절호의 사료로 여겨지고 있었던 것이다.

그 「신묘년」조는 사실처럼 기술되어 있었기 때문에, 일본의 연구는 그곳의 해명에 집중되고, 요코이타다나오가 그것을 근거로 하여 왜가 주도하는 한반도와의 관계를 정립시킨 것을 계기로, 「비문」은 움직일 수 없는 사료로서의 위치를 확보하게 되었다. 그런데 「비문」에서의 사실 추정은, 그 내용을 역사적 사실에 비정하는 방법으로 이루어졌기 때문에, 일정한 부분의 내용을 사실로 인정하는 식으로 이루어졌다. 여타 자료와의 공통점을 중심으로 해서 결론을 도출하고 있었기 때문에, 그 결과가 「비문」의 이해에 직결되는 것은 아니었다. 다시 말하자면, 그것은 「비문」의 이해를 떠나 이루어진 연구였다.

육군참모본부의 주관으로 진행된 연구는, 오랜 옛날부터 일본이 조선을 지배하고 있었다는 일선동조론이나 조선에는 자력으로 역사를 만들 능력이 없어, 언제나 대륙이나 일본에 의존하고 있었다는 식의 타율성사관을 정당화시키기 위한 것으로, 일본의 우월성을 확인하는 것을 목적으로 하고 있었다. 그러나 그것은 「비문」의 연구를 일본이 독점하고 있었을 때 가능한 일이었다. 그 연구에 한국이 참가함과 동시에 부정될 수밖에 없는 내용의 연구였다. 실제적으로 한국의 학자들이 참여하게 되자 그때까지 일반화되어 있었던 통설이 의심받고 부정되게 되었다.

다만 한국이 참가하고서도 변하지 않은 것은「비문」을 사료로 간주하고 그것에 접근하는 자세나 그곳에서 사실을 구하려는 방법이었다. 종래에 성립된 통설은 부정하지만 그 논리를 도출해내는 방법은 종전 그대로였던 셈이다.

필요로 하는 사실의 확인은「비문」을 유사기록과 비정하여 얻는 공통점을 사실로 인정하는 방법으로 이루어졌는데, 그럴 경우에는 자세히 설명된 기록물이 중시되었다. 그 같은 방법은 제2부의 기술에서 사실을 추정하는 과정을 통하여 정착되어, 제1부의 신화에도 적용되게 되었다. 사실추구를 우선시 하는 입장에서는 구체적인 것이 간단한 것을 포함한다고 여기기 때문에, 간단하다고 여겨지는「비문」은 방증자료로 취급당할 수밖에 없었다.

그래서「비문」의 신화는 독자적으로 평가되지 못하여, 고구려의 건국신화를 논함에 있어서도 그 중심에 위치하지 못하였다. 그 대신에 시대적으로 오래된 중국의 기록이나 내용이 풍부한 후대의 기록이 그 중심을 이루고 있었다.「비문」이 고구려인에 의해서 구성되었음에도, 고구려의 건국신화를 논하는 경우에서조차 경시되고 있었다는 것은 그 연구가 기록의 독자성이나 본질을 바탕으로 해서 이루어지는 것이 아니라, 여러 자료의 공통점을 사실로 인정하는 식으로 이루어졌기 때문이었다. 그럴 경우 상세한 기록물이 중시되는 것은 당연한 일이었다.

유사 신화를 동일하게 취급하는 것은, 요소가 조직되고 나서도 동질성을 유지한다고 믿는 사고에서 유래한다. 같은 요소라 해도 그 동질성이 유지되는 것은 그것이 요소로 존재하고 있을 때의 일이다. 요소가 조직되면 그것들은 조직의 논리나 목적에 의해서 변하기 마련이다. 고구려의 건국신화연구에서는, 동질의 요소라면 어떻게 구성되어도 마찬가지라고 인식하고 있었기 때문에,「비문」과 유사기록을 단순 비교하고 있었던 것이다. 그 같은 방법으로는, 사실의 추정은 가능하게 할지는 모르나 그 요소들이 구성되어 이야기하려는 본질은 보지 못하기 마련이다.

지금까지의 「비문」 연구는, 자체를 성립시키는 논리의 분석도 없이, 시대와 공간을 달리하는 유사기록을 동일하게 취급하고, 신화와 역사적 사실이 접속되는 의미도 확인하지 않은 채, 사실을 추구하는 식으로 이루어져왔다. 그것은 참으로 기묘한 현상이었다. 「비문」에서 사실을 구한다 해도 신화와 역사적 사실이 접속되는 의미를 먼저 확인한 후에 이루어져야 했다. 따라서 「비문」의 이해에 선행되어야 할 것은 그것이 사료라는 관념에서 벗어나 왕통의 정통성을 확인하는 텍스트라는 사실을 인정하는 사고의 전환이다.

제2장

정통성의 논리

1 신화와 정통성

1) 왕통의 동질성

「비문」에는 「비명(碑銘)을 세워서 공적을 기록하여, 후세에 보이려 한다. 그 사(辭)는 다음과 같다」1)라는 기술이 있어, 「왕비(王碑)」는 광개토왕의 훈적을 기리기 위해 건립된 송덕비로 인식되어 왔다. 그러나 그 같은 인식은 「비문」의 의미를 제2부에 한정지을 경우에는 가능할지 몰라도, 전체의 구성을 고려하면 그렇게만 말할 수는 없다.

「비문」의 제1부에는 「천제지자」가 하늘에서 지상으로 「강세」하여 고구려를 건국하는 과정과 고구려를 통치하는 왕통보의 유래가 기술되어 있는데, 그것은 신화적인 추모왕과 사실적인 광개토왕의 활동을 중심으로 해서 구성되어 있다.

알을 깨고 나온 추모왕은 고구려를 건국하기 위해 지상으로 내려온 천제의 아들이기 때문에, 그가 태어난 곳은 하늘이기 마련이다. 「비문」이 추모왕의 그러한 출생담과 건국의 과정을 밝히는 것은, 고구려의 건국이 천제의 의도에 의한다는 것이나 왕통의 유래가 천제를 근원으로 한다는 것 등을 밝혀, 고구려의 통치를 천제의 혈통을 계승한 후손

---

1) 「遷就山陵 於是立碑 銘記勳績 以示後世焉 其辭曰」(비문1·6).

으로 한정시키는 일이었다.
　「천제지자」 추모왕을 시조로 하는 고구려의 왕통은, 유류왕, 대주류왕을 거쳐 17세손인 광개토왕으로 이어지는데, 간략한 유류왕과 대주류왕의 기술에 비해, 추모왕과 광개토왕의 기술은 상당히 구체적이다. 그처럼 「비문」이 왕통보를 기술함에 있어서, 양적인 면에서 균등하지 않고 차이가 있는 것을, 생략되거나 약술된 왕들의 기술이 구체적으로 기술된 왕들보다 비중이 낮다거나 열등하다고 생각할 지도 모르겠다.
　그러나 왕통이 천제에서 유래하는 동일혈통을 매개로 한다는 것을 생각하면 그렇게 생각할 수는 없는 일이다. 혈통을 같이하는 조상과 후손이라는 것은, 조상의 권능적인 요소를 혈통으로 전이받는 관계라는 것으로, 조상과의 동질성을 혈통으로서 보장받는 일이다. 따라서 「비문」에 명기된 내용은 그 당사자에게 한정되는 것이 아니라, 왕통보를 계승하는 모든 조상과 후손이 공유하는 것으로 보아야 한다. 방법상 특정 왕의 훈적으로 기술하고 있을 뿐이다. 그런 의미에서 「비문」에 기술된 왕이나 생략된 왕, 그리고 약술된 왕이나 상술된 왕은, 「비문」이 이야기하는 내용 모두를 공유하는 것으로 보아야 한다. 말하자면 왕통보를 계승한 왕들은 그 기술한 내용의 다소와 관계없이 모두 동질체인 셈이다.
　다시 말하자면, 「비문」은 추모왕이나 광개토왕의 독자적인 기술을 목적으로 하는 것이 아니라, 두 왕의 기술을 통하여 왕통의 유래나 권능을 구체화시키고, 그 왕통보를 계승하는 조상과 후손의 혈연관계를 확인하여, 왕통보를 계승하는 왕들의 동질성을 확인하는 것을 목적으로 한다. 왕통의 권능을 추모왕이나 광개토왕을 통하여 구체화시켜, 왕통보를 계승하는 왕들에게 공유시키는 방법으로, 약술되거나 생략된 중계왕의 통치내용까지도 시사하고 있는 것이다. 그렇기 때문에 약술된 유류왕이나 대주류왕, 그리고 생략된 중계왕들을 상술된 왕들과 이질적으로 보거나 열등한 존재로 판단해서는 안 된다. 그보다는 기술된 내용을 왕통에 공유시켜, 왕통보를 계승하는 모든 왕에게 공유시키는

「비문」의 방법으로 보아야 할 것이다.

2) 조상과 후손의 동질성

「비문」의 왕통보는, 「추모왕-유류왕-대주류왕-(생략된 중계왕)-광개토왕」과 같이, 4대부터 16대까지의 중계왕을 생략하고, 3대 대주류왕에서 「17세손」 광개토왕으로 직결시키고 있는데, 이 때문에 추모왕부터 광개토왕까지의 왕통보로 인식하기 쉽다. 그러나 천제와 추모왕, 광개토왕과 장수왕이 부자관계라는 것을 생각하면, 결국 왕통보는 천제로부터 발원하여 장수왕으로 이어지는 것이다.

그처럼 천제에서 장수왕으로 이어지는 왕통보의 영역은, 천제가 통치하는 태고의 시간으로 거슬러 올라가고, 장수왕을 계승해가는 후손들의 영원한 미래로 확장되게 된다. 즉 태고의 과거에서 영원한 미래로 이어지는, 영겁의 시간 속에 왕통보가 존재하는 것이다.

이러한 왕통보 속에 추모왕의 건국담과 광개토왕의 훈적담이 기술되어 있다. 따라서 그것들은 추모왕이나 광개토왕이 실행했다는 것에 의미가 있는 것이 아니라, 왕통보를 계승한 후손이 실현했다는데 의미가 있는 것이다. 제2부에는 광개토왕이 수립한 훈적으로 보이는 내용들이 기술되어 있다. 또 그것들은 사실적이기도 하여 광개토왕에 한정해서 이해하는 것이 일반적이나 그것은 왕통보를 계승한 후손의 훈적으로 보아야 할 것이다. 그 같은 훈적의 실현이 이미 추모왕의 건국과정을 통하여 예고되어 있었다는 사실로 추정할 수 있는 일이다. 추모왕의 건국과정을 살펴볼 것 같으면 신화적으로 기술된 추모왕의 건국활동은 광개토왕의 현실적인 통치내용과 잘 대응된다.

말하자면 조상들을 통해 신화적으로 시사된 내용들이 후손들에 의해 사실적으로 실현된 셈인데, 그것은 실현된 결과와 신화적으로 시사된 그것들이 동질적이라는 것을 의미한다. 그와 같이 혈통으로 연결되는 조상과 후손이 신화적이고 현실적이라는 시간적 차이를 갖지만, 이루어내는 결과가 동질적이라는 것은, 그렇게 실현되는 결과들이 천제의 후손이기에 실현가능했다는 것을 의미한다. 「비문」은 그처럼 신화로 가능성을 제기하고 후손의 통치행위를 통하여 구체화시키고 있는 셈인데, 그것은 천제의 혈통을 공유하는 조상과 후손의 동질성을 바탕으로 하는 「비문」의 방법이었다.

제1부에서의 광개토왕은 추모왕과 대응하여, 천제의 혈통을 계승한 후손으로 이야기되어 있고, 제2부에서는 천하를 통치하는 현왕으로, 제3부에서는 조상왕의 수묘활동에 충실한 후손왕과 후손에게 수묘를 교언하는 현왕, 그리고 사후에는 스스로가 후손왕의 수묘를 받는 조상왕으로 그려져 있다. 이처럼 후손왕과 조상왕, 그리고 현왕 모두를 겸하는 광개토왕이기 때문에, 광개토왕을 「비문」의 주인공으로 인식하고, 그를 칭송하는 내용이 그곳에 명기된 것으로 인식하기 쉽다. 그렇게 인식하는 것은 어쩌면 당연한 일일지도 모른다. 그러나 그처럼 직접적으로 드러난 광개토왕에 집중하다보면, 광개토왕을 주인공으로 설정한 장수왕의 의도를 간과하기 쉽다.

광개토왕의 교언에 따라 묘에 비를 세우고, 그것에 관한 의례를 개정하고 실시한 것은 장수왕이었다. 장수왕에게 왕위를 계승하고 사거한 광개토왕은 이미 「비문」의 구성에 관여할 수 없는 장수왕에 의해서 기술되어지는 조상왕일 뿐이다. 「비문」이 조상과 후손과의 혈연관계를 확인하고 신화적인 조상의 신화적 권능을 후손왕의 현실적 훈적으로 구체화시키고 있는데, 그 역할을 수행한 것이 추모왕과 광개토왕이었다. 즉 추모왕은 건국의 역할을 수행하고 광개토왕은 정토로 훈적을 세우는 역할이었다.

그런데 광개토왕은 추모왕과 달리 시조가 아니라 왕통보를 계승한 후손의 하나였다. 그렇기 때문에 다른 후손으로 대체될 수도 있는 문제였다. 다만 「왕비」가 광개토왕의 사거(死去)를 계기로 해서 건립되었기에 광개토왕의 훈적으로 해서 기술되었을 뿐이다. 광개토왕이 아닌 다른 후손의 기술이라 해도, 내용은 그것과 비슷하였을 것이다. 따라서 「비문」이 이야기하는 내용은 그것을 실현하는 왕에게만 한정되는 것이 아니라 왕통을 계승하는 모든 후손이 공유하는 것으로 보아야 하는 것이다. 그리고 그 내용의 이해는 기술되는 조상왕의 입장이 아니라 기술하는 후손 장수왕의 입장에서 이루어져야 한다는 것이다.

3) 수묘(守墓)의 의미

광개토왕은 조상의 묘에 관한 의례에 관해서도 관심이 지대했다. 왕은 수묘에 관한 종래의 관습을 개변하여 모든 조상왕릉의 묘상에 입비하는 방법으로 수묘의 효율화를 꾀하고 있었다. 관리상의 혼란을 예방하여 후손으로서의 결례를 피하려는 노력이었다. 그리고 그것에 관한 내용을 장수왕에게는 교언으로 남겼다. 광개토왕의 수묘에 대한 관심의 지대함을 엿볼 수 있는 내용이다.

부왕의 교언을 받은 장수왕은 그 교언에 따라 수묘의례를 충실히 이행한다. 「왕비」의 건립도 그것의 일환으로 보아야 할 것이다. 그런데 장수왕이 교언에 충실하고 「왕비」까지 건립하며 수묘의 내용을 기술하고 있는 것을 보면, 수묘의 실질성을 확신하고 있었다고 보아야 한다. 그는 부왕의 통치활동과 수묘의례 모두에 참여하여 그 연관성을 확인하고 있었을 것이다. 부왕의 훈적을 통하여 조상들의 수호를 경험하고, 수묘의례를 통하여 그것을 감사하는 것과 같은 형태로 확인하고 있었을 것으로 생각된다. 부왕의 훈적을 수묘에 충실한 결과로 받아들인다는 것은, 조상을 숭배하는 후손으로서는 당연한 자세였다고 보아야 한다. 그러한 신념이, 부왕의 교언을 충실히 이행하게 했을 것이다. 조상의 제의에 충실했던 고구려의 사회상을 감안하면 그 타당성은 더욱 크다 할 것이다.

수묘는 조상에 대한 후손의 도리로 그것이 가지는 의미는 다양하다. 그것은 후손으로서의 정통성을 획득하는 일이고 조상과 동격이 되는 일이기도 했다. 후손이라는 것은 혈통으로 조상의 권능을 전이받았다는 사실로 조상과의 동질성을 획득하고 있다. 또 그 동질성은 조상과 후손이 동격이라는 사실까지도 보장해준다. 그 같은 것들을 확인하는 의례가 수묘이다. 따라서 수묘의 의미는 혈통을 매개로 하는 조상과 후손의 교류라는 점에서 찾아야 될 것이다.

　같은 혈통의 계승이라 해도, 광개토왕과 장수왕 간의 계승은, 천제와 추모왕의 계승 그것과는 조금 다르다. 「비문」의 천제와 추모왕의 계승은, 기록되는 당시에, 기록하는 후손의 입장에서 보면, 모두가 현세에 존재하지 않는 조상이었다. 기록되는 대상과 기록자는 사거한 조상과 생존해있는 후손의 관계이지만, 천제와 추모왕은 현세에 존재하지 않는 조상이며, 두 조상의 관계는 선조와 후손의 관계다. 즉 승천한 조상들 간의 선후관계인 것이다.

　그러나 광개토왕과 장수왕의 관계는 사거한 조상과 현존하는 후손의 관계, 현왕의 임무를 마치고 승천한 조상왕과 그 뒤를 계승하여 현세를 통치하는 현왕의 관계이다. 다시 말하자면, 조상과 후손의 관계임과 동시에, 「비문」에 기록되는 조상왕과 그것을 구성하고 기록하는 현왕, 「비문」속에 존재하는 조상과 그것의 밖에 존재하는 후손의 관계라는 것이다. 이것은 「비문」속의 조상들이, 「비문」밖에 존재하는 후손, 장수왕의 의도에 의해서 기록되었다는 것을 의미한다.

　이처럼 「비문」밖에 존재하는 장수왕이 「비문」을 통하여 왕통의 유래나 조상왕의 훈적을 이야기하는 방법으로, 조상과 후손의 동질성을 확인하고 있다는 것은, 그 후손인 장수왕 자신의 정체성을 확인하는 일이라고 볼 수 있다. 혈통을 매개로 자신을 「비문」의 세계에 연결시키고 있는 것이다. 장수왕은 그러한 방법으로 「비문」이 이야기하는 왕통의 유래 및 권능 등을 그대로 전이받아 현세의 통치에 임하고 있었던 것이다.

　그것은 「비문」이 이야기하는 내용 모두가 장수왕에 의해서 재현될 수 있다는 가능성을 시사하는 것으로, 현세를 통치하는 자신도 그러한 훈적을 재현시킬 수 있고, 통치를 마치면 승천하여 조상이 된다는 사실의 예고이자 확인이었다.

이것이 시간을 초월하는 조상과 후손의 동질성이다. 그 같은 동질성은 시간적인 한계를 초월하여, 신화적으로 이야기된 조상왕의 주적 권능을 사실적인 후손왕에게 공유시키고, 사실적으로 이야기된 후손왕의 훈적을 신화적인 조상왕에게 공유시켜 준다. 「비문」은 그렇게 하여 기술한 내용을, 그것을 실행한 당사자에게 한정시키는 것이 아니라, 왕통보를 계승하는 모든 후손들에게 공유시켜주고 있는 것이다. 그리고 그 모든 것이 장수왕의 정통성을 보장해준다. 그와 같은 방법으로 장수왕은 조상들의 훈적으로 자신의 정통성을 확인하고, 통치하는 세계의 미래상을 예고하여 보장받고 있는 것이다.

4) 고구려의 왕권

「왕비」는 고구려 왕권이 안정되었을 때 건립되었다. 고구려의 시조묘는 졸본에 있었는데, 제왕들은 평양천도 이후에도 그곳에 가서 시사(視祀)하고 있었다. 이 졸본의 시조묘는 고구려의 조정과 소재를 같이 하는 종묘 같은 것이 아니라 신궁과 같은 곳으로, 원래 왕족인 고씨의 씨족조의 발흥지와 같은 성지였기에 왕들이 직접 그곳에 갔던 것이다.

광개토왕 무렵에는 이미 왕실의 조상인 주몽을 전고구려의 신으로 숭배하게 되었지만, 초기에는 고씨의 시조였을 뿐으로, 졸본의 시조묘는 고씨족 결합의 상징적인 성역이었을 뿐이었다. 『삼국사기』 대무신왕 3년조에 동명왕묘를 세웠다는 기술이 있는데, 이것은 고구려족 전체의 시조신으로서의 동명왕묘가 있고, 고씨족의 씨족신으로서의 주몽묘가 따로 존재하다가 후에 양자가 결합되어, 고씨족의 씨족조인 주몽과 전고구려의 종족신인 동명이 하나로 결합되었다는 것을 의미한다. 이는 중앙의 절대군주권의 출현과 때를 같이 하는 일이었다[2].

그 이전에는 왕실이 제사권을 독점하지 못했다는 것은, 왕을 배출하

---

[2] 盧泰敦 「삼국시대의 部에 관한 연구」 『韓国史論』 2(1975), P.65.

는 계루부 이외의 타 부족도 사직의 제사에 참여했다는 사실로 추정할 수 있다3). 왕권이 강화되면서 타 부족의 제사권이 명목화되었다 해도, 그것이 국왕의 사직제사의 명실상반을 의미하는 것은 아니었다. 그러한 상황에서 고국양왕이 국사(国社)의 건립과 종묘의 수리를 명하였다는 것은 왕권의 강화로 제사권을 행사할 수 있었기에 가능한 일이었다4). 여기서의 국사란 국가의 사직 및 인민의 구복을 보장하기 위하여 토지신인 사(社)와 곡물신인 직(稷)을 제사지내는 장소를 말하고, 종묘는 왕실 조상의 위패를 제사지내는 곳을 말한다.

고국양왕이 국사라고 칭한 것은, 그때까지 이원적이었던 사직이나 제사 체제가 국왕을 중심으로 하는 체제로 인식되어 졌다는 것을 의미한다. 그것은 사직의 제사가 국왕으로 한정되어진 사실을 반영하는 것으로, 왕권의 강화로 인해 가능해진 일이었다5). 그러한 왕실의 안정과 왕권의 강화를 배경으로 하여, 왕권의 절대성을 구체화시킨 고구려를 중심으로 하는 천하관의 구축도 가능해진 것이다.

그러나 그러한 왕권의 안정이 장수왕이 즉위한 초기부터 확보되었다는 것을 의미하지는 않는다. 부족국가였던 고구려는 광개토왕 대에 이르러 절대왕권을 확보하게 되는데, 그것은 선조왕들의 노력이 있었기에 실현 가능한 것이었다. 고구려왕조는 외부 세력에 적극적으로 대처함과 동시에 대내적으로는 부족집단의 독자적인 운동력을 둔화시켜, 왕을 정점으로 하는 중앙집권지배의 질서 안으로 족장 층을 흡수하면서, 중앙귀족들의 이익관계를 조정하여 고대국가로 성장해 갔다6).

그것은 다원적이고 부족적인 지배질서를 지양하면서, 일원적인 중앙집권 지배질서를 구축하여, 그 질서의 정점에 위치할 수 있는 강력한

---

3) 涓奴部本国主 今雖不為王 嫡統大人 得称古鄒加 亦得立宗廟 祠靈星社稷 (『三国志』東夷伝 高句麗条)
4) 下教 崇神仏法救福 命有司 立国寺 修宗廟(『三国史記』高句麗故国壌王9年条).
5) 趙仁成「4·5세기의 고구려 왕실의 세계인식과 변화」『한국고대사연구』4(1990), P.70.
6) 金哲埈「한국고대국가발전사」(『韓国文化史大系』1(1964), P.467.

왕권을 쌓아가는 과정이었다. 그 과정에는 좌절도 있었지만, 고국원왕은 일시적으로 「소열제(昭列帝)」라고 칭제하면서 대외적으로 왕권을 과시하기도 하였다7).

그러나 고국원왕은 연의 침략을 받아 왕모, 왕비뿐만 아니라 선왕의 사체까지 포로로 탈취당하고 결국에는 대백제전에서 전사하고 만다. 그것은 왕권이 불안정했기 때문에 일어날 수 있었던 일이었다. 그러한 좌절은 그때까지 구축해 온, 왕을 정점으로 하는 고구려의 지배체제의 내부를 동요시켰을 뿐만 아니라 국가의 경제적 기반이나 수취 기반의 위축을 초래하였다8).

그 뒤를 계승한 소수림왕은 전연(前燕)을 멸망시킨 전진(前秦)과 우호관계를 맺고 대백제의 방어를 강화시켜 대외관계의 안정을 추구하였다. 대내적으로는 불교의 공인·태학의 설립·율령의 반포 등을 통하여 왕권을 강화시켜 중앙집권적인 지배체제를 구축하려 하였다9). 불교의 공인은 부족사회 질서를 유지하고 있던 기존의 신앙체계보다 차원 높은 초부족적이고 보편적인 정신세계의 제시였다. 그것은 왕권을 강화시켜 중앙집권적인 지배체제를 유지하기 위한 사상적인 기초작업이었다10).

소수림왕이 받아들인 불교는 전진에서 전래된 북중국의 호족불교로, 군주는 교단에 상당한 권력을 행사하였고, 승려들은 정치 군사상의 문제 및 주술사로서 왕권의 안정을 유지하며, 국가권력이나 왕권과 밀착된 관계를 갖고 있었다11). 불교의 이러한 점은, 왕권을 강화하여 중앙집권적인 지배체제를 구축하려하는 고구려의 의도와 잘 부합되었다.

다음으로 태학은 국가 차원에서 교육기관을 정비하고 선진 문화를

---

7) 『隋書』81, 高句麗条.
8) 徐永大 「고구려의 평양천도의 동기」『한국문화』3(1981), P.105.
9) 二年六月 秦王苻(苻旧本作符 今校之)堅遣使及 浮屠順道 送仏像·経文 王遣使廻謝 以貢方物 立大学 教育子弟(『三国史記』高句麗本紀 小獣林王).
10) 李基白 「삼국시대의 불교수용과 그 사회의 의의」『歷史学報』6(1954).
11) 宮川尚志 「晋代貴族社会의 불교」『六国史研究宗教編』P.204(1964).

유기적으로 받아들여 귀족의 자제들을 신 관료로 양성하는 것을 목적으로 설립되었다. 즉 부족국가 시대보다 한 차원 높은 유교 정치이념을 도입하는 것으로 충과 같은 유교적 덕목을 강조하여, 왕자(王者)의 권위를 합리화시키고 왕권과 밀착된 중앙집권적 지배체제를 유지하기 위한 관리의 양성을 목적으로 하고 있었던 것이다[12].

소수림왕이 반포한 율령의 내용은 전해지지 않고 있으나, 그것은 부족국가 시대의 다원적 관습체제를 일원적인 공법체계로 재구성하여 성문화시킨 것으로, 왕을 정점으로 하는 일원적 지배체제의 정비를 제도적으로 유지하기 위한 것이었다[13]. 그러한 소수림왕의 시책들은 이후에도 고국양왕과 광개토왕 등으로 계승되어 왕권을 정점으로 하는 중앙집권체제가 열매를 맺게 된다. 그 결과 광개토왕대에는 정치, 사회, 문화, 군사 등의 국체 전반의 제도가 완비되고, 왕권과 중앙집권적 지배체제가 강화되어 국력의 총집결도 가능하게 되었다[14].

5) 장수왕과 왕권

광개토왕의 뒤를 계승한 장수왕은 80년의 재위기간 동안 전 왕조부터 준비해 온 평양천도를 단행하였는데, 그것은 장수왕의 기본정책이기도 했다. 구도(旧都)였던 통구지역은 중앙귀족의 기반이 강하기 때문에 왕권이 견제당하기 쉽고, 초부족적인 국가로 성장해 나가기에는 한계가 있는 지역이었다. 그에 비하여 평양은 중앙귀족의 직접적인 이해관계가 비교적 적고 토착세력도 약체화되어 있었기 때문에 왕실세력이 장악하기 쉬운데다가 경제력도 풍부한 지역이었다[15]. 더욱이 평양천도는 중국과의 충돌을 피하는 효과도 있어 후일 수나라와 접전하기

---

12) 金哲埈 「三国時代의 礼俗과 儒教思想」『大東文化研究』6(1970).
13) 徐永大 전게주8, P.106.
14) 朴性鳳 「広開土境好太王期의 内政整備에 대하여」『高句麗 南進経営史의 研究』(白山資料院, 1995), P.286.
15) 徐永大 전게주8, P.124.

까지는 평화가 유지될 수 있었다. 반면 백제와 신라는 고구려에 대한 위기의식 때문에 동맹을 맺었으며, 백제는 북위와 공동책을 추진하기도 했다. 이러한 상황에서 장수왕은 백제를 공격하여 개로왕을 살해하고 백제의 수도를 웅진으로 천도하게 한 것이다.

중원고구려비에 「신라경내당주(新羅境內幢主)」라는 기술이 있는데, 이는 신라의 영토 내에 고구려 군사가 주둔했을 가능성을 말하는 것으로16), 고구려가 우위를 차지했다고는 하나 주변국과의 관계가 긴장상태였다는 것을 시사한다.

고구려의 대외적인 우위는 남진정책을 취하면서도 상황에 따라 조공책봉을 하는 장수왕의 정략에 의해서 가능한 일이었다. 당시 맹위를 떨치고 있던 북위는 주변국들을 철저히 복속시키고 있었다. 그런 상황에서 장수왕이 북위의 의사에 반하는 행동을 취하기도 했는데17), 그와 같은 독자적인 행동을 취할 수 있었다는 것은, 고구려의 국력이 독자적이었다는 것을 의미한다. 장수왕은 분열된 중국의 정세를 활용하는 등거리 외교로 일정한 주도권을 행사하고 있었던 것이다18).

그렇다고 해서 장수왕이 즉위 초부터 절대군주로 군림했다는 것은 아니다. 즉위 초에는 귀족세력이 왕권에 간섭을 할 수도 있었고, 왕실 안에서도 귀족과 연계하여 왕권을 위협하려는 움직임이 있었기 마련이었다. 그러한 움직임을 전혀 무시할 수 없었을 장수왕은, 그러한 장해요인들을 극복하는 과정을 거치고 나서야 절대왕권을 확보할 수 있었을 것이다. 국도를 평양으로 천도한 것도, 중앙귀족으로부터 자유로워지려는 것이 하나의 목적이었다. 장수왕에게 반발하거나 저항하는 귀족세력이 존속하고 있었다는 것은, 백제의 개로왕이 북위에 보낸 국서의 내용으로도 추정할 수 있다.

---

16) 李基白(「中原高句麗碑의 몇 가지의 문제점」『史学志』13(단국대학교, 1979), P.38.
17) 『魏書』卷四, 太武帝 元年, 太延 元年.
18) 盧重国「고구려 백제 신라의 역학관계 변화에 대한 일고찰」『東方学志』 28(1981).

지금 (고구려) 연(連)은 죄를 범하고 있습니다. (그) 나라는, 마치 (다 져지는 요리의) 어육과 같습니다. 대신이나 명족을 살육하여 멈추는 일이 없습니다. 죄는 가득하고, 악은 쌓여, 민중 (의 생활)은 붕괴하고, 이산되어 있습니다19).

 이는 장수왕이 즉위하여 60여년이나 지난 후의 고구려의 사정을 전하는 내용으로, 왕권이 안정되기에 충분한 시간이 경과되었을 시점의 기록이다. 또한 장수왕의 안정된 통치가 지속되었음에도 불구하고, 여전히 대신이나 제부족의 반발이 존재한다는 사실을 전해주는 기록이기도 하다. 이처럼 장수왕의 권위가 안정되었을 시기에도 내부반발이 존재했고 그것에 대한 응징이 가해지고 있었다는 사실은, 장수왕의 즉위와 통치가 그와 같은 반발 속에서 이루어졌고, 응징을 가하는 과정을 통하여 안정을 확보할 수 있었다는 사실을 시사한다. 하물며 장수왕이 즉위한 직후, 즉 광개토왕이 사거하고 장수왕이 즉위한 초기에는 그 같은 위기가 어떠했을까. 훨씬 더 많았다는 것은 쉽게 추정할 수 있는 일이다.

 광개토왕의 사거 직후, 즉 장수왕의 즉위 초기는 광개토왕의 절대권위에 압도당하고 있었던 권력층이나 여러 부족들이 반발하기에 적합한 시기였으며, 왕권 강화와 비례하여 위축되어갔던 여러 호족들이 기존 세력을 복원하기에는 더없이 좋은 호기였다. 이러한 기회에 각 호족들 사이에 권위를 신장시키려는 움직임이 있을 수 있다는 것은 충분히 추정할 수 있는 일이다.

 그런 상황에서 신왕조에게 있어 시급한 것은 정통성의 확보이다. 그 필요성에 의해 건립된「왕비」에 명기된「비문」이기에, 그「비문」의 내용을 광개토왕의 훈적을 칭송하기 위한 것만으로 한정지을 수 없다는 것이다. 거기에는 조상왕의 훈적으로 왕통의 권능을 구체화시켜, 그러한 훈적들이 현왕에 의해서도 재현된다는 사실을 확인하여, 왕조의 교체기에 있을 수 있는 위기를 극복하려는 장수왕의 의도가 포함되기

---

19)『魏書百済国伝』井上秀男訳註『동아시아 민족사』1(平凡社, 1995).

마련이었다. 그것을 마쯔바라(松原)는 다음과 같이 말하였다.

> 비문에는 현재를 설명하는 기능도 있다고 생각된다. 그 시점에 서면 비문의 존재 이유로서 광개토왕의 유덕을 추모하는 것과 더불어, 무엇보다도 석비의 건립자이고, 더욱이 왕위의 계승자인 장수왕의 정통성을 국내외에 선언하는 기능이 있다는 것도 자연적으로 떠오르게 될 것이다. 또 즉위하여 얼마 안 되는 후계자에게 있어서, 전왕의 죽음으로 분열과 붕괴의 위기에 처한 왕국 전체에 재통합의 필요와 질서유지의 강화를 강조할 필요가 있었다[20].

「비문」에는 과거의 조상을 이야기함으로써 현재를 설명하는 기능도 있다는 것이다. 그러한 관점에서 생각하면, 「비문」이란 부왕의 유덕을 추모하는 것만이 아니라 「왕비」를 건립한 장수왕의 정통성을 선언하는 기능을 가지는 것이 된다. 이처럼 「비문」이 입비자의 의사를 포함한다는 의견은 「비문」에 대한 바른 인식이라 하겠다.

「비문」이 부왕의 위업을 칭송하고 있는 것은 사실이다. 그러나 그것이 부왕의 칭송만으로 끝나는 것이 아니라, 훈적으로 왕통의 절대성을 확인하여, 그것을 계승한 후손 장수왕의 입지까지도 강화시켜 주고 있는 것이다. 그것이 「비문」의 가장 큰 목적이었다. 장수왕은 「비문」 밖에 존재하면서도 혈연을 매개로 하여 「비문」의 세계를 계승하고 있다. 따라서 「비문」의 이해에는 천제의 혈통으로 이어지는 왕통보의 이해가 선행되어야 한다.

「왕비」를 건립하고 그곳에 「비문」을 명기한 현왕은, 왕통의 유래와 조상왕의 훈적을 기술한 왕통보로서, 조상들의 권능이 자신에게 전이되었다는 사실과 그것들이 자신의 통치로 실현될 수 있다는 가능성 등을 확인하고 있다. 혈통으로 보장받는 정통성의 확인이었다. 왕통보를 계승한 후손왕은 조상의 권능을 혈통으로 전이받는데, 그 권능에는 천하를 통치할 능력이나 자연을 지배하는 주적 권능도 포함된다.

---

20) 松原孝俊, 「神話学에서 본 『広開土王碑文』」 『朝鮮学報』 145輯(1992年 10月).

2 왕통보

1) 왕통보의 의미

(1) 17세손

「천제지자」가 건국한 고구려의 통치는 「천제지자」를 매개로 하여 천제의 혈통을 계승한 후손으로 한정되는데, 그 후손은 왕통을 계승할 자격을 가지고 태어난다. 이처럼 왕통을 계승할 수 있는 자격을 천제와의 혈연으로 확인하고 있는 것이 「비문」의 왕통보이다.

「비문」의 왕통보는 『삼국사기』등의 유사기록과 비교되는 일이 많은데, 그것은 주로 「17세손」으로 기술된 광개토왕의 계보상의 위치를 둘러싸고 이루어진다. 쯔다소우키찌는 광개토왕을 「19세손」으로 기술한 『삼국사기』의 기술을 『위서』등의 기록과 비교하여, 『삼국사기』의 기술이 「편자의 생각으로 구조된 것」이라며 윤색에 의한 결과로 보았다[21].

또 타케다유키오는 제기된 많은 의견들을 정리하여 넷으로 구분하였다. 그것은 아오에히데와 요코이타다나오에 의해서 일찍이 제기된 3대 대주류왕을 기준왕으로 하고 이 기준왕을 1대로 하는 설[22], 기준왕을 추모왕으로 하고 그 기준왕부터 세는 요코이타다나오의 제2설[23], 기준왕을 추모왕으로 하고 손자 대주류왕부터 세는 박시형설[24], 기준왕을 유류왕으로 하고 그 아들 대주류왕부터 세는 육심원(陸心源)설 등이었다[25].

---

21) 津田左右吉「삼국사기 고구려기의 비판」(『滿鮮地理歷史硏究報告』9(東京帝國大学, 1922).
22) 靑江秀『東夫余永楽好太王碑銘之解』(1884). 横井忠直『高句麗古碑考』(1884年12月). 那珂通世「高句麗古碑考」『史学雜誌』47(1893, 10).
23) 横井忠直『高句麗古碑考』無窮会蔵, 漢文, 1888年 執筆, 同「高句麗古碑考」『会余録』5, (亜細亜協会, 1889, 6).
24) 朴時亨『광개토왕릉비』(소시에테, 1985).
25) 陸心源「高句麗広開土大王談徳紀勳碑跋」(儀顧堂続跋, 1969). 羅振玉「高句麗好太王碑跋」『劉承幹海東金石苑補遺』所有(1922).

「비문」에서 광개토왕의 왕통보상의 위치를 규명하는 것은 중요한 일이고, 또 가능한 일일지도 모른다. 그러나 그보다 더 중요한 것은, 왕통보가 천제를 부로 하는 추모왕의 신화로 시작되었다는 사실, 추모왕을 매개로 왕통을 계승하는 모든 왕이 천제의 후손, 즉 천손이라는 사실이다.

「비문」이 왕통을 천제에 연결시키고 있는 것은, 왕통보의 시간을 태고의 시점에 연결시키고 그 태고적 과거로 왕통보의 영원무궁한 미래를 보장하는 일이었다. 그처럼 신화와 사실을 접속하는 방법으로 무한한 시간대를 확보한 왕통보를 이해하는데 있어서, 「17세손」이라는 표기에 구애받을 필요가 있는 것일까. 과거와 미래가 이어지는 시간대에서, 왕통보상의 위치를 나타내는 「17세손」이라는 의미는, 숫자상의 정확성보다는 천제의 혈통을 계승한 후손이 왕위를 계승했다는 사실, 그러한 계승이 전통적으로 유구하게 지속된다는 사실을 확인하는데 그 의미가 있는 것으로 보아야 할 것이다.

그것은 「비문」의 왕통보가 「4세손」부터 「16세손」까지의 중계왕이 생략되어 있다는 사실로도 추정할 수 있는 일이다. 「비문」이 많은 중계왕을 생략하고 있다는 것은, 왕통보가 역대왕의 계보를 상술하는 것을 목적으로 하는 것이 아니라, 천제에 유래하는 왕통에 후손을 연결시켜, 광개토왕이나 장수왕 등이 그 왕통, 즉 천제의 혈통을 계승하고 있다는 사실을 확인하는 것에 그 목적이 있었다고 보아야 할 것이다. 따라서 왕통보상의 세대적 위치는 역사적 사실을 규명하는데 있어서는 중요한 문제일지는 몰라도, 「비문」의 의미를 파악하는데 있어서는 그다지 큰 의미를 갖는 문제라고 생각하지 않는다.

말하자면 「17세손」이라는 표현은 광개토왕의 왕통보상에서의 위치의 확인인데, 그것은 반드시 「17세손」이 아니라 해도, 추모왕에서 유래한 왕통을 계승했다는 사실과 그것이 후손에게 계승되어 간다는 영원성을 확인할 수만 있으면, 「몇 세손」이라 해도 관계없는 일이었다. 즉 천제로부터 유래된 왕통이 변함없이 대대로 후손에게 계승되어 간다는 사실을 확인할 수만 있다면, 광개토왕은 「17세손」이 아니라 「18세손」, 「19세손」이라 해도 무방한 일이다.

　(2) 신화가 보장하는 천손
　「비문」은 사실만을 기록한 것도 역대왕의 모든 치적을 기록한 것도 아니다. 그것은 많은 자료 중에서 필요한 것을 일정한 기준에 따라 선별하고, 그것을 일정한 기준에 의해서 편집한 구성물이다. 추모왕이 「천제지자」이고 광개토왕이 그 혈통을 이은 천손이라는 것은, 「비문」을 구성하는 일정한 기준에 의한 자체 논리상의 사실일 뿐이다. 따라서 「비문」의 내용 그것을 그대로 역사적 사실로 인정할 수는 없다. 그렇다고 해서 추모왕이나 광개토왕에 대한 기술 모두가 허구라는 것은 아니다. 추모왕이 고구려를 건국했다는 사실이나 광개토왕이 용맹한 통치자였다는 것 등은 사실로 인정되어야 한다. 그러나 왕통보가 천제의 혈통을 근간으로 해서 이루어졌다는 것 등은 사실로 인정하기 어려운 내용이다.
　왕통보를 천제로 연결시키는 「비문」의 신화는 사실로서가 아니라, 사실적인 기록과 접속하는 방법으로 사실성을 획득하고, 그 기록들의 사실을 보장하는 것으로 의미를 갖는다. 그러한 신화의 보장이 있기 때문에 「비문」의 왕통보는 신성성이나 절대성을 확보하고, 그 왕통보를 계승하는 고구려왕은 천하를 통치할 수 있는 정통성을 확보하게 되는 것이다.
　이처럼 「비문」의 왕통보는, 천제와 추모왕의 부자관계, 추모왕과 광개토왕의 혈연관계, 광개토왕과 장수왕의 부자관계를 통하여, 천제와 왕통보간의 혈연관계를 확인하고 있다. 신화를 통하여 천제의 혈연을 계승하는 것은, 천하에 군림하는 통치자의 정통성을 혈통으로 보장받고, 후손이 조상과 동등해지는 동질성 또한 보장받는 일이었다. 또 그 같은 동질성은 조상왕이 실현한 치적이 후손왕에 의해서도 재현될 수 있다는 가능성까지 시사한다.

2) 신화와 정통성
(1) 난생(卵生)의 장소

왕통보의 연구가 기록 간에 보이는 차이점을 어떻게 해석할 것인가를 중심으로 하여 이루어져 왔으나, 그보다는 「비문」이 이야기하는 왕통보의 의미를 이해하는 것이 선행되어야 한다. 「비문」의 왕통보는 천제의 혈통을 근간으로 한다. 고구려와 천이 혈연적 관계라는 것은 시조 추모왕이 천제의 아들이라는 관계로 확인되는 일이다.

추모왕은 천제와 하백여랑을 부모로 하여 난생하였는데, 여기서 확인해두어야 할 것은, 천제와 하백여랑이 신혼(神婚)을 맺은 시기와 장소, 그 신혼의 결과로 추모왕이 태어나는 장소의 문제이다. 즉 추모왕이 알을 깨고(剖卵) 태어난 곳이 어디인가가 문제인 것이다.

천지신의 신혼이 언제 어디서 이루어졌으며, 또 그것은 어떤 형태로 이루어졌을까. 천제가 하백여랑을 방문하는 형태로 이루어졌는지, 하백여랑이 천제를 찾아가는 형태로 이루어졌는지, 아직 그러한 것에 대한 규명이 없다. 그러나 그것은 「비문」을 이해하는 데 있어서 분명히 해두지 않으면 안 되는 아주 중요한 문제들이다.

먼저 신혼이 맺어진 시기이다. 그것이 언제인지 정확한 시점은 추정하기 어렵다. 그러나 그것이 천신과 지신이 맺어지는 혼인이라는 것을 생각하면, 그것은 신들의 천지간의 왕래를 전제로 하기 마련이며, 또 그처럼 신들이 천지간을 왕래하고 있었다는 것은, 천지간의 질서가 정립되기 시작했거나 이미 정립되었다는 것을 의미한다. 그러나 완전한 질서의 정립보다는, 신혼을 계기로 하여 질서를 정립하려 한 초기단계로 보는 것이 보다 타당할 것 같다.

그 신혼으로 난생한 추모왕이 강세하여 고구려를 건국하고, 다시 승천하는 것을 보면, 「비문」의 기록이 천의 입장에서 이루어졌다는 것을 알 수 있다. 이것은 그 신혼에도 천이 지보다 적극적이었다는 것을 추정하게 해주는 단서가 된다. 지상세력이 천으로 승천하여 활동하는 이야기는 없고, 천자가 강세하여 지상에서 펼치는 내용으로 이야기된 것을 보면, 천이 우위를 확보하기 시작하는 질서정립의 시기였다고 보아야 할 것 같다. 또 그때의 지상에는 고구려는 물론, 어떤 나라도 존재하지 않았다. 그러한 시기에 이루어진 신혼이, 천과 지 어디에서 이루어 졌는지, 「비문」은 그것에 대한 아무런 설명도 하지 않고 있다. 또 그것을 읽고 연구하는 후세인들도 관심을 보이지 않았고, 어쩌다 관심을 보인다 해도 큰 의미는 두지 않았던 것 같다. 추모왕의 출생을 설명한 「부란강세(剖卵降世)」를 박시형은 다음과 같이 설명하였다.

> 추모왕이 고구려를 창건할 때, 그 근원은 북부여에서 나왔다. (중략) 알을 깨고 나온 것이 태어나면서부터 성덕이 있었다[26].

라고 추모왕이 알을 깨고 나왔다는 사실만을 이야기할 뿐이다. 알을 깨고 나온 곳이 어디인가에 대해서는 아무런 언급도 하지 않았다. 「부란강세」에서 「부란」만을 해석하고 「강세」에 관한 해석은 생략한 것이다. 그러면서 「그 근원은 북부여에서 나왔다」라고 하는 것은 무엇을 의미하는 것일까. 그 난생한 곳이 북부여라는 것인지, 난생되어 강세한 지점이 북부여라는 것인지 확실하지가 않다. 애매모호한 설명이라고 말할 수밖에 없다.

그에 비해 노태돈의 의견은 좀더 구체적이다.

> 옛적 시조 추모왕이 나라를 세웠는데 (왕은) 북부여에서 태어났으며, 천제의 아들이었고 어머니는 하백(수신)의 따님이었다. 알을 깨고 세상에 나왔는데, 태어나면서부터 성스러운[27],

이라고 추모왕의 출생지를 북부여로 명확히 단정하고 있다. 그러나 「강세(降世)」의 설명이 애매하기는 마찬가지다. 추모왕의 출생지를 북부

---

26) 朴時亨, 전게주24, P.114.
27) 盧泰敦 『訳註韓国古代金石文』第一卷(駕洛国史跡開発研究院, 1992).

여로 단정하려면 그것에 대한 설명이 부연되어야 할 것이다. 천제의 주거를 하늘(天)로 상정하고, 하백여랑의 주거를 땅(地)으로 상정할 때, 천제가 하강했는지 하백여랑이 승천했는지, 또 추모왕은 하늘에서 태어났는지 땅에서 태어났는지, 당연히 있어야할 설명이 없는 것이다.

그에 비해 타케다유키오는 「강세」를 「알을 깨고 세상에 내려」라고, 「강세」를 천에서 지로 이동한 것으로 해석하였다. 그러면서도, 그 출생지가 어디인가 하는 것에 대해서는 그 이상 언급하지 않았다[28]. 그러나 「천제의 아들로서, 모는 하백여랑이다. 알을 깨고 세상에 내려, 태어나면서부터 성스러워」라고 해석한 것을 보면, 그 출생지를 하늘로 인식하고 있었던 것은 확실한 것 같다.

왕건군은 종래의 「비문」 해석에서 추모왕을 북부여 출신이라 했는데, 그것은 단구(斷句)상의 잘못이므로 「출자북부여천제지자(出自北扶余天帝之子)」로 단구하고, 추모왕을 「북부여의 천제의 아들 출신」으로 보아야 한다는 의견을 제기하였다[29]. 이에 대해 시라사키쇼우이찌로우(白崎昭一郎)는 「비문」의 어디를 단구한다 해도 추모왕이 북부여 출신이라는 것에는 변함이 없고, 천제에게 국적이 있다는 것은 이해하기 어려운 이야기라며, 「추모왕은 북부여 출신(生)으로, 천제의 아들로 해석하는 것이 좋다」고 주장하였다[30].

즉 천제의 아들인데 태어나기는 북부여에서 태어났다는 의견이다. 왕건군이 천제를 북부여에 예속시킨 것을, 시라사키는 추모를 북부여에 예속시키면서 천제의 아들임을 주장한 것이다.

그것은 천제가 북부여의 여신 하백여랑과 신혼을 맺어 추모왕을 난생시켰다는 의견인데, 그 신혼의 장소와 난생의 장소는 분명히 하지 않았다. 그러나 「북부여 출신(태어남)」으로 설명한 것을 보면 난생의 장소를 북부여로 본 것은 분명하다. 그것은 신혼이 이루어진 곳 또한

---

28) 武田幸男, 『高句麗史와 동아시아』(岩波書店, 1989)부록2. P.434
29) 王健群, 林東錫訳『광개토왕비문의 연구』(역민사, 1985), P.296.
30) 白崎昭一郎. 권오엽・권정 역『광개토왕비문의 연구』(제이앤씨, 2004), P.74.

북부여로 보았다는 것이 된다. 이것은 하백여랑을 북부여의 여신으로 본 결과이다. 천제가 북부여의 여신 하백여랑을 찾아 신혼을 맺고, 승천한 후 북부여에서 추모왕이 난생했다는 것이다. 그렇게 되면 「강세」의 해석이 불가능해진다.

그런 까닭인지 시라사키는 그 부분을 「알을 깨고 세상에 내려오다(卵を剖きて世に降る)」로 석문하고, 그 석독에 있어서는 「알을 깨고 세상에 나타났다(卵を破って世に現れた)」라고 애매모호하게 풀이하고 있다. 그렇게 풀이하면 태어난 장소에 대한 문제는 해결될지 몰라도 천지간을 공간으로 하는 근본문제는 방기한 것이 된다. 그렇게 하여 「강세」를 천지간에 이루어지는 이동으로 해석하지 않는다면, 추모왕의 행동반경을 한정시켜, 통치를 마친 후에 승천하는 것과 모순을 이룰 수도 있다. 그러나 「강세」 자체가 상에서 하로의 이동을 의미하므로, 추모왕이 출생한 위치는 위에서 아래로 내려갈 수 있는 위치, 즉 천으로 보아야 할 것이다.

「강세」가 천제가 지상으로 내려와 신혼을 맺었다는 것을 의미한다든가, 추모왕의 부 천제가 천에 거주하고 있다는 것을 의미한다든가, 왕통의 근원이 하늘이라는 것을 의미하기 위해서 사용된 표현이라면, 납득하지 못할 것도 없지만, 그것에는 무리가 따른다.

「강(降)」에는 「내려가다」라는 의미가[31], 「세(世)」에는 「인간세계」라는 의미가 있기 때문에[32], 「강세」를 「인간세계로 내려가다」라고 해석할 수 있다. 따라서 천지간의 이동으로 보아야 한다. 이것은 추모왕이 고구려를 건국하여 지상세계를 천에 대응하는 천하로 개변시킨 것이나 천하의 통치를 마친 후에 승천한 사실과도 부합하는 해석이다. 즉 추모왕은 천제가 지배하는 「천」에서 알을 깨고 태어나, 「지」로 하강하여 고구려를 건국하고 통치한 다음에 다시 승천한 것이다. 따라서 「비문」의 「강세」는 「승천」에 대응하는 표현으로, 위에서 아래로의 이동으

---

31) 「有人自諸天降」注 降, 下也(『呂覽』明理).
32) 千載厭世 去而上僊(『莊子』天地).

로 보아야 한다.
　하백여랑이 추모왕의 모신이라는 사실이 추모왕이 지상에서 출생했다는 의견의 근거를 이룰지도 모르겠으나, 신혼으로 회임한 모신이 출산에 임하여 부신을 찾아가는 경우도 상정할 수 있기 때문에, 단지 그것만을 근거로 지상출생으로 단정할 수는 없다. 이를테면, 『고사기(古事記)』의 경우에는 천손이 해신국(海神國)의 여신을 찾아가서 신혼을 맺고 돌아오자, 회임한 여신이 천손이 있는 곳에 찾아가서,

　　천신의 어자는 해원(海原)에서 낳아서는 안 된다고 생각하고 이렇게 찾아온 것입니다[33].

라고 말하고 있다. 이는 신혼으로 회임하게 된 천신의 자식은 천신이 있는 곳에서 낳아야 된다는 원칙을 이야기한 일례이다. 『고사기』의 논리를 그대로 「비문」의 이해에 적용시킬 수는 없지만, 추모왕의 경우처럼 출생지가 명기되지 않은 경우에, 그 출생지를 추정하는 하나의 예로 참조할 수는 있을 것이다.
　『고사기』도 「비문」처럼 천지간을 공간으로 하고, 천지신의 신혼으로 태어난 천손이 그 세계를 통치해야 한다는 그 정통성을 이야기하고 있으므로, 이러한 통치자의 정통성을 이야기하는 것을 요소로 한다는 면에서, 『고사기』와 「비문」은 동질적이라고 말할 수 있다. 그 동질성을 바탕으로 하여 「비문」의 신혼이나 추모왕의 난생은 다음과 같이 추정할 수 있다.
　천제가 하백여랑을 찾아가 신혼을 맺는 경우와 하백여랑이 천제를 찾아가 신혼을 맺는 경우이다. 또 신혼이 지상에서 맺어진 경우, 그 신혼이 맺어진 후에 천제가 하백여랑을 거느리고 자신의 거처인 하늘로 승천하는 경우와 하백여랑을 지상에 남겨두고 홀로 승천하는 경우를 상정할 수 있다. 그리고 그것이 하늘에서 이루어졌다면, 신혼을 맺

---

33) 『古事記』上卷, 「弟葺草葺不合命의 誕生」

은 하백여랑 홀로 지상으로 하강한 경우와 그대로 머물러 살고 있었을 경우이다.

따라서 난생은 하백여랑이 하늘에 머물다 출산한 경우, 일단 지상으로 내려왔다가 출산에 임박하여 천제의 하늘로 승천하여 출산한 경우 등을 생각할 수 있다. 그러나 어찌 되었든 「비문」이 서술한 출산의 상황에 「강세」라는 기술이 있는 이상, 그 출산은 하강할 수 있는 위치에서 이루어졌다고 보아야 한다. 즉 추모왕이 난생한 곳은 강세할 수 있는 「천」이어야 하는 것이다.

그것은 추모왕의 이동경로를 통해서도 확인되는 일이다. 천지신의 신혼으로 난생한(剖卵) 추모왕은, 세상으로 내려와(降世), 남쪽으로 순행(巡幸南下)하여, 고구려를 건국(建都)하고, 세위를 즐겨하지 않고(不樂世位) 승천(昇天)하였다. 다시 말하자면, 추모왕은 「천상-천하」의 수직이동을 한 후에, 「북부여-순행남하(巡幸南下)-도해(渡海)-비류곡홀본(沸流谷忽本)-서성산성(西城山城)」으로 수평이동을 하여 고구려를 건국한 것이다. 그리고 통치를 마친 다음에는 그것을 즐겨하지 않고 승천한 것이다. 그것은 「천하-천상」을 축으로 하는 수직이동으로, 강세의 출발점이었던 하늘로 다시 복귀하는 순환이었다.

(2) 천제의 질서와 천하

추모왕은 천에서 강세하여 지상에 머물다가 다시 승천하였으나, 그가 다녀간 지상은 그것을 계기로 크게 개변된다. 천제의 아들인 그가 「강세」하여 건국하고 통치하다 승천한 것은, 하늘 아래에 존재하는 공간적인 단순한 천하를 천제의 질서에 포함되는 천하로 개변시키는 일이었다. 공간적인 천하는 천제지자가 「강세」하기 이전에도 존재하고 있었다. 그것은 이미 창생된 「천지」의 「지」로, 「천」에 대응해서 「천의 아래」에 존재하는 공간으로서의 「천하」였다. 그곳에 천제지자가 고구려를 건국했기 때문에, 그곳은 천제의 질서로 통치되는 공간으로 개변되어, 천제의 질서 안에 포섭된 것이다.

고구려의 건국을 계기로, 지상에는 천제의 질서로서 통치되는 공간이 생기게 된 셈인데, 천은 그곳을 거점으로 천제의 질서를 확산시켜, 결국에는 전체가 천제의 질서로 통치되는 세계, 천하로 개변되었다. 창조되어 천의 아래(天下)에 존재하던 공간으로서의「천하」가, 천제의 질서로 통어되는「천하」로 개변된 것이다. 그것은「천」과 동질적인 공간으로서의「천하」였다. 그러한「천」과「천하」의 관계가「천하」의 통치를 천손으로 한정시키고, 혈통을 계승한 후손이 통치하는 고구려를「천하」의 중심에 위치시킨다.

(3) 천자의 건국

강세한 추모왕은 순행 남하하는 도중에 강에 이르러, 부모신명을 밝히며 도하(渡河)할 수 있는 방법을 요구하게 되었고, 그 요구사항은 즉시 이루어지게 되었다[34]. 그처럼 어려운 문제에 봉착했을 때, 부모의 이름을 밝히며 그 상황을 벗어날 수 있는 방법을 요구하여 그것이 이루어졌다면, 그것은 부모신이나 부모신에게 통어되는 신에게 당면문제를 해결시킨 것으로 보아야 한다. 다시 말하자면 천제와 하백여랑, 혹은 그 부모신들에게 통어되는 신에게 자신의 신분을 밝히는 방법으로, 당면문제를 해결한 셈이다.

그러한 추모왕과 부모신의 관계를 생각하면, 추모왕은 상시적으로 조상의 수호를 받고 있었으며, 그 수호 속에서 순행남하가 이루어지고 있었다는 것이 된다[35]. 또 그것은 추모왕의 고구려 건국이 천제의 의도에 의해서 시작되었으며, 그 과정 또한 천제의 수호 속에서 이루어졌다는 것을 의미하게 된다. 즉 추모왕은 천제의 의사에 따라 강세하고 순행 남하하여 고구려를 건국했던 것이다.

---

34) 我是皇天之子 母河伯女郞 鄒牟王 爲我連葭浮龜(비문 1・2).
35)「주몽이 구원을 요구한 것은 河이고, 河가 魚鼈成橋의 異蹟을 일으켜, 하백의 외손인 주몽을 도왔다는 것을 이해할 수가 있다.」(依田千世子,「고구려의 건국신화와 일본신화」, 上田正昭編 松前健教授古稀記念論文集『신들의 제사와 전승』, 同朋社出版, 1993).

추모왕의 강세와 순행남하가 천제의 의사에 따른 것이었다면, 그 의미는 천의 의미를 바탕으로 해서 이해되어야 할 것이다. 한어(漢語)의 「천」은 다의적이나, 주재하는 「천」, 소위 「황천상제(皇天上帝)」로 인격을 가지는 「천(天)」・「제(帝)」를 의미하기도 한다36). 원래 「제(帝)」는 여러 가지 것을 한 곳에서 모아 묶는 모습을 나타내는 상징적인 지시문자였다37). 그래서 「제」는 상고의 제위를 상징하게 되었으나, 원래는 현세 군주의 칭호가 아니라 상제(上帝), 즉 천계에 있으며 우주 만물을 주재하는 최고의 절대신을 의미하고 있었다38). 「비문」의 천제도 그런 의미의 절대신으로 보아야 한다.

천제는 천상에서 만물을 주재해야 하는 존재이면서 자신의 아들을 매개로 하여 천하와 관계를 가진다. 따라서 천자인 추모왕은 천제를 대행하는 것이 되는데, 그것이 천하를 주재하는 정통성이다. 천제의 아들 추모왕이 강세하여 고구려를 건국하는 것은, 그곳을 거점으로 하여 지상 전체를 포섭하는 것을 목적으로 하는데, 그 정당성은 천제와의 혈연에 근거한다. 그래서 추모왕의 건국은 천과 고구려의 혈연관계만이 아니라, 그 건국이 천제의 의도에 따라 이루어졌다는 사실도 의미하는 것이다.

고구려의 건국이나 천하의 완성 등이 천제의 관여로 가능했기 때문에, 천제는 천하의 제반사항에 관여할 수 있는 권리를 갖는다. 천하의 통치가 천제의 뜻을 따라야한다는 이유가 거기에 있는 것이다. 그러한 천제와 천하와의 관계가, 천제가 천하에 관여할 권리의 정통성이고, 천하가 천제의 수호를 보장받아야 하는 당위성이다. 천과 천하의 그러한 특수 관계를 확인하고 있는 것이 천제와 추모왕을 부자관계로 설정한 신화의 의미이다. 추모왕이 고구려를 건국하기 이전의 천하란, 천제의 질서와는 무관한 공간, 지상의 자체질서로 유지되는 공간에 지

---

36) 憑友蘭外 2人 共著『中国哲学史成立編』(富山房, 1995).
37) 藤堂明保, 『漢字의 語源研究』 470頁, 学灯社, 1983
38) 西嶋定生 『中国古代国家와 동아시아 世界』(東京大学出版会, 1983), P.53.

나지 않았다. 그곳이 추모왕의 건국을 계기로 천제의 질서에 포섭되어 천하로 개변되게 되었다는 사실을 확인하고 있는 것이 「비문」의 신화인 것이다.

(4) 비문신화의 독자성

「비문」이 이야기하는 천하는 『삼국사기』 등이 전하는 그것과는 완전히 다르다. 『삼국사기』가 기술한 천하에는 고구려가 건국되기 이전에 이미 해부루가 통치하는 부여가 존재하고 있었다39). 또 중국의 기록이 전하는 부여의 건국신화에는 추모왕과 동일인이라는 동명왕이 고리국왕(槀離国王)의 시녀를 어머니로 하여 태어난 것으로 되어있다40).

더욱이 『삼국사기』가 전하는 신라의 건국신화에는, 시조가 나타나기 이전부터 조선유민들의 육촌(六村)이 존재하고 있었다41). 신화라 하지만, 『삼국사기』의 고구려나 신라는 역사적 시점에 건국된 것이다. 그에 비해 「비문」의 고구려는 그러한 역사적인 시점이 아니라, 옛날(昔)이라는 신화적 시점에서 천제지자가 강세하여 건국한 나라, 말하자면 지상에 최초로 세워진 나라이다.

물론 추모왕의 모신이 하백여랑이었기 때문에, 그 당시의 지상에도 하백과 같은 지상신이 지배하는 집단이 존재했다는 사실은 추정할 수 있다. 그러나 그것은 천제의 질서를 인정하는 집단도 천제의 질서에 포섭된 집단도 아니었다. 그들은 천제와 하백여랑의 신혼을 계기로 천제의 존재를 알게 되고, 그 경험을 통하여 천제의 권위 또한 인지하기 시작했을 세력이었다.

이처럼 고구려가 신화적인 시점에서 건국되었기 때문에 반신반인으

---

39) (鄒牟王) 이 이름은 조선이나 支那의 書에 보이지 않는다. 우리 姓氏錄을 보니 長背連은 高麗国主鄒牟王<一名 朱蒙>의 後也라고 있다. 곧 추모왕은 주몽이고, 즉 주몽은 고구려의 시조라는 것을 안다(중략)주몽과 추모는 방음으로 서로 통한다」(橫井忠直『高句麗古碑考』, 明治17年).
40) 「三国志魏書夫余伝」『井上秀雄訳註 동아시아 民族史』(平凡社, 1995).
41) 先是 朝鮮遺民 分居山谷之間 爲六村(『三国史記』新羅本紀第一).

로 설정된 추모왕의 신화가 신비성을 획득하면서 성립될 수 있었던 것이다. 그러한 신화성이 없다면, 추모왕의 난생·강세·승천, 그리고 부모신의 이름을 호칭하여 도하한 사실 등은 설명하기 어려울 것이다. 그러한 신이(神異)한 일들은 천제와의 혈연을 배경으로 했기 때문에 인정받을 수 있는 일들이었다. 천제가 추모왕의 신화적 요소 모두를 보장하고 있는 셈이다. 그러한 천제와 추모왕의 부자관계가 천지간을 혈통으로 접속시켜, 고구려의 역사를 신화적 시점에 연결시키고, 천손이 통치하는 고구려를 천하의 중심에 위치시켜주는 것이다.

3) 왕통의 동질성
(1) 추모왕의 신화

추모왕의 건국담과 광개토왕의 치국담으로 구성된 제1부는, 출자(出自)·건국·정토·승천 등을 중심으로 하는 기술인데, 추모왕의 부분에는 치국담이, 광개토왕의 부분에는 출생담이 생략되어 있다. 그리고 신화적인 추모왕의 기술에 비해 광개토왕의 기술은 사실적이고 현실적이다. 두 왕의 기술이 이질적인 것으로 보이는 것은 그런 연유 때문이다. 그러나 그것들은 근본적으로 동질적인 내용이다. 이질적으로 보이는 것은 두 왕이 달리한 시간과 상황의 차이에 의해, 동질의 요소가 다른 형태로 발현되었기 때문이다. 즉 혈통으로 전이되는 동질의 요소적 권능이 두 왕이 처한 시대적 상황에 따라 다르게 발현되고 있었던 것이다.

원래부터 동질적이기 마련인 조상과 후손의 관계를, 「비문」은 그들이 혈통을 공유한다는 사실을 통하여 확인하고 있다. 「비문」은 추모왕과 광개토왕을 천제에 비유하는 방법으로 두 왕이 같은 혈통의 조상과 후손이라는 사실과 천제와 동질적이라는 사실을 시사하고 있다. 「비문」은 추모왕을 「천제지자」·「황천지자」라고 기술하여 천제와 추모왕의 부자관계를 확인하고, 광개토왕을 「흡우황천(洽于皇天)」으로 기술하여 광개토왕의 「은택(恩沢)」을 천제의 그것에 비유하고 있다. 말하자면 추모왕과 천제의 동질성은 혈통적 관계로, 광개토왕의 그것은 은택을 공유한다는 사실로 확인되고 있는 것이다.

그러한 혈연적인 관계를 근거로, 천제는 후손의 생사나 천하의 통치에도 관여한다. 세위(世位)를 즐겨하지 않은 광개토왕은 사거하여 승천하게 되는데, 그 승천의 원인이 「호천부조(昊天不弔)」였다42). 「호천부조」란 호천이 불쌍히 여기지 않았다는(不弔) 것을 의미하는데, 그처럼 호천이 불쌍히 여기지 않아서 광개토왕이 죽게 되었다면, 그것은 분명한 천하에 대한 호천(천제)이 간섭한 결과였다. 그렇다면 여기서 문제가 되는 것은 호천이 불쌍히 여기지 않은 대상이 누구인가이고, 황천과 천제 등 절대자를 의미하는 호칭의 문제일 것이다.

원래 「천제(天帝)」・「황천(皇天)」・「호천(昊天)」 등의 칭호는 절대신을 의미하는 동질이명이다. 고래 중국에서는 천의 최고신을 「천」・「제」・「상제(上帝)」・「호천상제(昊天上帝)」・「황제(黃帝)」등으로 불러왔는데, 「호천상제」는 「황제」로, 「천황대제북극성요백보(天皇大帝北極星曜魄宝)」를 의미하여, 「황제」와 「천황」은 동일하다. 다만 그 부르는 방법이 다를 뿐이었다43).

「비문」이, 이 같은 절대자를 상징하는 「호천」・「천제」 등의 호칭을 매개로 하여 추모왕과 천제의 부자지간이라는 혈연관계를 확인하고, 광개토왕의 은택을 천제의 그것과 비교하여 동질화시키고 있는 것은, 조상과 후손의 동질성을 이중적으로 확인하는 방법이었다.

광개토왕은 추모왕과 달리 출생담을 갖지 못했다. 다만 「17세손」이라는 기술이 있을 뿐이다. 그러나 「17세손」이라는 기술이 추모왕을 기점으로 하는 왕통보상에서의 위치의 확인인 이상, 추모왕이 천제의 후손이었듯이 광개토왕도 추모왕의 후손이기 마련이다. 따라서 천제와 추모왕, 그리고 광개토왕은 혈통으로 이어지는 일족인 셈이다. 「비문」이 추모왕의 출생담만을 기술하고 후손왕들의 그것을 생략한 것은 그

---

42) 鄒牟王 (略) 皇天之子 (略) 永楽好太王 恩沢洽于皇天 (비문 1・1~1・5)
43) 栗原朋信『上代日本対外関係의 研究』(吉川弘文館, 昭和53年), P.285.

출생담을 모든 후손들이 혈통을 매개로 하여 그 출생담을 공유하고 있기 때문이었다. 그렇기 때문에 「17세손」이라는 표현에는, 추모왕을 매개로 천제와의 동질성은 물론 출생의 신비까지도 포함되어 있는 것으로 보아야 한다. 또 그것은 약술된 유류왕이나 대주류왕은 물론, 생략된 「4세손~16세손」의 중계왕들에게도 해당되는 일이다.

광개토왕에게 출생담이 없는 것에 비해 추모왕에게는 건국 후에 행했을 치국담의 기록이 없다. 추모왕이 고구려를 건국한 이상 그것을 통치한다는 것은 당연한 일이었음에도 불구하고 그런 기술이 없다. 그렇다 해서 건국하고 곧바로 승천한 것도 아니었다. 그런데도 「비문」은 건도한 사실을 기술한 다음에는, 세위를 즐겨하지 않았다는 것과 승천했다는 결과만을 기술하고 있다44).

추모왕이 「강세」한 것은 고구려의 건국을 목적으로 하는 것이었으나, 그것이 최종적 목적이 될 수는 없는 일이다. 지상에 건국한 나라를 거점으로 하여, 공간적인 천하를, 천제의 질서가 통하는 천하, 천제의 질서에 포섭되는 천하를 실현하는 것을 목적으로 하기 마련이었다. 따라서 고구려를 건국한 다음에는 치국하는 과정이 없어서는 안 된다. 그럼에도 「비문」에는 천제를 대행하는 추모왕의 치국담이 없다. 건도(建都)했다는 기술 직후에, 승천의 기술이 이어져, 치국담의 기술은 없는데, 이것은 이해하기 어려운 일이다. 그래서 생각할 수 있는 것은, 치국한 사실이 없었던 것이 아니라 그것을 생략했을 가능성이다. 기록하지 않아도 다른 기사로 대체할 수 있었기에 생략했을 것이라는 가능성이다.

추모왕이 「강세」한 목적이나 승천한 시기 등을 고려하면, 추모왕은 자신이 건국한 고구려를 일정 기간 통치했다는 것은 분명하다. 건국하고 세위를 즐겨하지 않자(建都焉不樂世位), 하늘이 황룡(黃龍)을 보내 마중하게 한 것이 추모왕의 사거였다. 이 기록을 보면 건국한 당시부

---

44) 不樂世位 天遣黄竜 来下迎王 王於忽本東罡 履竜首昇天 (비문 1·3~1·4).

터 세위가 싫었다는 것은 아니다. 또 하늘이 추모왕의 뜻을 알고 황용을 마중하러 보냈다는 것은, 추모왕의 그러한 의사를 알고 판단하는 일정한 시간이 지났다는 것으로, 추모왕이 건국하고 승천하기까지는 일정한 기간이 있었다는 것이 된다. 다시 말하자면 건국하고 고구려를 통치하던 일정한 기간은 반드시 있었던 셈이다. 그럼에도 통치했다는 직접적인 기록이 없다는 것은, 다른 기사로 대체할 수 있어 생략한 것으로 보아야 할 것이다.

추모왕의 강세가 건국 자체가 목적이 아니라 치국을 통하여 천제의 질서를 실현하는 것이 목적이었다면, 그것은 왕통을 계승한 후손들도 마찬가지일 것이다. 천제의 질서에 천하를 포섭시키고, 천하에 천제의 이상을 실현하는 것을 치국의 목적으로 한다는 점에서 조상과 후손은 동일하기 마련이다. 천하의 통치가 천제의 혈통을 계승한 후손들에 의해서, 천제의 이상을 실현한다는 목적 하에서 이루지는 이상, 그것이 이루어지는 과정이나 그 통치가 초래하는 결과도 동질적이다.

다른 점이 있다면, 그것이 신화적으로 표현되었는가, 사실적으로 표현되었는가의 차이, 말하자면 통치하는 후손이 처한 상황에 따른 차이가 있을 뿐이다. 따라서 광개토왕의 치국담이 천제의 이상을 구체화하여 실현한 것인 이상, 그것은 여타 후손들이 이룩한 것과 다른 것일 수가 없다. 말하자면, 천제의 후손이라면 누구나 이룰 수 있는 보편적인 것이기 마련이다. 어느 후손의 훈적을 기록한다 해도 그와 비슷한 내용일 것이다. 그런 의미에서 광개토왕의 치적담은 당사자에게만 한정되는 것이 아니라 혈통을 같이 하는 모든 후손들이 공유하는 것으로 보아야 한다. 그 같은 공유성이 추모왕의 통치내용을 「비문」에서 생략시킨 원인이고, 광개토왕의 출자담이 생략된 원인이었다.

(2) 광개토왕의 무위

광개토왕의 치국으로 실현된 천하는, 무위가 천하에 떨치고(武威振被四海) 나라는 부강하고 백성은 편안했으며(富國民殷) 오곡이 풍작

(五穀豊熟)을 이루는 세계였다. 그것은 무위에 의한 천하의 평정과 자연조절능력에 의한 오곡의 풍작을 배경으로 하여 실현된 세계였다. 그처럼 나라는 부강하고 백성들은 편안한 세계 역시, 기록된 당사자에게만 한정될 수는 없는 세계상이다. 천제의 후손이 통치한다면, 어느 후손이라 해도 실현 가능한 세계, 아니, 그렇게 되어야만 하는 필연적인 세계상, 일반적인 세계상이었다.

추모왕의 경우에는 추모왕이 통치하는 구체적인 기록은 없으나, 그것을 추정할 수 있는 상징적인 내용의 기록은 있다. 따라서 추모왕의 통치내용은, 추모왕의 상징적인 기록과 광개토왕의 구체적인 기록을 대응시키는 방법으로 확인할 수 있다. 추모왕의 상징적인 기록 속에, 광개토왕이 실현한 세계상이 포함되어 있는 것이다.

광개토왕의 「무위진피사해(武威振被四海)」나 「국부민은(国富民殷)」, 「오곡풍숙(五穀豊熟)」 등은 추모왕을 통해서 소개된 주능적(呪能的)인 속성을 바탕으로 해서 실현될 수 있는 내용의 것들이었다. 추모왕이 「강세순행」하여 건국하는 과정에서 발휘했을 무위가 광개토왕에게 있어서는 정토전 등에서 발휘되는 무위로 발현되었고, 추모왕이 부모신의 이름을 거명하는 방법으로 강을 건넌 자연지배력이 광개토왕의 경우에는 오곡의 풍작이라는 능력으로 발현된 것이다. 그러한 상관관계에 의해, 추모왕이 건국과정에서 발현한 권능과 광개토왕이 치국과정에서 발현한 권능은 동질적인 것으로 보아야 한다. 다시 말하자면, 「비문」은 광개토왕이 통치한 결과만을 기술하고 있으나, 그것들을 실현시킬 수 있는 주적 능력은 추모왕의 「강세」나 「순행」 과정을 통하여 소개하고 있는 것이다.

추모왕의 「강세」나 「순행남하」는 천지간의 질서가 정립되지 않은 상태, 즉 천제의 권위가 인정되지 않은 상황에서 이루어진 일이었다. 그렇기 때문에 그곳을 선점하고 있던 선주민들의 저항을 받는다는 것은 당연한 일이다. 천제와 하백여랑의 신혼을 통하여 천지간의 교류가 시작되었다 해도, 추모왕이 강세하여 순행하는 그 당시에, 천지간의 질서가 정립되어 있었다고 인정할 만한 내용의 기록이 없다.

그 당시의 지상은 하백과 같은 지상신이 통어하는 공간으로, 그곳에 사는 세력들은 그때까지 천제의 은택이나 권위를 경험한 일이 없었다. 말하자면 그곳은 천제나 천제지자의 권위를 인정하지 않는 세력들이 거주하는 세계였던 것이다. 그 세계에 추모왕이 강세하여 나타나는 일이 어떤 의미를 가지겠는가. 추모왕의 「강세」나 「순행남하」를, 지상의 그들이, 이계로부터의 침략으로 보는 것은 당연한 일이었을 것이고, 지상세력이 그것에 반발하고 저항하는 과정은 있었기 마련이다. 추모왕의 「강세」와 「순행남하」는 그러한 저항 속에서 이루어졌으며, 그것들을 극복해야 지속 가능한 「강세」이고 「순행남하」였다.

그래서 「비문」의 「건도(建都)」는, 강세 순행하는 추모왕에 대한 반발과 저항을 극복했다는 그 과정까지도 포함한다. 그 과정에는 무위를 동반하지 않는 경우도 있었을 수 있으나, 무위를 동반해서 가능한 경우도 있었기 마련이다. 따라서 추모왕의 건국활동이 진행되면 될수록 그 무위를 경험한 세력도 늘어나, 그 무위는 천하에 널리 전파되기 마련이었다. 그것은 광개토왕의 무위를 설명한 「무위진피사해(武威振被四海)」와 같은 무위였을 것이다. 따라서 「무위진피사해」는 광개토왕에게 한정되는 것이 아니라 추모왕이 건국과정에서 발휘했을 무위까지도 포함하는 표현으로 보아야 한다. 또 왕통을 계승하는 모든 후손의 무위의 표현으로 보아야 한다.

마쯔바라타카토시(松原孝俊)는 추모왕이 부모신명을 거명하는 방법으로 도하하는 과정에서, 무력적인 대립과정이 있었을 것으로 추정하였다. 그는 추모왕이 부모신명을 거명하면서 도하방법을 요구한 것을, 악마가 살고 있는 강 건너에 있는 「미개지역」에 살고 있는 신들에 대한 정복의사와 복종을 요구하는 언명(言明)으로 보았다[45].

그처럼 추모왕의 도하에서 정토의 대상을 추정하는 것은, 그 이전에

---

45) 松原孝俊, 전게주20

진행된「강세」와「순행」과정에도 정토대상이 존재했었고 그것을 모두 정복하거나 복속시켰기 때문에 도하하는 과정에까지 이르게 되었다는 것을 의미한다. 그 과정 속에서는 무위를 발휘하는 과정도 있었고, 그 무위로 반발하거나 저항해오는 세력을 복속시켰기 때문에, 도하하는 과정에까지 이르게 된 셈이다. 그 과정에서 한 번이라도 좌절당했다면 더 이상 진행할 수 없는 것이「강세」이고「남하」였다. 그것은 마치, 광개토왕의 모든 정토전에서 연승을 거두었던 것과 같은 상황이다. 광개토왕과 마찬가지로 추모왕도 계속하는「강세」와「순행남하」에서, 단 한번의 좌절도 없었다는 것이 된다.

추모왕의「강세」나 건국의 과정에 무위가 필수적이었다면, 건국을 위한 강세와 순행남하가 진행되는 과정에 무위가 발휘되어, 그 과정이 진행되는 것에 비례하여 무위도 사방으로 퍼지기 마련이었다. 그처럼 좌절을 모르는 무위는, 광개토왕이 정토에서 발휘한 것과 동질의 것으로, 그것은「비문」이 광개토왕의 무위로 기술한「무위진피사해(武威振被四海)」와 같은 무위였기 마련이다.

광개토왕은 추모왕이 완성한 천하를 계승받아, 그것을 유지하는데도「비문」이 기술한 것과 같은 무위를 필요로 했다. 그것을 생각하면, 하늘에서 이계인 지상으로「강세」하고「순행남하」하여 건국하는 추모왕에게 무위는 필수불가결한 조건이었다. 건국하는 과정이나 치국하는 과정은 무위를 필요로 하고, 통치가 그것을 배경으로 해서 이루어지기 마련인데, 추모왕의 무위는 강세하고 건국하는 과정에서 발휘되었고, 광개토왕의 그것은 계승받은 천하를 유지하는데 사용되고 있었다.

그것을 추모왕의 경우에는 상징적으로 표현하고 광개토왕의 경우에는 구체적으로 표현하였다. 그럼에도 추모왕의 무위에 관한 기술은 없고 광개토왕의 무위만 기술된 것처럼 보는 것은,「비문」을 구성하는 방법상의 특성을 이해하지 못한 결과다. 따라서 광개토왕의 무위는 당사자에게 한정시킬 것이 아니라 추모왕을 비롯한 모든 후손왕들의 무위로 보아야 한다.

(3) 풍작의 예고

그것은 자연지배력의 경우도 마찬가지다. 광개토왕이 통치하는 고구려는 천제의 무위와 은택으로 통치되고 있었기 때문에 오곡이 풍작을 이루어「국부민은(国富民殷)」이 실현된 세계였다46). 다시 말해 광개토왕의 은택(恩沢)과 무위가「국부민은」을 실현시킨 셈인데, 그것은「오곡풍숙」을 기반으로 했기에 가능한 일이었다. 오곡의 풍작이란 광개토왕의 자연지배능력을 기반으로 하는 것으로, 왕통의 자연지배능력이 풍작의 형태로 실현된 결과이다.

원래 오곡의 풍작은 군장(君長)의 의무로, 군장은 오곡의 풍작으로 국민의 생활을 풍요롭게 할 의무를 지고 있다. 그래서 오곡이 흉작인 경우에 국왕은 책임을 담당할 수 없는 자, 자기의 사명을 다하지 못한 자로 인정받고 폐위 당하거나, 경우에 따라서는 살해되기도 하여 오곡과 운명을 같이 하는 존재였다47). 그런 경우의 국왕은 풍수를 조절하여 오곡의 풍양을 초래하는 신비의 성능을 지닌 자, 다시 말하자면 곡령을 체현하는 인신(人神)이며 풍수를 지배하는 사우자(司雨者)였다48).

광개토왕의 통치로 오곡의 풍작이 실현되었다면 그것은 광개토왕이 곡령을 체현하는 인신이며 풍수를 지배하는 사우자라는 사실을 증명하는 것이다. 그런데,「비문」이 고구려 왕통의 자연지배능력을 시사하고 있는 것은 광개토왕을 통해서가 아니라 추모왕을 통해서였다.

「비문」은 추모왕이 하백의 외손이라는 신분을 통하여, 그가 물을 지배할 수 있는 선천적인 자연 지배능력을 소유한다는 사실을 시사하고, 도하의 실현으로 그것을 증명하였다. 추모왕이 그와같은 자연지배능력을 가졌다는 것은, 그가 통치하는 천하가 오곡이 풍숙하는 천하였을 가능성을 추정하게 한다. 또 그것은 추모왕이 통치하는 세계나 그 혈

---

46) 永楽太王恩沢 洽于皇天 威武振被四海 掃除□□ 庶寧其業 国富民殷 五穀豊熟(碑文1·5).
47) 水旱不調 五穀不熟 輒帰咎於王 惑言当易 惑言当殺(『三国志』夫余条).
48) 三品彰英「朱蒙神話와 高句麗王의 祭政」『古代祭政과 穀霊信仰』(平凡社, 昭和48年), P.141.

통을 계승한 후손들이 통치하는 세계에는 오곡의 풍작이 보장된다는 사실의 확인이었다. 그것은 천제와 하백여랑이 보장하는 일로, 혈통을 통해서 전이되다가 광개토왕에 이르러 실현된 것이다.

그처럼 추모왕에게 있어서는 도하로 확인된 자연지배능력이, 광개토왕에게 있어서는 오곡의 풍숙이라는 형태로 발현되었는데, 그것은 동질의 권능이 전이되면서 시대적 상황에 따라 이형적으로 발현되었기 때문이다. 즉 하신을 조상신으로 하는 왕통으로 전이된 동질적인 자연지배능력은 후손이 처한 시대적 상황에 따라서 발현되는데, 추모왕에게는 도하하는 능력으로, 광개토왕에게는 오곡을 풍숙시키는 능력으로 발현된 것이다.

(4) 호천부조와 승천

추모왕과 광개토왕은 현왕의 책무를 마친 후에 승천한다는 점에서도 동질적이다. 추모왕의 승천은 「비문」이 명기하고 있으나, 광개토왕의 그것은 상징적이어서 간과하기 쉽다49). 「비문」은 광개토왕의 사거를 「연가기국(宴駕棄国)」이라고 기술하고 있으나, 이 「연가(宴駕)」는 승천을 포함하는 표현이다. 「연가(宴駕)」의 「연(宴)」은 일모(日暮)를 의미하고, 가(駕)는 소나 말이 끄는 탈 것을 의미하여, 「연가」는 석양에 나가는 탈 것을 의미한다. 해가 지고 난 후에(宴) 차(駕)가 나간다는 것은 군장의 죽음을 신하의 정으로 완곡하게 표현한 것이다.50) 따라서 「비문」의 「연가」는 광개토왕의 죽음을 애도하는 심경을 나타내는 표현으로 보아야 한다.

그것은 「기국」의 경우도 마찬가지다. 「기국」의 「기(棄)」에는 「버리다」라는 의미가 있고51), 실제로 「기국」은 「나라를 버리다」52)·「광개

---

49) (鄒牟王)不楽世位 天遣黄竜来下迎王 王於忽本東罡履竜首昇天 (中略) 永楽太王(中略)昊天不弔卅有九 宴駕棄国(비문 1·3~1·6).
50) 高誘曰, 宴, 晩也, 日暮而駕, 帰太陰也. 謂死亡也, 韋昭曰, 凡初朋, 為宴駕者, 臣子之心, 猶謂宮車当駕而出也(『戦国策』의 「秦王老矣, 一日宴駕」의 注).
51) 舜視棄天下, 猶棄敝蹝也(『孟子』尽心上).

토왕이 (죽는 것으로) 나라를 버렸다」53) 등으로 풀이되고 있다. 그런데 나라를 버린다는 「기국」에는 행위자의 자발성이 인정되어, 광개토왕의 죽음이 타의적인 것이 아니라 자의적이었다는 것을 알 수 있다.

이처럼 광개토왕의 죽음이 자의적이었다면, 그것은 추모왕이 세위를 즐겨하지 않고 승천을 자원했던 것과 같은 취지의 표현이다. 광개토왕도 추모왕처럼, 일정 기간의 통치를 마친 후에는 세위를 즐겨하지 않고 승천을 원하였고, 천이 그 요구를 들어주었다는 것이 된다. 이처럼 두 왕이 현세의 임무를 마치고 승천을 원하고, 그 요구가 천에 의해서 받아들여져, 승천하게 되었다는 것은, 두 왕이 동질적이라는 사실의 또 다른 확인이다.

두 왕의 동질성은 「호천부조(昊天不弔)」가 광개토왕이 사거(死去)하게 된 하나의 원인이라는 것으로도 확인된다. 「조(弔)」에는 불쌍히 여기다 라는 의미가 있어, 「부조」는 하늘이 동정을 보이지 않는 것을 의미한다54). 즉 천제가 불쌍히 여기지 않은 것이 광개토왕이 사거하게 된 원인이었다는 것이다. 그런데 여기서 확인해야 하는 것은, 호천이 누구를 불쌍히 여기지 않았는가 하는 문제이다. 그 「부조」의 대상이 사거한 광개토왕이었는가, 그렇지 않으면 광개토왕이 사거한 것을 슬퍼하는 신속(臣属)들이었는가의 문제이다.

광개토왕을 「부조」의 대상으로 상정하기 위해서는 광개토왕이 호천의 의사에 반하는 일을 범하거나, 후손으로서의 의무를 저버렸다는 조건이 전제되어야 할 것이다. 그러나 「비문」의 광개토왕은 정토전에서는 연승으로 무위를 천하에 떨치고, 천손의 책무를 충실히 이행하는 후손이었다. 현왕의 능력으로 보나 후손으로서의 조상에 대한 숭배심으로 보나 호천에게 버림받을 만한 일을 범한 사실이 없다. 따라서 광개토왕은 호천이 「부조」하는 대상이 될 수가 없다. 여기서 상정할 수

---

52) 武田幸男 『고구려사와 동아시아』附録 釈読.
53) 白崎昭一郎, 전게주30.
54) 藤堂明保 『漢字源』(学研, 1988).

있는 「부조」의 대상은 광개토왕이 아니라 광개토왕을 잃고 슬퍼하는 신속들이다.

「호천부조」를 왕건군은 「하늘은 우리들을 불쌍히 여기지 않음」으로 해석하여, 그 대상을 왕을 잃은 신속들로 상정하였다55). 이것을 후세적 해석이라고 말하는 시라사키쇼우이찌로우는,

> 천은 명군 광개토왕을 빼앗아 가는 것으로 결과적으로 고구려 국민에게 손해를 입히는 것이 되는데, 이 비문에서 거기까지 생각하는 것은 지나친 해석일 것이다. 광개토왕의 송덕비이므로, 역시 천은 광개토왕을 불쌍히 여기지 않았다라고 해석해야 한다56).

라고 주장하였다. 그러나 그것은 일정한 관념에 의한 자기모순이다. 오히려 광개토왕의 송덕비였으므로, 광개토왕은 불쌍히 여겨져야 했다. 그렇지 않았다면 그 이유가 명시되었어야 할 것이다. 그것도 없이 광개토왕을 「부조」의 대상으로 상정할 수는 없는 일이다. 고구려의 인민을 천의 뜻에 의해서 왕을 빼앗긴 피해자로 단정하고, 천이 동정하지 않은 대상을 광개토왕으로 상정하는 것은, 그것 자체가 모순을 이룬다. 그러한 모순적인 주장은 광개토왕이 「비문」의 주인공이라는 강박관념에 의한 오판이라고 말할 수 밖에 없다57).

광개토왕을 잃게 된 고구려의 인민들은 자신들이 천의 동정을 받지 못한 「부조」의 대상이라고 여기기 마련이었다. 그렇게 보는 것이 광개토왕의 사거를 애도하는 신속들을 통하여 왕통에 대한 신속들의 신망을 확인하려는 「비문」의 취지에도 부합한다.

광개토왕의 사거를 애도하는 신속들의 심경은 「비명(碑銘)을 세워서

---

55) 王健群 전게주29.
56) 白崎昭一郎 전게주30.
57) 白崎昭一郎는, 恩沢이하 不弔까지의 32자는 「표면적으로는 광개토왕을 주어로 하는 것은 아니나, 광개토왕의 치세의 설명이므로 잠재적으로는 광개토왕을 주인공으로 의식하고 있다」라고 주장하였다(전게주30, P.132).

공적을 기록하여 후세에 보이려 한다.」58)에도 나타나 있다. 광개토왕의 훈적을 명기하여 후세에 전하려고 하는 것은 신속들인데, 그 신속들이 야말로 자신들이 광개토왕을 잃고, 그것이 호천(昊天)에게 버림받은 결과로 생각하고, 왕과 호천의 동정을 잃은 것을 동시에 슬퍼하고 있었던 것이다. 그것은 호천이 광개토왕의 통치를 원하는 신속들의 요구보다 「기국」하고 승천할 것을 희망한 광개토왕의 요구를 받아들인 결과였다.

이처럼 천제가 동정하지 않은 대상은 왕을 잃고 슬퍼하는 신속들이었고, 「연가기국(宴駕棄国)」이 광개토왕이 자원한 승천을 의미하는 것이라면, 그것은 추모왕의 승천을 표현한 「불락세위(不樂世位)」와 동질의 승천이었다. 추모왕이 세위를 즐겨하지 않는다는 것을 하늘이 알고, 추모왕을 맞이하는 황룡(黃竜)을 파견하자 추모왕이 그것을 타고 승천했다는 것이 추모왕의 사거였다. 광개토왕의 「기국」도 그렇게 보아야 한다. 광개토왕이 세위를 즐겨하지 않고 승천할 것을 희망했던 사실을 포함하여 「기국」으로 표현한 것이다. 광개토왕이 통치를 마친 후에, 세위를 즐겨하지 않으며 승천을 원하였고, 그것을 알게 된 천의 영접을 받으며 광개토왕이 승천한 것이다. 그것을 「비문」은 「기국」으로 표현한 것이다.

「기국」은 현왕으로서의 책무를 완수하고, 승천을 준비하는 하나의 과정이었다. 천손이 현왕으로서의 책무를 마쳤고 현세에 대한 애착을 버리고 승천을 준비하는 단계였기 때문에 세위에 적극적일 수가 없었다. 「비문」은 광개토왕의 그 같은 의지를 「기국」이라는 표현에 포함시킨 것이다. 광개토왕은 천하를 통치해야 한다는 일정한 책무를 완수하고, 승천을 희망하고 있었기 때문에, 승천에 대한 집념에 비해 현세의 통치에 소극적이었다. 그것을 「기국」으로 표현한 것이다. 그런 의미에서 광개토왕의 「기국」은 추모왕의 「불락세위」와 상통하는 표현이라고

---

58) 於是立碑銘記勳績以示後世焉(비문 1·6).

말할 수 있다.

 광개토왕의 「기국」에서는, 세위를 즐겨하지 않는 광개토왕의 의사를 인지한 하늘이, 추모왕이 세위를 즐겨하지 않는다는 것을 알고 황용을 사자로 보내어 영접했듯이, 광개토왕을 맞이하는 사자를 파견하는 과정을 추정할 수 있다. 광개토왕은 천이 보낸 그 사자를 따라 승천한 것이다. 이처럼 광개토왕의 「기국」이 추모왕의 「불락세위」와 내용적으로 동질적이라는 것은, 현세의 통치를 마친 왕은 승천하게 된다는 사실의 확인이다.

 그처럼 광개토왕의 사거가 추모왕이 승천한 사실과 동질적이라는 것은, 통치후의 사거가 기록된 당사자에게만 한정되는 것이 아니라, 모든 후손에게 해당된다는 사실의 확인이었다. 따라서 왕통보상의 조상과 후손의 사이에는 시간적인 선후의 차이는 있지만, 천하의 통치를 마친 다음에는 승천하게 되는데, 그것은 혈통으로 보장되는 왕통의 또 하나의 특성이었다.

4) 소승기업(紹承基業)

(1) 생략된 중계왕

「비문」이 기술한 왕통보에서 가장 이해하기 어렵고, 그래서 경시당해온 것인지도 모르는 것이 대주류왕에 대한 기술이다. 그것은 「대주류왕 소승기업(大朱留王紹承基業)」만을 내용으로 한다. 공간이 한정된 금석문이라는 특성상, 필요불가결한 것만을 기술했을 것이라는 사정을 감안한다 하더라도, 왜 기술했는지 그 필요성이 궁금해지는, 빈약한 양의 기술이다.

 대주류왕이 왕통을 계승했다는 사실만을 의미하는 기술이라면 구태여 기술할 필요가 있었을까. 그런 정도의 역할이라면, 대주류왕과 「비문」이 생략한 여타 중계왕들과 어떠한 차이가 있는 것일까. 별 차이가 없을 것이다. 그럼에도 공간이 한정되는 금석문에 기술하고 있는 것을 보면, 대주류왕만이 가지는 특별한 의미가 있었을 것이다. 그 의미를 아는 것이 「비문」 이해의 또 다른 관건이라고 생각한다.

그러기 위해서는 대주류왕의 기술만이 아니라, 「비문」이 말하려는 전체적인 의미, 전체적인 흐름 속에서 파악해야 될 것이다. 역사적 계보상의 사실 추구가 아니라, 「비문」을 구성하고 있는 전체적인 구조와 논리를 근거로 할 때, 그 의미도 이해하게 될 것이다.

「비문」의 왕통보는 초기의 3왕과 「17세손」인 광개토왕만을 기술하고, 그 중간에 존재하는 왕들, 3대까지의 조상과 17세손의 후손을 연계시켜주는 중계왕들의 기록은 생략하고 있다. 그처럼 중계왕들의 기록은 생략하고 일부의 왕들을 기록하고 있는 것이 「비문」의 왕통보이다. 이 왕통보에 기록되고 생략되는 것은 어떤 차이를 가지는 것일까. 차이가 있다면 그것이 무엇일까. 현왕시의 업적을 기준으로 선별하여 기록한 것일까.

그러나 왕통보가 천제와의 혈연관계를 확인하는 것으로, 스스로의 정통성을 확인하는 것을 목적으로 한다는 것을 생각하면, 현왕시의 업적의 우열을 선별의 기준으로 삼는다는 것은, 「비문」 스스로가 왕통의 동질성을 부정하는 것으로, 혈통으로 보장되는 왕통의 동질성을 인정하지 않는 일이 된다.

왕통보가 천제의 혈통을 공유한다는 것은, 그 조상과 후손 모두가 천제와 동질적이라는 것과 동격이라는 것을 의미한다. 말하자면 혈통으로 보장되는 동질의 통치자가 계승해가며 천하의 통치에 임한다는 것이다. 그런 계보를 계승하는 통치자의 치적을 기록함에 있어, 일부의 후손왕, 왕통을 중계하는 중계왕이 생략되는 것은 왕통보의 특성을 설명하는데 아무런 지장이 없다. 생략된 중계왕의 설명은 전후로 계승되는 조상과 후손으로 대체할 수 있기 때문이다. 왕통보의 설명에는 시조와 같은 아주 특별한 왕이 아니라면, 동질적인 다른 중계왕으로 대체할 수도 있는 일이기 때문에, 보편적인 중계왕은 생략되는 것으로 보아야 한다. 그것은 한정된 비면의 문제이고, 비면 구성상의 문제였다.

(2) 중계왕의 효시 대주류왕

추모왕이 고구려를 건국하고 유류왕과 대주류왕이 그 뒤를 계승하여 왕통보를 수립하는데 특별한 역할을 수행했다는 것이나, 광개토왕의 사거를 기념하여 왕비를 건립한 것을 생각하면, 비문에 기술된 왕들이 특별한 존재였다는 것은 사실이다. 그들의 그러한 역할을 인정하는 것은, 그들이 후손과 이질적이라거나 후손들 보다 우월하다는 것을 의미하는 것이 아니라, 시간적인 특성에 의해 특별한 역할을 수행했다는 점을 인정하는 것이다.

그 특별한 역할이란, 당사자의 활동을 통하여, 왕통의 특성을 설명함으로서, 왕통보가 형성되는 과정이나 왕통이 공유하다 혈통을 통해 후손에게 전이되는 권능의 특성 등을 확인해 준 사실을 말하는 것이다. 그것은 초기의 조상들에 의해서만 가능한 역할이었다. 그래서 초기의 세 왕만이 기술되고, 광개토왕은 왕비의 건립이 그의 사거를 계기로 이루어졌기 때문에 기술하지 않을 수 없었던 것이다.

그런 의미에서 기술된 왕에게는 각각의 특수한 역할이 있었다는 것이 된다. 추모왕에게는 천제에 기원하는 왕통의 유래와 상징적으로 표현되는 왕통보의 권능 등을 신화적으로 소개하는 역할, 유류왕에게는 추모왕이 확충한 권능을 전이받고 그것에 「이도흥치(以道興治)」의 「도(道)」를 첨가하는 역할, 광개토왕에게는 계승되는 왕통의 권능에 사실성을 부여하고 그것들을 「국부민은」이라는 결과로 실현시킨 역할 등이 부여되어 있었다.

그렇게 생각하면, 생략된 중계왕들은 추모왕과 같은 초기의 왕보다는, 광개토왕에 가까운 왕들이었다. 그리고 대주류왕은 초기의 왕이었으므로, 추모왕과 유류왕에 가까운 왕, 왕통보의 형성에 일정한 역할을 수행한 왕이기 마련이다. 그 일정한 역할이 무엇인지, 현 단계로서는 불분명하나, 그것을 수행하는 것을 책무로 하여 「비문」에 기술되었을 것이다.

그런데 대주류왕에게는 「소승기업(紹承基業)」이라는 기술밖에 없다.

만일 이것이 지금까지 말하는 대로,「그 아들 대주류왕은 왕업을 잘 계승 발전시켰다」59),「양 대의 기업(基業)을 계승하여 계속 발전했다」60),「왕업을 계승하여 발전시켰다」61)라는 식으로 해석해서 좋을 것이라면, 일부러 기록하지 않아도 되었을 것이다. 그러나「비문」은 아무런 설명도 하고 있지 않아, 그것을 기술한 의도가 무엇인지, 그에게 주어진 역할이 무엇인지, 또 그가 무엇을 이루었는지를 알 수가 없다.

이곳의「소승기업」이, 독창적인 역할의 수행을 의미하는 것이 아니라, 왕통을 계승하는 후손이라는 사실만을 의미하는 것이라면 한정된「비문」에 일부러 기술하지 않아도 될 내용이다. 왕통을 계승한 그 자체가 그것을 의미하기 때문이다. 그 정도의 역할이라면 생략된 4대부터 16대까지의 중계왕들도 수행하고 있는 셈이다. 그러나 이곳의「소승기업」은 추모왕과 유류왕을 이어 왕통을 계승한 초기의 왕이 수행한 역할을 상징적으로 표현한 기록이다. 그 기록에는 그것만이 의미하는 내용이 있기 마련인 것이다.

(3) 대주류왕에 대한 상식

왕통을 계승한 후손을 의미하는 내용의 기술이라면, 생략되어도 좋은 것이 대주류왕의 기술이다. 그 정도의 역할이라면 생략된 중계왕들도 수행했을 것이기 때문이다. 생략하고 직접 광개토왕의 왕통보상의 위치를 나타낸「17세손」으로 연결되어도 무방했다. 그 대주류왕(大朱留王)의 의미를 아오에히데(青江秀)는

> 대무신왕명(大武神王名)은 무휼유리명왕(撫恤琉璃明王)의 아들이다. 신망천봉오년무인(新莽天鳳五年戊寅)에 즉위하다. 비문은 대주류왕(大朱留王)이라 하였다. 어쩌면 부여의 방언인 주류(朱留)의 한역(漢訳)이

---

59) 朴時亨 전게주24.
60) 王健群 전게주29.
61) 盧泰敦『註釈韓国古代金石文』第一巻(駕洛国史跡開発研究院, 1992).

무신(武神)으로 된 것일까62).

라고 대주류왕의 기록이라고 생각하는 여러 기록을 참조하여 설명하려 했다. 「비문」을 연구하는 초기의 작업이었으므로, 여러 기록을 참조하여 설명하는 작업이 필요했을 것이다. 이는 『삼국사기』가 전하는 「휘는 무휼이요, 유리왕의 셋째 아들이다」와 같은 내용의 설명으로, 「비문」의 대주류왕을 『삼국사기』의 대무신왕으로 비정하였다. 그러면서 「주류(朱留)」와 「무신(武神)」은 부여의 언어 상의 차이일 뿐 서로가 통하는 것으로 보았다. 여러 전적을 참고하여 대주류왕을 설명하고, 그의 정체와 즉위한 시기를 비정하려 하였으나, 대주류왕을 설명했을 「소승기업」에 대해서는 아무런 언급도 하지 않았다. 그처럼 언급하지 않는 자세는 그 후에도 마찬가지였다. 그저 용어의 설명에 그치고 있었다. 대부분이 왕통을 계승하여 발전시켰다는 식의 해석이었다. 그것은 일정한 선입관이나 상식을 바탕으로 해서 「비문」을 접한 결과라고 생각한다.

그와 같은 이해는 「기업(基業)」의 의미를 간과한 면이 있다. 다시 말하자면, 「기업(基業)」과 「왕업(王業)」의 의미를 구별하지 않고, 선대왕의 치국의 결과, 즉 완성된 업적으로 보는 인식을 근거로 하는 해석이었다. 왕업이 「제왕의 사업, 왕자로서의 사업」63)으로, 어떤 요소에 근거하는 결과라는 의미가 강하다는 사실과, 기업이 「근본이 되는 사업」으로 왕업을 이루게 하는 요소로 해석할 수 있는 가능성이 있다는 것을 생각하면, 이것들이 의미하는 내용은 다를 것이다.

이 경우 「기업」이란 완성된 통치의 결과가 아니라 왕업을 이루게 하는 왕통의 권능, 즉 요소로서의 권능을 의미한다. 그것은 「덕」이 제왕의 치국결과가 아니고, 왕의 기본요소라고 말하는 것과 같다64). 따

---

62) 青江秀 『東夫余永楽好太王碑銘之解』(1884).
63) 如是則尭舜禹還至王業還起(『荀子』王覇).
64) 雖尭舜禹湯文武累世広徳 以為子孫基業 無過二三十世者也(『漢書』買山伝).

라서 기업은 추모왕과 유류왕에 의해서 구축된 권능적 요소로 보아야 할 것이다.

지금까지의 해석은 「기업」을 「왕업」과 같은 의미로 인식하여 「비문」을 해석하고 있었기 때문에, 대주류왕은 선조들이 완성한 「왕업」을 계승한 왕 이상의 의미를 가지지 못하였다. 그렇기 때문에 대주류왕이 왜 「비문」에 기록되고, 그가 무엇을 어떻게 수행하고 이루었는지에 대한 설명을 할 필요가 없어, 단순히 왕통을 계승한 사실의 기술로 받아들이고 있었던 것이다. 그러나 「비문」이 대주류왕을 생략하지 않고 기술한 의미는 그 이상이라고 본다. 대주류왕은 그가 아니면 할 수 없는, 그를 통하지 않고는 설명할 수 없는 특수한 역할을 수행했기 때문에 기록된 것이다. 이런 인식을 바탕으로 할 때 「비문」의 바른 이해도 가능할 것이다. 그것은 금석문의 특성으로도 추정할 수 있는 일이다.

(4) 금석문의 특징

금석문의 경우, 금석문이 계보를 기술한다면, 그곳에 기술된다는 그 자체가 특별한 의미를 가진다. 그것은 다음과 같은 금석문들의 특성을 통해서도 알 수 있다.

> 然朕歷數 当躬仰紹太祖之基 纂承王位 競身自慎 恐遠乾道[65].
> 그러나 (짐은 하늘의 뜻에 따라) 태조의 기틀을 이어받아 왕위를 계승하여 몸을 스스로 삼가면서 (천도)를 두려워하였다.

이는 「진흥왕순수비」에 기술된 계보기사로 「태조」[66]를 기록한 후, 자

---

65) 盧重国 「磨雲領真興王巡狩碑」,『韓国古代金石文』제2권, 駕洛国史籍開発研究所, 1992. 真興王 29년(568)에 咸鏡南道 利原郡 東面 寺洞에 세워진 것으로 추정되는 순수비.
66) 太祖는『三国史記』에 閼智의 아들로 나오는 勢漢(『三国遺事』의 熱漢)으로 보는 견해, 閼智로 보는 견해, 味鄒王으로 보는 견해 등이 있다(盧重国, 「磨雲領真興王巡狩碑」前掲書).

신을 기록하였다. 태조와 자신의 사이에 존재했을 수많은 선조에 관한 것은 모두를 생략하고, 시조와 자신과의 관계만을 기록하고 있는 것이다. 다시 말하자면 많았을 여타 선조, 즉 비문의 중계왕과 같은 위치의 선조들을 생략하고 있는 것이다. 이것은 「시조-(생략된 중계왕)-본인」의 형식을 갖는 계보의 기록이다.

그런가 하면 「성주사랑혜화상비(聖住寺郎慧和尙碑)」는,

> 法号無染 於圓覺祖師 爲十世孫 俗姓金氏 以武烈王爲八代祖 大父周川 品眞骨位韓粲 高曾出入皆將 相戶知之父範清 族降眞骨 一等曰得難67).
> (대사의) 법호는 무염으로 달마대사의 10대 법손이 된다. 속성은 김씨로 태종 무열왕이 8대조이시다. 할아버지는 주천으로 골품은 진골이고 한찬을 지냈으며, 고조부와 증조부는 모든 조정에서 재상, 나가서는 장수를 지내 집집이 널리 알려졌다. 아버지는 범청으로 골품이 진골에서 한 등급 떨어져서 득난이 되었다.

라는 식으로, 랑혜화상의 종교적 위치와 가계보를 기술하고 있다. 이에 따르면 랑혜화상은 달마대사의 10대 법손이며 무열왕(武烈王)의 8대손이다. 그런데 무열왕이 김씨의 시조가 아니라는 것을 생각하면, 이 비문은 시조의 기록을 생략하고, 중계왕과의 관계를 밝히는 방법으로 랑혜화상의 위치를 설정한 것이 된다. 이는 기록되는 자의 위치를 계보상의 특성을 대변할 수 있는 특별한 선조와의 관계를 통하여 확인하려는 금석문의 방법이라 할 것이다.

그런데 이 금석문의 무열왕은 시조로 여겨지기도 한다. 김씨 가계가 분화한 결과로 인해 랑혜화상의 경우에는 무열왕을 그 가계의 시조로 삼을 수 있다는 것이다68). 이처럼 성씨와 달마대사와의 혈연관계를 밝

---

67) 崔鉛植「聖住寺朗慧和尙塔碑」,『韓国古代金石文』제3권, 駕洛国史跡開発研究院, 1992. 忠南 保寧郡 嵋山面 聖住寺址에 있는 塔碑로, 신라 진성여왕 4년(890) 이후에 최치원이 왕명으로 작성한 것으로 추정됨. 朗慧和尙은 중국에 유학하여 불경을 공부하였음.

히고, 무열왕(武烈王)의 8대손이라는 사실을 확인한 다음에, 고조·증조·조·부·본인의 계보를 차례로 기술하는 것은, 시조를 선두에 기록하고, 중계왕들의 기록을 생략한 다음에 고조부터 자신까지의 계보를 기록하는 형식이다.

다시 말하자면, 시조 이하의 중계선조는 생략하고 본인과 가까운 조상의 계보를 기록하는 방법이다. 이는 「시조-(중계 선조의 생략)-고조-증조-조-부-본인」의 형식으로, 이처럼 시조를 밝히고 근조(近祖)를 명기하는 것이 금석문의 보편적이고 일반적인 형식이다[69].

그런가 하면 「진공대사비(眞空大師碑)」의 기록은 계보상의 의미를 갖는다고 생각되는 또 다른 원조를 기록하는 형식을 취하고 있다.

　　俗姓金氏 鷄林人也 其先降自聖韓 興於郴勿 本技百世 貽厥嘉猶 大父珊珎 累官至本國執事侍郎 父確宗 歷任至本國司兵員外[70].
　　속성은 김씨로 계림인이다. 그 선조가 강림하여 성한이라 하였다. 내물왕에 의해 흥하고, 그것이 더욱더 흥하여 백세 전하여 대부 산칭은 본국집사시랑에 이르고, 아버지 확종은 본국사병원외를 역임하였다.

이 진공대사의 비문은 신라 김씨 왕실의 계보를 기록한 자료로, 시조 성한과 진공대사와 가까운 조상의 계보를 기록하고 있다. 그런데 이 계보의 특징은 진공대사 본인과 직접적인 관계가 없는 중계 선조를 명기하여, 「시조-(생략된 중계선조)-원조-(생략된 중계선조)-조-부-본인」형식의 계보를 이루고 있다.

이처럼 비문이 많은 중계선조로서의 원조(遠祖)를 많이 생략하면서도 일정한 원조를 명기하고 있는 것은, 그 원조가 계보의 특성을 대변하는 것으로 계보에 특별한 의미를 부여하기 때문이었을 것이다. 비문

---

68) 李基東「新羅奈勿王系의 血緣意識」(『歷史學報』53·54, 1972). 金杜珍「朗慧와 그의 禪思想」『歷史學報』57, 1973).
69) 金竜善,「高句麗琉璃王考」『歷史學報』87(1980), P.49.
70) 「眞空大師碑」『朝鮮金石総覽』上.

이 명기한 원조는 신라의 17대 내물왕으로, 그를 기술하는 것으로 계보의 절대성을 확보할 수 있었다. 김씨가 신라의 왕위를 독점하게 된 것이 내물왕을 계기로 하였다는 것을 생각하면, 계보를 기록하는데 빠뜨릴 수 없는 존재였다.

　계보에 내물왕을 기술하는 것으로, 그 계보를 계승하는 내물왕이 확보한 모든 권능을 전이받을 수 있으며, 그렇게 전이받은 동질성을 근거로 내물왕과 동격이 될 수 있었다. 그처럼 계보의 절대화에 특수한 역할을 수행한 내물왕이기에, 공간이 한정되는 금석문이라 해도 생략할 수 없었던 것이다.

　공간적인 한계성을 갖는 비문이기에 많은 중계 선조를 생략하게 되는데, 그럼에도 일정한 원조를 기록하는 것은, 그 선조를 통하여 계보의 특성과 절대성을 설명하고, 조상과 후손의 동질성을 확인하여, 후손을 조상과 동격화 시키기 위함이다. 이런 조상과 후손의 동질화나 동격화는 기술된 당사자에게 한정되는 것이 아니라, 생략된 중계선조의 경우에도 해당된다. 조상의 설명으로 계보의 동질성을 확인하는 것은, 조상의 권위로 후손을 보장하고 조상과 동질화시켜 동격에 위치시키게 된다. 그러한 금석문의 특성을 잘 살린 것이 진공대사비문으로, 그것은 「시조-(중계선조의 생략)-원조-(중계선조의 생략)-조-부-본인」이라는 형식의 계보를 이루고 있다.

　진공대사비문을 보면, 비문은 한정된 비면이라 할지라도 계보의 형성에 특별한 역할을 수행했다고 생각할 경우 그것을 기술하게 된다. 그렇다고 해서 기술된 중계선조가 생략된 중계선조보다 꼭 우월하다는 것을 의미하는 것은 아니다. 그러나, 그 기술된 선조가 계보의 특성을 설명하는데 필요한 업적을 남겼다는 것은 분명하다.

　비문이 공간적으로 한정된다는 것과 한정된 공간이면서도 필요성이 있으면 기술한다는 사실을 생각하면, 일단 비문에 기록된 사실이나 인물은 그 나름대로 독자적인 의미를 갖게 된다. 계보를 생성하는 초창기의 원조의 경우에는 더욱 그러하다. 그런 의미에서 「비문」이 기술한 대주류왕의 의미도 파악되어야 할 것이다.

금석문이 기록한 일반적인 가계보의 형식적 특성을 고려할 때, 「시조왕-2대왕-3대왕-(생략된 중계왕)-17대왕」의 형식으로 구성되어 있는 「비문」의 왕통보는, 앞에서 확인한 어느 형식에도 속하지 않는다. 여타 금석문의 계보가 시조와 근조(近祖)를 중시하는 것에 비해, 「비문」은 시조를 비롯한 왕조 초기의 계보를 중시하고 있다. 이처럼 「비문」의 계보가 초기의 선조를 강조하여 기록한 것에는 반드시 그럴만한 이유가 있었기 때문일 것이다.

(5) 계보 승계의 전형

초기의 왕통보가 천제와의 혈연적 관계를 강조하는 것은, 천제의 혈통을 매개로 신화적인 조상과 사실적인 후손의 동질성을 확인하는 것을 목적으로 했기 때문이다. 천제의 아들을 매개로 하여 왕통을 천제에 접속시키고, 그것이 추모왕 유류왕과 대주류왕으로 계승되는 것은, 천제와 왕통 사이의 혈연적 관계에 사실성을 부여하는 일이었다. 그처럼 천제를 시원으로 하는 왕통보가 초기에 형성되어 계승되다가 광개토왕에게 이르렀다는 것은, 광개토왕이 천제의 후손이라는 사실, 천제와 광개토왕이 동질적이라는 사실을 확인하는 일이었다.

물론 혈통을 계승한다는 사실 자체가 동질성을 의미하지만, 혈통적으로 무엇이 전이되는가를 분명히 할 필요가 있다. 말하자면 조상의 무엇이 후손에게 전이되는가의 문제이다. 그런 의미에서 왕통보의 벽두를 장식하는 세 조상들의 기록은 중요한 의미를 가진다. 그런 면에서는, 생략된 4대부터 16대까지의 왕들과는 다르다고 보아야 한다.

생략된 4대부터 16대까지의 왕들은 왕통보의 형성에 있어 무의미한 것으로 보일지도 모르지만, 그들의 중계자로서의 역할이 있었기에 광개토왕을 비롯한 후손들에게 왕통이 계승될 수 있었으며, 미래로 계승되어가는 영원성도 보장받고 있는 것이다. 그런데 그 중계왕들은 초기의 세 조상이나 광개토왕과는, 천제의 혈통을 공유한다는 점에서는 동질적이지만, 생략되어 왕통보의 표면에 나타나지 않는 채 생략되어 있다는 점에서는, 표면에서 계보의 형성에 직접 관여하여 그 특성을 체현하는 세 왕이나 광개토왕과는 이질적이다.

이질적이라는 것은, 초두의 세 왕이 계보의 형성에 직접 관여하며 그것을 후손에게 계승시키는 역할을 동시에 수행하였으나, 생략된 중계왕들은 그 조상들이 완성하여 계승시켜준 왕통을 계승받아 통치하다 후손에게 물려주고 있을 뿐이라는 것을 말한다. 그런 면에서 생략된 중계왕의 성격은 세 조상왕보다는 광개토왕에 가깝다.

「비문」이 일반 금석문처럼 근조왕(近祖王)이 아닌 세 왕을 명기한 것은, 그 세 왕이 왕통보 형성에 독자적인 역할을 수행했기 때문이다. 추모왕과는 달리 약술되어 있어 기술된 의미를 간과하기 쉬운 유류왕과 대주류왕이 그러한 의미를 가지지 못한다면 아예 기술될 필요가 없었다. 여타 중계왕처럼 생략하고 광개토왕에게 직결시키는 것이, 광개토왕을 부각시키는 데는 효과적이었을지도 모른다. 아니면 근조왕을 명기하여 왕통보의 현실감을 확보하는 것이 보다 효과적이었을 지도 모르는 일이다.

그럼에도 초기의 세 왕을 기술하고 여러 중계왕은 생략한 다음에 광개토왕을 기술한 것은, 유구한 전통이나 신화가 부여하는 신비성의 확보에 그치는 것이 아니라, 그 세 왕에 의해 왕통보가 완성되어 후손들에게 계승되다가 광개토왕에게 이르렀다는 사실을 강조하는 방법이었을 것이다. 즉 초기의 조상들이 정립한 왕통을 후손들이 계승하고 있다는 사실의 확인이었다. 그런 점에서도 시조인 추모왕과 달리 후손의 입장인 유류왕이나 대주류왕을 단순한 중계왕으로 보아서는 안 된다.

특히 대주류왕의 경우가 그렇다. 그에 관한 기술이「소승기업(紹承基業)」으로, 왕통을 계승한 사실의 기록으로 보아 넘기기 쉬운데, 그런 내용만을 의미한다면 기록할 필요가 없었을 것이다. 생략해서 일반 중계왕 취급을 해도, 왕통보의 형성이나 설명에 아무런 지장이 없기 때문이다. 그럼에도 기술하고 있는 것이다.

「비문」의 대주류왕은 추모왕과 유류왕을 계승한 후손왕이며, 왕통을 다시 후손에게 계승시켜주는 선왕, 즉 왕통을 계승받아 통치한 후에 다시 후손에게 계승시켜주는 역할을 수행한 중계왕이다. 그러한 중계자적인 역할은 대주류왕에게만 한정되는 것은 아니다. 추모왕은 천제와 유류왕을 중계하고, 유류왕은 추모왕과 대주류왕을 중계하였다. 그 같은 역할은, 생략된 중계왕이나 주역을 행하는 광개토왕의 경우도 마찬가지였다. 또 그 같은 역할이 있었기에 왕통보가 형성될 수 있었으며, 영원한 미래도 보장되어 있는 것이다.

그러나 대주류왕의 중계는 그것들과는 다른 의미를 가진다고 생각된다. 왕통보가 형성되는 초기의 왕이라, 신화적인 추모왕과 크게 다를 수 없는 조상왕이다. 그럼에도 그의 기술에서는 천제의 혈통을 계승했다는 사실 이외에는 그러한 면을 찾아볼 수 없다. 그것은 유류왕의 경우도 마찬가지이나, 유류왕에게는 「이도흥치(以道興治)」라는 기술이 있다. 그것은 왕통을 계승했다는 사실만이 아니라, 유류왕이 추모왕이 구축한 왕통보에 「도」라는 요소를 추가해서 통치했다는 사실의 소개로, 유류왕이 왕통보의 형성 과정에서 수행한 역할이었다. 따라서 유류왕이나 대주류왕에게 신화적인 요소가 없는 것은, 추모왕의 그것을 공유한다는 것을 전제로 한 기록, 방법상 생략한 「비문」의 방법으로 보아야 할 것이다.

그런데 대주류왕의 「소승기업(紹承基業)」은 유류왕의 그것과도 다르다. 그 기록이 왕통보를 계승한 사실만을 의미한다면, 기록할 필요가 없을 것이라는 것은, 몇 번을 강조해도 지나친 말이 아닐 것 같다. 간단하다 하더라도 유류왕의 기록은 추모왕에게 없는 「도」라는 요소를 왕통보에 첨가해주는 내용을 가지고 있다. 따라서 대주류왕의 「소승기업」은 왕통보를 계승했다는 사실을 확인하는데 머무는 내용의 기술일 수가 없다. 그것은 혈통의 확인만을 목적으로 하는 기술이 아니라, 그것만이 갖는 독자적인 의미가 있기 때문에 기술된 것으로 보아야 한다. 그 의미를 찾아내는 것이 「비문」을 바르게 이해하는 길일 것이다.

그러기 위해서는 추모왕과 유류왕의 특성을 살펴보는 일이 필요하다.
　추모왕은 천제의 아들로 난생하여 지상으로 강세하고, 또 순행 남하하여 고구려를 건국하고 통치하다 승천한 시조였다. 그가 하는 일은 모두가 처음 시도되고 성립된 일들이다. 따라서 그의 활동 모두가 독자적이고 왕통보의 구성요소이다. 또 그것들은 모두가 혈통으로 전이된다. 그것을 정리해보면, 이계의 세력들의 저항을 극복하고 건국을 가능케 한 무적 권능으로서의 무위, 천하에 오곡의 풍숙을 초래하는 자연지배능력 등으로, 그것은 추모왕에 의해서 확보되어 후손에게 전이되는 요소였다.
　그 뒤를 계승한 유류왕은 「이도흥치(以道興治)」하였다. 「이도흥치」에 대한 자세한 설명은 뒤로 미루나, 그것은 유류왕이 치국에 「도(道)」를 도입했다는 것, 왕통보에 「도」를 새로운 요소로 첨가시켰다는 것을 의미한다. 이것은 추모왕을 통하여 확보된 무위적 요소와 자연지배능력 등의 요소에, 유류왕의 「도」를 새로이 첨가했다는 것이 된다. 즉 유류왕은 추모왕이 확보한 요소에, 새로운 요소로서의 「도」를 첨가하여, 혈통으로 전이되는 왕통의 권능을 보충한 것이다. 그 뒤를 계승한 대주류왕의 기록, 「소승기업」에는 새로운 요소라고 생각할 만한 내용이 없다는 것을 생각하면, 왕통보의 요소적 권능은 두 왕에 의해서 완비된 것으로 보아야 할 것이다.
　그렇다면 대주류왕이 기술된 의미는 무엇일까. 「비문」이 기록한 「소승기업」에서는 요소적인 내용을 찾을 수 없는 것에 비해, 중계왕적인 의미는 강하게 시사되고 있다. 따라서 대주류왕에게서는 중계왕적인 역할에서, 그 독자성을 찾아야 될 것 같다. 왕통보의 형성만큼이나 중요한 것이, 일단 형성된 왕통보를 계승시켜 나가는 것에 의해, 왕통의 영원성이 보장된다는 것을 생각하면, 중계왕의 역할은 왕통보에 있어 필요불가결한 조건이 된다.
　특히 선조가 신화적이고 후손이 사실적이라는 것을 감안하면, 그 신화성과 사실성을 연결시키는 중계역이야 말로 소홀히 할 수 없는 역할이다. 그러한 의미를 갖는 것이 「소승기업」이었을 것이다. 그 「소승기업」의 중계에 의해, 신화적인 조상과 사실적 후손이 일계적(一系的)으로 연결될 수 있었고, 왕통보의 신화성과 사실성이 동질화되고, 그 동질성을 매개로 하여, 후손의 역사는 조상의 신화를 통하여 정통성과 실현가능성을 보장받고, 조상의 신화는 후손의 역사적 사실로 사실성을 보장받고 있는 것이다. 그처럼 대주류왕의 중계역에 의해 신화적인 조상과 사실적 후손이 일계적(一系的)으로 연결된 의미는 크다 할 것이다.

그러한 중계왕으로서의 독자적인 역할을 수행하기 때문에, 신화의 벽두를 장식하고 있다는 것을 생각하면, 그것은 4대부터 되풀이 되는 중계왕의 효시를 이루는 것이 된다. 말하자면, 조상들에 의해 정립된 왕통의 요소를 혈통적으로 전이받아, 천하의 통치를 하다 다시 후손에게 그것을 전이시켜주는 역할로서의 중계왕의 효시를 이루는 셈이다. 그처럼 중계왕으로서의 효시는, 추모왕이 신화적인 요소를 확보하는 효시였고, 유류왕이 「도」를 확보한 효시였던 것과 궤를 같이 하는 역할의 수행으로 볼 수 있을 것이다.

대주류왕의 역할이 신요소의 첨가가 아니라, 선조에 의해서 완성된 왕통을 계승받아 후손에게 계승시키는 중계역을 시작했다는 것, 새로운 요소의 확보와는 관계없이, 오로지 중계자로서의 역할만을 수행했다는 점에서, 대주류왕은 계승의 전형을 이룬 선조로서의 위치를 확보하고 있으며, 계승의 효시라는 면에서 독자성을 가지게 된다. 그것은 「소승기업(紹承基業)」의 「소승」과 부합되는 추정이다.

「소(紹)」에는 「소, 계야(紹, 継也)」(『爾雅』釈詁)처럼 잇다 계승하다, 라는 의미가 있고, 「승(承)」에는 「승, 봉야(承, 奉也)」(『説文』) · 「승과군지명이청(承寡君之命以請)」처럼 받들다, 「시위승천지우(是謂承天之祐)」(『礼記』礼運 제9)처럼 받다의 의미가 있다. 그리고 「소승(紹承)」에는 「소승비서(紹承丕緒), 영려정명(永励精明)」의 「소승(紹承)」처럼 계승하다 · 이어받는다, 라는 의미가 있다.

그리고 「기(基)」에는 「자당조기(自堂徂基)」(『詩経』周訟、糸衣)나, 「경,

신지기야(敬, 身之基也)」(『左氏伝』成公13년)처럼, 근본 기초의 의미가 있고, 「업(業)」에는 「감불승업(敢不承業)」(주) 「업, 사야(業, 事也)」(『国語』, 魯語上)·「실, 선군지업(失, 先君之業)」(주) 「업, 백업야(業, 伯業也)」(『国語』, 楚語上)의 일 업적의 의미가 있다. 그리고 「기업(基業)」은 근거가 되는 곳이나 일을 의미한다. 결국 「기업」을 소승한다는 것으로, 이어받다, 계승하다 라는 의미는 분명하다.

이러한 대주류왕의 중계왕의 효시로서의 역할이 있기에, 그 이후의 후계자도 중계왕으로서의 의미를 갖게 된다. 생략된 중계왕들은 모두가 대주류왕처럼 이미 완성한 업적이 아니라 그 업적을 이룰 수 있는 요소로서의 「기업」을 계승받아 통치하다 후손에게 계승시키는 역할을 수행하고 있었던 것이다. 그것이 유사한 내용이었기에 「비문」은 후손왕들을 생략하고, 대주류왕을 대표로 기술한 것이다. 그런 의미에서도 「기업」은 이미 이루어져 완성된 업적으로 보기보다는 그 업적들을 이룰 수 있는 요소로 보는 것이 타당하다 할 것이다.

대주류왕을 효시로 하여, 중계왕들의 계승은 의례로 정착된 것이다. 추모왕이 천제를 계승하여 유류왕에게 계승시켜주고, 유류왕이 추모왕을 계승하여 대주류왕에게 계승시켜주고, 또 대주류왕이 그것을 계승하여 후손왕에게 계승시켜주는 반복적인 계승을 통하여, 왕통보의 계승은 의례로 전형화된 것이다. 「비문」은 그렇게 전형화된 의례로서의 계승활동을 대주류왕의 「소승기업」이라는 기술로 확인하여, 그 의미를 강조하고 왕통의 미래를 보장하고 있는 것이다.

(6) 계보의 신화성과 사실성

대주류왕의 「소승기업」이 이러한 의미를 내포하고 있기 때문에, 왕통보가 형성되는 초기의 기록으로서의 존재가치가 있는 것이다. 대주류왕의 그러한 중계역할을 시사하는 대주류왕의 기록이 있기 때문에, 조상과 후손은 자연스럽게 접속되고, 동질성을 확보하여 동격화 될 수 있었던 것이다. 조상과 후손의 동질화나 동격화는, 조상의 신화적 권능이 후손에게 전이된다는 사실을 보장하여, 조상의 훈적이 후손에게 있어서도 실현될 수 있다는 가능성도 보장하게 된다.

분명히 「비문」의 대주류왕은 신화적으로 이야기된 추모왕이나 「도」를 강조한 유류왕과는 다르다. 여기서 다르다는 것은 이질적이라는 것이 아니라, 그 두 선조는 그 선조만의 특성으로서의 신화적 요소나 「도」와 같은 요소를 가지고 있는 것에 비해, 대주류왕은 그러한 독자적인 요소를 가지지 못했다는 것을 말한다.

유류왕의 「도」를 추모왕의 신화적 요소에 대응하는 것으로 보면, 그것은 추모왕이 확보한 요소에 새로운 요소로 첨가된 「도」로 보아야 한다. 즉 천제로부터 전이받은 추모왕의 권능에, 유류왕은 「도」라는 요소를 새로 첨가하여, 통치에 임했던 셈이다. 그에 비해 대주류왕은 새로운 요소를 첨가하는 일 없이, 추모왕과 유류왕에 의해서 확보된 권능적 요소를 전이받아, 통치에 임한 다음에, 그것을 다시 후손에게 전이시켜주었을 뿐이다. 그것은 그가 새로운 요소를 첨가하는 후손이 아니라, 조상과 후손을 중계하여 연결해주는 계승자로서의 자리매김을 하고 있다는 것이 된다. 그것이 그가 「비문」에 기록된 의미였다.

이처럼 대주류왕의 「소승기업」은 단순한 계승이나 전이를 의미하는 데 머물지 않고, 조상이 정립한 왕통의 요소를 계승받아 천하를 통치하고, 그것을 후손에게 다시 전이시켜주는 계승의 원칙과 방법을 정형화시켜, 중계왕으로서의 효시를 이루는데, 그 의미가 있는 것이다. 그것은 왕통보에 신요소를 첨가시키는 것이 아니라, 전이 받은 요소를 기반으로 해서 통치하고, 다시 후손에게 전이시켜주는 중계자적 역할로서의 효시였다. 즉 중계왕의 효시로서의 자리매김을 하고 있는 것이다. 대주류왕의 그러한 효시로서의 역할이 있었기 때문에, 생략된 중계왕들도, 기록된 왕들과 동질적일 수 있는 것이다.

3 왕통의 권능

1) 계승되는 권능
(1) 혈통으로 보장되는 정통성

원래 천하는「천」의 질서와 상관없이 하백과 같은 지상신이 주재하는 질서로 운영되는 지상의 공간이었다. 그곳에 천제의 아들이 강세하여 고구려를 건립한 것을 계기로, 그 지상공간은 천제의 질서에 포섭되었고, 또한 천제의 질서로 통치되는 천하로 개변되었다. 그래서 그 천하의 통치는 천제의 혈통을 계승한 천손으로 한정되는 것이다.

천제의 혈통을 계승한 천손이 대대로 천하에 군림하였기 때문에, 그 왕통을 계승한다는 것은 통치자로서의 정통성을 보장받는 일이 된다. 그것은 혈통으로 조상의 권능을 전이 받기 때문이었다. 혈통적으로 권능이 전이된다는 것은, 조상들이 세운 업적을 재현할 수 있는 가능성까지도 전이 받는 일이었다. 또 그러한 천손이 통치하기 때문에 고구려가 천하의 중심인 것이다.

「비문」이 그처럼 혈통을 절대적 기준으로 하는 것은 무엇을 근거로 하는 것일까. 추모왕이 천제의 아들이기에 절대적이고, 광개토왕이 천손이기에 절대적인 왕이었다면, 그것은 혈통으로 보장되는 절대성이었다. 도대체 혈통으로 무엇이 전이되기에, 혈통이 왕통의 절대성을 보장해 주는 것일까. 그것은 기술된 왕들의 치적을 통해서 확인할 수 있는 일인데, 추모왕의 건국활동이 가능하게 한 요소와 유류왕이 첨가한「도」등을 추정할 수 있다.「비문」은 그것들을「기업(基業)」으로 표현하고 있는데, 천손들은 그것을 전이 받고 있었던 것이다.

추모왕에 관한 기술은 간략하지만, 그것은 많은 것을 시사하고 있다. 그의 행적을 정리하면, 천제지자로 난생하였으며, 강세하여 고구려를 건국하고, 통치하다 세위가 즐겁지 않아 승천하였다. 다시 말하자면 하늘에서 태어나 지상으로 강세하여, 고구려를 건국하고 통치한 다음에, 다시 승천한 것이다. 신화이기에 가능한 행동반경이었다. 그래서 현실성이 없다며, 평가하려 하지 않는 경향이 강하다. 그러나 여기서의 문제는, 그것의 실현 가능한 사실성이 문제가 아니라, 그것들이 내포하는 의미와 시사하는 내용을 바르게 파악하는 것이 문제일 것이다.

천제와 하백여랑이 천지간을 왕래하여 신혼을 맺었다는 것, 그 신혼으로 추모왕이 난생했다는 것, 추모왕이 부모신명을 거명하여 도하했다는 것 등은, 사실적인 면에서 볼 것 같으면 도저히 있을 수 없는 일이다. 그렇다 해서 아무런 의미를 가지지 못하는 것은 아니다. 오히려 실질적이지 못하기에 그것이 시사하는 의미는 더욱 크다 할 것이다. 「비문」과 같은 기록의 이해에 있어서는, 그 사실성보다는 그것들이 내포하고 있는 상징성이 존중되어야 한다. 추모왕의 난생담과 같은 신이한 출생은 태생적인 신비성을 시사하고, 그 후손들의 신성성을 보장해 주고 있다. 기록의 그 같은 역할을 간과하고 그 사실성만을 논하게 된다면, 「비문」이 의도하는 바를 깨닫지 못하게 된다.

「비문」처럼 사실적으로는 설명할 수 없는 신화에 유래하는 계보를 계승한 후손은, 그것으로 보장되는 절대성을 배경으로 군림하게 되는데, 그 때는 계보의 혈통이 절대적인 기준이 된다. 그럴 경우, 계보를 통하여 전이되는 신화성이 강조되게 되면, 그것은 자타를 혈통에 따라 차별하려는 선민의식으로 발전된다. 그처럼 자타를 구별하여 스스로를 절대화하는 것은, 우월성을 바탕으로 하는 화이사상(華夷思想)의 실현, 즉 혈통을 기준으로 하는 화이사상의 실현이다. 이 사상이 왕통을 계승한 후손이 천하에 군림하는 정통성을 보장해준다.

(2) 신화상의 권능

신혼(神婚)에 의한 출생담이 갖는 신비성은 그 후손들의 절대성까지도 보장하는데, 그 절대성은 후손들의 활동으로 구체화된다. 신혼에 의한 난생은 추모왕의 출생담이지만, 그것이 갖는 신비성은 왕통보를 따라 후손에게도 계승된다. 이처럼 추모왕을 통해서 소개된 요소적 권능은 혈통을 통하여 후손에게 전이된다. 그래서 후손들이 천제나 조상들과 동질적일 수 있는 것이다.

　추모왕의 요소적 권능은 그의 「강세」나 「순행남하」 과정에 발현되었기 마련인데, 그것이 이계에서의 건국을 목적으로 하는 일이었기 때문에, 그것에는 무위가 동반되기 마련이다. 「비문」은 추모왕이 「강세」하고 「순행남하」하여 건국한 결과만을 기술하였으나, 그것은 무위를 동반하지 않고는 불가능한 일들이었다. 우리는 그 무위를 구체화시킬 수 있을 것이다.

　추모왕의 「강세」가 천지간의 질서가 정해지지 않은 시기, 천지가 독자적 질서로 지배되는 시기에, 천제의 권위를 인정하지 않는 지상에서 이루어졌다는 사실이나, 지상의 동의를 얻지 않고 이루어졌다는 사실 등을 생각하면, 그것에 지상세력이 반발하는 것은 당연한 일이었다. 그것은 「순행남하」의 경우도 마찬가지다. 지상세력들의 입장에서 보면, 그것은 분명히 이계의 침략이었다. 그것에 저항하는 것은 당연한 일로, 추모왕이 그 저항들을 극복하지 못했다면 「강세」나 「순행남하」는 불가능한 일이었다.

　그런 의미에서 고구려가 건국되었다는 결과의 기록은, 그 과정에 있었던 선주세력들의 반항과 저항을 극복하고 그들을 복속시키는 과정을 포함하고 있는 것으로 보아야 한다. 그 복속이 은덕에 의한 것이라 하더라도 무위가 동반되었기 마련이고, 경우에 따라서는 무위만으로 이루어지는 경우도 있었기 마련이라, 결국은 무위를 바탕으로 하는 정토과정이었기 마련이다. 또 은덕의 경우라 해도 무위를 배경으로 하는 것이 효율적이었을 것이다.

　그때 추모왕이 발휘한 무위는 천제에 유래한 것으로, 혈통으로 전이 받은 것이었다. 말하자면 천제의 무위를 가지고 「강세」와 「순행」에 임하고 있었던 셈이다. 그래서 절대적이고, 모든 난관을 극복할 수 있었던 것이다. 추모왕의 그 무위는 혈통으로 전이되다가, 결국에는 광개토왕에 의해서 사실적으로 발현된다. 따라서 혈통으로 전이되는 천제의 무위는 광개토왕의 무위를 통해서 구체화시킬 수 있다.

그것은 「주능(呪能)」의 경우도 마찬가지였다. 추모왕은 「순행남하」하는 도중에 강가에 이르자, 부모신명을 거명하는 방법으로 도하(渡河)하였다. 추모왕이 강가에 이르러 부모신의 이름을 대며 도하할 수 있는 방법을 당당히 요구하고 있었다는 것은, 도하할 수 있는 방법을 몰라 당황하며 도움을 청했던 것이 아니라, 이미 그 방법을 알고 있었다는 것을 의미한다. 추모왕은 강가에 이르자, 그곳에서 자신의 신분을 밝히는 것이 도하의 방법이라는 것을 알고 있었던 것이다.

추모왕은 강가에 이르러, 「나는 황천의 아들이고, 어머니는 하백의 여랑인 추모왕이다. 나를 위하여 갈대를 잇고, 거북을 떠오르게 하거라(我是昊天之子母河伯女郎鄒牟王為我連葭浮龜)」라고 자신을 소개하며 요구사항을 말하고 있는데, 이것은 아무리 보아도 부탁이 아니라 당당한 권리의 주장이고 명령이었다. 천제의 아들로서의, 천제를 대행하는 절대자로서의 위엄을 느낄 수 있는 지시인 것이다.

추모왕은 신분을 밝히는 것으로 자신이 천제의 대리자라는 것을 밝히며, 도하의 방법을 요구한 셈인데, 여기서 문제가 되는 것은 그 요구의 대상이다. 누구를 상대로 한 요구였는가. 우선 생각할 수 있는 것은 거명한 부모신이나 그 부모신에게 통어되는 신들이다. 추모왕은 그들에게 자신의 뜻을 전하여, 그 뜻이 이루어지게 했던 것이다.

한편 추모왕이 도하할 수 있는 상황을 조성할 수 있었던 권능의 소유자는 부모신이거나 부모신에게 통어되는 세력이기 마련인데, 그들이 행동한 것은 추모왕의 요구가 있었기 때문이었다. 추모왕의 요구가 있자, 그 요구에 응하여 그러한 상황을 조성한 것이다. 그렇게 생각하면, 추모왕이 부모신명을 거명한 것은 일종의 언어적 주능으로 보아야 할 것이다.

추모왕은 부모신을 거명하는 방법의 언어적 주능으로 목적을 달성한 셈이다. 그는 자신의 언어적 영력을 통하여, 부모신이나 부모신에게 통어되는 신에게 자신의 의사를 전달하고, 그러한 상황이 실현되게 한 것이다. 그것은 결과적으로 물에 의한 장애를, 언어적 주능을 통하여 극복한 것이었으나, 그것이 추모왕의 자연을 지배하는 능력이었다. 그 능력이 도하의 장면에서 발현된 것이다.

추모왕은 자연을 지배할 수 있는 자연 지배 능력을 부모에게서 전이 받았던 것이다. 그것은 모신이 하백여랑이라는 점에서도 추정가능한 일이다. 추모왕은 모신에게서 풍수 등의 자연 현상을 조절할 수 있는 주적 능력을 전이 받았던 것이다. 그러한 자연 지배 능력을 혈통으로 전이 받았기 때문에「순행남하」가 가능했고, 그 이후의 건국도 가능했으며, 통치하는 세계의 풍요도 보장받았던 것이다.

(3) 왕통보의 기업

천제지자가 강세하여 건국했다는 것은, 천제의 질서로 통치되는 공간이 확보되었다는 것, 또 그곳을 근거로 천제의 질서를 확산시켜, 천제의 질서로 통치되는 천하로 개변시켰다는 것을 의미한다. 또 그것은 추모왕이 천제의 대리자였다는 것을 의미하기도 한다.

그처럼 추모왕의 건국이 천제의 권능을 배경으로 한다는 것은, 추모왕의 업적을 통해서도, 같은 후손인 유류왕을 통해서도 확인할 수 있는 것이다. 추모왕이 확보한 요소적 권능에 유류왕이 새로 첨가한 요소적 권능을 합하여, 그것을「비문」은「기업」으로 표현하고 있는데, 그처럼 조상이 확보하여 혈통적으로 후손에게 전이되는「기업」은 추모왕이나 유류왕을 통해 구체화할 수 있다.

추모왕은 우선「난생」이라는 신이한 출자담의 신성성, 「강세」「순행남하」로 확인한 무위, 부모신명을 거명하는 방법으로 도하하여 입증한 자연지배능력 등으로, 천제의 권능을 구체화하고 있다. 그와 같은 것들을 체득하고 있었기 때문에 건국이 가능했던 것이다.

추모왕을 계승한 유류왕에 대한 기술이 간단한 것은, 추모왕의 기술을 통하여 소개된 요소적 권능을 유류왕도 혈통적으로 전이 받아 공유하고 있기 때문이다. 추모왕에 의해 구체화된 것에 새로 추가된 것만을 기술한 것이 유류왕의 기술인 것이다. 다시 말하자면, 유류왕도 태어나면서부터, 출생의 신이성, 건국을 가능케 한 무위와 자연 지배 능력 등을 이미 전이 받았기 때문에, 그것은 생략하고, 그것에 새로 첨가된 「도」만을 기술한 것이다.

그런데 그 「도」는 추모왕에 의해 신화적으로 소개된 요소들과는 이질적이다. 유류왕을 설명한 「이도흥치(以道興治)」의 「도」가 도교를 의미하는 「도」이건 유교의 덕목을 의미하는 「도」이건 간에, 추모왕을 통해서 소개된 것들보다는 합리적인 것으로 생각된다.

원래 「도」는 「인도(人道)」를 의미한다는 면에서, 추모왕의 신화적인 것들과는 이질적이다. 「도」가 천지만물을 생성하는 총원리를 의미한다는 점에서도[71], 유류왕은 추모왕보다 사실적이고 현실적이다.

그 합리적인 요소로서의 「도」가 유류왕에 의해 왕통의 요소로 첨가되어 전이된다는 것은, 현실의 왕통보에 사실성을 부여하는 일이었다. 추모왕에 이어 유류왕까지도 신화적으로 설명된다면, 왕통보는 사실성을 결여하게 된다. 그래서 「비문」은 신화적인 추모왕을 통하여 주적인 권위를 확보하고 유류왕을 통하여 현실적이고 합리적인 권위를 확보하고 있는 것이다. 즉 신화와 사실을 접속하여 권위를 구축하고 있는 것이다. 그러한 권위는 왕권이 초부족적 왕권을 확보하기 위해서 필요불가결한 조건이었다.

그렇게 확보하여 전이되는 권위적 요소는 광개토왕에 의해서 사실적으로 실현된다. 「비문」은 그것들을 광개토왕을 통해, 「은택흡우호천(恩沢洽于昊天)」,「무위진피사해(武威振被四海)」,「오곡풍숙(五穀豊熟)」으로 소개하고 구체화하고 있다. 제1부에서는 광개토왕을 「호천과 같은 은택(恩沢洽于昊天)」,「사해에 떨친 무위(武威振被四海)」,「오곡의 풍숙(五穀豊熟)」처럼 개념화시키는 것에 머물렀다. 그리고 그것을 제2부에서 광개토왕의 통치를 통하여 구체화시킨다.

---

[71] 憑友蘭저, 전게주36

「은택흡우호천」은 광개토왕의 은덕을 천제(昊天)에 비유한 것으로, 광개토왕의 동부여의 정토를 통하여 실현하였다. 그런데 광개토왕이 천하에 떨쳤다는 무위「무위진피사해」는 추모왕이 건국하는 과정에서 발휘했을 무위와 동질적인 것으로, 그것이 광개토왕이 정토전에서 얻는 승리를 통하여 구체화된 셈이다. 광개토왕이 실현한 「오곡풍숙」은 추모왕의 도하로 확인된 「풍수지배능력」과 동질적인 것으로, 그것이 광개토왕의 치국활동에서는 오곡의 풍작으로 구체화된 것이다.

이처럼 광개토왕의 치국활동이 추모왕을 통해 시사되거나 실현된 권능을 바탕으로 한다는 것은, 조상과 후손이 같은 권능을 배경으로 하여 군림한다는 사실을 의미하는 것이며, 또 조상과 후손이 동질적이라는 사실도 확인해주는 「비문」의 방법이었다.

2) 강세와 순행의 무위
(1) 강세시의 무위

천제의 아들이 지상으로 내려온 「석(昔)」은 천지신 간의 신혼으로 난생이 이루어지는 시기였다. 사실로서는 이해하기 어려운 일들이 전개되는 때로, 신화이기 때문에 가능한 일들이 벌어지는 시기였다. 그 시기에 천지는 창조되어 존재하고 있었으나, 천지를 함께 어울러 통치하는 절대자는 존재하지 않았다. 천은 천제가 주재하고 있었으나, 그의 질서가 통어하는 세계는 천으로 한정되어 있었다. 천에 대응하여 존재하는 지상은 아직 그 질서 속에 포섭되지 않은 상태였다. 지상은 하백과 같은 지상신들에 의해서 통치되고 있었을 것이다.

지상은 하늘 아래에 존재한다는 공간으로서의 천하일 뿐, 천제의 질서에 의해 통치되는 천하는 아니었다. 그 공간적인 천하가 천제의 질서 속에 포섭되게 되는 것은 천제의 아들 추모왕이 강세하여 고구려를 건국하는 것을 계기로 한다. 따라서 고구려가 건국되기 이전의 지상은 천제의 권위가 인정되지 않는 곳, 천제의 권위를 경험하지 못한 세력들이 점거하고 있는 공간이었다.72) 지상의 입장에서 생각하면 강세해 오는 천제지자의 일행은 이계의 침입자에 불과했다. 그들에게 지상 세력이 반항하고 대항하는 것은 당연한 일이다.

따라서 천제의 아들 추모왕이 고구려를 건국했다는 결과적 사실은, 그 과정에 있었기 마련인 수많은 반발이나 저항을 진압한 사실까지도 포함한다. 반발하는 세력을 진압하는 과정이 있었다는 것은, 천제지자가 선주세력들에게 천제의 절대적 권능을 경험시키고 인식시키는 과정이 있었다는 것을 의미한다. 그 과정에 무위가 동원되었을 가능성까지도 시사한다. 「비문」은 그 구체적인 내용을 생략하였으나, 건국신화에는 흔히 있는 일이다.

예를 들자면 같은 고구려의 건국신화를 기록한 『동명왕편』의 해모수가 지상의 여신을 찾아가는 장면이 그러하다. 『동명왕편』에서는 「천제자(天帝子)」로 등장하는 해모수가 하백의 딸 유화와 교제하려 한다. 그 사실을 알게 된 하백이 노하여 해모수를 꾸짖는다.

長女曰柳花 是爲王所止 河伯大怒嗔 遣使急且駛 告云渠何人 乃敢放輕肆 報云天帝子 高族請相累 指天降龍馭 徑到海宮邃(河伯大怒 遣使告曰 汝是何人 留我女乎 王報云 我是天帝之子 今欲與河伯結婚 河伯又使告曰 汝若天帝之子 於我有求婚者 当使媒云云 今輒留我女 何其失礼 王慙之 将往見河伯 不能入室)73).

맏딸이 유화인데, 이 여자가 왕에게 붙잡혔다. 하백이 크게 노하여, 사자를 시켜 급히 달려가서 고하기를, 너는 어떤 사람이기에 감히 경솔하고 방자한 짓을 하는가. 회보하기를, 나는 천제의 아들입니다. 높은 문족과 서로 혼인하기를 청합니다. 하늘을 가리키자 용수레가 내려오니, 그대로 깊은 해궁에 이르렀다(하백이 크게 노하여 사자를 보내어 고하기를, 너는 어떠한 사람이기에 내 딸을 잡아두는가, 하였다. 왕이

---

72) 천제와 하백여랑의 신혼으로 추모왕이 태어났다는 사실이 하백여랑으로 대표되는 천하의 토착세력의 존재를 의미한다.
73) 『東明王篇』(金鉄埈·崔柄憲 『韓国古代史』고대편, 一志社, 1996년).

회보하기를, 나는 천제의 아들인데 지금 하백에게 구혼하고자 합니다 하였다. 하백이 또 사자를 보내어 고하기를 네가 만일 천제의 아들이고 내게 구혼할 생각이 있으면 마땅히 중매를 시켜 말할 것이지 지금 문득 내 딸을 잡아두니 어찌 그리 실례가 심한가, 하였다. 왕이 부끄러워하며 하백을 뵈려 하였으나 궁실에 들어갈 수 없었다).

천제의 아들 해모수가 딸 유화와 사귀는 것을 안 하백이 노하여, 사자를 보내어 꾸짖었는데, 그때까지 하백은 그가 천제의 아들이라는 것을 몰랐다. 그처럼 천제의 아들임을 몰라보았다는 것은, 하백만이 아니라 지상의 모든 자들이 천제를 경험한 일이 없었기 때문일 것이다. 하백이 사자를 보내어 꾸짖은 것도 그 정체를 몰랐기 때문이다. 그때까지의 지상은 하백과 같은 신들의 질서로 통치되고 있었기 때문에, 해모수를 몰라보는 것은 당연한 일이었다.

하백이 노하는 것은 해모수의 무례가 원인이기는 하지만, 그것은 지상에 나타난 이계세력에 대한 경계심으로 볼 수도 있다. 아직 양계간의 질서가 정립되지 않은 상황에서 갑자기 나타난 세력에 경계심을 보이는 것은 당연한 일이었다. 천제가 주재하는 천이 하백과 같은 지상신들이 주재하는 지상에 우위를 확보하지 못한 상태에서 천제의 아들이 나타났기 때문에, 그 무례를 탓하며 지도하고 있었던 것이다. 그같은 하백의 태도에는 천제나 그의 아들이라는 해모수에 대한 배려를 전혀 찾아볼 수가 없다.

천지간의 질서가 확립되지 않았다는 것은, 해모수가 천제의 아들이라는 사실을 밝혔음에도 그 무례함을 탓하였고, 해모수가 부끄럽게 생각하고 하백을 찾아가려 했다는 사실로도 추정할 수 있는 일이다. 그러고도 해모수는 하백의 궁으로 들어가지를 못하고, 결국에는 자신이 천제의 아들이라는 것을 입증하기 위하여 주적 능력을 피로하게 된다. 천우위의 질서가 확립되어 있었다면 있을 수 없는 일이었다.

해모수의 주적 능력의 피로는 하백이 시험하는 형태로 이루어졌는

제2장 정통성의 논리 223

데, 그처럼 천신의 능력이 시험당한다는 것은, 천이 우위를 점하는 질서가 정립되지 않았기에 있을 수 있는 일이었다. 그 단계에서의 천지간은 독자적으로 존재하고 있었던 것이다.

> 漣漪碧波中 河伯化作鯉 王尋変為獺 立捕不待跬 又復生兩翼 翩然化為雉 王又化神鷹 搏擊何大驚 彼為鹿而走 我為豺而趨 河伯知有神 置酒相燕喜74).
> 넘실거리는 푸른 물결 속에 하백이 변하여 잉어가 되니, 왕이 변화하여 수달이 되어 몇 걸음 못 가서 곧 잡았다. 또 다시 두 날개가 나서 꿩이 되어 훌쩍 날아가니, 왕이 또 신령한 매가 되어 쫓아가 치는 것이 어찌 그리 날쌘가. 저편이 사슴이 되어 달아나면 이편은 승냥이가 되어 쫓았다. 하백은 신통한 재주 있음을 알고, 술자리를 벌이고 서로 기뻐하였다.

하백의 요구에 따라, 해모수는 하백을 상대로 주술을 피로한다. 형식상으로는 하백과 주술을 경쟁하는 것으로 되어 있지만, 이것은 상호간의 우열을 가리는 경쟁이었다. 이계의 통치자들이 경쟁을 통하여, 우열을 가리는 과정을 통하여 상호간의 질서가 정립되는 것이다. 이는 무위를 입증하여 질서를 정립하는 과정이었다. 하백이 해모수의 주술을 인정한 다음에 결혼을 허가했다는 것은, 그 반대의 경우에는 결혼이 허가되지 않았을 것이라는 사실을 의미한다.

하백이 해모수의 정체를 알아보지 못한 사실이나, 정체를 알고서도 주적 능력을 시험했다는 것은, 하백이 그때까지 천제를 경험한 일이 없었다는 것이 된다. 그래서 천제의 권위나 질서를 인정하지 않았던 것이다. 그러다 해모수의 주적 능력을 통해 천제의 질서를 경험해보고 나서 인정하게 된 것이다. 그러한 과정으로 이루어진 것이 해모수와 유화의 신혼이라면, 그 신혼은 천지간의 질서를 바탕으로 해서 이루어

---

74) 『東明王篇』 전게주73.

진 것이 된다. 즉 천 우위의 천지간의 질서가 정립된 후에, 해모수와 유화의 신혼이 이루어진 셈이다.

『동명왕편』의 원칙을 그대로 「비문」에 적용할 수는 없는 일이다. 그러나 「비문」의 추모왕이 천제와 하백여랑을 부모신으로 해서 태어난 「천제지자」이고, 그가 천하에 「강세」하여 고구려를 건국하게 되었으므로, 천지간의 질서가 정립되는 계기는 있었던 것이다. 또한 질서가 정립되지는 않았다 해도 교류는 있었을 것이다. 교류와 질서 정립이 언제 어떤 방법으로 이루어졌는가는 알 수 없지만, 천제와 하백여랑의 신혼이 성립되었다는 사실이 교류와 질서 정립의 과정이 존재했다는 사실을 입증하고 있다. 그러한 교류가 있었기에 천지신간의 신혼이 가능했고, 그 신혼으로 태어난 「천제지자」의 강세도 이루어졌던 것이다.

그러한 교류가 「천」의 주도로 이루어졌는지 「지」의 주도로 이루어졌는지는 확실하지 않다. 그러나 그 신혼으로 태어난 자식을 「천제지자」로 이름하고, 그 「천제지자」가 「강세」한 사실 등을 감안하면, 천이 주도하는 형식의 신혼이었음을 쉽게 추정할 수 있다.

그러나 추모왕이 강세한 곳이 하백여랑의 지상이었으며, 그곳이 하백이 주재하는 곳이라 해도, 그곳이 천제의 질서에 완전히 포섭된 것은 아니었다. 하백이 천제와 하백여랑의 신혼을 허가했다 해도, 그것이 천의 질서가 전 지상을 포섭했다는 것을 의미하는 것은 아니다. 하백이 천제의 질서를 인정했다 해도, 그 질서가 모든 지상에 통용되는 것은 아니라는 말이다. 하백이 지상의 절대권자가 아닐 경우에는 더욱 그러하다. 하백의 질서가 통하는 공간에 한해서 천제의 질서가 통하는 정도였을 것이다.

천제와 하백여랑의 신혼이 이루어진 이상, 하백을 중심으로 한 지상세력과 천의 교류는 이루어지고 있었다고 볼 수 있다. 또 그런 교류 속에서 일정한 질서도 정립되었을 것이다. 그렇다 해도 그것에 불만을 갖는 세력은 존재하기 마련이다. 특히 하백의 질서에 속하지 않는 세력들이 존재한다는 상황은 충분히 상정할 수 있다. 그런 상황 속에서 추모왕의「강세」와「순행남하」가 이루어졌다면, 그것에 반발하고 저항하는 세력의 존재도 충분히 상정할 수 있다.

(2) 순행남하와 무위

천제의 질서를 인정하지 않는 상황에서 이루어지는「천제지자」의「강세」와「순행남하」는 당연히 선주세력의 반발을 불러일으켰을 것이다. 만일 그것을 극복하지 못하면, 그 이상의「순행」은 불가능한 일이었다. 그러한 반발이나 저항은 설득하거나 무력으로 평정해야만 했다. 어떠한 방법을 선택한다 해도 무위는 필요했다. 무위가 뒷받침되지 않으면 그 어떤 방법도 실효성이 빈약하기 마련이다. 그런 의미에서「순행남하」는 무위를 동반하는 건국과정으로 인식해야 한다.

예를 들자면, 『동명왕편』에서 천제의 아들 해모수가 주적 능력을 시현하여 하백에게 신혼을 허가 받은 것과 같은 우위를 입증해야 했다. 해모수와 하백의 경합은 승패를 결정짓는 일이었기 때문에, 양 측이 주적능력을 발휘하는 경합으로, 무위의 경합과 다르게 보일지 모르지만, 우위를 차지하지 못하면 뜻을 이루지 못한다는 면에서는 마찬가지였다. 따라서「강세」나「순행남하」는 지상의 반발과 저항을 제압하면서 이루어진 것으로 보아야 한다.

「비문」에는「순행남하」의 과정을 거의 설명하지 않으면서도 추모왕이 부모신의 이름을 밝히는 방법으로 도하한 사실만을 기술하고 있다. 그 기술이 무엇을 의미하는 것인지 생각해 볼 문제이다. 그것이「강세」「순행」에 따르는 모든 반발과 저항을 상징하는 기술이기 때문이다. 천제를 대리하는 순행이지만, 그것이 천제의 질서가 통하지 않는 공간에서 이루어지는 일이었기 때문에, 그 순행에 반발하는 세력을 제압하지 못하면 속행할 수 없는 일이었다. 따라서「비문」이 기술한 단 하나의, 장애극복으로서의 도하는, 「순행남하」에 수반되기 마련인 반발을 극복하는 모든 과정을 포함하는 것으로 보아야 할 것이다.

추모왕이 신분을 밝히며 도하의 방법을 요구한 것은, 자신의 능력으로 해결할 수 없어 부모에게 구원을 요청한 것으로 생각할 수도 있으나, 조상에게 어떤 사항을 요구하는 것이 후손에게 주어진 혈통적인 특권이라고 생각하면, 부모의 이름을 거명하는 것 자체가 도하의 방법이었다고 보아야할 것이다.

말하자면 천제의 절대적인 권위가 그 요구가 이루어지는 상황을 만들게 했다거나, 그러한 언어적 요구가 주적 능력이 되어 도하의 상황을 조성했다고 생각할 수도 있는 것이다. 어찌되었든 추모왕은 부모를 거명하는 방법으로 도하하였다. 그것은 그가 천제의 아들이기에 가능한 일이었다. 천제의 아들 추모왕이었기에 난제―천제의 아들의 순행을 저지하려는 선주세력의 저항―를 해결하고, 그 이후의 「순행」과 건국이 가능했던 것이다.

도하의 과정에서 신분을 밝힌 것을, 강 건너의, 「악신이 반거(蟠居)하는 미지의 지역의 신에 대하여, 정복의 의사와 복종을 요구하는 언명이기도 하다고 생각할 수 없는 것일까」[75]라며, 정복의 의사와 복속을 요구하는 언명으로 보는 의견도 있다. 그 의견대로 정복과 복속을 요구하는 언명이었다면, 그 언명에는 무위를 동원하겠다는 의사가 포함되어 있기 마련이다. 그리고 도하가 이루어졌다는 것은, 행사된 여부와는 상관없이 「순행」에는 무위가 동반되고 있었다는 것을 시사한다. 그런 의미에서의 무위는, 도하 이후에도 계속되었을 「순행남하」의 과정에서도 필요했고, 그 필요에 의해 동원되었을 수도 있다.

건국하기 위한 「순행」이 역경의 연속이고 그것을 극복하지 못하면 순행이 불가능하다는 것은 『삼국사기』의 예를 통해서도 확인할 수 있는 일이다. 『삼국사기』의 건국신화는 시조를 주몽으로 한다. 그 주몽이 부여에서 도망쳐 고구려를 건국하자, 이전부터 거주하고 있던 비류국의 송양왕(松讓王)이 나타나 복속할 것을 권한다. 그래서 주몽은 송양왕과 다음과 같은 경합을 벌인다.

---

75) 松原孝俊 전게주20.

然不識吾子自何而来 答曰 我是天帝子 来都於某所 松讓曰 我累世爲王 地小不足容両主 君立都日浅 爲我附庸可乎 王忿其言 因与之鬪辯 亦相 射以校芸 松讓不能抗76).

그런데 그대는 어디서 왔는지 모르겠다, 하였다. 대답하기를, 나는 천제의 아들로 모처에 와서 도읍을 하였다, 고 했다. 송양이 말하기를, 우리는 여기서 여러 대 동안 왕노릇을 하였지만, 땅이 작아 두 임금을 용납하기는 어렵다. 그대는 도읍을 정한지 며칠 안 되니, 우리의 부용이 될 수 있겠느냐, 고 하니, 왕은 이 말에 분노하여 그와 시비를 하다가 또한 서로 활쏘기를 하여 재주를 시험해 보니 송양이 항거치 못하였다.

주몽이 졸본에 고구려를 건국하자, 비류국의 송양왕이 지역의 협소함과 선주권을 들어 복속할 것을 권유한다. 그 권유를 거부하느냐 받아들이느냐의 기로에선 주몽은, 분노하여 시비를 벌이다, 급기야는 무술의 우위를 경합하여, 오히려 송양왕을 복속시키고 만다. 만일 주몽이 무위의 우위를 지키지 못했으면 복속될 수밖에 없는 상황이었다. 「비문」에는 그 같은 내용은 기술되어 있지 않지만, 추모왕의 강세와 순행이 이계에서 이루어지는 일이었다는 것을 생각하면, 그와 같은 반발과 저항이 있었다는 상황은 충분히 상정할 수 있는 일이다.

『삼국사기』의 순행과 『비문』의 순행은 근본적으로 다르나, 동일질서로 통일되지 않은 공간에서 이루어진다는 점에서는 동일하다고 할 수 있다. 전자의 순행이 동일한 지상에서 이루어지는 것에 비하여, 후자의 경우는 천에서 지상으로의 강세이고 이계에서 남하하는 순행이었다. 따라서 저항의 빈도나 강도가 전자보다 약하지는 않았을 것이다. 추모왕은 그러한 반발과 저항을 극복하는 과정을 거친 다음에야 건국할 수 있었다. 「비문」에 그 같은 기술이 없다고 하여 그런 과정이 없었던 것이 아니라, 기술된 표현에 그것이 포함되어 있는 것이다. 「비문」의 「강세」나 「순행남하」 등이 그러한 내용을 포함한 기술이라고 생각한다.

---

76) 김부식 지음 이병도 역주 『三國史記』東明王元年(을유문화사, 1996, 12).

(3) 『고사기』의 순행

　순행에는 정토행위가 동반된다는 사실을 가장 잘 표현하고 있는 것이 『고사기』의 동천(東遷)기사이다. 천하의 통치를 위임받고 하늘에서 내려온 천손은 히무카(日向)에서 3대를 지낸 다음 천하를 통치하기에 좋은 곳을 찾아 동으로 이동하기로 하였다. 일행은 각지를 순행하며 동진하여 야마토에 이르러, 그곳에 천황이 통치하는 천하를 구축하게 되는데, 그것은 연속되는 고난을 극복했기에 가능한 일이었다. 그 어려움을 『고사기』는 다음과 같이 기술하고 있다.

　　如此言向平和荒夫琉神等(夫琉二字以音)退撥不伏之人等而 坐畝火之 白梼原宮 治天下也77)
　　거칠게 날뛰는 신들을 감화시켜 평정하고 유화시키고, 복속하지 않는 사람들을 물리쳐 떨치고, 우네비(畝傍)의 가시하라궁(橿原宮)에 계시며 천하를 다스렸다.

　신무천황이 야마토로 이동해 가는 과정은 저항세력을 복속시키는 정토의 연속이었다. 경우에 따라서는 궁지에 몰리기도 하고, 천황의 형이 전사하기도 한다. 지상통치의 천명을 받고 천강한 천손이, 3대에 이르도록 지상의 히무카에서 통치를 행하였다. 그리고 난 후의 동천이었음에도, 이르는 곳마다 저항을 만났으며, 그것을 제압해야만 순행을 계속할 수 있었다.

　그처럼 질서가 미치지 않는 곳에서의 순행은 어려운 일이었다. 봉착하는 장애를 극복하기 위해서는 상대보다 우세한 무적인 능력도 발휘해야 했다. 따라서 순행하여 건국했다는 결과의 표현에는 무위에 의한 정토과정도 포함되어 있는 것으로 보아야 한다.

　또 그것은 천을 지배하는 절대신, 『고사기』나 「비문」에서는 조상신

---

77) 神野志隆光・山口佳紀 校注 新編日本古典文学全集『古事記』上巻(小学館, 1997).

을 겸한 천제의 수호가 있기에 가능한 일이었다.『고사기』의 동천과정에서 천손 일행은 선주세력에게 요격당하기도 하고, 모두가 혼절하는 경우도 있었다. 그때마다 조상신의 구원으로 그 난관을 극복할 수 있었다. 일행 모두가 혼절하였을 때는, 천상의 조상신이 검을 내려 구원해주기도 하고 길을 안내하는 사자를 보내주기도 했다. 그 같은 조상의 수호가 있어야 순행이 가능할 정도로 거센 것이 선주세력의 저항이었다.

위협하는 선주세력을 복속시키는 과정을 통하여 건국이 가능했다는『삼국사기』의 기록이나 저항하는 선주세력을 정토 복속시키면서 진행한『고사기』의 동천은, 천의 수호를 배경으로 하는 천손이라 해도 순행 중에는 선주세력의 저항을 받게 되며, 결국에는 그 세력을 평정하고 목적을 달성하게 된다는 점에서는 공통적이다. 그런 과정을 통해서 천손 측은 선주세력보다 우수한 권능을 시현하고 절대적인 무위를 발휘하여, 우위를 점하는 질서관계를 정립시키게 된다. 그 같은 일반적인 건국담을 바탕으로 해서「비문」의「강세」「순행」을 생각하면, 추모왕이「강세」하고「순행남하」하여 고구려를 건국하는 과정에서도, 그와 같은 과정이 있었다는 것은 충분히 추정할 수 있는 일이다.

(4) 이계방문의 의미

고구려의 건국은 하늘에서 난생한 추모왕이 지상으로 강세하는 이계방문을 출발점으로 한다. 천과 지가 서로 다른 주재자에 의해 지배되고 있었던 석(昔)이라는 시점에 하늘에서 지상으로 강세하는 것은 위험을 동반하는 방문이었다. 그것이 단순한 방문이 아니라, 그곳에 고구려를 건국하려는 목적 하에서 이루어졌다는 것은, 곧 지상의 포섭을 목적으로 하는 것이다. 그것은 지상의 입장에서 보면 이계의 침입이다. 경계나 격퇴를 필요로 하는 사건이었다.

그때까지 독자적으로 존재하고 있었던 지상으로서는 존망의 위기였기 때문에, 당연히 전력을 다해서 저항했을 것이다. 추모왕의「강세」

나「순행」은 그것을 극복하면서 진행된 것이다. 그 결과가 고구려의 건국이었다. 그것은 천제의 질서를 실현하기 위해서 필요불가결한 과정이었다. 그러나 지상의 입장에서 보면, 이계세력에 의해 자신들의 기존질서가 붕괴되는 사건으로, 자신들의 존망이 걸린 문제였다. 따라서 그것에 반발하고 저항하는 것은 당연한 일이었으며, 또한 그 반발이 거세면 거셀수록 추모왕의 강세와 순행은 그만큼 어려웠을 것이다.

그것이 얼마나 어려운 일이었는가는 이미 전술한 바 있다. 그것은 조상의 수호를 받아야 가능할 정도로 어려운 일이었다. 이 경우의 수호란 조상의 권위를 배경으로 하는데, 그것은 그 질서를 인정하는 경우에 가능한 일이다.「비문」의 경우처럼 천제의 질서가 통용되지 않는 상황에서는 우선 그 질서를 경험시키는 과정을 필요로 한다.

질서의 경험에는 은덕을 통한 경우도 있으나, 강세나 순행을 진행하는 과정에서 발생한 필요에 응하여 단기간에 실행해야 하는 경우에는, 무위를 통해 경험시키는 것이 효율적이기 마련이다. 특히 선주세력이 무력을 동원하여 저항하는 경우에는, 우선적으로 무력의 우위를 입증하고 경험시켜야 한다. 그것이 바로 무위에 의한 제압이다. 따라서 추모왕의 순행은 절대적 무위를 배경으로 해서 이루어진 것으로 보아야 한다. 추모왕은 무위를 통하여 권위를 입증하며 순행을 진행시키고 있었던 것이다.

그 경우에 추모왕이 발휘한 무위는, 천제한테 유래한 것으로, 광개토왕이 정토전에서 발휘하는 것과 같은 내용의 무위였을 것이다. 추모왕은 광개토왕이 정토전에서 발휘한 무위를 배경으로 했기에,「강세」와「순행」이 가능했고, 고구려의 건국도 가능했던 것이다.

추모왕은 광개토왕이 정토전에서 발휘한 것과 같은 내용의 무위, 즉 진피사해(振被四海)하는 무위를 배경으로 했기에 그 강세와 순행이 가능했다. 또 그것이 진행되는 것과 비례하여 추모왕의 무위도 널리 알려졌다. 말하자면 추모왕의 무위도 순행의 진척과 더불어 천하로 확산되었기(振被四海) 마련이다. 그러한 무위를 배경으로 하여, 천우위의 천지간의 질서를 정립시키고, 천하를 천제의 질서에 포섭시킬 수 있었던 것이다.

3) 자연지배력
(1) 도하의 의미

광개토왕이 통치하는 세계는, 인민들이 각자의 업무에 충실히 종사하는(庶寧其業)세계이며, 나라가 부강하고 인민은 번성(国富民殷)하는 세계였다. 그것은 오곡의 풍작을 기반으로 하여 실현된 세계로 오곡의 풍작에 의해 실현될 수 있는 것이었다. 「비문」이 그와 같은 사실을 이야기하고 있는 것은, 광개토왕의 통치내용을 통하여, 혈통으로 전이되는 자연지배능력의 확인을 목적으로 한 것이다. 원래 통치자는 오곡의 풍작을 실현시켜 백성의 생활을 윤택하게 하는 책무를 지고 있으므로, 흉작의 경우에는 통치자의 능력이나 사명의식을 의심받아 폐위되거나 살해되기도 했다. 그래서 통치자는 오곡과 운명을 같이하는 존재로 인식되는 것이 일반적이었다.

따라서 오곡의 풍작을 실현한다는 것은, 그 통치자가 자연지배능력을 소유하고 있다는 사실과, 그 능력으로 오곡의 풍작을 보장하는 군주라는 사실을 입증하는 일이었다. 자연의 풍수를 조절하여 오곡의 풍작을 보장하는 자, 수한(水旱)을 지배하는 사우자(司雨者)라는 사실의 확인이었다. 사우자의 그러한 권능을 실현한 것은 광개토왕이었으나, 그러한 사우자로서의 가능성은 추모왕이 부모신명을 거명하여 도하하는 단계에서 이미 소개되었다.

「비문」은 추모왕이 하백의 외손이라는 사실로 추모왕의 자연지배능력을 암시하고, 부모신명을 거명하는 방법으로 도하한 사실을 통하여 그 자연지배능력을 확인하고 있었는데, 그것은 혈통적으로 계승되는 태생적인 능력이었다. 모신을 통하여 하신(河神)의 능력을 전이 받은 후손이 자신의 정체를 밝히며 도하의 방법을 요구하는 것은 후손의 조상에 대한 수호요청으로 신분적 특권이었다. 다시 말하자면 혈통으로 보장받은 자연지배능력이었다. 그것이 추모왕의 경우에는「순행」시의 도하의 능력으로, 광개토왕의 치세에서는 오곡의 풍작을 실현하는 능력으로 발현된 것이다.

추모왕의 도하능력에 대응하는 것이 광개토왕의「오곡풍숙」이다. 오곡의 풍작은 왕의 자연지배능력이 발현되었기에 가능한 일이었다. 그처럼 오곡의 풍작을 실현했다는 것은, 사우자로서의 능력과 정통성을 확인하는 일인 것이다. 하백여랑이 상징하는 자연지배능력이 추모왕의 도하로 확인되고 광개토왕의「오곡풍숙」으로 실현된 셈이다.

추모왕의 모신「하백여랑」의「하백」은 추모왕의 외조부였는데, 그 이름이 자연지배능력을 상징하고 있다. 원래「하(河)」는 유수(流水)의 총칭으로 하천신을 의미하고,「백(伯)」은「두(頭)」·「장자(長子)」등을 의미하여,「하백」은 수신들을 통어하는「수신장(水神長)」을 의미한다[78]. 그 하백을 부로 한다는 사실은, 모 하백여랑이 수변녀(水邊女)라는 사실과 자연지배능력을 태생적으로 구비하고 있다는 사실 등을 시사한다. 추모왕이 그「수신장」의 후손이라는 것은, 추모왕이 혈통적으로 수한(水旱)의 조절능력을 전이 받았다는 것을 의미한다.

(2) 자연지배 주능

신혼을 통해서 부모신의 주적 능력이 신생아에게 전이된다는 사실은, 천신부(天神父)와 국신모(国神母)의 신혼을 이야기한『고사기』를 통해서도 확인할 수 있다. 지상(国)의 통치를 위임받고 하늘에서 강림(天降)한 천손이 산신의 딸(山神女)과 신혼을 맺게 된다. 그러자 산신은 신혼의 의미를 다음처럼 설명한다.

　　我之女二並立奉由者, 使石長比売者, 天神御子之命, 雖雪零風吹 恒如
　　石而, 常堅不動坐, 亦, 使木花之佐久夜比売者, 如木花之栄, 栄坐宇気

---

78) 斉人有謂斉王曰 河伯大神(『韓非子』内儲説上).

比弖(自宇下四字以音)貢進79).
저의 딸 둘을 함께 올린 것은 이와나가히메를 부리시면, 천신이신 어자의 수명은 눈이 내리고 바람이 불어도 변함없는 바위처럼 언제까지나 끄떡않고 계실 것이고, 코노하나노사쿠야비메를 부리시면 나무의 꽃이 피듯이 번영하게 될 것이라고 믿고 바쳤던 것입니다.

신혼을 통하여 상대의 주능을 획득하게 된다는 내용이다. 지상으로 내려온 천손에게 두 딸을 바쳤으나, 용모가 아름다운 코노하나노사쿠야비메(木花之佐久夜毘売)만을 취하고, 아름답지 못한 이하나가히메(石長比売)를 돌려보냈을 때 한 말이다. 만일 천신이 두 딸과 신혼을 맺었으면 영원한 수명과 화려한 번영을 같이 보장받을 수 있었다는 것이다. 그러나, 코노하나노사쿠야비메(木花之佐久夜毘売)를 통해 영원한 번영은 보장받았으나, 이하나가히메(石長比売)를 거절했기 때문에 수명이 영원하지 못하고 유한하게 된다는 것이다.

산신과의 신혼으로 태어난 천손은 다시 해신국(海神国)을 방문하여 해신녀(海神女)와 신혼을 맺는 것을 통하여, 해신의 자연지배능력까지 획득하게 된다. 그처럼 천손이 대를 이어 산신이나 해신의 딸과 신혼을 맺는 것은, 천손들의 주력을 증폭시키는 일이었다. 이처럼 신혼을 통하여 부모신의 주능을 전이 받은 후손이 태어난다는 것이 신혼에 의한 탄생담의 의미이다80). 그것을 『고사기』는 해신과의 신혼을 통해 자세히 설명하고 있다.

其兄作高田者, 汝命, 営下田. 其兄作下田者, 汝命, 営高田. 為然者, 吾掌水故, 三年之間, 必, 其兄, 貧窮81).
그 형이 높은 곳에 논을 만들면, 당신은 낮은 곳에 논을 만드세요. 그 형이 낮은 곳에 논을 만들면, 당신은 높은 곳에 논을 만드세요. 그렇게

---

79) 神野志隆光・山口佳紀 전게주77
80) 吉井巌, 『天皇의 系譜와 神話』三(塙書房, 1992)
81) 전게주77.

하면 저는 물을 지배하니, 3년 안에 틀림없이 그 형은 수확이 없어 빈궁해질 것입니다.

이는 형제간의 경쟁에서, 해신의 주능을 전이 받은 동생이 형을 제압한 원인을 밝힌 이야기다. 형의 낚시 바늘을 잃고 책임추궁을 당하자, 해신국을 찾아가 해신의 딸과 신혼을 맺고 해신의 주적 능력을 전이 받아, 그 능력으로 형을 복속시키게 된다. 만일 형이 그 해신의 딸과 신혼을 맺었다면, 그 결과도 달라졌을 것이다. 이처럼 신혼은 계보에 새로운 능력을 첨가하는 하나의 방법으로서의 의미를 갖는다.

형과 동생은 같은 천손이었지만, 해신의 주능을 확보하는 것에 의해, 경쟁의 결과가 결정되었다. 해신은 자신의 딸과 신혼을 맺은 천손에게 주물을 양도하고 수호를 약속하였다. 동생은 그와 같은 해신의 수호를 배경으로 형을 복속시키고 천하에 군림할 수 있었다. 그것이 신혼이 시사하는 의미이다.

해신녀와의 신혼으로 획득한 주능의 효과를 『고사기』는 다음처럼 이야기 한다.

> 是以, 備如海神之教言, 与其鈞. 故, 自爾以後, 稍愈貧, 更起荒心迫来. 将攻之時, 出塩盈珠而令溺. 其愁請者, 出塩乾珠而救. 如此令惚苦之時, 稽首白, 僕者, 自今以後, 為汝命之昼夜守護人而仕奉. 故, 至今其溺時之種 種之態不絶, 仕奉也[82].

이렇게 하여 (호오리노미코토는), 무엇이든지 해신이 일러준 대로 하며, 그 낚시 바늘을 (호데리노미코토에게) 주었다. 그래서 그 이후 (호데리노미코토는) 점점 가난해져, 전보다 더 거칠어진 마음을 가지고 공격해 왔다. (호데리노미코토가) 공격하려 하였을 때, (호오리노미코토는) 조류를 흐르게 하는 구슬을 꺼내서 물에 빠뜨렸다. 그리고 (호데리노미코토가) 괴로워하며 용서를 구하자, 조류를 빨아들이는 구슬을 꺼내서 구

---

82) 전게주77.

했다. 이렇게 곤란을 주며 괴롭혔더니, (호데리노미코토는) 땅에 엎드려서, 저는 지금 이후로는 당신을 밤낮으로 수호하는 자가 되어 받들어 모시겠습니다 라고 아뢰었다. 그래서 지금에 이르기까지, 그 물에 빠졌을 때의 여러 동작을 끊임없이 전하며 받들어 모시고 있는 것이다.

해신의 주능을 획득하고 돌아온 동생은 해신이 일러준 대로 하여 형을 복속시키게 되었는데, 그것은 신혼으로 수한조절능력을 전이받았기 때문에 가능한 일이었다. 신혼으로 주능을 확장시켰다는 사실의 확인이었다. 그렇게 획득한 주능은 혈통으로 전이되게 되는데, 그것이 권능의 증폭이다. 또 같은 천손이라 해도 능력에 따라 우열이 가려지고, 그 우위를 점하는 쪽이 정통성을 확보하게 된다.

이 같은 신화의 일반적인 예를 통해, 천지신의 신혼으로 난생한 추모왕의 주능은 추정할 수 있다. 하백여랑을 모신으로 하는 추모왕이기에, 그는 모신을 매개로 하여 하백의 자연지배능력을 전이 받았던 것이다. 그 후손이 통치하는 천하가 오곡의 풍작을 이루는 세계였다는 것은, 그 자연지배능력을 기반으로 한 결과였다. 즉 추모왕이 모신을 통하여 확보한 자연지배능력을, 광개토왕이 그대로 전이 받아 오곡의 풍작을 실현시킨 것이다.

「비문」이 「생이성덕(生而聖德)」으로 기술하여 추모왕이 태어나면서부터 성스러웠다는 것도, 추모왕이 천지신의 신혼으로 난생했다는 사실을 근거로 한다. 또한 태어나면서부터 성스러웠기 때문에, 그가 통치하는 천하는 가축의 왕성한 번식이나 작물의 풍작이 보장된 세계이고, 그것을 바탕으로 하는 풍요로운 생활이 보장되는 세계인 것이다.

4) 도(道)
(1) 유류왕의 계보적 위치
「비문」의 유류왕에 대한 기술은 「고명세자유류왕 이도흥치(顧命世子儒留王 以道興治)」가 전부이다. 「비문」에 왕명이 기록된 것은 추모왕・유류왕・대주류왕・광개토왕 정도인데, 추모왕과 광개토왕의 기술이 비교적 구체적인 것에 비해 유류왕과 대주류왕의 기술은 극히 간단하다. 유류왕의 경우는 추모왕과의 관계를 밝히는「고명세자유류왕」과 치세의 내용을 개괄한「이도흥치」가 전부이고, 대주류왕의 경우는 왕통을 계승받았다는 것으로 인식할 수 있는「소승기업」이 전부이다.

간단한 기술이지만, 그것이 유류왕에 의해 수행된 내용의 기술이라는 것은, 기록된 자체가 그것을 확인해준다.「고명세자유류왕 이도흥치」는, 유류왕의 왕통보상의 위치와 통치의 내용을 기술한 것으로, 추모왕의 유명을 받은 유류왕이 뛰어난 도(道)로 정치를 일으켰다는 식으로 이해되어 왔다[83]. 이곳의「고명세자」는 왕위를 이은 유류왕이 왕통의 적통이라는 정통성과 이후의 왕통도 부왕의 유명을 받은 천손에게 계승되어야 한다는 것으로[84], 왕통보의 계승을 혈통으로 한정하는 왕위 계승방법의 확인이었다.

이곳의「이도흥치」는 유류왕의 통치가「도」를 기반으로 해서 이루어졌다는 것으로, 그 통치의 기본이념을 나타낸 것이다. 그렇다 해서 통치한 덕목을 소개하는 것이 목적은 아니다.「비문」자체가 왕들의 특성을 소개하는 것을 목적으로 하는 것이 아니라, 왕통의 특성을 확인하여, 그 왕통을 계승하는 후손들의 절대성이나 정통성을 확인하는 것을 목적으로 하는 것이다. 그 사실을 감안하면 유류왕에 대한 간단한 기록의 의미도 분명해진다. 그것은 유류왕 자체의 설명이 아니라, 그것을 통해 왕통의 특성을 구체화하는 것을 목적으로 하는 것이다.

그런 의미에서 유류왕의 기술은, 유류왕에 의해 왕통에 첨가된 새로운 권능을 소개하는데 의미가 있다. 추모왕에 의해서 구축되기 시작한 왕통보에, 유류왕이 새로운 요소로서의 권능인「도」를 첨가한 사실을

---

[83] 朴時亨 전게주24, P.158.
[84] 이 고명은 추모왕을 주어로 하는 설(武田幸男・林基中), 유류왕을 주어로 하는 설(王健群・白崎昭一郎・朴時亨)로 있는데, 3대 대주류왕의 기사의 주어가 대주류왕인 것에 의하여 후자를 취한다.

확인하고 있는 것이다. 「비문」이 유류왕을 「고명세자」라며 추모왕과의 관계를 명확히 하고 있는 것은, 유류왕이 혈통으로 추모왕의 권능을 전이 받고, 그 위에 「도」라는 요소를 새로 첨가하여 통치에 임했다는 사실의 확인이었다.

고대 일본에서 천자의 신체는 「혼을 담는 용기」라고 생각하고 있었다. 천자의 신체는 「스메미마노미코토」로 불려졌는데, 「스메」는 신성함을 나타내는 말이고, 「미마」는 육체를 의미는 말이므로, 「스메미마노미코토」는 신성한 육체를 가진 신(命: 씨족의 조상신)이라는 것이다. 이 「신성한 육체를 가진 신」에 천황의 영(靈)이 들어가 진좌하게 되면, 위력을 지닌 존재로서의 천자가 되는 것이다. 그러나 그 신성한 육체를 가진 신, 천자의 육체에는 생사가 있으나, 이 육체를 채우는 영혼은 시종일관하여 불변이다. 가령 육체는 변한다 해도, 그 새로운 육체에 이 혼이 들어가면 아주 똑같은 동일한 천자가된다[85]. 그런 의미에서 천손은 영원한 셈이다.

스메미마노미코토(皇御孫命: 天皇: 皇尊)」의 사전적인 의미를 살펴보면 다음과 같다. 스메(皇)는 신이나 천황에 관한 말을 수식하여 찬미한다. 또 미마(孫)는 귀인의 자손을 뜻하며[86], 미코토(命)가 씨족의 조상신을 의미하는 경우에 많이 사용 된다[87].

그처럼 왕통을 계승하는 것이, 새로운 육체라는 용기에, 시종 불변하는 계보의 영혼이 옮겨 앉는 것이라면, 조상과 후손은 동질적인 것이다. 영혼을 담는 육체는 개변되나, 그 안에 진좌하는 영혼은 불변한다. 즉 조상과 후손은 영혼적인 면에서 동일한 것이다. 그런 점에서 유류왕의 육체는, 부왕의 영혼과 주적 권능이 그대로 옮겨 진좌하는 용기이다. 즉 유류왕이라는 새로운 용기에 추모왕의 영혼이 그대로 옮겨 앉아 진좌해 있는 셈이다. 그래서 두 부자는 동질적이다. 다른 점

---

85) 佐々木宏幹 講談社学術文庫『샤머니즘의 세계』(講談社, 1992년 12월), P.138.
86) 皇孫(『일본서기』卷2神代下 제9단), 御孫(『続日本記』聖務天皇15年5月).
87) 朝倉治彦 外四人『신화전설사전』(東京堂出版, 平成4年), P.147.

은, 그 추모왕의 권능에, 유류왕이 새로운 요소로서의 「도」를 첨가하여, 왕통의 권능을 증폭시키고, 통치에 임했다는 점 정도이다. 그처럼 추모왕이 확보한 요소적 권능에 유류왕이 신요소로서의 「도」를 첨가하는 것으로, 혈통으로 전이되는 왕통보의 권능적 요소가 완비되는 셈이다. 그것은 대주류왕의 기술에 새로운 요소로 판단할 만한 내용이 없는 것으로 확인할 수 있다.

(2) 도의 의미

문제는 유류왕의 「도」가 무엇을 의미하는 것인가이다. 흔히 이곳의 「도」는 「비문」의 도교적인 표현과 결부되어 도교적 입장에서 설명되기도 한다. 고구려를 건국한 추모왕이 세위(世位)를 즐겨하지 않고 하늘이 파견한 황용을 타고 승천했다는 「이용수승천(履竜首昇天)」이 그러한 표현인데, 그것은 중국의 황제가 용을 타고 승천했다는 고사와 유사하다88). 원래 연단(練丹)으로 선술을 득도한 황제가 승천한다는 것은 도교의 이야기로, 도교의 천진인(天真人)은 승천과 강세가 자유자재였다89).

신화의 도교적 요소를 차주환은 「국가의 시조를 천제의 자손이라고 한 것에 대한 사학자들의 해석은 구구하지만, 도교에 연결된 선가설(仙家説)에 결부되기 쉬운 바탕이 만들어져 있음도 부인하기 어렵다」라고 말하며90), 고구려의 경천사상을 도교와 동일시 할 수는 없지만, 천제나 상제를 신봉하는 도교적 입장과 상통하는 면이 있다고 했다.

그러나 도교가 고구려에 전래된 것이 「왕비」의 건립보다 늦은 영류왕(営留王) 7년(624)이었다는 것을 고려하면, 「비문」의 신화가 도교의 영향을 받았다고 말하기는 어렵다. 종래의 여러 사람들은 「비문」의 「이

---

88) 忽聞空中有鐘鼓之響 茄籥之声 音韻嘈嚌 出戸望之 見従東方虚空而来 旂旗爵勃 羽蓋紛紜 光輝幽藹 煥爛太虚,(『雲笈七籤』四, 上清経術).
89) 車柱環 「高句麗의 道教思想」『韓国道教思想研究』(서울大学校出版部, 1978).
90) 車柱環 전게주89.

제2장 정통성의 논리 239

도홍치」를「도로서 정치를 흥하게 하는 것으로, 흥한다는 것은 행한다고 말하는 것과 같다」91),「치국지도로 사업을 진흥시켜 국가가 대치(大治)되었다」92),「도리로 정치를 일으켰다」93) 등으로 해석하고 있다. 이러한 해석에 의하면「도」는「치」의 수단,「치」를「흥」하게 하는 수단으로, 유류왕이 치세에 임하는 덕목이「도」였다는 것이 된다.

원래「도」의 정의는 여러 가지로 정의되고 있다.『중용』은 하늘이 명하는 것을 성(性)이라 하고, 성에 따르는 것을 도라 하며, 도를 닦는 것을 교(教)라 하였다94).『예기』는 인의라 하였다95). 그 도를『한비자』는 만물이 생성되는 총원리라 하였고,『노자』는 모든 만물에는 그것대로 생성되는 이치를 가지고 있다고 말했으며, 만물이 제각각 생성되는 총원리를 도라 하였다96). 다양하게 말해지는「도」를 빙우란은

> 만물이 생기는 총원리인 도는 구체적인 사물인 천지만물과는 차원을 달리한다. 만물은 유(有)라고 말할 수 있으나, 도는 사물이 아니기 때문에 무(無)라고 밖에 말할 수 없다. 그러나 한편으로 도는 만물을 생성하는 힘도 가지므로, 그런 면에서는 그것을 유라 할 수도 있는 것이다. 따라서 도는 유와 무를 겸하여 말한다. 말하자면 무는 그 체(体)이고 유는 그 용(用)이다97).

라고 형태적으로는 없는 것이나, 만물을 생성하는 원리상에는 존재한다며,「도」를 유무로 구분하여 설명하였다. 이처럼 복잡하고 다양한 의미가 논리적으로 설명되는 것이「도」이다. 그것은 합리적인 논리를

---

91) 道ヲ以テ政治ノ興為スコトニテ, 興スルハ, 行フト云フガ如シ(那珂通世,「高句麗古碑考」『史学雜誌』4~10, 明治26年).
92) 王健群 林東錫訳 전게주29, P.298.
93) 白崎昭一郎 전게주30.
94) 天命之謂性 率性之謂道 修道之謂教(『中庸』).
95) 君子楽得道(注) 道謂仁義也(『礼記』楽記).
96)『韓非子』解老篇,『老子』第25章.
97) 憑友蘭 전게주36, P.260.

바탕으로 할 때 그 의미를 설명할 수 있는 내용이다.

그런 면에서 유류왕은 신화적으로 이야기되어 있는 추모왕과 구별된다. 유류왕에게는 추모왕에게서 볼 수 있는 샤먼적인 요소가 전혀 보이지 않는다. 추모왕의 샤먼적인 요소에 「도」를 새로운 요소로 첨가하여 통치한 유류왕임에도, 「비문」에는 「도」의 기록만이 있어, 확실히 구분된다. 이처럼 추모왕의 샤먼적인 요소에 유류왕의 합리적인 「도」가 첨가된 것은, 신화와 역사적 사실을 접속하여 구성하는 「비문」의 기본 구조와도 부합되는 일이다.

고구려는 본래 부족연합국가로 각 부족이 샤먼적으로 조상신을 제사지내고 있었다. 고구려의 왕실도 마찬가지였다. 고구려 왕실이 처음부터 절대권위를 구축하고 있었던 것은 아니었다. 이런 상황에서 왕실은 왕권을 강화시키는 방법으로, 샤먼적이고 부족적인 정치체제를 탈피하여, 초부족적인 권위를 확보하려 했다.

그 과정에서 고국원왕이 국내외의 시련을 극복하지 못하고 전사하자, 그 뒤를 계승한 소수림왕은 불교를 공인하고 태학을 설립하였으며 율령도 반포하였다[98]. 그것은 종래의 부족장적 위치에 머물러 있던 왕권을 초부족적인 것으로 발전시키는 것을 목적으로 하는 개혁들이었다.

불교는 부족적 사회를 지탱하고 있던 기존의 신앙 체제보다 높은 차원의 정신세계를 제시하는 것으로, 왕권의 강화와 중앙집권적 지배체제를 유지하는 사상을 제공해 주었다[99]. 태학의 설립은 차원 높은 유교의 정치이념을 교육시키는 것과, 유교의 「도」를 강조하여 왕자의 권위를 합리화하고 중앙집권적 지배체제를 지탱하는 관리의 양성을 가능케 하는 제도였다[100]. 아울러 반포된 율령은 다원적인 관습체제를 공법체제로 일원화하여, 왕을 정점으로 하는 중앙집권적 지배체제를

---

98) 秦王符堅 遣使及浮屠順道 送仏像・経文 王遣使回謝 以貢方物 立太学 教育子弟 三年始頒律令, (『三国史記』高句麗本紀 小獣林王二年条).
99) 李基白 전게주10
100) 金哲埈 「삼국시대의 예속과 유교사상」 『韓国古代史研究』 (1975)

유지할 수 있도록 했다101).

　종교의 진흥과 율령의 제정에 의한 정책은 천제의 권위를 근거로 하는 샤먼적 정책과는 이질성이 강해, 고구려 초기부터 시행된 것으로 믿기는 어렵다. 그래서「비문」이 유류왕을 통해서 소개하고 있는「도」는 유류왕의 정치덕목으로 단정할 수 없는 것이다. 중앙집권적 정치체제의 구축이 가능하게 되었을 때 그것의 당위성을 입증해 줄 사상이 필요하게 되자, 그 필요성에 의해서 확립된 정치 덕목이「도」였다. 그것을 유류왕대에 소급시켜 후손에게 전이되는 왕통의 요소로 한 것이다.

　고국양왕은 불법을 숭신하는 방법으로 복을 구할 것을 명하고, 국사를 세우고 종묘를 수리하게 했다102). 그것은 불교의 진흥정책을 국사와 종묘의 신개축과 함께 추진한 것으로, 불교가 기존종교를 기반으로 하여 수용되었다는 것을 의미한다. 그 같은 샤먼과 종교의 접속은, 신화와 사실을 접속하는 방법으로 구성된「비문」의 구조와 같은 접속방법이었다.

　그러나 고구려에는 불교와 같은 종교가 도입되기 전에도 불교의 인과응보와 마찬가지로, 공덕을 쌓는 것으로 복을 구하는 가치관이 존재하고 있었다. 그것이 하늘을 숭배하는 숭천사상이고 경천사상이었는데, 풍양(豊穰)과 행복의 물산(物産)을 베풀어주는 천, 즉 복의 근원에 대해서 감사하는 사고였다103). 그러한 사고는 인간의 길흉화복이 본인이 행한 선악에 의해서 좌우된다는 새로운 지식이나 종교의 영향을 받으면서 변하게 되었다104). 인간의 길흉화복이 전적으로 자연의 섭리에 있다고 믿고 있던 종래의 가치관이, 본인이 행한 선악에 의해서 좌우된다고 믿는 새로운 가치관의 영향을 받아 합리적인 사고로 바뀌게

---

101) 盧重國「高句麗国相考」『韓国学報』16(1979).
102) 崇信仏法求福 命有司 立国社修宗廟(『三国史記』故国壤王9年条)
103) 李楠永「高句麗의 仏教哲学」『韓国哲学研究』上(1977).
104) 禍福無門 惟人所召 令子以王弟之親 為百寮之首 位已極矣 功亦盛矣 宜以 忠義存心 礼讓克己 上同王德 下德民心 然後 富貴不離於身 而禍乱不作矣」(『三国史記』高句麗大祖大王 86年条).

된 것이다. 다시 말하자면 샤머니즘으로부터의 탈출이었다.

(3) 샤머니즘과 도

길흉화복을 샤먼을 통해 구하려는 사고가, 인간의 선악행위의 결과로 인정하는 사고로 전환된 것은 중국과의 교류에 의해 유교적 윤리와 접하면서부터이다[105]. 이처럼 재래관념이 유교적인 윤리관에 의해서 합리적으로 발전하는 상황에서 인과응보를 이야기하는 불교가 수용되었기 때문에 재래신앙과 일으킬 수 있는 갈등을 최소화할 수 있었다. 그러나 구복한다는 면에서는 불교의 인과응보설이 보다 적극적이었다.

고구려가 「홍국(興国)」이나 「홍복(興福)」 등을 사찰명으로 하고 있었던 것도 왕실과 국가의 안녕, 그리고 신민의 구복을 불교에 의지하고 있었다는 사상을 반영한 결과이다. 고국양왕이 불법을 통하여 구복하려 했던 것도 마찬가지였다. 불교의 진흥책과 국사(国社)나 종묘의 신개축을 동시에 추진하는 일은, 불법을 봉숭하는 의미를 국사와 종묘에 대한 제사와 동질적으로 인식하기 때문에 가능한 일이었다. 그래서 불교의 봉숭은 단순한 구복행위가 아니라 국가통치체제 정비의 일환으로 볼 수 있는 것이다. 광개토왕이 평양에 구사(九寺)를 건립한 것도 그러한 구복사상을 기반으로 하는 호국정책의 실현으로 보아야 한다[106]. 백제와의 관계에서 요지인 평양에 사원을 건립한 것은 불교의 공력으로 홍국·홍복을 기원하고 왕실의 권위를 과시하기 위함이었다.

고구려 왕실은 부족사회의 구질서와 구체제에서 탈피하는 것이 절실한 문제였다. 그래서 왕권강화에 반하는 부족적 신앙을 지양하는 방법으로 보다 차원이 높은 불교를 필요로 하였다. 또 「충」을 중시하는 유교를 도입하여 샤머니즘적인 가치관을 합리적인 사고로 전환시키려 하였다. 그러한 가치관의 변화가 있었기에 종래의 샤머니즘적 가치관에 불교의 인과응보적 사상을 무리 없이 접속하여 초부족적인 가치관

---

105) 申東河 「高句麗의 寺院造成과 그 意味」『韓国史論』19(1988).
106) 申東河 전게주105.

을 성립시킬 수 있었던 것이다. 샤머니즘적 가치관에 유교와 불교의 가치관이 첨가되는 식으로 발전되는 것은, 중앙집권적인 고대국가를 성립하는데 필요한 가치관의 효율적인 변화였다.

불교의 유입은 고대국가 성립의 전제로 요구되었던 관념체계의 통일에 크게 기여하였고, 태학의 설립은 고대국가의 통치체제의 정비와 통치기술을 제공하는데 이바지하였다[107]. 그러한 시대적 상황을 배경으로 광개토왕과 장수왕은 고구려의 전성시대를 열 수 있었다. 그러한 고구려왕실을 중심으로 하는 중앙집권적인 고대국가의 성립을 가능케 한 초부족적 덕목을 「비문」은 「도」로 표현하고 있다.

이 「도」가 유류왕을 통하여 왕통의 요소로 첨가되는 것은, 추모왕을 통하여 확인된 샤머니즘적인 가치관에 논리적인 합리성을 부여하여, 현실성을 확보하는 한 방법이었다. 또 그것은 신화와 역사의 접속으로 구성된 「비문」의 구조와도 대응되는 접속이다. 「비문」은 그 같은 방법으로 샤머니즘적인 권능과 합리적인 「도」를 동질적인 것으로 인식시켜, 신화로 역사를 보장하고 역사로 신화에 사실성을 부여하고 있다. 그러나 「도」로 표현된 가치관은 후대에 확립된 것을 소급시켜 왕통의 요소로 설정시킨 것이다. 즉 「비문」을 구성한 자의 의도에 의한 편집이었다.

---

[107] 李万烈 「高句麗 思想政策에 대한 몇 가지 檢討」『柳洪烈博士回甲記念論叢』(1971)

4 장수왕

1) 조상의 수호
(1) 조상의 수호조건

「비문」은 고구려의 정통성을 천제와의 혈연에서 구하고, 천손이 통치하기 때문에 고구려가 천하의 중심이라는 사실을 이야기하고 있다. 그처럼 천손이 통치하기 때문에 고구려가 천하의 중심이라는 것은, 고구려가 천제와의 혈연관계를 배경으로 천과의 교류는 물론 주변국과의 교류까지도 독점한다는 사실로 확인된다. 고구려가 천과의 교류를 독점하는 것은, 지상을 대표해서 천과 교류한다는 것으로, 천의 의도가 고구려를 통하여 지상세계로 전달된다는 것이 된다. 이런 일이 반복되면서 천제의 질서가 확산되게 되면, 천제를 대행하는 고구려의 영향력은 절대적일 수밖에 없다.

조상에게 수호된다는 것은 혈통으로 보장받는 일이지만, 혈연관계가 충분조건은 아니다. 같은 후손이라 해도 친소에 따라 달라진다. 조상에게 수호받기 위해서는, 우선 조상을 감동시켜 호감을 획득하는 것, 즉 조상이 후손을 보호하겠다는 의지를 가지게 하는 것이 전제되는데, 그것은 후손의 의지의 표현에 의해 좌우된다. 그러한 의사에 어울리는 숭배의례를 거행할 경우에 그에 합당한 수호도 보장받게 되는 것이다.

고구려의 왕이 천하의 절대자로 군림하는 것은 혈통적 특혜를 배경으로 하는 특권이나, 그러한 특권은 천제를 비롯한 조상들의 의사에 따라 유보당하거나 소멸될 수도 있는 것이었다. 마치 그것은 천명과도 같은 성질의 문제였다.

조상은 어떤 경우에도 무조건적으로 후손의 편을 드는 귀신과는 다르다. 후손의 의사와는 반대로 작용할 가능성도 있다. 그것은 천명을 받은 군주라 해도 일정한 기준, 말하자면 도덕적인 기준에 어긋나는 행위를 하면 천명을 상실하는 경우와 같다. 고구려왕은 천제의 후손이므로 혈통적으로 천명을 확보하고 있어, 도덕적인 기준보다는 혈연적인 관계가 우선될지는 모르나, 그럴 경우에 있어서도 조상신의 호불호는 있는 것이다.

　후손들은 조상이 이룬 업적에 대한 자긍심을 갖지만, 왕권이 동요되지나 않을까하는 우려나 조상들에게 뒤지지 않는 왕업을 완수해야한다는 절박감도 가질 수 있다. 그러한 절박감이 현실의 불안정과 겹쳐질 때, 왕은 조상의 수호를 더욱더 필요로 하게 된다. 계보를 계승한 왕은, 혈통적으로 천명을 획득하고 있는 셈이나, 그것만이 아니라 자신의 덕행으로 천명이 함께하고 있다는 사실을 입증해야하는 필요성도 있었을 것이다. 아무리 천명을 받았다 해도 도덕적인 신뢰를 상실하면 더불어 상실되는 것이 천명이다.

　신뢰를 잃으면 상실되는 것이 어찌 천명뿐이겠는가. 조상의 수호도 상실되기 마련이다. 조상이 씨족신인 것에 비해 천제는 초씨족적인 존재이므로 같을 수는 없지만, 「비문」의 왕통보에서는 천제가 곧 조상이므로, 천제는 왕통의 씨족신이기도 하다. 따라서 「비문」에서의 천제와 조상신은 동일체인 셈이다. 그래서 천명을 상실한다는 것과 조상의 수호를 받지 못한다는 것은 같은 의미이다.

　그런 의미에서 천제와 조상을 구분한다면, 천제의 경우에는 초씨족적이므로 다른 씨족도 수호해야 한다는 점에서 보다 포괄적이라 할 것이다. 천제가 조상에 비해 초씨족적이라는 것은, 천제와 조상과의 관계가 조상과 현왕의 관계처럼 일의적으로, 절대적인 결속관계가 아니라는 것을 의미한다. 그래서 조상의 수호는 천제의 그것보다는 관대할지 모른다. 그렇다 해도 후손의 대응에 의해 달라진다는 것은 사실이다. 그것은 광개토왕의 사인을 기록한 것으로 보이는 「호천부조(昊天不弔)」로도 추정할 수 있다.

　경서에 사용된 부조(不弔: 弗弔)의 용례를 분석한 히라오카타케오(平岡武夫)는, 「부조호천(不弔昊天)」이라는 말이 사용되는 것은, 항상 인간계의 일(事象)이 천의 섭리와 계(揆)를 같이 하지 않을 때이다.

따라서 그것은 인간의 책임을 추궁한다는 의미도 포함하고 있으므로, 천을 원망하는 것도 포함되어 있다는 것이다. 따라서 「부조(弗弔)」는 인간의 부덕을 꾸짖는 말이기도 하지만, 하늘에 대한 서운함을 불평하는 말이기도 하다」라고, 천제와 인간 서로가 상대에게 불만을 토할 경우에 사용되는 표현이라 했다. 그러면서 천의 절대성에 뿌리를 두는 의견도 이야기했다.

> 천은 절대적이다. 천이 하는 일에 불만을 이야기하는 것이 아니다. 천이 내리는 재액은 평소의 인간의 행위가 천도에 어긋나는 것이 있기 때문이다. 천과 인간, 이 양자가 괴리될 때, 그것은 반드시 인간 측에 잘못(非)이 있다[108].

인간이 잘못을 저지르면, 천은 재액을 내린다는 것으로, 왕의 경우에는 천명을 거두어 들일 수도 있다는 가능성을, 후손의 경우는 조상의 수호를 상실할 수도 있다는 가능성을 시사하는 의미의 「부조(不弔)」이다. 이런 용어가 천제의 혈통으로 이어지는 왕통보를 확인하고, 조상과 후손의 동질성을 확인하는 「비문」에 사용되었다는 것은, 후손의 행위에 따라서는 조상의 수호가 상실될 수도 있다는 가능성을 시사하는 일이었다.

후손이 조상의 수호를 원한다면, 그것을 위한 일정한 행위를 하기 마련이고, 조상은 후손이 후손다울 때는, 후손을 수호하지 않을 이유가 없다. 후손답다는 것은 조상의 기대에 보답하는 것이고, 조상의 수호에 감사하는 경우를 말한다. 그래서 후손들은 조상들의 수호에 감사하는 보은의례를 거행했을 것이고, 또 그것이 조상의 수호를 보장받는 방법이라는 것도 알고 있었을 것이다. 후손들은 조상의 수호를 원하고, 조상은 그 조건으로 일정한 의례를 요구한다면, 후손은 그에 상응하는 의례를 통해서 수호를 보장받을 수 있는 것이다. 서로가 요구사항을

---

108) 平岡武夫 『経書의 成立』(創文社, 1983년), P.169.

충족시켜주며 유지시켜나가는 조상과 후손간의 교류인 셈인데, 그러한 교류를 통하여 조상의 후손에 대한 신뢰는 증가되는 것이다.

「비문」이 직접 이야기한 조상의 수호는, 추모왕이 부모신명을 거명하며 도하의 방법을 요구하자 즉시 그것에 응해준 사실 정도이다. 「비문」은 추모왕의 요구한 내용과 그 결과만을 기술하고 있으나, 그것은 일정한 의례를 통한 요구였을 것이다. 그것이 구원을 요구하는 추모왕의 입장에 부합하는 추정이다. 그 규모나 내용은 상황에 따라 달라질 수는 있겠으나, 조상의 수호를 필요로 하는 상황에서 요구하기에 앞서 일정한 의례를 거행한다는 것은 극히 당연한 일이다. 천명이 무조건적인 것이 아니라 도덕성을 조건으로 하는 이상, 그 같은 의례는 의무지워진 조건이었을 것이다. 그런 점에서 조상과 후손간의 교류는 수호와 보은을 기축으로 하는 것이라고 말할 수 있다.

(2) 수호의 확인

조상과 후손의 교류가 수호와 보은을 기축으로 한다는 점에서, 추모왕의 도하나 광개토왕의 전승은 조상의 수호로 가능했던 결과이고, 광개토왕이나 장수왕이 행한 수묘(守墓)는 그에 대한 보은의례로 볼 수 있다. 또 그러한 교류가 활발할 때 왕통은 절대적이고 그 번영도 보장되는 것이다.

광개토왕은 수묘에 충실한 후손이고, 그가 통치하는 세계는 오곡이 풍숙하고 「국부민은」이 실현된 세계였는데, 그 수묘가 후손의 조상에 대한 의례이고, 그 전승(戰勝)이 조상의 수호를 배경으로 하는 것이라면, 수묘와 전승, 그것은 무관할 수가 없다. 그럴 경우의 수묘는 조상의 수호에 대해 보은하며 지속적인 수호를 원하는 의례이고, 그 의례에 상응하는 조상의 수호가 「전승」이라는 결과로 나타난 것으로 볼 수 있다. 또 그 같은 수호의 결과로 발현된 상황을 종합적으로 표현한 것이 「국부민은」이다.

그러한 의미에서 추모왕의 도하나 광개토왕의 전승은 조상이 후손을 수호하는 형태의 교류이고, 수묘는 후손이 조상의 수호에 보은하며 지속적인 수호를 보장받으려는 염원을 나타내는 교류라 할 수 있다. 즉 도하나 전승은 조상이 후손을 수호한 결과이고, 수묘는 그것에 대한 후손의 보은행위인 것이다. 그렇게 이루어지는 수호나 보은은 일방적인 것이 아니라 상호적인 것이기 때문에, 도하나 정토처럼 조상의 수호를 필요로 하는 경우에는 그것을 전후해서, 조상의 수호를 요구하고 감사하는 내용의 의례가 거행되었기 마련이다. 즉 사전에는 수호를 기원하는 의례가, 사후에는 그것에 감사하는 의례가 거행되었다고 보아야 한다. 그 의례를 상징하고 구체화한 것의 하나가 수묘인 셈이다.

후손들은 효과적인 보은의례가 수호를 획득할 수 있는 방법이라는 것을 깨닫게 되면, 조상의 요구에 충족할 수 있는 방법을 강구하려고 할 것이다. 그럴 경우 의례의 형식이나 내용이 변한다면, 그것은 조상의 수호를 얻기 위한 방법의 개선이라고 말할 수 있다. 그런 의미에서 광개토왕이 묘상에 석비를 건립하고 수묘인의 매매금지령을 반포한 것은 보다 효과적인 조상숭배를 목적으로 하는 개변으로 보아야 한다. 또 그처럼 개변을 시도하는 광개토왕은 조상숭배의 효과적인 방법을 알고 있었을 것이다. 그 광개토왕이 묘상에 비를 세우고 수묘역에서 구민을 제외시킬 것을 교언으로 남기는 것 등은 효율적인 수묘로 조상의 수호를 보장받기 위한 의례의 개선이었다.

(3) 수호와 수렵

광개토왕은 비려를 정토하고 회군하는 길에 전렵(田猎)을 행하였는데[109], 정토를 마치고 회군하는 귀로에서 이루어진 전렵이라면, 그것은 정토전과 무관할 수 없는 일이었다. 따라서 직전에 행한 정토전과 결부시킬 수 있는 의례이다. 광개토왕 스스로가 정토전에서 얻은 승리가 조상이 수호해준 결과로 판단하였다면, 그것에 대한 보은의례를 행

---

109) 遊觀土境田猎而還(비문 1・8).

하지 않을 수 없을 것이다110). 따라서 귀로에 행한 전렵은 조상의 수호로 목적을 달성한 것에 대한 보은의례로 보아야 한다. 그처럼 정토활동을 종료시키고 그것을 조상에게 수호된 결과로 판단한 후, 그것에 대한 보은의례로서 행한 전렵이라면, 전렵 그 자체가 보은의례일 수도 있고, 그 보은의례로서 행하는 제의에 바칠 제물(犧牲)을 구하는 전렵으로 볼 수도 있다.

『삼국사기』가 기술한 고구려의 수렵은 「전(田)」・「전(畋)」・「수(狩)」・「렵(猟)」 등으로, 수렵을 주재하는 것이 고구려왕이 행하는 고유직능의 하나였다. 본래 「전렵」은 군주가 행하는 일종의 의무였다. 그 의미를 『문선(文選)』은 다음과 같이 전한다.

鄭玄礼記注曰 田者 所以供祭祀庖厨之用. 王制曰 天子諸侯 無事則歳三田. 馬融曰 取獸曰畋111).
정현(鄭玄)의 예기(礼記) 주에 말하길, 전(田)은 제사에 바칠 공물로 주방에서 사용할 것. 왕제(王制)가 말하길 천자 제후는 별 일이 없는 한 일년에 세 번 사냥을 한다. 마융(馬融)이 말하길 짐승을 잡는 것을 전(田)이라 한다.

라며, 「전(田)」이 제물을 만드는 주방에서 사용할 제물을 획득하는 의례, 즉 수렵이라는 것, 군주가 행해야하는 의무였다는 것으로 설명하고 있다. 그런데 『문선』이 연 3회의 전렵(無事歳三田)을 군주의 의무로 규정하고 있다는 것은, 고구려가 매년 3월 3일에 낙랑에서 회렵(会猟)과 제사를 올리고 있었다는 기록 「고구려상이삼월삼일(高句麗常以三月三日) 회렵낙랑지구(会猟楽浪之丘) 획저록(獲猪鹿) 제천급산천(祭天及山川)」과 상통하는 기록이다112). 이는 「비문」의 「전렵」이 『문선』

---

110) 朴時亨・武田幸男・白崎昭一郎・盧泰敦 등.
111) 『文選』巻七 畋猟.
112) 又云 高句麗常以三月三日 会猟楽浪之丘 獲猪鹿 祭天及山川(『三国史記』巻32 祭祀).

이나『삼국사기』의 수렵과 동질의 의례였다는 것을 시사한다.

　광개토왕이 정토를 마치고 귀환하는 도중에 거행했다는 전렵「유관토경 전렵이환(遊観土境 田猟而還)」은, 어떤 면에서는 정토전의 연장선에서 이루어진 것이다. 그런 의미에서, 그 수렵을 정복활동에 동반되어 행해진 것으로, 군사적 정치적 성격이 강한 순수의 전형적인 것이다113)라는 의견은 적절하다 할 것이다.

　제사에서 사용될 제물로서의 희생을 획득하기 위해서 거행되는 전렵이, 그렇게 정치적 군사적 성격이 강한 전렵이, 전승을 거두고 귀환하는 길에 이루어졌다는 것을, 수호와 보은을 축으로 하는 조상과 후손간의 교류라는 측면에서 생각하고, 그 전승을 조상이 수호해준 결과라고 생각하는 순간에 이루어졌다는 것을 감안하면, 그것은 조상의 수호에 보은하기 위해서 거행되는 의례로 간주하기에 충분하다.

　광개토왕은 이러한 전렵을 통하여 전승을 자축하고 조상의 수호에 보은하여 후손으로서의 도리를 다하여, 지속적인 수호를 보장받고 있었던 것이다. 수묘에 충실한 광개토왕이였기에 승리를 조상이 수호해준 결과로 믿고, 정토에 임해서 조상의 수호를 구하는 의식을 거행하고, 승리를 거둔 다음에는 그것에 보은하는 의례를 거행했다는 것은 있을 수 있는 일이다. 그 의례에 필요한 제물을 획득하기 위해서 거행한 것이「비문」의 전렵이었을 가능성은 크다. 그런 의미에서, 『삼국사기』가 전하는 많은 고구려왕의 전렵기사는 오락을 위한 것도 군사적 훈련을 위한 것도 아니고, 제사에 사용될 희생을 획득하는 것을 목적으로 하는 것이라는114) 의견은 설득력이 있다.

　『삼국지』위지에 의하면, 부여인은 전쟁을 시작할 때도 하늘에 제사지내고 소를 잡아서 그 발톱을 보고 개전(開戦)의 길흉을 점치고 있었다115). 그것은 전쟁에 임하여 천의 수호를 보장받는 방법으로 소를 희

---

113) 徐栄洙「광개토왕비문의 정복기사의 재검토」상(『역사학보』96(1982), P.15.
114) 井上秀雄「신화에 나타난 고구려왕의 성격」『朝鮮学報』81(1976), P.59.
115) 井上秀雄訳註『동아시아 민족사』所収『三国志魏志』夫余伝(平凡社, 1995)

생으로 삼았다는 것, 전쟁의 결과를 미리 점쳐보았다는 것을 의미하나, 결국은 승리를 목적으로 하는 의례였다. 그것이 그대로 「비문」에 적용되는 일은 아니나, 전쟁을 전후해서 동물을 희생으로 하는 의례가 있었다는 사실을 추정하는 자료로서의 의미는 있을 것이다.

고구려의 제의(祭儀)에는 백색동물이 선호되어 전렵에서도 백색동물이 선호되고 있었는데, 원래 백색은 동아시아의 유목・목축사회에서 행운을 상징하는 색으로 인정되고 있었다. 또 백색은 서방색으로 천신, 즉 하늘을 상징하는 색이어서 백색으로 장식된 동물은 신성한 동물로, 하늘의 사자로 인식되었다. 따라서 고구려왕이 수렵했다는 백색동물은 종교적인 의미를 갖는 상서동물로 조상과 자손의 교류에 효과적인 역할을 수행한다고 믿고 있었다116). 송양왕과 세력을 다투게 된 동명왕도 백록을 통하여 뜻한 바를 성취한 일이 있다.

> 狩猟白鹿 倒懸於蟹原 呪曰 天若不雨而漂没沸流王都者 我固不汝放矣 欲免斯難 汝能所天 其鹿哀鳴 声撤于天 霖雨七日 漂没松譲王都 (中略) 六月松譲王挙国来降117).
> 서쪽을 순행하다가 흰 사슴 한 마리를 잡아서 그것을 해원에 거꾸로 달아매고 주술하여 말하길, 하늘이 만일 비를 내려 비류왕의 도읍을 표몰시키지 않는다면 나는 너를 놓아주지 않겠다. 이 어려움을 면하려거든 네가 하늘에게 호소하거라라고 말하였다. 그 사슴이 슬피 울어 그 소리가 하늘에 이르니, 장마비가 이레를 퍼부어 송양의 도읍지를 잠기게 하였다. (중략) 6월에 송양이 나라를 바쳐 항복하였다.

이는 동명왕이 백록을 괴롭히는 방법으로 목적을 달성한 내용의 기록이나, 백록을 산채로 바치는 희생으로 보면, 희생을 바치며 목적을 기원하는 의례였음이 분명하다. 동명왕이 직접 기우하는 것이 아니라,

---

116) 鄭璟喜「동명형 설화와 고대사회」『歷史学報』98(1983), P.19.
117) 朴斗抱「민족영웅 동명왕 설화고」『국문학연구』1(효성여자대학, 1968), P.13.

희생으로 바치는 백록에게 기우하게 하자, 백록은 고통을 견디다 못하여 슬픈 비명(哀鳴)을 지르게 되었고, 그 비명을 들은 하늘이 비를 내려, 동명왕은 승리를 거둘 수 있었다. 이 경우의 백록은 하늘의 환심을 사기위해서 바쳐진 희생이었고, 하늘은 그 희생에 대한 보답으로 비를 내려준 것이다. 이처럼 비를 요구하는 교류에서 백록이 개재되지 않았으면 어찌 되었을까. 동명왕이 직접 요구했어도 비를 내려 주었을지도 모른다. 하지만 백록을 매개로 했다는 사실은, 그렇게 하는 것이 더 효율적이라는 것을 동명왕이 알고 있었다는 것을 의미한다.

이 경우에 백록이 슬피 울며 기우하는 것은, 백록의 염원이 아니라 동명왕의 염원을 대행하는 것이었다. 즉 백록은 동명왕의 의사를 대신 전달하였고, 동명왕은 백록을 매개로 해서 자신의 의사를 전달시킨 셈이다. 그것은 보다 더 효과적인 방법으로 의사를 달성하려는 하나의 방법이었다. 여기서 효과적인 방법이란, 기원자의 뜻을 성취할 가능성이 많은 방법으로, 희생을 매개로 하여 제주의 의사를 바르게 전달하여 뜻을 이룰 가능성이 큰 것을 말한다. 즉 제신을 만족시킬 수 있는 효율적인 방법을 말하는 것이다. 따라서 이곳의 백록은 제신이 만족하는 희생이었던 셈이다. 그런 의미에서 희생을 구하는 전렵의 의미는 크다 하겠다.

「비문」의 전렵을 이런 의미에서 생각하면, 그것은 조상의 수호에 감사하는 마음에서, 조상이 좋아하는 제물로서의 희생을 획득하려는 것이 목적이다. 직전에 거둔 전승을 조상이 수호해준 결과로 여기고, 그 보은 의례에 사용할 희생을 얻기 위한 전렵을 행한다는 것은, 그 같은 의식이 전쟁 전에도 이루어졌을 가능성을 시사한다. 말하자면 전쟁을 전후해서 조상의 수호를 기원하고 감사하는 의례를 행하고 있었던 것이다.

고구려는 매년 수렵에서 획득한 희생을 제물로 하여 제사를 지내고 있었는데, 그것은 조상의 수호에 대한 보은의례였다. 그것은 추모왕의 경우도 마찬가지였다. 추모왕은 순행하는 도중에 부모신명을 거명하여 도하하였는데, 이 경우에 조상의 수호를 요구하는 의례가 거행되었기 마련이다. 그런 의미에서, 마쯔바라타카토시가, 추모왕이 사용한 언어를 「제식적 용어」118)로 단정한 것은 적절한 표현이라 할 수 있다.

(4) 수호와 수묘

「비문」은 후손이 조상의 묘를 관리하는 것 일체를 수묘로 표현하고 있는데, 후손들은 그러한 수묘활동을 통하여 조상과의 교류를 꾀하고 있었다. 그것이 후손의 도리이고, 후손으로서의 도리를 다하는 것이 조상의 수호를 획득하는 방법이라고 생각했기 때문이었을 것이다. 후손이 조상의 묘를 관리하는 것은 조상숭배사상을 바탕으로 하는 것으로, 후손의 조상에 대한 숭배사상을 나타낸다는 점에서, 그것은 후손이 중심이 되는 조상과의 교류라 할 수 있다.

후손은 그런 교류를 지속하면서, 원하는 것이 이루어지면 조상이 수호해준 결과로 여겼을 것이며, 이루어지지 않는 경우에는 정성의 부족으로 여겼을 것이다. 그런 의미에서 후손들은 조상의 수호를 경험하는 일이 많아졌을 것이고, 그에 따라 그것을 획득하는 효과적인 방법도 터득하게 되었을 것이다. 광개토왕이 수묘제를 개변시킨 것이나, 수묘를 교언으로 남긴 의미도 그런 면에서 생각해 볼 문제이다.

광개토왕은 종래와는 달리 묘상에 비를 세우고 수묘인을 보호하는 법령을 제정하는 등 수묘에 큰 관심을 보였다. 그리고 후에는 후손에게 수묘의 내용을 교언으로 남긴다. 그처럼 수묘에 관심이 지대했던 것은, 수묘의 중요성과 그 효율성을 알고 있었기 때문일 것이다. 어쩌면 그는 수묘로 조상의 수호를 확보할 수 있다는 확신을 가지고 있었으며, 또 전승을 통하여 그것을 직접 경험하고 있었을 지도 모른다.

그가 수묘로 조상의 수호를 보장받을 수 있다고 믿고 있었다면, 그러한 확신은 자신이 경험한 수묘의 효험을 바탕으로 했을 것이다. 광개토왕이 자신이 거둔 승리를 조상이 수호한 결과라고 믿고 있었다면,

---

118) 松原孝俊 전게주45.

전승을 거둘 때마다 그 확신은 더욱 강해졌을 것이다. 또 그런 확신이 있었기 때문에 수묘를 중시하는 교언도 남겼다고 생각한다. 그 같은 확신을 바탕으로 하는 교언이었다면, 그것은 후일에 자신이 수묘하는 후손을 수호하겠다는 의지의 표현이기도 했다.

광개토왕은 수묘를 통하여 후손왕과 조상왕을 동시에 경험하는 왕이었다. 광개토왕이 재위시에 행한 수묘에서는, 조상의 수호에 감사하며 의례를 행하는 후손이었고, 본인이 남긴 교언에 따라 이루어지는 수묘에서는 모셔지는 대상으로서의 조상이었다. 즉 동일인이 수묘를 통하여 제사를 지내는 후손과 제사를 받는 조상을 같이 경험한 셈이다.

추모왕이 부모신을 거명하는 방법으로 도하한 것이나, 수묘에 충실한 광개토왕이 전승을 거둔 것은 조상에게 수호 받은 결과였고, 후손이 충실한 수묘활동을 통하여 조상의 수호를 보장 받을 수 있다는 가능성의 시사였다. 즉 후손이 후손으로서의 의무를 효과적으로 수행할 경우에 조상의 수호도 보장된다는 사실의 확인이었다. 그처럼 수묘로 조상의 수호를 보장받는 것이, 수묘와 수호로 대응하는 후손과 조상간의 교류였다. 그 교류가 원만히 이루어질 때 고구려왕은 절대권위를 행사할 수 있으며 왕통의 정통성도 보장받게 되는 것이다.

2) 조상과의 교류

(1) 「비문」 구성자의 의도

「비문」은 왕통보가 광개토왕에 이르렀다는 것을 「답지십칠세손(遝至十七世孫)」이라고 표현하였는데, 이 「답지(遝至)」는 「이르다」[119]・「미치다」[120]라는 식으로 해석되어 왔다. 그런데 이 「답(遝)」에는 「합쳐 섞이다」[121] 「미치다」[122] 등의 의미가 포함되어 있다는 것을 생각

---

119) 白崎昭一郎 전게주30.
120) 朴時亨 전게주24.
121) 遝, 遝遝也(『説文』).
122) 遝, 及也, 関之東西曰遝(『方言』三).

하면, 이것은 왕통이 광개토왕에게 계승되었다는 사실은 물론, 혈통적으로 전이되는 모든 요소도 함께 전이되었다는 사실을 의미하는 표현으로도 볼 수 있다.

「비문」의 왕통보는 현왕의 임무를 마치고 승천한 조상들의 계보상의 위치를, 후손 장수왕이 정리하여 기록한 것이다. 다시 말해 「비문」은, 현재에는 명계에 존재할 조상들이 현왕으로 재위하면서 통치한 과거를 내용으로 하고 있는데, 그것은 장수왕의 의도에 따라 구성된 것이다. 장수왕은 「비문」을 구성하면서, 부왕의 교언에 따라 수묘를 실천하는 역으로 자신을 설정하는 방법으로 「비문」의 세계와 자신을 접속시켜 놓았다. 말하자면 장수왕은 「비문」 밖에 존재하면서 그 세계에 참여하고, 그 세계를 계승하는 방법으로 「비문」의 세계를 현세에 접속시켜, 현세를 통치하는 자신의 정통성을 확보하고 있는 것이다.

「비문」의 세계는 추모왕의 출자담이나 건국담 그리고 광개토왕의 훈적담 등으로 구성되는 세계이고, 천제의 혈통을 계승한 천손이 통치하는 고구려가 중심에 위치하는 천하인데, 그 천하를 통치하는 왕들은 신화적이거나 사실적이라는 면에서는 차이를 보이지만, 본질적으로는 같다. 그렇기 때문에 사실적으로 기술된 광개토왕과 신화적으로 기술된 추모왕을 동질적이라고 말할 수 있는 것이다.

광개토왕은 천하에 떨치는 무위로 「국부민은」을, 자연조절능력으로 오곡의 풍작을 실현하였으며, 선조왕릉의 수묘에 충실한 후손이었다. 다시 말하자면, 광개토왕은 조상을 숭상하는 의례에 충실한 후손이었으며, 혈통으로 전이되는 왕통보의 무위와 자연조절능력을 적절히 발현하여, 왕통의 권위를 천하에 떨치고 오곡의 풍작을 실현하는 것으로, 「국부민은」을 실현한 후손이었다. 그 「국부민은」이, 천제의 후손 광개토왕이, 혈통으로 전이되는 왕통의 권능을 근거로 해서 실현한 것이라는 것을 생각하면, 그가 충실했던 수묘활동이 그의 통치내용과 무관하다고 말할 수는 없을 것이다.

다시 말하자면 혈통적으로 전이되는 왕통의 자연을 지배하는 주적 능력이 추모왕의 경우에는 도하의 능력으로, 광개토왕의 경우에는 오곡의 풍작으로 발현되었다. 그리고 사해에 떨치는 왕통의 무위는 추모왕의 건국을 가능케 하는 능력으로 발현되고, 광개토왕의 전승을 가능케 하는 무적 능력으로 발현된 것이다. 그처럼 통치가 계보의 능력에 의거한다는 것은, 후손들의 통치내용이 조상들의 그것과 동질적이라는 것을 의미한다. 또 그것은 조상의 수호를 배경으로 하기 때문에, 후손들은 조상들의 수호를 획득하려 노력하게 되는데, 그것의 일환으로 거행되는 것이 수묘의례였다. 따라서 현왕의 수묘활동은 조상의 수호를 획득하기 위한 방법으로서의 의례이고, 그 수호에 감사하는 보은으로서의 의례라고 말할 수 있는 것이다.

(2) 교언의 수묘

수묘가 후손의 의사를 전하는 방법이고, 수호를 획득하는 수단이었다면, 그 사실은 수묘에 관여된 사람들이 일반적으로 인지하는 내용이었을 것이기에, 수묘가 중시되는 것은 당연한 일이었다. 조상의 수호를 수묘로 보장받을 수 있다는 사실을 알게 되면, 후손은 수묘에 전력을 다할 것이고, 수호를 경험하게 되면, 그것은 확신으로 정착되기 마련이었다. 이처럼 수묘와 수호를 연관지어 생각하면, 조상은 수묘와 같은 의례를 수호의 조건으로 하고, 후손은 그 요구를 충족시키는 방법으로 수묘를 행한 것이 된다.

그러한 수묘와 수호의 상호관계를 이해하게 되면, 광개토왕이 수묘를 교언으로 남긴 연유나 장수왕이 그 교언에 충실하려 했던 연유도 자명해진다. 그것은 조상의 수호를 배경으로 천하의 원상(原像)을 지키기 위함이었다. 광개토왕의 정토가 추모왕에 의해 완성된 천하의 원상을 유지하는 것을 목적으로 하였듯이, 장수왕도 계승받은 천하를 유지하기 위해서는, 우선 정통성을 확인하고 조상들과의 동질성으로 자신이 통치하는 천하의 가능성을 확인시킬 필요가 있었던 것이다. 그것이 왕조와 자신의 안정을 획득하는 방법이었다.

장수왕은 부왕이 남긴 교언에 충실했을 뿐 아니라 교언의 내용을 부분적으로 변경하여 실시하였는데, 그것은 부왕의 교언을 어긴 것이 아니라, 부왕이 종래의 관습을 개변하여 수묘의 효율성을 높이려 했던 것과 같은 목적적인 개변이었다. 따라서 효율적으로 수호를 보장받기 위한 개변으로 보아야 한다. 그처럼 교언의 실현에 열심이었던 것은, 조상의 수호를 보장받으려는 필요성이 그만큼 컸기 때문이었다. 즉위 초기에 구성한「비문」이라는 것을 생각하면, 그 필요성이란 안정된 왕권의 확보를 목적으로 하는 것이었다.

광개토왕은 수묘역을 자신이 새로 약래(略來)해 온 한예로 한정시킬 것을 내용으로 하는 교언을 남긴다. 그러나 장수왕은 그 교언을 실행하는 과정에서 그 일부를 개변하여 실행하였다. 부왕은 수묘역에서 구민을 제외할 것을 교언하였는데, 장수왕은 종래부터 수묘를 담당했던 구민도 참가시킨다. 그처럼 부왕의 뜻과는 달리 구민을 수묘에 참여시킨 것은 그들이 수묘의례에 밝았기 때문이었다.

장수왕 스스로가 구민을 참여시킨 이유를, 새로 온 한예가「그 법을 알지 못하기」때문이라 하였다. 수묘에 관한 법칙을 모르는 한예에게 담당시키면 무지에 의한 실례를 범할 수도 있다고 판단했기 때문에, 그 법칙을 잘 아는 구민을 참여시켰다는 것이다. 그것은 후손의 조상에 대한 배려이지만, 범할 수도 있는 조상에 대한 비례를 피하기 위한 안전조치였다고 말할 수도 있다.

수묘에 관한 기사는, 광개토왕이 실행하는 내용과 교언으로 남기는 내용, 그리고 그 교언에 따라 장수왕이 실행한 내용(「왕비」를 건립한 것 자체가 그 일환이었다) 등으로 구성되어 있다. 광개토왕의 수묘는 본인이 실행한 수묘와 교언으로 남긴 수묘로 구별되는데, 전자는 광개토왕이 주도하는 것으로 장수왕도 참가하는 의례였고, 광개토왕이 조상을 제사하는 후손의 입장에서 참가하는 수묘였다. 그러나 후자는 장수왕이 주도하는 것으로, 광개토왕은 조상의 입장에서 제사를 받는 수묘였다. 전자의 수묘에 참가하는 광개토왕과 장수왕은 모두가 현세에 존재하는 부자관계였으나, 후자의 경우는 하나는 제사를 받는 제신의 입장이었고 하나는 제사를 주도하는 제주의 입장이었다. 즉 부자간의 관계가 조상과 후손의 입장으로 변한 상태에서 이루어지는 수묘였다. 그것은 수묘를 통해 수호를 요구하는 후손과 그 요구에 응하는 조상의 관계라고도 말할 수 있다.

(3) 수묘인의 신분

광개토왕은 수묘에 대한 관심이 지대하여 수묘인을 사고파는 행위를 금지시키는 매매금지령을 제정하였다[123]. 금지령을 제정할 정도였다면, 수묘인의 매매가 이루어졌다는 것이고, 그것에 대한 왕실의 걱정이 컸다는 것이 된다. 왕실의 묘를 관리하는 수묘인의 매매가 이루어졌다는 것은 왕실의 권위에 관련되는 문제로, 왕실이 절대적인 권위를 확보하지 못한 상황까지도 추정할 수 있는 일이었다. 천제와의 혈통을 확인하는 「비문」으로서는 도저히 묵과할 수 없는 현실이었다. 그것은 추모왕에 의해서 완성된 천하의 질서가 흐트러지는 일이기 때문에 반드시 원상복구 해야 하는 일이었다. 그런 의미를 갖는 매매금지령이었다. 수묘인의 안전을 통해서 수묘의 안전 또한 기할 수 있기 때문에, 수묘인의 안전을 도모하는 것은 후손의 기본적인 도리였다.

광개토왕이 수묘인의 관리에 대한 구체적인 내용을 교언으로 남길 정도로 수묘에서 중요한 것이 수묘인의 역할이었던 것 같다. 그런데도 수묘를 천직으로 보고 수묘인을 천민으로 보는 의견이 주류를 이룬다. 왕통의 절대적 권위의 확인을 목적으로 하는 「비문」이, 왕실이 중시하는 수묘를 직접 담당하는 수묘인을 천인으로 취급했다고 보는 의견은 받아들이기 어렵다.

타케다유키오(武田幸男)는 수묘조의 관심이 「능묘를 수호하는 국가

---

123) 自上祖先王以来墓上不安石碑 (中略) 好太王尽為祖先王墓上立碑銘其烟戶不令差錯又制守墓人自今以後不得更相転売雖有富足之者亦不得擅買其有違令売者刑之買人制令守墓之(비문 4·9).

적인 역역(力役) 징집의 체제」에 있다 라며 수묘역을 천역으로 단정하고, 수묘인의 구성을 국가적 강제력에 의해서 편제된 노역조직으로 추정하였다124). 그리고 광개토왕이 반포한 금지령을, 수묘인을 매매하는 자에게 가하는 벌칙으로 해석하여, 수묘인을 정치적으로 무력한 사회적 천민으로 보았다.

김현숙은 수묘인이 「국가의 차출에 의해 거의 강제로 천사(遷徙)된 경우에 해당함으로써 복속민 가운데서도 가장 열악한 처우를 받게 되었다」라고 전제한 다음에 「비문」의 금지령을 처벌규정으로 해석하여 금지령을 범한 자에게 수묘라는 벌을 내렸다고 단정하였다. 그러면서 「수묘역은 양인의 역이 아니다」라고 결론지었다125).

임기환도 매매의 대상이 수묘인이라는 것에서, 구체적인 매매 대상을 수묘인 자신의 인신이나 노동력일 수밖에 없다며, 「단순히 매매의 대상이 되는 노예나 노비와는 그 존재가 다르다. 수묘인의 매(売)는 곧 수묘인의 경제적 몰락에 따른 노비화 현상」이라 했다126). 수묘인을 노예나 노비로 보지는 않았으나 천민이라는 의식은 마찬가지였다.

물론 매매금지령을 수묘조에 한정시킨다면 그러한 해석도 가능할지도 모르겠다. 그러나 「비문」이 왕통의 유래나 조상의 훈적을 확인하는 내용으로 구성되어 있다는 것을 생각하면, 그렇게 단정할 수만도 없는 일이다. 또 고구려인의 제의에 관한 열성을 감안해도, 수묘역을 단순노역으로 단정하기는 어려울 것이다. 광개토왕이나 장수왕이 큰 관심을 표한 것을 보아도, 수묘역을 천인이 담당하는 천역이라고 생각하기는 어렵다.

광개토왕이 수묘역에서 구민을 제외하고 신민으로 제한할 것을 교언한 것에 대하여 여러 가지 의견이 제시되고 있는데, 그것은 일종의

---

124) 武田幸男「新領域의 城-戶支配」전게주28, P.36.
125) 金賢淑「광개토왕비를 통해 본 고구려수묘인의 사회적 성격」『韓国史研究』 65(1988).
126) 林起煥「広開土王碑의 国煙과 看煙」『歴史와 現実』13(1994).

신분제한이라고 말할 수 있는 조치였다. 구민을 수묘역에서 제외시키는 광개토왕의 의도가 무엇이었는지 확실치 않으나, 보다 효율적인 수묘를 목적으로 하는 조치였다는 것은 분명하다.

교언을 실행하는 장수왕 스스로가 교언과 달리 구민을 참여시킨 이유를「그 법을 알지 못하는 것을 걱정하고, 즉시 다시 구민 110가를 취했다」라고 밝힌 것으로도 알 수 있는 일이다. 그처럼 수묘인의 선정에 신중을 기했다는 것은, 왕실이 그만큼 수묘인을 중시했다는 것을 의미한다. 광개토왕이 수묘에서 구민을 제외시킨 것도 장수왕이 그들을 다시 복귀시킨 것도 효율적인 수묘를 목적으로 한 일이었다. 두 왕이 그처럼 선별에 고심했다는 것은, 수묘인이 되는 데는 일정한 제한이 있었다는 것을 의미한다. 일정한 자격을 구비한 자로 제한되는 것이 수묘인이고, 그렇게 일정한 능력자들이 수행하는 것이 수묘역이었던 것이다.

(4) 기록상의 수묘인

수묘가 아무나 수행할 할 수 있는 일이 아니라는 것은 일정한 조건이나 능력을 필요로 하는 역직, 신분적으로 제한을 받는 역직이라는 것을 의미한다. 말하자면, 수묘의례에 관한 전문지식이나, 수묘를 통하여 조상신의 의사를 정확히 인지하고 교감할 수 있는 능력 등이 요구되는 역직이었을 것이다. 수묘인이 제신의 의사를 정확히 인지한다는 것이 얼마나 중요한 일인가는 『삼국사기』 등의 기록을 통해서도 알 수 있는 일이다.

> 慕容廆来侵 至故国原 見西川王墓 使人發之 役者有暴死者 亦聞壙内有 楽声 恐有神乃引退[127].
> 모용외가 내침하여 고국원에 이르러 서천왕의 능묘를 보고 사람을 시켜 파헤치게 하였는데, 역부 중에 폭사자가 생기고 또한 광 안에서 음악 소리가 들리므로 신이 있는 줄로 의심하고 또 군사를 이끌고 물러갔다.

---

[127] 이병도역주 『三国史記』高句麗本紀烽上王5年条(을유문화사, 1996년).

이는, 봉상왕대에 내침한 모용씨의 군대가 서천왕의 묘를 파헤치다가 지벌을 받고 죽은 자가 생기고, 그 묘 안에서 흘러나오는 음악을 듣고, 왕릉을 파괴하던 자들이 두려워하여 퇴각했다는 내용의 기록이다. 묘에서 일어난 사건을 비교적 구체적으로 기록한 것이다. 이처럼 묘 안에서 일어나는 일련의 사건을 누가 전하고 기록한 것일까.

그것은 묘의 가까운 곳에 있던 자, 그 중에서도 그곳에서 일어나는 일이 지벌이라고 판단할 수 있는 자, 소음일 수도 있는 음향을 음악으로 판단할 수 있는 자가 아니면 담당하기 어려운 일이었다. 그런 사람은 수묘인을 제외하고는 없다. 많은 사람이 전할 수도 있었겠지만, 그것을 종합하고 판단할 수 있는 자는 당연히 수묘인이었을 것이다. 즉, 수묘역을 맡은 자가 그 상황을 정리하여 보고한 것이다. 따라서 수묘인은 단지 묘를 관리하는 사람이라기보다는 묘와 그 주변에서 일어나는 변화를 정확히 판단할 수 있는 능력을 소유한자로 보아야 할 것이다. 김유신의 묘에서 일어난 사건도 마찬가지다.

> 忽有旋風 從庾信公塚起 中有一人 乘駿馬 如将軍儀状. 亦有衣甲器仗者 四十許人. 随從而来. 入於竹現陵 俄而陵中 似有振動哭泣声 或如告訴之音. 其言曰. 臣平生 有輔時救難匡合之功. 今為魂魄. 鎮護邦国. 攘災救患之心. 暫無渝改. 往者庚戌年. 臣之子孫 無罪被誅君臣 不念我之功烈. 臣欲遠移他所. 不復労動. 願王允之. 王答曰. 惟我與公 不護此邦 其如民庶何. 公復努力如前. 三請三不許. 旋風乃還. 王聞之懼[128].

> 갑자기 회오리바람이 유신공의 무덤에서 일어나며, 그 가운데 한 사람이 준마를 탔는데 그 모양이 장군과 같았다. 또 갑옷을 입고 무기를 든 40명 가량의 군사가 그 뒤를 따라 죽현릉으로 들어간다. 이윽고 능 속에서 무엇인가 진동하고 우는 듯한 소리가 나고, 혹은 하소연하는

---

128) 李民樹 역 『三国遺事』奇異第一 味鄒王과 竹葉軍(을유문화사, 1985년).

듯한 소리도 들려왔다. 그 호소하는 말에, 「신이 평생 동안 어려운 시국을 구제하고 삼국을 통일한 공이 있었습니다. 이제 혼백이 되어서도 나라를 보호하여 재앙을 제거하고 환난을 구제하는 마음은 잠시도 변함이 없습니다. 하온데 지난 경술년에 신의 자손이 아무런 죄도 없이 죽음을 당하였으니, 이것은 임금이나 신하들이 나의 공열을 생각지 않은 것입니다. 신은 차라리 먼 곳으로 옮겨가서 다시는 나라를 위해서 힘쓰지 않을까 합니다. 바라옵건데 왕께서는 허락해 주십시오」한다. 왕은 대답한다. 「나와 공이 이 나라를 지키지 않는다면 저 백성들을 어떻게 할 것인가. 공은 전과 같이 힘쓰도록 하오」. 세 번이나 청해도 세 번 다 듣지 않는다. 이에 회오리바람은 돌아가고 말았다. 혜공왕은 이 소식을 듣고 두려워하였다.

이는 무덤 안에서 일어나는, 무덤 속의 신들이 주고받은 대화다. 자신의 묘에서 나온 김유신(金庾信)이 자신의 조상인 미추왕의 묘로 찾아가서 현 조정에 대한 불만을 근거로 하여 협조하지 않을 결심을 토로하고 있었다. 이것은 신라의 멸망으로 이어질지도 모르는 조상의 분노였다. 그렇기 때문에, 그것을 전해들은 혜공왕은 두려워하며, 김유신이 토로한 불만을 충족시키는 후속조치를 취하였다. 수묘인이 그 같은 정보를 전해주지 않았으면, 신라 왕실에서는 알 수 없는 일이었다.

자기 묘에서 나온 김유신이 선조의 묘를 찾아가서 심정을 토로하였기 때문에, 이는 신들 사이에서 전개되는 일이었다. 그처럼 신들 사이에서 전개되는 일이기에 그 상황은 아무나 이해할 수 있는 상황이 아니었다. 그 상황을 정확히 간파하는 재능을 가진 자만이 알 수 있는 상황이었다. 말하자면, 묘에서 일어나는 변화를 감지하는 능력, 신들의 대화를 들을 수 있는 능력, 그것을 듣고 내용을 파악할 수 있는 능력, 그것에 대처해야 하는 능력 등이 필요했던 것이다. 신들의 대화가 현세인과 동일한 언어를 사용한다 해도 그런 능력이 없으면 적절히 대처하기가 어려울 것이다. 그런 조건을 구비하고 사건의 진행상황을 직접 관찰할 수 있는 자는, 지근거리에서 묘를 관리하는 수묘인을 제외하고는 없다.

묘의 주변에서 일어나는 이상이 상시적인 것은 아니므로, 그러한 이상을 파악해서 적절한 조치를 취한다는 것은 어려운 일로, 특수 능력이 필요하기 마련이다. 능 안에서 음악이 흘러나오자 그것을 두려워하여 퇴각했다는 사실이나, 후손들이 당하고 있는 부당한 대우에 조상이 분개하고 있다는 사실을, 왕에게 알려 시정조치를 취하게 한다는 것은, 왕조의 명운에 관계되는 일이었다. 그러한 일에 종사하는 수묘인을 천민으로 단정한다는 것은, 수묘의 바른 이해를 바탕으로 하는 의견이라고 말하기 어렵다.

묘의 주변에서 일어나는 사건이란, 명계에서 전개되는 일이거나, 명계의 신과 현세의 사람들이 관련되는 일, 즉 명계와 현세간의 일이다. 이처럼 묘의 주변에서 발생하는 이변이, 명계와 현세라는 이계 사이에서 전개되는 일이라는 것을 생각하면, 그 이변의 의미는, 명계에서 일어나는 변화를 이해할 수 있는 능력을 구비하지 못한 자는 간과할 수밖에 없게 된다. 수묘인에게는 그처럼 명계에서 일어나는 사건의 의미도 판단할 수 있는 능력도 필요로 한다. 따라서 수묘인을 천민으로 수묘역을 천역으로 보는 의견은 재고되어야 한다.

(5) 고구려인의 제사

원래부터 고구려인은 조상의 제의를 중시하고 있었다. 결혼함과 동시에 제구를 준비하고, 장례의식에는 모든 금은재보를 사용할 정도로 제의에 대한 관심이 지대했다. 왕권을 양도한 부족도 제사권에는 집착할 정도였다. 그와 같은 고구려인의 제사에 대한 관심을 『삼국지』위지는 다음과 같이 전하고 있다.

其俗節食 好治宮室 於所居之左右 立大屋 祭鬼神 又祀靈星社稷 (中略) 本涓奴部為王 稍微弱 今桂婁部代之 (中略) 涓奴部 本国主 今雖不為王 嫡統大人得称古鄒加 亦得立宗廟 祀靈星社稷[129]

풍속은 음식을 절약하면서도 궁실을 잘 꾸몄다. 거처하는 집 좌우에는 큰 건물을 세워 귀신에게 제사지냈으며, 영성과 사직에도 제사를 올렸다. (중략) 처음에는 연노부에서 왕이 나왔으나 점차 미약해져서 계루부가 대신하게 되었다. (중략) 연노부는 본시 국주였으므로 지금은 비록 왕이 되지 못하더라도 그 적통대인은 고추가라고 부를 수 있으며 종묘를 둘 수 있고 영성과 사직에 제사할 수 있다.

이미 왕위를 계루부에게 양도한 연노부임에도, 그 적통대인은 종묘를 두고 제사를 지낼 수 있다는, 권한으로서의 제사를 지내고 있다는 내용이다. 이는 모든 권한을 양도하면서도 제사권만은 유지하려는 노력을 기울이고 있었다는 이야기로, 당시 고구려의 부족들이 그 정도로 제의를 중시하고 있었다는 현실을 반영한 기록이다.

  제사에 대한 집착은 연노부나 계루부에 한정된 것이 아니라, 고구려를 구성하는 모든 부족이 그러했을 것이다. 각 부족들이 자신들의 조상을 절대화하는 방법으로 자신들의 세력을 과시하려 했을 것이고, 그것이 그들이 존재하는 정당성이었다. 부족들의 그러한 제사권에 대한 집착이, 왕실의 제사권 독점을 저지하여, 왕실의 사직과 타부족의 사직이 일정 기간 공존한 이유였다.

  부족간의 균형이 깨지는 것은, 왕권의 강화와 함께 타부족의 사직에 대한 제사권이 명목화 되고, 왕실의 제신이 절대권위를 확보하게 되면서부터이다. 그러나 각 부족의 제사권이 명목화되었다는 것은 사직의 제사에 관한 것으로, 각 부족들의 조상신에 대한 제사권을 말하는 것은 아니다. 또 사직에 대한 제사권이 명목적이라 해도 타부족에게도 제사권이 있는 이상 국왕의 사직에 대한 제사권이 명실상부한 것일 수는 없었다[130].

  제의를 중시하는 고구려의 사회였으므로 고구려의 왕실도 제사를

---

129) 朝鮮史学会編『支那史料抄』「三国志」魏書 高句麗伝(京仁文化社, 1969), P.29.
130) 趙仁成「4·5세기 고구려 왕실의 世系認識 변화」『韓国古代史研究』4(1990).

중시하고 제사권을 확보하기 위한 노력을 경주했을 것이다. 고국양왕이 국사를 세우고 종묘의 수리를 명한 것도, 고유 신앙의 체계에 의해서 5부족이 개별적으로 유지하고 있던 제사를 국가적 체제로 개편하여 왕실의 제사권을 강화시키려는 작업의 일환이었다. 그렇게 제사권을 확립하려는 욕구는 타부족도 마찬가지여서, 자신들이 모시는 제신을 절대화하는 노력을 경주하였을 것이고, 제의를 통하여 그것을 실현하고 확인하려는 의지도 강했을 것이다.

그러한 상황에서 고구려의 왕실이 왕릉의 수묘를 천민이나 범죄자에게 맡겼다고 생각하기는 어려운 일이다. 특히 광개토왕의 수묘에 대한 열정을 생각하면 더욱 그렇다. 따라서 수묘인의 매매금지령을 위배한 자를 벌하는 내용으로 여겨졌던 「비문」의 「(수묘인)을 파는 사람에게는 벌을 줄 것이고, 사는 사람에게는 법령을 제정하여 능묘를 지키게 할 것이다」도131), 범죄자의 처벌만이 아니라, 수묘인의 보호도 목적으로 하는 것으로 보고 접근할 필요가 있다. 그것이 수묘를 중시하는 「비문」의 목적과도 부합되는 접근방법이다.

광개토왕은 종래의 관습을 깨고 묘상에 비를 세워 수묘를 효율화하려 했다. 따라서 이 매매금지령도 그 일환으로 이해해야 할 것이다. 수묘의 제일선에 있는 수묘인을 어떻게 보호하는가에 의해 수묘의 내용이 좌우되기 때문에, 수묘의 효율화를 위해서는 수묘인의 보호가 중요한 일이었다. 그래서 제정된 것이 매매금지령일 것이다. 그럼에도 수묘인은 노예 혹은 노예적 양인으로 해석되고 있다. 이러한 오해에서 탈출하기 위해서는, 수묘가 무엇을 목적으로 하는가에 대한 이해가 필요하다.

수묘를 교언으로 남기고 수묘인의 매매를 금지하는 것 등은, 수묘 그 자체가 목적이 아니라, 그것을 통하여 왕실의 안정과 번영을 기하는 것이 목적이었을 것이다. 수묘는 조상에 대한 후손으로서의 도리를 표하는 의례이나, 그것이 조상의 수호를 목적으로 한다는 점에서는

---

131) 売者刑之 買人制令守墓之(비문4·9).

의도된 행위라고 말할 수 있다. 그것에 충실했던 광개토왕은, 경험에 의해 수묘의 효과를 확신하고 있었을 것이다. 그런 의미에서 광개토왕의 수묘에 대한 개혁적인 처사는 조상의 수호를 보장받으려는 효율적인 노력으로 볼 수 있다. 장수왕이 교언의 일부를 수정하여 실행한 것도 마찬가지의 노력이었다.

(6) 교류로서의 수묘

후손들은 수묘를 통하여 자신들의 의사를 표하고 있었는데, 의사를 표한다는 점에서는 조상들도 마찬가지였다. 「비문」에는 구체적인 기술은 없지만, 추모왕의 도하나 광개토왕의 「국부안민」의 세계가 조상들이 수호로 가능한 일이라는 것을 생각하면, 그러한 것들이 실현되었다는 것은, 조상이 후손을 수호해주고 있다는 사실을 확실한 셈이다. 만일 흉작이 들고 나라가 소란하다면, 그것은 후손이 조상의 수호를 받지 못했다는 것이 된다. 즉 조상이 후손을 수호할 의사가 없었다는 것이다. 그처럼 조상은 어떤 결과를 가지고, 자신들의 의사를 나타내고 있는 것이다. 또 그것은 자연현상이나 질병 그리고 몽탁(夢託) 등을 통하여 이루어지기도 한다. 따라서 수묘는 조상의 수호를 목적으로 하여, 자의적으로 행하는 의례이지만, 조상의 요구에 부응하여 행하는 의례라고도 말할 수 있다.

조상이 자신의 의사를 표하는 예는 여타 신화에서는 쉽게 찾아볼 수 있는 일이다. 『고사기』에서, 숭신천황이 몽탁을 받아 질병을 퇴치하는 이야기가 그렇다. 숭신(崇神)천황대에 많은 인민이 역병으로 죽어갔다. 그것을 걱정하는 천황은 그것을 퇴치할 방법을 신에게 물어 신탁을 받으려고 침상에 들었다. 그러자 꿈속에 신이 나타나 다음과 같은 신탁을 내렸다.

> 此天皇之御世, 役病多起, 人民為尽. 爾, 天皇愁歎而坐神牀之夜, 大物主大神, 顕於御夢曰, 是者, 我之御心. 故, 以意富多多泥古而, 令祭我前

者, 神気, 不起, 国, 亦, 安平. 是以, 駅使班于四方, 求謂意富多多泥古人之時132),

이 천황의 어대에 역병이 대유행하여, 인민이 죽어 없어질 것 같았다. 그래서 천황은 매우 걱정하고 탄식하며, 신탁을 받기 위한 침상에서 주무셨던 밤에, 오호모노누시노오호카미가 꿈 속에 나타나서 말하길 「이것은 나의 뜻에 의한 것이다. 그러니 오호타타네코로 하여금 나를 제사지내게 하면, 신의 재앙에 의한 병도 일어나지 않고, 나라도 다시 평안해질 것이다」라고 말하였다. 그리하여, 파발마를 사방으로 나누어 오호타타네코라는 사람을 찾아내게 하였더니,

라고, 역병을 걱정하는 천황의 꿈에 나타나, 그 퇴치법을 일러주는데, 그것이 가히 협박적이다. 역병이 발원지가 자신이라며, 자신의 요구를 들어주면 역병을 거두겠으나, 그렇지 않으면 역병을 계속 유행시키겠다는 것이다.

그처럼 신들은 자신의 요구를 표하는데 적극적이었고, 의사에 반할 경우에는 서슴없는 응징을 가하고 있었던 것이다. 몽탁을 통한 신의 요구는, 자기의 후손을 제주로 삼아 제사지내라는 내용이었는데, 그것이 조상의 후손수호이다. 그 신 오호모노누시노오호카미(大物主大神)가 후손 오호타타네코(意富多泥古)를 수호하려고 역병까지 일으킨 것을 보면, 그 이전에 어떤 형태로든 후손의 요구가 있었고, 그 요구에 부응하여, 신이 역병을 유행시킨 것으로 볼 수 있다.

숭신천황은 몽탁에 따라 신을 제사지내자 역병이 가라앉았다. 그 유행병으로 혜택을 입은 자는 신탁대로 제주에 임명된 오호타타네코였다. 결국은 그를 제주로 삼기 위해서 벌어진 사건이 되고 만 셈이었다. 후손이 제주가 되고 싶은 소원을 조상에게 표하고, 조상이 그것을 이루는 방법으로 역병을 일으켜, 후손의 요구를 성취시켜 준 것으로 이해할 수 있는 소동이었다. 천황은 신탁으로 역병을 퇴치했고, 조상신

---

132) 『古事記』崇神天皇条.

은 역병의 퇴치를 조건으로 후손의 요구를 해결하였고, 후손은 조상의 덕택으로 제주가 되었다. 결과적으로는 천황도 조상신도 후손도 뜻하는 바를 모두 이룬 셈인데, 그것이 조상과 후손, 수호신과 천황, 천황과 후손, 신과 인간 사이에 이루어지는 교류였다.

천황이 역병을 퇴치할 신탁을 원하는 것이나 후손이 조상에게 소원을 말하는 것, 그리고 신이 신탁으로 천황의 요구에 응하여 역병을 퇴치한 것이나, 후손의 소원이 이루어지게 한 것은, 명계의 신이 현세의 문제를 해결했다는 점에서 동질적인 일이었다. 또 그것은 명계와 현세간의 교류였다. 천황이 신의 후손을 제주로 삼은 것은 신에게 의사를 표하여 문제를 해결하는 방법이었다. 이 경우의 신은 역병을 매개로 자신의 요구를 표하고, 천황은 그 후손을 제주로 삼는 방법으로 신의 요구에 응하여, 상호간의 목적을 달성한 것이다.

그러한 교류를 감안하면, 조상의 수호가 불가결했을 「비문」의 도하나 오곡의 풍숙에도, 조상과 후손의 교류가 있었다는 것을 추정할 수 있다. 그 교류를 통하여 후손들은 자신들의 요구를 말하여 조상의 수호를 획득하고자 했을 것이다. 도하나 오곡의 풍숙은, 그것을 요구하는 후손들의 요구에 조상들이 응해서 이루어진 결과이다. 그것들이 실현되기 이전에, 이미 후손들은 그러한 요구를 조상에게 전하는 의례를 거행했을 것이다.

이처럼 조상과 후손의 교류에는 조상과 후손의 쌍방간의 요구에 의해서 이루어지는 것이었다. 상호가 원하는 요구가 이루어질 때, 조상과 후손의 바람직한 관계라고 말할 수 있을 것이다. 조상의 요구가 후손에 의해 충족될 때 조상의 후손 수호도 보장되는 것이다. 그럴 경우, 같은 요구라 해도 누구를 매개로 하는가는 중요한 조건인데, 이것은 제주의 문제이다.

제주는 조상의 요구를 만족시킬 수 있는 자가 종사하는 것이 효과적일 것이다. 그럴 경우 혈통을 계승한 후손이 선택되는데, 그렇게 해서 조상과 후손의 교류가 시작되는 것이다. 그런 의미에서, 광개토왕이나 장수왕의 수묘는 조상과 교류하는 하나의 의례로 볼 수 있는 것이다. 수묘라는 의례를 통하여 조상의 수호에 대한 감사를 표하며, 동시에 지속적인 수호를 보장받으려 하고 있었던 것이다.

수묘가 후손의 조상에 대한 의례인 이상, 그것은 조상의 뜻을 충실히 이행하는 방향에서 이루어지게 마련이다. 그런 의미에서 「비문」의 수묘는 조상의 수호에 보은하는 방법으로 조상의 수호를 보장받으려는 의례, 조상의 요구에 응하며 자신들의 요구를 표하는 의례, 조상과 후손의 교류가 이루어지는 계기로서의 의례라고 말할 수 있는 것이다.

3) 장수왕의 정통성
(1) 현왕으로서의 천손

「왕비」가 광개토왕의 사거를 계기로 하여 건립된 것이기 때문에, 그것에 명기된 「비문」에 광개토왕의 훈적을 칭송하는 내용이 기술되는 것은 당연한 일이다. 그러나 그것들은 광개토왕의 칭송만을 목적으로 하는 것은 아니다. 「비문」은 천제의 혈통을 이은 천손이 고구려를 통치해야하는 정통성, 그 통치가 천손으로 한정된다는 것, 천손이 통치하는 고구려가 천하의 중심이라는 것 등도 이야기하고 있다. 그리고 천제의 권능을 공유한다는 사실을 바탕으로, 조상과 후손의 동질성을 확인하고 있다.

그런데 그러한 「비문」을 구성한 것은, 그 세계에서 주역을 행하는 추모왕이나 광개토왕이 아니라, 장수왕이었다. 장수왕은 그 선조들이 통치한 모든 것을 기록한 것이 아니라, 그 선조들이 수립한 훈적의 일부를 선별하여 「비문」을 구성하였다. 그 세계의 주역으로 추모왕과 광개토왕을 설정한 것도 장수왕이었다. 말하자면 장수왕이 선별한 자료에 의해 구성된 것이 「비문」이라는 것이다. 그래서 「비문」은 추모왕이나 광개토왕의 입장이 아니라 장수왕의 입장에서 이해되어야 한다.

「비문」의 왕통보는 천제와 추모왕, 추모왕과 유류왕, 유류왕과 대주류왕의 부자관계를 소개하고, 추모왕과 광개토왕의 관계가 「17세손」이라는 것을 소개하는 형식으로 설명되어 있다. 그리고 추모왕과 광개토왕을 대응시키는 방법으로 왕통의 특성이나 절대권위를 구체화하고 있다. 말하자면 「비문」의 왕통보는 신화와 사실을 접속시키는 방법으로 구성된 셈이다.

「비문」은 추모왕의 「도하」와 광개토왕의 「오곡풍숙」을 대응시키고, 추모왕이 「강세」・「순행」과정에서 발휘했을 무위와 광개토왕이 정토전에서 발휘했을 무위를 대응시키는 방법으로 그 동질성을 확인하고 있는데, 그 동질성은 시대적 상황에 따라 다르게 표현되었다. 그것들은 추모왕에 의해 구축되어, 혈통으로 전이되다가 광개토왕에 의해서 사실적으로 발현된 권능이었다. 그것을 추모왕을 통하여 상징시켰다가, 광개토왕을 통하여 사실적으로 구체화한 것이다. 이런 의미에서도 추모왕과 광개토왕, 즉 조상과 후손은 동질적이다.

「비문」이, 광개토왕을 추모왕의 「17세손」이라는 표현으로, 왕통보상의 위치를 확인하고 있는 것은, 혈연적인 관계의 확인을 통하여, 광개토왕이 추모왕은 물론, 천제와도 동질적이라는 사실을 확인하는 일이었다. 또 그것은 추모왕이 발현한 건국의 능력이나 광개토왕이 정토에서 발현한 능력을 천제의 능력과 동질시하는 방법이었다. 추모왕이나 광개토왕이 천제의 후손이기에 그러한 것들의 실현이 가능했다는 것을 시사하고 있는 것이다. 그처럼 천제의 권능은, 혈통적으로 전이되다가, 시대적 상황에 따라 다른 형태로 발현되고 있었다.

(2) 현왕통치의 예고

왕통의 권능이 시대적 상황에 따라 다르게 발현된다는 것은 조상과 후손이 세운 훈적이 동질의 것이라는 것을 의미하며, 조상이 실현한 훈적은 후손에 의해서도 재현될 수 있다는 가능성을 예고하는 일이었다. 그처럼 조상의 훈적으로 후손의 가능성을 예고하는 것은, 현왕으로 통치에 임하고 있는 장수왕의 가능성을 예고하는 것을 목적으로 한다. 그런 면에서 천제로부터 유래된 왕통의 성덕이 광개토왕으로 계승되어, 왕에 의한 성전의 결과, 주변제국과 제민족이 왕의 덕에 귀순했다[133]라는 식의 사고가 「비문」의 기조를 이룬다고 말할 수 있다.

　광개토왕의 치적의 근거를 왕통의 성덕에서 구한다는 것은, 광개토왕이 이룬 치적을 개인의 능력으로 보지 않고, 혈통으로 전이되는 왕통의 권능이 발현된 결과로 보는 사고다. 그처럼 개인의 능력보다 왕통이 공유하는 능력으로 보려는 것은, 그러한 것들 모두가 장수왕에게 전이되었다는 사실을 확인하는 방법이었다. 즉 「비문」은 조상들의 치적을 통하여 장수왕의 가능성을 예고하고 있는 것이다.

　현왕이 선왕들의 훈적을 공유한다는 사실의 확인은, 그 왕통을 계승한 현왕의 가능성을, 조상의 훈적으로 예고하는 일이었다. 장수왕은 왕통의 권능을 광개토왕의 치적으로 구체화하여 확인하는 방법을 통해, 왕통을 계승한 자신도 그와 같은 훈적을 세울 수 있다는 가능성을 예고하고 있는 것이다.

　왕통보의 끝에 위치하는 광개토왕은 혈통으로 전이되는 모든 요소를 전이 받은 것이 된다. 그 광개토왕을 부왕으로 한다는 것이 장수왕의 정통성이었다. 장수왕은 「왕비」를 건립하고 「비문」을 구성하였으나, 그 세계의 밖에 존재하기 때문에 자신이 그 세계의 계승자라는 사실을 확인시킬 필요가 있었다. 그렇게 함으로써, 「비문」의 세계가 자신이 실현할 세계라는 것을 확인시킬 수 있기 때문이다.

　절대군주였던 광개토왕의 아들이라는 것이 장수왕의 정통성이었으나, 그 정통성은 수묘권의 행사로도 확인할 수 있다. 제사권이 중시되는 사회에서, 장수왕이 왕실의 수묘권을 행사한다는 것은 정통성을 만천하에 입증하는 일이었다. 그것을 통하여 혈통으로 전이되는 모든 요소를 전이 받았다는 사실을 확인하고, 혈통적인 정통성을 과시하는 것이었다.

　수묘는 현왕으로서 행하는 경우와 후손으로서 행하는 경우로 구분

---

133) 浜田耕策 「好太王碑를 둘러싼 争点」『好太王碑와 輯安의 壁画古墳』(木耳社, 1988).

할 수 있다. 현왕으로서 행하는 수묘의 경우에는 그것에 참가하는 범위는 왕이나 왕실은 물론이고 왕에게 통치 당하는 신민까지도 포함한다. 경우에 따라서는 모든 신민에게 강요되는 경우도 있을 수 있다. 반면 후손으로서 행하는 경우에는 신분적으로 제한된다. 혈통을 공유하는 동족만이 참가할 수 있기 때문에 혈통적인 배타성을 가진다. 그러한 혈통적인 배타성이 천손에게 부여된 절대권위와 정통성을 보장해주게 된다.

광개토왕의 수묘에 대한 관심은 파격적이었다. 그 같은 관심은 장수왕도 마찬가지였다. 그는 부왕의 교언과는 달리, 일정비율의 구민을 수묘에 참여시켰는데, 비록 그것이 수묘의 효율성을 위한 일이었다고는 하나, 부왕의 뜻을 어긴 것은 사실이다. 부왕의 뜻을 따르면서도 부분적인 면에서는 독자적인 판단을 한 셈인데, 그것은 부왕의 뜻을 어겼다기보다는, 효율적인 방법의 선택이라고 보아야 한다.

물론 처음에는 부왕의 교언대로 구민을 제외시켰으나, 수묘를 전담한 자들이 그 방법을 잘 몰랐기 때문에 구민을 참가시킨 것이다[134]. 그만큼 수묘의 효율화가 왕실의 중요과제였다. 광개토왕과 장수왕의 대를 이은 수묘에 대한 관심이, 부족의 조상신의 권위를 초월하여 국조신의 위치를 확보하는 원동력이 되었다. 그 결과로, 장수왕대에는 왕실의 조상에 대한 제사가 국가적 차원에서 이루어지게 되었다.

「비문」이 시조를 천제와 하백여랑의 신혼에서 태어난 천제지자로 하여 왕통을 천제에 연결시키고, 동시대의 『모두루묘지(牟頭婁墓誌)』는 시조를 「일월지자(日月之子)」로 표현하여 왕통을 일월과 연계시키고 있다. 여기에서 「천제지자」와 「일월지자」의 차이가 있으나, 「천」이나 「지(地)」를 숭상하는 고유사상이 중핵을 이룬다는 점에서는 공통적이다. 이는 왕통이 천지쌍방의 혈통을 계승하고 있다는 사실의 강조였다. 즉 왕실은 숭배하는 천지를 혈연관계로 설정하여 독점하려 한 것이다.

---

134) 教如此是以如教令取韓穢二百廿家 慮其不知法則復取旧民一百十家」(비문 4·6~7).

「일월」과 「천제」는 「천」과 불가분의 관계인데, 「일월」은 최고신을 의미하는 「천제」로 비약하기 전단계의 상징물이었다. 이 같은 비약은 자연발생적인 발전이기보다는 정치사상적인 계기를 매개로 한다. 이런 관점에서 살펴보면, 「비문」의 「천제지자」는 정치성이 농후한 호칭이다. 그것은 고구려왕권의 발전과 상응하는 것으로, 광개토왕의 훈적을 후세에 전한다고 하는 입비 목적과 합치한다. 이처럼 「천지일월」을 왕실의 혈연으로 설정하는 것은, 고구려를 중심으로 하는 천하사상을 구축하였기 때문에 가능한 발상이었다[135]. 또 그것은 절대적인 왕권을 확보했기에 가능한 일이었다.

왕권의 절대화를 배경으로 하는 「천지일월」과 「천제」를 조상신으로 설정하여 독점한다는 것이나 절대적인 호칭을 시조 추모왕에 소급시켜 적용할 수 있었다는 것은, 왕실의 조상이 국조신으로 승격되었다는 사실을 시사한다. 따라서 시조를 모시는 제사도 부족의 차원이 아니라 국가적 차원에서 이루어졌을 것이다.

그러한 시대적 상황에서 장수왕이 수묘를 주재하는 것은 제사왕적인 위치를 확보하는 일이었다. 그는 수묘를 매개로 하여 조상과의 교류를 독점하고 있었다. 조상과 후손의 모든 교류가 장수왕을 매개로 해서 이루어지는 셈이다. 그럴 경우의 제사왕은 조상의 의사를 대행하기 때문에, 조상의 절대성을 자신의 배경으로 할 수 있었다. 경우에 따라서는 자신의 의사를 조상의 뜻으로 가탁할 수도 있었다.

그러한 장수왕에 의해서 구성된 것이 「비문」이다. 아무리 추모왕과 광개토왕이 주역을 행하는 「비문」이라 해도, 그것은 장수왕의 의도에 의한 결과일 뿐이다. 그래서 「비문」의 이해에는 주역인 조상들이 아니라, 그 조상들을 주역으로 설정한 장수왕의 의도가 중요하다. 명계의 조상에 대한 현세의 후손이 행하는 숭배의례가 수묘였듯이, 현세를 통치하는 후손이 명계의 조상의 훈적을 바탕으로 해서 구성한 것이 「비

---

135) 武田幸男 「牟頭婁一族과 高句麗王權」, 전게주28, P.343.

문」이었다. 즉 명계의 조상과 현세의 후손 간의 연계였다.
　그 같은 명계와 현세의 연결은, 「비문」 밖에 존재하는 장수왕에게 그 세계를 계승시켜주게 된다. 어느 조상이 주역을 행한다 해도 그것은 장수왕의 의도에 의한 결과이고, 「비문」의 세계가 장수왕에게 계승되기 때문에, 그것은 장수왕의 절대성의 확인과 무관할 수가 없다.
　그러한 「비문」이 혈통적 권능으로 조상과 후손의 동질성을 확인하고, 수묘를 매개로 하여 조상의 명계와 장수왕의 현세를 접속하고 있는 것은, 「비문」의 세계를 장수왕이 계승한다는 사실과 조상들의 통치가 장수왕에 의해 재현된다는 가능성을 예고하는 일이었다. 장수왕은 그러한 방법으로 자신의 정통성을 확인하고 자신의 절대권위를 획득하여, 자신이 통치하는 천하를 예고하고 있었던 것이다. 그것이 「왕비」를 세워 「비문」을 명기한 궁극적인 목적이었다.

제3장

광개토왕비문의 세계

1 「비문」세계의 구성국

1) 천하의 구성

(1) 세계의 공간과 시간

「비문」의 세계는 천제가 주재하는 천과 고구려가 중심을 이루는 지상을 공간으로 하고, 태고에서 영원한 미래로 이어지는 시간을 축으로 하여 구성되는데, 천과 고구려는 천제의 혈통을 축으로 하는 혈연적 관계를 이룬다. 고구려는 천제의 아들이 강세하여 건국한 나라이기 때문에 그 통치도 천제의 혈통을 계승하는 천손으로 한정되는데, 그 혈통적 한계가 고구려의 신성성과 절대성을 보장해 준다.

그런 의미에서 천제의 아들로 설정된 추모왕이나 17세손으로 기술되어 있는 광개토왕은 천제의 혈통을 계승한 후손이기에, 천제의 질서로 통치되는 천하의 통치자로서의 정통성을 보장받고 있다. 「비문」이 이야기하는 천제와 왕통보의 계승자와의 관계는 그 정통성의 확인을 목적으로 한다.

천제와 고구려왕의 혈연적 관계는 고구려왕의 정통성을 보장하는 것에 그치지 않고, 그 후손이 통치하는 고구려가 「비문」이 이야기하는 세계, 천하의 중심이라는 것도 보장해 준다. 그 천하에는 추모왕이 건국한 고구려를 비롯하여 북부여·비려·백잔·신라·왜·동부여 등의 나라가 등장한다. 또 임나가라·안라·북부여·숙신·후연 등의 나라도 등장한다는 주장이 있지만, 그 중에는 나라로 인정할 수 없는 것도, 추정이 잘못된 것도 있다. 그러나 「비문」의 천하가 고구려와 그 주변국들로 구성된다는 것은 사실이다.

북부여·비려·백잔·신라·왜·임나가라·동부여 등은, 「비문」에 「추모왕지창기야출자북부여(鄒牟王之創基也出自北扶余)」·「비려불□□인(稗麗不□□人)」·「백잔신라구시속민(百残新羅旧時属民)」·「이왜이신묘년(而倭以辛卯年)」·「지임나가라(至任那加羅)」·「동부여구시추모왕속민(東夫余旧是鄒牟王属民)」으로 명기되어 있어, 「비문」에 등장하는 것이 분명하다. 그러나 영락 8년조에 기술된 정토의 대상으로서의 「숙신토곡(肅愼土谷)」이나 17년조에 이루어진 정토의 대상은 재고가 요구되는 사항이다. 또 국명으로 보이지만, 독자적인 국가로 보기보다는 고구려나 신라에 포함되는 지명으로 보는 것이 타당하다고 생각되는 것도 있다. 북부여·임나가라·안라 등이 그렇다.

(2) 조공의 의미

「비문」의 천하를 이해하기 위해서는 그 천하가 어떤 나라들로 구성되어 있는가와 그 나라들 간에 이루어지는 교류의 원칙을 이해하는 것이 우선되어야 한다. 그런데 그 천하에 참여하는 나라의 문제에 있어서는, 일반적으로 나라라고 인식하고 있는 북부여·임나가라·안라 등은 독자적인 국가라기보다는 지명으로서의 의미를 가지고 있다. 그것들이 천하를 구성하는 요소로써의 나라가 아니라는 것은, 조공과 무관하다는 것으로 알 수 있다.

원래 조공이란 자타를 자존적으로 구별하는 화이사상(華夷思想)과 우위의 「자(自)」가 열등한 「타(他)」를 포용하는 왕화사상(王化思想)을 실현하는 방법의 하나였다. 「비문」은 고구려와 주변국을 화이사상으로 구별하여, 고구려를 중화(中華)로 보고 주변국을 이적(夷狄)으로 구별하고 있는데, 그것이 배타적인 화이사상의 실현이다. 그 배타적인 화이사상 만으로는 주변국과의 관계 설정이 불가능하여, 주변국을 은덕으로 포용하는 방법을 생각하게 된 것이 왕은(王恩)으로 감화시켜 포용한다는 왕화사상이다.

은덕으로 왕화사상을 실현하는 것이 통치자의 제일의 덕목이고, 그것의 척도는 조공으로 나타난다고 믿고 있었기 때문에 조공이 갖는 의미는 크다 하겠다. 다시 말해 주변국의 왕화는 조공이라는 형태로 확인할 수 있는 일이었다. 그런 의미에서 「비문」에서는, 고구려에 조공하는 일이 국가의 전제조건이었다. 주변국이 조공을 바친다는 것은 고구려의 질서에 따르겠다는 서약이었다. 그래서 조공을 왕화의 척도라고 말하는 것이다. 고구려에 조공하는 나라는 비려·신라·백잔·동부여이고, 조공과 무관하기에 국가로 인정할 수 없는 것이 북부여·임나가라·안라 등이다.

「비문」의 고구려는 조공을 받을 뿐 조공하는 일은 없다. 이는 「비문」의 천하가 고구려 중심으로 질서 지어지기 때문이다. 조공을 하는 주변국은 왕화된 세력이기에 수호되고, 조공하지 않는 세력은 왕화되지 않은 세력이기에 정토 당해야 한다. 그런 경우의 정토는 왕화의 한 방법이었다. 「비문」의 세계에서 화(華)는 고구려뿐이고 여타 주변국, 비려·백잔·신라·동부여 등은 이(夷)에 해당하기에 왕화의 대상이다.

「비문」에서 화(華)의 위치를 차지한 고구려는 그 주변에 있는 이(夷)의 세력들을 고구려왕의 은덕으로 왕화시켜, 전 세계를 고구려의 질서 속에 포섭시키려 한다. 광개토왕이 되풀이하여 행하는 정토활동도 그것을 목적으로 하는 통치행위였다. 그렇다 해서 「비문」에 등장하는 모든 나라가 정토의 대상이 되는 것은 아니다.

(3) 조공과 무관한 왜

왜는 「비문」에 가장 많이 등장하며, 고구려와의 관계도 긴밀하지만 조공한 일이 없으며 고구려도 그것을 요구한 일이 없는 세력이었다. 고구려는 천하에 왜가 나타나면 그저 격퇴할 뿐이었다. 격퇴할 경우에도 왜에게서는 아무것도 취하지 않는다. 고구려의 그러한 전후처리는 왜와의 관계에서만 볼 수 있는 현상이었다. 모든 정토가 조공을 서약시키는 것으로 종결되는데 반해 왜의 경우만이 조공과 무관했다. 그 이유는 정토의 원인이나 목적이 상대에 따라 달랐기 때문이다.

고구려는 주변국을 화이사상으로 구별하고, 왕은으로 감동시켜 동질화시키려는 목적으로 정토를 되풀이하면서, 모든 주변국을 왕화시키려 노력하고 있었다. 그러면서도 왜의 왕화에는 관심이 없었다는 것은, 왜를 그 대상에 포함시키지 않았기 때문에 있을 수 있는 일이었다. 왜는 화이로 구별될 뿐 왕화의 대상은 아니었던 것이다.

(4) 천하의 주변국

조공이 주변국의 조건이고 그 조건을 충족시키는 주변국과 고구려로 구성되는 것이 「비문」의 천하라는 것을 생각하면, 고구려에 조공한 일이 없는 북부여·임나가라·안라 등은 주변국으로 인정할 수 없고, 왜는 그 독자성과 관계없이 천하를 구성하는 주변국으로 인정받지 못한다. 따라서 그 천하는 고구려와 고구려에 조공하는 비려·백잔·신라·동부여 등의 주변국으로 구성되는 세계라고 말할 수 있다.

또 8년조는 문자의 결락이나 마멸 등에 의한 자체의 모호성으로, 그것을 이야기할 때는 숙신이나 후연 등이 정토의 대상으로 등장하기도 한다. 「비문」에는 숙신이나 후연을 주변국으로 인정할 만한 기록이 없음에도, 그것들을 천하에 등장하는 나라로 간주하고, 고구려의 정토 대상으로 설정하여, 역사적 사실을 도출해내려는 노력이 적지 않았다.

10년조를 이야기 할 경우에는, 그것이 「백제·가야·왜의 연합이 고구려·신라의 연합과 대항」[1]한 것을 내용으로 한다는 의견은 물론, 「비문」의 전쟁이 「고구려를 비롯한 백제·신라·안라·임나가라, 그리고 일본 열도의 왜까지 참전하는 국제전」의 양상을 보인다는 의견이

---

1) 千寬宇「광개토왕릉비문 재론」,『全海宗華甲紀念論叢』(1979), P.544.

제기되기도 한다2). 그러나 그렇게 볼 수 없는 것이 10년조의 내용이다. 그러한 주장들은 시간적으로 모순을 보이기도 하고 「비문」을 구성하는 논리와도 위배되기 때문에 수용할 수 없는 의견들이다.

　종래에는 「비문」의 특성이나 그것을 성립시키는 자체논리를 고려하지 않은 상태에서, 부분적인 기술을 바탕으로 하여 원하는 사실을 추구하려는 노력이 연구의 중심을 이루고 있었기 때문에, 그러한 주장들이 제기되었다고 생각한다. 그러나 그렇게 해서 도출되는 결론은 비문의 이해에 도움이 되질 않는다. 오히려 전체적인 이해에 지장을 초래할 뿐이다.

　이하에서는 부분이 아니라 전체적인 흐름과 「비문」을 구성하는 기본 논리를 바탕으로 하여 「비문」의 천하에 참여하는 나라와 그렇지 못한 나라를, 고구려와의 관계를 통하여 살펴보기로 하겠다. 그럴 경우 조공은 각국의 특성을 판단하는 중요한 조건이 된다.

---

2) 延敏洙 「광개토왕비문에 보이는 대외관계」『삼한의 사회와 문화』(新書苑, 1995), P.263.

2 북부여

1) 전적상의 북부여

　부여가 실존의 국가였기 때문에 북부여도 고대에 존재했던 나라로 생각하는 것이 일반적인 인식이다. 그래서 「비문」의 연구가 시작될 당시부터 그 위치와 존재한 시기를 추정하는 것이 중요한 문제로 부상되었다. 그러나 「비문」에서 북부여의 기록은 이곳 한 곳 뿐이다. 그것도 고구려가 건국되기 전인 신화적인 시간에 추모왕과 천제의 관계를 설명하는 과정에 소개되었을 뿐이다. 그래서 그 위치나 소개된 의미가 확실하지 않다.

　「비문」은 추모왕의 출자를 설명하면서 「출자북부여(出自北夫余)」라고 북부여를 소개하고 있는데, 종래에는 추모왕의 설명에 주안점을 두고 있었기 때문에 북부여에 대한 관심은 미미했다. 아오에히데(淸江秀)가 「태평환우기(太平寰宇記)에 의하면 부여국은 후한부터 중화에 이르기까지 통한다. (중략) 부여는 원래 현도에 속한다」라며 부여와 동일시하고3), 같은 시기의 요코이타다나오(橫井忠直)가 『동국통감』이 전하는 고주몽의 신화를 소개한 다음에 「북부여는 금와(金蛙)의 부 해부루가 아직 동부여로 이동하기 이전의 땅일 것」4)이라고 추정하였다. 이는 『삼국유사』의 북부여조를 전거로 하는 의견이었다.

　결국 북부여는, 「한사(漢史)에는 그저 부여라 했고, 『위지』, 『후한서』, 『진서』 모두가 이것을 전한다. 그곳은 지금의 성경 봉천부의 동북경(境)으로, 강토가 매우 넓어 『위지』에 방하이천리(方何二千里)라고 표현할 정도였다. 추모왕이 나라를 세운 졸본 땅도 부여의 영내여서, 졸본부여라고 말하기 때문에 고구려인(麗人)은 그 본국인 부여에, 북자를 붙여서 구별한」5) 것이라는 식의 인식이 주류를 이루었다. 또 「비

---

3) 淸江秀 「東夫余永樂太王碑銘之解」(국립국회도서관장, 1884년 7월).
4) 橫井忠直 『高句麗古碑考』(東京都立日比谷図書館蔵, 1884年12月말).
5) 那珂通世 「高句驪古碑考」『史学会雑誌』제48호(동경제대사학회 1893년 11월).

문」과 다른 기록을 비교하여, 「『삼국사기』에서는 동부여라고 하여 차이를 보인다. 모두루묘지에서도 북부여라고 하여, 적어도 5세기 초반까지 왕실의 공식적인 견해는 북부여였다」6)라며, 기록 간에 보이는 차이점을 설명하려 했다. 다시 말해 여러 기록의 공통점을 근거로 북부여를 설명하려 했던 것이다.

그런 설명을 근거로 하는 해석은 「옛날, 시조 추모왕이 고구려국가를 창건할 때, 그 근원은 북부여에서 나왔다」7), 「옛적 시조 추모왕이 나라를 세웠는데 (왕은) 북부여에서 태어났으며」8), 「옛날에 (우리들의) 시조인 추모왕이 나라를 건립할 때에 그의 부친은 북부여의 천제의 아들이며」9), 「그런데, 옛날, 시조 추모왕이 창기하였다. 북부여에서 나왔다」10), 「옛날 (우리) 시조 추모왕이 나라를 세울 때 북부여에서 나왔는데」11) 등으로 이루어지고 있다. 다소간의 차이는 있지만 결국은 고구려가 북부여에서 건국되었다는 내용으로, 전후의 애매하고 신화적인 내용과는 일선을 그은 극히 사실적인 설명이다.

북부여의 사실적 의미가 어떻든 간에, 그것이 「비문」이 이야기하는 북부여일 수는 없다. 「비문」의 북부여는 신화적인 시간의 「석(昔)」, 즉 천지신의 신혼이 이루어지는 시간에 존재하는 공간으로, 고구려의 건국 이전부터 존재하고 있던 곳이다. 따라서 그곳을 단지 중국의 기록이나 『삼국사기』 등의 기록을 근거로 실존했던 부여로 추정하는 것은 「비문」을 떠난 추정에 불과하다. 추모왕이 「난생」한 곳이 천상인가 천하인가가 분명하지 않고, 북부여가 신화적인 시간(昔)에 존재하는 곳

---

6) 盧泰敦 「広開土王陵碑」韓国古代社会研究会編『訳註韓国古代金石文』제1권 (駕洛国史蹟開発研究院, 1992년 10월).
7) 朴時亨저 全浩天역『広開土王陵碑』(소시에테, 1985년 8월), P.114.
8) 盧泰敦 전게주6.
9) 王健群 林東錫訳『広開土王碑文研究』(역민사, 1985), P.297.
10) 武田幸男『高句麗史와 동아시아』부록2(岩波書店, 1989), P.434.
11) 林基中 「한국에서 호태왕비의 탁본과 비문연구」『광개토왕비연구100년』(학연문화사, 1996년), P.200.

이었고, 「비문」이 고구려 중심의 세계를 이야기하고 있다는 사실 등을 생각하면, 북부여를 부여와 연관시켜 생각할 필요는 없을 것이다.

2) 천제지자가 강세한 곳

추모왕이 천제와 하백여랑을 부모로 하여 「부란강세(剖卵降世)」했다는 것은, 추모왕이 강세할 수 있는 곳, 즉 천에서 알을 깨고 태어났다는 것을 의미한다. 그런데 북부여를 추모왕이 태어난 곳으로 생각하게 되면, 「강세」의 「강(降)」의 설명이 불가능해진다. 따라서 북부여는 천제지자 추모왕이 하늘에서 땅으로 내려온(降世) 곳, 순행남하를 시작한 곳, 고구려의 건국을 목적으로 순행을 시작한 곳 정도로 보아야 할 것이다.

그리고 고구려의 건국을 계기로, 지상에 고구려를 중심으로 하는 천하, 천제의 질서가 통용되는 천하가 구성되게 되었다는 사실을 생각하면, 북부여는 천지간의 교류가 이루어지는 접점지로서의 의미를 갖는다. 천지간의 교류가 이루어질 때, 그곳을 통하여 양계의 신들은 왕복하고 있었을 것으로 추정된다. 이것은 천지간의 교류가 이루어졌다는 사실이 분명함에도, 등장하는 지명이 이곳 뿐이라는 사실을 근거로 추정할 수 있는 일이다.

따라서 천제와 하백여랑의 신혼이 천에서 이루어졌다면, 하백여랑이 승천하기 위해 통과한 곳은 이곳이었을 것이며, 그것이 지상에서 이루어졌다면, 천제가 하강한 지점도 이곳이었을 것이다. 또 추모왕이 건국하기 위해 강세할 때나 승천할 때 통과한 곳이나, 광개토왕이 승천한 곳 또한 이곳이었을 것이다. 북부여만을 기재한 의미가 그것에 있다고 생각한다. 이곳을 제외하고는 구체화시킬 지명이 없다. 유일하게 기록된 지명에는 그런 의미까지 포함되어 있는 것으로 보아야 할 것이다.

이처럼 북부여가, 천지간의 교류가 이루어지는 접점지이며, 고구려의 건국이 시작된 곳이기 때문에, 그곳은 고구려에게 특별한 의미를 부여하는 곳, 고구려의 건국을 성스럽게 하는 서상지(瑞祥地)로서의 의미를 갖는 곳이어야 한다. 따라서 북부여는 실존한 부여와 동일시할 것이 아니라, 고구려를 천하의 중심에 위치시키는 고구려의 신성성을 보장해주는 지명으로 보아야 할 것이다.

3) 부여와의 관계

고기록에 부여라는 기록은 빈번히 보이지만 북부여는 「비문」과 모두루묘지(牟頭婁墓誌), 『삼국유사』 등에 보일 정도이다. 그래서 북부여의 의미를 「비문」에도 있는 동부여의 설명을 통해서 알아보는 방법도 있다. 쯔다소우키찌(津田左右吉)는 「비문」의 동부여를 다음과 같이 추정하였다.

> 광개토왕의 비문에 이 땅에 대한 왕의 정토기사가 있다. 그 소재와 옛날의 부여에 대한 관계는 명백하지 않으나, 광개토왕의 정토는, 부여가 모용씨에게 나라를 멸망당한 진의 영화2년(346)부터 60여년 후의, 진의 의희(義熙) 6(410)년에 해당하니까, 이것은 옛날 부여의 동부에 있었던 것에 의해서 그렇게 불려지고 있었던 것 같고, 그 지역도 고구려의 본토에 접근해 있는 방면이었을 것이다[12].

이렇게 그것이 존재했을 방향을 기준으로 하여 붙인 지명으로 추정했다. 그러한 기준이라면, 북부여는 부여의 북쪽에 존재하기 때문에 명명된 호칭이라 할 수 있는 것으로, 나카미찌요가 「고구려인(麗人)은 그 본국인 부여에 북(北)자를 붙여서 구별한」 것이 북부여라는 것과 같은 맥락의 이야기이다. 또 시라토리쿠라키찌는, 동명왕의 전설에는 설화적 요소가 많아, 그 전체를 역사적 사실로 볼 수는 없지만, 동명왕이 부여에서 남으로 이동(南走)하여 건국한 것만은 사실로 인정할

---

12) 津田左右吉「三国史記高句麗紀의 批判」『満鮮地理歷史研究報告書』第九 (1922), P.20.

수 있다며 북부여를 다음과 같이 설명하였다13).

　　추모왕은 북부여에서 고구려로 옮겨와 결국에는 이 나라를 건설했다고 했으나, 이미 북부여라는 것이 있었다면, 틀림없이 이 외에도 모 부여(某夫余)라 칭하는 나라가 없어서는 안 된다. 그래서 한대(漢代)부터 진대(晋代)에 걸친 사적을 살펴보아도 고구려의 북방에는 단순히 부여라는 일국이 존재할 뿐, 결코 그 외에 부여로 불린 곳은 보이지 않는다.

이는「비문」을 근거로 하는 설명이 아니라, 고구려의 건국을 이야기하는 여러 기록의 공통점을 근거로 한 이야기이다. 시라토리는 사실(史実)의 기록에 북부여가 보이지 않는다는 사실을 확인하고, 모용(慕容)씨가 부여를 멸망시킨 후부터 광개토왕 20년까지 65년간에 걸쳐서 출현했던 나라가 동부여라는 역사적인 사실을 근거로, 추모왕대에는 북부여가 존재하지 않았다는 사실을 확인하였다.
　그 사실에 의하면 실제적으로는 존재하지 않았던 북부여가「비문」에서는 추모왕이 강세하여 건국을 시작한 곳으로 등장하고 있는 셈이다. 북부여의 그런 의미가 간과되어 온 것이다. 그런 점에서는 『위서』의 부여에 의미를 두는 타케다유키오도 마찬가지였다14). 타케다는 고구려의 입장에서 해설하려 하였다.

　　부여는 고구려의 발상지였으나 『위서』가 전하는 것과 같이 추모왕은 그곳에서 쫓겨나 남하하여, 결국에는 고구려를 건국하였던 것이다. 그러나 부여 땅에서는 어지럽게 되풀이된 망국과 복국(復国) 후에, 4세기 초두에 부여는 고구려에 공격당하여 서쪽으로 옮겨 신도(新都: 農安)로 옮겼다. 고구려는 발상의 본원인 부여를 점령하고「북부여수사(北夫余守事)」를 파견하는 등 통치체제를 굳히고, 이미 100년이 경과되어

---

13) 白鳥庫吉「부여국의 시조동명왕의 전설에 대하여」『白鳥庫吉全集』第五巻(岩波書店), P.384.
14) 高句麗者 出於夫余 自言先祖朱蒙(『魏書』列伝高句麗).

가고 있었다. 다시 말해 옛날에 그곳을 쫓겨난 고구려가 지금은 부여를 쫓아내고 그곳에 북부여라는 이름으로 신성한 본원의 부여를 부활시킨 것이다15).

고구려가 자국의 발생과 인연이 깊은 부여를 공파하여 지배하게 되자 그곳을 북부여로 명명하여, 자국의 신성한 본원으로 부활시킨 것으로 추정하였다. 즉 고구려가 부여를 복속시키고 그곳을 북부여로 명명했다는 것이다. 부여에 관련된 역사적인 사실을 근거로 하여, 고구려의 입장을 중심으로 하는 설명이었다.

그 북부여가 역사 지리적으로 이야기될 때는 요코이타다나오(橫井忠直)가 「북부여는 금와의 부 해부루가 아직 동부여로 옮기기 이전의 땅일 것이다」라고 말한 것처럼, 그 신화적인 의미를 배제한 채 이야기 되는 것이 일반적인 흐름이었다. 이는 『삼국사기』나 『삼국유사』 등을 근거로 하는 설명이다. 그러나 그 기록들은 북부여·동부여·부여를 구별하고 있다. 『삼국유사』가 이야기하는 북부여는 다음과 같다.

> 天帝降于 訖升骨城(在大遼医州界) 乘五竜車 立都称王 国号北扶餘 自称名解慕漱 生子名扶婁. 以解爲氏焉. 王後因上帝之命. 移都于東扶餘 東明帝継北扶餘而興 立都于卒本州 爲卒本扶餘. 即高句麗之始祖16).
> 천제가 흘승골성(대료 의주 지경에 있음)으로 내려왔다. 오룡차를 타고 도읍을 정하여 왕이라 일컫고 국호를 북부여라고 하고, 스스로 이름을 해모수라고 했다. 아들을 낳아 이름을 부루라 하고 해로 씨를 삼았다. 왕은 뒤에 상제의 명령으로 도읍을 동부여로 옮겼다. 동명제는 북부여를 계승하여 일어나서 졸본주에 도읍을 정하고 졸본부여가 되었으니, 이것이 곧 고구려의 시조이다.

---

15) 武田幸男 「朝貢関係의 基本性格」 전게주10, P.124.
16) 一然저 李民樹역 『三国遺事』卷1, 北扶余(乙酉文化社, 1985).

천제 해모수가 홀승골성으로 강세하여 그곳에 세운 나라가 북부여라 했다. 즉 독자적인 나라의 국호로 북부여가 사용된 것이다. 해모수는 아들 해부루를 두었으나, 상제(천제)의 명령에 따라 북부여를 동명제(주몽과 동일인으로 취급한다)에게 계승시키고 동부여로 도읍을 옮겼다.

그것은 해모수 부자의 북부여 건국은 동명제에게 양도하는 것을 목적으로 하는 기초 작업으로 볼 수 있는 내용이다. 이 내용을 「비문」에 적용시킬 수 있는 것은 아니지만, 북부여가 고구려의 건국과 결부되어 이야기 되고 있었다는 사실을 확인할 수는 있는 전승이다.

북부여의 기술이 없는 『삼국사기』에는 다음과 같이 기술되어 있다.

> 先是, 扶余王解夫婁, 老無子, 祭山川求嗣, (中略) 後其相阿蘭弗曰, 日者天降我曰, 将使吾子孫, 立国於此, 汝其避之, 東海之濱有地. 号曰迦葉原, 土壤膏腴宣五穀, 可都也, 阿蘭弗遂勧王, 移都於彼, 国号東扶余, 其旧都有人, 不知所從来, 自称天帝子解慕漱, 来都焉
>
> 처음에 부여왕 해부루가 늙도록 아들이 없어 산천에 제사하여 후사를 구하려했는데(중략) 그 후에 국상 아란불이 말하기를, 일전에 천신이 나에게 강림하여 이르기를, 장차 나의 자손으로 이곳에 건국케 하려하니 너희(나라)는 다른 곳으로 피하라. 동해 가에 가섭원이란 곳이 있으니 토양이 기름지고 오곡에 알맞으니 도읍할 만하다 하였다. 아란불이 드디어 왕을 권하여 그 곳으로 도읍을 옮기고 국호를 동부여라 하였다. 그 구도에는 어디서 왔는지 알 수 없으나 자칭 천제의 아들 해모수라 하고 와서 도읍하였다17).

이렇듯 부여의 왕 부루가 천신의 명에 따라 옮겨간 곳이 동부여였다. 양 기록에 의하면 『삼국유사』의 「북부여」를 『삼국사기』에서는 「부여」로 하고 있다. 『삼국사기』에는 북부여란 기록이 없어 북부여와 고구려는 아무런 관련이 없는 셈이다. 그러나 천제의 명으로 도읍지를

---

17) 金富軾著 李丙燾訳註 『三国史記』권13 고구려본기 제1(乙酉文化社, 1996).

「동부여」로 옮긴 사실은 공통적이다. 따라서『삼국유사』나『삼국사기』의 기술을 근거로 북부여의 의미를 규정하는 것은, 사실을 규명한다는 면에서는 의미가 있을지 모르나「비문」의 이해에는 도움이 되지 않는다.

『삼국사기』와『삼국유사』는 모두 고려시대에 저술된 것으로 유사한 내용을 전하고 있는 것으로 알려진 서적이지만 상세한 곳에 이르면 차이를 보이고 있다. 그러한 차이점이 있음에도 그것들이 보이는 공통점을 중시하여, 간단히 동질의 내용으로 판단하는 것이 종래의 인식이었다. 그런 인식이기 때문에「비문」의 내용도 쉽게 그것들과 대응시키는 것을 주저하지 않는다. 그 좋은 예가 왕건군의 북부여에 대한 의견이다.

(1) 추모왕의 동부여 출생설

왕건군은『산해경(山海經)』『삼국지위지(三国志魏書)』『삼국사기』등의 기록을 근거로 북부여의 위치를 추정하고, 제기록의 건국신화를 종합하여 추모왕을 동부여 출신으로 단정했다[18]. 그리고「비문」20년조의「동부여구시추모왕속민(東夫余旧是鄒牟王属民)」을 보강 근거로 제시하였다. 즉「비문」의「북부여」를『삼국사기』의「국호동부여 기구도유인(国号東夫余其旧都有人)」과「비문」의「동부여구시추모왕속민(東夫余旧是鄒牟王属民)」을 연관지어 추모왕의 출자를 동부여로 보았다.

그리고 아오에히데[19] 이래로 북부여를 추모왕의 출생지로 보는 통설을, 잘못된 문장의 단락이 초래한 결과라는 의견을 제시하며,「출자북부여천제지자(出自北夫余天帝之子)」로 단락을 지어,「그의 부친은 북부여 천제의 아들이며」[20]로 해석해야한다는 의견을 제기하였다. 분명히「비문」이 말하는「천제지자」는 추모왕의 부친이 아니라 추모왕이다. 그런데도 왕건군은 그의 부친을 천제의 아들로 하고 추모왕은 손자로 하고 있다. 이것은「비문」의 해석을『삼국사기』등이 전하는,

---

18) 王健群 林東錫訳 전게주9, P.295.
19) 清江秀 전게주3
20) 王健群 林東錫訳 전게주9, P.297.

천제의 아들 해모수와 하백의 딸 유화의 신혼에 의해 태어난 것이 주몽(추모왕)이라는 선지식에 의거하여 도출해낸 결과이다.

이처럼 「비문」의 내용을 『삼국사기』와 같은 이질적인 자료에 의거하여 이해하려는 왕건군의 사고는 여기서 멈추지 않는다. 그는 『삼국사기』에 「북부여」라는 기술이 없는데도 불구하고, 『삼국사기』의 「국호 동부여 기구도(国号東扶余 其旧都)」의 설명에 아무런 근거도 없이 「비문」의 「북부여」를 연계시키고 있다. 왕건군은 「비문」과 유사한 내용의 『삼국사기』를 소개하면서 「기구도」라는 부분에, 「기구도<사칭구부여 즉 북부여>(其旧都<史称旧夫余 即北夫余>)」라는 주를 달았다.

여기서 말하는 구도는 해부루가 다스리던 부여를 말한다. 해부루의 부여에 천신이 강림하여, 그곳은 천신의 후손이 건국할 곳이라며, 동해의 가섭원으로 옮길 것을 명하였다. 그 명에 따라 그곳으로 도읍을 옮기고 동부여라 칭하였다. 따라서 가섭원으로 옮기기 전의 부여가 구도에 해당한다. 그 부여를 북부여와 대응시키는 것은, 『삼국사기』와 「비문」이 전하는 건국신화의 내용이 유사하다는 공통점을 중시했기 때문에 가능한 일이었다. 공통점보다는 기록이 보이는 차이점을 중시한다면 생각할 수도 없는 대응이었다.

왕건군의 단구(斷句)에 문제가 있다는 시라사키쇼이찌로우는, 「출자 북부여, 천제지자(出自北扶余, 天帝之子)를 북부여에서 단구하지 않고 천제지자까지 계속시킨다 해도 추모왕이 북부여의 출신이라는 것에는 변함이 없다」라고 말하였다. 그러면서 천제에 국적이 있다는 것은 이해하기 어려운 이야기라고 전제한 다음에, 「추모왕은 북부여 출신(출생)이고, 천제의 아들」로 해석하는 것이 좋다며, 추모왕을 「북부여 천제의 아들」로 보았다. 추모왕을 천제의 손자가 아닌 천자로 본 것은 바른 지적이다. 그러나 천제에게 국적이 없다는 것을 전제하면서도 추모왕을 북부여 출신으로 한 것은 어찌 된 일일까.

그것은 추모왕의 출생지와 함께 생각해볼 문제이다. 추모왕이 북부여 출신이면서 천제의 아들이라는 것은, 천제가 북부여로 찾아가 신혼을

맺었기 때문에, 그곳에서 추모왕이 태어났으나 천제의 아들이라는 의견일 것이다. 그렇다면, 그가「부란강세」를「알을 깨고 세상으로 내려갔다(卵を剖きて世に降る)」로 석독한 것과는 모순을 이룬다. 추모왕이 북부여에서 태어난 것이 되면, 위에서 아래로 이동한다는 의미의「강(降)」을 설명할 수 없게 된다. 그래서 그런지 시라사키 스스로가 내려갔다는「강(降)」을 나타났다는「현(現)」으로 바꾸어 설명하고 있다21).

그 북부여를 시라사키쇼이찌로우(白崎昭一郎)는, 고구려인들이 자신들의 긍지를 살리는 방법으로 고안한 것이 부여와 고구려의 공통된 모국으로 생각해낸 것이라며,

> 동부여는 비문의 편년조에 나온 실재의 나라이지만, 국가로서의 북부여의 실재는 반드시 명확하지는 않다. 그것은 아마도 부여의 북쪽에 있고,『논형(論衡)』등에 나오는 탁리국(橐離国), 고리국(藁離国), 색리국(索離国) 등과 같은 지역을 가리키고 있는 것일 것이다. 그러나 부여인에게도, 송화강(松花江)의 북쪽으로 펼쳐지는 조상국이라고 하는 막연한 이미지는 있었다 해도, 그것을 구체적으로 어느 지역이라고 생각하는 것은 곤란했음에 틀림없다. 하물며 부여보다 백 년 이상 늦게 건국한 고구려에 있어서는, 아득히 먼 조상의 고향이라는 의식만이 있었을 것이다. 단지 서진(西晋)의 태강(太康) 6년(285) 이후 국력이 쇠약해 멸망의 기로에 처한 부여를 자기의 고국이라고 하는 것은, 고구려인의 긍지가 허락하지 않았다. 따라서 부여와 고구려의 공통의 모국으로서 북부여를 생각해내, 은연히 자신의 정통성을 주장했다고도 볼 수 있는 것이다.

이는 앞에서 소개한 타케다유키오(武田幸男)의 의견과 마찬가지로, 역사적 지리적 사실에 의거한 추정이다. 이러한 추정들은 사실에 부합할지도 모른다는 생각이 들기도 한다. 그러나 그처럼 사실에 부합하는

---

21) 白崎昭一郎저 権五曄・権静역『広開土王碑文의 연구』(제이엔씨, 2004년11월), P.74.

추정만으로는 비문에 접근할 수가 없다는데 문제가 있다. 모두가 알다 시피「비문」에는 사실만이 아니라 천제와 관련되는 신화적 요소까지 포함되어 있기 때문이다. 그럼에도, 추모왕을「북부여 천제의 아들」로 보게 된다면「비문」의「부란강세」의 의미를 풀이할 수가 없게 된다. 따라서 이것은 추모왕의 출생지와 함께 생각할 문제이다.

(2) 부란강세의 장소

「부란강세」의「세(世)」는 미즈타니테이지로우(水谷悌次郎)에 의해서 확정된 훈으로[22], 그 이전의 사코우(酒勾)본 등에서는 강출(降出) 등으로 읽고 있었다. 그러나 시라사키가 제본을 철저히 조사하여,

> 세(世)는, 사코우본에 출(出)로 나타나 있어, 제가 모두가 강출(降出)로 읽고 의심하지 않았다. 처음으로 이것을 세(世)로 읽은 자는 미즈타니테이지로우이다. 그러나 미즈타니・카나코씨・중연원탁본 어느 것도 확실하게 이 자를 세(世)라고 단언할 수 있는 것은 아니다. 그러나 이것들에 희미하게 남는 상하 종획의 간격은 꽤 넓어 출(出)로는 맞지 않는다. 또 주운대 탁본에, 좌상에서 우하로 비스듬하게 뻗은 균열을 향하여, 세(世)의 제3획으로 생각되는 종획이 인정된다. 이것이 카나코 씨탁본에서는 제1횡획 위의 점으로 존재하고, 미즈타니탁본에서는 횡획을 넘어 약간 아래로 나와 멈추었다. 이것들을 비교하면, 가령 주운대탁본에 약간의 수식이 있다 해도, 이 자를 세(世)로 판단하는 것이 합리적이라고 말할 수 있을 것이다[23].

라고 내린 결론은 인정해도 좋을 것이다.

추모왕이 어디서 태어났는가 하는 것은, 천지간을 공간으로 하는「비문」신화에서는 극히 중요한 문제이다. 그곳이 하늘인가 땅인가 하는 문제는 출생의 신비성에 관련되는 문제이며 북부여의 의미와도 긴밀

---

22) 水谷悌次郎「好太王碑」『書品』第100号, 昭和52年에 開明書院에서 復刊
23) 白崎昭一郎저 權五曄・權静역 전게주21, P.76.

한 관계를 가진다.

「비문」이 추모왕이 태어난 곳을 직접적으로 설명하지 않았으나, 그것은 「부란강세」를 통해서 추정할 수 있는 문제라고 생각한다. 「부란강세」란 「알(卵)을 깨고(剖) 세상(世)으로 내려왔다(降)」는 것을 의미한다. 태어나는 것이 이동하는 것보다 선행된다는 것을 의미하는 것이 「부란강세」인 것이다. 즉 알을 깨고 태어났다는 「부란」이 세상으로 내려왔다는 「강세」보다 먼저 선행되어 일어난 사건이었다.

추모왕이 태어나는 것이 이동하기 전의 일이라는 것은 극히 상식적인 문제이다. 그런 의미에서 「부란」이 「강세」보다 선행된 사건이라는 것에는 이의를 제기할 수 없을 것이다. 그렇다면, 추모왕이 태어난 곳은 자명해진다. 그가 순행 남하하여 고구려를 건국하는 일련의 활동이 이루어진 곳은 지상이었으나, 그것은 「강세」 이후의 일이었다. 따라서 「강세」 이전에 일어난 「부란」은, 「강세」할 수 있는 위치에서 이루어진 것으로 보아야 한다.

추모왕이 「강세」하기 이전에, 「강세」해야만 「지」로 이동할 수 있는 곳에서 태어났다면, 그곳은 「지」보다는 높은 곳에 위치하는 곳, 즉 「천」을 제외하고는 생각할 수 없다. 그것은 추모왕의 부 천제가 「천」에 주거한다는 사실과도 부합되는 추정이다.

이처럼 「강세」가 추모왕이 태어난 곳이 「천」이라는 것을 의미하며, 천지 상하 간의 이동을 의미한다는 것 등을 감안하고, 「비문」의 「북부여」를 추모왕의 「강세」와 연관지어 생각하면, 「북부여」는 추모왕이 하늘에서 땅으로 내려온 곳, 즉 강세한 장소에 해당한다. 그리고 그곳은 고구려를 건국하기 위하여 「순행남하」를 시작한 출발지였다. 추모왕은 「천」에서 태어나 「북부여」로 「강세」하여, 그곳에서 순행 남하를 시작하여 고구려를 건국한 것이다.

추모왕이 하늘에서 태어나 땅으로 「강세」하여 고구려를 건국했다는 이야기는 사실적인 면에서는 도저히 인정할 수 없는 일이다. 그것은 신화상으로 가능한 일이다. 그래서 「비문」도 그 같은 일들이 일어난 시간을 역사적 시간이 아니라 신화적인 시간인 「석(昔)」으로 표기하고 있다. 따라서 「비문」의 「북부여」는 신화적인 「시간(昔)」에 존재한 곳으로, 그곳으로 「천제지자」가 「강세」하여, 그곳에서 건국을 목적으로 「순행남하」하기 시작한 곳으로서의 의미를 갖는다.

이처럼 「북부여」가 신화의 시점에 「천제지자」가 강세한 곳이라면, 북부여의 의미는 사실적인 의미보다는 그것을 신화적으로 이야기하는 의도에서 구해져야 할 것이고, 그것이 「비문」을 바르게 이해하는 방법일 것이다. 「비문」은 하늘에서 「난생」한 「천제지자」가 「북부여」로 「강세」하여, 그곳을 시발점으로 하여 고구려를 건국했다는 사실을 이야기하는 것으로, 고구려와 천과의 혈연적 관계, 천제와 고구려왕의 혈연적 관계를 확인하고 있는 것이다.

천제의 아들이 「강세」한 곳으로서의 의미를 가지는 곳, 고구려의 건국을 시작한 시발점으로서의 의미를 가지는 곳으로서의 북부여는, 그곳이 천지의 접점지이며 고구려의 발상지였다는 것을 의미하여, 지명 이상의 의미를 가진다. 고구려가 그런 의미의 북부여를 시발점으로 하여 건국되었기 때문에, 천과의 특별한 관계를 보장받아, 고구려의 통치자가 천제를 대리한다는 절대적 권위를 확보할 수 있었다. 그 절대적 권위가 고구려를 주변국보다 우위에 위치하게 하는 정당성이었다. 따라서 북부여는 독자적인 국명으로 볼 것이 아니라 고구려에 포함되어 고구려의 절대 권위를 보장하는 서상지로 보아야 한다.

북부여가 서상지로서의 의미를 가진다는 사실은 『삼국유사』나 「묘지」등의 기술을 통해서도 확인된다. 『삼국유사』는, 「천제가 흘승골성으로 내려왔다. 오룡차를 타고 도읍을 정하여 왕이라 일컫고 국호를 북부여라고 하고, 스스로 이름을 해모수라고 했다.」[24]라고, 해모수가 천제라는 것과 해모수가 강세하여 정한 국호가 북부여라는 것을 분명히 하고 있다. 천제가 강세한 곳이 북부여라는 것이다. 천제를 질서의

---

24) 전게주 16

정점으로 하는 사회에서 북부여가 천제의 연고지라는 것은, 그것 자체가 특별한 의미를 가진다.

북부여의 왕이 된 해모수는 「상제」25)의 명을 받고 도읍지를 동부여로 옮기는데, 그것은 동명제(東明帝)26)에게 양도해주기 위해서였다. 그 북부여를 계승한 동명제는 그곳에서 일어나 졸본에 도읍을 정하였는데, 그것이 고구려였다. 이처럼 북부여는 고구려의 건국을 대비하여, 천제에 의해서 준비된 곳이었다. 천제의 의도에 의한 고구려의 발상지로서의 북부여이기에, 서상지로 인식되기에 충분한 곳이었다.

(3) 천하사방의 방위관념

「비문」과 동시대의 금석문 「모두루묘지(牟頭婁墓誌)」에는, 하백의 손자(河伯之孫)이고 일월의 아들(日月之子)인 추모왕이 북부여에서 남하하여 고구려를 건국한 사실과 고구려를 건국할 당시부터 모두루의 조상이 추모왕을 따라 북부여에서 남하한 사실 등이 기술되어 있다. 그런데 「묘지」의 「하백지손」·「일월지자」는 「비문」의 「하백여랑」·「천제지자」와 대응하여, 「천신」을 부로하고 「지신」을 모로 한다는 점에서 동질적이다. 그것은 동일의 「천부지모」를 달리 표현한 것일 뿐이다.

「묘지」에는 모두루가의 계보와 왕통의 관계를 이야기 하는 과정에서 「추모성왕원출북부여(鄒牟聖王元出北夫余)」·「북부여수성왕(北夫余隨聖王)」·「소생지뢰□북부여(所生之耒□北夫余)」식으로 「북부여」가 세 번이나 나온다. 이 「북부여」의 「북」을 「비문」에 기록된 「북부여」와 「동부여」의 「북·동」과 더불어 생각할 필요가 있다. 그것을 쯔다소우키찌(津田左右吉)와 나카미찌요(那珂通世)는 부여의 동·북 방향에 있었기 때문에 각각 동부여·북부여로 호칭된 것이라 하였다. 그것의 사실여부와 관계없이, 「북부여」나 「동부여」처럼 「동」·「북」의 방향이 사

---

25) 「상제」와 「천제」는 동의어로 생각하나. 해모수가 강세하여 왕으로 칭하였기 때문에, 그것과 구별하여 「상제」라 했을 것이다.
26) 고구려의 시조라는 점에서 추모왕과 동명제는 동일인으로 볼 수 있다.

용되었다는 것은, 그 시대에 「천하사방」이라는 방위관념이 형성되어 있었다는 것을 알 수 있다.

「묘지」에 기술된 「천하사방」으로 표현된 세계관이나 방위관념은 이민족과 자기를 대비하는 가운데 형성된 사상으로, 필연적으로 자아를 존숭하는 차별의식을 동반한다. 진시황이 천하를 통일하고 나서 그 공덕을 나열하는 가운데, 그러한 사고를 기반으로 하는 사방의 방위관념이 이야기된다.

> 황제의 덕은 사방의 끝인 벽지에 있는 제국을 안정시키고, 난을 일으키는 자를 베고 천하에 해가 되는 자를 제거하여 이복(利福)을 이루고, 때를 가리어 사물을 조절하기 때문에 제 산업이 번식하고 인민(黔首)은 안녕하고 병란이 없어, 육친(六親)이 서로 구원하여 아무런 구적(寇賊)의 걱정이 없다. 이리하여 만민이 환흠(歡欽)하고 가르침을 받들고, 모두가 법식을 안다. 지금은 육합(六合) 내 모두가 황제의 땅으로, 서는 사막을 넘고, 남으로는 북호(北戶)를 없애고, 동으로는 동해를 지키고, 북으로는 대하(大夏)를 지나, 인적이 닿는 곳은 신하가 아닌 것이 없다[27].

이와 같이 황제의 덕이 사방으로 확연되었다는 사실, 사방 전부가 신속(臣属)하고 있다는 사실을 확인하고 있다. 이는 동서남북 「사방」을 통일하여 진시황의 질서로 안녕을 도모했다는 이야기로, 진이 천하의 중심이라는 사실의 확인이었다. 이런 의미를 가지는 「사방」이 「묘지」에 기록되어 있다는 것은, 이미 고구려가 동서남북 사방을 통일하고 그 중심에 위치하며 천하를 지배한다는 사상이 확립되어 있었다는 사실을 시사한다.

「묘지」의 「북부여천하사방지차국도최성(北夫余天下四方知此国都最聖)」은 「추모 성왕이 북부여에서 나셨으니, 이 나라 이 고을이 가장

---

27) 『史記』秦始皇本紀 26년(平凡社, 1968년), P.78.

성스러움을 천하 사방이 알지니」28)로 해석되기도 한다. 이 해석에 의하면, 「북부여」에서 태어난 추모왕이 세운 국도가 최성(最聖)이라는 것은 온 천하 사방이 다 안다는 것이다. 이곳의 「북부여」와 「국도」는 동일한 지역이 아니라, 「북부여」에서 태어난 추모왕이 나라를 세우고 도읍을 정한 곳이 「국도」이다. 그 「국도」가 가장 성스럽다는 것은 그곳을 국도로 하는 고구려가 가장 성스럽다는 것으로, 고구려가 천하의 중심이라는 사실을 확인하는 기록으로 볼 수도 있다.

이처럼 고구려에 특수한 의미를 부여하는 것이 「북부여」이다. 추모왕은 「북부여」가 아닌 다른 성스러운 토지를 구하여 그곳에 도읍을 정했는데, 그가 태어난 곳이 북부여라는 것이다29). 다시 말해 그가 북부여 출신이기에 성스러운 곳을 알아보는 능력이 있었다는 것이다. 이처럼 「묘비」는 「북부여」를 추모왕과 연관시켜 그곳이 서상지라는 것을 확인하고 있다. 「묘지」가 「비문」과 더불어, 추모왕과의 관계를 통해 북부여를 고구려의 서상지로 여기고 있다는 것은 그것이 당시의 일반화된 시대적 사상이었다는 것을 의미한다.

본래 추모왕의 「강세」와 「순행」은 고구려를 건국하여, 천제의 질서를 확장하기 위한 거점을 구축하는 것을 목적으로 하는 이동이었다. 그래서 추모왕의 이동은 천제의 의도를 대행하는 일이었고, 천제의 수호 속에서 이루어지는 일이었다고 말할 수 있다. 그런 이동 가운데 천지간의 교류가 이루어지는 접점지가 북부여였다. 천에서 태어난 추모왕은 이계인 북부여로 강세한 후 그곳에서 도읍지를 구하여 「순행남하」를 시작한 것이다. 그렇게 고구려의 건국과 유관한 곳이 북부여였다.

『위서』를 비롯한 많은 기록들이 고구려의 시조가 태어난 곳을 「부여」로 하고 있는데 「비문」이나 「묘지」가 그곳을 「북부여」로 하고 있는 의미는, 「묘지」가 말하는 대로, 추모왕이 그곳에서 「났다」는 데서 구해야 할 것이다. 추모왕이 그곳에서 「났다」는 것은, 그곳에서 출생

---

28) 盧泰敦「牟頭婁墓誌」전게주6, P.98.
29) 武田幸男「牟頭婁一族과 高句麗王權」전게주10, P.345.

했다는 것으로 해석하기 쉬우나, 그가 천제의 아들이라는 것을 생각하면 반드시 그렇지 만은 않다.

천에서 「북부여」로 강세하여, 그곳에서 순행을 시작한 것으로 해석할 수도 있다. 「묘지」의 「원출북부여(元出北夫余)」는 충분히 그렇게 해석할 수 있다. 「출」은 「생(生)」과 통하여 「태어나다」를 의미하나, 그것만이 아니라 「나가다・나오다」「나아가다」[30] 등도 의미한다. 따라서 「묘지」의 「원출(元出)」은 「원래 북부여에서 태어났다」로도 「원래 북부여에서 나오다」로도 해석할 수 있는 표현이다.

그리고 「북부여」는 부여에 「북」을 수식하여 명명된 이름이라는 식의 지리상의 인식으로만 이해할 것이 아니라, 고구려를 천하의 중심에 위치시키려는 방위관념적인 면에서 생각해볼 필요가 있다. 그런 방위관념을 직접적으로 표현한 것이 「천하사방」이라 생각한다.

원래 「천하」와 「사방(四方)」은 서로 대치할 수 있는 용어였다. 그것을 중복하여 사용한 것은, 그 사상의 강조라고 생각한다. 그처럼 용어를 통해 나타난 천하사상은 추모왕의 부 「천제」・「일월」에 유래하는데, 그것의 정치적 의의는 당대의 고구려에 존재했던 천제사상으로 이어진다[31]. 그 천하관을 「부여」에 「북」을 수식하여 방위관을 연상시키는 방법으로 실현하고 있는 것이다. 그 역할을 수행하는 것이 「비문」의 「북부여」이다.

「비문」은 지리적인 의미를 초월하는 「북부여」라는 지명으로, 그곳이 천지의 교류가 이루어지는 접점지이며, 고구려의 건국을 시작한 시원지라는 것을 상징하여, 고구려에 신성성을 부여하고 있다. 그처럼 천지간의 교류가 「북부여」를 통하여 이루어진다는 것은, 천제의 뜻이 그곳을 통하여 사방으로 전파되고, 지상의 의향도 그곳을 거쳐 천으로 전달된다는 것을 의미한다. 그래서 「북부여」는 신성한 곳이고, 지상의 모든 서상이 그곳에서 확산되기 시작하는 것이 된다. 「비문」이 「북부

---

30) 「出, 自内而外也」(集韻), 「出, 進也」(説文).
31) 武田幸男 「牟頭婁一族과 高句麗王権」 전게주10, P.343.

여」를 역사적인 시간인 「구(舊)」가 아니라, 신화적인 시간인 「석(昔)」의 시점에 존재하는 공간에 위치시킨 것도 그 때문이었다.

3) 숙신(肅慎)
(1) 영락 8년의 정토 대상국

고구려는 8년에 편사(偏師)를 교견(教遣)하였는데 그 상대가 확실하지 않다. 상대국의 기술로 생각되는 부분에 풍화가 심하기 때문이다. 그래서 그곳은 아오에히데가 「숙(肅)」으로 주석한 이래[32], 「숙신(肅慎)」・「식신(息愼)」・「백신(帛愼)」 등으로 추정되며 의견이 분분하였다.

사코우(酒匂)본에 「烏」과 같은 형태로 표현되어, 이후의 탁본에도 비슷한 자형으로 나타나, 하부 중앙의 종획은 한 줄이었다 두 줄이었다 한다. 미야케요네키찌(三宅米吉)・마에마쿄우사쿠(前間恭作)・스에마쯔야스카즈(末松保和)씨는 「烏」, 이마니시류우(今西竜)・미즈타니테이지로우(水谷悌二郎)씨는 「백(帛)」, 박시형씨는 「식(息)」으로 읽고 있으나, 왕건군씨는 「백(帛)」으로 판단했다. 이노우에히데오(井上秀雄)・후쿠쥬쿠난토우(福宿南嶋)・후지타토모지(藤田友治) 등도 「백(帛)」으로 읽고 있는데, 타케다유키오(武田幸男)씨는 「숙(肅)」으로 판독하고 있다.

미즈타니탁본에서는 「백(白)」의 아래에 폭 넓은 「건(巾)」이 인정되지만, 중앙 종획의 양 옆에 점이 있는 것처럼도 보인다. 중연원탁본에서는, 이 점이 각각 2개처럼 보인다. 카나코씨탁본에서는, 좌측의 점 2개가 연결되어 소종획처럼 보인다. 때때로 「烏」으로 석자(釈子)되는 연유일 것이다. 아래에 「심(心)」이 없기 때문에 「식(息)」이 아니라는 것은 확실하지만, 「숙(肅)」이라고 읽을 수 있을지 어떨지는 확실하지 않다. 하부는 「미(米)」로는 인정할 수 없고, 종획이 위까지 통한다고도 보이지 않는다[33].

---

32) 青江秀 전게주3
33) 白崎昭一郞저 権五曄・権静역 전게주21, P.233.

8년에 이루어진 정토의 상대가 어디였는가는 「비문」의 구조를 파악하는데 있어 중요한 문제이다. 「비문」의 목적이 고구려의 천하와 그 천하를 지배하는 고구려의 정통성을 이야기하는 것이기 때문이다. 고구려의 천하를 이야기 하는 「비문」이기에, 그곳에는 고구려의 천하와 모순을 이루는 나라, 즉 중국이 등장할 수 없게 된다. 그 원칙을 생각하면, 8년의 상대국은 중국을 상징할 수 있는 나라가 될 수는 없다. 그럼에도 종래에는 그러한 「비문」의 구조와 관계없이 추정되어 왔었다.

(2) 한예·숙신·백제설

쯔다소우키찌는 그 소재를 확인할 증거가 없기 때문에 자연·지리적 상황과 6년조의 백제의 정토를 거쳐, 9년에 신라에 군사를 파견한 전후의 형세를 감안하여, 8년조는 예(濊)의 정복으로 보는 것이 순서상 타당하다는 주장을 폈다34). 이 쯔다소우키찌설을 이해하기 어렵다는 천관우는, 한예(韓穢)는 고구려의 직접 지배 하에 있었지, 반 복속 상태가 아니었다는 이유를 들며 숙신(肅愼)설을 주장하였다. 그는 다른 지역의 정복에는 왕토(往討)·토멸(討滅)·왕구(往救)·합전(合戰) 등의 용어가 쓰여 있는데 대하여, 8년 무술(戊戌)조만이 유독 「관(觀)」으로 되어있다는 것을 이유로 다음과 같이 추정하였다.

> 소규모나마 병력이 파견되고 그 주민을 포획하고 조공의 복속관계를 확인한 작전이건만, 이것을 관이라 한 것은 아마도 관찰사·관찰처치사(觀察處置使)의 경우의 관과 같은 의미가 아니었을까 짐작된다35).

그러면서 이미 국내의 일부로 간주될 만한 반복속 상태에 있었던 식신(息愼)에 대하여 그 관계를 강화 재확인 시킨 것으로 보았다.

---

34) 津田左右吉 「好太王征服地域考」『津田左右吉全集』11卷, P.56(岩波書店, 1964), P.56.
35) 千寬宇 전게주1, P.538

또 왕건군은 8년조의 「백신토곡(帛愼土谷)」·「막사라성 가태라곡(莫斯羅城 加太羅谷)」이 백제 측에 있다는 것을 근거로 들며 백제설을 제기하였다. 그 외에도 타케다유키오는 「숙신토곡」이나 「가태라곡」의 지명으로 보아 성촌제(城村制)가 이루어진 반도의 중남부가 아니라, 고구려의 구영역으로 이어지는 북부, 또는 중국의 동남부, 즉 「심산(深山)」·「궁곡(窮谷)」의 경관과 닮아 있다며 「숙신설」을 제기하였다. 시라사키쇼우이찌로우도 6년조의 백제와의 전투가 일단락되고, 9년에 백제의 배신으로 다시 군사 행동을 일으킨 것이기 때문에, 그 이외의 곳을 생각하는 것이 합리적이라는 것과 「비문」의 흐름을 들어 「숙신」설을 취하였다[36].

(3) 신라설

이처럼 8년에 이루어진 정토의 대상국은 고구려 북부의 「숙신」으로 추정하거나 남부의 백제를 그 대상국으로 추정하는 의견이 주를 이루었다. 그러나 「비문」의 구조를 분석하고 「비문」 제2부의 흐름을 중시한 서영수는 색다른 의견을 제시하였다.

서영수는 대왕권에 대한 도전과 응전이라는 대왕의 정복전 수행에 관한 「비문」의 흐름이라는 논리에 입각하여, 그 상대국을 신라로 상정하였다[37]. 그것은 「신묘년」에 발생한 정토의 명분에 응하여 6년에는 백제의 정토전이, 8년에는 신라의 정토전이 행해졌을 것이라는 추정으로, 「비문」의 구조와 논리를 바탕으로 하는 설득력 있는 주장이다. 또 그것은 6년에 이미 백제가 복속했다는 사실이나 고구려와 신라가 산악을 경계로 이웃하고 있다는 지리적 조건 등과도 합치하는 주장이다.

신라는 「백잔」과 마찬가지로 「신묘년」에 발생한 사건으로, 옛날부터 속민이라는 「구시속민(旧是属民)」의 관계에서 일탈한 상태였다. 주변국과 고구려 사이에 이상이 발생했다는 것은, 주변국이 고구려의 질서

---

36) 白崎昭一郎저 權五曄·權静역 전게주21, P.234.
37) 徐栄洙「広開土大王凌碑文의 征服記事 再検討」上『歴史学報』(1982), P.33.

를 위배했다는 것, 즉 백잔과 신라가 고구려와의 종래의 관계에서 벗어나 있다는 것으로, 정토당해야 하는 상황이었다. 고구려는 기존질서에서 일탈하는 주변국이 나타나면 질서를 회복한다는 차원에서 정토를 행해야 했다. 그것이 고구려의 책무였다. 다시 말해 백잔과 신라는 정토당해야 했는데, 백잔은 이미 6년에 정토당하여, 노객(奴客)을 서약한 상태였다. 여기서 8년에 행한 정토의 대상을 신라로 보아야하는 필연성이 생긴다.

8년조의 대상이 신라라는 것은 9년조와 연관시켜 생각하면 더욱 분명해진다. 9년에는 신라왕이 평양을 순행하는 광개토왕에게 사신을 보내, 「노객이 되어 귀왕(帰王)」한 사실을 확인하며 구원을 요청하였다. 그 요청은 왜인들이 국경에 나타나 소란을 피우고 있었기 때문이었다. 신라가 어려운 문제에 처해 고구려에게 구원을 요청했다면, 그럴 만한 우호적인 관계, 즉 고구려 주변국으로서의 위치로 복귀했기에 가능한 일이었다.

9년에 고구려에 구원을 요청할 만한 관계개선이 그 이전에 이루어졌다는 것이다. 그 이전에 이루어진 관계개선을 기록한 것은, 8년의 기록을 제외하고는 없다. 따라서 8년조의 「교견편사관(教遣偏師観)」은 신라를 대상으로 하는 정토이고, 「백신토곡(帛慎土谷)」은 신라의 영토로 보아야 한다. 그것이 기존질서에 이상이 생기면 반드시 회복시킨다는 「비문」의 논리와도 부합되는 추정이었다.

「신묘년」조에 생긴 이변으로, 백잔은 6년에 정토당하여, 영원한 노객이 될 것을 서약했다. 그러나 9년에 왜와 화통하는 일로 고구려에 대한 서약을 다시 어겼기 때문에, 17년에 또 정토 당한다. 「신묘년」조의 이변으로 질서에 이상이 생긴 것은 신라도 마찬가지였다. 그렇기 때문에 신라도 정토의 대상이었다. 신라는 정토되어 복귀해야 고구려의 수호를 받을 수 있게 되는 것이다. 그런데 9년에 신라가 고구려에 구원을 요청했다는 사실은 그 이전에 관계회복이 이루어졌다는 것을 의미하는데, 그것은 8년 이외에는 생각할 수 없는 일이다.

「신묘년」조에 발생한 이상, 조공을 바치지 않은 일을 원인으로 8년에 정토당하여 원상으로 복귀했기 때문에, 9년에 구원을 요구할 수 있었던 것이다. 고구려의 입장에서 생각해도, 신라가 조공하는 관계로 복귀했기 때문에 신라의 구원요청에 응하여 구원병을 파견할 수 있었다. 주변국의 조공은 수호를 보장받는 조건이었으므로, 필요한 경우에는 구원을 요구할 수 있었고, 고구려는 조공을 받았기에 그 요구에 응해야 했다.

이상과 같이 8년조가 이야기 하는 정토의 대상이 신라라면, 「백신(帛愼)」 등으로 이야기되는 그곳은 국명이라기보다는 신라에 포함되는 지명으로 보아야 한다. 그렇게 되면 「비문」에 숙신은 등장하지 않는 것이 된다.

4) 임나가라(任那加羅)

(1) 귀복한 임나가라

영락 6년에 정토당하여 노객을 서약한 백잔이 9년에 그 서약을 위배하고 왜와 화통을 한다. 그것으로 피해를 입게 된 신라가 고구려에 구원을 요청하자, 고구려는 그 구원요청에 응하여 왜를 격퇴하게 된다. 그 과정에서 임나가라가 귀순하였다. 고구려가 임나가라를 상대로 하여 군사를 일으키거나 임나가라를 정토의 대상으로 한 것이 아니라, 왜를 격퇴하는 과정에서 임나가라가 귀복해 온 것이다. 그것이 자의적이었는지는 확실치 않으나, 왜를 격퇴하는 과정에 생긴 일이라는 것은 분명하다. 그것을 「비문」은 다음처럼 기술하고 있다.

十年庚子, 教遣步騎五万, 往救新羅. 從男居城, 至新羅城, 倭滿其中. 官軍方至, 倭賊退. □侵背急追至任那加羅從拔城, 城即歸服.
10년(400) 경자년에 왕이 보병과 기병 도합 5만 명을 보내어 신라를 구원하게 하였다. (고구려군이) 거남성을 거쳐 신라성(국도)에 이르니, 그곳에 왜군이 가득하였다. 관군이 막 도착하니 왜적이 퇴각하였다.

(고구려군이) 그 뒤를 급히 추격하여 임나가라의 종발성에 이르니 성이 곧 항복하였다[38].

이 기록에 의하면, 고구려군이 왜군을 추격하여 임나가라에 도착하자, 임나가라가 귀복한 것으로 되어 있다. 고구려군과 임나가라 사이의 군사적 충돌은 없었다. 따라서 자의적인 귀복으로 보아도 될 것이다. 「안라인수병(安羅人戍兵)」을, 왕건군의 주장대로, 복귀해 온 「안라(安羅)」를 신라에게 수비시킨 것으로 보면, 임나가라는 저항 없이 귀복한 것이 된다.

(2) 안라인수병

전술한 「임나가라종발성, 성즉귀복(任那加羅從拔城, 城即帰服)」을, 임나가라가 고구려에 귀복했다는 내용으로 해석하는 데는 특별한 이론이 없다. 그러나 그 뒤에 3회나 나오는 「안라인수병(安羅人戍兵)」의 경우에는 그렇지 않다. 「비문」에 다음과 같은 기록이 있다.

성즉귀복안라인수병□신라성□성왜□왜궤성대□□진갱□□안라인수병만□□□□기□□□□□□□□언□□□□□□□□□□□□□
□□□□□□□□사□□□□□□□□□□□□궤□□□□안라인수병

城即帰服安羅人戍兵□新羅城□城倭□倭潰城大□□尽更□□安羅人戍兵満□□□□其□□□□□□□□言□□□□□□□□□□□□□
□□□□□□□□辞□□□□□□□□□□□潰□□□□安羅人戍兵

이곳의 「안라인수병」에서 「안라인」에는 이론이 없다. 그러나 「수(戍)」는 사코우본에 「戉」로 표현되어, 「융(戎)」으로 읽은 논자(三宅米吉)도

---

38) 盧泰敦 전게주6.

있었다. 그러나 이마니시류우(今西竜)·스에마쯔야스카즈(末松保和)·미즈타니테이지로우(水谷悌二郎)·박시형·왕건군·타케다유키오(武田幸男) 등은 「수(戍)」로 읽고 있다. 「수병(戍兵)」은 「수비의 병사」, 「융병(戎兵)」은 「전사」「병사」의 의미를 가지고 있어, 어느 쪽을 선택해도 문의는 통한다. 그래서 아오에히데가 석문할 때부터 「안라인수병」은 하나의 용어로 인식되어 왔었다. 이곳을 어떻게 해석하느냐에 따라 임나가라의 의미도 확실해지게 된다. 기존의 해석은 다음과 같다.

> 고구려군이 그 뒤를 급히 추격하여 임나가라 종발성에 이르니 성은 즉시 귀복하였다. 그때, 안라인 위수병이 신라성을 함락시켜, □성에는 왜인들이 가득 차 있었다. 왜인들이 붕괴하자, 성---안라인 수병들---궤---안라인 위수병들---39).
> (고구려군이) 그 뒤를 급히 추격하여 임나가라의 종발성에 이르니 성이 곧 항복하였다. 안라인 수병---신라성 □성---하였고 왜구가 크게 무너졌다40).
> 뒤를 쫓아 급추하여, 임나가라의 종발성에 이르자, 성은 즉시 귀복한다. 안라인의 수병, 신라성·□성을 □하다. 왜□하여, 왜 패하다. 성은 크게 □□, 진경(尽更)□□, 안라인의 수병 만---기---언---사---궤---안라인의 수병41).

결자가 많은 곳이라 문의가 잘 통하지 않는 부분이나, 안라인수병(安羅人戍兵)이 큰 의미를 차지하는 부분이다. 고구려군이 왜를 퇴치했다는 내용에서는 공통적이나, 박시형의 「안라인 위수병이 신라성을 함락시」켰다는 것과 같은 주장은, 고구려군이 함락시킨 신라성을 다시 안라인 위수병이 함락시킨 것이 되어, 고구려군과 안라인의 접전을 인정하는 의견으로 논란의 여지를 남긴다.

---

39) 朴時亨저 全浩天역 전게주7, P.225.
40) 盧泰敦 전게주6.
41) 武田幸男 『高句麗史와 동아시아』 전게주10, 부록2.

그러면서 박시형은,「가야제국은 신라에 대해서도 백제와 같은 입장을 취했다. 한편으로는 백제에 접근하여 추종하면서, 또 한편으로는 동방의 왜구를 조종하려 하였다」라고 가야의 의미를 설명하고, 임나가라를 백제에 추종하면서 타방으로는 동방의 왜구를 조종하는 6가야의 일국으로 추정하였다. 그리고 안라에 대해서는,「안라가야는 아라가야(阿羅加耶) 혹은 아야가야(阿耶加耶)라고 기록되는」 가야제국의 하나라며 지금의 함안(咸安)으로 간주하였다.

이는「비문」이 아니라 당시의 역사적 사실에 투영시킨 해석으로, 안라와 임나가라를 고구려에 대항하는 독자적인 국가로 보는 의견이었다. 그러나「임나가라종발성즉귀복(任那加羅從拔城即歸服)」에서는, 고구려와 임나가라의 적대적인 대결의 결과라고 볼 수 있는 표현이 없다. 오히려「즉귀복」이라는 표현은 고구려를 기다리고 있다가 스스로 귀복했다는 분위기까지 전달해주는 것 같다. 이는 임나가라의 귀복이 적대적인 대항에 의한 결과라기보다는, 어떤 사정으로 원상에서 일탈되어있어, 원상으로의 회구를 기다리고 있다가, 그 뜻이 이루어진 결과의 기록 같다. 아무래도 접전을 거친 결과로 보기는 어렵다.

원래부터 고구려의 질서에 포함되어 있었던 임나가라가 어떤 사정으로 자의와 관계없이 고구려의 질서 밖에 존재해 있다가, 기회를 만나 다시 고구려의 질서 속으로 복귀한 것으로 보는 것이 타당할 것 같다. 즉 임나가라는 원래부터 신라에 포함되어 고구려의 질서 속에 포함되어 있었다. 그러다 다른 질서의 제약을 받다 다시 복귀한 것이다.

그러나 안라를 가야의 일국으로 보고 수병(戍兵)을 변경을 수비하는 병졸로 보는 사람들은, 고구려와 임나가라의 접전을 상정하고 있었다. 스에마쯔야스카즈는(末松保和)「안라인 수병」을 안라인으로 조직된 왜의 별동대로 보고, 그 지휘권도 왜가 장악하고 있었던 것으로 판단하여, 일본이 한반도의 남반부를 지배했다는 남선경영론(南鮮経営論)의 역사적 근거로 삼았다[42]. 그에 비하여 천관우는 백제의 세력권에 포함된 임나가라와 안라가 백제의 주도하에 고구려와 신라의 연합군에 대응하여 공동전선을 편 상황을 추정하였다43).

이처럼 안라나 임나가라는 백제의 조종으로 고구려에 대항하는 나라로 간주되거나, 왜의 의도에 따라 고구려에 대항하는 나라로 간주되거나, 고구려의 지시에 따르는 나라로 간주되고 있었다. 백제나 왜의 의도에 따라 고구려에 대항했다는 것은, 임나가라가 독자적인 나라라는 것을 의미하는데, 「비문」의 기술에 의하면 납득할 수 없는 주장이다.

기술이 간단하다는 점도 있으나, 임나가라를 독자적인 국가로 인정할 수 있는 내용의 기술이 전혀 없다. 「비문」은 조공을 주변국의 조건으로 하고 있는데, 임나가라의 기록에서는 그것을 인정할 수가 없다. 따라서 안라나 임나가라를 독자적인 국가로 보는 의견은 「비문」을 떠난 의견으로, 당시의 역사적 사실을 근거로 원하는 사실을 추구하려는 의욕에 의한 의견에 불과하다고 해야 할 것이다.

그런데 그중에는 안라인수병을 일본의 의도가 아니라, 고구려의 주도 하에서 움직이는 수병으로 보는 의견도 있다. 그것은 일단 고구려 중심으로 구성된 「비문」의 구성에 맞는 주장이다. 야마오사찌히사(山尾幸久)는 고구려의 적대세력을 「왜구」・「왜적」・「백잔」・「잔국」 등으로 표현하는 「비문」의 논리와 달리, 「안라인 수병」을 「안라적(安羅賊)」과 같은 비칭으로 표현하지 않았다는 것을 근거로, 고구려의 주도 하에서 움직이는 수병으로 보았다44).

또 「안라인 수병」을 명사로 보지 않는 왕건군은, 안(安)은 동사, 라인(羅人)은 목적어, 수병(戍兵)은 술어로 보고, 고구려군이 성을 되찾아서 신라에 넘겨주어 지키게 한 것으로 보았다45). 이는 신라인을 「라인」으로 약칭하는 『삼국사기』・『삼국유사』 등을 근거로 하는 주장으로46), 고구려가 중심이 되는 「비문」의 내용에 부합하는 의견이라고 생

---

42) 末松保和 『任那興亡史』(吉川弘文館, 1949).
43) 千寬宇, 전게주1, P.544.
44) 山尾幸久 『古代の日朝関係』(塙書房, 1989).
45) 王健群, 전게주9, P.267.
46) 我軍与新羅人 戰於薩水之原, 羅人敗 保犬牙城(『삼국사기』고구려본기권7 문

각한다. 그는「안라인 수병」의 부분을 다음과 같이 해석하였다.

> (관군)은 왜적의 배후를 추적하여 임나가라의 종발성(從拔城)까지 이르자 이 성은 즉시 항복하여 신라인을 그곳에 파견하여 수병파수(戍兵把守)시켰다.

이렇게 되면 고구려와 신라의 연합에 대응하여 백제가 임나가라 · 안라 등과 공동전선을 폈다는 주장은 성립될 수가 없다.
　원래 고구려의 정토가 신라의 요청에 응하여, 신라를 수호하는 차원에서 이루어진 것을 생각하면, 고구려가 왜를 격퇴하는 과정에서 귀복해온 임나가라의 통치권을 신라에게 맡기는 것은 당연한 전후처리였다. 고구려가 신라의 요구에 응하여 왜를 격퇴하는 것은 신라의 원상회복만이 아니라 고구려가 중심이 되는 천하의 원상을 회복하는 일이기도 하였다. 그럴 경우 임나가라가 신라에 통치되는 것은 신라의 원상회복이고, 그 신라가 고구려의 질서에 포함되는 것이 천하의 원상회복이었다.
　이에 대하여 타케다유키오는「10년조에는 왜 이외에도 신라, 임나가라 등의 나라가 어우러져 등장하고 있고, 그러한 상황에서 신라를 그저 라(羅)로 기록하여 라(羅)자를 갖는 다른 국명과 필요 없는 혼란을 초래할 수도 있는 애매함은, 주도한「비문」의 서법과는 맞지 않는다」라는 이유를 들어「안라인으로 구성된 수병」설을 지지했다[47]. 이는 용자의 용례를 중시하는 의견으로「비문」에 의거하는 의견인 것 같지만 고구려에 조공하지 않는 나라는 주변국이 될 수 없다는「비문」의 자

　　자명왕3년), 法師眞定羅人也(『三国遺事』巻第5, 孝善第9, 眞定師 孝善双美), 弁辰安邪国(三国志弁辰伝), 擊新羅而破之. 因以平定比自烋 · 南加羅 · 喙国 · 安羅 · 多羅 · 卓淳 · 加羅七国(『日本書紀』神功皇后摂政49年3月), 聖明王曰 昔我先祖速古王 貴首王之世, 安羅 · 加羅 · 卓淳早崎等(『日本書紀』欽命天皇2년4월).
47) 武田幸男「朝貢関係의 基本性格」 전게주10, P.120.

체 논리는 감안하지 않은 것이기 때문에 인정하기 어렵다.

(3) 백제와 왜의 연합군

연민수도 고구려와 안라국과의 국제적 교류의 시작이 「비문」의 영락 10년을 넘지 않기 때문에, 고구려의 지시에 따르는 안라인 수병의 존재는 생각하기 어려운 것이라 했다. 그것은 9년조의 「백잔위서여왜화통(百殘違誓与倭和通)」이, 왜와 백제의 군사적 동맹을 시사하는 기록이라는 사고를 바탕으로 하는 의견이었다. 그는,

> 고구려의 남하에 대한 가야 제국의 공동전선의 모색도 예상할 수 있다. 그리고 백제와 가야 제국의 사적 친연(親緣) 관계를 생각하면, 안라인 수병은 고구려의 군사적 압박에 대항해서 백제·왜 등과 공동전선을 취했으리라는 것은 추측하기 어렵지 않다48).

라며, 고구려에 대항하는 백제·왜·안라인이 연대하는 군사적 공동체를 추정하였는데, 그 같은 사고는 주변국간의 독자적인 교류를 인정하지 않는, 「비문」을 근거로 하는 주장은 아니다. 그 같은 주장은 역사적 사실과는 부합할지는 몰라도 「비문」이 이야기하는 고구려와 주변국이 행하는 교류의 원칙과는 맞지 않는다. 「비문」은 고구려를 중심으로 하는 천하를 이야기 할 뿐, 주변국이 중심이 되는 천하는 이야기하지 않는다. 그런 「비문」이 다른 천하를 인정할 수도 있는 군사적 공동체를 이야기했다고는 생각하기 어렵다. 설사 그럴 가능성이 있다 해도, 안라를 왜나 백잔과 동등한 세력으로 인정할 만한 기록은 어느 곳에도 없다.

(4) 신라매금의 논사

안라인 수병을 둘러싼 논쟁은, 어디까지나 전황의 전개과정을 규명하는 관점에서 이루어져 왔다. 그러나 그것은 정토전이 끝난 단계의

---

48) 延敏殊 전게주2, P.248.

상황을 근거로 해서 생각해 볼 필요가 있다. 신라의 요청으로 이루어진 고구려의 정토는 왜가 격퇴당하고 임나가라가 귀복하는 형태로 끝난다. 그것은 스에마쯔야스카즈(末松保和)의 주장대로 왜가 지휘하는 별동대의 안라인 수병이 고구려에 복속한 신라성을 반격하여 탈환하는 과정이 있었다 해도, 또 백제가 지원하는 가야제국과 왜로 구성된 연합군이 고구려에 대항하는 과정이 있었다 해도, 그 정토전이 고구려의 승리로 끝났다는 것은 사실이다.

따라서 그 전후처리는 고구려의 뜻대로 이루어지기 마련이다. 그러므로 그 전후처리의 방법은 고구려와 신라의 전통적인 질서관계나 정토전이 이루어지게 된 동기와 무관할 수 없는 일이다. 고구려는 조공을 받으며 신라를 수호하는 종주국이다. 따라서 그 종주국 고구려가 신라의 요청에 응하여 정토를 전개하는 과정에서 귀복해온 나라를 어떻게 처리할 것인가는 양국간의 위상과 신뢰에 관계되는 문제였다. 귀복해 온 임나가라를 고구려가 직접 통치하든 신라에게 통치를 위임하든, 그것은 고구려가 판단할 문제였다. 그러나 임나가라를 신라에 위임하지 않고 직접통치하게 되면, 스스로의 질서를 스스로가 부정하는 것이 된다. 임나가라의 통치를 신라에 위임하는 것이 종주국으로서의 도리일 것이다. 그런데 신라에게 그 통치권을 위임한다 해도 속국이라는 신라의 한계가 있어, 결국은 임나가라도 고구려의 질서에 포함되기 때문에 고구려가 기피할 이유가 없다.

전후처리가 신라의 의도대로 이루어졌다는 것은, 전후에 신라가 취한 태도로도 알 수 있는 일이다. 정토전이 끝나자 신라의 「매금(寐錦)」은 몸소 고구려를 찾아가 조공하고 논사(論事)했다[49]. 그때까지 없었던 형식의 조공논사였다. 그처럼 정토전이 끝나자 신라왕이 몸소 찾아간 것은 구원에 대한 감사의례는 물론, 전후처리에 대한 예의였기 마련이다. 그것은 전후처리가 신라의 뜻대로 이루어지지 않았을 경우에

---

49) 昔新羅寐錦未有身来論事(略)寐錦(略)朝貢(『비문 3・2~3』).

취할 수 있는 태도가 아니었다. 만일 고구려가 복속지의 관리라는 명목으로 철군하지 않았다거나 임나가라의 통치를 주장했다면 신라의 매금이 직접 찾아가「논사」하고 조공하는 일은 없었을 것이다.

(5) 고구려의 입장

임나가라는 처음부터 고구려의 정토대상이 아니었다. 신라의 요구에 응하여 왜를 격퇴하는 과정에서 귀복해 왔기 때문에, 임나가라의 문제는 신라가 고구려에 요청한 구원의 내용 속에 포함된 것으로 보아야 한다. 임나가라와 신라와의 관계에 대한 설명은 없으나, 왜가 신라의 국경에서 성지(城池)를 궤파(潰破)했다고 기술한 사건의 내용 속에 임나가라의 문제도 포함되어 있었던 것으로 볼 수 있다.

왜가 국경에서 성지를 궤파했다는 것은 임나가라를 포함하는 신라의 국경에 이상이 발생했다는 것으로, 궁극적으로는 고구려의 천하에 이상이 발생했다는 것을 의미한다. 그 상황에서 신라는 고구려에 구원을 요청했고, 고구려는 그에 응하여 왜를 격퇴하고 임나가라를 포함하는 신라의 원상은 물론, 고구려가 중심이 되는 천하의 원상을 회복시킨 것이다.

그런 상황에서는 신라가 회복된 영역을 관리하는 것이, 질서의 복원을 목적으로 해서 이루어진 정토의 취지에 부합한다. 또 그러한 전후처리가 구원을 요청한 신라를 존중하는 일이고, 복속국을 수호한다는 종주국이 취할 태도였다. 그런 면에서「신라인을 그곳에 파견하여 수병파수(戍兵把守)시켰다」는 왕건군의「안라인 수병설」은 타당성을 갖는다.

「비문」이 임나가라에 대해 상술하지 않았기 때문에, 고구려와 임나가라의 관계가 국가간의 관계인지 아닌지가 확실하지 않다. 그래서「고구려군이 임나가라의 종발성(至任那加羅從拔城)」에 이르렀다는 기술을 근거로 임나가라의 독자성을 주장할 수도 있을 것이다. 그러나 그것은「비문」을 성립시키는 기본논리에 맞지 않는 주장이다.

「비문」에 등장하는 모든 주변국은 고구려에 조공을 바친다. 다시 말하자면 천하를 구성하는 고구려의 주변국은 조공의 의무를 지고 있다. 그런데 고구려와 임나가라 사이에서는 조공이 이루어진 일이 없다. 그 것은 임나가라가 독자적으로 고구려의 주변에 존재하는 주변국이 아니라, 신라에 포함되어 「비문」의 세계에 참여하는 세력이었다는 것을 의미한다.

왜가 격퇴 당하고 임나가라가 귀복하는 것으로 원상이 회복된 상황에서, 임나가라는 신라가 관리하는 것이 왜가 신라의 국경에 나타나기 이전의 상태, 즉 신라가 고구려에 구원을 요청하여 회복하려 했던 원상을 회복한 것이 된다. 그런데 여기서 고구려가 임나가라의 통치를 주장한다면, 그것은 노객을 자처하는 신라에 대해 종주국이 취할 태도가 아니다. 그것은 스스로를 부정하여 천하를 혼란시키는 일이다. 따라서 「안라인 수병」은 왕건군의 주장대로, 귀복해온 임나가라에 신라인을 파견하여 수병파수(戍兵把守)시켰다는 의미로 해석해야 될 것이다.

「비문」의 정토가 신영토의 확장이 아니라 완성되어 계승되는 천하의 원상을 유지하는 것을 목적으로 하기 때문에, 귀복해온 임나가라를 신라에게 위임통치하는 것은 당연한 일이었다. 그것이 신라의 원상은 물론 천하의 원상을 회복하는 일이었다. 따라서 임나가라는 독자적인 국가가 아닌, 신라에 포함된 세력으로 보아야 한다.

5) 비문의 천하와 후연

17년에도 보기 5만을 교견하는 정토가 이루어졌으나, 그 정토의 대상을 기록했다고 생각되는 부분이 결락(欠落)된 관계로 정토의 대상이 분명하지 않다. 그런 연유로 그 대상은 백잔을 비롯하여 왜·가라·후연 등으로 다양하게 추정된다. 그런데 정토된 지역에 사구성(沙溝城)이나 루성(婁城) 등이 포함되어 있기 때문에, 퇴(退)·추(追)·멸(滅)의 대상으로서 고정적인 거점을 가지지 못하는 왜나, 이미 10년에 귀복한 가라는 그 대상이 될 수 없다. 왜가 대상이 되지 않는다는 것은 일정한 거점이 없다는 것 말고도, 고구려가 전리품을 취했다는 것으로도 확인된다. 고구려는 왜한테서는 아무것도 취하지 않고 격퇴시킬 뿐이었다. 그것이 왜에 대한 기본입장이었다. 그런데 이 정토에서는 많은 전리품을 취하고 있다.

따라서 정토의 대상이 될 수 있는 것은 백잔이나 후연 중의 하나이겠으나, 「비문」은 중국을 등장시키지 않는 논리에 입각하여 구성되었기 때문에, 17년의 대상국으로 상정할 수 있는 것은 백잔뿐이다. 또 그것이 천하의 질서를 위배하면 반드시 정토한다는 논리와도 부합된다.

백잔은 9년에 왜와 「화통(和通)」하는 일로 기존질서를 위배했다. 그것은 주변국의 교류가 고구려에 한정되는 「이자교류(二者交流)」의 원칙을 위배하는 일이었기 때문에 반드시 정토 되어야 하는 사유였다. 그것이 원인이 되어 왜는 이미 10년에 정토 당했다. 그런데도 백잔은 17년에 이르도록 정토 당하지 않고 있었다. 그래서 17년 정토의 대상은 백잔이 아니면 안 된다. 또 정토지역으로 기술된 사구성(沙溝城)은 백제의 사구성(沙口城)50)과 동음으로 추정되는 곳이었다51).

이상에서 살펴본 대로 북부여·숙신·임나가라·안라·후연 등은 독자적인 나라가 아니라, 각각 고구려나 신라, 백제 등에 포함되는 지명이다. 역사상에 존재했던 국명들이기에 쉽게 납득하기 어려울지 모르지만 「비문」이 요구하는 조건을 갖추지 않았기에, 이것들은 독자적인 국가로 인정할 수 없는 것이다.

사실성을 기준으로 생각하면, 북부여·비려·백잔·신라·왜·숙신·임나가라·후연·동부여 등은 독자적인 국가로 생각할 수도 있을 것이다. 그러나 그 중의 북부여는 고구려의 건국을 신성화시키는 고구려의 서상지이고, 임나가라는 신라에 포함되어 고구려의 천하에 참여하고 있다. 8년에 행한 정토의 대상은, 「비문」의 구조나 논리로 보아

---

50) 秋七月微東北二部人年十五已上 築沙口城(『三國史記』百濟本紀腆支王13년).
51) 李基東「広開土王陵碑文에 보이는 百濟관계 기사의 검토」『百濟研究』17集 (1986).

숙신토곡(肅慎土谷)이 아니라 신라로 상정된다. 그리고 17년에 행한 정토의 대상국은, 「비문」에는 중국이 등장하지 않는다는 논리로 보아 백잔으로 추정된다. 따라서 「비문」의 세계에서 독자적인 국가로 등장하는 것은 고구려와 그 주변국으로서의 비려·백잔·신라·동부여, 그리고 권외에 존재하는 왜 등이다. 그 나라들이 참가하여 천하를 구성하고, 고구려를 그 천하의 중심에 위치시키고 있는 것이다.

3 주변제국

1) 조공하는 주변국

 천제의 혈통을 계승하는 천손들이 지배하는 천하는, 고구려와 고구려에 조공하는 주변국으로 구성된다. 그런데 앞에서 살펴보았듯이 사실적인 국가와 그 천하에 참여하는 국가는 근본적으로 동일하지 않다. 사실적으로 존재했던 국가라도 「비문」에 등장하게 되면, 그것을 구성하는 논리에 맞는 국가로 변질되어 있다. 그렇지 않으면 「비문」이 이야기하는 천하에 참여할 수 없게 된다.
 「비문」의 천하가 천손이 통치하는 세계인 이상, 천손이 통치하는 고구려의 질서로 유지되며, 그 세계에 참여하는 주변국들은 그 질서에 따르지 않으면 안 된다. 그런 면에서 주변국이 고구려에 조공하는 것은 고구려의 질서에 따르겠다는 서약이었다. 그래서 「비문」의 천하에 참여하는 나라는 조공의 의무를 진다. 고구려에 조공을 바치는 것이 그 천하에 참여하는 조건으로 되어 있다.
 그 조건상으로 보면, 주변국이 될 수 있는 것은 비려·백잔·신라·동부여뿐이다. 왜는 여러 차례 등장하며 고구려와도 교류하고 있었으나, 조공한 일이 없기 때문에 천하를 구성하는 주변국으로는 인정할 수 없다. 따라서 「비문」에는 천하를 구성하는 고구려와 그 주변국으로서의 비려·백잔·신라·동부여 등, 그리고 그 권외에 존재하는 왜가 등장하고 있는 셈이다. 국가로 보이나, 그렇지 못한 것이 「북부여」·「임나가라」이고, 「숙신」은 등장하지 않는 나라이다. 「비문」을 잘못 석문하여 추정된 나라들이었다. 이하에서는 천하의 주변국으로 등장하는 나라들을 살펴보기로 한다.

2) 비려(稗麗)

(1) 비려의 정체

「비문」의 제1부에서는 천제의 아들이 고구려를 건국한 사실, 그 왕통을 계승한 17세손 광개토왕이 천하를 통치한 내용을 개괄하고 있다. 그리고 제2부에서는 광개토왕의 치국내용을 통하여, 천하의 특성과 그 구조를 이야기 하는데, 주로 질서를 위배한 주변국을 정토한 내용으로 구성되어 있다. 그 첫 번째가 비려의 정토이다. 광개토왕은 영락 5년에 친히 비려의 정토에 나섰다. 「비문」의 기술은 다음과 같다.

> 永樂五年歲在乙未王以稗麗不□□人躬率往討過富山貧山至塩水上破其三部洛六七百営牛馬羣羊不可称数於是旋駕因過襄平道東来▨城力城北豊五備海遊観土境田猟而還
>
> 영락 5년, 세가 을미에 있을 때, 왕은 비려의 □인을 □하지 않았기 때문에, 친히 군사를 이끌고 정토하러 가셨다. 부산·*산을 지나, 염수의 근처에 이르러, 그 3개 부락, 6·7백개의 영(営)을 평정했다. 소와 말, 양떼, 수를 헤아릴 수 없었다. 여기서 수레를 돌려, 그리고 양평을 지나, 동래·후성·력성·북풍·오비해를 지나, 토경을 유관하고, 전렵하고 돌아왔다.

「비문」의 정토가, 주변국이 고구려의 질서를 어기는 것을 원인으로 한다는 것을 생각하면, 이 정토도 문자의 결락으로 그 확실한 원인을 알 수는 없으나, 비려가 「불□□인(不□□人)」하지 않은 것, 즉 「불□□인(不□□人)」의무를 이행하지 않은 것을 원인으로 하여 이루어진 것이 된다. 광개토왕은 정토하여 「불□□인」의무를 이행시키는 것으로 고구려와 비려 간의 질서를 회복시키려 한 것이다.

광개토왕은 이 정토전에서 많은 전리품을 취하고 회군하였는데, 그렇게 회군한 것은 정토의 목적을 이루었다는 것을 의미한다. 광개토왕은 정토하여 「불□□인」으로 초래된 질서상의 이상을 회복시키고, 귀환하면서 국토를 유관(遊觀)하고 전렵까지 하고 돌아왔다.

「비문」의 연구가 시작되면서 비려의 정체에 관한 문제가 제기되었다. 나카미찌오(那珂通世)는 그 소재를 「성경(盛京) 봉천부(奉天府) 승덕현(承德県)의 동남」으로 비정하고, 「비리(陣離) 파리(頗利) 필열(畢列) 비열(卑列)은 모두 동음이역으로 본문의 비려(稗麗)이다」라며, 비려를 「거란의 속부」로 보았다52).

그 이래로 별다른 이론은 보이지 않는다. 타케다유키오가 「비문」 석문의 「양평(襄平)」이 틀린 것이 아니라면, 심양(瀋陽: 奉天)에서 북쪽 요하강(遼河江) 중류 일대에 미치는 근방으로 볼 수 있다는 의견을 제시한 정도이다53).

나카미찌요의 「글안의 속부」설에 이어, 박시형은 다음과 같은 의견을 제시했다.

> 거란국에는 실만부(悉万部) 이하의 여덟 부가 포함되어 있는데, 이 여덟 부는 고구려에 직접 인접해 있다. 그러나 그들은 고구려의 끊임없는 정토를 견디지 못하고, 5세기 중, 말기에는 모두 서방으로 도망하여, 백랑수(白狼水), 즉 지금의 대릉하(大凌河)의 동부지대에 정착하게 되었다. 이 여덟 부는 거란족 중에서도 가장 오래된 부로서의 통칭, 고팔부(古八部) 혹은 기수팔부(奇数八部)로 불려지고 있는 것이나, 그 안에 사글부(四契部)라는 것이 포함되어 있었다. 능비의 비려는 실은 이 사글부를 가르키고 있는 것이 틀림없다54).

여기서 거란으로 비정된 비려는 고구려의 정토를 견디지 못하고 도망친 세력으로 되어있다. 이처럼 고구려를 피해 도망친다는 것은 고구려의 질서 속에 포함되지 않는 세력이라는 의미로, 「비문」의 비려와는 다르다. 그리고 비려가 견디지 못하고 도망쳤다는 것은, 능력상의 문

---

52) 那珂通世 전게주5
53) 武田幸男 「新領域의 種族支配」, 전게주10, P.60.
54) 朴時亨저 全浩天역 전게주7, P.187.

제로, 견딜 수 있거나 우월하다고 생각되면 침범해 올 가능성도 있다는 것을 의미한다.

즉 능력상의 차이는 있으나, 별도의 독자적인 국가라는 것이다. 고구려의 주변국으로 등장하는「비문」의 그것과는 본질적으로 다르다. 그 같은 인식이기에, 정인보나 천관우 등은 거란설을 취하며 고구려를 침입하는 나라로 보았던 것이다.

그러나 비려가 거란으로 비정된다 해도, 그 나라는 박시형 등이 말한 대로「끊임없이 침입하여」약탈하는 나라일 수는 없다. 사실로서는 어떨지 모르나「비문」의 천하에서는 인정할 수 없는 성격의 비려다. 고구려의 천하관을 실현시키기 위하여 긴밀한 관계였던 중국에 관한 모든 사실을 생략한 것이「비문」이다. 그「비문」이 고구려에 대항하는 나라로 비려를 설정시킨다는 것은 있을 수 없는 일이다. 역사적 지리적 실체가 어찌되었건 간에「비문」에 등장한 이상 고구려의 주변국이라는 범위를 벗어날 수는 없는 일이다.

이 거란으로 비정되는 비려는『삼국사기』의 기술과 더불어 이야기된다. 나카미찌요부터 시작된 일이다. 그는『삼국사기』의 다음 기사를 인용하였다.

> (小獸林王八年秋九月), 契丹犯北辺, 陥八部落.
> (広開土王元年九月), 北伐契丹, 虜男女五百口, 又招諭本国陥没民口 一万而帰
> (소수림왕 8년) 9월에 거란이 북변을 침범하여 8개 부락을 함락하였다.
> (광개토왕 원년) 9월에 북으로 거란을 쳐서 남녀 50명을 사로잡고, 또 본국의 함몰민구 1만명을 불러서 권유하여 이끌고 돌아왔다[55].

『삼국사기』의 광개토왕 원년이「비문」의 2년 임진(壬辰)으로, 5년 을미(乙未)보다 3년 전에 해당하여, 해수는 맞지 않아도 거란(契丹)의

---
55)『三国史記』小獸林王八年九月, 広開土王元年九月.

정벌을 이것에 비정하였다. 고구려가 북으로 거란과 인접해 있다는 사실을 근거로 하는 비정으로, 두 기록 모두가 전쟁을 내용으로 하고 있는 것을 보면, 양국의 교류가 전쟁의 형태로 이루어졌다는 것은 사실인 듯하다. 그런 면에서 정토를 내용으로 하는「비문」의 기사와 유사하다 하겠다.

이 같은 유사성을 근거로, 거란과의 전투를 광개토왕이 친정한 사실로 기록한 것이「비문」의 기술이라는 것이 타케다유키오의 주장이다. 즉 소수림왕대에 거란이 8부락에서 약취(略取)한 포로를 돌려보내지 않은 사실을 기록한 것이,「비문」의「이비려불□□인(以碑麗不□□人」으로, 그것을 원인으로 하여 이루어진 것이 영락5년에 행한 정토였다는 것이다56).「비문」의 내용을『삼국사기』의 기록으로 보충하여 설명한 것으로,「비문」의 기술내용을 둘러싼 시대적 배경이나 역사성을 이해할 수 있는 방법이다.

그러나 여기서 생각해야 될 것은,『삼국사기』가 비려나 고구려를 독자적인 국가로 인정하는 것에 비해「비문」은 그렇지 않다는 점이다.「비문」에 등장하는 나라들은 고구려와 동등한 국가가 아니라, 고구려에 조공의 의무를 지는 주변국일 뿐이다. 따라서「비문」의 정토는 상호간에 동등하게 이해를 주장하며 다투는 것이 아니라, 주변국이 복속국의 의무를 이행하지 않는 등 기존질서를 위배하는 경우에, 그것을 응징하고 원상을 복구하기 위하여 고구려가 실행하는 것이다. 능력에 따라 승패가 갈라지는『삼국사기』등의 사서가 전하는 전투와는 그 의미가 다르다.

또 그것은 대등한 국가나 독자적인 국가를 상대로 하는 것이 아니라 원초적인 속국을 상대로 한다. 원래부터 일정한 의무를 지는 복속국이 의무를 이행하지 않는다는 것은, 천하의 질서를 혼란시키는 일이기에 고구려는 응징하고 원상을 회복시켜야 한다. 그것이 천하를 주재

---

56) 武田幸男 전게주10, P.62.

하는 고구려의 책무이다. 이처럼 「비문」의 정토는 주변국이 기존질서를 위배한 것을 그 원인으로 하기 때문에, 타케다유키오의 의견대로 『삼국사기』 등의 내용을 그대로 「비문」에 적용시킬 수는 없는 것이다.

(2) 정토의 원인

또 「비문」의 정토가 주변국이 조공의무를 이행하지 않아 기존질서에 변화가 생겼을 경우에 이루어진다는 것을 생각하면, 비려가 정토당하는 원인은 비려 스스로가 제공한 셈이 된다. 그 원인을 기술한 것으로 생각되는 부분에 결락이 있어 자세한 내용은 알 수가 없지만, 「비문」의 「불□□인(不□□人)」이 원인이었다는 것은 분명하다. 즉 비려가 「불□□인(不□□人)」하여, 의무를 이행하지 않았기 때문에 광개토왕이 정토한 것이다.

「불□□인(不□□人)」은, 사코우본(酒勾本) 이래의 많은 주석에서 「쉬지 않고」·「멈추지 않고」를 의미하는 「불식(不息)」으로 추정해 왔고, 영희본(栄禧本)은 「불공(不貢)」으로 추정하였다.

그것을 왕건군은57) 「불귀□인(不帰□人)」으로 판독하고 『삼국사기』의 「함몰민구(陷没民口)」와 비정하여, 비려가 함몰민구(陷没民口)를 돌려보내지 않은 것을 정토의 원인으로 보았다. 시라사키쇼우이찌로우(白崎昭一郎)는58) 「불문□구(不問□久)」로 주하고, 비려가 예의를 다하지 않았기 때문에 정토당한 것이라 했다.

이처럼 의견이 통일되지 않아 정설을 정하기는 어렵지만, 어느 의견을 취한다 해도 비려가 지고 있는 일정한 의무를 이행하지 않은 것이 정토의 원인이었다는 것은 확실하다. 결국은 비려가 정토의 원인을 제공한 것이다. 그렇게 보는 것이, 의무를 이행하지 않는 복속국은 반드시 정토 당한다는 「비문」의 논리에도 부합된다.

또 「불귀□인」을 원인으로 하여 정토 당한다는 것은, 비려가 그 이

---

57) 王健群 전게주9, P.300.
58) 白崎昭一郎저 権五曄·権静역 전게주21, P.141.

전부터 일정한 의무를 지고 있었다는 사실을 의미하고 있다. 즉 복속국인 비려가 「불귀□인」으로 질서를 어기고 있었기 때문에, 고구려에게 정토당한 것이다.

(3) 조공과 전리품

비려의 정토는 3부락 6·7백 영을 깨트리고 무수한 가축들(破其三部落六七百營牛馬羣羊不可稱數)을 취하는 것으로 종료된다. 이처럼 전리품을 얻는 것으로 정토가 끝나기 때문에, 처음부터 영토의 확장과 전리물의 획득을 목적으로 하여 이루어졌던 정토로 생각할 수도 있을 것이다. 그러나 그것은 그렇지 않다.

그것은 원초적인 주변국 비려가 조공과 같은 주어진 의무를 이행하지 않았기 때문에 이루어진 정토였기 때문이다. 「비문」이 비려와 고구려의 관계를 설명하고 있지는 않지만 여타 주변국 백잔·신라·동부여 등이 원초적인 주변국이었다는 것을 생각하면, 이곳의 비려도 그러한 범주에 포함시키는 것이 일관성 있는 추정일 것이다.

원초적인 주변국은 주어진 의무를 이행하며 고구려의 천하에 참여하고, 고구려는 그 주변국을 수호하여 천하의 원상을 유지하는 것을 책무로 한다. 주변국이 질서를 어기면 응징하여 복귀시키는 것이 천하의 통치이고, 또한 그 질서를 유지시키는 일이었다. 따라서 고구려가 주변국을 상대로 하는 정토는 천하를 유지시킨다는 대전제 속에서 이루어진다는 한계가 있어, 영토의 확장이나 전리품의 획득이 목적이 될 수는 없다. 어디까지나 주변국이 질서를 일탈하여 발생한 상황을 원래의 질서 속에 포섭시키기 위한 정토이기에, 비려의 정토는 「불□□인」으로 초래된 결과의 원인을 제거시키는 것이 목적이었을 것이다.

그런데 정토가 3부락 6·7백 영을 깨트리고 많은 가축들을 취하는 것으로 끝났다는 사실을 생각하면, 정토의 원인이 된 「불□□인」에는, 비려가 「소·말·양(牛馬羣羊)」 등과 같은 공물을 바쳐 이행해야 할 의무를 이행하지 않았다는 내용이 기록되었을 것으로 추정된다. 다시 말하자면 조공과 같은 속국으로서의 의무를 이행하지 않았다는 내용이었을 것이다.

「불□□인(不□□人)」을 직접적으로 살펴보면 그러한 추정이 좀더 확실해질 것이다. 「불□□인」의 「불(不)」은, 「불궤(不軌)」나 「불공(不貢)」처럼 법도에 어긋나는 무례를 범하거나 의무를 수행하지 않았을 경우에 사용되는 용어의 일부로, 원래는 비려가 그 같은 무례를 범하였다는 것을 의미하는 용어였을 것이다.

「비문」의 정토 대부분이 조공의 불이행이 원인이었으며, 조공을 서약하는 것으로 끝난다는 것을 생각하면, 이 「불(不)」은 불공(不貢)과 같은 의미를 나타내는 용어의 일부분으로 보아야 할 것이다.

또 그 정토가 많은 가축을 취하는 것으로 종료되는 것을 보면, 이곳 「불□□인(不□□人)」의 「불(不)」은 「불공(不貢)」의 「불(不)」로 추정하는 것은 무리가 아닐 것이다. 즉 비려는 조공과 같은 의무를 이행하지 않았기 때문에 정토 당하였고, 정토 당하자 수많은 가축으로 조공을 대신하고 원래의 질서로 복귀하여 정토의 원인을 제거한 것이다.

비려를 정토한 기술에는 백잔의 경우와는 달리 전리품으로 취한 품목만을 기술하였으나, 원인이 없이 이루어진 것이 아니라 「불□□인)」을 원인으로 한 정토였다. 그러므로 비려가 여러 물품을 바칠 때도 백잔이 성촌과 생구를 바치며 노객을 서약(自誓)한 것과 같은 의례도 동반되었기 마련이다.

그러한 의례가 있었기에 광개토왕은 회군할 수 있었을 것이다. 고구려가 비려의 부락(部落)과 영(營)을 격파하고 소·말·양 등을 취했다는 표현에 그러한 의례도 포함되었을 것으로 생각된다. 일반 사서(史書)의 기록이라면 약취나 탈취의 기록만으로 충분할지 몰라도, 천손이 주제하는 천하의 통치행위로서의 정토의 경우는 그것만으로 끝나지 않는다. 광개토왕의 정토는 어디까지나 종주국의 권위를 배경으로 하여 원상의 회복을 목적으로 하기 때문에, 주변국이 주변국으로서 취하는 의례가 없을 수는 없는 일이다. 비려가 질서에 복귀하는 의례를 취하며 조공을 바치는 과정은 반드시 있었을 것이다.
「비문」에 그러한 기록이 없기 때문에 의식 자체가 없었던 것으로 인식하기 쉬우나, 서약하는 내용의 기록이 없는 것은 동부여의 경우도 마찬가지였다. 동부여도 조공을 하지 않아 정토당하게 되었는데, 고구려군이 나타나는 것으로 동부여에는 왕은(王恩)이 뒤덮였다. 그러한 상황을 전하는 「비문」이면서도, 조공하며 복속을 서약하는 의례에 대한 내용의 기술은 없다.
그러나 정토지에 왕은이 뒤덮였다면, 그것에는 조공하며 서약하는 의식이 있었기 마련이다. 왕은이라는 표현 자체가 그것을 시사한다. 즉 조공을 바치며 원상으로 복귀할 것을 서약했다는 것은, 왕은을 입었기 때문에 일어날 수 있는 현상이다. 그처럼 왕은을 입은 복속민이라면 그에 상응하는 의례를 거행하며, 그것에 감사하는 의례가 있었기 마련이다. 그렇지 않았다면, 왕은이 뒤덮였다는 식의 표현은 취할 수가 없었을 것이다.
고구려군은 정토가 종료되자, 선가(旋駕)하여 비려에서 고구려로 회군한다. 이처럼 정토하고 그곳에서 회군한다는 것은, 그 정토지의 통치를 당지인에게 위임했다는 것이 된다. 그렇게 주변국을 정토하여 질서를 회복하고 그곳에서 회군한다는 것은, 그 정토의 목적이 영토의 확장이 아니라 질서회복에 있었다는 것을 의미한다. 따라서 정토가 끝났다거나 공물을 받았다는 기록은, 원래의 목적이 달성되었다는 것, 원상을 회복했다는 것, 주변국이 복귀할 것을 서약하는 의례가 있었다는 것 등을 의미한다. 정토전이 종료되는 데는 조공할 것을 서약하는 것을 조건으로 하고, 그 서약에는 일정한 의례가 수반되기 마련이어서, 비려의 정토가 종료되는 데에도 그 같은 일정한 의식이 거행되는 것은 당연한 일이었을 것이다.

(4) 전렵의 의미

정토를 마친 고구려군은 귀환하게 되는데, 그 도중에 전렵을 한다. 귀환하는 도중에 전렵(田獵)을 한다는 것은 무엇을 의미하는 것일까. 목적 없이 행하는 것이라면 일부러 한정된 공간에 기록할 필요가 없었을 것이다.

원래 영락 5년조의 기사는 비려정토에 관한 일련의 기술로 보는 것이 일반적이었는데, 서영수는 그것을 둘로 나누어 전반부는 비려의 정토기사로, 후반부는 영토확인과 전렵이라는 순수(巡狩)의 전형적인 기사로 보았다[59]. 이 의견대로 비려의 정토와 순수로 나누어지는 내용의 기술이라 해도, 그것은 상관적인 관계를 갖기 마련이다. 그런 상관적인 관계에서 전렵기사의 의미도 생각해보아야 한다.

광개토왕은 비려의 정토를 마치고나서 마차를 돌려(旋駕), 양평을 지나 동래·후성·역성·북풍·오비해를 지나며, 토경을 유관하며 전렵을 하였다. 이곳의 「유관(遊觀)」의 「관(觀)」은 영토나 정복지에 대한 통치권의 확인을 의미하고, 전렵은 영토확인을 거쳐 재정복을 위한 정치적 기능을 갖는 왕의 직능을 반영하는 것을 의미한다[60]. 이처럼 통치권과 영토권을 확인하는 의미에서 유관과 정토가 이루어졌다면, 그것들이 갖는 의미는 심대하다 할 것이다. 쉽게 말해 통치권과 영토권의 확인을 목적으로 전렵이 이루어진 셈이다.

그러한 의미의 전렵이, 비려의 정토가 끝난 후에 이루어졌다는 것은, 그것이 비려의 정토와 무관한 일이 아니었다는 것을 시사한다. 유관이 통치권의 확인으로 이루어지는 것이고, 전렵 또한 정치적 기능을 가진 것이라면, 광개토왕이 행한 전렵 또한 정치적 행사였을 것이기 때문이다.

그 정치적 행사가 정토를 마치고 귀환하는 도중에 이루어졌다는 것은, 그것이 정토와 연계되어 이루어졌음을 의미한다. 그럴 경우 그것은 비려와의 관계가 원초적인 관계로 환원되지 않았으면 불가능한 일

---

59) 徐榮洙 전게주37, P.15.
60) 金瑛河 「신라시대 순수의 성격」 『민족문화연구』14(1979), P.212~236.

이었다. 이러한 의미를 종합해볼 때, 그 전렵은 비려와의 관계가 복원된 것을 기념하여 행해졌을 가능성이 많다. 이때 생각할 수 있는 것이 전렵의 제사성이다61). 광개토왕이 비려와의 관계복원을 조상이 수호해준 결과로 받아들였다면, 그것을 감사하고 보은하는 의례로서의 전렵을 수행했을 것이라는 것은 충분히 추정할 수 있는 일이다.

그런데 왕이 실시하는 전렵은 오락을 위한 것도 군사적 훈련을 위한 것도 아니었다. 그것은 제사에 바칠 희생을 획득하기 위한 목적이었다62). 고구려는 그 수렵행사를 매년 거행하여, 거기서 획득한 희생(犧牲)을 제물로 천과 산천에 제사를 지내고 있었다. 그런 의미의 전렵을 광개토왕은 비려의 정토를 마치고 귀환하는 도중에 행한 셈이다.

이때의 전렵이 제사의 제물로 사용할 희생을 획득하기 위한 것이라면, 전렵을 행하는 목적은 아주 뚜렷해진다. 그것은 비려를 정토하여 원래의 관계를 회복한 것을 조상이 수호해준 결과로 간주하고, 그것을 보은하기 위한 제의에 바칠 희생을 구할 목적으로 거행하는 전렵이라고 추정할 수 있다. 말하자면, 조상에게 보은하는 제의를 거행하기 위한 예비 단계로서의 전렵이었다. 그 전렵에서 획득한 희생으로 조상의 수호에 감사하는 제사를 거행하는 것은, 수호에 감사하는 것은 물론, 이후의 수호도 보장받기 위함이다. 즉 조상의 수호를 획득하기 위한 의례로서의 전렵이었다.

(5) 왕화

「비문」에 비려가 등장하는 것은 영락 5년조 1회 뿐이다. 그처럼 비려가 한번 등장하고 그 이후에는 일체의 기록이 없다는 것은, 비려가 고구려의 천하에서 빠져나갔거나 배제되었다는 것을 의미하는 것이 아니다. 다만 비려가 질서를 일탈하여 천하의 질서를 훼손하는 일이

---

61) 「왕의 전렵기사는 제사를 위한 犧牲의 획득을 목적으로 하고 있다」(井上秀雄 「신화에 나타난 고구려왕의 성격」『조선학보』81(1976, 10), P.59.
62) 井上秀雄 전게주61, P.59.

없었기 때문이었다. 그 이후에도 주변국으로서의 의무를 이행하지 않았거나 질서를 위배하는 일이 있었다면, 고구려는 왕화가 미진한 것으로 판단하고 정토를 단행했을 것이다. 그럼에도 그 이후에 비려에 대한 기술이 없다는 것은 비려가 단 한 번의 정토로 충분히 왕화되었기 때문이다. 그것은 자주 천하의 질서를 위배하고 그때마다 정토당하며 왕화되어가던 주변국과는 잘 대조되는 일이다.

정인보나 천관우 등도 거란설을 취하여 고구려를 침입하는 나라로 보았다. 그러나 그렇게 비려가 거란으로 비정(比定)된다 해도, 그 나라는 박시형이 말한 대로 「끊임없이 침입하여」 약탈하는 나라일 수는 없다. 사실로서는 어떨지 모르나, 적어도 「비문」의 천하에서는 상상할 수도 없는 일이다. 고구려의 천하관을 실현시키기 위하여 긴밀한 관계였던 중국에 관한 사실까지도 모두 생략하고 있는 것이 「비문」이다. 그런 「비문」이 고구려에 대항하는 나라로 비려를 상정시킨다는 것은 있을 수 없는 일이다. 비려의 역사적 지리적 실체가 어찌되었건 간에 「비문」에 등장한 이상 고구려에 조공하는 주변국의 범위를 벗어날 수는 없다.

3) 백잔(百殘)

(1) 구시속민의 백잔

「비문」의 백잔은 원래부터 고구려의 속국이었다. 그럼에도 두 번이나 고구려에게 정토 당하고 있다. 그때마다 백잔은 고구려에게 저항하다가 결국에는 다시 노객을 서약하고 복귀한다. 다른 주변국의 기록에는 정토당하여 복귀하는 기록이 있을 뿐인데, 백잔의 경우에는 저항하는 내용까지도 소개된다. 게다가 주변국 중에서는 유일하게 권외세력인 왜와 교류까지 하고 있었다. 백잔은 왜와 연대하는 형식으로 고구려의 질서를 위배하며, 반고구려적 자세를 취하고 있었다. 고구려로서는 방치할 수 없는 일들이라 그 때마다 정토하여 복귀시킨다. 그런 과정을 반복하여 주변국을 왕화시키는 것이 종주국 고구려의 책무였다. 「비문」의 백잔에 대한 기술은 다음과 같다.

百殘新羅旧是属民由未朝貢而倭以辛卯年来渡王破百殘倭降新羅以為臣民以六年丙申王躬率□軍討伐殘国軍□□南攻取寧八城臼模廬城各模廬城幹氐利城□□城閞弥城牟盧城弥沙城□舎蔦城阿旦城古利城□利城雜珍城奧利城勾牟城古須耶羅城莫□□□城□而耶羅城瑑城於利城農売城豆奴城沸□□利城弥鄒城也利城太山韓城掃加城敦拔城□□□城婁売城散那城那旦城細城牟婁城亐婁城蘇灰城燕婁城析支利城巖門□城味城□□□□□□利城就鄒城□拔城古牟婁城閏奴城貫奴城彡穰城□□□城儒□盧城仇天城□□□城□其国城殘不服義敢出百戰王威赫怒渡阿利水遣刾迫城□□侵穴□便囲城而殘主困逼獻□男女生口一千人細布千匹 跪王自誓從今以後永為奴客太王恩赦先迷之愆録其後順之誠於是得五十八城村七百将殘主弟并大臣十人旋師還都 (中略) 九年己亥百殘違誓与倭和通王巡下平穰而新羅遣使白王云倭人満其国境潰破城池以奴客為民歸王請命太王恩慈称其忠誠□遣使還告以□計 (中略) 十七年丁未教遣步騎五万□□□□□□□□□師□□合戰斬殺蕩尽所穫鎧鉀一万余領軍資器械不可称數還破沙溝城婁城□住城□□□□□那□城

백잔과 신라는 옛부터 속민이었는데도 <u>아직 조공을 바치지 않고 왜는 신묘년부터 건너오기 시작하였다. 그러므로 왕은 백잔과 왜를 공파하고 신라는 신민으로 삼았다.</u> 그래서 6년 병신에 (중략) 왕이 친히 군을 이끌고 잔국을 토벌하였다. 고구려군은 □의 남에 □하여, 영팔성, 구모려성, 각모로성, 간저리성, □□성, 관미성, 모로성, 미사성, □사조성, 아단. 고리성, □리성, 잡진성, 오리성, 구모성, 고수야라성, 막□□□성, □이야라성, 전성, 어리성, 농매성, 두노성, 비□□리성, 미추성, 야리성, 태산한성, 소가성, 돈발성, □□□성, 루매성, 산나성, 나단성, 세성, 모루성, 우루성, 소회성, 연루성, 석지리성, 암문□성, 미성, □□□□□□□리성, 취추성, □발성, 고모루성, 윤노성, 관노성, 삼양성, □□성, 유□로성, 구천성, □□□성 등을 공취하고, 그 국도를 □하였다. 백잔이 이에 복종치 않고 감히 나와 싸우니 왕이 크게 노하여, 아리수를 건너 군을 보내어 그 성을 살피며 다가가게 하였다. □을 쳐 □하고 즉시 성을 포위하였다. 그러자 잔주는 견디지 못하고 남녀 인질 천 명과 세포 천 필을 바치면서, 고구려왕에게 꿇어앉아, 스스로 지금 이후로는 영원한 노객이 되겠다고 서약하였다. 태왕은 은혜로 지난 잘못을 용서하고, 그 후에 순종해온 그 정성을 기록하였다. 여기서 58성, 700촌을 획득하고, 잔주의 동생과 대신 열 명을 데리고 수도로 돌아왔다. (중략) 9년 기해에 백잔이 서약을 어기고 왜와 화통하였다. 왕이 평양으로 순하 하였다. 그때 신라는 사신을 보내어 왕에게 아뢰어 말씀드리기를, 왜인이 그 국경에 가득 차 성지를 파괴하였다. 노객을 왕의 민으로 하여, 왕에게 귀의하여 구원을 요청합니다 라고 아뢰었다. 태왕은 은혜와 자비로 그 충성을 칭찬하였다. □에 사자를 보내어, 돌아가서 보고하게 하는데, □계를 주어 보냈다. (중략) 17년 정미에 왕의 명령으로 보기 5만을 파견하여, □□□□□□□□사, □□합전하여, 참살하여 탕진하였다. 노획한 기·갑이 만여 벌이고, 군자·기계는 그 수를 헤아릴 수 없이 많았다. 또 사구성·루성·□주성·□□□□ □□나□성을 격파했다.

1800자에 미치지 않는 「비문」에서 450자를 차지하는 기술이다. 그만큼 「비문」에서 차지하는 백잔의 비중이 크다 하겠다. 「비문」은 「신묘년」조·영락 6년조·영락 9년조·영락 17년조에 백잔에 관한 내용을 기술하고 있다.

다만 17년조의 경우에는 대상국을 기술했을 부분이 결락된 관계로, 왜·백잔·가야·후연 등이 상정되는 곳이다. 그러나 고정적인 거점이 없는 왜나 10년에 귀복한 가야는 그 대상이 될 수 없다. 또 중국의 기록을 생략하는 「비문」이기에 후연도 제외되어, 상정할 수 있는 것은 백잔 뿐이다. 또 백잔을 상정하는 것이 정토와 귀복으로 이어지는 「비문」의 구조와도 부합한다.

고구려와 백잔의 관계를 기술한 「구시속민」의 「구(旧)」는 옛날·「원래부터」 등을 의미하여, 백잔이 원래부터 고구려의 속민이라는 것이다. 그런데 이「구(旧)」는 동부여와의 관계를 나타낼 때에도 사용된 자이다.「비문」의「동부여구시추모왕속민(東夫余旧是鄒牟王属民)」은 동부여가 옛날, 그것도 추모왕의 시대부터 고구려의 속민이라는 것을 의미하여,「구」가 추모왕의 시대였음을 분명히 하고 있다.

이처럼「구(旧)」는 추모왕과 함께 사용되는 것으로, 그 시점이 추모왕의 시대였다는 것을 의미하고 있다. 즉 비문의「구(旧)」는 추모왕과 함께 사용되는 것으로, 그 시점을 추모왕대로 한정시켜주고 있다. 따라서 백잔이나 신라도 동부여와 마찬가지로 고구려가 건국될 당시부터의 속민으로 보아야 할 것이다. 또 그것은 비려·백잔·신라·동부여 등을 주변국으로 하는 고구려의 천하가 추모왕대에 완성되었다는 것을 의미한다.

(2) 신묘년조와 백잔

백잔이 원초적인 주변국이었음에도 고구려에게 두 번이나 정토를 당하게 된 데에는, 그럴만한 이유가 있었기 마련이다. 그 이유는「신묘년」조에 기술되어 있었을 것으로 추정되나, 그곳에는 결락이 있어 백잔이 정토당하는 원인이 명확하지 않았다.「신묘년」조의 해석을 둘러싸고는 주어의 논쟁이나「개찬설」등이 제기되어, 모든 연구가 그곳에 집중되는 듯한 양상을 보였으나, 아직도 통일된 정설은 얻지 못한 상태이다.

지금까지의 연구는「비문」그 자체를 이해하려는 노력보다는, 그것을 역사적 사실과 결부시켜서 사실을 추구하는 것을 주목적으로 하였기 때문에,「비문」전체의 구조나 흐름을 무시하고 부분적인 의미에 집착하고 있었다. 그 대표적인 것이「신묘년」조에 관한 연구였고, 그 중심에 백잔과 신라의 문제가 놓여 있었다.

신묘년조에서「백잔·신라 원래부터 고구려의 속민으로, 유래, 조공하였다(百残新羅旧是属民由来朝貢)」는,「유래(由来)」를「유미(由未)」로 하는 의견이 제기된 것 말고는, 어느 정도 공통적인 합의를 이루고 있다. 문제는 그 후반부의 「이왜이신묘년래도□파백잔□□신라이위신민(而倭以辛卯年来渡□破百残□□新羅以為臣民)」의 부분이다. 일찍이 요코이타다나오(横井忠直)는 다음과 같이 해석하였다.

> [이왜이신묘년운운] (中略) 생각컨대, 이 비문, 백잔신라구시속민운운으로 말하는 것은, 우리 군대가 도해하여 두 나라를 신민으로 삼은 것은, 이 신묘년의 해를 가지고 시초로 삼는 것과 유사하다.
> [파백잔□□신라이위신민] 신라 위에 2자가 마멸되었기 때문에, 이위신민의 4자는, 백잔에도 걸리는 것일까. 그러한 것은 결정하기 어려우나, 구시속민운운의 문세(文勢)에 의거하여 생각하면, 2국 모두가 신복(臣服)한 것으로 보인다.

그러나 이것을 부정하는 정인보, 박시형, 김석형 등은 다음과 같이 해석하였다. 이 세 사람의 공통적인 점은, 왜를 주어로 하는 요코이와는 달리, 고구려를 주어로 하고 있다는 점이다.

> 而倭則嘗来侵句麗 句麗亦嘗渡海往侵 交相攻 而百残 乃通倭 為不利於新羅 太王以為 此 吾臣民也
> 그런데 왜가 신묘년에 침입해 왔으므로 고구려는 바다를 건너가 격파하였다. 그런데 백제는 왜와 연합하여 신라를 침공하였다. 그래서 광개토왕은 내 신민인데 이럴 수 있나 하고[63],
> 그런데 왜가 신묘년에 침입해 왔으므로 고구려는 바다를 건너가 격파하였다. 그런데 백제는 왜를 불러들여 신라를 침공하여 신민으로 삼았다[64].

여러 사람들의 거듭되는 작업을 거치면서, 일본인들의 일반적인 해석은 「왜는 신묘년에 바다를 건너, 백잔. □□, 신라를 파하여, 이것들을

---

63) 鄭寅普 「広開土境平安好太王碑文釈略」『庸斉白楽濬博士還甲記念国学叢書』 (연세대, 1955년), P.674.
64) 朴時亨저 全浩天역 전게주7, P.196.

신민으로 하여 지배했다.」65)는 식으로 정착되고, 우리나라의 해석도 일본의 그것과 크게 다르지 않다. 노태돈이 해석한 「왜가 신묘년에 건너와 백잔을 파하고 신라를 ---하여 신민으로 삼았다.」66)는, 일본의 그것과 흡사한 내용이라 할 수 있다. 결국 신묘년조에 대한 해석은 일찍이 요코이타다나오에 의해 그 조형(祖型)이 완성된 셈이다.

이러한 해석은 「비문」의 내용을 근거로 해서 일본이 우위를 차지하는 한일고대사를 확인하려는 사람들에게는 더 없이 좋은 자료였다. 일본이 「비문」을 연구하기 시작한 것은 당대의 일본이 원하는 근거를 획득할 필요가 있었기 때문이었다. 그것을 미마쯔야스카즈(末松保和)는 다음과 같이 갈파하고 있었다.

> 칸(菅), 나카(那珂), 미야케(三宅) 3대가가 연이어, 그것도 거의 비슷한 형식의 연구를 발표한 것은, 비문 석독의 어려움과 비문 내용의 중대함에 의한 것이지만, 그것에 더 하여 비문의 주요한 내용을 이루는 왜의 활동의 대세가, 당시(1890년대)의 일본이 조선·만주방면으로 진출하는 것과 아주 흡사했던 것도 놓쳐서는 안 될 것이다.

라고, 일본이 행하는 「비문」연구의 궁극적인 목적을 예리하게 지적하였다. 「비문」에서 자국에 유리한 근거를 찾으려고 노력하는 것은 일본만이 아니라 한국 측도 마찬가지였다. 일본은 자국에게 이로운 자료를 획득하기 위하여 노력하였고, 또 한국은 자국에게 불리하게 정립된 통설을 부정할 수 있는 자료를 찾으려고 하는 것이 달랐을 뿐이다.

이처럼 주어를 왜로 할 것인가 고구려로 할 것인가가 연구의 주류를 이루고 있을 때, 그것에서 일탈하여 「신묘년」조를 삽입문으로 보는 의견이 제시되었다. 마에자와(前沢)는 「신묘년」조의 특색을 지적한 후에, 고구려의 대백제·신라·왜 관계의 전개를 기록하는 것으로 왕의

---

65) 井上光貞 『일본국가의 기원』(岩波書店, 1960), P.104.
66) 盧泰敦 전게주6.

훈적을 명시하여, 후세에 전해야 하는 현창비(顯彰碑)의 도입부로 마련된 삽입문이라 했다. 신묘년조는 전에도 6년조의「전서(前書)」,「전치(前置)」라는 지적은 있었다. 이러한 의견을 발전시킨 것이 하마다코우사쿠(浜田耕作)의「전치문」설이다67).

그것은「비문」의 기년기사는 대왕이 친정을 하는「왕궁솔(王躬率)」형과 군사를 파견하는「교견(敎遣)」형이라는 정형적인 표현으로 구별되는데,「왕궁솔」형에는 정토의 원인을 설명하는「전치문」이 반드시 동반되는 것에 반해「교견」형에는「전치문」이 동반되지 않는다는 의견이다. 이 의견은 상당한 설득력이 있어 많은 사람들이 인정하게 되었다. 그러나 이 허구성의 위험성을 지적한 서영수는 연구의 흐름을「비문」의 주체를 누구로 하느냐를 중심으로 해서 셋으로 정리하였는데, 보다 확실한 이해를 위해 소개하겠다.

> A형: 신묘년 기사의 주체를 왜로 보는 시각으로「일본구설」과 70년대 이후의 하마다(浜田), 타케다(武田)를 중심으로 한 비문의 구조적 접근이라는 이른바「일본신설」및「중국신설」이 여기에 속한다고 할 것이며, 경철화(耿鐵華)를 비롯한 최근 중국학계의 경우도 여기에 속한다.
> B형:「일본구설」에 대응하여 "도해파(渡海破)"의 주체를 고구려로 보는 견해로 위당(爲堂)의 학설을 비롯하여 이를 수정, 보완한 북한의 박시형, 김석형 등의「한국구설」이 여기에 속한다고 할 것이다. 다만 1) 정인보, 박시형의 경우에는 파(破)의 목적어를 왜로 파악하고, 2) 김석형의 경우에는 백제로 보는 차이가 있다. 최근의 견해 중에서 왜를 도치된 파의 목적어로 보아 신묘년 기사의 주체는 고구려라는 견해를 발표한 이기백의 경우는 1)형에 속한다고 할 것이며, "해"자를 "패(浿)"자로 본 손영종의 견해나, 백잔 다음의 결락자를 "왕구신라이위신민(往救

---

67) 浜田耕作「高句驪広開土王陵碑文의 虛像과 實像」『日本歷史』304(일본역사사, 1973년 9월), P.94, 동「高句驪広開土王陵碑文의 研究」『조선사연구회논문집』11(1974년4월). 이와 비슷한 이야기는 먼저, 佐伯有清『고대사의 수수께끼를 푼다』(読売新聞社,1973년)에 소개되었다.

新羅以爲臣民)"으로 보충한 박진석의 경우는 2)에 속한다고 할 것이다.
C형: 비문 변조설을 토대로 전후 문맥과 서체의 결구를 중심으로「일본구설」에서 제시한 석문을 인정하지 않고 보다 합리적인 문자복원과 새로운 해독을 시도한 견해로「한국신설」과 문제의 "해"를 "사(泗)"로 판독한 임기중의 견해가 여기에 속한다68).

라며, 어지럽게 전개되어 온 신묘년기사의 쟁점을, 주체를 기준으로 하여 명쾌하게 정리하였다. 더불어 어떤 경우에나 행동의 주체는 왕이라고 주장하였다. 서영수는 5년과 20년의 북방기사와는 달리,「신묘년」기사와 모든 남진기사는 유기적인 관계를 가지고 서술된 기사로 보았다. 그러면서 변조되었다는 부분과 결락부분을 추정하여 다음과 같이「신묘년」기사를 석문하였다.

   百殘新羅 旧是属民 由未朝貢 而倭以辛卯年来渡 王破百殘倭 降新羅以爲臣民.
   백제(잔)와 신라는 예부터 속민이었는데도 아직 조공을 바치지 않고 왜는 신묘년부터 (대왕의 세력권에 함부로) 건너오기 시작하였다. 그러므로 왕은 (대왕과의 맹세를 어긴) 백제와 (그 동조자인) 왜를 공파하고 (대왕에 귀의한) 신라는 신민으로 삼았다69).

「래(来)」를「미(未)」로 보는 것은 김영만70)이 주장한 의견을 바탕으로 하는데, 비문의 서식으로 보아「래(来)」보다는「미(未)」의 가능성이 많다는 점과 현지에서 비문을 정밀히 관찰한 결과를 근거로 하고 있다. 이는「비문」의 정토가 조공을 매개로 해서 이루어진다는 사실과 동부여가 정토당하는 원인이 된「중반불공(中叛不貢)」과 동질적이라는 점

---

68) 徐榮洙「신묘년기사의 변상과 원상」,『広開土好太王碑硏究 100년』(학연문화사, 1996년 12월), P.401.
69) 徐榮洙 전게주68, P.424.
70) 金永万「광개토왕릉비문의 신연구」1『新羅伽倻文化』11(1980), P.44.

에서도 합리적이라고 말할 수 있다.

「왕(王)」으로 주장한 곳은 사코우의 가묵본 이래 「해(海)」라는 것이 통설이었고, 결락된 「□□」는, 「경토(更討)」・「우벌(又伐)」・「연침(聯侵)」・「초왜침(招倭侵)」 등으로 추정되는 곳이었는데, 그 어느 추정도 공감을 얻지는 못하였다.

그것은 남진기사가 유기적으로 구성되어 있다는 것이나, 신묘년조가 남진기사와 밀접하게 연결되어 있다는 사실을 규명하려는 노력이 미진했기 때문이었다. 「신묘년」조의 주어를 왜로 설정하려는 의도와 그것을 부정하려는 노력에 급급한 결과라고 생각한다. 그 「해(海)」를 「왕」으로, 「□□」를 「왜강(倭降)」으로 추정하면, 「신묘조」와 남진기사의 구조적인 연계 관계가 명료해지고 그 흐름도 원활해져 그 추정은 설득력을 갖게 된다.

「해(海)」는 원석탁본이라고 주장되는 자료의 경우에도 알기 힘든 자로, 일찍이 이진희가 참모본부의 변조설을 제기하여 「비문」연구에 일대전환기를 이룬 자였다. 「해(海)」자는 미즈타니테이지로우(水谷悌二郎)가 판정불능으로 판정할 정도로 불명확한 자이다. 그래서 「인(因)」・「매(每)」・「패(浿)」・「사(泗)」 등으로 추정되기도 하였다.

그것을 서영수는 비문의 구조적 논리를 근거로 「왕(王)」으로 추정하였다. 비문에는 왕과 관련되는 정복기사가 16개 있는데, 주어가 완전히 생략되는 경우가 없었기 때문에, 남진기사의 집약문인 「신묘년」 기사에서 주어를 생략하는 경우는 상정할 수 없다며, 주어와 관련된 표현 「왕(王)」이 「해(海)」로 변조되었다는 의견을 제시했다. 어법상으로도 「래도해(来渡海)」보다는 「래도(来渡)」가 자연스럽다는 것이다.

서영수는 비문에는 가획 변조만이 아니라 가장 손쉬운 방법의 삭탈 작업도 있었을 것이라며 「□□」를 「왜강(倭降)」으로 추정하였는데, 그것은 「비문」의 구성 논리를 근거로 하고 있어 신뢰하기에 충분하다. 「백제(잔)와 신라는 예부터 속민이었는데도 아직 조공을 바치지 않고(百残新羅旧是属民由未朝貢)」라는 전제문이 백잔과 신라에 대한 정토

명분을 나타내는 기술이므로, 「왜는 신묘년부터 (대왕의 세력권에 함부로) 건너오기 시작하였다(而倭以辛卯年来渡)」라는 전제문에 대응해서 정토당해야 하는 상대는 「왜(倭)」 이외에는 상정할 수 없다는 것이다. 「강(降)」의 경우는 신라와 고구려의 관계를 표현한 「이위신민(以爲臣民)」에 잘 어울리는 추정이다. 백잔과는 달리 고구려와 우호적인 관계를 유지하며 스스로 고구려의 수호를 원하는 신라의 상황을 적절하게 반영하는 자이다.

(3) 유미조공

「신묘년」기사는 구체적 작전기사이거나 어느 한 기사의 종속적 기사라기보다는 영락 6년의 백제 정복전과 8년의 신라 정복전 공통의 정토 명분을 나타내는 도론적 기사(前提文)인 동시에 영락 6년부터 17년에 걸친 남진정복을 요약 기술한 집약문의 성격을 갖는 것이 「신묘년」조라는 것이 서영수설의 근간이다.

서영수는 「백잔신라구시속민유미조공(百残新羅旧是属民由未朝貢)」을 백잔과 신라가 정토당할 수밖에 없는 이유를 설명한 전제문으로 보고, 「이왜이신묘년래도(而倭以辛卯年来渡)」를 고구려가 왜를 추방시켜야 하는 이유를 나타낸 전제문으로 보았다. 그리고 「왕파백잔왜강신라이위신민(王破百残倭降新羅以爲臣民)」을, 그 명분에 따라 「백잔」과 왜는 파하고 신라는 귀의시켜 신민으로 삼은 결과를 설명하는 주문(主文)으로 보았다.

이 의견에 의하면 백제는 일시적인 복속관계에 들어갔으나 다시 위서하여 공파(攻破)당해야 하는 대상이었으나, 신라는 예속지배관계를 강화하는 조공지배의 대상이었다. 또 왜는 단독의 세력이 아니라 백제의 부용세력이며, 고구려의 이민족이었다. 물론 백잔과 왜도 이민족이었다. 그처럼 이민족인 왜와 백잔이 「화통」하여 적대적 자세를 취하고 있었고 그것은 천하의 질서를 혼란시키는 일이었다. 그래서 고구려는 백잔과 왜는 「파(破)」의 대상으로 하고, 일단 정토당한 후 충실한 주변국으로 복귀한 신라는 「강(降)」의 대상으로 삼아 백잔이나 왜와는 구분하고 있었다.

백잔과 왜가 공파의 대상이 된 것은 백잔이 영락 6년에 정토당하여 공물을 바치며 노객이 될 것을 서약하고도, 9년에 왜와 「화통」한 것이 원인이며, 왜는 이민족이면서 고구려의 세력권에 나타난 것이 그 원인이다. 그에 비해 신라는 백잔과 같은 이유로 영락 8년에 정토당하나, 그것을 계기로 조공을 바치는 신민이기를 적극적으로 원하였다. 따라서 백잔과 왜는 「파(破)」의 대상이고 신라는 신민으로 「강(降 또는 服)」하는 대상이라는 것이다.

(4) 백잔과 왜의 화통

「비문」의 교류관계를 총체적으로 엿볼 수 있는 것이, 백잔이 위서(違誓)하며 왜와 화통(和通)하자 광개토왕이 평양을 순행하게 되고, 그곳에 신라의 사자가 나타나 구원을 요청하는 내용으로 구성된 영락 9년의 기사이다. 백잔과 신라는 「신묘년」조를 원인으로 하여, 백잔은 6년에 신라는 8년에 각각 정토당하여, 노객임을 서약했었다. 그런데 백잔은 왜와 「화통」하는 것으로 다시 질서를 위배하여 정토를 자초하였고, 그 상대인 왜는 권외 세력임에도 천하에 나타났기 때문에 격퇴당해야 했던 것이다.

반면 8년에 정토당하여 원상태로 복귀한 신라는, 국경에 나타난 왜의 격퇴를 고구려에게 요청할 정도로 친고구려적이었는데, 신라가 고구려에 구원을 요청할 수 있었던 것은, 그 이전에 수호를 요청할 만한 관계를 복원했었기 때문에 가능한 일이었다. 그 요청에 고구려가 응하는 것은, 조공을 받는 종주국으로서의 책무였다.

입장이 서로 다른 각국에 대응하여, 고구려는 10년과 14년에 왜를 격퇴하고 17년에는 백잔을 정토했다. 그 중 10년의 격퇴는 신라의 요구에 고구려가 응해서 이루어진 것이었다. 이처럼 9년조의 기록은 6년에 백잔이 노객을 서약한 사실, 8년에 신라와 관계 개선한 사실을 원인으로 하고, 10년·14년·17년에 전개될 정토활동의 원인 등을 기록하고 있다. 「비문」이 단순한 구조가 아니라 유기적인 관계를 바탕으로 해서 구성되었다는 것을 잘 나타내주는 기록이다.

그런데 「비문」이 「신묘년」조에서 백잔을 파(破)의 대상으로, 신라를 강(降)의 대상으로 구분한 것은 고구려가 주변국을 왕화시키는 방법이 상대국에 따라 달랐기 때문이었다. 신라가 질서를 위배했다가도, 정토당하여 충실한 속민으로 복귀하는 주변국임에 비해, 백잔은 정토당하여 복속을 서약하고서도 다시 위배하는 주변국이었다. 따라서 고구려는 백잔과 신라에 동일한 방법을 적용시킬 수가 없었다. 모든 주변국을 왕화시켜야 한다는 목적의 대상으로서는 동일하지만 고구려에 대한 주변국의 자세가 달랐기 때문에, 그 자세에 따라 다른 방법을 택하지 않을 수 없었다.

또 이곳의 백잔과 왜의 화통을 근거로, 왜를 백제와 가라의 부용세력으로 보는 의견도 있는데, 그것은 가라를 독자적 세력으로 인정하는 의견으로 따를 수 없다. 왜냐하면 「비문」에는 가라를 독자세력으로 인정할 만한 기록이 없기 때문이다. 따라서 가라는 신라에 포함되어 천하에 참여하는 세력으로 보아야 한다.

(5) 신묘년조의 새해석

「신묘년」조의 기록이 일시적이나마 고구려에 불리한 상황을 설정한 것이 아니라며, 일본인들이 주장하는 전치문설의 모순점을 지적하고, 남진기사와 유기적인 관계를 가지는 집약문인 동시에, 백제·신라 등 인국에 대한 조공지배를 관철하고자 하는 정토명분이 담긴 전제문임을 입증해 낸 서영수의 연구는 「비문」 연구를 크게 진전시킬 수 있는 업적이라고 생각한다.

그것은 「신묘년」조의 기사와 정토기사를 연계시켜 그 의미를 보다 분명히 한 것에 의미가 있다. 「신묘년」조의 해석은 연구가 시작되면서부터 관심이 집중된 부분으로, 그렇기에 문제가 많은 곳이었다. 그곳

32자 중에는 결락된 자와 석독하기 어려운 자도 있으나, 그것은 이곳만이 아니라「비문」전체의 문제였다.

그럼에도 문제가 되는 것은, 그곳에 한일고대사에 관련된 내용이 기록되어 있다고 판단했기 때문이다. 일본이 정치적 목적에 따라 해석하려 했기 때문에 한국 측도 그에 대응하지 않을 수 없었다. 여기에 중국 연구자들이 가세하여 일본 측 주장으로 기우는 의견을 제시하고 있었다. 그런 상황에서 제기된 서영수의 의견은 많은 문제점을 해결할 실마리를 제공하고 있다.

다만 그 의견이 일부의 추정자(推定字)를 근거로 한다는데 문제가 있을지도 모르나, 그것은 자료상의 문제로 현재로서는 그 어느 누구도 피할 수 없는 일이다. 그러나「유래조공(由来朝貢)」을「유미조공(由未朝貢)」으로 보고, 또「래도해파백잔□□신라(来渡海破百殘□□新羅)」를「래도왕파백잔왜강신라(来渡王破百殘倭降新羅)」로 석독하여,「비문」이 고구려왕을 주역으로 하고, 백잔과 신라를 왜와 구별하고, 또 백잔과 신라를 구별하고 있다는 사실을 부각시킨 것은 참으로 탁월한 발상이라 할 수 있을 것이다. 또 그것은「비문」의 전체적인 흐름과도 잘 부합하는 추정이었다.

「유래(由来)」의「래(来)」를「미(未)」로, 개찬설의 근원이기도 했던「해(海)」자를「왕(王)」자로 판독하고, 결락된 부분을「왜강(倭降)」으로 한 것은 일부가 추정을 근거로 한다하지만,「비문」의 흐름과 논리를 근거로 하기 때문에 인정해도 될 듯한 추정이다. 이것으로「신묘년」조에 얽힌 논쟁들을 종결지을 수 있을 것 같다. 이 의견에 따라「신묘년」조를,「백잔과 신라는 옛부터 속민이었는데도 아직 조공을 바치지 않고, 왜는 신묘년부터 건너오기 시작하였다. 그러므로 왕은 백잔과 왜를 공파하고 신라는 복속시켜 신민으로 삼았다」고 해석하는 것은,「비문」의 흐름과도 무리 없이 일치한다.

그러나 이것에도「비문」의 허구성을 해결하지 못하는 약점은 있다. 그것은 누구나 인정하고 있으면서도 해결되지 않는 것으로,「비문」의 내용 전부를 사실과 연계시키려 하기 때문에, 허문이라고도 말할 수 있는 신화의 의미를 경시하기 때문에 생기는 문제이다. 그런 의미에서도 「비문」에서 신화가 갖는 의미와 사실성을 떠나 이야기되는 조공의 의미를 파악하는 것은 「비문」의 이해에 빼놓을 수 없는 조건이다. 「유래조공(由来朝貢)」을 「유미조공(由未朝貢)」으로 판독해야 한다는 김영만의 주장이나71) 그것을 바탕으로 주장하는 서영수의 집약문설이 설득력을 갖는 것도, 조공의 의무를 이행하지 않으면 정토당한다는 「비문」의 논리와 일치하기 때문이다.

「비문」이 이야기하는 추모왕이 천제의 아들이라는 「천제지자」나, 백잔과 신라가 고구려의 원초적인 속민이었다는 「백잔신라구시속민」은 사실이 아니라 신화적 허구라는 것은 누구나 인정하는 사실이다. 그럼에도 고구려의 시조가 추모왕이라는 사실이나 삼국이 정립되어 있었다는 사실 또한 모두가 인정하는 사실이다. 그런데 여기서의 「구」란 추모왕이 건국활동을 시작했을 당시를 의미하여, 이미 그 당시에 고구려가 백잔이나 신라 등을 주변국으로 하는 천하가 완성되어 있었다는 것까지 의미하고 있다.

다시 말하자면, 「신묘년」 이전에 이미 고구려가 백잔·신라 등을 주변국으로 하고 왜를 그 권외에 두는 천하가 완성되었다는 것이다. 그래서 백잔과 신라는 조공하지 않으면 정토당하고, 왜는 권외의 세력이기에 천하에 나타나면 격퇴당하게 되는 것이다. 그런 의미에서도 김영만이 「래(来)」를 「미(未)」로 석독한 것은 합리적인 추정이었다.

「해(海)」를 「왕(王)」으로 판독한 것은, 왜가 래도하는 것 자체가 정토의 명분이었기에, 그곳의 주어는 「왕(王)」이기 마련이다. 또 「비문」이 「화통」하는 「백잔·왜」와 신라를 구별하여, 각각 「파(破)」와 「강(降)」의 대상으로 해서 구별했을 것이라는 의견도 「비문」의 전체적 흐름과 잘 합치하는 추정이다.

---

71) 金永万 전게주70, P.44.

「신묘년」조에 주어가 생략될 수가 없으며, 주어가 들어갈 곳은 변조자(変造字)로 이야기되는 「해(海)」자의 부분이라며 「왕(王)」을 주어로 설정하고, 복속관계를 서약하고도 다시 위서(違誓)하는 백잔과, 고구려의 수호를 원할 정도로 충실한 주변국 신라는 구별되어야 하기에, 각각 「파(破)」와 「강(降)」의 대상으로 위치시킨 것은 적절했다.

결국 「신묘년」조의 이해를 위해서는 추모왕이 완성한 천하상과 그 천하를 지배하는 질서, 그리고 질서의 척도인 조공의 의미를 이해하는 것이 우선되어야 한다. 「비문」의 천하란 고구려와 주변국으로 구성되는데, 조공을 하지 않는 나라는 주변국이 되질 못한다. 그래서 왜는 권외에 존재하고, 백잔과 신라 등은 조공을 매개로 정토당하고 있는 것이다. 왜가 천하에 나타나면 격퇴당하고 주변국이 조공하지 않으면 정토당한다는 것이 천하의 질서였다. 「신묘년」조는 그것을 「아직 조공을 바치지 않고(由未朝貢)」, 「왜는 신묘년부터 건너오기 시작하였다(以辛卯年来渡)」로 함축하여 표현하였다.

사실 「비문」의 정토는 조공을 원인과 목적으로 하기 때문에, 주변국이 조공의 의무를 다하면 있을 수 없는 일이다. 주변국이 되는 조건도 조공이었고, 왕화의 척도도 조공이었으며, 왜가 권외세력이라는 기준도 조공이었다. 그만큼 조공이 갖는 의미는 크다. 조공이 주변국에게 주어진 의무이기에, 그것을 수행하는 것은 고구려에게 수호받을 수 있는 권리를 획득하는 일이었다. 고구려는 조공하는 주변국을 수호할 의무를 진다. 그것이 고구려와 주변국이 공유하는 질서이다.

천하질서의 근간을 이루는 조공은 천하를 왕화(王化)시키는 것을 목적으로 한다. 얼마나 성실하게 조공을 하느냐가 왕화의 척도였다. 그래서 「비문」의 정토는 영토확장이 목적이 아니라고 말하는 것이다. 원초적인 속민 백잔은 조공을 바치지 않아 6년에 정토당하지만 조공할 것을 서약하자 정토군은 왕화가 이루어진 것으로 판단하고 정토를 종료시킨다. 정토의 목적을 잘 대변해주는 내용이다.

「비문」의 왕화는 무위와 은덕을 병행하는 방법으로 이루어진다. 광개토왕의 정토에 백잔이 저항하자 왕은 크게 노하였으나, 공물과 인질을 바치며 노객을 서약하자, 광개토왕은 죄과를 용서하고 이후의 성의를 지켜보기로 한다. 정토에 저항하다 조공을 바치며 노객을 서약하게 하는 것은 무위에 제압당하여 이루어지는 왕화였다. 이때 불복하는 「잔주(殘主)」에게 왕이 격노하여 공격한 것은 무위를 통한 왕화활동이었고, 지난 잘못(先迷)을 인정하며 복속을 서약하자, 그것을 받아들인 것은 은덕을 통한 왕화활동이었다.

「비문」에서 조공이 매개가 되지 않는 전투는 왜를 상대로 하는 경우 뿐이다. 그것은 고구려가 왜를 조공을 바치는 주변국으로 보지 않기 때문이다. 「비문」의 주변국이란 고구려의 질서로 통치되는 대상이기 때문에 질서를 준수하면 정토당할 까닭이 없다. 그래서 모든 정토는 조공을 서약하는 것으로 종료된다. 이처럼 모든 정토가 조공을 원인으로 하기 때문에, 정토를 통한 영토의 확장이란 있을 수 없게 된다. 따라서 「비문」의 정토는 영토의 확장이 아니라, 천하의 질서를 유지할 목적으로 해서 이루어지는 것으로 보아야 한다. 광개토왕이 6년에 공취했다는 성의 의미도 이런 논리의 선상에서 이해되어야 한다.

(6) 영토확장과 무관한 정토

백잔이 고구려에 조공하고 고구려의 질서에 포섭되어 있다는 것은, 그 영토와 인민의 통치도 고구려의 질서에 의해 통치된다는 것을 의미한다. 그것을 「잔주(殘主)」가 위임받아 대행하고 있었던 셈이다. 그런 관계의 백잔을 고구려가 「공취(攻取)」했다는 것은 무엇을 의미하는 것일까. 이미 속국이 된 나라를 쳐서 영토를 확장한다는 것은 있을 수 없는 일이다. 따라서 그것은 영토의 확장이라기보다는, 통치제제의 강화나 재조정으로 보는 것이 타당할 것이다. 고구려가 백잔에 위임했던 통치권의 일부를, 백잔이 질서를 위배한 것을 계기로 종래의 미비한 점을 강화·개선하기 위해 취한 조치가 정토였던 것이다. 따라서 「득오십팔성(得五十八城)」도 그 같은 인식을 바탕으로 해서 이해해야 한다.

그것은 17년조의 경우도 마찬가지였다. 보기(步騎) 5만을 파견하여 백잔을 정토하고 불가칭 수의「군자기계(軍資器械)」를 취하였지만 영토의 확장은 없었다. 6년에 정토당하자 영원한「노객」을 서약했던 백잔이, 9년에 스스로 서약을 위배하고 왜와 교류(百殘違誓与倭和通)하자 광개토왕이 군사를 보내어 정토한 것이다. 이는 백잔 스스로가 기존질서를 위배한 것을 원인으로 하기 때문에, 서약을 위반한 것을 응징하여 기존질서를 회복하는 것을 목적으로 하는 정토로 보아야지, 영토의 확장을 위한 정토로 보아서는 안 된다. 따라서 그 결과로 얻은 전리품은 5년에 비려를 정토하고 전리품을 획득한 것과 마찬가지로, 복속을 서약하고 바치는 조공의 다른 표현으로 보아야 한다. 따라서 고구려가 백잔을 파한 결과로 기술된 여러 성명(城名)이나「득오십팔성(得五十八城)」도 새로운 영토의 취득으로 볼 것이 아니라, 고구려가 백잔에게 위임한 질서를 다시 편성하거나 그에 따르는 통치체제를 개선한 내용의 일부로 보아야 한다.

(7) 백잔의 왕화

백잔의 정토에 대한 표현은 17년조가 6년조보다 격하다. 6년조의 백잔은, 고구려의 정토에 불복하고 대항해왔기 때문에 크게 노하였으나, 「잔주」가 영원한 노객을 서약하자 고구려는 왕은으로 용서하였다. 이 고구려왕의 격노는 종래의 질서관계를 깨고 무례를 범하는「잔주」에 대한 고구려왕의 분노였을 뿐이지 적대의식은 아니었다.

그러나 모든 사람의 목을 베어죽인 것으로 해석할 수 있는 17년조의「참살탕진(斬殺蕩尽)」은 그것과 다르다. 참살의 참(斬)은 철월(鉄鉞)로 벤다는 것을, 살(殺)은 도인(刀刃)으로 죽인다는 것을 의미하고, 탕진은 완전히 없어져 버린 상태를 의미하는데, 그것은 질서를 어긴 백잔 사람들을 무자비하게 죽였다고 볼 수 있는 표현이다. 그것은 왕은을 알려 왕화시키려는 일반적인 경우와는 다른 표현이었다.

6년에는, 종래의 질서를 어기고 조공을 하지 않는 것을 명분으로 정토를 행하여 여러 성을 공취하였다. 그래도 굴복하지 않고 저항하였으므로 왕은 크게 노하여 국성으로 압박해가자 잔주는 견디지 못하고 조공을 바치며 노객을 서약하였다. 이것은 끝까지 저항하다 어쩔 방도가 없어 복속한 것이다. 그럼에도 고구려왕은 그 잘못을 은덕으로 용서하였다. 그 백잔이 9년에 왜와 화통하는 방법으로 다시 고구려의 질서를 위배하자, 고구려왕은 보기 5만을 보내어 모두 참살 탕진시켰다. 확실히 17년조의 정토가 6년조의 정토에 비해 그 강도가 강하다. 또 17년조에는 전리품을 취한 기록만이 있을 뿐, 6년조에 있는 고구려에 복속할 것을 서약하는 기술은 없다.

그러한 17년조의 기술을 단순히 파악하여, 백잔의 왕화를 고구려가 포기한 것으로 해석한다면, 그것은 「비문」의 근본논리에서 벗어나게 된다. 「비문」이 이야기하는 천하는 비려·백잔·신라·동부여를 주변국으로 해서 성립된 세계이다. 그렇기 때문에 고구려가 주변국의 왕화를 포기하는 일은 있을 수 없는 일이다. 그것은 천하가 존재하는 가치를 스스로 상실시키는 일이다. 또 그것은 추모왕에 의해 완성되어 계승되는 천하의 원상을 파기하는 일이다.

따라서 17년조의 고구려의 강력한 태도는 왕은으로 백잔을 왕화시키려는 고구려의 의지가 그만큼 강렬해졌음을 반영한 표현의 변화로 보아야 한다. 그곳에 서약에 관한 기록이 없는 것은 서약한 일이 없어서가 아니라 생략한 결과로 보아야 하기 때문이다. 그 같은 내용은 전리품을 취하고 돌아왔다는 표현 속에 당연히 포함되어 있기 마련이다.

6년에 노객을 서약하고서도 또 다시 그 서약을 위배했기 때문에, 백잔에 대한 분노가 그만큼 증폭되었을 것이라는 것은 쉽게 추정할 수 있는 일이다. 또 그것은 왕화의 길이 그만큼 어렵다는 것, 그래도 수행해야 하는 목적이라는 것을 의미하고 있는 표현이 「참살탕진(斬殺蕩尽)」이었을 것이다. 그것은 왕화에 대한 집념과 방법을 동시에 나타낸 표현으로, 왕은을 경험하면서도 왕화가 더딘 대상에 대한 분노와, 왕화를 이루려는 집념을 그렇게 표현한 것이라고 생각된다. 그처럼 고구려는 대상에 따라 응징의 강도를 조절하며 주변국의 왕화를 꾀하고 있었던 것이다. 이처럼 거듭될수록 강도가 강해지는 백잔의 정토도 17년조를 마지막으로 하는데, 그것은 그 이후에 고구려와 백잔과의 관계가 없었다는 것을 의미하는 것이 아니라, 두 번에 걸친 정토를 통하여 백잔의 왕화가 완성되었다는 것을 의미한다. 다시 말하자면 추모왕에 의해서 완성된 천하의 원상이, 적어도 백잔의 위서로 인하여 변하는 일 없이, 잘 유지되어 나가게 되었다는 것이다. 그래서 17년 이후에는 백잔의 기술이 없는 것이다. 이처럼 주변국의 왕화과정에서 나타나는 복속과 일탈에 상응한 수호와 정토는, 백잔의 왕화과정에만 한정된 것이 아니다. 형태적인 차이는 있으나 모든 주변국에게 공통적으로 나타나는 현상이고 과정이었다.

4) 신라
(1) 구시속민의 신라

신라가 이전부터 고구려의 속민이었다는 사실은 백잔과 마찬가지였다. 또한 「신묘년」에 생긴 관계의 변화로 광개토왕에게 정토당하는 것도 마찬가지였다. 광개토왕이 이전부터 속민인 신라를 다시 정토하게 된 원인은 복속국으로서의 의무를 이행하지 않았거나 금기사항을 범했기 때문이었다. 따라서 신라가 정토당하는 것은, 백잔의 경우와 마찬가지로 조공의 의무를 이행하지 않은 것이 원인이었다고 보아야 한다.

원래부터 백잔과 마찬가지로 속민이었던 신라(旧是属民)가 정토당한다는 것은, 조공의 의무를 이행하지 않은(由未朝貢而) 것이 원인이었다는 점에서 공통적이다. 그러나 정토를 당한 후의 양국의 태도는 상반적이다. 백잔은 고구려에 저항하다 역부족을 느껴 노객을 서약했다가 다시 파기하여 정토당하게 된다. 그에 비해 신라는 한 번 정토당한 후에는 적극적으로 고구려의 수호를 요구하고, 그 수호 속에서 안전을 꾀하려고 했다. 백잔이 고구려를 거부하면서 타의적으로 왕화

제3장 광개토왕비문의 세계 343

되어 가는 것에 비해, 신라는 능동적으로 고구려의 수호를 받으며 왕화되어 가고 있었다. 백잔의 그것과는 상반적인 자세였다. 「비문」의 신라에 대한 기록은 다음과 같다.

>百殘新羅旧是属民由**未朝貢而倭以辛卯年来渡王破百殘倭 降**新羅以爲臣民. (中略) 八年戊戌教遣偏師観肅慎土谷因便抄得莫□羅城加太羅谷男女三百余人自此以来朝貢論事 九年己亥百殘違誓与倭和通王巡下平穰而新羅遣使白王云倭人満其国境潰破城池以奴客爲民帰王請命太王恩慈称其忠誠□遣使還告以□計 十年庚子教遣歩騎五万往救新羅從男居城至新羅城倭満其中官軍方至倭賊退□侵背急追至任那加羅從拔城城即帰服安羅人戍兵□新羅城□城倭□倭潰城大□□尽更□□安羅人戍兵満□□□□其□□□□□□言□□□□□□□□□□□□□□□□□□□□□□□辞□□□□□□□□□潰□□□□安羅人戍兵昔新羅寐錦未有身来論事□国罡上広開土境好太王□□□□寐錦□□□勾□□□□朝貢.

백잔과 신라는 예부터 속민이었는데도 <u>아직 조공을 바치지 않고 왜는 신묘년부터 건너오기 시작하였다. 그러므로 왕은 백잔과 왜를 공파하고 신라는 신민으로 삼았다</u>. 8년 무술, 교하여 편사를 보내어, 숙신토곡을 관하게 하였다. 그리고 바로 막□라성·가태라곡의 남녀 3백여 명을 사로잡았다. 이 일 이후에 조공하고, 논사하였다. 9년 기해 백잔이 서약을 어기고 왜와 화통하였다. 왕이 평양으로 순하하였다. 그러자 신라가 사신을 보내어, 왕에게 아뢰어 말하기를, 「왜인이 국경에 가득차 성지를 파괴한다. 노객은 민이 되어, 왕에게 귀의하여 명령을 청합니다」라고 하였다. 태왕이 은자로 그 충성을 칭찬하였다. □에 사신을 보내어, □계를 가지고 돌아가서 알리게 하였다. 10년 경자. 교하여 보기 5만 명을 보내, 가서 신라를 구하게 하였다. 남거성에서 신라성에 이르기까지, 왜는 그 안에 가득 찼다. 관군이 도착하려 하니, 왜적이 퇴□하였다. 뒤를 쫓아가 급히 공격하여, 임나가라의 종발성에 도착하자마자, 성은 바로 귀복하였다. 라인의 수병을 두어, 신라성·□성을 □하였다. 왜가 □하고, 왜가 무너졌다. 성은 크게 □□, 더욱이□□,

라인의 수병을 두었다. 만□□□□기□□□□□□□□언□□□□□□
□□□□□□□□□□□□□□□□사□□□□□□□□
□궤□□□□라인의 수병을 두다. 옛날 신라의 매금이 몸소 와서 논사한 적이 없었다. □국강상광개토경호태왕□□□□매금□□□구□□□
□조공하였다.

신라가 고구려의 속민이라는 종래의 질서관계에, 신라가 조공을 바치지 않는 것을 계기로 이상이 생기게 되었다. 질서 상에 이상이 생기면 고구려는 정토를 단행해야만 한다. 그것은 고구려의 책무였다. 고구려는 정토하여 원래의 질서, 조상들이 완성한 세계의 원상을 회복시키고 유지시켜야 했다. 그것이 왕통보를 계승한 후손의 책무였다.

(2) 왕화된 신라

신라는 8년에 정토당하여 원래의 관계로 복귀하였기 때문에, 고구려에게 국경에 나타난 왜의 격퇴를 요청할 수 있었다. 다시 말해 8년에 조공을 바치며 속민으로 복귀했기 때문에, 조공에 상응하는 권리를 바탕으로 고구려에게 수호를 요구할 수 있었던 것이다. 또한 그 요구에 응하는 것이 종주국 고구려의 의무였기에, 고구려는 신라의 국경에 나타난 왜를 격퇴하여 신라를 수호해야 했다. 신라는 왜를 격퇴시켜 수호해준 고구려왕의 은덕에 감사하여, 이전에 없이 매금 스스로가 조공을 바치며 감사하고 있었다. 이것이 왕은에 의한 왕화이다.

종래에는 8년조를 예(穢)·백제·숙신 등을 상대로 하는 정토라는 주장들이 일반적이었는데, 고구려와 신라의 관계를 생각하면 신라로 보는 것이 올바른 추정이다. 그것은 9년의 기록을 통해서도 확인할 수 있는 일이다. 신라는 조공을 바치지 않아 정토당해야 할 주변국이었다. 그럼에도 9년에 구원을 요청했다는 것은, 그 이전에 구원을 요청할 관계, 즉 속민으로서의 위치로 회귀했다는 것이 된다. 그것은 정토당하여 조공을 바치고 속민으로 복귀할 것을 이미 서약했다는 것으로, 그것이 이루어진 것은 8년조를 제외하고는 없다. 6년에는 백잔이 그리고 8년에는 신라가 고구려에게 정토당한 것이다. 따라서 8년조 정토의 대상은 신라로 볼 수 밖에 없다.

(3) 고구려의 신라수호

고구려가 신라의 요구에 응하여 왜를 격퇴시키는 일련의 과정에는, 임나가라의 문제가 포함된다. 임나가라는 역사상에 존재한 나라로 백제, 신라, 왜 등과도 교류하고 있었던 나라이다. 그래서 고구려·신라·왜 등이 등장하는 9년조의 해석에는 임나가라의 문제가 제기되는 일이 많다. 문제는 실존했던 임나가라와 「비문」의 그것을 동일시하는 데에 있다. 그러나 「비문」의 임나가라는 사실상의 그것과는 다른 세력으로 보아야 한다. 임나가라는 주변국이 되는 조건인 조공과 무관한 세력이었다. 따라서 독자적인 국가로 볼 수 없는 것이다.

「비문」의 임나가라는 신라의 요구에 응하여 고구려가 왜를 격퇴하며 신라의 서남부로 진격하는 과정에서 고구려에 귀복한 세력이었다[72]. 고구려가 남진하는 위세는 고구려군이 나타나면 왜적이 퇴각하고, 그러면 다시 추격하는 그런 형세였다. 그 상황에서 임나가라가 귀복해 온 것이다. 그런 위세라면 신라를 고구려에 편입시켜 직할하거나 귀복한 임나가라를 고구려가 직접 통치하거나, 그 통치권을 주장하는 것도 가능한 일이었다. 그런데 고구려는 신라의 요구를 충실히 이행할 뿐이었다. 고구려가 종주국으로서의 역할에만 충실했다는 것은 신라의 매금이 몸소 찾아가 조공 논사한 사실로 추정할 수 있는 일이다.

만일 신라의 요청에 응하여, 신라를 수호한다는 명분으로 출병한 고구려가 그것에 머물지 않고 신라를 고구려에 편입시키거나 귀복한 임나가라의 직할을 주장하였다면, 신라 매금이 몸소 찾아가 조공논사하는 일은 없었을 것이다. 모든 사항이 신라의 뜻대로 이루어졌기 때문

---

72) 金瑛河「광개토왕비와 왜」『弘益史学』1(1984), P.81.

에 취하는 신라 매금의 태도였다. 신라의 요청에 의해 이루어진 정토였으므로, 그 처리도 신라의 뜻에 따르는 것이 종주국 고구려가 취할 자세였다. 그것이 신뢰를 바탕으로 자국의 질서로 주변국을 왕화시키는 방법이었다.

그런 의미에서도 「비문」의 「안라인 수병(安羅人戍兵)」은 왕건군이 말한 대로, 복속해 온 임나가라를 신라인에게 수비시킨 것으로 보아야 한다. 그렇지 않고 「안라인 수병」이 신라성을 함락시켰다는 식으로 해석한다면[73], 그것을 다시 회복하기 위한 고구려와 안라인 간의 전투를 상정해야한다. 이 경우 「안라」는 고구려와 대적하는 독자적인 국가로서의 자격을 갖게 되는데, 그럴 경우 임나가라와의 관계도 문제가 된다. 고구려가 퇴각하는 왜를 추격하는 과정에서 임나가라가 귀복해 온 것이다. 그것은 고구려군이 나타나기를 기다렸다는 듯한 귀복이었다. 그런데 어찌 갑자기 나타난 「안라인 수병」이 고구려의 세력을 꺾고 신라성을 함락시킬 수 있겠는가.

만일 그런 일이 사실이라면, 임나가라는 안라와 동질적인 세력일 수가 없다. 임나가라가 친고구려적이었다면 안라는 반고구려적으로 서로 상반되는 성격의 나라여야 한다. 고구려가 서남으로 남진해가는 과정에, 이질적인 임나가라와 안라가 동시에 등장한다는 것, 또 연승을 거두던 정토군이 주적의 왜도 아닌 갑자기 등장하는 「안라인 수병」에게 확보한 성을 빼앗겼다는 것은 문장의 흐름에 맞지 않을 뿐만 아니라, 고구려의 절대성을 확인해야 하는 「비문」의 근본 취지에도 어긋나는 일이다. 또 임나가라가 완전한 칭호인 것에 비해 안라가 약칭되는 것은 공평성을 잃는 것이다. 그것도 초출이라는 점을 생각하면 있을 수 없는 일이다.

이런 점 등을 고려해볼 때, 「안라인 수병」은 고구려가 귀복해 온 임나가라에 신라인을 안치하여 그것을 지키게 한 것으로 해석하는 것이

---

73) 朴時亨저 全浩天역 전게주7, P.225.

적절할 것이다. 그것이 주변국의 요구에 응하여 수호활동을 전개하는 종주국으로서의 자존심과도 어울린다. 또 전후에는 이전과 달리 신라의 매금이 몸소 고구려를 찾아가 조공하고 논사했다는 기술과도 상응한다.

고구려는 주변국을 수호하여 왕화시킬 책무를 진다. 그래서 질서를 위배하는 주변국이 나타나면 정토하여 질서를 회복시키려 했다. 말하자면 천하의 원상을 유지하며 주변국을 왕화시키는 책무를 지고 있었던 것이다. 그런 점에서 정토는 왕화의 한 방법으로 보아야 한다.

(4) 백잔과의 차이

주변국의 왕화란 주변국을 천제의 질서 속에 포섭시키는 일인데, 그 방법이 동일한 것은 아니다. 우선 왕이 주변국에 베푸는 왕은도, 과오를 응징하는 왕은, 요구사항에 응하는 왕은, 선도하는 왕은 등이 있을 수 있다. 그 어느 것을 선택하느냐는 대상이 처한 상황에 따라 다르게 된다. 백잔과 신라의 경우가 그 좋은 예이다. 고구려는 위서(違誓)를 되풀이하는 백잔에게는 무위로 응징하는 왕은을 채택하고 있지만 구원을 요청하는 신라와의 경우에는 신라의 위협요소를 제거하는 식의 왕은을 적용하고 있었다.

백잔과 신라는 같은 속민이었음에도 조공을 하지 않아 정토를 당한 후에는 고구려에 대한 자세가 크게 달랐다. 백잔과 신라는 모두 고구려에게「노객」을 서약하는데, 백잔과 신라의 그것은 본질적으로 다르다. 백잔은 고구려에 저항하다가 견디지 못하게 되자 공물을 바치며 노객을 서약한 것에 비해, 신라는 수호를 요망하며「노객」을 서약하였다. 마지못해 서약한 것이 백잔의 노객이고, 스스로 서약한 것이 신라의 노객이었다. 신라의 그것은 신속을 전제로 하여 조공국이라는 사실을 재확인하는 자칭이었다. 즉 백잔의 노객 서약이 신속으로서의 복종을 의미하지 않는 것에 비해, 신라의 노객은 신속을 의미하는 것으로, 조공과 일조(一組)를 이루는 서약이었다[74].

이처럼 차이를 보이는 것이「백잔」과 신라이다. 고구려가 그 백잔과 신라를 대하는 방법, 즉 백잔과 신라를 왕화시키는 방법은 같을 수가 없었다. 백잔의 위서가 거듭되면 그것을 응징하는 고구려의 자세도 강경해지고 있었다. 고구려가 백잔을 상대로 하는 정토에서, 6년의 정토보다 17년의 정토가 강도 높게 이루어진 것이 그 좋은 예이다. 백잔이 거듭 노객의 서약을 위배하자 고구려가 그 서약이 신속으로서의 복종을 의미하는 것이 아니라는 것을 알게 되어, 신뢰할 수 없는 백잔이라는 것을 깨달았기 때문에, 한 층 강화된 응징을 가하는 방법으로 왕화시키려 했던 것이다.

(5) 논사

고구려의 정토는 주변국이 왕화되어 스스로 「조공논사(朝貢論事)」하게 하는 것을 목적으로 하는 만큼, 신라의 매금이 스스로 찾아와 조공 논사했다는 것은 의미가 크다고 하겠다. 그것은 신라가 종주국 고구려의 은덕으로 왕화되었다는 것으로, 고구려가 천하를 주재하는 정통성을 확인해주는 일이었기에 고구려로선 그 이상 없는 보람이었다.

신라는 8년에 「조공논사」하고 10년에도 「논사」하였는데, 그것은 신라와 고구려의 관계에 한정되어 사용된 표현이다. 요코이타다나오(横井忠直)가 「신래논사(身来論事)」를, 「어쩌면 정사(政事)의 논의에 참여하는 것을 말하는 것인가」75)라고 추측한 이래, 칸마사토모(管政友)는 「생각건대, 옛날부터 신라가 와서 조공한 일은 없었는데도, 지금이 호태왕 시대가 되어 왜적을 격퇴한 기쁨에서 스스로 조공했다는 취지일 것이다」76)라며, 고구려가 신라의 요청에 응하여 왜적을 격퇴하여 수호해 준 것을 감사하는 의례로서의 조공으로 보았다.

왕건군은 「같이 문제를 토론한다는 의미이나, 여기서는 명령에 따른다는 의미」77)라며 논사를 신라가 고구려의 명에 따르는 것이라 했고,

---

74) 徐栄洙 전게주37, P.51.
75) 横井忠直『高麗古碑考』(無窮会図書館蔵, 1884), P.28.
76) 管政友「高句麗好太王碑考」『史学会雑誌』24(1891年11).

박시형은 「조공을 바치도록 고구려가 결정하는 것」78)으로 해석하였다. 그래서 「논사」는 요코이타다나오와 왕건군의 의견처럼 복속한 신라가 취하는 행위로 해석되는 경우와 박시형의 의견처럼 신라를 복속시킨 고구려가 취하는 행위로 해석하는 경우로 대별된다.

그것을 타케다유키오(武田幸男)는 「논사칙서(論事勅書)」의 주기, 「공경을 비유(比喩)하고, 신하를 계약(誡約)하면, 곧 이를 사용한다」를 하향식으로, 『양노율령(養老律令)』의 「논주식(論奏式)」을 아래에서 위로 향하는 형식으로 보아 「논사」의 상하 양 방향성의 가능성을 인정하려 하였다79). 그래서 「논사」에는 복속국 중심이냐 종주국 중심이냐 하는 방향성의 문제는 있겠으나, 그것이 신라와 고구려 사이에서 이루어진 일이라면, 그것은 중요한 정사를 내용으로 하기 마련이다. 또 「비문」의 특성을 생각하면, 신라가 조공의무를 수행하면서 고구려에 정사·군사 등을 주진의정(奏陣議定)하는 것으로 생각할 수도 있다. 그럴 경우의 「논사」는 신라의 문제에 고구려가 자문하는 형태로 이루어졌을 것이다.

(6) 친고구려 반왜

고구려는 10년에 왜를 격퇴시키며 남진하였는데, 그것은 수호를 요구하는 신라의 요구에 응하여 책무를 이행하는 일이고, 권외의 세력인 왜가 천하에 나타나는 것을 격퇴하여 천하의 질서를 유지시키는 일이었다. 10년과 14년에 나타난 왜를 격퇴시키지 않았다면, 천하는 어찌 되었을 것인가. 백잔과 왜가 화통하여 독자적인 세력을 확보하게 된다면, 왜가 신라의 국경에서 성지(城池)를 궤파(潰破)하는 일들이 연속적으로 일어나 천하의 원상은 훼손되었을 것이다. 그리고 결국에는 천하의 존립이 불가능하게 된다. 그래서 왜를 두 차례에 걸쳐 격퇴하고,

---

77) 王健群 전게주9, P.304.
78) 朴時亨 전게주7, P.182.
79) 武田幸男 「朝貢関係의 基本性格」 전게주10, P.117.

17년에는 백잔을 정토하여, 천하의 원상을 유지시킨 것이다.

신라는 원초적으로 고구려 속민이라는 점이나 질서를 위배하여 정토당하여 속민으로 복귀한다는 점에서는 백잔과 동일하다. 그러나 그 내용면에서는 상반적이다. 신라는 한 번 정토당하여 노객을 서약한 후에는 스스로 고구려의 수호를 요구하지만 백잔은 노객을 서약한 후에도 다시 위서하여 재차 정토당하게 된다. 신라가 친고구려적인 자세를 취하며 왕화되어 가는 것에 반해 백잔은 반고구려적인 자세를 취하면서 왕화되어 간다. 그러한 신라와 백잔이기에 왜에 대한 자세도 근본적으로 다르다.

백잔은 왜와 「화통」하는 방법으로 고구려의 질서를 위배하여 정토당하나, 신라는 백잔과 화통하고 나타난 왜를 고구려에 부탁하여 격퇴시켰다. 백잔이 고구려와의 서약을 위배할 정도로 친왜적이었던 것에 비해, 신라는 고구려에 요청하여 왜를 격퇴시킬만큼 반왜적이었다. 그래서 정토전이 끝나자, 신라왕(매금)은 고구려에 직접 참례하여 조공하고 논사하여 신뢰감을 표하였고, 고구려는 그 신라에게 귀복해 온 임나가라의 통치를 위임할 정도로 신라를 신뢰하고 있었다. 백잔이 고구려에게 정토당하여 어쩔 수 없이 왕화되어 가는 것에 비해, 신라는 고구려의 수호 속에서 스스로 왕화되는 것을 택하고 있었던 것이다.

5) 동부여

(1) 천하 확인의 완료

고구려가 북부를 대상으로 하는 교류는 5년에 행한 비려의 정토와 20년에 행한 동부여의 정토가 있다. 그 동부여와의 교류를 이야기하는 것으로 광개토왕의 정토를 내용으로 하는 제2부는 끝을 맺는다. 지금까지 고구려의 천하가 어떻게 유지되는가를 확인해 왔는데, 그것은 어떤 일이 있어도 천하의 원상은 유지된다는 사실의 확인이었다. 동부여의 기술을 마지막으로 천하의 확인도 끝나기 때문인지 그 내용은 총

정리적이다. 간결하지만 원인과 결과를 분명히 기술하고 있다.

> 廿年庚戌東夫余旧是鄒牟王属民中叛不貢王躬率往討軍到余城而余城国 駭□□□□□□□□王恩普覆於是施還又其慕化随官来者味仇婁鴨盧 卑斯麻鴨盧椯社婁鴨盧肅斯舍鴨盧□□□鴨盧.
> 20년 경술, 동부여는 이는 옛적부터 추모왕의 속민이었는데, 도중에 배신하여 조공을 바치지 않았다. 왕이 친히 이끌고 왕토하였다. 군사가 여성에 이르렀다. 그러자 여성의 나라, 놀라서 □□□□□□□□, 왕의 은혜가 널리 덮었다. 여기서 시환하였다. 또 그것을 모화하여, 관을 따라서 온 자는 미구루압로·비사마압로·※사루압로·숙사사압로·□□□압로였다.

이 기록에 의하면 동부여는 추모왕대부터 고구려의 속민이었다. 동부여가 추모왕 이래의 속민이었다는 것을 기록한「동부여구시추모왕속민(東夫余旧是鄒牟王属民)」은, 신화적인 시기부터 동부여가 고구려의 속국이었다는 것을 분명히 하고 있기 때문에, 적어도 고구려가 건국될 당시부터 속민이었다는 것은 확실한 일이다. 이처럼 동부여가「구」의 시점에 고구려의 속민이었고, 더 나아가 추모왕대의 속민이었다는 것을 분명히 하는 것은 백잔과 신라가 원초적인 속민이었다는「백잔신라구시속민(百殘新羅旧是属民)」에 대응하는 것으로, 백잔·신라·동부여 등을 주변국으로 하는 고구려의 천하가 추모왕대에 완성되었다는 것을 의미한다.

(2) 주변국의 전형

이처럼 동부여의 기록은 천하가 완성된 시기를 백잔·신라의「구시」보다 한층 더 구체화하여, 그 시기를 추모왕대로 하고 있다. 그것뿐만이 아니라 고구려와 주변국의 관계가 조공을 매개로 해서 성립된다는 것, 조공의 의무를 이행하지 않으면 언제라도 정토당한다는 것, 정토당하여 조공을 다시 서약하면 다시 고구려의 질서 속에 포섭된다는 것 등도 분명히 기술하고 있다. 고구려와 주변국간의 전형적인 관계를 설명한 것이라고 할만한 내용이다.

그것은 동부여가 「원초적 속민－질서의 위배－재정토－재복속」의 과정을 거치며 왕화되어 간다는 사실을 확인하는 내용이다. 질서의 위배와 그것을 원인으로 하는 정토를 통하여 다시 복속되는 과정이, 즉 모든 주변국이 왕화되어 가는 전형이 구체적으로 기록되어 있어, 그 과정의 일부가 결락되어 있는 다른 기록의 내용까지도 추정할 수 있게 되어 있다. 다시 말해 동부여의 기록은 고구려와 주변국간의 전형적인 관계를 제시하고 있는 것이다.

(3) 동부여의 실체

그런데 동부여는 그 실체가 분명하지 않은 나라이다. 그래서 그 지리적 역사적 실체를 추구하는 노력이 많았다. 중국인들의 부여 인식을 잘 반영하고 있다는 『삼국지』·『후한서』 등에는 한반도의 동북부에 존재했던 세력으로 남옥저(南沃沮)·동옥저(東沃沮) 등이 기록되어 있다. 동부여에 관한 기록은 전혀 없다[80]. 그 동부여가 「비문」에서는 추모왕대 이래의 속민으로 등장하고 있다. 그 같은 사실을 노태돈은,

> 백제나 신라 및 동부여가 원래부터 고구려의 조공국이었다고 한 것은 일방적인 과장이나, 이들 국가들과의 관계에 대해 당시 고구려 조정이 지녔던 인식을 나타내 준다. 자기 나라를 천손국으로 여김과 인접국을 조공국으로 간주함은 그 의식에서 표리관계를 이루는 것이었다[81].

라며, 자국을 천손국으로 생각하는 고구려 조정의 일방적인 과장으로 보았다. 정확한 판단일 것이다. 그러나 중요한 것은, 그렇게 과장하게 된 목적이 무엇이었는가, 그것이 무엇을 근거로 하는 과장이었는가를

---

80) 孔錫龜 「광개토왕비의 동부여에 대한 고찰」『韓国史研究』(1990), P.15.
81) 盧泰敦 「5세기 고구려인의 천하관」『韓国市民講座』3(1988), P.71.

아는 것이다.

　현실의 통치자를 천제와 연결시키는 것과 같은 일은 신화적 방법이 아니면 불가능한 일이다. 그래서 「비문」은 당시의 신화적 방법으로 추모왕을 이야기하여, 4·5세기의 고구려가 국력의 성장을 배경으로 하는 화이론적 천하관의 왕자(王者)개념을 구체화하여, 주변 세력과의 차등적인 복속관계를 설정하고 있었던 것이다. 「비문」이 예(穢)나 한(韓)을 등장시키면서도, 그것을 국명으로 하고 있지 않는 것도 그러한 사고의 반영이었다. 따라서 동부여라는 명칭은 고구려인의 우월감을 배경으로 한 것으로 그 실체는 「비문」에 또 다른 형태로 기록된 예(穢)로 추정할 수가 있다[82].

　동부여의 실체가 무엇이었든 간에 그것이 고구려의 속민으로 등장하는데 의미가 있는 것이다. 「왕비」를 건립할 당시의 고구려는 자국을 중심에 위치시키는 천하관을 확립하고 동부여를 그 세계 속에 위치시킨 것이다. 따라서 「비문」에 기록된 내용의 사실 여부를 규명하는 것보다는 그렇게 기술하게 된 시대적 사상을 이해하는 것이 「비문」을 이해하는 방법일 것이다. 그래서 동부여를 고구려의 속민으로 기술한 것을, 「왕비」를 건립할 당시의 사상을 반영한 「비문」의 방법이었다는 서영수의 다음과 같은 의견은 흥미롭다.

　　비문에서 동부여를 속민으로 기술하였던 것은 고구려 국초부터의 동부여와의 관계를 당시의 정토와 관련하여 합리화한 것이지 실질적인 조공관계의 역사적 사실이 있었음을 강조한 것은 아니다[83].

「비문」이 동부여를 속민으로 규정한 것이, 「비문」을 구성할 당시의 상황에 맞추어 합리화한 것이지, 역사적 사실은 아니라는 것이다. 이는

---

82) 孔錫龜 전게주80, P.26.
83) 徐栄洙 「광개토왕릉비문의 정복기사 재검토」중 『歷史学報』第119輯105(1982), P.105.

「비문」의 허구성을 인정하는 의견으로, 그 허구를 신화와 연계시키지 않았다는 점에는 아쉬움이 남지만 「비문」을 구성하는 당시의 상황에 관련시켜 허구로 본 것은, 이해를 위한 바른 지적이라고 생각한다.

「비문」과 같은 금석문은, 지나간 과거사를 후세인들이 당시의 가치관에 입각하여 기술하는 것이기 때문에 과장적 표현을 취하기 쉬운데, 그렇다 해서 그것이 기록자 개인의 사고를 바탕으로 하는 단순한 과장이나 허구일 수는 없다. 당대인들이나 건비의 필요성을 느끼는 계층의 가치관, 즉 시대적 사상을 반영시킨 것이기 때문이다. 이것이 고구려인이 갖고 있는 자존적 가치관을 일정한 논리로 재편집하여, 자국의 절대성을 확보하고 확인하는 것을 목적으로 하는 「비문」의 방법이었다. 따라서 동부여가 처음부터 고구려의 속민이었는지 어쨌는지 하는 것은 「비문」을 이해하는 절대적인 문제가 아니다. 그보다는 왜 그러한 내용의 「비문」을 그 시대가 필요로 하고 있었는가를 이해하는 것이 중요하다. 그것이 「비문」을 이해하는 제일의 조건이다.

(4) 무위를 통한 왕화

속민인 동부여를 다시 정토하게 된 원인인 조공의 문제도 그런 차원에서 생각해야 할 것이다. 실제로 동부여가 조공의 의무를 이행했는지의 여부는 중요하지 않다. 「비문」의 구성상 동부여는 정토당할 필요가 있었던 것이다. 주변국은 조공의 의무를 지고, 그 의무를 이행하지 않으면 정토당하여 다시 복속을 서약하게 된다는 것, 그러면서 왕화되어 가는 주변국을 확인한다는 의미에서도 정토당하는 내용의 기술은 필요했던 것이다.

원래부터의 속민인 동부여가 조공의 의무를 중단한다는 것은 기존의 질서를 위배하는 일이자 기존관계를 부정하는 일이므로, 스스로가 정토의 명분을 제공한 셈이다. 이처럼 천하의 질서에 위배되는 일이 발생했음에도 고구려가 정토하지 않는다면, 고구려는 스스로의 책무를 포기하여 계승받은 천하의 원상을 유지하지 못한 것이 된다. 고구려는 질서를 회복하여 천하의 원상을 유지키는 것이 책무이므로 반드시 동부여를 정토해야 했다. 그렇지 않으면 종주국으로서의 책임을 방기한 것이 된다.

그것은 주변국을 왕화시키는 것으로 종주국의 은덕을 실현하고 통치자의 정통성을 확인한다는 점과 모순되는 일로, 천하의 존재가치를 스스로 부정하는 것이 된다. 원인이 생기면 반드시 정토해야 하고, 또 그것은 원상을 복귀하는 형태로 종료되게 되어있다. 그렇게 해서 유지되어가는 천하를 확인하는 일환으로 설정된 것이 동부여의 정토였다.

결국 정토는 대상국의 왕화를 목적으로 하는데, 백잔과 신라의 왕화는 양국이 정토당하여 노객을 서약하는 하는 것으로 확인되었다. 그에 비해 동부여의 경우는 한층 더 구체적이다. 광개토왕이 동부여에 나타나자마자 동부여가 항복하였고(軍到余城而余城国駭), 왕은이 동부여의 모든 곳에 퍼지고(王恩普覆), 왕이 개선할 때는 모화하여 귀화하는 자가 나타나게 되었다(於是施還又其慕化随官来者).

고구려군에 대한 동부여인의 반응을 기술했을 것으로 추측되는 부분에 결자가 많아 확실하지 않지만, 그곳은 「여성국병□□(余城国騈□□)」,84) · 「여성국해□□(余城国駭□□)」,85) · 「여거국해복(余挙国駭服)」86) 등으로 추정되고, 「동부여 전국은 모두 두려워하여 우리에게 투항했다」87) 「여성의 나라 흐트러져」,88) · 「여, 거국해복(余, 挙国駭服)하여」,89) · 「여성의 온 나라가 놀라서」,90) 등으로 해석되었다. 이러한 해석들에서는 저항하는 동부여의 대응 자세보다는, 서둘러 귀복하는 자

---

84) 酒勾本에 「騈」으로 표현되어, 三宅米吉도 「騈」으로 읽었다. 이후의 朴時亨을 비롯한 많은 사람이 그것에 따랐다.
85) 武田幸男 전게주10, 부록
86) 白崎昭一郎 전게주21, P.303. 王健群 전게주9, P.312.
87) 王健群 전게주9, P.312. 盧泰敦 전게주6, P.19.
88) 武田幸男 전게주10, 부록.
89) 白崎昭一郎 전게주21, P.305.
90) 林基中 전게주11, P.203.

세를 엿볼 수 있다.

그 뒤에 8자 정도의 결자가 있어, 그곳에 고구려에 대응하는 내용이 기술되어 있었을 가능성도 있겠으나, 그 정토를 계기로 동부여의 모든 곳에 왕은이 뒤덮였다는 「왕은보복(王恩普覆)」이나 동부여인이 모화하여 귀화했다는 「모화수관(慕化隨官)」 등의 기술이 있는 것을 보면, 저항없이 귀복한 것으로 보는 것이 타당할 것이다.

고구려군이 여성에 이르자 그곳에 왕은이 뒤덮였다는, 「왕이 친히 이끌고 왕토하였다. 군사가 여성에 이르렀다. 그러자 여성의 나라, 놀라서 □□□□□□□□, 왕의 은혜가 널리 덮었다」는 기술은, 전투 과정이 없었다는 것을 시사한다. 그것은 무위에 제압당하여 나타나는 현상이 아니라, 기다렸다는 듯이 나타나는 현상이다. 이러한 반응은 그 이전의 경험이 재생되어 나타난 것으로 보아야 한다. 이전에 경험했던 왕은이 내재되어 있다가 고구려군이 나타나는 것을 계기로 일시에 표출된 것이다. 그것은 왕은을 흠모하는 동부여인들의 정서까지 포함하는 표현이었다.

(5) 속민의 귀화

동부여가 저항 없이 복속했다는 것은 정토군의 위력이 그만큼 강했다거나, 정토군이 나타나기를 기다리고 있었다는 것을 의미하는데, 그 어느 쪽이라 해도 왕은을 배경으로 해서 일어나는 결과였다. 말하자면 동부여는 이전에 경험했던 왕은을 기억하고 정토군을 기다리고 있었다는 것과 같은 반응인 것이다. 동부여가 도중에 질서를 어기고 조공을 하지 않았던 그 사이에도, 왕은을 경험했던 세력들은 이전의 관계로 복귀되는 것을 기다리고 있었던 셈이다. 그러한 상황이었기에 고구려군이 나타나자마자 전국이 왕은으로 뒤덮이고(王恩普覆), 결국에는 왕화된 자들이 왕은을 사모하여 귀화하게 된 것일 것이다.

동부여의 정토는 그 왕화를 확인하는 것으로 종료된다. 비려나 백잔・신라의 정토가 전리품을 획득하거나 조공을 서약하는 것으로 종료되는 것에 비해, 동부여의 그것에는 조공이라는 표현을 취하는 대신 왕화된 상황을 소개하는 것으로 대신한다.

고구려가 나타나는 것으로 온 나라 안에 왕은이 덮이게 되었다면, 동부여가 고구려에 감사하고 원상으로 복귀할 것을 서약했음이 틀림없다. 조공도 서약했을 것이다. 그럼에도 질서회복의 조건이 되는 조공에 대한 기록이 없다는 것은 이상한 일이다. 그러나 그런 기록이 없다하여 그 같은 사실조차 없었다는 것은 아니다. 그것은 왕은이라는 표현에 포함되어 있는 것으로 보아야 할 것이다.

5년의 비려의 정토나 17년의 백잔의 정토는, 전리품을 획득한 사실을 기록하는 것으로 그 정토는 종료된다. 그렇게 해서 비려와 백잔은 고구려에 조공하는 원래의 질서관계로 복귀한 것이다. 이처럼 조공이라는 직접적인 표현이 없어도, 그것까지도 포함할 수 있는 내용의 기록으로, 정토가 끝났다는 사실로 그 과정까지도 의미하고 있는 것이다.

동부여의 정토를 통하여 또 하나 확인할 수 있는 것은, 정토의 목적이 영토의 확장이 아니라는 것이다. 고구려는 동부여에 왕은이 뒤덮이는 것을 확인한 뒤 회군하였고, 그때 왕은을 사모하여 귀화하는 자들이 나타났을 뿐이다. 그것은 동부여가 추모왕 이래의 속민으로 복귀했다는 것, 즉 원상을 회복하고 회군했다는 것을 의미한다.

기록 어디에도 새로운 영토를 확장했다는 내용은 없다. 이것은 정토의 목적이 영토확장이 아니라, 천하의 원상을 유지하는 것이었다는 사실을 확인시켜주는 기록이다. 천하를 계승받아 통치하는 현왕은 그것을 통치하다 후손에게 물려주는 것이 책무이다. 그런 의미에서도 천하의 원상을 훼손시키는 것은 있을 수 없는 일이다. 그래서 이상이 생기면 반드시 정토하여 원상을 회복시키는 것이다.

(6) 압로의 의미

이케우찌히로시(池内宏)는 동부여가 옛날부터 고구려의 속민이라는 것은 역사적 사실이 아니라 정벌하기 위한 이유를 나타내는 문자에 지나지 않는 것이라 했다. 그러면서 서진무제(西晋武帝)의 태강(太康) 6년(서기285)에 부여왕 의려(依慮)의 자제가 동으로 도망쳐 세운 다른 부여는 250년이 지난 의희(義熙) 6년(東晋末)에, 광개토왕의 정략으로 고구려의 영토가 된 것이라 했다[91]. 동부여의 실체를 찾아서 고구려에 편입된 과정을 사실적으로 규명하는 의견이었다.

그러나 타케다유키오는, 동부여가 고구려의 「토경(土境)」화, 동부여의 멸망으로 이해하는 것은, 사태의 진상을 잘못 본 것이라 했다. 이것은 비문의 미구루압로(味仇婁鴨盧)・비사마압로(卑斯麻鴨盧)・※사루압로(楊社婁鴨盧)・숙사사압로(肅斯舍鴨盧)・□□□압로(□□□鴨盧)를 이동이 가능한 취락으로 보는 사고에 의한 주장이다.

원래 압로는 나카미찌요(那珂通世)에 의해 성(城)으로 간주되었다. 나카는 『위지(魏志)』를 인용하여 「지금도 여전히 호(胡)는 성을 이름하여 책구루(幘溝漊)라 한다. 구루는 고구려의 성을 말한다」 또 「북옥저의 한 이름(一名)에 치구루(置溝婁)라고 있다. 구루는 압로와 음이 비슷하다」라며 성명(城名)으로 단정하였다. 그리고 그 다음의 범(凡)자 이하를 「왕이 공격하여 파하는 성촌의 수」로 보고, 그곳의 「성64」는 「병인의 역의 58성에 부여성과 5압로를 더한 수와 딱 맞는」 것으로 보았다[92].

그러나 초창기의 연구자인 아오에히데가 「사모하여 귀화해 온 자 5인이 있는데, 모두 압로라 한다」라고 추정한 이래, 요코이타다나오는 관군을 따라오는 자가 「모두 압로라는 2자를 이름 아래에 둔다. 이상하다. 어쩌면 동부여의 인민 모두가 그런 것인가, 어쩌면 관명인 것인가」라고 인명과 관명으로 보았다.

---

91) 池内宏「夫余考」『満鮮史研究』上世編(祖国社, 1951년), PP.462~463.
92) 那珂通世「高句麗古碑考」『史学会雑誌』4~49(1893년12월), P.32.

그리고 미야케요네키찌는, 「압로는 부여의 위호일 것이다」라며 위호(位号)로, 박시형은 「압로라는 것은 대개 고구려의 가(加) 혹은 대가(大加)와 마찬가지로 부여의 귀족을 의미하는 것으로 생각한다」며, 귀족으로 추정하였다. 이처럼 압로를 성으로 보지 않는 의견이 대세를 이룬다[93].

압로를 성(城)으로 보는 의견과 그렇지 않다는 의견이 제기되는 상태에서, 타케다유키오는 「성(城)」과 「압로(鴨盧)」를 분류하여 설명하였다. 성은 어느 정도 성곽·성벽 그리고 여러 시설을 정비한 것으로, 비문의 여성과 같은 성을 추정하였다. 그리고 압로는 그 당시의 동북아시아 제민족의 주거 형태로 어울리는 것, 예를 들자면 비려의 「영(営)」과 같은 것으로, 이동이 가능한 취락의 형태를 말한다는 것이다. 그러면서 모화하여 이주한 것은 동부여 전체가 아니라 5압로에 한정된다 하였다. 「비문」도 모화하여 귀화한 압로의 수는 다섯으로 하고 있으니, 숫자의 한정은 새삼스런 이야기가 아니다.

(7) 공파성의 의미

「비문」의 「공파성육십사·촌일천사백(攻破城六十四·村一千四百)」을 광개토왕이 정토한 영역을 총괄한 것이라는 타케다유키오의 의견은 납득하기 어렵다. 정토한 성의 합계도 그렇지만, 그것을 새로 확장한 영토로 보는 것은 더욱 그러하다. 그것은 「비문」의 특성을 전혀 고려하지 않는 의견이다. 같은 것을 나카미찌요는, 64성을 백제를 공파한 58성과 동부여에서 공취한 부여성과 5압로를 합한 것으로 간주하였다. 그것은 신영토의 확장이 아니라, 기존영토의 통치상의 변화로 받아들일 수 있는 의견이라 일리가 있다. 그렇다 해도 통계적인 계산

---

93) 清江秀「東夫余永樂太王碑銘之解」(국립국회도서관장, 1884년 7월). 横井忠直『高句麗古碑考』(東京都立日比谷図書館蔵, 1884년 12월말). 三宅米吉「高句麗古碑考」『考古学会雑誌』2~3(1898년). 朴時亨저 全浩天역『広開土王陵碑』(소시에테, 1985년 8월), P.187.

은 큰 의미를 가지지 못할 것이다.

　타케다는 「범소공파성육십사촌일천사백(凡所攻破城六十四村一千四百)」에, 동부여에 관한 성촌의 수를 허용할 여유가 없고, 동부여가 공파당하여 고구려에 병합된 일은 있을 수 없는 일이라며, 동부여가 고구려의 신영역에 편입된 일은 있을 수 없는 일이라 했다. 또 조공기사는 당해의 기년기사의 말미에 명기되는 것인데, 동부여조에는 그것이 보이지 않으므로, 양국의 관계가 조공관계는 아니라 했다[94].

　「비문」에 입각하여 고구려와 동부여의 관계를 설명하고 있는 것 같지만, 전혀 그렇지 못하다. 그것은 「비문」의 구성논리를 전혀 고려하지 않은 의견이다. 총괄하는 기사에 동부여의 성촌을 수용할 수 있는 여유가 없다거나, 조공이라는 표현이 없어 동부여가 고구려에 공파되거나, 고구려의 신영역에 편입된 일이 있을 수 없다는 이야기는, 정토가 조공을 원인으로 해서 시작되고, 대상국이 조공을 서약하는 것으로 종료된다는 「비문」의 일반적인 논리를 전혀 의식하지 않은 주장이다. 그러나 신영토의 편입이 없었다는 말은, 동부여가 처음부터 속민이었기 때문에 맞는 지적이다.

(8) 조공을 시사하는 표현

　「비문」의 정토는 조공을 매개로 하여 시종되는데, 모든 정토는 고구려의 승리로 종료된다. 정토가 종료된다는 것은 고구려가 의도하는 모든 것이 뜻대로 이루어졌다는 것을 의미한다. 동부여는 추모왕 이래의 속민이었는데, 도중에 조공을 바치지 않았기 때문에 정토당한 것이다. 그 정토를 마치고 귀환한다는 것은 무엇을 의미하겠는가. 목적이 이루어지지 않은 상태에서의 귀환이란, 패전에 의한 퇴각을 의미하겠지만, 그것은 생각할 수 없는 일이다.

　동부여가 원래의 속민관계로 복귀하고, 조공을 바치기로 서약했기

---

94) 武田幸男「高句麗勢力圈의 전개과정」전게주10, P.146.

때문에 귀환하게 된 것이다. 따라서 정토하자 왕은이 퍼지고, 정토를 끝내고 「선환(旋環)」했다는 기술 그 자체를, 동부여가 조공을 서약하며 종래의 질서로 복귀했다는 것으로 받아들여야 할 것이다. 「비문」이 조공이라는 직접적인 표현을 하지 않은 것은 분명하다. 그러나 고구려의 동부여의 정토는 「중반불공(中叛不貢)」, 즉 조공의 의무를 이행하지 않는 것을 원인으로 하여 이루진 것이었다. 그런데 정토에 나선 고구려가 회군한다는 것은 원래의 목적을 달성했기 때문에 있을 수 있는 일이다. 또 온 나라 안이 왕은으로 뒤덮이거나 모화하는 동부여인이 나타나는 것 등은 종래의 질서가 복원되어야 나타날 수 있는 현상이다. 따라서 조공했다는 직접적인 표현이 없다 해도 동부여가 고구려에 조공하는 종래의 질서가 복원되었다는 사실은 충분히 추정할 수 있는 일이다.

고구려는 주변국에 「태왕은사(太王恩赦)」, 「태왕은자(太王恩慈)」 등과 같은 자세로 임하는 것에 비하여 주변국은 「궤왕자서(跪王自誓)」 「귀왕청명(帰王請命)」 등과 같은 신례(臣礼)를 취하고 있다. 그러한 고구려와 주변의 관계를 조공이라는 기술의 유무만으로 판단하려는 것은 「비문」을 이해하는 바른 방법이라 할 수 없다. 조공이라는 직접적인 기술이 없다 해도 주변국이 복속에 준하는 태도를 보였다거나 신속의 예를 취했다면 그 안에 조공의례가 포함되어 있는 것으로 보아야 한다.

「비문」의 「귀왕」이나 「귀복」이 고구려왕의 「태왕은사」・「태왕은자」의 결과로 나타난 주변국의 반응이었다는 것을 생각하면, 「귀왕」을 서약하는 데는 그에 상응하는 의례가 동반되었을 것이고, 그 의례에서 조공의 서약이 이루어지는 것은 당연한 일이었다. 영원한 노객을 서약하는 백잔의 지난 허물(先迷)을 용서한 것과 같은 관용이 「태왕은사」로 표현되고, 신라 매금의 요청에 응하여 군사를 파견한 것과 같은 배려가 「태왕은자」로 표현되었을 것을 고려하면, 그 「은사」나 「은자」는 조공을 동반하는 주변국의 복속의례에 대한 고구려의 배려였던 것이다. 즉 고구려왕은 조공하는 주변국에「은사」와「은자」를 베풀고 있었던 것이다. 그러한 용어의 의미를 간과하고, 조공이라는 직접적인 표현의 유무만을 조공관계로 확인하려 한다면 그것은 문자에 집착하는 단편적인 사고라고 말할 수밖에 없다[95].

정토가 조공을 매개로 하여 이루어지고, 그 정토가 주변국의 왕화를 목적으로 한다는 사실을 고려하면, 주변국의 요구에 응한다는 의미로 사용된「은사」나「은자」야말로 주변국의 요구를 용납하는 방법으로 왕화를 진척시키는 적극적인 방법이라고 말할 수 있다. 따라서 20년조의 왕의 은혜가 온 나라 안을 뒤덮었다는「왕은보복(王恩普覆)」은, 동부여가 원래의 속민으로 복귀하고, 주어진 조공의무도 이행하게 되었다는 것, 즉 고구려왕이 베푸는 왕은으로 왕화된 결과의 표현으로 보아야 한다. 동부여가 정토당한 것은 다른 주변국과 마찬가지 이유였다. 따라서 정토당한 후의 위치도 마찬가지였을 것이다. 백잔과 신라가 영원한 노객을 서약했듯이 동부여도 영원한 노객을 서약하고 원래의 속민으로 복귀한 것이다.

(9) 다양한 왕화

원래 동부여는 속민으로, 고구려가 건국되는 당시부터 영원한 미래까지 존속해 나갈 천하의 구성국이었으므로, 조공으로 천하의 질서를 어기지 않았으면 정토당할 이유가 없었다. 그것은 여느 주변국도 마찬가지였다. 질서를 어긴 주변국은 정토당하여 복속을 다시 서약하게 되는데, 그것은「속민-질서의 위배-정토-복속의 서약-질서의 위배-정토-복속의 서약」의 형태로 반복된다. 그러면서 왕화되어 간다. 주변국에 따라 차이는 있으나 언젠가는 고구려왕의 왕은으로 왕화 된다는 필연성은 동일하였다.

주변국이 고구려의 질서를 일탈한다해도, 결국에는 원래의 상태로

---

95) 徐栄洙 전게주37, P.38.

복귀하게 되는데, 다만 그 과정이 다를 뿐이다. 그 중에서도 현저하게 다른 경우가 백잔과 신라의 경우이다. 양국은 똑같이 조공을 하지 않아 정토당하지만 정토당한 후의 고구려에 대한 자세는 상반적이다. 백잔은 서약을 어기고 저항하는 등의 반고구려적인 자세를 취하다 왕화되는 것에 비하여 신라는 고구려의 수호를 받으며 왕화되어 갔다. 소극적인 백잔에 비해 신라는 적극적이었던 것이다. 이처럼 그 과정이나 형태는 달라도 언젠가는 왕화되고 만다. 그것이 모든 주변국의 한계였다. 그러한 필연성이 백잔과 신라의 왕화를 통하여 확인되는데, 그러한 왕화의 과정과 방법 모두를 포함하고 있는 것이 동부여와의 관계를 설명하는 기술이었다.

원초적인 주변국 동부여도 조공을 매개로 정토당하여 왕화되는데, 다른 주변국과는 달리 정토의 원인과 결과를 분명히 기록하고, 정토와 왕화의 상관성까지도 이야기하고 있다. 조공을 바치지 않은 것이 정토의 원인이라는 것을 확실히 하는 「중도에 조공을 그만 두었다(中叛不貢)」는 기술은 「옛날 추모왕대부터 속민」이었다는 기술과 상응하는 것으로, 동부여가 초창기부터 영락 20년까지 조공을 바치고 있었다는 사실을 확인하여, 주변국으로서의 동부여의 위치를 분명히 하고 있다. 또 그것은 여타 주변국들도 추모왕대부터 조공을 바치고 있다가, 정토당하는 원인을 제공할 당시에 그 의무를 이행하지 않았기에 정토당했다는 것까지도 확인시켜주고 있다.

또 고구려군과 접전도 하지 않고 복속한 동부여의 전 국토에 왕은이 뒤덮였다는 것은, 고구려의 위력이 그만큼 강하고 왕의 은덕이 뛰어나다는 것을 의미한다. 그것은 동부여가 조공을 하지 않을 때도 많은 동부여인들이 고구려의 왕은을 흠모하고 있었다는 사실까지도 암시해 주고 있다. 그처럼 고구려의 왕은을 경험하고 그것을 흠모하는 사람들이 있었기에 고구려군이 회군할 때 모화하여 귀화하는 현상도 나타나게 되었을 것이다. 이처럼 정토의 원인과 결과, 정토와 왕화의 상관관계, 왕화된 주변국의 상황 등을 분명하게 기술한 것이 동부여에 관한 기술이었다. 「비문」은 동부여의 기술을 통해, 고구려의 질서로 왕화되어가는 과정을 상세히 설명하여 추모왕에 의해 완성된 천하가 어떻게 유지되고 있는가를 확인하고 있는 것이다.

4 권외의 왜

1) 왜(倭)의 등장
(1) 빈번한 왜의 등장

「비문」에 가장 많이 등장하는 것이 왜이다. 왜는 「왜」・「왜인」・「왜구」・「왜적」 등으로 불리며 등장하는데, 왕건군의 주장에 의하면 11회나 등장한다[96]. 왕건군씨의 석문에 의하면 왜의 등장은 다음과 같다.

> 而**倭**以辛卯年来, 渡海破百残, □□新羅, 以爲臣民, (中略) 九年己亥, 百残違誓, 与**倭**和通. 王巡下平穰, 而新羅遣使白王云, **倭人**満其国境, 潰破城池, (中略) 十年庚子, 教遣步騎五万住救新羅, 従南居城至新羅城. **倭**満其中. 官軍方至, **倭賊**退. 自**倭**背急追至任那加羅従拔城, 城即帰服. 安羅人戍兵. 拔新羅城, 鹽城, **倭寇**大潰, 城内十九, 尽拒随**倭**, 安羅人戍兵. 新羅城, □□其□□□□□□言□□曰□□□□□□□ □□□□□□□辞□□□出□□□□□□残**倭**遣逃. 拔 □城, 安羅人戍兵. 十四年甲振, 而**倭**不軌, 侵入帶方界, 和通残兵□石城, □連船□□□, 王躬率住討, 従平穰□□□鋒相遇, 王幢要截盪刺, **倭寇**潰敗, 斬殺無数.

그러나 신묘년 이래로 부터 왜구가 바다를 건너 백잔과 신라를 쳐서 그들을 신민으로 삼았기 때문에 [그때부터 백잔과 신라는 우리에게 칭신조공을 하지 않았다] (중략) 9년 기해에 이르자 백잔은 자기의 맹세를 위반하고 왜인과 통호했다. [백제를 방비하기 위해] 태왕은 남으로 평양을 순시했다. 그러자 신라왕이 사신을 보내왔다. 그 사신은 태왕에게 그들의 국내엔 왜인이 가득 찼으며 성지는 모두 파괴당했으며 (중략) 10년 경자에 태왕은 보병, 기병 5만을 파견하여 신라를 구원하게 했다. 남거성으로부터 신라성에 걸쳐 왜인은 그중에 가득했다. 관군이

---
96) 武田幸男은, 倭 9예, 安羅 3예, 東扶余 2예, 碑麗 肅愼 任那加羅 各1예, 百残 7예, 新羅 7예라 했다(『高句麗史와 동아시아』, P.204). 11예는 王健群의 주장. 비문 판독상의 차이는 있으나 왜가 다수인 것은 사실이다.

도착하자 왜적은 퇴각하기 시작했다. [관군]은 왜적의 배후를 추격하여 임나가라의 종발성까지 이르자 이 성은 즉시 항복하여 신라인을 그곳에 파견하여 수병파수(戍兵把守)시켰다. [이어서 또한] 신라성과 염성을 공격하자 왜구는 크게 무너졌다. 성안의 십분의 구의 신라인은 모두 왜를 따라가기를 거절하자 [고구려군대는 또한] 신라인을 안치하여 수수(戍守)하게 했다. 신라성 □□기□□□□□□언□□차□□□□ □□□□□□□□□□사□□□출□□□□□□ 나머지 왜구는 무너져 흩어져 도망갔다. 또 발□성을 탈취하여 [전과 같이] 신라인을 안치하여 수수케 했다. (중략) 14년 갑진에 왜구는 재차로 양국의 관계를 파괴하고 대방 경내를 침입하여 백잔군과 연합하여 석성을 공략했다. □□□ 왕이 스스로 병사를 영도하여 정토했다. 평양을 출발하여 전봉이 적과 만났다. 태왕의 군대는 적의 길을 끊고 막아 사방에서 추적하여 살해하자, 왜구는 궤멸되었다. [우리 군은] 대량의 적을 소멸시켰다.

「비문」은 왜가 등장하는 시기를 「신묘년」으로 명기하고 있어, 옛날(旧是)부터 고구려의 속민으로 되어있는 백잔·신라·동부여와는 구별된다. 비려도 「신묘년(391)」보다 늦은 영락 5(395)년에 정토를 당하지만, 속민의 의무를 이행하지 않아 정토를 당한 것이기 때문에 고구려와의 관계를 「신묘년」 이후로 한정지을 수 없다. 오히려 백잔·신라·동부여와 마찬가지로 옛날부터(旧是)의 속민으로 보는 것이 타당할 것이다. 고구려의 천하가 추모왕에 의해서 완성되었다는 것을 생각하면, 비려도 그때부터 주변국으로 참가하고 있었을 것이다. 이처럼 왜는 여타 주변국과는 다르게 취급되고 있다.

(2) 주변국과의 관계

「신묘년(391)」에 나타나기 시작한 왜는 영락 9(399)년에 백잔과 「화통」하고 신라의 국경에 나타나, 영락 10(400)년과 영락 14(404)년에 고구려에 의해 추방당한다. 왜가 고구려의 천하에 나타나기 시작한 것은

「신묘년(391)」부터지만 신라의 국경에 나타난 것은 백잔과 화통하게 된 영락9(399)년부터로 보아야 한다. 이처럼 왜는 백잔과 화통하고 신라의 국경에서 소란을 피우다 고구려에게 추방 당하여, 결국은 백잔·신라·고구려 모두와 교류를 가진 셈이다.

그런데 왜가 백잔과 화통하는 것은 권외의 세력이 천하에 나타나는 것으로, 천하의 질서에 저촉되는 일이기 때문에 격퇴당해야 하고, 백잔은 독자적인 교류로 고구려에 한정되는 교류의 원칙을 어겼기 때문에 정토당해야 했다. 그래서 고구려의 왜와의 교류가 이루어진 것이다. 그것은 신라의 요구에 응하는 식으로 이루어졌으나, 신라의 요청이 없었다 해도 이루어져야 하는 정토였다. 「비문」의 교류는 「고구려-주변국」의 형식으로 이루어지는 「이자교류」가 원칙이었다.

왜는 백잔과는 친하게 지내는 「화통(和通)」의 관계였지만 신라나 고구려와는 적대적이었다. 왜가 백잔과 화통하는 것을 계기로 신라의 국경에 나타나 성지를 파괴하고 있었다는 것은 왜도 그렇게 인식하고 있었기 때문이었을 것이다. 백잔이 왜로 하여금 신라의 국경에 나타나게 하였거나, 왜가 신라의 국경에 가기 위하여 백잔과 화통하였든 간에, 왜가 신라의 적대적 세력이었던 것은 확실하다.

적대적인 왜가 국경에 나타났기 때문에, 신라는 신라수호의 의무를 진 고구려에게 구원을 요청하였고, 고구려는 그에 응하여 왜를 추방시켰다. 이처럼 왜와의 교류는 신라가 원해서 이루어진 것이 아니라, 신라의 의사와는 무관한, 왜의 일방적인 의사에 의한 것이었다. 그것은 고구려의 입장에서도 인정할 수 없는 교류였다. 그것이 신라가 원해서 이루어지는 교류였다 해도 고구려는 묵과할 수 없는 일이었다. 그런 일이 있을 경우에는 백잔과 왜의 화통과 마찬가지로, 신라와 왜 모두가 응징당해야 한다. 그러나 신라가 원하는 교류가 아니었기 때문에 왜는 추방당하고 신라는 수호받은 것이다.

(3) 추방의 의미

왜가 추방당하는 것은, 백잔·신라·동부여 등이 당하는 정토와는 다르다. 백잔·신라·동부여 등은 원초적인 속민으로, 조공의 의무를 이행하지 않아 정토를 당하므로, 다시 조공을 서약하면 원래의 관계로 복귀할 수 있었다. 하지만 왜와 고구려의 사이에는 조공이 개재되질 않는다. 그저 쳐서 물리칠 뿐이다. 출병하여 조공을 받지 않는 대상은 왜 뿐이었다. 「비문」은 고구려와 백잔·신라의 관계는 「구시속민」으로, 동부여의 경우는 「구시추모왕속민」으로 기술하여, 주변국이 옛날 (旧是)부터의 「속민(属民)」이라는 사실 등을 이야기하고 있으나, 왜에 관해서는 아무런 설명이 없다. 그저 「신묘년」을 기하여 나타나기 시작하여 그때마다 추방당하고 있을 뿐이다.

「비문」에 가장 많이 등장하면서도 고구려와의 관계 설정이 확실하지 않은 것은 왜 뿐이다. 그러한 왜를 등장하는 빈도만을 근거로 하여, 백잔·신라 등과 대등하거나 그 이상의 세력으로 평가하고, 고구려의 남진정책의 주요 대상으로 위치시키는 주장도 있으나[97], 그것은 사실의 여부와 관계없이 「비문」을 떠난 주장일 뿐이다. 「비문」에서는 왜가 백잔이나 신라와 대등한 세력이 아니다. 하물며 백잔과 신라와도 구별되는 고구려를 왜와 대등한 상대로 보는 것은 「비문」을 근거로 해서는 생각할 수 없는 일이다.

「비문」은 고구려와 왜의 국가적 관계를 설정하지 않는 방법으로, 백잔이나 신라처럼 천하에 참여하는 주변국들과 명확히 구별하고 있다. 「비문」에서 고구려와 왜의 국가적 관계를 찾아볼 수 없다는 왕건군이, 왜는 국가가 파견한 군대가 아닌 세력이 강한 해적집단이라고 규정한 것도 그런 이유였을 것이다[98]. 그 주장의 타당성과는 별도로 고구려가 조공을 요구하거나 전리품도 취하지 않았다는 것은 사실이다. 조공을

---

97) 武田幸男 「長寿王의 동아시아 인식」, 전게주10, P.205.
98) 王健群 「광개토왕비문 중의 왜의 실체」『광개토호태왕비연구 100年』(학연문화사, 1996), P.450.

매개로 하여 주변국과의 주종관계를 확인하는 고구려가 왜에 취한 그러한 자세는, 왜를 이질적인 존재로 보기 때문에 취할 수 있는 조치였다고 생각한다.

왜의 이질성은 「비문」에 등장하는 시기에서도 나타난다. 왜를 제외한 모든 주변국들은 옛날(旧是)부터 등장하는데, 왜만 「신묘년」부터 등장한다. 그것은 이미 천하가 구성된 이후의 일로 천하의 구성과는 무관한 등장이었다. 그래서 천하의 질서에 포섭되지 않는 권외의 세력이라는 것이다.

이미 완성되어 존재하는 천하에 그 구성국이 아닌 왜가 나타나는 것은 그 자체가 천하의 질서에 저촉되는 일이었다. 그래서 왜가 천하에 나타나면, 고구려는 묵과할 수가 없어[99] 그때마다 권외로 격퇴시키는 것이다.

(4) 왜와 신묘년

왜를 권외에 존재시키는 「비문」의 원칙을 이해하지 못하면, 왜와 천하를 구성하는 주변국을 동질적으로 보기 쉽다. 「신묘년」에 등장하는 왜의 의미를 이야기하는 하마다코우사쿠(浜田耕策)의 의견이 그렇다.

> 왜의 침입을 광개토왕 즉위 전의 「신묘년」의 일로 요약하는 것으로, 광개토왕의 성덕을 더럽히는 일 없이, 오히려 광개토왕은 즉위하자마자 전왕의 실정에 의해 잃어버렸던 백잔·신라의 조공을 회복시켜, 왜를 궤멸시킨 것만이 아니라, 사방을 속민화시켰다고 하는 화려한 광개토왕을 찬미하기에 충분한 수사를 한 것은 아닐까[100].

라고, 영락 원년으로 표기하지 않은 의미를 설명하였다. 「비문」이 영

---

99) 延敏洙 「광개토왕비연구와 韓日関係史像」 『광개토호태왕비연구100년』(학연문화사, 1996), P.476.
100) 浜田耕策 전게주67

락 원년으로 기술하지 않고「신묘년」으로 기술한 이유가, 광개토왕의 위엄을 지키기 위한 방법이라는 것이다. 왜가 천하에 나타난 것을 광개토왕이 치세하는 시대의 일로 하면 광개토왕의 위엄을 손상시키기 때문에, 연호의 사용을 피했다는 것이다. 이는 광개토왕의 부왕의 위엄은 손상시켜도 좋다는 식의 의견으로, 편협하기 그지없다.

같은 해이지만 영락 원년이 아닌「신묘년」에 왜가 등장한 것으로 하는 것이, 광개토왕의 즉위 이전의 사건으로 하여 성덕을 손상시키지 않고 과시하려는「왕비」제작자의 수사·수문이라는 것이다. 그렇게 하는 것이 광개토왕의 성덕을 강조하는 하나의 방법이라는 것이다.

그러나 그것은 천제에 유래하는 혈통으로 왕통의 절대성과 정통성을 확인하는「비문」을 떠난 의견이다. 광개토왕을 칭송하기 위해 있었을 지도 모르는 불상사를 다른 선조의 실정으로 돌린다는 것은 있을 수 없는 일이다. 부를 칭송하기 위해 선조의 실정으로 한다는 것은 왕통의 실정을 인정하는 것으로, 결국은 광개토왕을 모독하는 일이 된다. 선조를 부정하는 것은 후손을 부정하는 것과 같은 일이다. 선조에게 실정이 있으면 후손도 자유로울 수 없기 때문이다.

또「신묘년」의 기사가 어느 나라와의 접전이 있었던 연대를 의미하는 것이 아니라, 왜가 고구려의 천하에 나타나기 시작한 해이고, 그것 때문에 영락 6년과 8년에 정토당해야 하는 원인을 나타내는 것이라는 서영수의 주장을[101] 감안하면, 더욱 더 그렇다.

왜는「신묘년」에 나타나기 시작하여, 영락 9년에「백잔」과「화통(和通)」하고, 신라국경의 성지를 파괴하고 있었기 때문에, 왜가 활동하기 시작한 것은 영락 9년부터인 셈이다. 그것을 원인으로 고구려가 영락 10년과 14년에는 왜를 추방하고 17년에는「백잔」을 정토하였으므로, 고구려와 왜의 교류는 영락 10년에 시작되었다고 보아야 한다. 설사 영락 6년에「백잔」이 정토당하는 원인에 왜와의 관계가 포함된다 해도,

---

[101] 徐栄洙「신묘년기사의 변상과 원상」전게주68, P.406.

왜의 고구려와의 교류는 「신묘년」 이전으로 거슬러 올라갈 수 없다. 건국 당시부터 주변국으로 등장하는 주변국과는 다른 왜의 등장이었다.

2) 격퇴대상의 왜
(1) 의무가 없는 왜

고구려의 천하에 참여하는 주변국은 조공의 의무를 지는데 왜는 그것과 무관하다. 왜는 영락10년·14년에 고구려와 접전하고 격퇴당한 일이 있었지만 조공한 일은 없다. 접전하여 추방시키는 형식으로 끝나는 고구려의 왜와의 교류는 자의에 의한 것이 아니라 신라의 요청에 의한 것이었다. 왜가 신라의 성지를 파괴하고 있었기 때문에, 신라의 요청이 없었어도 이루어질 정토였으나, 어쨌든 신라의 요청에 응해서 이루어진 것이다.

그러면서 왜에게 조공을 서약시키거나 전리품을 취한 일이 없었다는 것은, 그것이 왜를 복속시키기 위한 것이 아니라, 신라를 수호하여 천하의 원상을 유지시키는 것을 목적으로 하는 정토였기 때문이다.

고구려는 영락10년에 신라의 요청에 응하여 왜를 추방시키면서도 복속을 서약시키거나 조공을 요구하지 않았는데, 그것은 왜가 영락14년에 대방계에 나타났을 때도 마찬가지였다. 그것은 고구려가 왜에게서 조공받을 의사가 없었다는 것, 왜를 조공하는 주변국에 포함시킬 뜻이 없었다는 것을 의미한다. 다시 말하자면, 고구려는 왜를 주변국이 아니라 천하의 권외에 존재하는 세력으로 인식하고 권외에 존재시키려 했기 때문에 취할 수 있는 태도였다.

「비문」에는 왜의 왕래로가 확실하지 않지만, 영락 10년에 서남쪽인 임나가라 쪽으로 퇴각했다는 사실과 14년조의 기록에 있는 「연선(連船)」의 주체를 왜로 본다면, 그 근거지가 바다의 건너편이었고, 이동수단이 선박이었다는 것을 추정할 수 있는 일이다[102].

---

102) 이 連船에 대해서는 「배를 늘어 세우고 (결락) …했기 때문에」라고 왜를

이 추정대로라면 왜는 도해하는 형식으로 천하에 나타났다가 추방당하는 세력, 기회를 노려 나타났다가 퇴각하는 세력, 출몰을 예측할 수 없는 세력이었던 셈이다. 왜의 그러한 불확실성 때문에 조공을 서약시키지 못했다고 추정할 수도 있을 것이다. 일정한 거점이 없이 출몰하고 있었기 때문에 복속을 서약시키거나 전리품을 취할 수 없었다고 생각할 수도 있다는 것이다.

그러나 고구려에 그러한 의사가 있었다면 퇴각하는 왜의 물건을 취하거나 재침의 금지는 서약시킬 수는 있었을 것이다. 또 그런 사실이 없었다 할지라도 기술상으로는 가능한 일이었다. 「비문」이 사실만을 내용으로 하는 기술이 아닌 이상, 그런 정도의 허구는 얼마든지 삽입시킬 수 있는 일이다. 그럼에도 불구하고 그러한 기술이 없다는 것은 왜를 천하에 포함시킬 의사가 없었다는 것이 된다. 왜를 천하의 권외에 존재하는 세력으로 설정한 결과로 보아야 한다.

(2) 왜의 불궤

고구려의 정토는 질서를 회복시키는 것으로 종료된다. 그렇기 때문에 정토하면서도 대상국에 대한 극단적인 적대적 표현은 피하고 있었다. 그런데 왜의 경우에는 칭호부터「왜구」·「왜적」과 같은 천칭을 사용하면서 적대감정을 나타내고 있다.

천칭의 사용은 백잔의 경우에도 마찬가지였으나 그것은 단지 화이사상에 의한 호칭의 구별이었다. 고구려는 백제를 백잔으로 호칭하면서 반고구려적인 태도를 취하는 백잔을 정토하지만 그것의 궁극적인 목적은 포섭하여 왕화시키는 것이었다. 그에 비해 왜의 경우는 권외로의 추방을 목적으로 한다. 왜가 14년에 대방계로 침입해 온 것을,「불

주체로 보는 白崎昭一郎(『広開土王碑文의 研究』),「배를 연결하여…왕께서 몸소 거느리고」라고 고구려를 주체로 보는 林基中(「한국에서 호태왕비의 탁본과 비문연구」,『광개토호태왕비 연구 100년』),「연선(수군을 동원하였다는 뜻인 듯)」광개토왕이 행한 정토의 원인으로 보는 盧泰敦(『韓国古代金石文』) 등의 의견이 있다.

궤(不軌)」로 규정하고, 「궤궤참살(潰潰斬殺)」한 것으로 기술한 것도 그러한 상대에 대한 적대감에 의한 표현으로 보아야할 것이다.

「불궤」란 국법을 지키지 않는 것을 의미하므로103), 왜가 대방계를 침입해 온 일을 있을 수 없는 일이 일어난 것으로 규정하고, 그것에 대한 놀라움과 노여움을 나타낸 표현이었다. 그것은 고구려가 설정한 법질서를 어기고 침입해 온 왜의 비상식에 대한 극도의 증오이며104), 권외세력에 의해 천하의 질서가 무너진 것에 대한 분노를 권위적으로 나타낸 표현이었다. 왜와의 접전상황을 「탕자(盪刺)」·「참살(斬殺)」 등으로 기술한 표현에는 지난 과오를 반성하는 백잔을 용서하여 포섭하는 것과 같은 은덕이나 관용이 보이지 않는다. 그저 적개심이 나타나 있을 뿐이다.

왜에 대한 차별은 신라인들의 태도에서도 나타난다. 고구려가 동부여를 정토하였을 때, 동부여에는 고구려왕의 왕은이 온 나라를 뒤덮어, 고구려가 회군하게 되자 동부여인 중에는 모화하여 관군을 따라오는 자까지 나타났다. 그에 비해 영락 10년에 퇴각하는 왜인들이 신라인들을 데려가려 하였으나, 신라인들은 그들과의 동행을 거부하였다105). 이처럼 신라인들이 왜의 의사를 거부했다는 것은 고구려인이 동부여의 현지인에게 환영받았던 것에 비해, 왜는 현지인들에게 배척당하고 있었다는 사실의 확인으로 현지인의 반응을 매개로 하는 고구려와 왜의 비교였다.

그런데 왜가 신라인에게 거부당했다는 내용의 기술은 비문상에는 확실하지 않은 부분이다. 타케다석문의 「□신라성□성왜□왜궤성대□□진갱(□新羅城□城倭□倭潰城大□□盡更)」을 왕건군은, 「신라성과 염성을 공격하자 왜구는 크게 무너졌다. 성안의 십분의 구의 신라인은

---

103) 不軌不物 謂之乱世(左伝, 隱, 五). 言, 器用衆物 不入法度 則為不軌不物(注)
104) 朴時亨 전게주7, P.232.
105) 倭冠大潰 城内十九 盡拒随倭(王健群本2·10, 『広開土王碑文研究』所收, 역민사, 1985).

모두 왜를 따라가기를 거절하자, 신라인을 안치하여 수수하게 하였다 (拔新羅城, 塩城, 倭冦大潰, 城內十九, 尽拒随倭)」로 석문하였다. 이 석문은 판독이 어려운 자를 포함하고 있기 때문에 그것을 어디까지 신뢰해야 하는 것인지의 문제는 있지만 「비문」의 흐름상 타당성은 높다. 이 부분의 여러 석문을 상세히 비교 조사한 시라사키의 주장을106) 인정한다 해도 가능성은 충분하다. 길지만 인용하기로 한다.

　(2·9·30)의 □은, 사코우본 이래 대부분 「발(拔)」로 읽어 왔다. 미즈타니테이지로우씨는 불명으로 했으나, 박시형씨·왕건군씨는 「발」로 읽고 있다. 이노우에히데오·타케다유키오씨는 불명으로 하고 있다. 미즈타니·중연원·가나코씨의 세 탁본을 대조해도, 이 자의 자획을 인지하는 것은 어려웠다. 현 비면에서 이 주변은 아직도 석회가 남아 있어, 원비문의 독해를 곤란하게 하고 있다. 왕건군씨는 자신이 처음으로 「발」로 읽은 것처럼 기술했으나 불가해하다. 이 자는 사코우본 이래 많은 논자가 「발(拔)」로 읽어왔지만 그것은 석회가공에 의한 것으로, 원래의 자는 꽤 읽기 어려웠을 것이다.

　다음의 세 자는 「신라성(新羅城)」으로 읽어 왔는데, 초기 탁본에서 읽는 것은 용이하지 않다. 「신(新)」과 「성(城)」은 그럭저럭 판독할 수 있지만 중간의 「라(羅)」는 자획을 구별할 수 없다. 불명자로 할 수 밖에 없을 것이다. 이곳은 임나가라의 지역이기 때문이다. 「신라성」이 나온 것은 불가해하여, 이는 석회 가공자로 생각된다.

　(2·9·34)자는 고래 불명자로서 취급되어 왔으나, 상당한 자획이 미즈타니·가나코씨 양 탁본에 나타나 있으므로, 주의하여 관찰하면 자형을 더듬어 찾을 수 있을 것 같다. 좌하부는 「신(臣)」, 하반(下半)은 「명(皿)」이라고 생각한다. 우상부는 불명이지만, 일단 「염(塩)」으로 보아도 좋을 것이다. 즉 왕건군씨의 추정과 일치한다. (2·9·35)는 「성(城)」이 틀림없고, (2·9·36)은 「왜(倭)」로 이론이 없을 것이다.

---

106) 白崎昭一郎저 權五曄·權静역 전게주21, PP.258~261.

제3장 광개토왕비문의 세계 375

이하는 사코우본 이래, 「왜만왜궤성대(倭滿倭潰城大)」로 읽히는 일이 많았으나, 한문의 어법에 맞지 않고, 의미도 확실히 통하지 않아, 여러 의론이 있었다. 우선 「왜만왜궤(倭滿倭潰)」는 왕건군이 「왜구대궤(倭冠大潰)」로 석문한 곳이다.

(2·9·37)은 이마니시류우가 의문을 품었으나, 미즈타니테이지로우·박시형·이노우에히데오는 「만(滿)」으로 읽었다. 왕건군씨는 이를 「구(冠)」로 판독하고, 다케다유키오는 불명으로 하였다. 초기 세 탁본, 특히 미즈타니·가나코씨 탁본에서 「갓머리(宀)」같은 자획이 인지된다. 또 현 비면에도 「갓머리(宀)」가 있는 것처럼 보여 「구(冠)」일 가능성은 있다. 하부를 전혀 식별할 수 없어 확정할 수는 없지만 「만(滿)」은 아닐 것이다.

다음의 (2·9·38)은 타케다유키오가 「왜(倭)」로 추정하고, 이노우에히데오씨는 불명으로 하였으며 후쿠쥬쿠난토우는 「상(喪)」으로 읽었지만 왕건군은 「대(大)」로 판독했다. 미즈타니·중연원·카나코씨 세 탁본을 숙시하면, 분명히 「여(女)」의 자획을 하부에서 확인할 수 있어 이것을 「왜(倭)」의 방(旁)의 일부로는 볼 수 없다. 상부에는 희미하게 「화((禾)」의 자획이 떠오르기 때문에 「위(委)」로 보는 편이 합리적이다. 「대(大)」나 「상(喪)」이 아닌 것은 확실하다. (2·9·39)는 「궤(潰)」로 문제가 없다. (2·9·40)도 「성(城)」으로서 이론은 없다.

(2·9·41)는 문제의 자이다. 사코우본 이래, 대부분은「대(大)」로 표현되었지만, 「육(六)」으로 나타나는 탁본도 있다(우에다탁본·샤반누탁본). 따라서 「대(大)」로 읽는 논자가 많았지만, 이마니시류우·스에마쯔야스카즈씨는 「육(六)」으로 읽었다. 미즈타니테이지로우·박시형씨는 불명으로, 타케다유키오는 「대(大)」, 이노우에히데오는 「육(六)」으로 읽고 있으나, 왕건군씨는 「내(內)」로 판독하였다. 「내」로 한다면 당연히 없으면 안되는 양측의 종획을 인정할 수 없고 위치가 너무 낮다. 그러나 의미적으로는 「내」가 가장 적당하다. 일단 「내」로 추정해 둔다.

제10행이 어디부터 각자(刻字)가 시작되어 있는가가 또 문제이다.

예전에는 17자까지를 불명자로 했지만, 미즈타니테이지로우는, 17자까지는 각자가 없고, 제18자만을 불명자로 생각했다. 그러나 왕건군씨는 「제10행은 제17자의 위치부터 자(字)를 새기기 시작해, 제16자의 위치에는 옆에 긴 1획을 새겨 그 위는 공백으로 하고 있다」고 말한다. 우리들이 견학했을 때는, 그렇게 세세한 관찰이 허락되지 않았기 때문에, 왕건군을 신뢰할 수 밖에 없다.

제가가 공백으로 하는 (2·10·17)을, 왕건군씨는 「십(十)」으로 판독하고 있다. 미즈타니탁본에는, 이 부분의 절반이 빠져있으나, 「십(十)」의 종획과 횡획의 우반분(右半分)같은 것이 보인다. 중연원탁본에는 보이는 부분이 더 적지만, 거의 같이 보인다. 김육불·영희도 「십(十)」으로 판독하고 있다. 이 소견(所見)으로 「십(十)」으로 판정할 수는 없지만, 「십(十)」의 가능성은 충분히 인정할 수 있다.

(2·10·18)은, 사코우본에 「구(九)」로 표현되어, 그 후의 탁본에서도 「구(九)」와 비슷한 자형이 나타나고 있다. 이마니시류우·마에마쿄우사쿠·스에마쯔야스카즈·이노우에히데오 제가 「구(九)」로 읽고 있다. 그러나 미즈타니테이지로우·박시형·타케다유키오 제가는 불명으로 하고 있으나, 왕건군은 「구(九)」로 판독했다.

(2·9·19)는 사코우본에 「진(尽)」으로 나타나, 이후의 제탁본도 그것에 가깝다. 박시형이 불명으로 하고 있는 것 외에, 제가는 거의 「진」으로 읽고 있다. (2·10·20)은 사코우본 이래 「신(臣)」이나 「거(巨)」에 가깝게 나타나 있다. 대부분이 「신(臣)」으로 읽어 왔지만, 박시형씨는 불명으로 하고 있다. 미즈타니테이지로우가 「갱(更)」으로 읽자, 타케다유키오·후지다토모지가 이에 따랐다. 그것을 왕건군씨는 「거(拒)」로 판정하였다. 미즈타니·중연원 양 탁본에, 「거(巨)」같은 자획이 나타나 있다. 그러나 양 탁본 모두 좌의 3분의 1정도가 빠져 있기 때문에, 변(偏)에 무엇이 오는가는 알지 못한다. 그러나 「거(巨)」를 옆(旁)에 갖는 자는 한정되어 있기 때문에, 「거(拒)」는 꽤 유력한 후보라고 말할 수 있을 것이다. 「갱(更)」으로는 읽기 어려울 듯 하다.

시라사키는 이상과 같이 여러 탁본과 석문을 비교하여, 왕건군이 석문한 「발신라성, 염성, 왜구대궤, 성내십구, 진거수왜(拔新羅城, 塩城, 倭冠大潰, 城内十九, 尽拒随倭)」와 거의 같은 결론을 내고 있다. 크게 다른 것이 「대궤(大潰)」의 「대」인데, 그것을 시라사키의 주장대로 「위(委)」라 하더라도, 「왜구위궤(倭冠委潰)」가 되어, 왕건군의 주장이 완전히 부정되는 것은 아니다.

「위(委)」에는 「시들다」「버리다」「끝」「휘다」「게으름피우다」「막히다」 등의 의미가 있고, 「궤(潰)」에는 「부수다」「무너지다」「지다」「흩어지다」「탕진하다」 등의 의미가 있다. 「위궤(委潰)」라는 용어의 용례는 찾아볼 수 없으나, 그 「위궤」를 불리한 「왜구」의 입장을 역전시켜 줄 만한 의미의 용어로 본다는 것은 무리일 것 같다. 따라서 왕건군이 말하는 「대궤(大潰)」가 아니라, 「위궤」라 한다 해도, 왕건군의 의견은 성립되게 되는 것이다.

아무래도 여타 주변국과는 동질적이라 할 수 없는 「비문」의 왜를, 이성시는 광개토왕의 위대함을 돋보이게 하기 위해 설정된 트릭스타로 보았다.

> 광개토왕비문의 왜는 고구려의 질서세계를 위협하는 난적이기는 하지만, 그것은 어차피 광개토왕의 위대함을 돋보이게 하는 트릭스타로 보는 것도 가능하지 않을까. 인간사회는, 스스로의 내면을 확실히 정의하기 위해서는, 외계에서 공동체를 위협하는 침범자를 필요로 한다. 말하자면 왜는 고구려의 지배공통체 내의 공동환상을 강화하는 역할을 수행하고 있는 것이다107).

라고 왜의 존재와 위법적인 행위가 고구려의 존재를 부각시키는 것이라 했다. 왜는 권외에 존재하면서 천하의 질서에 혼란을 초래하고 원상을 훼손시킴으로서, 원래의 질서와 원상을 재확인시키고 있다는 것이다.

---

107) 李成市「表象으로서의 광개토왕비문」『思想』842(岩波書店, 1994), P.4.6.

3) 백잔과의 화통
(1) 왜의 독자교류

주변국의 독자적 교류라고 생각할 수 있는 것은 영락 9년조의 백잔과 왜의 「화통(和通)」뿐이다. 그것은 「화통」으로 표기되어 있을 뿐이지, 그 교류가 어떤 형태로 이루어졌는지에 대한 구체적인 설명은 없다. 그 대신에 그것을 「위서」로 단정하고 왜와 백잔이 정토당한 사실을 각각 영락 10년·14년·17년조에 기술하고 있을 뿐이다. 이처럼 백잔과 왜가 「화통」한 것이 원인이 되어 정토당하였다는 것은, 「화통」과 같은 독자적 교류가 금기사항이라는 것을 의미한다.

광개토왕은 왜와 백잔의 「화통」을 알자 평양을 순행하였는데, 그것은 천하의 질서에 어떤 변화가 일어났는가를 확인하기 위한 것이었다. 양국의 「화통」으로 발생할 수 있는 상황을 직접 확인하고 그것에 대처하기 위한 순행이었다. 만일 이상이 발생했다면, 그 원인을 제거하여 원상을 회복하지 않으면 안 되었던 것이다. 바꾸어 말하자면 이자교류의 원칙을 위배한 왜와 백잔을 응징하기 위한 사전준비였다.

(2) 고구려의 신라수호

그런데 이미 그 「화통」으로, 신라의 국경에 나타난 왜에 의해 성지가 파괴되는 이상이 발생하고 있었다. 고구려로서는 방관할 수 없는 일이었다. 백잔과 왜가 독자적인 교류를 행한다는 것만으로도 정토하지 않으면 안 되는 일인데, 수호국인 신라가 피해를 입는다는 것은 방치해 둘 일이 아니었다. 그래서 고구려는 영락 10년에 왜를 추방하고 17년에 백잔을 정토하게 된다.

고구려는 영락 10년에, 신라의 요청에 응하여 왜를 격퇴시키는데, 그 과정에서 「임나가라」와 「안라」가 등장한다. 그래서 왜와 임나가라 백잔 등으로 구성되는 연합군설이 제기되기도 한다. 그러나 임나가라가 독자적인 나라가 아닌 신라에 포함되는 세력이고, 안라가 안라가라를 의미하는 것이 아니라, 신라의 병사(羅)를 두어(安) 수비시킨다는 의미일 가능성이 있어, 그 주장은 성립하기 어렵다.

「비문」에서는 임나가라가 타국과 연합을 맺었다고 인정할 만한 내용의 기술을 확인할 수가 없다. 또 주변국가로 인정할 만한 기술도 없다. 임나가라는 고구려가 왜를 신라의 국경에서 추방하는 과정에 귀복해 온 것일 뿐이다. 따라서 왜와 백잔의 「화통」은, 주변국들간의 연합을 의미하는 것으로 볼 것은 아니다. 그보다는 교류의 원칙을 위배하는 주변국은 반드시 정토당하고, 천하에 나타나는 권외세력은 격퇴된다는 사실을 확인시키기 위해 설정된 기술로 보아야할 것이다. 즉 「화통」은 백잔과 왜의 관계를 나타낸 것이지, 임나가라까지 나타낸 표현으로는 볼 수 없다는 것이다.

백잔과 왜의 「화통」은 『삼국사기』에 보이는 「여름 5월에 왕이 왜국과 우호를 맺고 태자 전지를 볼모로 잡았다. 가을 7월에 많은 군대가 한수 남쪽에서 대열하였다」[108]라는 기술과 비정하여, 역사적 사실로 인정하는 경우가 많다. 또 그것을 근거로 하여 백제·임나가라·왜가 연합하여 고구려에 대항하는 연합군을 상정하기도 한다. 천관우는 「비문」의 왜를, 「왜 단독이 아니라, 백제가 끌어들인 왜, 즉 백제·왜(혹은 가라도) 연합으로서의 왜」로 보았고[109], 연민수는 영락10년조를 「고구려·신라의 합동군 대 백제 지원하의 왜·안라·임나가라가 연합한 형태의 국제전」[110]으로 보았다.

당시의 사실을 규명하는 데는 그러한 추정이 필요할지도 모른다. 그러나 「비문」의 해석에 임해서는 그렇지 않다. 그것은 자체논리에 의해서 구성되기 때문에, 역사적 사실 그대로가 「비문」의 사실이 될 수는 없는 일이다. 실제적으로 「비문」은 백잔과 왜가 「화통」했다는 단정과 그것을 원인으로 하여 백잔이 정토당하고 왜가 격퇴당한 사실을 기술

---

108) 夏五月王与倭国結好 以太子腆支為質 秋七月 大閱於漢水之南(李丙燾訳註 『三國史記』百済本紀阿莘王六年条)
109) 千貫宇 전게주1, P.523.
110) 延敏殊 전게주2, P.263.

하고 있을 뿐이다. 왜가 출현하여 격퇴당하는 과정에서 백잔이 관여했다는 구체적인 기술은 없다. 임나가라의 경우도 「왜적」을 추적하는 과정에서 귀복해 온 것일 뿐, 고구려에 대항했다거나 다른 세력과 연합했다는 기술은 없다. 따라서 백잔, 임나가라, 왜 등이 연합해서 고구려에 대항했다는 연합설은 성립하기 어렵다. 그것은 「비문」이 임나가라를 주변국으로 인정하지 않는다는 사실과 고구려와 신라를 동등한 세력으로 보지 않는다는 「비문」의 기본 논리로도 알 수 있는 일이다.

4) 제외된 왕화의 대상

「비문」의 대부분의 정토가 백잔·신라를 상대로 하는 것이라는 점에서 광개토왕의 남진정책을 추정하기도 하고[111], 등장 횟수가 많은 것을 근거로 왜를 고구려의 주적으로 설정하기도 한다. 타케다유키오는 「비문」에 중국의 기술이 없는 것을, 왜를 주적국으로 인식한 결과로 보았다. 그리고 '그러한 인식은 5왕 시대의 왜가 고구려를 주적으로 간주한 반도 인식과 대응한다고 이야기한 다음에, 「비문」의 관심이 남방의 백잔이나 왜 등에 편중되어 있었기 때문에, 중국에는 무관심했던 것으로 보았다[112].

그러나 왜를 고구려의 주적으로 보는 것은, 왜가 백잔과 대등하거나 우위를 차지한다는 인식을 전제로 하기 마련인데, 「비문」은 왜를 백잔과 동등하게 취급하고 있지 않다. 「비문」이 양국에 천칭을 사용하고 있다는 것이나 질서를 위배하는 세력으로 설정하고 있는 점 등에서는 동질적이었지만 양국을 정토하는 목적에 있어서는 동질적이지 않다.

백제를 백잔으로 그 왕을 「잔주」라는 천칭을 사용한 점, 백잔에 대한 적개심을 「혁노(赫怒)」로 표현한 점, 백잔의 배신을 「불복의(不服

---

[111] 朴性鳳 「広開土好太王期 高句麗 南進의 性格」『韓国史研究』27(1979), 『高句麗 南進経営史의 研究』(白山資料院, 1995), P.190.
[112] 武田幸男 「長寿王의 동아시아 인식」 전게주10, P.235.

義)」로 표현한 것 등은 왜를 「왜구」·「왜적」 등의 천칭으로 부르는 것, 왜를 「요절탕자(要截盪刺)」한 것으로 표현한 것, 왜의 침입을 「불궤(不軌)」로 표현한 것 등과 동질적이다. 그러나 정토의 목적은 이질적이다. 백잔의 정토는 포섭하여 왕화시키는 것을 목적으로 하고, 조공을 서약시키는 것으로 그 목적을 달성시키고 있다. 이에 비해 왜의 경우는 복속이 아니라 권외로 추방시키는 것을 목적으로 한다. 다시 말하자면 백잔과 왜는 차별된다는 점에서는 동질적이나, 왕화의 면에서는 이질적이다. 왜는 왕화의 대상에서 제외되어 있다.

「비문」의 천하사상은 자타를 구별하는 「화이사상」과 은택으로 그것을 재결합시켜 동화시키는 「왕화사상」을 축으로 한다. 이 사상을 기반으로 하여 고구려와 여타 주변국은 화이사상으로 구별되고, 그렇게 구별된 주변국들은 고구려의 은덕으로 왕화되어야 한다. 고구려의 정토는 그것을 목적으로 한다. 그런 의미에서 고구려가 백잔과 왜를 토벌한 것은 「화이」로 구별한 주변국이 천하의 질서를 혼란시켰기 때문이다. 백잔은 정토하여 복속을 서약시키고, 지난 잘못(先迷)을 왕은으로 용서하고 있었다. 그러나 왜에게는 복속을 서약시키는 일 없이 그저 격퇴시킬 뿐이었다. 즉 「비문」은 백잔과 왜를 「화이사상」으로 구별할 경우에는 같이 취급하고 있으나 「왕화」의 대상에서는 왜를 제외시키고 있다. 그것만이 아니라 여타 주변국들과도 차별하고 있었다. 그것이 「비문」의 왜에 대한 기본 입장이었다.

5 등장하지 않는 중국

1) 전적과 다른 「비문」

고구려는 이웃하는 중국과 교류하며 발전한 나라이다. 광개토왕도 중국과 교류하며 국세를 확장하였다. 따라서 광개토왕대의 국제관계를 기술한 「비문」에 중국에 관한 기록이 있는 것은 당연한 일이다. 그럼에도 불구하고 그곳에는 중국에 관한 기술이 없다. 때문에 중국의 등장 여부는 연구가 시작될 당시부터 문제가 되었다.

요코이타다나오(橫井忠直)는 「비문」에 기술된 내용이 『동국통감』에는 보이지 않거나, 『동국통감』에는 기술되어 있는 북연과의 교류기사가 「비문」에는 보이지 않는다는 점을 지적하면서, 그 근거에 의문을 표시하였다[113]. 「비문」의 중국문제를 논할 때는 항상 영락 17년조의 기록이 거론된다. 그것은 정토대상을 기록한 곳으로 생각되는 부분에 결락이 많기 때문이다.

광개토왕의 정토는 5년에는 비려, 6년에는 백잔, 8년에는 신라, 10년과 14년에는 왜, 20년에는 동부여를 대상으로 해서 이루어졌기 때문에, 중국을 상대로 하는 정토가 있었다면 17년 이외에는 없게 된다. 이전에는 8년의 대상도 확실하지 않았으나, 「신묘년」조가 기술한 정토의 명분에 의해서, 6년에 백잔이 정토당하고, 8년에는 신라가 정토당해야 한다는 필연성에 의해 신라로 추정된다. 그래야 9년에 고구려에 구원을 요청하는 신라의 입장이 분명해진다.

이와 마찬가지로 9년에 백잔과 왜가 「화통」하여, 10년에 왜가 추방당했으니, 백잔도 정토당해야 하는 입장이었다. 9년 이후의 정토담은 10년・14년・17년・20년에 있는데, 10년・14년이 왜이고 20년이 동부여인 이상, 백잔이 정토 당하는 기사로 추정할 수 있는 기사는 17년을 제외하고는 없게 된다. 이처럼 17년의 정토가 백잔을 상대로 하는 것

---

113) 橫井忠直 『高句麗古碑考』 和文(無窮会図書館蔵, 1884年執筆).

이었다면, 중국이 등장할 곳은 저절로 없어지게 된다.

2) 영락 17년조와 중국

그럼에도 불구하고 중국이 「비문」에 등장하지 않을 까닭이 없을 것이라며 17년조는 중국과 결부시키고 있었다. 17년조의 기술은 다음과 같다.

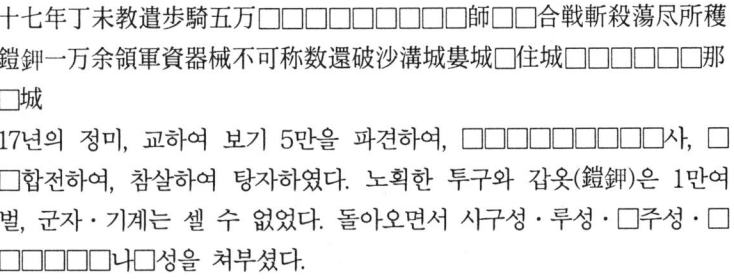

17년의 정미, 교하여 보기 5만을 파견하여, □□□□□□□□사, □□합전하여, 참살하여 탕자하였다. 노획한 투구와 갑옷(鎧鉀)은 1만여 벌, 군자·기계는 셀 수 없었다. 돌아오면서 사구성·루성·□주성·□□□□□나□성을 쳐부셨다.

영락 17년에 광개토왕이 보낸 보기 5만은 합전하여, 전리품을 획득하고 회군하면서, 또 여러 성을 쳤다는 내용이다. 군대를 교견하였다는 것은 상대국이 이전부터 조공하는 복속국이었다는 것, 그 복속국이 주어진 의무를 이행하지 않았다는 것을 의미한다. 그리고 전리품을 획득하고 회군한다는 것은 대상국이 복속을 서약했기 때문에 가능한 일이다. 단순한 전승의 기록이 아니다. 그러한 내용의 기록은 비문 전체의 성격과 맞지 않는다. 즉 대상국과의 관계가 종래의 관계로 복귀되었다는 것을 의미한다. 그것을 미즈타니테이지로우(水谷悌次郎)는,

후연과의 교섭이-화전 어느 쪽의 사실에 대해서도-전혀 호태왕비에 기술되어 있지 않은 것은 이상하다. 다만 영락 17년 정미교견보기오만(丁未教遣步騎五万) 이하의 비문이 박식(剝蝕) 되어 읽을 수가 없으므로, 혹시 이곳에 기록되었을 수도 있는데, 그렇다 해도 연과의 교섭을 그

저 407년의 일년에 모든 것을 기재하였겠느냐는 의심해야 될 일이다. 어쩌면 사정이 있어 연과의 교섭은 기재를 피했는지도 모른다114).

라고 중국의 기술이 확실하지 않은 것에 의문을 표하면서, 「비문」이 중국관계의 기사를 기술은 했으나 박식되어 읽지 못하게 되었을 것이라는 기재의 가능성과, 어떤 사정에 의해서 기재하지 못했을 것이라는 결여의 가능성을 동시에 제시하였다.

천관우는 광개토왕이 후연을 토멸하여 요하선을 확보한 일은 고구려사적으로 큰 의미를 갖는다고 평가하고,

요하선 확보를 위한 작전은 광개토왕 일대에서도 가장 기념해야 할 훈적이었다. 그렇다면 「능비」에 이 사실이 기록되지 않을 리가 없다. 그리고 「능비」에서 이 대후연 작전에 비의할 만한 부분은, 이 영락 17년조 이외에는 있을 수 없는 것이다115).

라고 비문에 중국이 등장할 가능성을 주장하며, 17년조를 중국의 후연을 대상으로 하는 기술로 추정하였다. 그러나 전술한대로 「비문」의 문맥으로 보면, 17년조는 중국이 아닌 백잔으로 상정해야 한다.

영락 9년에 백잔이 왜와 「화통」한 것은 고구려에 정토의 명분을 제공하는 일이었으므로, 영락10년에 왜가 정토당하였다. 따라서 백잔도 정토당하는 것이 당연한 일이고, 그것을 기록한 것은 영락 17년조를 제외하고는 없다. 영락 17년조가 백잔에 관한 기술이라면 「비문」에는 중국이 등장할 곳이 없게 된다. 그러나 「질서의 위배와 응징」이라는 면에서 보면, 영락 17년조는 「백잔」을 상대로 하는 기술이어야 한다. 따라서 「비문」에는 중국이 등장하지 않는 것이 된다.

---

114) 水谷悌次郎 「好太王碑」『書品』100(1959). 『好太王碑考』(開明書院, 1977), P.93.

115) 千貫宇 「広開土王의 征服活動」『韓国史市民講座』3(一潮閣, 1988), P.54.

3) 중국기록이 없는 이유

현실의 고구려는 중국과 교류를 맺고 있었고, 내용이야 어찌됐든 광개토왕이나 장수왕도 중국의 책봉을 받고 있을 정도로, 다양한 관계를 가지고 있었다116). 그럼에도 「비문」에는 중국에 관한 기사가 전혀 없다. 그것은 무엇을 의미하는 것일까. 박시형은,

> 왕릉비에는 양국간의 관계에 대해 한 마디의 언급도 없다. 그것은 충분히 이해할 수가 있다. 광개토왕 초기의 양국간의 전쟁에 대해서 말하자면, (중략) 수차에 걸쳐 강적 연의 침입을 성공리에 격퇴하고, 또 필요에 의해서는 적에 대한 공격을 하기도 하였으나, 본래 광개토왕의 훈적으로서는 그렇게 칭송할 만한 일이 아니고, 또 광개토왕 후반의 시기, 장수왕 초기의 양국 관계로 볼 때, 그것은 금석문에 대서특필할 필요도 없었던 것이다117).

라며 광개토왕과 중국이 수차례에 걸쳐 전쟁을 한 사실은 있었으나, 그 무훈이 높이 평가될 내용이 아니었고, 광개토왕의 후반부터 장수왕의 초기에 걸쳐 우호관계가 유지되었기 때문에, 그것을 기술할 필요가 없었다는 것이다. 또 왜를 고구려의 주적으로 보는 타케다유키오는 「비문」에 중국에 관한 기술이 없는 것을,

> 비문에는 후연과의 교섭은 기술되어 있지 않아, 결국 중국과의 관계를 결여하고 있는 것이다. 그러나 역사상의 동향은 전혀 다르다. (중략) 오히려 중국관계를 한정시켜서 말하면, 비문은 후연 외에도 동진 남연을 포함하여, 중국에 대해서는 한 자도 언급하지 않아, 의식적으로 중국을 생략한 것이다. 그런 까닭으로, 비문은 광개토왕이 세운 사적 전반을 다룬 실록으로 평가하기 어렵고, 왕의 훈적 전부를 기록한 것도 아

---

116) 燕王熙来攻遼東 (中略) 城中得嚴備 卒不克而還(『三国史記』高句麗本紀広開土王14年条).
117) 朴時亨저 全浩天역 전게주7, P.109.

니다. 그런 점에서 비문의 중국관의 특질이 명확하게 지적된다. 중국무시의 중국관은 같은 비문에 기술되어 있는 반도의 남부에 대한 높은 관심이나 왜에 대한 심각한 인식과는 아주 현저하게 대조를 이룬다118).

라고, 「비문」이 왜를 주요 적대국으로 취급한 결과로 보았다. 왜를 중시하는 대신 중국을 무시하는 사고를, 비문에 중국을 기술하지 않는 원인으로 보았다. 고구려가 남진정책을 취하고 있었기 때문에 백잔이나 왜를 중시하는 대신 중국은 무시할 수 밖에 없었다는 것이다.

그러나 그것은 왜를 백잔과 대등하게 보지 않는 「비문」의 기본입장을 고려하지 않은 주장이다. 「비문」에서의 왜는 고구려의 속민으로 설정되어 있는 백잔과도 다른 성격의 세력이라는 것은 누차에 걸쳐 언급한 바 있다. 「백잔」이나 왜의 의미가 기록물에 따라 달라질 수 있으므로, 「비문」의 왜나 중국 등은 「비문」을 구성하는 그 자체논리에 의해서 이야기되어야 할 것이다. 그러한 「비문」을 이야기하면서 왜를 고구려의 주적으로 설정하는 것은 「비문」의 특성을 고려하지 않는 의견이라고 말하지 않을 수 없다. 중국의 문제도 마찬가지다. 어떤 사실에 입각하는 것보다는 「비문」의 자체논리에 따라 중국이 기술되지 못한 이유를 규명하는 것이 옳을 것이다.

4) 기록하지 않은 중국

「비문」의 천하관은 고구려를 천하의 중심에 위치시키는 세계관인데, 이것은 중국이 천하의 중심이라는 중화사상과 동류의 사상이다. 중국이 천하사상을 구축하고 그 세계에 주변국을 참여시키는 것이 고대 동아시아의 질서관념이었다. 그런 관념으로 볼 때, 고구려의 천하에 중국을 포함시키는 것은 자칫 논리의 모순을 표출시킬 수 있다. 「비문」이 이야기하는 천하사상도 중국의 천하에 참여한 경험을 바탕으로 해

---

118) 武田幸男, 전게주10, P.112.

서 성립된 것이다. 따라서 고구려를 천하의 중심에 위치시키는 천하사 상은 중국의 그것과 모순을 이룬다. 말하자면 「비문」의 천하관으로는 중국을 포함시킬 수가 없었다. 그래서 「비문」은 중국과 관계된 사항들을 의도적으로 생략한 것이다.

「비문」에 중국에 관한 기술이 없는 이유는, 그것이 사소한 내용의 것이라 생략했을 것이라는 의견보다는 어떤 사정이 있어서 기술을 피했을 것이라는 미즈타니테이지로우의 의견에 입각해서 생각해 보는 것이 효과적일 것이다.

고구려와 연의 대치관계는 광개토왕이 북연왕 고운(高雲)에게 서종족(叙宗族)한 영락 18년에 종지부를 찍게 된다119). 고운은 이주한 고구려인의 후예로, 후연의 군주로 즉위하면서부터 원래의 성 고씨를 칭하게 되었다. 그것을 알게 된 광개토왕이 같은 종족으로 대우하고, 고운도 그것에 답하는 형식으로 우호관계를 맺었다. 따라서 영락 17년은 고구려와 후연의 관계가 우호적인 시기였다. 박시형이 말하는 「광개토왕 후반의 시기, 장수왕 초기의 양국 관계」란 이것을 말하는 것일 것이다. 즉 우호관계인 북연의 전신인 후연과의 과거사를 「비문」에 명기하여 우호관계를 손상시킬 필요가 없었다는 것이다.

그러나 정토의 궁극적인 목표가 주변국의 왕화라는 것을 생각하면, 북연과의 관계가 우호적이었기 때문에 기록하지 않았다는 것은 있을 수 없는 일이다. 「비문」은 서약과 위서를 반복한 백잔을 정토하여 왕화시키는 일도, 정토하여 왕은으로 뒤덮이게 했다는 동부여의 정토도, 수호하여 왕화를 진전시킨 신라와의 일도 모두 기술하고 있다. 이런 것들 모두가 고구려의 주도로 이루어지는 왕화정책이었다.

고구려와 후연의 우호적인 교류는 광개토왕이 고운에게 종족임을 인정하는 서종족을 계기로 한다. 즉 동족이고 동성이라는 동질성을 매개로 해서 이루어지는 것이었으므로, 고구려가 주도했을 가능성이 많

---

119) 遺使聘北燕 且叙宗族.北燕王雲 遺侍御史李拔報之(『三國史記』 高句麗本紀 廣開土王 17年).

다. 고구려로서는 숨길 이유가 없는 관계였다. 따라서 후연과의 관계는 기재되어 있는 것이 당연한 일이었다. 그럼에도 기술되지 않았다는 것은 다른 이유, 즉 세계관의 문제에서 생각해보아야 할 것이다.

5) 모순되는 세계관

「비문」의 천하는 천제와 하백여랑의 신혼으로 태어난 「천제지자」가 건립한 고구려와 고구려에 조공하는 주변국으로 구성되고, 천제의 혈통을 계승한 천손이 통치하는 세계이다. 고구려는 그 혈통을 배경으로 세계의 중심에 위치한다. 고구려가 천하의 중심이라는 사실과 천손이 천하를 통치하는 정통성을, 「비문」은 천손의 무위가 사해에 떨친다는 표현으로 확인하고 있다. 이곳의 「사해」는 고구려와 그 주변국으로 구성된 천하를 의미하는데, 그 「사해」에 고구려왕의 무위가 떨쳤다는 것은 고구려의 질서가 그 천하를 통어하고 있다는 사실을 의미한다. 그것은 고구려가 주변국에 비해 우월한 가치를 가지고 있으며, 또 정치적으로도 상위에 있다는 관념을 내포하는 사고를 바탕으로 한다.

고구려 중심의 천하사상은 「비문」만이 아니라, 동시대의 「묘지(墓誌)」나 「중원비(中原碑)」 등에서도 확인할 수 있는 당대의 일반적인 사회사상이었다. 「묘지」는 추모왕을 일월의 아들 하백의 손자로 설정하는 방법으로 고구려와 천의 혈연관계를 확인한다[120]. 또 「중원비」는 고구려가 신라의 매금에게 의복을 하사한 사실이나 신라의 매금이 형제처럼(如兄如弟) 지낼 것을 원하는 내용 등을 기록하여 고구려가 신라를 형제관계로 여기고 있다는 건비 당시의 사회상을 나타내고 있다[121]. 이처럼 사실 여부와 관계없이 왕통을 천의 혈통적 후손으로 설정하고 주변국을 형제관계로 설정하는 것은, 고구려를 천하의 중심에

---

120) 河泊之孫日月之子鄒牟聖王元出北夫余天下四方知此国都最聖(牟頭婁墓誌).
121) 高麗大王相王□新羅寐錦世世為願如兄如弟上下相和 (略) 賜寐錦之衣服 (略) 教東夷寐錦(中原高句麗碑).

위치시키는「비문」의 사고와 동질적이다.

고구려가 신라에 의복을 하사한 일이나 신라를 형제관계로 설정한 것은 양국이 평등적인 관계가 아니라 주종관계로 여기는 사고에 의한 표현이다122). 이처럼 자국과 주변국을 차별하는 것은 자국을 중시하는 화이사상을 바탕으로 한다. 그런데 이러한 화이사상은 중국의 중화사상에서 유래하는 것으로, 중국의 천하에 참여한 경험을 통하여 획득한 질서개념이었다. 현실의 고구려는 중국의 천하에 참여하여 중국에게서 관직과 더불어 의관이나 복물(服物) 등을 하사받고 있었다123).

「중원비」가 신라를 고구려의 속국으로 취급하고 있다는 사실은 신라왕을「동이매금」으로 표현한 것으로도 알 수 있는 일이다. 원래 동이란 중국이 그들의 동방에 있는 이민족에 대한 칭호로, 그렇게 사용되는 동이는 단순히 중국의 동쪽에 존재하는 주변의 이민족이라는 것만을 의미하는 것이 아니라, 아직 문명화되지 않은 민족이라고 천시하는 의미까지도 포함한다. 문명화되지 않은 민족으로서의 동이이기 때문에 문명화된 중국의 왕은을 입어서 왕화되어야 하고, 그러기 위해서는 중국에 복속되어야 한다는 복속의 당위성까지도 포함하고 있는 것이다. 그런 사고를 바탕으로 주변국에 군림하려는 중국의 입장에서 보면 고구려도 동이의 범주에서 벗어날 수가 없다. 그런 의미의 동이라는 표현을 고구려가 신라에 적용하고 있다는 것은, 중국이 주변국에게 그러했듯이 고구려도 신라에 대해서 종주국을 자임하고 군림하려 했다는 것이 된다124).

이처럼 시조를「일월지자」로 설정하는「묘지」나 자타를 화이로 구별하는「중원비」의 천하사상이「비문」의 천하사상 그것이라고는 말할 수 없겠지만, 이처럼 일반화되어 있었던 사고를 배경으로 하여 형성된

---

122) 金貞培「중원고구려비의 몇 가지 문제점」『史学志』13(1979), P.88.
123) 常從玄菟郡受朝服衣幘(『三国志魏書』高句麗伝). 魏孝文帝(中略) 賜衣冠服物車旗之飾」(『三国史記』文咨王元年). 魏帝詔(中略) 賜衣冠車旗之飾」(『三国史記』安原王二年条).
124) 李基白「中原高句麗碑의 몇 가지 문제」『史学志』13(1979), P.38.

천하관이라고는 말할 수 있을 것이다. 다시 말하자면, 고구려의 혈통을 매개로 하여 왕통을 천과 결부시켜, 자국을 주변국과 차별하는 사고가 당시의 고구려 사회에 일반화된 시대적 사상이었다고 말할 수 있는 것이다.

「비문」・「묘지」・「중원비」는 혈통을 매개로 고구려의 왕통을 천과 결부시키는 점, 왕통을 계승하는 후손은 천지를 왕래할 수 있다는 가능성을 시사하는 점, 왕호를 고구려왕에게 한정하고 있다는 점 등에서 동질적이다. 이처럼 자국을 혈연으로 천과 동질화시키는 것은 자국을 중시하는 화이사상의 실현으로, 자국의 왕통을 절대화시키는 방법의 하나였다. 그런 의미에서 「비문」에 나타나 있는 화이사상은 당대의 사회적 사상이라고 말할 수 있는 것이다.

그 천하사상을 실현하는 「비문」의 세계에서는, 천하의 중심에 고구려가 위치한다. 그리고 그 사방에는 복속국으로서의 주변국이 존재한다. 만일 그 세계에 고구려와 동등하거나 우월한 나라가 존재하게 되면 그 천하사상은 성립될 수가 없다. 「비문」에 중국이 등장하지 않는 이유는 그러한 천하사상을 통해 구해야 한다. 천하사상이 중국의 천하에 참여한 경험을 바탕으로 하여 성립되었기 때문에, 그곳에 중국을 등장시키면 그 천하관은 파탄될 수도 있다. 그러므로 「비문」은 중국에 관한 사항을 생략할 수 밖에 없었을 것이다.

고구려를 절대화하는 논리로는 중국은 수용할 수 없는 대상이었기에 「비문」에 등장시킬 수가 없었던 것이다. 그런 이유가 아니라면 『삼국사기』 등에 기술되어 있는 중국에 관한 것들이 「비문」에 기술되지 않은 이유를 설명하기 어렵다.

중국의 중화사상은 중국왕조가 세계의 중심이며 중국을 지배하는 황제는 세계질서를 규율하는 유덕무비의 군주이므로, 주변의 여러 민족은 그 덕을 흠모하고 향수하기 위해 조공하게 된다는 세계관이다[125].

---

125) 西嶋定生 『일본역사의 국제환경』(東京大学出版会, 1994).

그 세계에서는 고구려도 조공하는 주변국에 지나지 않는다. 그러한 외교적인 관계는 「비문」의 천하관을 구축한 후에도 이중적으로 지속되고 있었다. 그러한 현실과 가치관의 모순이 중국을 포함시킬 수 없는 현실적 사정이었다.

고구려가 신라매금에게 의복을 하사하는 중원고구려비의 기술은 신국(新国)의 왕망(王莽)이 고구려왕을 후로 개칭하고 인수를 수여한 일이나 한왕조가 예복이나 평복을 주었다는 사실과 대응한다126). 또 고구려는 신국이 멸망하자 광무 8년에 후한에 조공하고 왕칭을 허가 받았는데127), 그것은 조공의 반대급부였다. 이처럼 내용이야 어찌되었건 고구려는 중국에 조공하고 있었고, 그것은 광개토왕과 장수왕대에도 마찬가지였다128). 그러한 사실적 내용을 「비문」에 기술한다면, 고구려가 중심이 되는 천하는 성립할 수가 없게 된다. 따라서 「비문」은 중국을 생략할 수 밖에 없었다.

6) 『고사기』의 천하

그러한 천하관은 일본의 『고사기』의 경우도 마찬가지였다. 『고사기』는 중국에 관한 내용을 일체 기술하지 않았다. 그에 반하여 『일본서기』는 중국에 관한 사항을 회피하는 일 없이 기술하고 있다. 견수사(遺隋使)나 견당사(遺唐使), 또는 당과의 전쟁과 패배한 사실까지도 적극적으로 기술하고 있다. 이처럼 『고사기』가 중국과의 관계를 기술하지 않는 의미를 코우노시타카미쯔(神野志隆光)는 다음과 같이 이야기하였다129).

---

126) 『漢書』王莽伝始建国元年条, 『三国志』魏志高句麗伝. 『後漢書』東夷伝高句麗条
127) 『三国志魏志』高句麗伝. 『後漢書』高句麗伝
128) 『三国史記』広開土王9年条.『三国史記』長寿王元年条
129) 神野志隆光『古事記』-天皇의世界의 物語(日本放送出版協会, 1995), P.222.

『고사기』는 오호야시마노쿠니(大八島国)의 다른 영역은, 조선반도—신라·백제—에 대해서 이야기할 뿐이다. 신라·백제는 복속국으로서 천황의 천하 안에 있는 것으로 하여, 천황의 천하의 역사 속에 위치시켜, 대국으로서의 자기 확증을 확보하고 있는 것이다. 중국왕조의 책봉을 받고, 중국 황제의 천하 안으로 참입(參入)해왔다고 하는 5세기까지의 역사적 사실은, 그러한 입장에서는 인정할 수 없는 것이 된다. 그래서 『고사기』는 그 같은 내용은 생략해 버린다.

『고사기』의 천하는, 중국을 그 천하에서 결락시키는 것으로 존재가 가능하게 되어, 그 결과 천황중심의 세계를 완성시킬 수 있었던 것이다. 천하의 역사를 일관하여 천황의 세계로 성립시키기 위해, 『고사기』는 중국에 관한 사항은 언급하지 않았다는 것이다. 그처럼 중국을 천하에서 제외시킨 것이 『고사기』와 「비문」의 공통점이었다. 당시의 고구려인들의 사고에는 「비문」의 천하관이 중화사상에 기저를 둔다는 사실을 인식하고 있었고, 또 그것은 중국에 조공하는 현실에서 확인되는 일이었다. 그러한 현실이 「비문」의 천하와 모순을 이루기 때문에 「비문」은 중국을 생략할 수 밖에 없었던 것이다.

고구려는 중국과의 교류를 통하여 내용보다 명분을 중시하는 중국의 책봉정책의 허실을 간파하고, 그것을 자국의 입장에서 활용하는 방법마저 터득하고 있었다. 그리고 그것을 고구려가 중심이 되는 논리로 발전시켜, 그 논리에 입각하여 고구려를 중심으로 하는 천하사상을 구축하고 그것을 「비문」으로 실현시킨 것이다.

6 결론

「비문」이 이야기하는 천하에서는 고구려가 천과의 교류는 물론 주변국과의 교류도 독점하는데, 그것이 고구려를 천하의 중심에 위치시키는 「비문」의 방법이었다. 모든 교류가 고구려를 중심으로 해서 이루어지고 주변국의 교류가 고구려에 한정된다면, 그 세계는 고구려의 질서에 의해 지배되기 마련이다. 그러한 천하에서 주변국이 질서를 위배한다는 것은 기존하는 천하의 원상을 훼손하는 일이 되므로, 그 천하를 주재하는 고구려는, 그 천하의 원상을 유지한다는 차원에서 그 주변국을 정토하지 않으면 안 된다.

그것을 실현한 내용을 구체적으로 이야기한 것이 제2부의 정토기사다. 그것은 조공을 매개로 해서 이루어지는 정토나 교류의 원칙이 지켜지지 않아서 이루어지는 정토였다. 백잔과 신라가 조공의 의무를 이행하지 않았다는 것과 왜가 천하에 나타나게 되었다는 것을 내용으로 하는 「신묘년」조의 사건을 원인으로 하여 영락 6년과 8년에 「백잔」과 신라가 정토당한 것을 생각하면, 영락 9년의 백잔과 왜의 「화통」은 그 후에 이루어지는 정토의 원인이기 마련이다.

백잔과 왜가 「화통」하는 일은 고구려를 중심으로 하는 교류의 원칙에 어긋나는 일이었기 때문에 정토당해야 했다. 그래서 영락 10년과 14년에는 왜가 추방당하고, 영락 17년에는 백잔이 정토당한 것이다.

이러한 정토가 실존했던 국가를 상대로 이루어지고, 어느 정도 사실과 부합되는 점도 있어, 「비문」의 정토기사를 사실과 결부하여 이해하려는 노력이 끊임없이 이루어지고 있다. 말하자면, 「비문」을 사실을 기록한 사료로 보고, 그곳에서 사실을 규명하려는 활동이 연구의 중심을 이루고 있었던 것이다. 또 그렇게 해서 규명된 사실도 많았을 것이다. 그러나 그렇게 해서 얻어지는 사실이 그대로 「비문」의 이해로 이어진다는 것은 아니다. 「비문」의 기술을 그대로 사실로 인정하거나 부분적인 사실을 중시하는 것은 「비문」을 바르게 이해하는 방법이 아니다.

사실을 추구하려는 연구는 사실을 기록하고 있는 부분의 연구에 집착하게 하여, 「비문」 전체가 이야기하려는 것을 놓치게 한다. 「비문」을 연구하기 시작한 일본이 왜의 의미에 집착하였기 때문에 「왕비」가 왜의 활동을 기념하기 위해서 건립된 것처럼 인식된 것과 같은 일이다. 그것은 한국의 경우도 마찬가지로, 일본의 연구에 이끌려 일본이 도출해내는 결과를 부정할 수 있는 사실을 추구하는 연구에 집착하게 되었다. 그 결과 한·일간에는 왜의 의미와 역할을 둘러싼 논쟁이 되풀이되어, 「비문」이 이야기하는 진정한 의미는 간과하게 되었다. 마치 왜의 의미를 규명하는 것이 「비문」 연구의 전부인 것처럼 되고만 것이다.

「비문」의 본격적인 연구를 시작한 일본은 처음부터 왜에 관심을 보여 1884년에 주해석한 아오에히데는, 그곳의 「신묘년」을 진(晉)의 함화(咸和) 6년(331)과 태원(太元) 16년(391)에 비정하고, 『일본서기』를 근거로 하여 「신묘년」조를 일본이 행한 외정(外征)으로 보았다130). 또 동시기에 주해석을 발표한 요코이타다나오는 「신묘년」조의 「백잔신라구시속민」을 왜가 도해하여 백잔·신라를 신민으로 삼은 사실의 기술로 보았다131). 그 후에 칸마사토모는 요코이타다나오가 백잔과 신라를 왜(和)의 「신민」으로 단정한 의견을 발전시켜, 「백잔」을 「신(臣)」, 신라를 「민(民)」으로 분리하여 해석하기까지 했다132). 그리고 나카미찌요나 미야케요네키찌 등의 연구를 거치면서, 고대 일본이 조선에 출병하여 백잔이나 신라를 신민으로 하여 광개토왕이 이끄는 고구려군과 대등한 전쟁을 수행한 사실을 반영한 것이 「비문」의 내용이라는 선에서 의견의 일치를 보았다. 그렇게 정립된 통설은 역사학의 진보에도 불구하고, 그 틀을 벗어나는 제언도 없이 그대로 조술(祖述)될 정도로 빠른 시기에 정착되었다.

그러나 그처럼 왜를 주역으로 설정하는 것이 「비문」을 바르게 이해

---

130) 青江秀『東扶余永楽太王碑之解』(国立国会図書館蔵, 1884).
131) 横井忠直『高句麗古碑考』和文(無窮会図書館蔵, 1884).
132) 菅政友「고려호태왕비명고」『사학회잡지』22(1891년 9월), P.38.

한 방법이라고는 말할 수 없다.「비문」은 고구려의 천하를 확인하기 위하여 구성된 것이기 때문에, 그 세계에는 고구려와 대등한 세력이 존재할 수 없다. 설사 그런 세력이 존재한다 해도 그것은 복속의 필연성을 확인하기 위한 가설정에 불과하다.

「비문」에서의 왜의 활동상황이「비문」의 연구가 시작된 1880년대 당시 일본이 조선·만주 방면으로 진출하려는 상황과 잘 부합된다는 시대적 배경이「비문」에서 역사적 근거를 구하는 것을 연구의 목적으로 하게 했다.「비문」연구가 전체적 구성이나 흐름을 떠나 왜가 기술된 부분에 집중되게 된 것도 그러한 연유이다. 그런 연구에는「비문」을 성립시키는 기본논리 따위는 중요하지 않다.

당시의 시대적 요구에 응해서 도출된 결론은 비문을 떠난 것이기 때문에, 한국 측이 납득할 수 없는 내용이었다. 그러나 그러한 결론이 한국의 역사를 왜곡하는 근거로 작용하기 때문에 한국 측은 묵과할 수가 없어, 그것을 부정하는 연구에 집착하지 않으면 안 되었다. 그 결과「비문」을 사료로 보고, 그곳에서 사실을 구하려고 하는 연구목적이나, 그것에 접근하는 방법은 일본의 그것과 같을 수 밖에 없었다. 결국 한일 양국은 상호가 서로를 납득시킬 수 없는 결론을 제시하면서 논쟁을 반복하고 있었다. 물론 그런 연구로 새로이 규명한 사실도 많았을 것이다. 그러나 그것이 그대로「비문」의 이해로 이어지는 것은 아니었다.

연구가「비문」을 떠나 이루어지는 것은, 신화와 역사적 사실을 접속하는 방법으로 고구려를 천하의 중심에 위치시키고, 신화로 역사적 사실의 실현 가능성을 예고하고 역사적 사실로 신화의 사실성을 보장하며, 천재와의 혈통적 관계로 왕실의 정통성을 확인하는 텍스트가「비문」이라는 사실을 감안하지 않았기 때문인 것이다.「비문」은 화이사상으로 고구려와 주변국을 구별하고, 또 그것을 다시 왕화사상으로 포섭하여 고구려의 질서에 의해 통치되는 천하를 이야기하고 있기 때문에, 그 천하에는 고구려에 대등한 세력이나 또 다른 천하는 존재할 수 없다. 그 논리를 바탕으로 하여 생각하면, 「비문」에서 왜가 주역을 담당하거나 왜가 백잔과 신라를 신민으로 하는 천하가 존재했다는 식의 주장은 성립할 수가 없다. 「비문」에는 그저 고구려의 질서로 통치되는 천하만이 존재하고, 「비문」에 등장하는 제국은 그 질서에 의해 지배될 뿐이다.

제4장

동아시아 세계와 천하사상

1 서론

1) 각국의 독자의식

「비문」은 고구려가 중심에 위치하는 천하를 이야기하는 것으로, 그 세계에는 고구려와 대등한 국가는 존재하지 않는다. 존재할 수 있는 것은 고구려가 수호하는 주변국뿐이다. 따라서 그 천하에서는 고구려가 절대적 존재로 군림하며, 그 통치는 천제의 혈통으로 이어지는 천손으로 한정된다. 그러나 이처럼 자국을 천하의 중심으로 여기는 사상은 고구려의 독자적인 것이 아니라 중국에서 발생하여 실현된 사상이었다. 고구려는 중국의 천하에 참여한 경험을 살려 독자적인 천하관을 구축하고 자국의 천하를 실현시켰으나, 그것은 고구려만이 아니라 중국의 천하에 참여하고 있었던 백제나 신라, 왜 등도 마찬가지였다.

중국의 천하사상에 의하면 중국의 군주는 유덕의 성인이기 때문에, 군주는 그 덕의 위력으로 주변 사람들을 끌어들이고 그 덕을 주변으로 확장시킨다. 군주의 덕은 중국에 머물지 않고 그 주변으로 퍼져나가 주변의 이적들도 그 덕 안으로 포섭되게 된다[1]. 그 결과 왕의 덕이 예의를 알지 못하는 주변의 이적들을 감화시켜 예의에 따르게 한

---

1) 西嶋定生『中国史를 배운다는 것』(吉川弘文館, 1995), P.44.

다. 그처럼 주변국이 왕의 덕으로 왕화되어 예의를 알게 된다는 것은, 주변국이 중국의 질서에 따르는 형식으로 중국의 세계에 포섭되는 일이었다. 말하자면, 조공을 바치고 책봉을 받는 관계로 진전되어 가는 일이었다.

조공하고 받는 책봉이란 중국의 황제가 국내의 귀족·공신(功臣)에게 왕이나·공(公)·후(候) 등의 작위와 채읍(采邑)을 내리는 것을 말하나, 그것을 주변국의 군주들과의 관계에 적용하여 그들에게 지위를 주어 군신관계를 맺고, 그것에 상응하는 의무를 과하는 것이었다2). 이러한 국제적 정치관계 속에서 고구려도 중국의 천하에 참여하여 책봉을 받고 있었다. 그 고구려가 「비문」 속에서는 자국의 천하를 구축하고 자국을 천하의 중심에 위치시키고 있는 셈인데, 그 같은 독자의식을 갖는 것은 고구려만의 일이 아니었다. 「비문」의 주변국으로 설정되어 있는 백잔이나 신라는 물론 왜의 경우도 마찬가지였다.

고구려나 일본의 독자적인 천하는 「비문」이나 『고사기』·『일본서기』 등을 통해서 확인할 수 있으나, 중국에 조공하고 책봉을 받는 주변국이 독자의 천하관을 갖는다는 것은 모순되는 일이다. 그러나 중국의 천하에 주변국으로 참여한 경험을 가진 제국은 중국의 세계를 전형으로 하여 독자적인 천하관을 구축하고 그것을 실현하려 하였다.

주변국의 군주가 권력을 강화하고, 국가조직을 만들어야 한다는 문제에 직면했을 경우, 전형으로 삼을 수 있는 것은 중국의 국가조직을 제외하고는 달리 없었다. 그리하여 군주와 국가조직의 전형을 중국에서 본받을 때, 자국을 천하의 중심으로 하는 논리로서의 중화사상을 도입하게 되고, 그것을 전형으로 하여 자국의 정통성을 확보하는 텍스트를 만들게 된다. 고구려의 「비문」이나 일본의 『고사기』·『일본서기』 등이 그러한 텍스트였다.

그처럼 「비문」이나 『고사기』·『일본서기』 등이 중국의 천하를 전형

---

2) 西嶋定生『日本歷史의 國際環境』(東京大学出版会, 1994), P.5.

으로 하여, 자국의 천하관을 구축하고 그것을 실현한 텍스트인 이상, 그것들을 비교하여 동아시아가 공유했던 천하관의 유래나 발전의 다양성을 확인하는 것은 가능한 일이다. 「비문」과 『고사기』·『일본서기』는 414년과 712·720년의 시간적인 차는 있으나, 자국의 독자적인 천하관을 구축했다는 점에서는 공통성을 가지고 있는 것으로 볼 수 있다.

2) 텍스트로서의 신화

고대 동아시아는, 말할 것도 없이 중국을 중심으로 하는 세계였다. 중국왕조의 책봉을 받고 중국의 천하에 참여하는 것이 필연적이었던 상황 속에서 고구려와 왜는 각각 어떻게 자기를 확증하고 있었을까. 「비문」과 『고사기』라고 하는 두 텍스트는 그러한 방향에서 의미를 가져야 할 것이라고 생각한다. 그럴 경우 참고할 수 있는 것이 코우노시 타카미쯔(神野志隆光)의 연구인데, 그 방향은 역사연구나 비교문화 측면이 아니라, 『고사기』가 텍스트라는 사실의 이해에서부터 시작되었다[3]. 이렇듯 『고사기』가 텍스트로서 존재하고 있는 것은, 고대국가가 천황의 세계라는 것을 스스로가 확신하기 위하여, 고대를 이야기하는 『고사기』라고 보아야한다는 것을 명확히 하는 주장이었다.

그런 면에서 『고사기』의 신화라는 것은 일본 민족사회에 존재하고 있었던 것을 그대로 수용하여 문자화하는 것이 아니라, 텍스트가 이야기하려는 세계상적인 전체적 구조를 구성하는 것으로 본다. 예를 들자면 타카아마노하라(高天原)의 생성에너지의 작용으로 만들어지는 세계를 이야기하는 가운데, 국토조성을 완성하지 못하고 『고사기』의 여신 이자나미노미코토(伊耶那美命)는 죽는다. 이에 비하여 『일본서기』에서는 음양을 원리로 하여 세계의 생성을 이야기하는 가운데 음신(여신)으로서의 이자나미노미코토(伊奘冉尊)는 죽는 일 없이, 아마테라스오호미카미(天照大神)·스사노오노미코토(素戔嗚尊)까지 낳으며, 남신과

---

[3] 神野志隆光 『古事記와 日本書紀』(講談社現代新書, 1999), P.4.

더불어 세계를 완성시키고 만다. 그러한 형식을 독자적으로 갖추고 있는 것이 『고사기』와 『일본서기』이다. 따라서 텍스트에 의해서 독자적으로 성립된 신화라고 말할 수 있는 것이다. 그것은 천황의 근거를 이야기하기 위해서, 그 필요에 의해서 만들어진 신화였다고 보아야 한다.

그렇기 때문에 텍스트를 이해하기 위해서는 텍스트를 구성하는 요소의 이것저것을 끌어내서 부분적으로 논의해서는 안 된다. 그러한 텍스트의 이해방법은 「비문」을 이해하려는 경우에도 마찬가지다. 그곳에서 고구려가 주변국을 통치한 사실을 찾아내려고 하는, 사실을 규명하려고 하는 식의 자세에서 벗어날 때, 비로소 고구려를 스스로 확증하려고 하는 텍스트가 「비문」이고, 동아시아 건국신화의 공통점이라는 것도 알게 될 것이다.

이하에서는 천하를 실현시킨 고구려의 「비문」이나 일본의 『고사기』 『일본서기』 등이 이야기하는 세계를 텍스트 차원에서 규명해 나가기로 한다.

2 동아시아세계와 천하

1) 제와 천

천하란「보천지하(普天之下)」·「하늘 아래(天의 下)」를 의미하는데, 중국인들이 즐겨 사용하는 이 말은 지리적·정치적·문화적으로 그 이상의 의미를 가진다. 그리고 그 의미도 시대에 따라 변해왔다. 천이 왕조의 흥망성쇠의 원리로 인식된 것은, 주대(周代)에 이르러서부터라고 말하는 히라오카타케오(平岡武夫)는「제(帝)」와「천(天)」의 혼용은 인정할 수 있어도, 선왕이라는 고유의 성격과 의미를 가지는「제」가「천」과 동일하다는 것은 있을 수 없는 일이라 했다.「천」의 관념은 은주(殷周)의 혁명을 계기로 해서 성립되었다.

「천」의 유어인「제」는 은대(殷代)의 갑골문 사료에도 가끔 등장한다. 은왕은 왕조의 조상신은 물론, 그 지배 하에 있는 제족신의 귀복(龜卜)을 행하는 복인(卜人) 집단의 무선신(巫先神), 일월 등을 제사지내고 있었다. 그러나 제신들 사이에는 저절로 서열이 생겨「제」가 지상신의 위치를 점하게 되었다. 그리고「제」는 강우나 한발을 조절하여 풍작을 좌우하고, 반란을 토벌하여 왕을 수호하는 조상신으로 인식되어, 결국에는 지상신으로서의 위치를 차지하게 되었다. 그에 비해「천」은 초씨족적이고 보편적인 이념에서 성립되었다. 히라오카가 이야기하는 천은 다음과 같다.

> 천은 모든 왕조, 모든 왕을 초월한 합리적인 이념이다. 그렇기 때문에 상서(尚書)가 이야기하는 천에는 사사로운 사랑(私愛)이 없다. 질투도 없다. 천이 천명을 내려 창세한 왕조라 해도 그것을 멸망시키는 일에 주저하지 않는다. 그것도 그 파괴는 왕의 사치를 천이 미워하여 누르는 것이 아니라, 왕 자신이 덕을 잃는 일을 통하여, 스스로가 초래하는 것이다. 그래서 천에 대하여 왕은 두려워하고(畏怖) 있었다. (중략) 천은 그야말로 인간의 이성 속에 있다. 그렇기 때문에 천이 선양방벌(禪

讓放伐)의 합리주의적인 사상으로 이어질 수 있는 것이다.

라고 「천」을 왕조의 정통성에 결부시키고 있다. 주나라 사람들은 이 천의 이념을 공유하는 세계를 「천하」라고 호칭하였는데, 중국문화의 특징은 거의 이 천하적 세계관의 특징성에 기인한다. 역성혁명을 되풀이하는 중국의 역대왕조는 혁명을 극복하는 방법으로 그 정통성을 필요로 했다. 혁명으로 신왕조를 열어도 대부분은 전왕조의 체제를 습용(襲用)한다. 이민족에 의한 혁명의 경우도, 위정의 권력을 장악할 뿐 정치 및 생활 그것은 자기 씨족사회적인 조직을 해체하여, 천하적 세계관에서 살아가게 되고, 항상 중화화되어 갔다. 그 흐름 속에서 성립한 것이 동아시아의 천하사상이었다.

2) 사방과 천하

「천」이나 「천하」관념이 성립하기 전까지는 다른 용어가 사용되고 있었다. 주대의 금문(金文)에는 「천하」와 대체 가능한 「사방(四方・四旁」이 은의 정령(政令)과 관계를 가지는 독자의 여러 「외방(外方)」을 의미하였다. 아베타쯔오(安部健夫)의 주장에 의하면, 「사방」계와 「천하」계의 관계는, 서로가 배척하는 관계를 이루고 있었다 한다. 그는,

> 천하개념과 사방개념의 사이에 보이는, 말하자면 상호간의 배타적인 대체관계의 대부분의 원인은 아주 명료하다. 요컨대 그것은 보다 오래되어, 반은 서주(西周)적이고 반은 춘추(春秋)적인 『시경』의 본문에서는 거의 대부분이 사방계뿐이다. 그리고 보다 새로운 전국시대 이후적인 시서(詩序)에는 거의 대부분이 천하계만이 사용되었다는 것이다. 바꾸어 말하자면, 서주(西周)에서 동주(東周)의 초기에 걸쳐서는 사방계만이 있고 아직 천하계는 없다. 그 후에 천하의 개념이 발생하자, 그것은 급속히 사방계를 왕좌에서 밀어내고 그것을 대신하게 되어버렸다는 것이다[4].

라고 『시경』에서의 용례를 전거로 하여 사방계와 천하계가 시대적으로 전후하여 사용된 것으로 구별하였다. 그것은 『서경』의 경우도 마찬가지였다. 아베타쯔오는 사방계와 천하계가 대체된 원인을, 독자적인 발전을 도모하는 각 제후국이 주실(周室)과 유관한 사방보다, 새로운 용어와 결부하는 신 주권자를 대망하고 있었다는 시대적 요구에서 구하였다. 그 시대적 요구에 응하여 안출된 것이 천하였다.

주대의 시대적 사상을 반영하는 『서경』은 「왕이 덕에 의거하여 종사하면 아랫사람들은 그것을 본받아서 언제나 왕의 덕을 천하에서 행하고, 아랫사람들도 왕과 함께 세상에 나타난다」라고, 주왕이 지배하는 소민(小民)이 사는 곳을 의미하기도 하고, 「천하에 덕을 행하면 해표(海表)까지도 복종하지 않는 자가 없게 된다」5)처럼, 「사예(四裔)」・「사이(四夷)」가 사는 해표까지를 천하에 포함시키기도 하였다. 즉 중국만을 의미하는 천하와 이적(夷狄)을 포함하는 세계로서의 천하가 병존하고 있었던 셈이다. 『사기』는 그 천하와 그 지배자의 의미를 명백하게 하고 있다.

    진은 해내(海內)를 통일하여 제후의 땅을 합치고, 남면(南面)하여 황제라고 칭하고, 그리고 사해 안을 다스렸다. 그러자 천하의 땅은 풀이 바람에 쏠리듯이 모두 진에 쏠려 복종하게 되었으니, 그것은 무슨 연유일까. 그 이유는 근고(近古)에 있어서는, 오래도록 왕자(王者)가 존재하지 않았다. 주실은 쇠약하고, 오패는 이미 몰하여 호령은 천하에 통하지 않게 되었다.
    이리하여 제후는 무력에 의해서만 정사를 행하고, 강은 약을 침하고, 많음(衆)은 적음(寡)을 학대하고, 전란은 그치는 일 없어, 토민(土民)은 피폐했다. 이런 상황 하에서, 진은 남면한 천하의 왕이 되었다. 즉 위

---

4) 安部健夫 『中國人의 天下觀念-政治思想史的試論』(하바드・燕京・同志社東方文化講座第六輯, 1956), P.21.
5) 惟有司牧夫 其克詰爾戎兵 以陟禹之迹 方行天下 至于海表 罔有不服(『書経』立政篇).

에 천자가 존재하게 된 것이다6).

라고 통일된 해내・사해를 천하로 하고, 그 천하의 통치자를 천자라 했다. 통일된 진이 「천하를 나눠서 36군」으로 하고 있었던 것을 보면, 천하라고 하는 것은 옛날 전국시대에 지배했던 영역의 지리적인 총화, 내지는 정치적인 통일체를 의미한다. 이 천하가 광대한 영토인 것은 틀림없으나, 그 영토의 외측에는 또 사이(四夷)로 불리는 제민족이 존재하고 있었다. 그것과 구별하여 만리장성을 쌓은 것을 보면, 진의 천하는 군현제도가 시행되고 있었던 중국의 내지 전체에 한정된다.

3) 한의 천하와 책봉

진을 대신한 한제국이 군현제와 봉건왕국제를 병용한 후로는, 천하에는 한이라는 국가만이 존재하게 되었다. 그것은 한이 천하유일의 통치 권력이라는 것을 의미하여, 중국의 영토가 한에 한정되면서 천하의 의미도 중국에 한정되어 버렸다. 그러나 한의 영향력이 중국 외의 주변세계에 미치자, 천하의 범위도 주변국을 포함하게 된다. 이처럼 한이 천하의 유일국이라고 믿게 된 것은 한무제 때부터였다.

한제국 초의 문제(文帝)의 천하에는 중국만이 아니라 흉노・남월・조선 등의 다원적 성분이 평화적으로 공존하는 복합적 세계였다. 문제가 흉노의 대단우에게 보낸 국서에는,

> 황제는 삼가 흉노의 대단우(大單于)에게 묻습니다. 무사하게 지내십니까. 당호(当戶) 겸차거(兼且居)의 조거난(雕渠難)과 랑중(朗中)의 한료(韓遼)를 보내어 짐에게 말 2두를 보내주셨는데, 그것은 이미 도착하여 고맙게 받았습니다. 그런데 나의 선제(先帝: 高祖)가 말씀하시길, 장성(長城) 이북의 궁사(弓射)가 뛰어난 나라에서는 명을 단우한테 받고,

---

6) 『史記』秦始皇本紀 26年

장성 이내의 의관속대(衣冠束帶)하는 한은, 짐이 그것을 통제하기로 했습니다.---한과 흉노는 이웃하여 필적하는 나라입니다7).

라고 한과 흉노가 장성의 내외를 분할하여 통치하고 있었다는 사실을 확인하는 내용이 기술되어 있다. 그처럼 한의 황제가 「황제 삼가 흉노의 대단우(大単于)에게 묻습니다. 무사하게 지내십니까. 그런데 보내드리는 것은---용건은---」의 형식에 1척(尺) 1촌(寸)크기의 목독(木牘)을 보내는 것에 비해, 흉노 측은 1척 2촌의 목독(木牘)으로, 한보다 더 큰 목독을 보내며, 그곳에 독자적인 천하관을 피력하였다.

천지가 낳고, 일월이 놓은 흉노의 대단우는, 삼가 한의 황제에게 묻는다, 무사히 지내십니까
그런데 보내드리는 것은---용건은---8)

이라고, 자신을 「천지」의 후손이라는 것을 밝히고 있다. 이는 흉노가 우위를 점한다는 현실을 배경으로 하는 천하관을 반영한 것으로 보아야 한다. 한과 흉노가 교환한 국서는 천하가 중국과 주변의 만이(蛮夷)들로 구성되어 있다는 것, 그 천하를 한과 흉노가 공유하고 있다는 것을 서로 인정하고 있다.

한과 주변의 만이가 평면적으로 존재하는 천하상에 불만을 느끼고 그 개변을 염원하는 중국인들의 의사가 실현된 것은 한무제 때였다. 무제의 통치로 국력이 충실해지자 남월(南越)·조선·서남제국을 멸하고 흉노를 정복하여, 중외(中外)가 평면적 독립적으로 공존하는 세계의 천하를, 중외가 하나로 되는 일원적 세계로 전환시킨 것이다9).

그 세계에서 한은 외신(外臣)인 민족 집단과 일정한 관계를 맺는데,

---

7) 『漢書』匈奴伝 孝文 後二年.
8) 『漢書』匈奴伝 孝文 前六年.
9) 金翰奎 「漢代의 天下思想과 羈縻之義」『中国의 天下思想』(민음사, 1988), P.79.

그것은 책봉이라는 형식으로 구체화된다. 봉건제를 확장하는 형태로 운영된 것이 책봉이다. 그 의미를 니시지마사다오(西嶋定生)는 다음과 같이 이야기하였다.

> 중국왕조와 그 주변의 제국가 사이의 지배예속의 현실적 역학관계를 정치적인 기구로 하여 구체화하는 방식으로, 그 방식의 근저에는, 중국왕조 측에는 중화사상(화이사상)이라는 중화와 이적을 차별하는 가치관과, 왕화사상이라고 하는 일단 차별한 이적을 왕사(王社)의 덕으로 중국에 재결합시킨다고 하는 논리가 결합되어 있다.

라고 중화사상을 근거로 주변국을 차별하였다가 다시 포용하여, 중국의 질서에 포함시키는 방법으로 보았다. 그리고 중국적 논리가 일방적으로 적용되듯이, 정치적 관계가 현실적으로 실현될 수 있었던 이유를 중국과 주변제국 상호간의 정치적 사정에서 구하였다.

4) 상호가 필요했던 책봉

중국과 주변국의 관계는 상호간의 이익을 바탕으로 한다. 한에서는 유교사상이 정책에 반영되어 있었기에, 군주의 유덕으로 정치이상이 실현된다고 믿고 있었다. 주변국이 한제의 성덕을 그리워하고 왕화되는 것은 군주의 유덕을 확인하는 일이었고, 또 주변국은 국내에서의 수장의 권위와 지위를 중국한테 보장받는 일이었다. 그 보장은 국내뿐만 아니라 근린국가와의 경합관계에 있을 경우에도, 중국의 권위를 배경으로 자국의 입장을 강화할 수 있었다. 그러한 주변국의 중국과의 관계는 조공하여 책봉을 받는 형식으로 이루어지고 있었다.

복잡한 동아시아에 있어서 천하는, 히라오카타케오(平岡武夫)에 의해 천하적 세계관의 본질이, 아베타쯔오(安部健夫)에 의해 천하의 역사적 성립이, 니시지마사다오(西嶋定生)에 의해 책봉체제라고 하는 형식으로 현실화된 천하의 의미가 확실하게 되었다.

한의 군국제와 책봉제는 중국의 간접지배를 가능케 하여, 중국의 질서를 확산시키기에 좋은 방법이었다. 또 주변제국의 수장들도 중국의 선진문화나 통치방법을 이용하여, 국내에서의 절대권위를 확보할 수 있었기 때문에 스스로 그 천하에 참여하고 있었다. 중국은 일찍부터 주변국과의 관계를 통하여 축적한 경험으로 주변국과의 관계질서를 정립하고, 주변국은 그 질서에 참여하는 방법으로, 수장의 권위와 자국의 이익을 도모하고 있었던 것이다.

중국의 동방에는 조선이나 왜 등의 동아시아가, 서쪽에는 중앙아시아의 초원민족이나 오아시스민족이, 남쪽에는 강남이, 북방에는 유목·수렵민족이 서로에게 영향을 미치고 있었다. 중국은 그러한 주변민족과 화전을 반복하면서 나라를 유지시켜 왔다. 그러한 과정을 통하여 중국이 주변민족을 포함하는 형상의 세계가 형성되고, 그 세계에서 중국이 중심적 역할을 하게 되었다.

5) 중국과 주변국의 의도

한족은 춘추시대 무렵부터, 스스로를 제하(諸夏)나 화하(華夏) 중국 등으로 칭하면서 공통의 민족의식을 공유하려 하였는데, 그것은 주변의 이민족과의 대응을 필요로 한다. 『춘추좌전』의 「융적은 시랑, 물리치지 않으면 안 된다」·「융은 금수이다」[10] 등이 그러한 사고의 반영이었다. 중국의 그러한 사고는 자국 내에서의 절대위치를 확보하려고 하는 주변국의 군주의 욕망과 맞물려서 타당성을 확보하고 있었다.

중국문명의 영향으로 발흥한 주변국의 군주는 자국 내에서 어떻게 해서 절대권위를 확보하고 국가조직을 완성할 것인가라는 문제에 직면하면, 그 전거를 중국에서 구할 수밖에 없었다. 그 때문에 중화사상의 차별성을 인정하면서도 그 체제에 스스로 참여하고 있었던 것이다. 그리고 거기서 배운 차별의식을 자국의 질서 정립에 적용시키고 있었다.

---

10) 戎狄豺狼, 不可厭也(『左伝』閔公元年), 戎禽獣也(『左伝』襄公四年).

또 차별하는 주변국을 중국왕의 은택으로 포용하는 것이 왕화사상의 실현이었다. 중국은 차별당하면서도 중국의 천하에 참여하는 주변국에게 일정한 조공을 받고 그것에 상응하는 지위를 주고 있었는데, 이것이 조공책봉의 관계였다. 중국에서 받은 관위 등급은 그대로 국제간의 질서로 승인되었고, 자국 내에서의 절대권위도 보장받을 수 있었기 때문에 주변국은 보다 높은 책봉을 받기 위해 조공하고 있었다.

『비문』으로 고구려의 천하를 확인하고 있는 장수왕은 물론, 『비문』에서는 패한 일이 없는 광개토왕도 조공하고 있었다. 또 고구려의 속국으로 되어 있는 백잔이나 신라 그리고 권외세력인 왜도 조공하고 있었다. 그것이 동아시아 제국이 중국의 천하에 참여하는 방법이었다. 그리고 그 경험을 살려 독자적인 천하를 구축하고 있었다. 그것을 실현한 것이 고구려의 「비문」이고 일본의 『고사기』였다.

3 고구려의 천하사상

1) 독자의식의 발아
(1) 금석문의 천하

『비문』에는 천하라는 표현이 없다. 그러나 그것의 모든 교류를 고구려가 독점하고 있다는 것, 「천제지자」가 「강세」하여 건국한 것이 고구려이고 그 통치가 천손으로 한정된다는 것, 통치를 마친 고구려왕은 승천한다는 것 등을 고려하면, 고구려를 천하의 중심에 위치시키는 사상을 근거로 해서 구성되었다는 것은 분명하다. 천에서 태어난 천제의 아들이 강세하여 고구려를 건국하고, 그 주변국들을 속민으로 하였다는 것은, 하늘 아래(天下)에 천제의 질서로 지배되는 세계, 즉 천하(天下)가 구성되었다는 것을 의미한다. 또 그것이 고구려의 통치를 천손으로 한정하는 이유이기도 하다.

이처럼 고구려를 천하의 중심에 위치시키고, 그 통치를 천손으로 한정하는 천하사상은 「비문」만이 아니라, 동시대의 「묘지(墓誌)」와 「중원비(中原碑)」에 「천하사방」・「수천(守天)」이라는 말이 사용된 것을 보면, 그것이 일반화된 당대의 사상이었고, 그것을 실현하려는 시도가 자주 있었다는 것을 알 수 있다. 「묘지」는 고구려의 건국과 건도에 관한 일을 이야기하고, 보대(譜代)에 걸쳐 관은을 입은 것에 대한 긍지를 이야기 하는 중에, 고구려의 시조를 「하백지손일월지자(河伯之孫日月之子)」라고 밝혀, 혈통을 매개로 천과 왕통을 연결하고 있다.

이 같은 왕통보의 의미를 타케다유키오(武田幸男)는, 「이 천하관은 직접적으로는 그 부모인 일월에서 유래하는 것이나, 그 표현은 천의 사상 천하사상을 둘러싼 중국 고래의 그것으로, 또 정치적 의의는 동대의 고구려에 존재하고 있던 그 천제사상으로 이어지는 것이다.」[11]라

---

11) 武田幸男 「牟頭婁一族과 高句麗王權」『高句麗史와 동아시아』(岩波書店, 1989), P.343.

고 말하였다. 다시 말하자면 「묘지」가 고구려의 시조를 「일월」의 후손으로 한 것은, 중국의 천하사상, 고구려에 존재하는 천제사상을 반영한 것으로, 그 당대에 이미 천하관이 성립되어 있었기에 가능한 표현이었다는 것이다.

그것은 「천하」라는 표현이 없는 「중원비」의 경우도 마찬가지다. 그곳에는 신라에 관계되는 일을 「신라매금」이나 「동이매금」 등으로 기술하여 신라를 고구려의 주변국으로 취급하고 있다. 이곳의 동이는 원래 중국이 동방에 존재하는 이민족을 천시해서 사용하는 칭호로, 자타를 차별하는 중화사상을 근거로 하는 용어이다. 그 중화의식은 고구려가 신라에 의복을 하사했다는 「동이매금지의복(東夷寐錦之衣服)」이나 「대위제위상하의복(大位諸位上下衣服)」 등의 기술로도 확인된다. 의복을 하사하는 것은 한 왕조가 주변국을 상대로 행하는 의례로, 고구려도 의복을 하사받는 대상의 하나였다.

중국과의 관계에서는 의복을 하사받는 입장이었던 고구려가, 「중원비」에서는 신라에게 의복을 하사하는 나라로 위치하고 있다. 그것도 신라의 왕을 「매금」으로 칭하면서 하사하는 것을 보면 신라의 종주국을 자처하고 있던 것이 분명하다.

(2) 자주적 치국

고구려가 조공을 하며 중국의 천하에 참여하고는 있었으나, 그 자주성을 지키고 있었다는 사실은 중국의 여러 기록을 통해서 확인할 수 있다. 『통전』의 고구려전은,

 賜以衣幘朝服鼓吹. 常從玄菟郡受之. 後稍驕恣. 不復詣郡. 但於東界築小城. 以受之. 遂名此城爲幘溝漊. 溝漊者句麗名城也[12]
 (한)은 고구려에 의복, 두건(幘), 예복, 피리, 북을 사여했다. 처음에는 언제나 현도군에서 그것을 받고 있었으나, 후에는 약간 교만해져서 군

---

12) 井上秀雄 譯註 「通典高句麗伝」『동아시아민족사』2(平凡社, 1993, P.176).

에도 오지 않게 되었다. 다만, 동쪽 경계에 작은 성을 쌓고 그곳에서 받았다. 그래서 결국에 그 성을 책구루라고 말하게 되었다. 구루란 고구려에서 성을 말한다.

고구려가 중국의 질서에 따라 의복을 하사받으면서도 자주성을 지키려 했던 상황을 잘 전하는 기록이다. 고구려는 의복을 받으면서 점차 자국의 의사와 방법을 취하여 중국이 교만하다고 여길 정도였다. 주변국으로 간주했던 고구려가 중국의 뜻대로 따라주지 않고 자주적으로 행동하지만, 중국은 그것을 인정하지 않을 수 없었던 것이다.

중국이 교만하다고 생각하면서도 고구려를 제재하지 못하였다는 것은 고구려가 그만한 독자적인 능력을 갖추고 있었기 때문일 것이다. 고구려는 중국이 교만하다고 느낄 정도의 독자성을 보유하고 있었던 셈이다. 그것을 알 수 있는 좋은 예가 왕망(王莽)의 신(新)과의 교류이다.

왕망이 수립한 신왕조(新王朝)는 유교사상을 정치의 기본사상으로 채용하고, 왕화사상을 실현하는 방법으로 군주의 권위를 높이려는 의도에서, 한왕조가 주변민족의 수장에게 수여한 인수(印綬)를 격하시켜서 교환하려 하였다. 이 조치에 반발하여 흉노가 북변을 침구(侵寇)하자 왕망은 고구려의 출병을 명하였고 고구려는 그에 응하지 않았다. 그러자 왕망은 고구려왕을 「하구려후(下句麗侯)」로 개명하였고, 고구려는 신의 주변을 맹렬하게 공격하였다[13]. 그러는 사이에 신왕조는 수립된 지 15년 만에 멸망하고, 후한 왕조가 출현하였다. 그러자 고구려 왕은 광무제에게 조공하고 왕으로 책봉되었다[14].

그 같은 고구려와 중국의 세력다툼을 『후한서』는 다음과 같이 전하고 있다.

---

13) 莽不聽・詔尤擊之. 尤誘期句麗侯騶至而斬之. 伝送其首詣長安. 莽大悦.布告 天下更名高句麗為下句麗(『三国志』魏書 東夷伝 高句麗).
14) 莽令其将嚴尤擊之. 誘句驪侯騶入塞斬之. 伝首長安. 莽大悦. 更名高句麗王 為下句麗侯. 於是貊人寇邊愈甚. 建武八年. 高句驪遣使朝貢. 光武復其王号 (『後漢書』東夷伝 高句驪).

後句驪王宮. 生而開目能視. 国人懐之. 及長勇壮. 数犯邊境. 和帝元興元年春. 復入遼東. 寇略六県. 太守耿夔破之. 斬其渠帥. 安帝永初五年. 宮遣貢献. 求属玄菟. 元初五年. 復興濊貊 寇玄菟. 攻華麗城15).

후에 (고)구려왕 궁은 태어나면서부터 눈을 뜨고 잘 볼 수 있었다. 나라 사람들은 (궁에게) 기대하였다. (궁은) 성장하자 용장(한 청년)이 되어 가끔 (후한의) 변경을 침략하였다. 화제 원년(105)의 봄, (고구려는) 또 요동(군)에 침입하고 (그 중의) 6현을 공략하였다. 태수 경기는 그것을 격파하고, 그 수장을 참살하였다. 안제의 영화 5년(111)에 궁은 사자를 보내어 공헌하고 현토(군)에 귀속할 것을 요구하였다. 원시 5년(118)에 (고구려는) 또 예맥과 더불어 현토(군)를 침공하여 화려성을 공격하였다.

이곳의 궁(宮)은 고구려 6대 태조대왕으로, 이 왕이 후한의 변경을 침략한 사실을 기록하고 있다. 중국의 기록이라 침략이지, 고구려의 기록이라면 그것은 다르게 표현되었기 마련이다. 말하자면 그 당시에 고구려는 세력을 넓히거나 유지하기 위하여 후한과 다투고 있었다. 고구려와 중국은 서로가 공략하면서 세력의 확장을 도모하려 하고 있었던 셈이다. 그런 상황에서의 고구려의 조공이라면, 그것은 완전한 복속을 의미하기보다는 변형된 교류의 한 방법으로 보는 것이 타당할 것이다. 따라서 이 경우의 공헌은 고구려가 중국의 강압에 굴복하여 행하였다고 하기보다는 자의성이 엿보이는 공헌(貢献)으로 보아야 한다.

111년에 공헌하고 118년에 공격한다는 것은, 즉 그렇게 짧은 시간에 공헌과 공격이 교체되어 일어났다는 것은, 공헌이 종속을 전제로 하는 것이 아니었다는 것을 시사한다. 그런 상황에서 고구려가 책봉을 받는 것은 중국에 대한 완전한 복속이라고 하기보다는 외교적 교류의 한 형태로 보아야 할 것이다. 중국의 5호 16국시대가 되자, 고구려의 그러한 자세는 한층 유연성을 띠어, 광개토왕도 요동 대방 2국왕으로 작

---

15) 『後漢書』東夷伝 高句麗.

위를 받아 후연에 외신의 예를 취하고 있었다16).

태조대왕 당시의 『삼국사기』나 『삼국지』・『후한서』 등의 기록을 보면 고구려와 중국 서로가 공격한 내용이 있는데, 고구려는 예맥・선비・마한 등을 동원하고 있었다. 이것은 고구려가 주동하는 공동전선이었다. 여기서 주목되는 점은 고구려가 요동을 칠 때는 현도에 속하기를 원하였고(救属玄菟), 현도의 침략을 받았을 때는 요동에 강속(降属)하였다가 다시 현도에 걸속(乞属)했다는 점이다17).

그러면서도 고구려는 국경을 접한 중국의 변경지역과 조공을 매개로 하는 외교관계를 통하여 중국의 선진문물을 받아들이는 대신, 원자재를 보내는 일종의 교역의 형식을 취하고 있었다.

그러는 사이 고구려는 정치적 발전을 이루어, 현도군의 치소를 통구지역에서 몰아내고 책구루 체제의 교역을 유지하게 되었다. 그러면서 현도나 요동에 속하기를 원한 것은, 고구려가 중국문물을 받아들일 필요가 줄었기 때문이었다. 「중국은 고구려가 조공을 하여 향화지심을 보여주고 중국변경을 괴롭히지 않기를 바랐다. 그러나 고구려는 중국에 대하여 때로 조공을 하고 군현에 속하기를 원하기는 하였으나 어디까지나 하나의 독립국으로서 중국에 맞서」는 관계였다18). 말하자면 고구려는 중국의 정치적 중요성의 변화와 자국의 이해에 따라 상대를 바꾸고 있었던 것이다.

중국과의 관계는 후연과의 교류를 통해서도 짐작할 수 있다. 광개토왕 9년에 연왕 모용성은 왕의 빙례(聘礼)가 거만함을 이유로 친히 군사 3만 명을 거느리고 습격하였다. 그 침략의 이유가 된 빙례의 거만이란, 동년 정월에 사신을 보내어 조공할 당시의 의례를 말한다. 그만큼 고구려는 조공은 하면서도 연이 거만하다고 느낄 정도의 태도를

---

16) 垂死, 子宝立, 以句驪王安為平州牧, 封遼東 帯方二国王. 安始置長史 司馬 參軍官. 後略有遼東郡(『梁書』卷54 고구려전)
17) 李鍾旭 「高句麗 初期의 政治的 成長과 対中国関係의 展開」『동아세아사의 比較研究』(1987), P.85.
18) 李鍾旭. 전게주17, P.88.

취하고 있었던 것이다. 고구려는 침략을 받아 일단 함락당했으나, 11년에 연을 몰아내고 13년에는 후연을 침범하였다[19]. 이 같은 사실은 중국측의 기록인『자치통감』에도 기술되어 있다[20].

(3) 서종족

기록에서 알 수 있듯이 후연과의 전투는 고구려 측의 자주적인 태도에 대한 후연의 불만에서 시작되었으나, 고구려는 후연의 도성이 있는 대릉하(大凌河) 유역까지 진출하여 후연에 압력을 가하게 되었다. 결국 고구려와의 항쟁 과정에서 후연에서는 내분이 일어나 붕괴되고 북연이 서게 된다.

그런데 북연의 왕으로 즉위한 고운(高雲)은 고구려의 유민으로 고구려왕과 같은 고씨였다. 운은 전연이 고구려를 공벌했을 때 이거(移居)한 고구려 후예로 후연 모용보(慕容宝)의 양자가 되었다가 북연의 군주로 옹립되자 원래의 성인 고를 다시 사용하게 되었다. 이러한 고운의 유래담은, 그가 고구려의 영향력으로 즉위하게 되었다는 가능성까지도 추정케 해준다.

광개토왕은 북연에 사신을 보내어 종족의 예를 베풀자, 북연왕 운도 시어사(侍御史) 이발을 파견하여 답례하였다. 이처럼 고구려가 북연의 왕에게 서종족(叙種族)하고 북연의 왕이 그에 응했다는 것은[21] 고구려의 주도로 우호관계가 맺어지게 되었다는 가능성을 시사한다.

이러한 중국과의 관계를 서영수는「고구려의 우세한 입장에서 우호관계로 들어감을 알 수 있는데, 이는 당시의 요하선 확보가 영역의 개

---

19) 九年, 春正月, 王遣使入燕朝貢, 二月, 燕王盛以我王礼慢, 自将兵三万襲之. (중략) 十一年, 王遣兵攻宿軍, 燕平州刺史慕容帰, 棄城走. 十三年, 冬十一月, 出師侵燕(『三国史記』권十八 高句麗本紀 広開土王).
20) 高句麗攻宿軍, 燕平州刺史慕容帰槀城走(『資治通鑑』卷112「晋紀」34, 元興元年).
21) 高句驪遣使聘北燕, 且叙宗族, 北燕王雲, 遣使侍御史李拔報之(『資治通鑑』卷114 義熙4년 3월).

척에만 의미가 있는 것이 아니라 고구려가 대중관계에서 외교적 우세를 확보」22)하고 있었다는 사실에 그 의미가 있는 것이라고 했다. 이처럼 대중국 관계에서 외교적 우세를 확보하고 있었다는 사실은 중국측의 기록에도 보이고 있다.

(4) 왜를 대동하는 고구려

고구려의 독자성은 왜와 중국과의 관계를 통해서도 확인된다. 고구려는 융희 9년(隆熙: 413)에 왜와 더불어 동진왕조에 견사 조공하여 책봉을 받았으나23), 왜국왕이 관작을 받았다는 기록은 없다. 이것을 사카모토요시다네(坂元義種)는 이때의 왜의 사자는 야마토 정권이 파견한 것이 아니라, 고구려가 자국의 강대함을 나타내기 위하여 당시 고구려에 포로가 된 왜인을 데리고 간 것으로 추론하였다24).

이 추론이 옳다면 고구려는 당시에 왜를 복속시키는 형태나 중국 군현을 공격하는데 예맥·선비·마한 등의 세력과 공동작전을 펴는 형태의 독자적인 세계관을 구축하고 있었다는 것이 된다. 고구려가 연합세력을 구축하고 그것을 중국에 과시하려 했다면, 그것은 자국이 구축한 천하관의 실현이었다. 고구려는 중국과 교류하면서 독자적인 천하관을 구축하고 그것을 실현하고 있었던 셈이다.

416년에 북연은 북위에게 멸망당한다. 그때 북위는 고구려에 사자를 보내어 망명한 북연의 빙문통(馮文通)을 보내줄 것을 명하였으나, 고구려는 이를 거부하고 그를 송환하지 않았다. 그러자 북위는 거센 압력을 가하며 군사적 위협을 가하려 하였다25). 그러한 위협을 받으면서도 고구려는 독자적인 태도를 취하고 있었던 것이다.

---

22) 徐栄洙「広開土大王淩碑文의 再検討」(中)(『歷史学報』,1 982), P.122.
23) 『晋書』安帝紀.
24) 坂元義種『倭의 五王』(教育社, 1981년).
25) 時馮文通率衆奔之. 世祖遣散騎当侍封撥. 詔璉令送文通. 璉上書秤. 当与文通俱奉王化. 竟不送. 世祖怒. 欲往討之. 楽平王丕等議待後挙. 世祖乃止. 而文通亦尋為璉所殺(『魏書』高句麗伝).

또 438년에는 북위와의 전쟁에서 패한 풍홍(馮弘)이 고구려로 도주하여 송에게 구원을 요청했고 송조는 풍홍을 보낼 것을 명하였으나, 고구려는 그에 응하지 않고 풍홍을 살해하고 말았다.

고구려가 송의 명을 무시하였음에도 불구하고, 송은 고구려의 뜻을 존중하고 있었다. 송조는 고구려와의 분쟁을 피하기 위하여 장수왕의 뜻에 따라 자국의 군사를 투옥시키기까지 하였다26). 이처럼 고구려는 중국왕조에 조공은 하면서도 독자성은 지키고 있었다. 이 독자성이 자국을 중심으로 하는 세계를 구축하는 천하관으로 발전하고, 그것을 「비문」으로 실현하게 한 셈이다.

2) 천하사상

(1) 천하와 사방

고구려는 변화하는 중국의 상황에 맞추어 독자적인 입장을 취하고 있었으나, 그것은 어디까지나 중국과의 교류, 중국을 천하의 중심에 위치시키는 세계에 참여한 경험을 바탕으로 해서 가지게 된 사고였다. 고구려가 중국에 조공을 한다는 것은 그 속국임을 스스로 인정하는 일임에도 불구하고, 실제적으로는 독자적인 천하사상을 구축하고 있었다.

고구려가 중국에 조공을 하고 책봉을 받으면서도 독자적인 태도를 취하고 있었다는 것은 중국의 천하에 참여하면서 독자적인 천하관을 구축하고, 자아를 중심에 위치시키는 세계의 실현을 의식하고 있었기 때문에 취할 수 있는 자세였다. 그 독자적인 천하관을 실현한 곳이 「비문」인 셈인데, 그것은 「묘지墓誌」나 「중원비(中原碑)」 등의 기록에서도 확인된다.

「비문」에는 천하라는 직접적인 표현은 없다. 그러나 그것과 대체할 수 있는 사고나 용자(用字)는 확인할 수가 있다. 예를 들자면, 무위를

---

26) 弘敗走奔高驪北豊城. 表求迎接. 太祖遺使王白駒. 趙次興迎之. 并令高驪料理資遣. 璉不欲使弘南. 乃遺. (略) 上以遠國不欲違其意(『宋書』高句麗伝).

온 천하에 떨쳤다고 해석할 수도 있는 「무위진피사해(武威振被四海)」의 「사해」와 같은 것이다. 원래 「사해」는 『사기』가 진의 영역을 나타낸 「진(秦)의 해내(海內)를 통일하고 제후의 땅을 합하여, 남면(南面)하여 황제(皇帝)로 칭하고, 사해 안을 다스렸다」의27) 「해내」와 같은 것으로, 「천하」와 동질적인 의미를 가진다.

또 그것은 「사방」으로 대체되기도 한다. 『시경』·『서경』을 분석하여 「사방」과 「천하」를 조사한 아베타쯔오(安部健夫)에 의하면, 「서주(西周)부터 동주(東周)의 초에 걸쳐서는 사방계만이 사용되고, 그때까지 천하계는 사용되지 않았다. 그 후에 천하계가 발생하자, 이것은 급속히 사방계를 그 왕좌에서 쫓아내고 그것을 대신하게 되었다」는 사실은 전술한 바 있다28).

먼저 사방계의 용어가 사용되었으나, 후에 천하계가 등장하여, 사방계를 천하계가 대신하게 되었다는 것이다. 다시 말하자면, 「사방」과 「천하」는 사용되는 시대가 달랐을 뿐 같은 의미로 사용되는 동의어였다.

그 「사방」이라는 표현이 「비문」에 직접 사용된 예는 없다. 그러나 그곳에 사용된 「동부여(東夫余)」·「홀본서(忽本西)」·「남하(南下)」·「북부여(北夫余)」 등의 용어에 사방의식을 반영한 「동·서·남·북」이 활용된 것을 보면, 그 「사방」의식이 실생활에 활용되고 있었음을 엿볼 수가 있다. 그같은 용어들은 천하를 의미하는 「사방」의식이 실제 생활에 활용되고 있었기에 나타날 수 있는 표현이었다. 방위관념을 실생활에 활용하는 시대적 상황이 「비문」의 기술을 통하여 나타난 셈이다.

「비문」이 고구려를 「북부여」의 남방에 위치시키고, 그 동쪽에 있는 나라를 「동부여」로 표기하는 것은 「동·서·남·북」이라는 방위관념을 바탕으로 하여 고구려가 「사방」의 중앙, 즉 「천하」의 중심에 위치한다는 사실의 확인이었다. 자신들이 구축한 독자적인 천하사상을 그렇게 실현하고 있었던 것이다.

---

27) 『史記』秦始皇本紀 제6,
28) 安部健夫, 전게주4, P.21.

(2) 호칭의 독자성

「비문」은 백잔의 왕을 「잔주」, 신라의 왕을 「매금」으로 칭하면서 고구려왕은 「호태왕」・「태왕」・「왕」으로 호칭하고 있는데, 그것은 고구려와 타국을 차별하는 화이사상의 실현이었다. 어째서 고구려가 화(華)이고 백잔이나 신라가 이(夷)에 해당하는 것인지, 그것에 대한 설명은 없다. 그저 「비문」이 그렇게 단정했을 뿐인데 그것이 절대적인 규범인 셈이다. 그런 규범에 의해 고구려는 여타 세력보다 절대적이고, 그래서 천하의 중심에 위치하는 것이다.

「비문」이 고구려의 왕을 「호태왕」・「태왕」・「왕」으로 호칭하고, 백잔이나 신라의 군주에게는 왕호 대신에 「잔주(殘主)」・「매금(寐錦)」으로 호칭하여 차별하는 것은, 그 왕이 통치하는 국가를 절대화하는 방법이었다. 이런 경우의 왕호의 의미를 박시형은 지상 최고의 권력자를 의미하는 칭호라 했다[29]. 그것은 추모왕이 천제와 하백여랑을 부모신으로 하는 것을 근거로 하는 주장이다. 추모왕이 천제의 아들이라는 것을 근거로 「추모왕은 왕이고, 동시에 천자로, 지상 유일의 최고 권력자이」기 때문에, 이 왕통을 계승한 후손들이 지상 최고의 권력자가 되는 것이다.

이처럼 왕호를 가지고 고구려와 그 주변국을 차별하는 「비문」이 왕이 군사를 내는 해의 기년에는 연호를 사용하고 있다. 원래 연호란, 중국・한국・일본 등에서 군주의 치세에 붙이는 칭호로, 황제를 자칭할 때 사용하는 것으로 제후는 제정할 수 없었다. 그럼에도 고구려는 「영락(永樂)」을 비롯한 일곱 개 정도의 연호를 실제적으로 사용하고 있었다[30]. 이처럼 화이사상으로 자타를 구별하는 「비문」의 고구려가 독자적인 연호까지 사용했다는 것은, 천하사상을 의식하는데 그치는 것이 아니라, 그것을 구축하고 실현했다는 것을 의미한다.

---

29) 朴時亨 全浩天역 『広開土王陵碑』(소시에테, 1985년), P.174.
30) 王光錫 「高句麗의 年号」『閔丙河博士停年紀念論叢』(渓村閔丙河教授停年紀念論叢刊行委員会, 1989년), P.3.

연호의 의미는 왕호와 더불어 판단할 필요가 있다. 왕이란 중국의 황제한테 책봉되는 작위로서의 의미를 가진다. 그러나 「비문」의 왕호는 그것과는 다르다. 광개토왕이 즉위하면서부터 「영락」이라는 연호로 수식되는 왕호를 사용하였고, 「호태왕」·「태왕」·「왕」 등으로 호칭된 것을 보면, 「추모왕」·「유류왕」·「대주류왕」 등도 중국질서에 의해 책봉받는 왕호와는 다른 칭호라는 것을 알 수 있다. 그 왕호에는 책봉체제에서는 통용되지 않는, 고구려가 구축한 세력권에서 사용된 것으로 볼 수 있는 독자성이 엿보인다.

왕호의 독자성은 추모왕이 「천제의 아들이고, 모는 하백의 여랑」(「비문」), 「하백의 손, 일월의 자」(『묘지』)처럼 초자연적인 존재와 결부되는 것에서부터 나타난다. 그리고 「비문」이 추모왕에 관해 「명가(命駕)」 「순행(巡幸)」 「고명(顧命)」, 광개토왕에 관해서는 「등조(登祚)」 「연가(宴駕)」 「선가(旋駕)」 등, 천자의 동작에 사용하는 용어를 선택하고 있는 것도 왕호의 자주성을 바탕으로 하는 것이다. 그러한 의식적인 표현을 무매개적으로 강조한다면, 모든 고구려의 군주는 「지상에서 유일한 최고의 주권자」이고, 「고구려의 황제」라고 여겨질 정도이다[31].

(3) 자주적 책봉

고구려 군주의 황제호가 이야기되면 반드시 등장하는 것이 「소열제(昭烈帝)」이다. 『수서』에는 고구려 고국원왕이 동천왕의 현손자에 해당하며 후에 백제에게 살해당하는 소열제라[32]는 내용을 전하고 있다. 서영대는 그것을 「당시 북중국 호족 군주들의 칭제사실이나 모용부의 대규모 침입시 대공을 세운 고밀(高密)에게 당시 고구려 군주가 봉왕하려고 했던 점 등[33]」을 근거로 일시적이긴 하지만 칭제한 사실을 인

---
31) 武田幸男 「高句麗 太王의 国際性」(전게주11, 1989), P.262.
32) 位宮玄孫之子曰昭烈帝, 為慕容氏所破, 遂入丸都, 焚其宮室, 大掠而還, 昭烈帝後為百済所殺(『隋書』卷81 高麗伝).
33) 至後漢末 高句麗与慕容戦大敗, 国幾将滅, 廿代祖高密, 当提戈独入斬首尤多, 因破燕軍, 重存本国, 賜封為王, 三譲不受(李蘭瑛編 「高句麗古字墓誌銘」『韓

정하려 하였다[34].

　이와는 달리, 타케다유키오는 황제라는 칭호가 이 군주 한 사람으로 한정되어 달리 예를 볼 수 없고, 이것도 오사(誤写)·오독(誤読)의 결과로 출현한 환영에 지나지 않은 것이라 했다. 그리고『수서』의 기록이『위서』권100 고려전의 기사를 절략(節略)한 것이나, 그것도 문제의「소열제(沼列帝)」는 뒤에 나오는「쇠열제(釗烈帝)」의 오기라 했다. 또한 문장의 구조상「소열제」나「쇠열제」등의 고구려 군주가 등장할 여지가 없다며,「고구려 군주가 중국 군주와 같은 황제(皇帝)호를 칭한 일이 없고, 황제에 준하는 천왕(天王)호를 칭한 형적도 없다」했다[35].

　그러나『삼국사기』에는 공벌당한 자와는 달리 내항해 온 자를「주(主)」「왕(王)」「우태(于台)」「고추가(古鄒加)」로 삼거나「성(姓)」을 주고, 전공을 세운 자에게는「군(君)」으로 호칭했다는 기술이 있다. 또 공략한 땅은 성읍(城邑)으로 하거나 속국·군현으로 하기도 하고, 부용(附庸)하게 한 기록도 있다[36].

　이는, 영토를 새로 얻게 되면 하나의 행정단위로 하여 왕권의 지배하에 두되 이를 지배하는 권한을 내항자(来降者)나 전공자들에게 주고 있었던 사회상을 반영한다. 그렇게 해서 특권을 얻은 사람들은 명예칭호로「왕一고추가(侯)」,「군一대가」, 기타「패자」,「우태」등의 작위를 받는다고 하나, 그것은 고구려를 중심으로 하는 독자적 세계관을 배경

国金石文追補』, 1968).
34) 徐永大「高句麗 平壤遷都의 動機」『한국문화』2(1981), P.104. 李玉「高句麗의 征服과 爵位」『東方学志』27(1981), P.7.
35) 武田幸男「高句麗 太王의 国際性」전게주11, P.269.
36) (東明聖王)二年, 夏六月, 松讓以国来降, 以其地為多勿都, 封松讓為主, 麗語謂復奪旧土為多勿, 故以名焉 (中略). 十年, 十一月, 王命扶尉猒, 伐北沃沮滅之, 以其地為城邑. (琉璃明王 十一年 四月) 鮮卑首尾受敵, 計窮力屈, 降為属国, 王念扶芬奴功, 賞以食邑. (大武神王 五年七月) 扶余王從弟 (中略) 乃与万余人来投, 王封為王, 安置掾那部, 以其背有絡文, 賜姓絡氏. (大祖大王二十二年 十月) 王遣桓那部沛者薛儒伐朱那, 虜其王子乙音為古鄒加. (西川王十一年 十月) 肅慎来侵 (中略) 抜檀盧城, 殺酋長, 還六百余家於扶余南烏川, 降部落六七所 以為附庸,

으로 할 때 생각하고 사용할 수 있는 명명이었다.

　고구려가 영토를 확장하면, 하나의 행정단위를 인정하고, 내항자나 전공자에게 지배권을 주어 「왕」・「고추가」・「후」・「군」・「패자(沛者)」・「우태」 등의 작위를 부여했다는 것은 중국의 기록을 통해서도 확인할 수 있는 사실이다37). 중국의 세계, 즉 중국이 지배하는 천하에 참여하며 의식하게 된 독자의식과, 그 의식을 바탕으로 구축한 천하사상이 『삼국사기』가 전하는 기록과 같은 형태로 발현되다가, 「비문」에 이르러서 정리되었을 것이다. 즉, 고구려인들의 세계관을 실현시킨 것이 「비문」의 천하이고 「묘지」나 「중원비」의 천하였다. 그러한 천하에서의 고구려는 중국의 천하에 참입하는 주변국이 아니라, 주변국한테 조공을 받고, 그에 상응하는 관작을 책봉하는 천하의 중심이었다.

3) 비문의 천하
(1) 신화의 시점 석(昔)

　「비문」의 세계는 천상에서 난생한 「천제지자」 추모왕이 강세하여 건국한 고구려가 중심에 위치하기 때문에 천지간의 공간을 기축으로 하고, 천제의 혈통을 계승한 천손들에게 그 통치가 한정되므로 천제에서 장수왕으로 이어지는 시간을 축으로 한다. 따라서 지상은 「천제지자」가 고구려를 건국한 시점부터 천제의 질서에 의해서 지배받게 된 셈이다. 그때까지의 지상은 창조되어 존재하며 천에 대응하는 공간에 지나지 않았다. 그 공간은 하백과 같은 지상신들에 의해 통치되고 있었다. 그곳에 「천제지자」가 강세하여 천제의 질서를 적용하기 시작하면서부터 천의 질서에 포섭되게 된 것이다. 그런 의미에서 「천제지자」의 건국이 공간적인 지상을 천제의 질서로 통치되는 천하로 전환시킨 계기였다고 말할 수 있다.

---

37) 其国有王. 其官有相加・対盧・沛者・古鄒家・主簿・優台・丞使者・皂衣・先人・尊卑各有等級(『三国志魏志』 巻30 高句麗伝).

「비문」이 아무것도 이야기하고 있지 않아 천지가 어떻게 창조되었는가 하는 과정은 알 수 없으나, 「천제지자」가 강세하기 이전에 이미 창조되어 있었기 때문에 천제와 하백여랑의 신혼이 가능했고, 「천제지자」의 「강세」와 건국도 가능했다. 그 일련의 일들이 진행된 시점을 「비문」은 「석(昔)」으로 표현하고 있는데, 그 「석(昔)」은 역사적 시점이 아니라 신화적 시점으로 보아야 한다.

「석(昔)」의 시점의 천지상은 어떠했을까. 천에는 천제와 천제에 의해 지배되는 세력들이 존재하였을 것이다. 천제가 하백여랑과 신혼을 맺는 것을 보아 천제의 부모신이 존재하였고, 그 일가의 권속들도 존재하며, 천제의 질서에 따르고 있었기 마련이다. 그에 대응하여 존재하는 지상은 하백여랑과 같은 지상신들이 존재하며, 천제의 질서가 아닌 지상신들의 질서로 지배되는 세계였을 것이다.

그곳에 천제가 나타나 하백여랑과 신혼을 맺었다는 것을 보면 천지간의 교류가 가능한 시기였다. 아직 질서관계도 정립되지 않은 상황에서 추모왕이 지상에 강세하여 건국활동을 하는 과정을 거치며, 지상도 천제의 질서를 경험하게 되었을 것이다. 이를 통해 천이 우위를 차지하는 천지 간의 질서도 정립되었을 것이다. 따라서 지상의 「석(昔)」의 시간은, 지상신들의 질서로 지배되는 시기와 천제의 질서로 통치되는 시기로 구별된다.

그러나 「비문」이 이야기하는 「석(昔)」의 시점에 이루어지는 일들, 천제와 하백여랑의 신혼, 그 신혼으로 추모왕이 난생했다는 것과 같은 일들은 사실적으로는 설명하기 어렵다. 그러나 고구려의 정통성은 그것을 근원으로 하기 때문에 일방적으로 부정할 수도 없는 일이다. 그것을 긍정하고 접근할 때 고구려의 정통성이나 당시의 사회적 사상들을 이해할 수 있게 된다. 이처럼 사실적으로 설명할 수 없는 일들이 이루어지는 신화적인 시점인 「석(昔)」에 고구려가 건국되었으므로, 고구려는 천제의 질서로 지배되기 시작한 천하에 처음으로 건국된 나라인 셈이다. 고구려의 통치가 천손으로 한정되는 것도 그런 연유이다.

(2) 고구려와 주변국의 차별

「비문」의 천하에는 고구려와 대등하거나 고구려의 질서를 어기는 세력은 존재할 수 없다. 그것을 어기는 세력은 정토당하여 복속을 서약하거나, 권외로 추방당하고 만다. 그러한 천하의 질서관계를 구체적으로 실현하여 확인하는 것이 광개토왕의 정토전이다.

다시 말해 공간적인 지상은 「천제지자」의 강세를 계기로 천의 질서로 통치되는 천하로 전성되었고, 그 천하의 통치가 천손에게 한정되게 된 것이다. 그 같은 천의 관여와 혈통적인 관계에 의해 전성된 천하이기에 그 천하에서는 천손이 통치하는 고구려가 중심에 위치하게 되고, 고구려에 저항하거나 그 질서를 위배하는 세력은 존재할 수 없는 것이다. 설사 그러한 세력이 일시적으로 존재한다 해도, 그것은 복속의 필연성을 확인시켜 줄 뿐이다.

천하의 질서는 주변국들의 조공으로 확인되는데, 주변국은 고구려에 조공하는 방법으로 그 천하에 참여하고 있었다. 그런 의미에서 조공한 일이나, 조공을 요구받은 일이 없는 왜는 천하의 구성에 참여하는 세력이 아니다. 왜는 고구려에 조공한 일이 없으며 고구려도 그것을 요구한 일이 없다. 고구려는 왜와 접전할 때도 그저 추방시킬 뿐이다.

왜가 조공과 무관하게 천하의 권외에 존재한다는 것은 천하를 구성하는 주변국에서 왜를 제외시켜 이중적으로 부정하는 일이다. 「비문」은 천하에 등장하는 세력을 일단 고구려와 그 주변국으로 구분하여 「화이사상」을 실현하는데, 왜는 그 주변국에도 포함시키지 않고 있다. 그러면서도 왜를 등장시키는 것은 고구려와 주변국을 차별하고, 다시 주변국과 왜를 차별하는 이중 부정을 통하여, 주변국을 요소로 해서 구성하는 천하의 절대성을 확인하는 일이었다.

(3) 주변국의 전신

「비문」은 고구려의 건국 과정이나 천제의 혈연에 연유하는 왕통의 유래는 이야기하고 있으면서도, 같은 천하의 구성요소인 주변국에 대해서는 아무것도 이야기하지 않고 있다. 그저 고구려와의 관계만을 이야기할 뿐이다. 백잔과 신라는「구시속민」으로 동부여는「구시추모왕속민」으로 기술하여 원래부터의 속민으로 단정하고, 그 주변국이 질서를 위배하면 정토하여 다시 복속시키는 것을 기술한 것이 전부이다.

그러나 공간적으로 존재하고 지상신들에 의해 통치되던 지상에 추모왕이 강세하여 건국한 것이 고구려였다면, 그 고구려의 전신이 되는 공간에 거주하는 선주 세력은 그 이전부터 존재하고 있었다는 것이 된다. 그렇다면 천하의 구성에 참여하는 주변국들도 비려·백잔·신라·동부여 등으로 구체화되기 이전부터 다른 형태로 존재하고 있었을 것이다.

하백의 영향을 받던 공간이 추모왕에 의해서 고구려로 전성되었듯이 비려·백잔·신라·동부여 등도 주변국으로 전성되기 이전의 원초적 세력으로 존재하고 있었을 것이다. 그것은 추모왕의 고구려에 의해 천제의 질서에 포섭되는, 고구려의 전신과는 구별되는 집단이었다. 그 집단들은 독자적으로 존재하고 있다가, 먼저 천제의 질서에 포섭된 고구려에 조공하는 방법으로 그 질서에 포섭되며, 천하의 구성에 참여하고, 왕화되었을 것이다. 하백이 통치하던 공간이 고구려로 발전되었듯이 그 집단들도 비려·백잔·신라·동부여 등으로 발전된 것이다.

(4) 조공과 정토

「비문」의 질서는 주변국이 조공의 의무를 이행하느냐의 여부, 주변국이 고구려 중심의 교류원칙을 준수하느냐의 여부로 확인된다. 광개토왕의 정토는 그러한 원칙에 어긋나는 현상이 나타나는 경우에 이루어지는데, 영락 5년의 비려정토, 6년의 백잔정토, 8년의 신라정토, 20년의 동부여정토가 조공을 매개로 하는 정토라면, 영락 10년과 17년의 정토는 교류원칙의 위배를 원인으로 하는 정토라 할 수 있다.

조공을 매개로 하는 정토는,「유미조공」·「중반불공」처럼 그 원인을 분명히 하는데, 그 정토는 조공을 서약시키거나 그에 상당하는 응징을 가하는 것으로 종료된다. 그러나 교류의 원칙을 어기는 경우, 말하자면 백잔과 왜가 영락 9년에 「화통」하는 것과 같은 교류로 질서를 위배했을 경우는 응징이 우선된다. 그러나 응징을 당한다 해도 백잔과 왜의 입장이 같은 것은 아니다. 백잔은 조공하는 주변국이기 때문에 조공을 서약하거나 응징을 당한 후에는 주변국으로 복귀할 수 있으나, 왜는 포섭되는 일 없이 권외로 추방되고 만다.

조공이란 주변국이 종주국에 바치는 것이지만, 그것은 고구려의 수호를 보장받는 권리를 획득하는 일이었고, 종주국은 주변국을 수호한다는 책무를 지는 일종의 계약이었다. 그래서 고구려는 조공의 의무를 충실히 이행하는 주변국은 수호하고, 그 의무를 이행하지 않는 주변국은 정토하는 것이다. 그것의 좋은 예가 백잔·신라와의 관계이다. 영락 9년에 광개토왕이 평양에 간 것은 백잔과 왜의 「화통」을 원인으로 하는 순행으로, 백잔을 정토하고 왜를 추방시키기 위한 사전 준비였다. 그곳에 신라의 사신이 나타나 구원을 요청하였는데, 그것은 신라의 당연한 권리였다. 신라의 요구가 없어도 신라를 수호해야 하는 것이 고구려의 입장이었다. 그것이 조공하는 주변국을 수호하는 종주국으로서의 책무를 이행하는 일이었고, 지속적인 조공을 보장받을 수 있는 일이었다.

(5) 혈통이 보장하는 천명

조공을 매개로 천하의 질서가 유지되는데, 그 천하사상이란 중국에서 형성되어 한자문화권으로 확산된 사상이다. 그것은 천명을 받은 자가 하늘을 대신하여 천하를 지배한다는 것이므로, 그 천하의 통치는 천자에게 한정된다. 이 같은 원칙을 한서는, 「민의 부모로 천자를 만들었다, 그래서 천하의 왕이다」[38], 「천하의 군주를 천자라 한다」[39], 「천하가 어지러운 이유를 알아보니, 정치 지도자가 없는 것을 원인으로 한다. 그래서 천하의 현자를 선택하고 세워서 천자로 한다」[40] 등으

---

38) 天子作民父母 以爲天下王(『書経』洪範)
39) 君天下曰天子(『礼記』曲礼下洪).

로 이야기하고 있다. 즉 천하는 천자와 불가분의 관계를 가지는 세계로, 천자에게 귀속되는 것으로, 질서 있는 세계가 될 수 있는 것이다41).

천하사상은 천을 근거로 하기 마련인데, 그 천에 대한 의견은 다양하기 그지없다. 그러나 천을 묵가(墨家)가 말하는 것처럼, 만유(万有)를 지배하는 절대신인 상제나 천제로 간주한다 해도, 또 유가나 도가처럼 우주를 통괄하는 어떤 섭리나 이법으로 간주한다 해도, 천이라는 것은 어떤 집단에 한정해서 특수한 관계를 갖는 것이 아니라 시공을 초월해서 작용하는 보편적인 성격을 가지는 것으로 인식되었다.

천제의 사상을 의미하거나 또 이 법을 구현하는 것을 상징하는 것이 천명이다. 그래서 이 천명은 입국의 정당성이나 군주권력의 정통성을 보증하는 중요한 근거로 강조되어 왔다. 현실적으로 그 천명은 군주가 지켜야 하는 도리로 구체화되어, 그것에 따라서 정치이념이 다양한 형태로 개신되기도 하였다. 그 천명의 소재는 피치자인 민심의 반응으로 확인되는 것으로 여겨져, 천명의 소재에 의해 선양이나 토벌을 정당화하여 왕조의 교체를 합리화하기도 했다. 이처럼 천자는 하늘의 명을 받아 통치를 행하는 자로, 천명을 받아 재위하는 군주를 천자라고 칭했다42).

「비문」에는 천자라는 표현은 없으나 추모왕을 「천제지자」·「황천지자」로 기록하여 천과 연계시키고 있어, 고구려를 세운 시조를 천자로 간주하고 있다는 것을 엿볼 수 있다. 「비문」의 「천제지자」가 천자와는 다른 표현이라는 것은 분명한 사실이나, 「천제지자」를 어의 그대로 해석하여 「천제」의 「자(子)」로 본다면 「천제지자」와 천자는 천제의 아들을 의미한다는 점에서는 같다고 말할 수 있을 것이다.

그것은 천명의 경우도 마찬가지다. 「비문」에는 천자의 경우처럼 천명이라는 직접적인 표현은 없으나, 추모왕의 「강세」와 「순행」이 천제

---

40) 『墨子』尚同篇上.
41) 神野志隆光『古事記の世界観』(吉川引文館, 1986), P.2.
42) 盧泰敦「五世紀高句麗人의 天下観」『韓国市民講座』3(一潮閣, 1988년), P.67.

의 뜻에 따라 이루어지는 것이라면 그것은 천제를 대리하는 일이고 천명을 수행하는 일로 볼 수 있을 것이다.

그런데 「순행」하는 「천제지자」가 강에 이르러 부모신의 이름을 밝히는 방법으로 도하했다는 사실은, 그것이 부모신의 수호로 가능했다는 것을 의미한다. 이처럼 「천제지자」가 문제의 해결방법을 부모에게 요구했다는 것은 「천제지자」의 「강세」와 「순행」이 천제의 의사에 따라 이루어지고 있었다는 것, 즉 천명에 따라 이루어지는 것이었음을 알 수 있다.

그런데 「비문」의 「천제지자」나 「천명」의 의미는 한서가 이야기하는 그것들과는 근본적으로 다르다. 「비문」의 추모왕은 천하에 존재하는 현자였기 때문에 선택되는 천자가 아니었다. 그는 천제의 혈통을 이어받은 아들이기에 천자이고, 천제의 권능을 계승받았기에 절대적인 권위를 획득한 천자인 것이다. 천명도 마찬가지이다. 추모왕이 천제의 아들이고, 천제와 동질체이기 때문에 천제의 명령, 즉 천명을 받고 천하에 군림하고 있는 것이다.

4) 모두루묘지의 천하
(1) 이케다의 보고

「비문」과 동시대의 것으로 생각되는 금석문에는 「모두루묘지(牟頭婁墓誌: 이하 墓誌)」가 있다. 그것은 석축 이실(二室)의 구조로 된 토분(土墳)으로, 주실은 약 3평방미터의 방형으로 그곳에 두 개의 관대(棺台)가 있으며, 전실은 3×2미터의 장방형으로 그 전실 벽면의 상단에 한자로 기록된 묘지이다. 두루마리로 된 경전을 펼쳐놓은 듯한 「묘지」로, 중국 길림성 집안현 하해방촌(下解放村: 旧名 下羊魚頭)에 있다.

이 묘지는 1935년부터 그 다음해에 걸쳐 조사된 것을 계기로 이케우찌히로시(池内宏)[43], 사에키아리키요(佐伯有清)[44], 타케다유키오

---

43) 池内宏「通溝二日半」(『東洋』38~12, 1935년 12월), 동『満洲国安東省輯安

(武田幸男)45) 노간(労榦)46) 등에 의해서 연구되어 왔다. 연구가 시작된 당시의 상황과 묘지에 관계되는 사항을 알기 위해서 이케다히로시의 여행기와 보고서의 일부를 소개하기로 한다.

만포진(満浦鎭)을 마주보는 양어두(羊魚頭)에 아주 진귀한 하나의 고총(古冢)이 존재한다. 양어두에는 아직까지 주의를 기울이지 않은 고분군이 있다. 조사 중에 일행을 위해 안내의 어려움을 맡아 준 이토우(伊藤)씨는 이 고분군 중에 문자를 명기한 무덤이 존재한다는 것을 들어 알고, 그 토총(압록강의 북안을 북으로 가길 2정 정도)으로 우리들을 안내하였으나, 불행하게도 내부로 통하는 구멍이 막혀 있었기 때문에 결국은 조사하지 못하고 마쳤다. 그런데 그 후에 유적 촬영에 종사한 사이토우키쿠타로우(斉藤菊太郞)씨는 구멍을 열고 스스로 실험한 것을 서면으로 귀경한 나에게 알려 주셨다. 그것에 의하면, 명기는 전실 정면의 상면에 있다. 칠식(漆喰) 위에 황토를 발라, 열자 씩(十字詰) 83행(혹은 84)의 괘선을 그은, 각 문자는 종 1촌, 횡 9분의 격자목(格子目) 안에 들어있다. 문자의 명료한 부분은 전체의 4분의 1정도로, 처음 2행에,

大使者牟頭□□□□□□□□文(대사자모두□□□□□□□□문)
이라고 있고, 제3행 내지 6행에,

県高句麗遺蹟』(満日文化協会, 1936년), 동 「高句麗人牟頭婁의 墓와 墨書의 墓誌」(『書苑』1~8, 1937년 10월), 동 『通溝』上卷(日満文化協会, 1938년), 池内宏・梅原末治『通溝』下卷(日満文化協会, 1940년).
44) 佐伯有清 『七支刀와 広開土王碑』(吉川弘文館, 1977년), 동 「高句麗牟頭婁墓誌의 再検討」(『史朋』7, 1977년 10월), 동 「高句麗牟頭婁墓誌의 再検討」(『日本의 古代国家와 동아시아』, 雄山閣, 1986년 11월).
45) 武田幸男 「牟頭婁一族과 高句麗王権」, 전게주11, 『朝鮮学報』제99・100輯 (1981년 7월).
46) 労榦 「跋高句麗大兄冉牟墓誌兼論高句麗都城之位置」(国立中央研究院 「歴史言語研究所発刊」제11본, 1944년 9월, 『労榦学術論文集』甲編上册, 芸文印書館, 台北, 1976년).

하박지손・일월지자, ☒☒성왕원출북부여, 천하사방지차국도☒☒☒☐☐
치차도
河泊之孫・日月之子, ☒☒聖王元出北夫余, 天下四方知此国都☒☒☐☐
☐治此☒

라고 쓰여져 있다. 이하 중간 정도에 이르러 12, 3행정도는, 분명히 판독할 수 있으나, 전후의 부분은 거의 불명료하다. 그것도 여러 번 되풀이되는 것은 「하박지손・일월지자(河伯之孫・日月之子)」라는 구로, 「호태성왕연조부☐태은, 교노객모두루(好太聖王緣祖父☐泰恩, 教奴客牟頭婁)」운운하는 문자도 있다 한다. 사진을 보지 않고, 전문을 보지 않고, 그저 서면상의 보고에만(12, 3행을 잘 읽을 수 있다는 것도, 그저 그렇다고 보고 받았을 뿐이다) 의거하여, 경솔하게 입언(立言)하는 것은 삼가지 않으면 안 되나, 「하박지손・일월지자, ☐☐성왕원출북부여」운운은 광개토왕비의 서어(叙語)에 「유석시조추모왕지창기 야출자북부여천제지자모하백여랑(惟昔始祖鄒牟王之創基也出自北夫余天帝之子母河伯女郎)」과 비슷하여, 말할 것도 없이 고구려의 건국 유래를 이야기한 문자이다. 대사자는 고구려의 관명이다. 모두루는 이 묘의 주인공임에 틀림없고, 그가 광개토왕보다 후세 사람이라는 것은 「호태성왕」운운의 문자가 있다 하므로 확실하다. 「노객」도 자주 광개토왕비에 나오는 문자이다. 이 분묘의 외형이 토축(土築)이라는 것도, 평양천도 이후의 것으로 특히 주의해야 할 것이다. 곽벽(郭壁)에 명기가 있는 고분은 단지 고구려만이 아니라 백제・신라에도 그 예가 없어, 고분 그 자체로서 아주 진귀하다. 하물며 팔백 수 십자를 담은 이 명기가, 가까운 시일에 사진 혹은 모사되어 공표되어진다면, 설령 약간의 부분은 판독할 수 없다 해도, 그것은 광개토왕비 다음으로 귀중한 사료로서, 크게 학계를 기쁘게 해 줄 것이다[47].

---

47) 池内宏 전게주43

후일에 이케우찌히로시는 사이토우키쿠타로우가 귀경할 때 가져온 완전한 사진을 보았으나, 판독할 수 있는 것은 의외로 적어, 그 진귀한 사료에서 새로운 사실을 찾아내기 어렵다는 것을 알고 크게 실망했다 한다. 그 심정을 『만주국안동성집안현고구려유적』[48]의 말미에 보기(補記)로 기록했다. 이케우찌는 1936년에도 집안을 현지 조사하고, 『통구』라는 보고서를 발간하였는데, 그곳에서 묘지에 관한 것을 다음처럼 이야기하였다.

전실 정면의 상벽에 일견하기에 두루마리 경전(経卷)을 펴놓은 것 같은 모양을 한 부분이 있다. 이것은 이 총의 주인공인 고구려인 모두루의 묘지여서, 칠식의 벽면을 삽색(渋色)으로 칠해, 열자씩(十字詰) 79행의 종횡의 괘선을 그어, 약간 서두는 듯한 필치로 묘지의 문을 묵서하였다. 다만 최초의 2행은 제기(題記)여서, 그곳에는 괘선이 생략되었다. 괘의 종선은 먹으로 긋고 횡선은 송곳(錐) 같은 것으로 얕게 벽면을 그어 팠으나, 그러한 괘선이 그어져 있는 것은, 고비(古碑)의 표면과 방불한 점이 있다. 각 방격(方格)은 세로(竪) 1촌 내지 1촌 2부(分), 가로(横) 9부이다. 명문은 벽면(정면)의 오른쪽 구석(右隅)에서 1척 2촌을 떨어져 시작하여, 7척 3촌 2부의 길이로 왼쪽 구석(左隅)에 이르러, 다시 전방으로 꺾어 3촌 3부 정도 좌벽의 우단에 이르고 있다. 즉 앞부분은 괘선이 없는 2행의 제기를 포함하여 78행, 뒷부분은 3행, 합하여 81행이다. 괘선이 나타나는 것에 의하면, 묘지의 전문은 약800자로 되어있는 것이다. 그런데 지금 그 대부분이 심하게 옅어져, 거의 석독하기 어렵게 되어있는 것은 유감스럽기 그지없다. 우메하라(梅原)·미카미(三上) 두 분이 무덤(塚) 내부를 실측하고 있을 때, 나는 하마다(浜田)·타나카(田中)·쿠로다(黒田)·이토우(伊藤)·미즈노(水野) 등 제씨와 협력하여 명문의 판독에 노력하였으나, 그 결과는 대체로 다음과 같다.　　　　　　　　　(이케우찌 등이 판독한 석문은 생략)

---

48) 池内宏『満洲国安東省輯安懸高句麗遺蹟』(康徳3年=昭和11年 6月, 満日文化協会刊).

제3행부터 제4행에 걸쳐 명문의 머리에서 말하는 「하백지손・일월지자, □□성왕원출북 부여」운운은, 광개토왕비의 서어에 「유석시조추모왕지창기야출자북부여천제지자모하백여랑(惟昔始祖鄒牟王之創基也出自北夫余天帝之子母河伯女郞)」이라고 있는 것과 같은 취지로, 말할 것도 없이 고구려 조국(肇國)의 유래를 이야기한 문자이다. 제기(題記) 중에 「대사자모두루(大使者牟頭婁)」라는 문자가 있고, 제46행에 「노객모두루(奴喀牟頭婁)」라고 있다. 대사자는 고구려의 관명으로 주서 권49 고려전에 「대관유대대로(大官有大対盧), 차유태대형(次有太大兄)・대형(大兄)・소형(小兄)・의후사(意侯奢)・오졸(烏拙)・태대사자(太大使者)・대사자(大使者)・소사자(小使者)・욕살(褥薩)・예속(翳属)・선인병욕살(仙人幷褥薩)・범십삼등(凡十三等), 분장내외사언(分掌內外事焉)」이라고 보인다. 따라서 모두루는 이 묘의 주인공이 틀림없고, 그리고 그 조부가 광개토왕과 시대를 같이 한 것은, 제45행 내지 46행에 「호태연왕연조부□이은교노객모두루(好太縁王縁祖父□尒恩教奴喀牟頭婁)」라고 있는 것을 근거로 추측할 수 있다. 즉 모두루는 장수왕 혹은 다음의 문자왕 대의 사람이었을 것이다. 석실의 벽면에 묵서의 묘지가 있는 고분은 단지 고구려만이 아니라 백제・신라의 것에도 아직 발견한 예가 없으므로 아주 진귀하다. 또 그 묘지는 800여자의 장문이므로, 1800자를 담은 광개토왕비 다음으로 아주 귀중한 진사료(珍史料)가 아닐 수 없다. 그런데 실사의 결과는 상기한 것처럼 단속적으로 겨우 이백 수십 자를 판독하는데 지나지 않아, 이 진사료 중에서 특히 새로운 사료를 찾아내기 어렵다는 것은 참으로 유감이다[49].

「묘지」를 실사한 일이 있는 이케우찌가 기술한 것으로, 묘와 묘지의 상황을 비교적 구체적으로 설명하고 있다. 초창기의 기록으로 의미가 크다고 생각한다. 이 기록을 세밀히 관찰한 사에키아리키요(佐伯有清)는, 이케우찌가 사이토우키쿠타로우(斉藤菊太郎)의 보고를 근거로 「열

---

[49] 池内宏『桶口—滿洲国通化省輯安懸高句麗遺蹟—』(상권, 昭和13年 10月, 하권, 昭和15년 7月, 日滿文化協会).

자씩(十字詰) 83(혹은 4)행」이라 했다가, 본인이 실사한 보고에서는 「81행」이라고 말하는 차이를 지적하고, 이케다의 자료『만주국안동성집안고구려유적』과 『통구』에 게재된 자료를 조사하여, 「83(혹은 4)행」설이 옳다는 사실을 확인하였다. 그러면서 착오의 원인을 「제55행의 문을 제54행으로」한 것이라는 사실까지 확인하였다[50]. 따라서 「묘지」는 「10자씩(十字詰) 84행」의 구성으로 보아도 무방하다 할 것이다.

(2) 묘지의 주인공

이케다는 모두루의 조부를 광개토왕 시대의 사람, 모두루를 장수왕 혹은 문자명왕(文咨明王) 시대의 인물로 보았으나, 사에키는 그 의견에 의심을 표하고, 광개토왕 시대의 인물로 보았다. 사에키는 제7행 2자부터 제8행 5자까지의 「노객조선□□□북부여성왕래(奴客祖先□□□北夫余聖王来)」를 추모성왕을 따라, 모두루의 조상이 북부여에서 고구려의 땅으로 왔다라고 해석하고 「모두루가 광개토왕 시대의 사람이므로, 그 조부는 고국원왕(故国原王), 혹은 소수림왕(小獣林王) 시대의 사람이지 않을까」라고 추정하였다.

이와는 달리 「묘지」에 나오는 「염모(冉牟)」와 「노객(奴客)」이라는 문자를 중시하여, 「노객」이라는 비어가 묘주(墓主)에게 사용될 리가 없다며, 죽은 자는 「염모」이고 「묘지」의 찬자(撰者)가 가신 모두루였다는 설도 제기되었다[51]. 그에 대해 타케다는 그럴 경우 묘주에 대한 서술이 전체의 32퍼센트에도 이르지 못한다며 의심을 표하고, 「모두루 묘지의 제기(題記)」, 「모두루 조선(祖先)의 사적(事績)」, 「모두루의 조(祖)와 부(父)의 사적」, 「모두루의 사적」의 5부로 구성된 「묘지」의 내용을 분석하여 묘주가 모두루라고 주장하였다[52].

---

50) 佐伯有清 「高句麗牟頭婁塚墓誌의 再検討」(『日本의 古代国家와 동아시아』, 雄山閣, 1986년 11월).
51) 勞榦 전게주46, PP.78~80.
52) 武田幸男, 「牟頭婁一族과 高句麗王権」, 전게주11, P.328.

이케우찌가 판독한 석문의 279자(추정의 45자 포함)를 검토한 사에키는 291자(추정의 48자포함)를 판독하고 전문이 84행으로 구성된 것이라 했다. 그러나 타케다유키오는 같은 사진을 확인하고, 종횡의 괘선이 77행으로 끝나, 전벽좌우(前壁左隅)에서 좌벽우단(左壁右端)에 걸쳐 있는 3행을 합해도 80행에 지나지 않는다며, 묘지의 행수에는 여전히 의문이 남는 것으로 하였다. 그러면서 종래의 이케우찌·노·사에키·박시형 등의 의견을 참조하여「표면적으로는 꽤 후퇴한 시석(試釋)에 머물렀다는 느낌을 부정할 수 없을지도 모른다」라며, 종전의 그것들보다 적은 249자(추정 32자 포함)의 석문을 내놓았다. 이하에서는 선학들의 석문까지 참조한 타케다유키오의 석문에 따라, 그것이 이야기하는 천하관을 살펴보기로 한다.

(3) 묘지의 석문과 석독

「牟頭婁墓誌」の釈文

武田幸男(『高句麗史と東アジア』、岩波書店、1989年)

```
    1 2 3 4 5 6 7 8 9 10
 1  大使者牟頭婁              910 (本行의 末尾二字)奴客(池劳佐).
 2  父                        1文(池劳佐).
 3  河泊之孫日月之子鄒牟
 4  聖王元出北夫余天下四        10南(佐).
 5  方知此国都最聖亻□□      5郡(池佐), 郷(朴). 8信(劳).
 6  治此郡之嗣治□□□聖      3郡(池劳佐).
 7  王奴客祖先□□□昕因
 8  余随聖王耒奴客□□□      8回(池劳佐). 10是(池劳佐).
 9  之女迕□□□□□□        2故(池劳佐). 3造(池佐), 坐(劳).
10  世遭官恩□□□国罡上
11  聖太王之世迕□□□□      6随(劳), 遭(佐).
12  ネ亻□□□□□□□        1祀(池佐), 礼(劳)., 2伋(池佐), 儀(劳).
                              3湏(池佐), 賓(劳).
13  非广叚□□□□□□        2寵(劳). 3技(劳).
14  叛逆糸□之□□□β        3綏(劳). 6益(劳). 10兄(劳).
15  冉牟□□□□□□□        4世(劳). 7衣(劳). 8之(池劳佐).
16  遣招□□□□□□□
17  狗鄒□□□□□□□
18  曰□□□□□□□          1曁(池劳佐). 2農(劳).
```

19	亻□□□□□□□	1悦(池劳佐).
20	恩亻□□□□□□	2信(劳). 4昌(劳).
21	官客辶□□□□□冄	
22	牟令彡艹□□□□□	3冊(劳). 4霊(池劳佐).
23	慕容鮮囻□氵亻ヘ□知	6潢(劳). 78使人(池劳佐).
24	河泊之孫日月之子所生	
25	之地耒□北夫余大兄冄	
26	牟□□□□彡□□□	2推(劳). 56公義(池劳佐).
27	□□□□□□□□□	12処省(劳).
28	牟婁□□弘□□□□	
29	□遭□□□□□□□	1命(劳). 6白(池劳佐).
30	□□□□□□宀□□□	7世(劳). 8守(劳).
31	□□□□广□□□□	6存(劳).
32	□□□□□辶世□□	6造(池劳佐). 8人(劳).
33	□□□□□苑罒□□□	6苑(池劳佐). 7罒(池劳), 岡(劳).
34	□□□□□□□□□	6易(劳).
35	□□□□□□□□□	3苑(劳). 4命(劳). 5合(池佐). 6問(劳).
36	□□□□□□□□□	23三日(劳).
37	□囙□□□□□□□	3余(劳).
38	□河泊日月之□□□□	7孫(劳).
39	□□□祖大兄冄牟壽盡	3在(劳).
40	□□於彼喪亡糹囲祖父	7終(劳), 郷(佐). 8曰(劳).
41	□□大兄艹□大兄□□	5慈(池劳佐). 6慈(池佐).
		7恵(劳). 太(佐). 8之(朴).
42	□世遭官恩恩貝祖□叱	1悲(劳). 7賜(劳佐). 9之(池劳佐).
		10地(佐).

43	道城民谷民幷合⋯□□	7令(池), 命(劳), 領(佐).
		89前王(池劳佐).
44	育如此遝至国罡上广□	4遝(池), 還(劳佐). 9大(池劳),
		广(朴), 広(佐). 10開(朴佐).
45	土地好太聖王縁祖図□	1聖(池劳), 土(朴佐). 10仰(佐).
46	恭恩教奴客牟頭婁□□	1介(池), 爾(劳), 恭(佐).
47	囧教遣令北夫余守圑阿	
48	泊之孫日月之子聖囸□	
49	□□□昊天不弔奄便□	3族(劳).
50	□□奴客在遠哀切如若	5亏(朴). 7襄(池劳), 哀(佐). 10知(劳).
51	日不□□月不□明□奴	
52	圀□□□□□□□□	56朝神(劳).
53	□□□□国□□□□	6固(劳), 国(佐).
54	知□□□在遐辺□□□	34奴客(劳).
55	遝□□教之□圂□□□	1還(池劳佐).
56	□潤太隊踊躍□□□□	4隧(劳).
57	□令教老奴客□□□□	1使(劳). 2人(劳).
58	官恩縁□□罹□□□□	
59	硬□□□□□□□□	2之(池佐), 至(劳). 3西(池佐), 無(劳).
60	勉木 言教□□□□□□	2極(池劳佐). 56一心(劳).
61	□□□□□□□□□	4兄(池佐), 免(劳). 10述(池劳佐).
62	□□□□□□□□□	
63	□□□□不□□□□	4喪(池劳佐).
64	□□□□□□□□□	345(바르게는 234인가) 三人相(劳).
65	□□□一□□□□□	
66	□□囦如若□□□□	2公(池劳佐). 7拜(劳).

제4장 동아시아 세계와 천하사상 437

67	囤□⸰攴□□⸰氵⸰イ□□	2之(池劳佐). 3敖(池劳佐). 6法(劳).
68	□□□⸰⸰女□□□□□	1可(池劳佐). 23知之(劳).
		5如(池劳佐). 6我(池佐), 幾(劳).
69	□□□⸰⸰月□□□□□	4刋(池佐), 朔(劳).
70	□□□□□□□□	45池海(池劳佐).
71	□□□□□□□□	
72	□□□□□□□□	
73	□□□□□□□□	
74	□□□□□□□□	
75	□□□□□□□□	
76	□□□□□□□□	
77		
78		
79		
80		
81		10(어쩌면末尾)趣(池劳佐)
82		
83		
84		

釈文備考

　　第一行과 第78行以下에는 掛線이 없다
　*…… 不明確한 字画이나 判読可能한 文字
　**…… 一部字画만 判読可能한 文字
　　　□内의 文字… 推測해서 判読한 文字

註備考

数字(이태릭체)는 当該字의 順位를 나타낸다. 그 아래의 문자는 당해자의 선택을 든다.

( )内의 字는 異訳者의 略号로, 池는 池田広, 労는 労幹, 佐는 佐伯有清, 朴은 朴時亨諸氏.

牟頭婁墓誌釈読

　大使者牟頭婁……河泊之孫で、日月之子である鄒牟聖王は元、北夫余より出(はじめ)て、天下四方を知らしたので、この国都が最も聖……(鄒牟王)以来に嗣がこの都を治めつつ聖王……奴客(牟頭婁)の祖先が北夫余より聖王を随行してここに来る。
奴客……之故……(累代の祖先が)世遭官恩……国　上聖太王之世……非枝……叛逆……之……　牟……遣招……狗　　恩……官客之……　牟令……
慕容鮮卑が……河泊之孫日月之子の所生之地である北夫余に(侵攻して)来たので、大兄　牟……　……牟婁□□弘……遣……　……在……造世……苑……夫……河伯日月之……組大兄　牟寿尽……
彼(牟)が喪亡してからも祖先の勲で、大兄である□や大兄□□などは世遭に官恩をこうむり、(一定地の)道城民谷民を育するようになった。
国罡上大開土地好太聖王に遝至して、祖父との縁により、奴客牟頭婁と□□牟に恩をめぐみ教遣令北夫余守事にして教遣した。河泊之孫で日月之子である聖王……昊天が不弔して(広開土王が昇遐し)、奄便……奴客は遠いところに在り、その哀切さは、まるで日月をなくしたこと如き……国……知……在遠之図…遝□□教之……潤太隊踊躍……令教老奴客に令教して……官恩縁□□道……使……寃□言教……不……一……依如若……知……朔月…………………………………………

牟頭婁墓誌 解釈文

　대사자 모두루……하백의 손자이며 일월의 아들인 추모성왕이 북부여에서 나셨으니, 이 나라 이 고을이 가장 성스러움을 천하 사방이 알지니(북부여에서 시작하셔서, 천하 사방을 다스리셨기 때문에 이 나라가 가장 성스럽다)……(추모왕) 이래로 후손이 이 나라를 계속 다스리는 성왕……노객(모두루)의 선조가 북부여에서 부터 성왕을 수행하여 (이곳으로) 왔다. 노객……지고……(루대의 선조가)세조관은……국 상성태왕지세……비지……반역……지…… 모……견초……구 ……은……관객지…… 모령 ……모용선비가……하백지손 일월지자가 태어나신 땅인 북부여에(침공하여) 왔기 때문에, 대형모…… ……모루□□ 홍……견…… ……재……조세……원……부……하백일월지……조대형 모수진……피(모)가 돌아가신 후에도 선조의 공훈에 힘입어, 대형인 □나대형 □□ 등은 세조에게 관은을 입어, 일정한 지역의 도성민 곡민을 통치하는 지위를 누리게 되었다.
국강상대개토지호태성왕에 이르러 (모두루의) 조부와의 인연으로 노객 모두루와 □□모에게 은혜를 베푸시어 교견의 명을 내려 북부여수사로 파견하니, 하박의 손자이고 일월의 아들인 성왕……호천이 어여삐 여기지 않아(광개토왕이 승하함에), ……노객(모두루)은 먼 곳에 있었으나, 그 애절함이 마치 해와 달이 빛을 잃은 듯하여……국……지……재원지……답□□교지……윤태대용약……령교가 늙은 노객에게 교를 내려……관은의 인연□□도……사……원□언교……불……일……의여약……지……삭월…………………………………

(＿＿) 의 해석은 필자의 의견임.

(4) 모두루가의 계보

모두루는 북부여에서 지방관으로 활약하다 장수왕조에 사거한 것으로 추정되는 인물로, 그의「묘지」는, 모두루 개인의 사적만이 아니라 족계에 연결되는 주요인물의 사적도 언급하며, 조상들이 추모왕 이래로 왕통을 보좌해 온 사실을 긍지 높게 설명하고 있다. 모두루계의 고구려 왕조와의 보대의식을 확인하고 강조하는 방법으로, 모두루계의 시조에 해당하는 조상이 건국 이전부터 추모왕을 보좌한 사실을 확인하고 있다.

「묘지」에는 모두루의 조상을 의미하는「노객조선(奴客祖先)」(제7행)53), 선조인 염모의 사망을 의미하는「조대형염모수진(祖大兄冉牟寿尺)」(제39행), 대형을 지낸 조(祖)와 부(父)를 추정할 수 있는「조부□□대형╫·□대형(祖父□□大兄╫·□大兄)」(제40·41행), 선조의 연으로 관은을 입은 사실을 이야기하는「은□조(恩□祖)」(제42행), 지난 날 조와 부가 받은 공은에 의해 모두루가 중용되었다는 것을 의미하는「연조🈳□공은(縁祖🈳□恭恩)」등의 기록이 있다. 각종 친족명칭과 관명을 함께 기록하여 모두루 일족과 왕조와의 관계를 확인하는 형식이다.

그처럼 이「묘지」가 모두루의 사적만이 아니라 염모를 비롯한 여러 선조들의 사적까지도 이야기하고 있어, 그것은 마치 일족과 왕조와의 유대관계를 확인하는 족보라고 말할 수 있을 정도이다.「묘지」가 묘주만이 아니라 그 일족의 계보를 왕조와 결부시켜 이야기 하는 것은, 왕조의 정통성으로 계보의 정통성을 보장받는 일이었다. 그 방법으로 일족이 북부여 시절부터의 노객이었다는 사실(「聖王奴客祖先□□□此因余随聖王」)을 강조하고 있는 것이다. 일족의 선조가 북부여부터 추모

---

53) 武田幸男은 奴客을,「客」자와 노비를 連文으로 한 협의의 경우와, 넓은 뜻에서 비천한 자로 본 浜口重国의 의견을 포함하여,「노객이라는 것은, 원래, 그 주인과의 사이에 형성된 사적 예속관계를, 또는 소유관계를 본질로 하나, 묘지의『奴客牟頭婁』의 경우 등은, 단순한 사적관계에 그치지 않고, 분명히 인격적인 군신관계로 발전되어 있다」라고 보았다(「고구려세력권의 전개과정」, 전게주11, P.143).

왕을 따라 왔다는 사실을 확인하는 방법으로 일족과 왕조와의 전통적인 유대를 확인하여 현재의 정통성을 확보하려는 것이다. 그처럼 추모왕 이래의 일족의 유래를 근거로 계보의 정통성을 확보하는 일은, 마치「비문」이 추모왕의 신화로 후손의 역사와 왕통의 정통성을 보장받고 있는 것과 같은 일이다.

그러한 목적을 가지고 이야기되는 것이「묘지」의 고구려이고 고구려를 건국한 시조 추모왕이었다. 고구려와 추모왕이 절대적일수록 더불어 상승되게 되는 것이 모두루 일족의 입장이었다.「묘지」가 고구려의 천하를 이야기하고 추모왕의 출생을 천제와 연계시키는 연유도 거기에 있다.

「묘지」는 추모왕을「일월」의 아들로 하여, 일월이 존재하는 하늘과의 관계를 혈통적인 것으로 설정하였는데, 그 혈통적 관계가 천하에서의 고구려를 절대화하고, 천하의 중심이 고구려라는 사실을 보장하고, 또 천하의 통치도 그 후손으로 한정시킨다.「일월」의 아들이라는 출자담은 추모왕이 천강하여 고구려를 건국했다는 사실을 포함하므로, 고구려는 천과의 혈연적인 관계를 배경으로 절대적인 위치를 차지하게 된다. 말하자면 천을 주재하는 천제를 대행하는 후손이 통치하는 나라, 그래서 천과 동질적으로 취급되어야 하는 나라가 되는 것이다.

왕통의 근원이 천이라는 사실을 확인하여, 고구려를 천하의 중심에 위치시키는 세계에서, 추모왕이 고구려를 건국하는 당시부터 일족의 선조가 노객으로 봉사했다는 사실은 그 일족이 왕조 내에서 절대적 위치를 보장받을 수 있는 조건이었다. 왕조와의 보대의식을 확인하는 것은 왕조 내에서의 일족의 정통성을 확보하는 데는 더없이 좋은 방법이었다.

추모왕의 성왕이라는 미칭에 대응하여 선조를 노객으로 칭하는 것은 절대적인 왕조에 대한 절대적인 충성심을 표현하는 것으로, 왕통과의 일족의 유대를 확인하는 일이었다. 그럴 경우 왕통이 절대적일수록 천칭된 일족의 왕조와의 유대는 긴밀한 것이 된다. 그만큼 왕조의 신뢰를 받고 있는 일족의 위치를 확인할 수 있기 때문이다.「묘지」가 왕통의 근원을 천에서 구하며, 고구려를 천하의 중심에 위치시키고 있는 것도 그런 연유였다.

(5) 천손이 통치하는 고구려

「묘지」는 추모왕을「천제지자」나「천손」이라 기록하지 않고「일월지자」로 기술하였다. 그것을 근거로 천제가 주재하는 천하를 이야기하는 천하사상과의 이질성을 제기할 지도 모른다. 그러나「묘지」가 같은 혈통으로 이어지는 추모왕과 광개토왕을 이야기함에 있어「일월지자」와「호천부조(不弔)」라는 어구를 같이 사용하고 있다는 점과,「호천」과「천제」가 동의어라는 사실을 감안하면,「일월」과「호천」에는「천제」라는 의미도 포함하고 있는 것으로 볼 수 있을 것이다. 따라서「일월」「호천」「천제」등은 동의어로 보아야 할 것이다.

「일월」이란 주야에 걸쳐 하늘을 지배하는 것으로,「천제」나「호천」·「상제」와 같은 의미를 가진다. 추모왕을「일월지자」로 하고, 광개토왕이 사거한 원인을「호천부조」로 하여, 조상과 후손을「일월지자」와「호천」에 비유한 것은「일월」과「호천」이 자연신이거나 관념화된 지상신(至上神)이거나 하는 차이는 있으나, 그것이 동일한 지상신으로 인식되고 있었기 때문에 있을 수 있는 비유였다.「비문」도「천제」와「황천」·「호천」을 같이 사용하고 있는 것을 보면, 절대신을 자연물로 구체화한 것이「일월」이라는 것은 있을 수 있는 일이다. 원래 태양은 실질을 초월한 지고의 신을 상징한다. 그 초자연력이 단순하고 구체적인 형태를 취하지 않은, 그것이 천제로 관상(觀想)되게 되었다[54].

그래서 햇빛(日光)에 감응해서 아이가 태어난다는「일자(日子)」형이「일월지자」형의 과정을 거쳐,「비문」이 이야기하는 것과 같은「천제지

---

54)「日子」형은 人態的 日光感情 중의 日光(日影) 그것에 회임하는 대표적인 예이다. 그것과 같은 예이지만, 조금 다른 것에「日月之子」형이 있다(武田 幸男 전게주11 P.342).

자」형으로 발전했을 것이라는 주장도 성립하는 것이다55). 그러한 의미의 「일월」과 「호천」이 「묘지」에서 추모왕의 출자와 광개토왕의 사거와 연계되어 사용되었다는 것은, 왕통의 정통성을 하늘에서 구하는 것으로, 「일월」과 「호천」은, 천에 있으며 만물을 통제하는 절대신으로서의 천제와 동의어로 인정할 수 있는 호칭이다.

고구려의 시조 추모왕이 「일월지자」였다는 것은 무엇을 의미하는 것일까. 우선 생각해야 할 것은 그가 어디서 태어났는가 하는 문제이다. 추모왕이 「일월」의 아들이고 하백의 손자이기 때문에, 천부지모 사이에서 태어난 자식으로, 천지신의 신혼으로 태어난 「천손」이라는 것은 의심할 여지가 없는 사실이다. 그리고 그가 태어난 곳도 천으로 추정할 수 있다. 그러나 그가 태어난 곳이 천지 어느 곳이라는 기술이 없어, 천으로 단정할 수는 없는 일이다. 천지 양계 어느 쪽이라 해도 그 가능성은 있다. 그러나 그가 하늘에서 태어났건 지상에서 태어났건 「일월」의 혈통을 계승했다는 것이나 「일월」의 의사에 따라 고구려를 건국하고 통치에 임했다는 것은 분명한 사실이다. 그래서 고구려의 통치는 천제의 의사에 따라 이루어지게 되는 것이다.

천하의 운영이 천제의 뜻에 따라 이루어지고 있었다는 것은 광개토왕의 사거가 「호천부조(昊天不弔)」의 결과였다는 사실로도 확인된다. 「호천부조」라는 표현은 「비문」에서도 광개토왕의 사거 원인을 설명하는 어구로 사용되었다. 「비문」에서는 세위(世位)를 즐겨하지 않고 승천하기를 원하는 광개토왕과, 그것을 원하지 않는 신속들의 뜻 중에서, 광개토왕의 의사를 존중하여 승천하게 했다는 의미, 신속들의 뜻을 받아들이지 않았다는 의미, 「호천」이 신속들을 불쌍하게 여기지 않았다는 의미로 사용되었다.

그러나 누구를 불쌍하게 여겼든 그것은 호천의 의사에 의한 결과였다. 즉 천하의 운영은 호천의 뜻에 따라 이루어지고 있었던 것이다.

---

55) 武田幸男 前揭書 전게주11, P.342, 盧泰敦 『韓国古代金石文』(駕洛国史跡開発研究院, 1992)

따라서 「묘지」에 기록되었을 왕통의 출몰, 천손의 강세·승천 등은 「일월」과 「호천」으로 표기된 절대신, 즉 천제의 의사에 따라 이루어지는 것으로 보아야 할 것이다.

(6) 북도

「묘지」는 고구려가 천하의 중심이라는 것을 천과의 혈연관계만이 아니라 추모왕이 「천하사방」을 다스렸기 때문에(知此國) 그 천하의 중심지에 해당하는 국도가 가장 성스럽다는 것(国都最聖)을 직접적으로 이야기 하고 있다. 그러면서 추모왕의 출자와 유관한 「북부여」를 언급하였다. 북부여에 있을 때부터 왕조와 인연을 맺고 있다는 사실을 암시하는 기술로 북부여를 특별 취급하는 기술이었다. 그런데 이 「북」은 「천하사방」을 상징하는 하나의 방위로, 천하사상을 방위로 실현한 하나의 예로 볼 수 있다.

「묘지」는 「천하사방」과 더불어 「북(北)」·「도(道)」 등의 문자를 사용하고 있는데, 이것은 「사(四)」가 「북」과 연계해서 「동서남북」의 「사방」이라는 방위를 의미하고, 또 「북」과 「도」는 서로 연계해서, 중앙에서 사방으로 확산되는 천하의 위세, 또 각지에서 중앙으로 모여드는 국세를 의미한다. 그 상황을 총괄한 표현이 「국도최성(国都最聖)」일 것이다. 이처럼 사방으로 확산되고 집중되는 곳이 국도라는 사고는, 그곳을 국도로 하는 고구려를 천하의 중심에 위치시키는 사상을 기반으로 해서 취할 수 있는 표현이다.

「묘지」의 「북도(北道)」(42행과 43행)는, 「북」은 추측하여 판독할 수 있는 자이고, 「도」는 불명확한 자획이나 판독가능한 자로, 존재가능하다고 추정할 수 있는 어구이다. 「묘지」 스스로 최성이라는 국도가 북부여의 남쪽에 있는 것으로 이야기하는 것을 근거로 생각하면, 국도에서 북부여로 가는 길을 의미하는 「북도」라는 표현이 사용되었을 가능성은 충분하다. 또 북부여를 왕래하는 일도 많았을 것이다. 그것은 묘주인 모두루가 광개토왕 대에 조상 대대로 왕조에게 받은 관은의 덕택으로, 조부와 왕조의 인연으로「북부여수사(守事)」를 명령받고 교견되었다는 사실로도 확인되는 일이다.

　북부여를 중시하는 고구려이기에, 국도에서 북부여를 왕래하는「북도」가 존재했다는 것은, 고구려의「왕도」에서「동서남북」「사방」으로 뻗어나가는 간선도로가 존재했었다는 실질적인 사실을 시사하는 것에 머물지 않는다. 그것은「동서남북」사방의 중심에「왕도」가 존재한다는 것, 천하의 중심에 고구려가 위치한다는 것, 천하가「동서남북」의「사방」으로 확산되어 간다는 사실까지도 시사한다. 따라서「추모성왕원출북부여(鄒牟聖王元出北夫余)」의 북부여는,「비문」의「출자북부여(出自北夫余)」의 경우와 마찬가지로, 고구려를 천하의 중심으로 하는 방위관에 의한 지명으로, 지명을 통한 천하사상의 실현이라고 볼 수 있다.

　왕도에서 사방으로 뻗어나가는 길이 있고, 그것이 지방을 지배하는 기본이 되는 도로라는 것은, 『삼국지』의 기록을 통해서도 알 수 있다. 그곳에 있는「사출도(四出道)」56)라는 표현은「왕도」에「동서남북」의「사방」으로 통하는 간선도로를 의미하나, 실제로는 그 도로를 따라가는 곳에 있는 특정지역의 취락·집단을 의미하여, 결국은 지배자인 제가(諸加)에 의해 지배되는 지방의 지배형태를 의미한다57).

　모두루족은 당시의 천하사상을「묘지」를 통하여 실현하고 있는데,「북도」와 일족의 관계를 확인하는 것도 그 방법의 하나였다. 일족은「북」과는 특별한 인연을 가지고 있었다. 일족의 선조는 북부여에서부터 추모왕을 수행하였고, 모두루는 북부여를「수사」할 것을 명받아 근무하고 있었다. 그처럼 북부여를 본향으로 한다는 점에서는 왕조와 일족은 근친간이라고 말할 수 있을 정도였다.

　고구려의 국도를 중심으로 하는 천하사상이 완성되고 그것이 일반화되었기에, 보대(譜代)에 걸친 왕조의 관은을 입은 모두루 일족도 그것을「묘지」에서 확인하고 있는 것이다.

---

56) 諸加別主四出道, 大者主數千家, 小者數百家(陳壽『三國志』券30, 夫余傳)
57) 武田幸男「牟頭婁一族과 高句麗王權」, 전게주11, P.330.

고구려가 자국의 국도를 중심으로 하는 천하사상을 구축하고, 북부여를 서상지(瑞祥地)로 여기고 있는 상황에서, 추모왕이 북부여에서 남하할 당시부터, 모두루 일족이 추모왕을 시종하고 있었다는 사실, 그리고 그 후손이 북부여의 수사를 책임지고 있었다는 사실은, 왕조와 일족의 보대에 걸친 유대관계를 확인하기에 더없이 좋은 사실이었다. 일족은 그 같은 사실을 통하여 일족의 정통성을 보장받을 수 있었기 때문이다. 일족은 보대에 걸쳐 왕조의 관은을 입었는데, 그것이 성지로 여기는 북부여와 연관되는 관은이었다는 것은, 모두루 일족이 긍지로 여기고 과시하기에 충분한 조건이었다.

(7) 자족비하의 노객

「묘지」의 또 하나의 특징은 자족을 극도로 비하하고 있다는 것이다. 묘지는 왕통의 절대성을 칭송하면서 모두루족은 비하하고 있는데, 그것은 왕통과의 각별한 인격관계를 확인하여 자족의 정통성을 확보하는 방법이었다. 왕통의 출자를 「하백지손일월지자」로 하고, 추모왕을 성왕으로 표현하는 것에 비해 자족은 노객으로 표현하고 있다. 그러면서 왕조한테 입은 관은은 「하백지손·일월지자추모왕」에 의한 「세조관은(世遭官恩)」, 「국□상성태왕지세(国□上聖太王之世)」에게 받은 「세조관은」, 「국□상□□토지호태성왕(国□上□□土地好太聖王)에 의한 「관은」 등으로 표현해서 왕통과 일족의 보대관계를 확인하여, 왕통과의 근친적인 관계를 암시하고 있다. 일족과 왕조의 인격적 긴밀성을 강조하는 방법으로 자족의 정통성을 확보하고 있는 것이다.

조상을 칭송하는 「묘지」에서 조상을 노객으로 기술하는 것은 본래의 목적에 어긋나는 듯하나, 그것이 왕통과의 인격적인 긴밀성을 배경으로 하는 표현이라면, 초월적인 왕통과의 관계를 강조하는 것이 되어, 오히려 왕통을 배경으로 해서 정통성을 확보하는 일이 된다. 그것이 왕을 초월적 군주로 칭송하는 당시의 시대정신을 활용하는 방법이었다. 즉 「묘지」는 당대의 시대정신을 적극적으로 수용하는 방법으로 자가의 정통성을 확보하고 있었던 것이다.

　이곳의 관은이란, 고구려왕의 은혜로, 모두루 일족이 누대에 걸쳐 고구려왕에게 공적인 은혜를 입었다는 것으로, 왕통과 일족 사이의 질서와 인격관계를 나타내는 용어이다. 이것은 일족이 추모왕 이래 누대에 걸쳐 관은을 입은 사실을 확인하는 기술이나, 실질적으로는 조부 염모(冉牟)가 고국원왕에게, 모두루가 광개토왕에게 관은을 입은 사실을 의미한다.

　결자가 많은「묘지」에 노객이라는 비칭이 여섯 번이나 사용되고 있는데, 이것은 대극에 군림하는 군주를 초월적 위치에 설정하고 칭송하여, 자가 일족과의 유대관계를 과시하려는 목적을 실현하는 용자법(用字法)적 방법이었다. 그 노객은「묘지」만이 아니라「비문」과「중원비」에도 사용된 용어로, 복속국으로서의 백잔이나 신라를 의미하며, 고구려를 천하의 중심으로 보는 사상을 반영하는 용어였다.「묘지」의 노객은 왕에게 충성하는 신하라는 의미로 사용되고 있었는데, 그것이 고구려의 절대권위를 인정하고 있다는 점에서「비문」의 그것과 동질적이다.

　군신간의 예속관계만이 아니라 국제적 예속관계도 의미하는 노객이라는 용어는 고구려를 중심으로 하는 세계관에서는, 신속이나 복속국의 관계를 정립시키는 용어로 사용되고 있었다. 그 노객이라는 용어를 계보의 정통성을 이야기하는「묘지」에 사용한 것은 당대의 시대적 정신인 천하사상을 군신관계에 적용하여, 계보의 정통성을 확인하는 적극적인 방법이었다. 그것은 누대의 관은을 확인하여 영원한 관은을 보장받는 방법이기도 했다.

(8) 절대왕조

　「묘지」는「천하」와 동의어인「사방」이 하나의 용어로 합성된「천하사방」이라는 표현으로, 고구려가 천하의 중심이라는 사실을 확인하고 있는데, 동의어를 중복하여 표현하는 것은 고구려가 천하의 절대적 존재라는 사실을 강조하는 표현으로 보아야 한다. 그리고 이러한 표현이 사용되게 된 것은, 이미 그 당시에는 고구려를 중심으로 하는 천하사상이 구축되고 그 사용이 일반화되어 있었다는 것을 의미한다. 이미 고구려 중심의 천하사상이 구축되고, 고구려가 그 천하를 주재해 나간다는 의식이 일반화되었기에 가능한 표현이다. 추모왕이 통치하기 때문에 국도가 최성이라는 표현이나, 추모왕이 천지신간의 신혼으로 태어난 천손이라는 표현도 마찬가지다.

추모왕을「천제지자」라고 표현한「비문」과 달리「일월지자」라고 표현한 것을,「아직 그것이 천제(최고신)까지 비약하기 직전의 단계에 머물고 있다는 것을 나타낸」것으로 보는 의견도 있으나, 이미「묘지」에「천제」와 동의어인「호천」,「천하」와 동의어인「사방」이 사용된 것을 감안하면,「일월」은 최고신으로 비약하기 전 단계로 볼 것이 아니라 절대적인 권위를 가지는 최고신에 대한 표현을 다양화한 결과로 보아도 무방할 것이다.

「묘지」에서「일월지자」「하백지손」으로 표기하고,「비문」에서「천제지자」,「모하백여랑」으로 표기하여, 추모왕을 천지신의 신혼에 의해 출생하여, 천제를 대리하여 천하를 통치하는 자라는 사실을 확인하고, 그래서 천지신이 추모왕을 수호한다는 사실까지 확인하고 있는 것이다. 또 그렇게 수호되기 때문에 추모왕이나 그 후손들이 천하에 군림할 수 있었다.

「묘지」나「비문」, 한서 등이 전하는 건국신화를 종합적으로 검토한 박시형은 시조의 부모가 극도로 신성화되고, 왕권이 절대불가침의 권위를 획득한 단계에서 건국신화가 구성되고, 고구려의 통치계급이 그것을「비문」과 같은 엄숙한 국가적인 기념물의 모두에 대서특필하게 된 것이라 했다. 그러면서「묘지」에서는,「이에 의해, 고구려국이 세계에서 가장 성스러운 나라라고 천하사방은 잘 알고 있다라고 선언하기에 이르렀던 것이다.」[58]라고 금석문에 나타난 천하사상이, 당대의 시대

---

58) 朴時亨저 全浩天역, 전게주29, P.145.

적 사고를 반영한 것으로 보았다.

　이는 「천하사방지차국도최성(天下四方知此国都最聖)」을 근거로 하는 주장인데, 이곳은 노태돈도 추모 선왕이 북부여에서 나셨으니 「이 나라 이 고을이 가장 성스러움을 천하사방이 알지니」59)라고 해석하였다. 이것은 「지(知)」를 「알다」로 풀이한 해석으로, 모든 사람들이 그렇게 해석하고 있다. 그러나 「지」의 「주재하다」 「통치하다」라는 의미를 취할 수는 없는 것일까. 그런 의미를 취한다면 그 해석도 달라질 수 있다.

　사실적으로 「지」는 「공선휘는 그를 두고 말하기를, 공자산은 장차 정치를 맡게 될 것이다」라고 사용된 「공손휘왈, 자산기장지정의(公孫揮曰, 子産其将知政矣)」60)의 「지(知)」처럼 정치하다」 「주재하다」 「통치하다」 등을 의미하기도 한다. 만일 그런 의미를 취할 경우에는, 「지」는 제삼자가 안다는 것으로 해석하기 보다는, 추모왕이 통치한 결과로 볼 수도 있다. 그렇게 되면 추모왕이 「천하사방을 다스렸기 때문에, 이 국도가 최성」으로 해석해도 무방할 것이다. 어찌 되었든 박시형이 「고구려가 세계에서 가장 성스러운 나라」라며 고구려가 중심이 되는 천하사상을 인지한 것은 평가할 만한 의견이다.

　모두루 일족이 자기 계보의 정통성을 획득하고, 또 그것을 확인하는 방법으로, 고구려 왕조에게 입은 관은이 건국 당시부터, 시조 추모왕 대부터라는 사실을 강조하고 있는 것이 「묘지」이다. 왕조와의 유대관계를 근거로 계보의 정통성을 확립하기 위해서는, 왕조를 절대시하고 자기 일족을 비하하여 인간적인 관계를 강조할 필요가 있다. 절대왕조의 절대적 신뢰를 얻는다는 사실 이상의 정통성이 없기 때문이다. 그러한 필요성에서, 당시에 일반화된 고구려의 천하사상을 정리하고, 그 천하사상을 근거로 왕조와 일족의 유대관계를 소개하고 있는 것이 「묘지」이다. 그곳에서는 일족을 비하하는 「노객」이라는 용어가 일족의 왕조와의 근친관계를 상징하여, 일족의 정통성을 보장하게 된다.

---

59) 盧泰敦 「牟頭婁墓誌」 『註釈韓国古代金石文』 제1권(한국고대사 연구소, 1992), P.98.
60) 『春秋左氏伝』 襄公16年春.

5) 중원고구려비의 천하
(1) 중원고구려비

『중원고구려비(中原高句麗碑)』(이하『중원비』)는 1979년 단국대학교 학술조사단에 의해 고구려비라는 것이 확인되어 국보 205호로 지정된 것으로, 충청북도 중원군(中原郡) 가금면(可金面) 용전리(龍田里) 입석부락(立石部落) 입구에 위치한다. 이 비석은 중량감 있는 사면석주(四面石柱)로 그 크기는 다음 표와 같다[61].

	총고(總高)	비면고(碑面高)	폭(상)	폭(중)	폭(하)
전면	203	144	55	53	49
후면	188	126	52	48	44
좌면	197	141	37	36	38
석면(石面)	178	136	32	35	31

(단위: cm)

5세기 전후에 건립된 것으로 추정되는 중원비는 마멸이 심하여 판독하기 어려워, 논자에 따라 견해의 차이가 심하다. 가장 크게 문제가 되는 것은 이 비가 3면비인가 4면비인가의 문제, 비문이 어디부터 시작되는가 하는 것으로, 아직까지 기본문제로 남아있다. 이처럼 많은 논란이 있는 중원비이나, 이것이 한반도에서 발견된 유일한 고구려비라는 것, 5세기의 고구려와 신라의 관계에 대한 새로운 지견을 전해준다는 것, 고구려의 인명표기방법이나 관등조직의 정비과정을 전해주고 있다는 것, 고구려의 언어를 짐작할 수 있는 이두식 표기가 사용되었다는 것 등, 여러 면에서 중요한 의미를 가지고 있다[62].

---

61) 鄭永鎬 「中原高句麗碑의 發見調査와 研究前望」『史学志』제13집(단국대학교, 979년), P.17.
62) 徐永大 「中原高句麗碑」『訳註韓国古代金石文』第1巻(韓国古代社会研究所, 1992).

이 비의 비문을 조사한 키노시타(木下礼仁)는 각자(刻字)가 가장 많은 전면에 23자×10행(합계230자), 그 좌측면에 23자×7행(최후의 행은 17자, 합계 155자), 합계 385자로 상정하고, 실제상으로 판독 혹은 해독 가능한 것은 전면의 180자 내지 190자 정도, 좌측면의 50자 정도로 보았다[63]. 그런데 이기백은 「전비문은 4면을 합하여 모두 32행이 되는 셈이다. 4면이 모두 1행 23자였다고 생각되므로, 끝면의 끝줄에 6자가 비는 것을 고려하여 계산한다면, 문자의 총수는 730자가 되는 셈이다」라고 추정하였다[64]. 단 이 추정은 4면비일 때의 것으로, 만일 3면비일 때는 200여자를 줄여야 할 것이다. 그러나 후면에도 비문의 흔적이 있어 700여자의 수치는 어느 정도 합당한 숫자이다[65].

(2) 중원고구려비문의 대의

이처럼 문자의 마멸이 심하여 확실하지 않은 점이 많은 『중원비』이나, 고구려의 신라와의 관계를 내용으로 한다는 것은 확실하다. 우선 중원비의 대의를 파악하기 위해 이병도의 의견을 소개하기로 한다.

> 건흥(建興) 4년 5월에 고려대왕(文咨王)의 조왕(長壽王)이 신라왕(慈悲王)을 돌려보냄에 있어(돌려보낼 때에), 대대로 형제와 같이 지내기를 원하고 상하(상위자와 하위자)가 수천(莊子 達生篇에 나오는 天守와 같은 말이니 천리, 즉 자연의 도리를 保守한다는 뜻)할 것을 서로 알아야 한다는 말과, 이에 대하여 동래의(동쪽에서 온) 왕(신라왕)이 공순히 응하였다(여기의 悳는 공손의 뜻)는 약속으로 시작하여, 고구려의 태자(共은 이름인 듯, 또 그는 문자왕의 부로 얼마 후에 죽은 듯) 이하 제인이 주는 증물(牛)과 려왕의 사물(의복 기타)이 있었다는 것인데, 사물(賜物)은 신라왕뿐만이 아니라 그의 수종자와 노예에게까지도 주

---

63) 木下礼仁「中原高句麗碑」『南都泳博士華甲紀念論叢』(1984년), P.61.
64) 李基白「中原高句麗碑의 몇가지 문제」, 전게서61, P.36.
65) 申瀅植「中原高句麗碑에 대한 一考察」전게서61, P.60.

고, 자국관리에게도 상하의 위를 따라(차등 있게) 의복을 주었다는 의미의 말이 실려 있다. 또 신라왕이 환국할 임시에는 그 나라의 모든 사람에게도 무엇(의복?)을 주라는 의미의 말도 들어있다.

그리고 고구려의 전부(前部: 所屬部名) 대사자(직명) 다혜환노(多兮桓奴: 인명)와 주부(직명) 등을 (왕이)명하여 신라경내에서 3백인을 모집케 하였더니, 고구려의 당주(무관직)로서 하부(소속부명) 발위사자(직위명)의 위에 있는 모모자(본시 귀화인인 듯)가 백제왕 개로(盖盧: 蓋鹵)와 서로 공모하여 신라경내에서 사람들을 모집 동원하였다는 것과 같은 말이 실려 있다.(중략) 글은 좌측면(제2면)에 연결되는데, 거기에는 기술한 바와 같이 판독불능의 자구가 하도 많아 문맥이 통하지 않는다. 그러나 거기에는 필시 고구려의 대백제 남침과 영토의 확대 내지 신라와의 접경관계의 기록이 새겨져 있었을 것이다. 특히 「대왕국토(大王国土)」니 「동이매금토(東夷寐錦土)」니 하는 문구와, 또 끝줄(末行)에 「고무루성(古牟婁城)」의 성명이 나타나 있음을 보면, 고구려 판도의 확대와 신라와의 국경에 관한 이야기가 실려 있는 것 같다66).

제1면의 대부분은 고구려와 신라 양국간의 친선관계를 서술하고, 말미에서는 2면에 걸쳐 신라, 백제 양국의 반동행위와 그에 대한 고구려의 대응 내지 신라와의 접경관계의 이야기가 실렸을 것이라는 내용이다. 그러면서 장수왕의 순수비가 아니라 탁경비(拓境碑), 혹은 정경비(定境碑)로 규정하였다.

그런데 제1행의 「오월중(五月中)」과 제7행의 「십이월입삼일갑인(十二月廿三日甲寅)」, 제13행의 「신유년(辛酉年)」이라는 기록을 주목한 변태섭은 고구려왕의 소환에 신라매금이 불응하자 태자를 파견하여 회맹(会盟)시킨 내용으로 보았다. 5월에 신라매금을 오게 하였으나, 신라가 그 궤영(跪営)에 오지 않았으므로, 매금 토내의 중인(衆人)에게 사(賜)하고 신라 군신에게 의복을 책수(策授)하기 위하여 오게 하였다

---

66) 李丙燾「中原高句麗碑에 対하여」, 전게서61, PP.28~29.

는 것이다. 즉 우벌성(于伐城)에 온 신라 매금 상하에게 신라 토내 중인의 사급(賜給)과 의복을 수여했다는 것이다67).

또 단우환노(単于桓奴)의 공적을 내용으로 한다는 의견68)도 제시되었다. 단우환노는 환노(桓奴)를 부명(部名) 환나(桓那)로 보아,「전부(前部) 대사자(大使者) 다우(多于)」와「환노(桓奴) 주부(主簿) 수(首)」두 사람으로 생각할 수도 있으나, 환나(桓那: 桓奴)라는 부명은 고구려 초기에만 사용하였으므로, 여기서는 단우환노를 한 사람의 인명으로 보아야 한다69).

그런데 12월의 기록「전부대사자다혜환노주부자□□□경□모인삼백신라토내당주하부발위사자금노(前部代師者多兮桓奴主簿者□□□境□募人三百新羅土内撞主下部拔位使者錦奴)」를,「신라왕 일행이 우벌성에 이르러 고구려 관군인 전부 대사자 다우환노와 만나, 전부터 이곳의 당주인 하부 발위사자 금노로 하여금 신라 토내의 중인을 모아 천동(踐動)케 하고 있다」70)로 해석하여, 단우환노가 국경에서 수백 명을 모집했다는 것을 인정하게 되면, 고구려인이 신라의 영토 내에 주둔하여 군사력을 장악하고 있었다는 것이 된다.

따라서「중원비」의 성격이 어떤 의미를 갖는다 해도, 그것이 고구려를 중심으로 하는 교류를 내용으로 한다는 것은 확실한 것 같다.

(3) 중원고구려비의 세계

「중원비」에는 고구려와 신라 이외에 백제도 등장 가능한 국가로 되어 있어, 당시의 삼국관계를 추정하기에 좋은 자료이다. 이병도는 10행의 5자~9자를「박잔왕개로(狛殘王盖盧)」로 석문하고 백제의 등장

---

67) 辺太燮「中原高句麗碑의 内容과 年代에 対한 検討」전게서61, P.44. 金昌鎬「中原高 句麗碑의 再検討」(『韓国学報』47, 1987)
68) 손영종「中原高句麗碑에 対하여」(『歴史科学』1985~2, 1985)
69) 辺太燮, 전게서61, P.43.
70) 辺太燮, 전게서61, P.43.

을 기정사실로 하고 있다. 임창순 역시 같이 석문하고71) 있으나, 정영호는「박흉귀개로(狛凶鬼盖盧)」72)로 석문하여 문제는 남는다.

이병도는「개로(盖盧)」는 백제의「개로(蓋鹵)」를 지칭하는 것이 틀림없다며, 제액(題額)의「건흥 4년」을 개로왕 21년, 고구려 장수왕 63년(475)으로 추정하고, 그 해에 고구려가 백제의 수도 한성을 함락하고 개로왕을 피살했다는『삼국사기』의 기술을 증거로「중원비」에 백제가 등장한 사실을 확신하였다73). 그러나 백제에 해당하는 수식어의 확인이 불가능하다며,「개로(盖盧)」를「개로(蓋鹵)」로 단정하는 것을 보류하는 의견도 있으나74),「개로왕(蓋鹵王)」으로 추정하는 것이 통설로 되어 있다.

이병도의 의견대로「중원비」의「개로(盖盧)」가 고구려가 백제의 도성을 함락하고 왕을 피살한 사실을 반영한 기록이라면, 고구려가 의복을 하사한 신라와는 달리 적대국으로 등장하는 셈이다. 이처럼 고구려가 신라와는 우호적이면서 백제와는 적대적 관계라는 것은 친고구려적인 태도를 취하며 왕화되어 가는 신라와 반고구려적 자세를 취하다가 왕화되는 백잔이 같이 등장하는「비문」의 삼국관계와 동질적이다. 다시 말해 고구려가 여타 국가에 비해 절대적인 위치에 군림한다는 점 그리고 반고구려적인 백제와 친고구려적인 신라가 같이 등장한다는 점에서도「중원비」와「비문」은 동질적인 것이다.

고구려가「중원비」가 이야기하는 세계의 절대적 존재라는 것, 고구려를 천하의 중심에 위치시킨다는 것은「중원비」가 사용한 화이사상을 기반으로 하는 차별적인 용어들을 통하여 확인되는 사실들이다.「중원비」는 신라에는「매금」이나「동이」등의 용어를 사용하면서, 고구려에는「대왕」「태자」등의 용어를 사용하고 있다. 이것은 고구려와 신

---

71) 任昌淳「中原高句麗碑 小考」석문, 전게서61.
72) 鄭永鎬, 전게주61.
73) 李丙燾, 전게주66, P.23.
74) 金貞培「中原高句麗碑의 몇 가지의 問題点」, 전게서61, P.89.

라를 용자법으로 구별하는 화이사상의 실현이었다. 고구려의 신라에 대한 행위를 「교(敎)」・「사(賜)」 등으로 기록하여, 양국관계를 형제(如兄如弟)로 규정하는 것도 화이사상의 실현이었다. 고구려와 신라를 차별하여 고구려의 천하를 확인하는 방법이었던 것이다.

「동이」「매금」 등의 용어를 사용하여 신라와 고구려를 구별하는 것은, 고구려 스스로가 천하의 중심이라는 위치에 서서 신라를 미개한 주변국으로 위치시키려는 사고의 반영이었다. 고구려는 스스로 자국을 종주국으로 생각하고 용자를 구별하여 사용한다. 신라에게 의복을 하사했다는 것도 같은 사고의 반영이었다. 그러면서 한편으로는 중국한테 관작과 더불어 의복을 받았다. 그 경우의 고구려는 중국의 주변국이었다. 그 주변국 고구려가 「중원비」에서는 신라에 의복을 하사하며 종주국 행세를 취하고 있었던 것이다.

(4) 수천

천하사상과 직결되는 용자라고 생각되는 것은 「중원비」에서 단 한 번 확인되는 「천」자인데, 그것으로 구성된 용어 「수천(守天)」에 대해서는 제설이 제기되었다. 고구려가 귀국하는 신라의 매금에게 형제관계를 요구하면서 많은 물건을 하사하는 의례에서 사용된 「수천」을, 이병도는 『장자(莊子)』 달생편(達生偏)의 「천수(天守)」로 보고, 자연의 도리를 준수한다는 천리로 해석하였고[75], 변태섭은 고구려왕의 행행(行幸)으로[76], 김창원은 서약으로 해석했다[77].

이병도 이외에는 천에 결부시키고 있지 않지만, 그 부분을, 5월에 고구려대왕과 상왕공과 신라매금이 형제같이 지내기를 원하며 「수천」하기 위해 동으로 온 것으로 보면, 양국간에 「천」을 매개로 하는 어떤 행사가 이루어졌다는 것은 충분히 추정할 수 있다.

---

75) 李丙燾, 전게서61, P.28.
76) 辺太燮, 전게서61, P.45.
77) 金昌鎬 「中原高句麗碑文의 再檢討」(『韓国学報』47, 1987).

「중원비」의 「수천」은 다음과 같이 사용되었다.

오월중고구려대왕상왕공□신라매금세세위원여형제상하상화수천동래(五月中高句麗大王相王公□新羅寐錦世世爲願如兄弟上下相和守天東來)

이곳은 「5월에 고구려대왕과 상왕공과 신라 매금은 세세(世世)토록 형제같이 지내기를 원하며, 서로 수천하기 위해 동으로 왔다」78), 「건흥4년(을묘) 5월에 고려대왕(문자왕)의 조왕(장수왕)이 신라왕(자비왕)을 돌려보냄에 있어(돌려보낼 때에), 대대로 형제와 같이 지내기를 원하고 상하(상위자와 하위자)가 수천(장자 달생편에 나오는 천수와 같은 말이니 천리, 즉 자연의 도리를 보수한다는 뜻)할 것을 서로 알아야 한다는 말과, 이에 대하여 동래(동쪽에서 온) 왕(신라왕)이 공손히 응하였다」79)로 해석된다.

이에 의하면 일정한 장소에 신라왕이 왔느냐 안 왔느냐의 차이는 있으나, 고구려와 신라가 형제처럼 지낼 것을 원하고 있었다는 것, 서로 「수천(守天)」하기 위해 고구려와 신라가 같이 모였다는 것, 그러기 위해 신라가 동래(東來)했다는 것은 공통적이다. 다시 말하자면 고구려와 신라는 서로가 「여형여제」의 관계라는 사실을 알고 있었다는 것이다. 그러한 관계이기 때문에 「중원비」는 고구려왕을 「대왕」으로, 신라왕을 「매금」으로 구별하여 사용한 것이다.

(5) 화이사상의 실천

고구려가 신라에 의복을 하사하는 것과 같은 상하의 질서관계, 「세세」로 이어지는 「여형여제」관계를 확인하기 위하여 한 곳에 모여 「수천」의례를 거행한 셈인데, 이처럼 양국의 관계를 확인하는 방법으로

---

78) 徐永大 「中原高句麗碑」 전게주62
79) 李丙燾, 전게주66, P.28.

「수천」이라는 의례가 거행되었다는 것은, 양국의 관계가 영원불변할 것을 서로 서약한 것으로 받아들여야 할 것이다. 즉 고구려와 신라는 「천」을 매개로 하는 「수천」이라는 의례를 거행하며, 기존질서에 충실할 것을 같이 서약한 것이다. 그러나 그 서약은 불평등한 것으로, 고구려가 절대적으로 우위를 차지하는 질서관계의 서약으로, 고구려가 주재하는 천하이기에 있을 수 있는 불평등한 관계의 확인이었다.

「중원비」가 고구려와 신라가 왕의 호칭을 「대왕」・「왕」에 「매금」을 대응시키는 방법으로 구별하고 있다는 것이나, 양국을 형제관계로 질서지우고 있는 것, 신라를 「동이」로 호칭하는 것 등을 함께 고려하면, 「중원비」가 고구려와 신라의 관계를 「천하」의 중심국과 주변국으로 구별하고 있다는 것을 알 수 있다. 그 천하에서 고구려는 신라를 주변국으로 여기고 있었기 때문에, 신라를 「동이」로 신라왕을 「매금」으로 호칭하며, 의복을 하사하는 형식을 취하고 있었던 것이다.

그러한 천하에서 신라가 「천」을 매개로 하는 「수천」이라는 의례에 참여한다면, 그것이 고구려가 주도하는 의례였으므로, 고구려가 말하는 「여형여제」의 질서를 인정하는 것은 당연한 일이다. 또 신라가 「동이」「매금」 등으로 호칭되어도 이의를 제기할 수는 없는 일이다. 신라는 그러한 것을 모두 인정하고, 동쪽에서 고구려왕이 있는 곳으로 온 것이다. 따라서 「수천」은 고구려의 천하를 확인하는 용어로 보아야 한다.

고구려의 천하는 신라를 주변국으로 해서 구성되지만, 이병도의 주장대로 백제도 등장한다면, 그 천하는 고구려가 신라와 백제 등을 주변국으로 해서 구성된다. 이병도는 마멸된 「□□□개로(□□□盖盧)」를 「박잔왕개로(狛殘王盖盧)」로 판독하고, 고구려와 백제와의 관계를 상정했으나, 변태섭은 「개로(蓋鹵)를 개로(蓋盧)로 기술했다고 하는 것도 문제이지만, 신라왕에 대해서는 왕호가 아닌 신라매금이라고 칭하면서, 백제왕에게 왕호를 붙였을까」라며, 「박잔왕」이라는 기술에 의문을 나타냈다[80]. 그것은 호칭을 구별하는 「중원비」라는 것을 생각하면 당연한 의문이었다. 만일 「중원비」가 백제왕에게 「왕」호를 사용했다면 그것은「중원비」의「화이사상」과 모순을 이루는 일이 된다.
 그러나 그「박잔왕(狛残王)」을 정영호의 석문대로「박흉귀(狛凶鬼)」[81]로 본다면 문제는 달라진다.「박(狛)」은「이리를 닮은 짐승」「이리 비슷한 짐승」「사사(社寺)의 앞에 두는 사자를 닮은 짐승」등을 의미하고,「흉(凶)」은「길하지 않다」「흉하다」「흉악하다」「요사스럽다」「두려워하다」등을 의미하고,「귀(鬼)」는「음의 신령」「죽은 자의 혼」「사람에게 앙화를 내린다는 요귀」등의 의미를 가지고 있다.
 어느 것 하나도 서상(瑞祥)을 추정할 수 있는 자가 아니다. 그런 불길한 자들로 합성되는 용어라면 그것들이 어떻게 합성된다 해도 결코 서상을 의미하는 용어가 될 수는 없다. 또 미칭의 용어가 될 수도 없다. 그것들은 어떻게 합성되어도 화이사상에서「이(夷)」로 차별되는 천칭을 합성해 낼 수밖에 없을 것이다. 그렇게 되면, 신라왕에 대해서는 왕호가 아닌 매금이라는 천칭을 사용하면서, 백제왕에게 왕호를 붙였을까라고 표한 의구심은 사라지게 된다. 그렇게 되면 고구려가「박흉귀개로(狛凶鬼盖盧)」의 백제와「매금(寐錦)」의 신라를 주변국으로 하는 고구려의 천하는 성립하게 된다.
 설사「개로(盖盧)」가 개로왕(蓋鹵王)이 아니고 백제가「중원비」에 등장하지 않는다 해도, 신라를 주변국으로 하는 고구려의 천하는 성립된다.「중원비」가 신라를 고구려의 주변국으로 취급하고 있는 이상,「중원비」에 고구려가 신라를 주변국으로 하는 천하는 성립되는 것이다. 그 천하를 상정하고 있었기 때문에, 존대의 칭호는 고구려가 독점하고, 신라왕은 7회나 매금으로 호칭되었을 것이다.
 「중원비」가 위호의 사용을 구별하는 것은 고구려와 주변국을 구별해서 고구려의 우위를 확인하는「화이사상」의 실현이었다.「매금」은 군장을 의미하는「마립간(麻立干)」의 이사(異寫)이기 때문에 천칭이라 할 수는 없으나, 고구려의 왕호에 대응되고「동이」라는 용어로 수식되

---

80) 辺太燮, 전게서61.
81) 鄭永鎬, 전게서61.

어 사용되는 한, 그것을 존칭으로 볼 수는 없다. 그뿐만이 아니다. 「중원비」는 고구려의 신라에 대한 처사를 통해서도 양국을 화이로 구별하고 있다. 고구려가 신라의 「매금」과 그 신속들에게 의복을 하사하는 사실을 기록하고 있는데82), 그것은 종주국이 취할 수 있는 자세였다. 마치 중국이 주변국에게 의복 등을 하사하는 것과 같은 태도였다.

한서는 중국이 고구려의 조공에 상응하는 작위와 의복을 하사한 일을 전하고 있는데83), 그것은 중국의 기록만이 아니라, 문자왕이 위의 책봉을 받으면서 의관・복물(服物)・차기(車籏) 등을 하사받은 일을 전하는 『삼국사기』에서도 확인할 수 있는 일이다84). 따라서 고구려가 신라에 의복을 하사했다는 것은 중국에 조공하고 책봉을 받은 경험을 살려서 구축한 천하사상을, 신라에 적용하는 방법으로, 실현한 것으로 보아야 한다.

「중원비」의, 고구려 중심의 「천하」 표현은 「동이」와 같은 직접적인 표현만이 아니라, 「교(敎)」와 같은 표현도 있다. 「교제위사상하의복(敎諸位賜上下衣服)」・「교동이매금체환래(敎東夷寐錦逮還来)」・「절교사매금(節敎賜寐錦)」 등에서 「제위」・「동이」・「매금」 등과 함께 사용되고 있는 「교」는 하위자에게 의복을 하사한다는 것이나, 하위자가 이동한다는 것을 의미하는 문장을 통어하는데85), 「교」에는 「사(使)」나 「령(令)」이 의미하는 사역의 의미도 포함되어, 상위자가 하위자에게 베푸는 은혜를 의미한다. 즉 고구려가 신라의 종주국이라는 의식에서 신라를 상대로 할 때에 사용된 용자로서의 「교」였다. 그 경우의 「절교사(節敎賜)」는 「절」이 지휘・명령을 나타내는 이두로, 명령하여 급여한다는 것을 의미하여 「교」의 하향성을 확인해 준다86).

---

82) 賜寐錦之衣服(中略)賜上下衣服(中略)諸位上下衣服(中原碑文)
83) 『三国志』魏書 高句麗伝
84) 魏孝文帝 遣使拜王 爲使持節都督遼海諸軍事 征東将軍領護東夷中郎将遼東郡開国公 高句麗王 賜衣冠物車籏之飾(『三国史記』文咨王 元年).
85) 木下礼仁 전게주63.
86) 李丙燾, 전게주66, P.31.

(6) 중원고구려비문의 석문

中原高句麗碑釈文

徐永大『訳註韓国古代金石文』1(駕洛国史蹟開発研究院, 1992年)

(全面)
五月中高麗大王相王公□新羅寐錦世世為願如兄如弟
上下相和守天東来之寐錦忌太子共前部大使者多亏桓
奴主簿道德□□□安□□去□□到至跪営□太子共□
尚□上共看節賜太翟鄒□食□□賜寐錦之衣服建立処
用者賜之随者節□□奴客人□教諸位賜上下衣服教東
夷寐錦遝還来節教賜寐錦土内諸衆人□□□□王国土
大位諸位上下衣服兼受教跪営之十二月廿三日甲寅東
夷寐錦上下至于伐城教来前部大使者多亏桓奴主簿□
□□□境□募人三百新羅土内幢主下部拔位使者補奴
□□奴□□□□盖盧共□募人新羅土内衆人拝動□□

(左側面)
□□□中□□□城不□□村舎□□□□□□□沙□
□□□□□□班功□□□□□節人□□□
□□□□□□辛酉年□□□十□□□□□太王国土□
□□□□□□□□□□□□□□□□□□□□□
□□□□□□□□□上有□□酉□□□□東夷寐錦土
□□□□□□方□桓□沙□斯色□□古鄒加共軍至于
伐城□□□古牟婁城守事下部大兄耶□

(右側面)
　　□公□□□□衆残□□□□□□□□□不□□使□□□壬子□□伐□
　　□□□□□□□□□□□□□□□

中原高句麗碑釈読
(前面)
五月中に高麗大王の相王公と新羅寐錦は世世にわたり、兄弟の如くすごすことを願いながら、お互いに守天するために、東へ来たる。

　寐錦忌・太子共・前部、大使者多于桓奴・主簿、道徳などが…へ行って跪営に至った。太子、共…尚…上共看、命令して太翟鄒を賜して、寐錦の衣服を賜して…建立処・用者賜之・随者…・奴客人…諸位に教を賜して上下に衣服を賜する教を下した。東夷寐錦が遅れて還来して寐錦土内の諸衆人に節教賜を下した。(太子共が)高句麗の国土内の大位・諸位の上下に衣服と受教を　営で賜した。

　十二月廿三日の甲寅に東夷寐錦の上下が于伐城にきて教を下した。前部大使者である多于桓奴と主簿である道徳が国境の近所で三百人を募集した。新羅土内の幢主である下部や抜位使者である補奴…と盖盧が共に新羅の土内の衆人募集して……へ移動した。

(左側面)
　……中……城不……村舎……沙……班功……節人……辛酉年……十……太王国土……上有……酉……東夷寐の錦土……方……桓□沙□斯色……古雛加である共の軍が于伐城に至った。……古牟婁城守事下部である大兄耶

(右側面)
　……公……衆残……不……使……壬子……伐……

<전면>

　5월에 高麗大王의 相王公과 신라 寐錦은 世世토록 형제같이 지내기를 원하여 서로 守天하기 위해 동으로 (왔다). 寐錦 忌 太子 共 前部 大使者 多于桓奴 主簿 道德 등이 …로 가서 跪営에 이르렀다. 太子 共 … 尙 … 上共看 명령하여 太翟鄒를 내리고 … 寐錦의 衣服을 내리고 建立処 用者賜之 隨者 … . 奴客人 … 諸位에게 敎를 내리고 여러 사람에게 衣服을 주는 敎를 내렸다. 東夷 寐錦이 늦게 돌아와 寐錦 土内의 諸衆人에게 節敎賜를 내렸다. (太子 共이) 高句麗 국토 내의 大位 諸位 상하에게 의복과 受敎를 跪営에서 내렸다. 12월 23일 甲寅에 東夷 寐錦의 상하가 于伐城에 와서 敎를 내렸다. 前部 大使者 多亐桓奴와 主簿 道徳이 국경 근처에 300명을 모았다. 신라도내당주 下部 拔位使者 補奴 … 와 盖盧가 공히 신라 영토 내의 주민을 모아서 … 로 움직였다.

<좌측면>
… 中 … 城不 … 村舍 … 沙 … 班功 … 辛酉年 … 十 … 太王国土 … 上有 … 酉 … 東夷 寐錦의 영토 …方 …… 桓□沙□斯色 … 古鄒家 共의 군대가 于伐城에 이르렀다. … 古牟婁城守事 下部 大兄 耶□

<우측면>
…… 公 …… 衆残 …… 不 …… 使 …… 壬子 …… 伐……

4 일본의 천하사상

1) 치천하의 사상
(1) 외번의 자긍심

중국의 정사에 의하면, 왜로 불려지는 일본이 중국과 교섭을 가진 것은 1세기 이래의 일이었으나, 그 왜의 국가로서의 형성은 일본 열도 안에서 독자적으로 진행된 것이 아니라, 중국왕조를 중심으로 하는 동아시아 세계 속에서 진행되었다 한다[87]. 니시지마사다오(西嶋定生)에 의하면, 일본은 중국의 천하에 참여한 것에 의해 국가로 발전하게 되었다. 그 같은 중국과의 관계를 『후한서』 동이전은 다음과 같이 전하고 있다.

> 建武中元二年. 倭奴国奉貢朝賀. 使人自称大夫. 倭国之極南界也. 光武賜目印綬. 安帝永初元年. 倭国王師升等献生口百六十人. 願請見.
>
> 건무 2년<57>, 왜의 노국은 공물을 바치며 조하했다. 사자는 대부라고 자칭했다. 왜의 최남단의 나라이다. 광무제는 인수를 내려주었다. 안제의 영초 원년<107>, 왜국왕 사승 등이, 생구 160인을 헌상하며, 황제의 접견을 원하였다.

이는 왜와 중국의 교류가 조공을 매개로 하여 시작되었다는 사실을 전하는 기술이다. 또 『삼국지』 왜인전에는 경초(景初) 2(238)년에 왜의 여왕 히미코(卑弥呼)가 위에 사절을 파견하여 조공을 하고, 명제로부터 「친위왜왕비미호(親魏倭王卑弥呼)」를 임명받았다는 내용의 기술이 있다[88].

그 후에도 중국과의 교섭은 계속되었는데, 4세기에 이루어진 기록은

---

87) 神野志隆光 『古事記 - 天皇の世界の物語』(NHK 북스, 1995), P.25.
88) 景初二年六月. 倭女王遣大夫難升米等詣郡. 求詣天子朝献.(中略) 其年十二月. 詔書報倭女王曰. 制詔親魏倭王卑弥呼(『三国志』倭人伝).

제4장 동아시아 세계와 천하사상 465

하나도 없다. 그래서 그 시기를 「의문의 4세기」라고 말하는 니시지마사 다오는, 중국왕조의 변동에 영향을 받아, 야마타이코쿠(邪馬台国)를 대신하는 야마토(大和) 정권이 출현했을 가능성을 상정하였다. 그러면서 그 야마토 정권을 출현시킨 세력을 기내(畿内)의 세력이라기보다는 선진화된 대륙의 문화에 보다 쉽게 접근할 수 있었던 북구주의 세력이었을 것이라며, 외부의 영향에 의해 일어난 왜의 변동으로 보았다[89].

그러던 왜가 소위 「오왕(五王)의 시대」라고 불려지던 5세기에 이르면, 송왕조(宋王朝)에 사신을 보내어 조공하고 관작을 수여받게 된다[90]. 왜찬(倭讚)이 영초 2년에 공물하는 것을 시작으로 하여, 왜진(倭珍)은 「안동장군・왜국왕(安東将軍・倭国王)」을 수여받았다. 그 왜찬의 「왜」는 역대의 고구려왕명 「고운(高雲)」・「고안(高安)」 등의 「고(高)」, 백제왕명의 「여구(余句)」・「여경(余慶)」 등의 여(余)처럼 성을 나타내는 것으로, 그가 「왜」의 여러 지역, 왜인 전체의 지배자라는 것을 나타내려 했다하겠다[91].

그런데 「오왕」은 중국왕조에 관작을 요구하면서 왜의 관할지역을 본국만이 아니라, 백제・신라・임나 등도 포함시키려 하였다. 그것은 자국 내에서 왜왕의 권위를 강화한다는 것보다, 오히려 국제적 지위를 강화하여 고구려나 백제에 비견하는 지위를 획득하는 것을 목적으로 한다[92]. 왜의 그 절실한 염원은 무왕이 송조에 보낸 상표문을 통해서 확인할 수 있다.

> 封国偏遠藩于外. 自昔祖祢. 躬擐甲冑. 跋渉山川. 不遑寧処. 東征毛人. 五十五国. 西服衆夷. 六十六国. 渡平海北. 九十五国. 王道融泰. 廓土遐畿. 累葉朝宗. 不愆于歳. 臣雖下愚. 忝胤先緒. 駆率所統. 帰崇天極. 遥

---

89) 西嶋定生『日本歷史의 国際環境』전게주2.
90) 5세기경의 왜의 지도자라는 산(讚), 찐(珍), 사이(済), 코우(興), 부(武).
91) 坂元義種「왜의 五王」『고대 동아시아의 일본과 조선』(吉川弘文館, 1978년), P.34.
92) 西嶋定生 전게주2, P.64.

百済. 装治船舫[93].
우리 봉국은, (중국에서) 멀리 떨어진 곳에 있어, 외이에 대한 천자의 번병이 되어 있습니다. 우리 선조는 대대로 스스로 갑주를 걸치고 여러 산하를 넘고 건너 앉아있을 틈도 없이 싸워왔습니다. 동방의 모인을 정복하기 55국, 서방의 중이를 정복하기 66국, 바다를 건너 북방을 평정하기 95국이나 되었습니다. 왕도는 널리 퍼지고, 영토를 넓혀 경계가 멀리까지 미쳤습니다. 또 역대의 왜왕은 종주이신 천자에 사자를 입조시켜, 그 연차를 어긴 일이 없었던 것입니다. 저는 어리석어 그럴 그릇이 아닙니다만, 황송하게도 왕통을 계승하였습니다. 통치하는 곳을 거느리고 천자를 모시려고, 백제에서 더 멀기 때문에, 항해의 준비를 게을리 하지 않았습니다.

왜는 스스로 중국의 번병(藩屛)이라는 것을 자임하며, 중국왕조에 조공하는 관계를 이야기하는 것으로, 중국과의 관계가 긴밀하고 전통적이라는 것을 강조하려 한다. 자국의 공적을 과시하면서도 그것이 황제의 덕으로 이루어진 것처럼 이야기하고 있다. 될 수 있으면 중국에 충실히 조공을 바치는 주변국이라는 사실을 밝히려 하고 있다.

이 상표문이 과시하고 싶어 하는 것은 중국왕조를 중심으로 하는 천하에 왜가 주변국으로 참여했다는 사실이었다. 왜는 천하의 주변에 존재하면서, 중국의 이적을 방어하는 외번이라는 사실이 자랑스러웠던 것이다. 그래서 무엇이고 중국의 은덕으로 돌리고 있다. 그처럼 중국왕조에 대한 충성심을 표현하고 있는 것은 원하는 관작을 받기위한 노력이라 할 것이다.

(2) 책봉관계

주변국으로서의 의무를 충실히 이행하여 중국의 관작을 받는다는 것은 중국왕조에 조공하여 왕으로 임명받는다는 것으로, 그런 관계를

---

93)『宋書』夷蛮伝倭国

확인하는 것이 책봉이다. 원래 책봉이란 중국의 황제가 주변국의 군장에게 책서(冊書)나 칭호를 내려 국왕으로 봉하는 것을 말한다. 책봉관계가 되면 중국과 주변국은 종주국과 번속국(藩属国)이라는 군신관계를 맺게 되는 것이다.

종속관계의 구체적인 표현이 조공으로, 번속국의 사절은 중국황제에게 토산품을 헌상하여 군신의 예를 다하고, 황제는 그것에 회사하여 많은 답례품을 내려 대국의 위덕(威德)을 나타냈다. 중국에는 자국을 예의·법을 체현한 문화지역, 즉 중화로 하고, 주변지역은 문화를 알지 못하는 이적으로 보는 화이사상이 고래로 존재하여, 중화의 위덕을 주변제국으로 확산시키는 것이 책봉관계라고 여기고 있었다. 제국의 왕은 자신의 정통성을 중국한테 인정받는 것으로, 자국 내에서의 왕권의 강화·안정을 꾀하려는 목적으로 책봉에 응하고 있었다[94].

그토록 적극적으로 책봉관계에 충실하던 왜의 자세가 6세기에는 변화를 보여, 중국왕조와의 국교가 두절되고 만다. 그런 현상을 니시지마사다오(西嶋定生)는 「왜국 자체에 어떤 국가의식의 변화가 있어, 그것에 따라 종래와 같은 중국왕조에 대한 태도가 방기된」 것으로 추정하였다. 왜가 중국왕조와 교류를 재개하는 것은 수왕조가 중국을 통일한 후부터로, 정확히 1세기간 두절된 셈이다. 그처럼 긴밀하던 교류가 갑자기 두절되는 데는 그럴 만한 사정, 왜의 내부 자체에 어떤 변화가 일어나는 것과 같은 사정이 있었기 때문일 것이다.

(3) 천하의식

주목되는 것은 왜국 스스로가 자국의 영역을 「천하」로 인식하는 의식의 변화이다. 「천하」라는 문장이 사용된 예는 에타후나야마(江田船山) 고분에서 출토된 철도(鉄刀)나 이나리야마(稲荷山) 고분에서 출토된 철검(鉄剣)에 명기되어 있다. 그것들의 모두에는 각각,

---

[94] 日本史広辞典編輯委員会『日本史広辞典』(山川出版社, 1997년).

치천하호□□□로대왕(治天下護□□□鹵大王)
(호□□□로대왕이 다스리는 천하)
　　세세위장도인수봉사래지금호가다지로대왕사재사귀궁시오좌치천하령작차백련리도기오봉사근원야(世世爲杖刀人首奉事来至今護加多支鹵大王寺在斯鬼宮時吾左治天下令作此百錬利刀記吾奉事根原也)
(세세, 장도인의 우두머리가 되어, 봉사해 와 지금에 이르렀다. 와카타케루(護加多支鹵)대왕의 절, 시키궁(斯鬼宮)에 있을 때, 나(吾), 천하를 좌치(左治)하고, 이 백련의 이도를 만들게 하여, 나의 봉사의 근원을 기록하노라(대대로 천황을 최측근에서 모시는 무인의 장으로 근무하여 왔으나, 웅략천황의 궁이 시키에 있을 때, 이 칼을 만들게 하여 그 연유를 기록한다).

　라고, 와카타케루대왕이 다스리는 세계를 의미하는 「천하」라는 문장이 명기되어 있다. 그곳에 명기된 「호□□□로(護□□□鹵)」와 「호가다지로(護加多支鹵)」는 「와카타키로」나 「와카타케루」로 읽을 수 있으며, 「와카타케루대왕」은 『고사기』에서 오호하쯔세노와카타케루노미코토(大長谷若建命)로 불리고 『일본서기』에서는 오호하쯔세노와카타케노스메라미코토(大泊瀨幼武天皇)라고 불리는 웅략천황(雄略天皇)으로 비정되는 인물이다. 그래서인지 『고사기』와 『일본서기』는 「와카타케(若建: 幼武)」를 공유한다.

　이나리야마(稲荷山) 철검에 명기된 「신해년(辛亥年)」은 471년이거나 531년으로 추정할 수 있으나, 웅략천황과 결부하면 471년으로 인정된다. 에타후나야마(江田船山)나 이나리야마(稲荷山)고분의 연대도 5세기말에서 6세기 초로 인정되어, 둘 다 5세기의 웅략조의 것으로 생각할 수 있는 자료이다. 그곳에 「대왕」이 통치하는 세계를 「천하」라고 표현하고 있는 것이다. 후나야마고분 출토 철도명(鉄刀銘)에는 「치천하-대왕」이라는 문장이 있고, 이나리야마철도명에는 「천하를 좌치(左治)」한다 라는 문장이 있는데, 문맥적으로는 와카타케루대왕의 통치를 도왔다는 것으로, 결국은 대왕이 통치하는 곳이 「천하」라는 것이다[95].

자국의 영역을 천하로 여기는 사고는 조공하여 책봉을 받는 사상, 중국을 천하의 중심으로 보는 사상과는 크게 다르다. 이는 자국의 영역을 중국의 천하에 적용하여 그렇게 부른 것일 것이다. 그러나 그저 단순히 적용한 것이 아니었다. 앞에서 본 것처럼 웅략천황으로 비정되는 왜무왕(倭武王)의 상표문에서는, 중국이 중심이 되는 천하의 주변국으로 자국을 의미지우고 있었다. 그러면서 그것과는 다른 자국 중심의 천하를 이야기하고 있는 것이다. 다시 말해 중국의 천하에 참여하면서 자국 중심의 천하를 의식하고 있었던 셈이다.

자국령을 천하로 보는 사고가 와카타케루대왕이 다스리는 세계를 「천하」로 표현하게 하였다면, 명문이 제작된 당시에는, 와카타케루대왕은 「천하」의 통치자로 인식되어있었다는 것이 된다. 이 경우의 「천하」란, 중국왕조를 중심으로 하는 「천하」가 아니라, 와카타케루대왕이 통치하는 왜국의 영역을 의미한다[96].

이것은 천하의식의 전환으로, 세계관적인 전환이었다. 5세기말의 단계에서, 한편으로는 중국왕조의 책봉을 받으면서 또 다른 한편으로는 독자적인 천하관을 구축하고 있었다. 그래서 6세기는 중국과의 교류를 중단하고 그 전환을 확립하고, 7세기에는 새로운 천하의식을 바탕으로 하여 중국왕조와의 교류를 재개한 것이다[97].

(4) 기록의 천하의식

이 천하의식은 스스로를 중국에 대치시키는 것으로, 자국을 중국과 같은 제국으로 형성하는 것을 지향한다. 일본의 여러 기록이 한국과의 관계를 관념적으로 처리하고 있는 것도 그 사상을 실현시키는 방법의 일환이었다. 그 천하관은 『속일본기』 대보원년(大宝元年: 701)조에도 집약적으로 표현되어 있다.

---

95) 神野志隆光 『古事記を読む』上 (日本放送出版協会、1993), P.32.
96) 西嶋定生, 전게주2, P.76.
97) 神野志隆光 전게주95, P.34.

천황이 대극전(大極殿)에 납시어 관인의 조하(朝賀)를 받으셨다. 그 의
식의 상황은 대극전의 정문에 까마귀모양(烏形)의 깃발을 세우고, 좌에
는 일상(日像)·청룡·주작으로 장식한 깃발, 우측에는 월형(月形)·현
무·백호의 깃발을 세워, 번이(蕃夷: 여기서는 신라·남도 등)의 나라의
사자가 좌우로 늘어섰다. 이러한 문물의 의례가 여기서 정비되었다[98].

라고 신년축하 의례에, 「번이의 사자」가 참열한 것처럼 기술한다. 이
곳의 사자는, 사거한 모왕(母王)을 조문하러 온 신라의 사자였는데, 이
것을 번이의 사자로 취급한 것이다. 이처럼 사실을 왜곡하여 번이의
사자로 취급한 것은 외번을 거느리는 대국이라는 사고를 증명하기 위
해, 만들어낸 하나의 방법이었다. 그러한 사고는, 「인국은 대당(大唐),
번국(藩国)은 신라이다」[99]라는 사고로까지 발전한다.

 그것은 중국의 천하관을 흉내 내어, 자기를 형성해 가는 소제국적
천하사상이라고 할만한 것이었다. 그 소제국적 천하관을 완성한 것이
율령국가로, 그것은 7세기말부터 8세기 초의 약 30년 동안에 응축적으
로 추진되었다[100]. 일본이라고 하는 칭호도 그 때에 만들어지게 되었다.

 왜국의 영역을 「천하」로 여기는 소세계적 천하사상이 정착되자, 그
것은 천황의 호칭에도 영향을 주었다. 통치자의 칭호를 통해서 확인해
보면, 다음과 같다.

   계체천황継体天皇(507-534) 「이파례궁치천하호부등대공(伊波礼宮治
                 天下乎富等大公」(上宮記)
   흠명천황欽命天皇(540-572) 「사귀사마궁치천하천황(斯帰斯麻宮治天
                 下天皇)」(전동)
   용명천황用明天皇(586-588) 「지변대궁치천하천황(池邊大宮治天下天
                 皇)」(法隆寺金剛薬師如来光背銘)

---

98) 『続日本記』卷第二 大宝元年(701) 春正月一日
99) 『令集解』古記
100) 神野志隆光, 전게주87, P.32.

추고천황推古天皇(593-629) 「소치전대궁치천하천황(小治田大宮治天下天皇)」(전동)

위에서 알 수 있듯이 왜왕은 「치천하대왕(治天下大王)」으로 호칭되다가 「치천하천황(治天下天皇)」으로 발전하였으며, 그러다 「천황(天皇)」호가 독립적으로 사용되게 되었다는 것을 알 수 있다. 따라서 「천황」호의 성립도 국내적 계기에 의해서 출현된 것이 아니라, 동아시아의 정세 속에서, 그 흐름에 따라 구체화된 것으로 보아야 할 것이다101).

2) 천황의 신화
(1) 일계적 발전단계론
  그 천하를 근거지우고 천황의 정통성을 보장하는 텍스트가 『고사기』『일본서기』였다. 그 신화를 어떻게 볼 것인가. 텍스트가 성립시키는 것으로 보는 것이 코우노시타카미쯔(神野志隆光)의 제기였다. 종래의 「기기신화(記紀神話)」라는 식의 이해는, 『고사기』와 『일본서기』를 같은 신화, 또는 동질적인 내용으로 보는 사고방법이었다.
  양 신화가 천황의 정통성을 근거지우는 것을 내용으로 한다는 것이나, 동명의 신이 활약하는 유사한 줄거리를 가지고 있다는 것을 말한다면, 그것도 일리는 있는 이야기다. 그러나 그것은 신화의 독자성을 인정하기보다, 제신화의 공통점에 근거하는 신화관으로, 원래부터 존재하는 신화가 체계화되고 고도로 정치화되면서 발전한다고 하는 일계적(一系的) 발전단계론적 신화관이었다.
  그것은 쯔다소우키찌(津田左右吉)가 『고사기』와 『일본서기』를 문헌비판하면서, 기본적인 구조가 구축된 것을 출발점으로 하는데, 두 신화의 공통점을 추출하면서, 공통되지 않는 것은 후일에 추가된 것으로 보는 신화관이다. 그 3단계 발전론은 다음과 같다.

---

101) 西嶋定生, 전게주2, P.79.

(1) 신대사의 최초의 형태는 이자나키노미코토(伊耶那岐命)·이자나미노미코토(伊耶那美命) 두 신이 국토와 일신(日神)을 낳고, 일신을 승천시켰다는 이야기가 있고, 그것에 이어 호노니니기노미코토(番能迩迩芸命)가 거친 신들을 평정하고 히무카(日向)로 내려오는 이야기가 성립되어 있었다.
(2) 그 후, 거친 신을 평정한 이야기에 오호나무찌노미코토(大穴牟遲命)의 복종이라는 이야기가 결부되고, 그것과 더불어 일신의 아들로서의 오시호미미노미코토(忍穗耳命) 계보가 더해진다. 그리고 이 이야기가 오호나무찌노미코토 이야기 앞에 끼어들고, 그렇게 하여 대체적으로 지금의 신대사와 같은 골격이 만들어 졌다.
(3) 이러한 골격이 만들어진 후에, 처음 부분에는 이자나키노미코토·이자나미노미코토 두 신 이전의 신들이 부가되고, 끝 부분에는 황손강림 이야기의 바로 뒤에 있던 호호데미노미코토(穗穗手見命)의 동천이야기를 훨씬 뒤로 하고, 그 뒤에 호노니니기노미코토와 호호데미노미코토에 관계되는 이야기와 우가야후키아헤즈노미코토(鵜葺草葺不合命)가 부가된다. 그렇게 하여 지금의 신대사의 형태가 거의 갖추어졌을 것이다102).

『고사기』『일본서기』의 공통적인 부분을 추출하여 3단계로 정리한 의견이다. 이런 사고에서는 『고사기』에는 있으나 『일본서기』에는 없는 요모쯔(黃泉)의 이야기 등은 당연히 후세에 첨가된 것이 된다. 일신(日神)을 황조(皇祖)로 한다는 사상을 중심으로 하여 황실의 유래를 이야기 한 것이 양서라는 인식을 핵심으로 하여 추출하여 성립시킨 형성론은 명쾌하다면 명쾌하다 할 수 있을 것이다.
그러나 그것은 줄거리 상으로 재구성한 것일 뿐이다. (1)(2)(3)의 각 단계의 체계성이 어떠한 세계상에 의해, 어떠한 전체적 구조를 이루는가를 이야기하고 있지 않다. 『고사기』『일본서기』의 공통성을 각각 그 논리 내지 전체상을 무시하고, 줄거리를 공약적으로 뽑아 낸 것이다.

---

102) 津田左右吉 『日本古典의 연구 상·하』(岩波書店, 1948년).

그것을 재구성했다는 것이 발전단계론인데, 그 전제가 되는 것은 단계적으로 발전하며 축적되었을 것이라는 사고이다.

이것은 여러가지 이야기를 아무런 구상도 없이 모아서 전체가 이루어졌다는 것으로, 줄거리만 중시하는 사고이다. 그것에는 『고사기』『일본서기』의 전체를 가능하게 하는 것이 무엇인가를 생각하는 시점이 결여되어 있다. 즉 작품으로서의 논리를 이야기하는 시점이 결여된 것이 문제의 근본이다[103].

쯔다소우키찌보다 새롭게 「기기신화」의 성립을 논한 오카다세이지(岡田精司)는 양서를 역사적 배경과 결부하여 설명하려 하였다. 그가 말하는 논지는 다음과 같다.

(1) 6세기 전반에는 궁정제사를 배경으로 하는 제의신화군이 성립되어 있어, 흠명조(欽命朝)까지는 그것이 토모노미얏코(伴造)[104]의 봉사기원(奉祀起源)이라는 형태로, 타카아마노하라(高天原)—히무카(日向)—이하레비코(伊波礼毘古)로, 체계화된 왕권신화가 되었다.

(2) 7세기 초두, 스이코조(推古朝) 경에 신화체계에, 2단계의 개변이 이루어졌다. 소가씨(蘇我氏)에 의한 계보의 개변 등을 생각할 수 있다. 이 단계까지 궁정신화의 성격은 쿠니노미얏코(国造)제 지배를 전제로 하는 것이었다. 지방 호족의 신을 타카아마노하라계(高天原系)의 신화에 포함하지 않고, 복속의 대상으로만 취급하는 방법은 쿠니노미얏코 지배와의 관계에서만 이해할 수 있다.

(3) 쿠니노미얏코제의 폐지·율령적 중앙집권제로의 이행이, 지방 수장의 상징으로 오호쿠니누시노카미(大国主神)의 이야기를 만들어 내는 작용을 하여, 나라를 양도하는 신화를 만들어 냈다. 그것을 포함하여 아마테라스오호미카미(天照大御神)를 최고신으로 위치시키는 등, 텐무조(天武朝) 경에 『고사기』에 보이는 것과 같은 신화체

---

103) 神野志隆光, 『古事記をよむ』下(日本放送出版協会, 1993) P.68.
104) 大和政権의 지방 지배 機構. 대개는 각 지역의 수장을 임명하여 오미(臣)·무라지(連)·키미(君)·아타히(直) 등의 카바네(姓)를 주었다.

계를 완성하였으나, 전통을 배경으로 하는 저항이 있어『일본서기』에서는 스이코조(推古朝) 단계의 신화체계에 가까운 선까지 후퇴하는 서술이 되었다[105].

이것도 오호쿠니누시노카미를 이야기하는 부분부터는 쯔다(津田)설의 골격을 유지하며, 역사적 배경과 결부시키고 있다. 역시 그 나름대로 명쾌한 단계론이다. 그러나 이것도 줄거리만을 문제시하는 주장이다. 제의신화로 체계화한 것으로, 그 전체를 성립시키는 것이 무엇인가, 무엇에 의해서 그 체계화가 가능했는가를 이야기하지 않는다. 제의가 체계화된 것이 그대로 신화의 체계화라는 것은 너무나 안일한 생각이라 할 것이다.

신화에는 독자적으로 지탱하는 스스로의 논리가 있기 마련이다. 그러한 시점이 결락되었기 때문에, 최고신 아마테라스오호미카미(天照大御神)나 오호쿠니누시노카미(大国主神)의 이야기를 둘러싼 문제를, 『고사기』『일본서기』의 작품으로서의 전체구조의 문제로 생각하는 것을 회피하게 된 것이다.

다시 말해, 양 신화의 전체를 가능하게 하는 것에 대한 시점, 즉 작품으로서의 논리를 이야기하는 것이 결여되어 있다. 또 체계라는 것이 줄거리의 문제로 한정되어 있을 뿐이며, 그 전체가 어떻게 체계화되었는가 하는 것이 전혀 이야기되지 않고 있다.

(2) 신화의 독자성

흔히『고사기』와『일본서기』는 합하여「기기(記紀)」라고 말하는데, 그것은 같은 계통의 신화가 시간과 더불어 발전하며 차이를 보이나, 결국은 같은 신화소를 바탕으로 해서 성립된 것이라는 것을 의미한다. 같은 요소에 의해 이루어진 두 개의 텍스트라는 셈이다. 그래서 양서

---

105) 岡田精司 「記紀神話의 成立」『日本歴史』2 고대2(岩波書店, 1975년). 岡田설의 소개와 비판은 神野志의 전게서에 의함.

간에 차이를 보일 수도 있으나 결국 같은 것을 이야기한다는 것이다. 양서가 보이는 차이는 기록자가 누락하거나 첨가한 결과일 뿐이라는 인식이다.

그러나 어떤 기록물이 완성되는데는 기본신화(신화소)를 자료로 한다 하더라도 그 전체는 그것과는 다른 수준에서 성립되기 마련이다. 전체를 성립시키는 독자적인 구성논리가 없으면 안 되는 일이었다. 그처럼 전체를 구성하는 독자적인 논리를 바탕으로 해서 『고사기』나 『일본서기』의 부분적인 이야기가 존재하는 것이다. 따라서 같은 이름의 신이 전개하는 유사한 이야기가 양서에 기록되어 있다 해도 그것이 같은 것을 의미하는 것으로 보아서는 안 된다.

예를 들면 이자나키노미코토・이자나미노미코토는 『고사기』에도 『일본서기』에도 등장하는데, 『고사기』에서는 이자나미노미코토가 죽지만 『일본서기』에서는 죽지 않는다. 그래서 이자나미노미코토가 죽어서 가는 「요모쯔쿠니(黃泉國)」가 『고사기』에는 존재하나 『일본서기』에는 존재하지 않는다.

이처럼 『일본서기』에 요모쯔쿠니(黃泉)가 존재하지 않는 현상을 미시나쇼우에이(三品彰英)는 「이야기(物語)의 내용이 명료하게 죽음에 관한 것이고, 국가적 사상과 결합할 계기가 부족하여 아마도 최초의 신화체계 속에는 참가하지 않았던 이야기였다」라고 말하였다[106]. 『고사기』와 같은 형태의 요모쯔쿠니의 이야기는 후에 삽입되었다는 것이다.

그러나 일정한 부분의 유무는 단지 형식상의 문제가 아니라 전체적인 구성상의 문제이다. 이자나미노미코토가 죽어서 가는 요모쯔쿠니를 이야기 하는 『고사기』는 자체의 필요에 의해 이자나미노미코토의 죽음을 설정한 것이고, 『일본서기』는 그럴 필요성이 없었던 것이다.

---

106) 三品彰英「記紀의 神話体系」『三品彰英論文集1 日本神話論』(平凡社, 1980년), P.173.

(3) 요모쯔쿠미(黃泉国)

여러 천신들의 명을 받고 하강한 이자나키부부는 국토생성을 시작하고, 섬들을 낳고, 신들을 낳기 시작하였다. 그러다 불신(火神)을 낳다 음부를 데어 이자나미노미코토가 죽어 요모쯔쿠니(黃泉国)로 가자 이자나키노미코토도 그 뒤를 쫓아갔다가, 그곳에서 이자나키노미코토는 요모쯔쿠니의 금기사항을 범하고 쫓겨나, 돌아오게 된다.

여신을 찾아간 남신은 보지 말라는 여신의 시체를 보는 금기를 범하고 도망쳐 오는데, 그 과정에 인간들이 죽게 되는 원인과 인간들이 살아가는 세계의 이름, 아시하라노나카쯔쿠니(葦原中国)가 등장한다. 다시 말하자면, 『고사기』는 요모쯔쿠니(黃泉国)의 이야기를 통하여 인간의 죽음과 아시하라노나카쯔쿠니의 유래를 이야기하고 있는 것이다.

남신과 여신은 천강하여 국토를 생성하고 그곳에 사는 신들을 낳았으나, 그곳의 명칭을 말한 일이 없었다. 그런데 남신이 요모쯔쿠니에서 도망쳐 나와 가는 곳이 아시하라노나카쯔쿠니(葦原中国)라는 것, 자신들이 천강하여 생성한 곳의 명칭이 아시하라노나카쯔쿠니라는 것을 밝힌다. 그러면서 그곳에는 신만이 아니라 인간(青人草)도 함께 산다는 사실까지도 밝혔다.

남신이 요모쯔쿠니의 추격대에 쫓길 때, 복숭아를 던져 그들을 격퇴할 수 있었다. 그러자 그는 복숭아에게 「너는 나를 도운 것처럼, 아시하라노나카쯔쿠니에 사는 모든 생명이 있는 사람들이 어려운 일이 있어 괴로워할 때에는 도와라」라고 말하였는데, 이때에 아시하라노나카쯔라는, 인간들이 사는 세계의 명칭이 처음으로 등장하게 된 것이다.

또 남신이 자기의 죽은 모습을 보고 도망쳐, 자신이 망신을 당했다고 생각하는 여신은 「당신이 그러한 일을 한다면 나는 당신이 사는 나라의 인간을 하루에 천명을 목졸라 죽이겠습니다」라고 말하였다. 그러자 남신은 「나는 하루에 천오백 개의 산실을 세우겠다」라고 말하여, 이 세상에는 하루에 천명이 죽고 천오백명이 태어나게 되었다. 이것이 『고사기』가 말하는 인간이 죽게 되는 원인이었다.

그처럼 인간과 신이 함께 사는 세계가 아시하라노나카쯔쿠니라는 것이 요모쯔쿠니와 결부되어 이야기 되고, 또 그곳에 사는 인간들이 죽게 된다는 이야기를 한 것도 요모쯔쿠니에 사는 이자나미노미코토였다. 그러한 역할을 하는 곳이 요모쯔쿠니였으며, 그것이 요모쯔쿠니가 『고사기』에 존재하는 의미이다.

그리고 그곳은 이자나미노미코토와 같은 신들이 사후에 가서 사는 신들의 세계이다. 그럼에도 이자나미노미코토가 이 세상 사람들을 하루에 천 명씩 죽이겠다는 말을 했고, 실제로 천 명씩 죽어가기 때문일까, 그곳은 지하에 있는 죽음의 세계로 인식되어 왔다. 그러나 『고사기』가 이야기하는 것은 그것과 다르다.

『고사기』가 이야기하는 아시하라노나카쯔쿠니나 요모쯔쿠니는 신들이 사는 세계이다. 그 아시하라노나카쯔쿠니에는 인간이 신들과 같이 살고 있는 것이다. 그 인간들이 죽게 된다는 것을 여신이 이야기하였는데, 그 죽은 자들의 행방이 문제이다. 여신의 영향을 받아 죽게 되는 아시하라노나카쯔쿠니의 인간(人草)은 요모쯔쿠니로 끌려가는 것이 아니다. 그저 여신의 영향을 받아 아시하라노나카쯔쿠니에서 죽게 될 뿐이었다. 따라서 요모쯔쿠니는 죽은 인간들이 가는 세계라고 말할 수 없는 것이다.

또 남신이 죽은 여신을 찾아 요모쯔쿠니에 갔다 오는 행로를 살펴보면, 지하로 내려갔다 올라왔다고 생각할 수 있는 표현이 없다. 그 대신에 향하다(向), 언덕을 내려왔다는 의미의 용어 등이 사용되어, 언덕 너머 저쪽에 있는 세계가 요모쯔쿠니라는 것을 생각하게 해준다.

그 뿐만이 아니라 『고사기』에는 타카아마노하라(高天原)가 있어, 이 세계의 기획과 관여에 의해 지상의 아시하라노나카쯔쿠니가 생성되고 완성되었기 때문에, 지상에 대한 절대적인 우위를 가진다. 타카아마노하라에서 어떤 변화가 생기면, 아시하라노나카쯔쿠니도 즉시 영향을 받게 되는 관계였다. 그러나 『일본서기』의 천지는 음양의 분리에 의해 성립되었고, 또 타카아마노하라도 존재하지 않기 때문에 천지간은 이

원적으로 존재한다. 이처럼 근본적인 차이를 보이고 있는 것이 『고사기』와 『일본서기』이다.

따라서 그것들이 이야기하는 내용은 비록 유사성이 있다해도, 그것들이 동일한 것을 의미하는 것이 아니라, 각각 다른 세계를 이야기하는 것으로 보아야 한다.

3) 『고사기』의 신화
(1) 위원중국과 주변국

『고사기』는 인간이 아니라 천황으로 이어지는 신과 그 신에 관계되는 것을 이야기한다. 그것이 이야기하는 세계에는 신과 신이 아닌 인초(人草)가 함께 존재했다. 신은 천황으로 이어지고 인초는 인민으로 이어진다. 그러나 그곳의 인민은 『고사기』의 신화적 이야기의 주제가 아니다. 어디까지나 주제가 되는 것은 천황으로 이어지는 신들의 이야기이다. 그 신화에서 천황의 역사로 이어지는 전체를 통하여, 『고사기』는 천황이 통치하는 현실세계를 근거지우고, 그 정통성을 확인하고 있다.

천황이 통치하는 천하는 신들의 아시하라노나카쯔쿠니(葦原中国)로 이어지는데, 『고사기』는 그것과 같이 등장하는 타카아마노하라(高天原)나 쿠니(国)에 대해서는 설명하지 않는다. 오직 아시하라노나카쯔쿠니만을 설명하고 있다.

천지가 움직이기 시작하였을 때, 천의 세계로 존재하는 타가아마노하라(高天原)의 생성영력에 의해 신들이 생성되고, 그 신들의 활동으로 아시하라노나카쯔쿠니(葦原中国)와 그곳에 사는 신과 인간들이 생성되고, 그곳에 사는 신들의 활동으로 완성되게 되었다.

그것이 신화적 세계로서의 아시하라노나카쯔쿠니(葦原中国)이고, 그 완성 과정에 나타나는 것이 요모쯔쿠니(黄泉国)·네노카타스쿠니(根之堅州国)·카이진노쿠니(海神国) 등이었다. 따라서 천황이 통치하는 천하 아시하라노나카쯔쿠니를 중심으로 하고, 요모쯔쿠니(黄泉国)·네노카타스쿠니(根之堅州国)・카이진노쿠니(海神国) 등을 주변국으로 하여 구성된다.

그중의 아시하라노나카쯔쿠니(葦原中国)는 타카아마노하라(高天原)만이 아니라 여러 나라와의 교류도 독점한다. 「타카아마노하라(高天原)—아시하라노나카쯔쿠니(葦原中国)」라고 하는 천지간의 교류만이 아니라, 「아시하라노나카쯔쿠니(葦原中国)—요모쯔쿠니(黄泉国)」・「아시하라노나카쯔쿠니(葦原中国)—네노카타스쿠니(根之堅州国)」・「아시하라노나카쯔쿠니(葦原中国)—카이진노쿠니(海神国)」의 교류도 독점하는 것을 통하여, 천하의 중심위치를 차지한다.

그러한 교류 속에서 타카아마노하라(高天原)는 특별한 의미를 갖는다. 타카아마노하라(高天原)는 생성의 에너지에 의해 여러신들이 생성되자, 그 신들이 합의하여 이자나키노미코토(伊耶那岐命) 부부에게 「아시하라노나카쯔쿠니(葦原中国)」를 생성할 것을 명하였고, 또 그것이 완성되는 것에도 관여한다. 즉 아시하라노나카쯔쿠니(葦原中国)는 타카아마노하라(高天原)의 의도와 관여 속에서 생성, 완성되고 통치되는 것이다.

(2) 고천원의 기득권

타카아마노하라(高天原)의 명을 받고 하강한 이자나키노미코토(伊耶那岐命)・이자나미노미코토(伊耶那美命)는 국토를 생성하다(修理固成) 실패하자, 타카아마노하라(高天原)로 다시 올라가 그곳의 신들과 상의하여, 방법을 지시받고 하강해서 국토를 생성할 수 있었다. 그래서 국토의 생성은 타카아마노하라(高天原)의 의도와 지도에 의해서 가능했다고 말하는 것이다. 이것을 국토생성에 대한 타카아마노하라(高天原)의 관여라고 말하는데, 그것이 아시하라노나카쯔쿠니(葦原中国)에 대한 타카아마노하라(高天原) 권리였다.

국토의 생성은 이자나미노미코토(伊耶那美命)가 도중에 불신(火神)을 낳다 죽는 관계로 중단되었다가, 그의 후손 오호쿠니누시노카미(大

国主神)에 의해서 재개되게 된다. 오호쿠니누시노카미(大国主神)는 이자나미노미코토(伊耶那美命)가 사거한 후에, 요모쯔쿠니(黄泉国)를 다녀온 이자나키노미코토(伊耶那岐命) 혼자서 낳은 스사노오노미코토(須佐之男命)의 후손으로 아시하라시코오노카미(葦原色許男神)·오호아나무지노카미(大穴牟遅神)·우쯔시쿠니타마노카미(宇都志国玉神)·야찌호코노카미(八千矛神) 등의 여러 별명을 가진 신이다.

그는 타카아마노하라(高天原)의 카미무스히노카미(神産巣日神)의 후원을 받으며 성장하는데, 성장하는 것에 따라 이름이 바뀌는 신으로, 결국에는 스사노오노미코토(須佐之男命)가 주재하는 네노카타스노쿠니(根之堅州国)를 방문하여, 그 신의 딸과 신혼을 맺어 그 나라의 주능을 획득하고 돌아온다. 그처럼 여러 능력을 획득하며 성장하였기에, 이자나미노미코토의 사거로 중단된 국토의 수리고성(修理固成)이라는 작업을 계승하여 재개할 수가 있었다.

그러나 그것은 오호쿠니누시노카미(大国主神)가 독자적으로 해낼 수 있는 일이 아니었다. 타카아마노하라(高天原)의 관여가 없이는 불가능한 일이었다. 각 계를 방문하며 주능을 획득하고 돌아온 그는 여러 신들을 몰아내고 비로소 나라를 만드는 일을 시작할 수 있었다. 그는 타카아마노하라(高天原)의 카미무스히노카미의 아들 스쿠나비코나(少名毘古那神)와 협력하여 나라를 만들어 굳힐 수 있었다(作堅其国).

그러다 스쿠나비코나(少名毘古那神)가 토코요노쿠니(常世国)로 가버리자 오호쿠니누시노카미(大国主神)는 근심하며 「나 혼자서 어떻게 이 나라를 잘 만들 수 있겠는가. 어느 신이 나와 함께 이 나라를 잘 만들 것인가」라고 말하였다. 그만큼 국토를 완성시키는 일은 어려운 일이었다. 결국은 「나를 잘 제사지내면 내가 당신과 함께 나라를 잘 만들어 완성시키겠다. 만일 그렇게 하지 않으면, 나라가 완성되기는 어려울 것이다」라고 말하는 신의 요구를 받아들여, 그 신과 더불어 나라 만들기를 완성할 수 있었다.

이처럼 아시하라노나카쯔쿠니(葦原中国)의 생성·완성이 타카아마노하라(高天原)의 관여에 의해서 가능했다는 것은, 타카아마노하라(高天原)가 아시하라노나카쯔쿠니(葦原中國)에 대한 기득권을 획득하는 일이었다. 그 국토의 생성과 완성에 타카아마노하라가 관여하였기에, 그것의 운영에 일정한 권한을 가지게 된다는 것은 당연한 일이었다. 그래서 그 국토는 타카아마노하라(高天原)의 질서를 대행하는 천손들에 의해 지배되어야 했다. 그럴 경우에 한해서 정상적인 존재가 가능하다.

(3) 천조대어신

타카아마노하라(高天原)는 이자나키노미코토(伊耶那岐命)의 명을 받고 승천한 아마테라스오호미카미(天照大御神)가 주재하게 되는데, 그가 주재하는 질서는 천상의 타카아마노하라(高天原)만이 아니라, 지상에 존재하는 아시하라노나카쯔쿠니(葦原中國)까지도 통어하는 절대적인 것이었다. 아마테라스오호미카미(天照大御神)가 스사노오노미코토(須佐之男命)의 거친 행동을 피해 이하야(石屋)에 은거하자, 빛이 없어져 타카아마노하라(高天原)가 암흑으로 변하는 것은 물론 지상까지도 어두워졌다. 그 상황을 『고사기』는 「타카아마노하라(高天原) 전체가 어두워지고, 아시하라노나카쯔쿠니(葦原中國) 전체가 어두워졌다」라고 기록하고 있다.

그러다 아마테라스오호미카미(天照大御神)가 그 동굴에서 나오자, 「타카아마노하라(高天原)와 아시하라노나카쯔쿠니(葦原中國)는 저절로 빛나며 밝아질 수 있게 되었다」라고 기록하였다. 그처럼 하늘에서 일어나는 변화가 그대로 지상에도 영향을 미친다는 것은, 천과 지의 양계가 같은 질서로 통어되고 있다는 것을 의미한다. 즉 타카아마노하라(高天原)와 아시하라노나카쯔쿠니(葦原中國)는 아마테라스오호미카미(天照大御神)가 주재하는 같은 질서로 통치되는 세계라는 것이다.

천지 양계가 같은 질서, 아마테라스오호미카미(天照大御神)가 주재하는 질서로 통어(統御)된다는 사실은, 아시하라노나카쯔쿠니(葦原中國)의 통치를 타카아마노하라(高天原)의 주재신 아마테라스오호미카미

(天照大御神)의 혈통을 계승한 후손으로 한정시키게 된다. 그러한 한 계성을 근거로, 아시하라노나카쯔쿠니(葦原中国)」가 오호쿠니누시노카미(大国主神)에 의해 완성되자, 아마테라스오호미카미(天照大御神)는 그것을 양도하게 한 다음에, 그곳에 천손을 천강시켜 통치하게 하였다.

이처럼 타카아마노하라(高天原)와 동시에 아마테라스오호미카미(天照大御神)의 질서로 통어되는 곳이 아시하라노나카쯔쿠니(葦原中国) 라면, 그 세계는 어떤 의미를 갖는 것일까. 그것은 아시하라노나카쯔쿠니(葦原中国)가, 지상 그 자체의 내부에서 움직이는 것에 의해서 세계가 된 것이 아니라, 타카아마노하라(高天原)의 관여에 의해 세계로 성립되었기 때문에 일어나는 현상으로, 그 세계는 타카아마노하라를 주재하는 아마테라스오호미카미의 질서로 통치되어야 한다는데 그 의미가 있는 것이다.

그저 형체도 없이 「떠돌기만 하는 나라」를, 타카아마노하라의 신들의 관여로, 아시하라노나카쯔쿠니(葦原中国)로 완성되어 나타나게 하고, 또 타카아마노하라(高天原)가 아마테라스오호미카미(天照大御神)를 주재자로 맞이하는 것을 계기로, 양계는 아마테라스오호미카미(天照大御神)의 질서로 통어되게 된 것이다.

타카아마노하라(高天原)의 생성에너지의 주도로 성립되는 아시하라노나카쯔쿠니(葦原中国)는 아직 만들어져 있지 않았으나, 타카아마노하라(高天原)가 아마테라스오호미카미(天照大御神)라는 주재신을 얻게 되었을 때, 아마테라스오호미카미(天照大御神)의 질서에 포함되는 세계가 된다. 그렇기 때문에, 아마테라스오호미카미(天照大御神)의 혈통을 이어받은 신이, 아시하라노나카쯔쿠니(葦原中国)의 정통의 지배자일 수 있었다[107].

타카아마노하라(高天原)가 아시하라노나카쯔쿠니(葦原中国)의 생성과 완성에 관여하였고, 아마테라스오호미카미(天照大御神)가 타카아마

---

107) 神野志隆光, 전게주95, P.148.

노하라(高天原)의 주재자인 관계로, 타카아마노하라(高天原)가 지상의 아시하라노나카쯔쿠니(葦原中国)에 관여할 수 있고, 지상의 통치가 천손으로 한정되는 것이다.

아마테라스오호미카미(天照大御神)는 지상을 통치하라는 명을 받고 천강하는 천손에게 주물을 하사하면서, 수행하는 여러 신들에게는 천손의 보좌에 진력할 것을 명하였다. 그러면서 여러 신에게 주물을 주어 수행시키는 것은, 천손을 천강시켜 자신을 대행시키는 일이었다. 아마테라스오호미카미(天照大御神) 자신은 타카아마노하라(高天原)에 있으면서, 천강한 천손을 수호하고 보장하겠다는 의지의 표현이고 약속이었다. 이처럼 현실의 천황의 세계를 근거지우고 있는 것이 『고사기』의 신화이다.

4) 『일본서기』의 신화
(1) 일서의 문제

천황의 역사에 앞서, 천황이 통치하는 세계의 근거를 이야기하여, 그 정통성을 확인하는 것은 『일본서기』도 마찬가지다. 그러나 그 구조는 독자적인 세계로, 『고사기』와는 근본적으로 다르다. 『일본서기』는 30권으로 구성된 일본 최초의 사서라 하는데, 그 권1을 「신대상(神代上)」 권2를 「신대하(神代下)」로 하여 신화적인 이야기를 내용으로 한다.

그 「신대」의 체제는 「본서(本書)」 혹은 「본문(本文)」을 기준으로 하여 이전(異伝)으로 생각되는 「일서(一書)」를 병기하는 형태를 이루고 있다. 「일서」가 많을 경우에는 11개에 이른다. 즉 『일본서기』의 「신대」는 「본문」-「일서」의 형식을 되풀이하는 형식으로 구성되어 있다.

그래서 『일본서기』의 신화적 이야기를 파악하기 위해서는, 이 「일서」를 어떻게 취급할 것인가가 가장 중요한 문제이다. 그것을 해결하지 않고는 시작할 수가 없는데, 결론적으로 말하자면 『일본서기』의 신화적 이야기는 본문에 의거해서 이해해야 한다는 것이다[108]. 그럴 경우

「일서」는 분주 정도로 취급하여야 한다. 즉 「본문」은 주(主)로 「일서」
는 종(從)으로 보아야 한다는 것이다.
 그렇지 않고 「본문」과 「일서」를 같이 읽으려 하면, 이질적인 이야기
가 함께 이야기되어 있어 기준을 잡을 수가 없다. 모두 부분을 예를
들자면, 「옛날 천지가 아직 갈라지지 않고 음양이 아직 갈라지지 않았
을 때(古天地未剖, 陰陽不分)」라고, 음양의 분리에 의해 천지가 창생
된 것을 이야기한 「본문」과 「하늘과 땅이 서로 섞여서 생겼을 때(天
地混成之時)」라고, 『고사기』가 이야기하는 것과 같은 생성에너지론을
이야기하는 「일서」가 병기되어 있다. 그처럼 이질적인 이야기가 혼합
되어 있으면 전체적인 기준을 정하기 어려워, 모든 「본문」만을 이어서
그것이 이야기하는 것을 『일본서기』가 전하고자 하는 내용으로 보아
야 한다는 것이다.
 그럴 경우의 이자나키노미코토(伊奘諾尊)·이자나미노미코토(伊奘冉
尊)가 출현한 이후의 『일본서기』는 「이자나키노미코토·이자나미노미
코토의 나라 낳기」(제4단)-「아마테라스오호미카미(天照大神)·스사노
오노미코토(素戔嗚尊)의 출현」(제5단)-「서약(誓約)·은거(天石窟)」(제
6·7단)-「스사노오노미코토의 대사퇴치」(제8단)-「천손강림(天孫降
臨)」(제9단)-「천손의 해신궁 방문」(제10단) 순으로 구성되어, 거의
『고사기』와 비슷한 내용이다. 이처럼 유사한 내용으로 구성되어 있기
에 『고사기』와 『일본서기』를 동질의 기록으로 보고 「기기(記紀)」로 칭
하기를 서슴지 않는다. 그러나 양서는 근본적으로 다른 전체상을 이야
기하고 있다.

 (2) 고천원이 없는 세계
 『고사기』와 『일본서기』가 이질적이라는 것은 『일본서기』에는 「요모
쓰쿠니(黄泉国)」나 「타카아마노하라(高天原)」가 등장하지 않는다는 것

---

108) 神野志隆光, 전게주87, P.171.

으로 알 수 있다. 「타카아마노하라(高天原)」라는 말은 「일서」에는 수차례 보이나 「본문」에는 전혀 보이지 않는다. 천상에 있다는 세계는 「천(天)」이나 「천상(天上)」으로 표기된다. 그러나 제6단의 모두에 「그런데 스사노오노미코토는 청하며, 저는 지금 칙명을 받고 네노쿠니(根国)에 가려고 생각합니다. 그래서 잠시 타카아마노하라(高天原)에 찾아가 누님을 만나고, 그 후에 영구히 퇴출하려고 생각합니다(於是素戔嗚尊請曰, 吾今奉教将就根国. 故欲暫向高天原, 与姉相見, 以後永退矣)」라는 기록이 있다. 이 문제를 어떻게 볼 것인가는 『일본서기』를 이해하는 근본에 관계되는 일이다. 그러나 이곳의 타카아마노하라(高天原)는 코우노시타카미쯔(神野志隆光)의 주장에 의하면, 원래는 없었던 것이었다.

『유취국사(類聚国史)』본에는 「타카아마(高天)」로 되어있어 「하라(原)」가 없고, 카네카타혼(兼方本)은 「타카아마(高天)」로 하고 「아마(天)」의 아래에 보입(補入)한다는 표시를 하고 오른쪽에 작게 「하라(原)」를 방서(傍書)하였다. 그리고 카네카타혼(兼方本)・카네나쯔혼(兼夏本) 그 외에는 두서(頭書)가 있는데, 「이에혼(家本)」에 「타카아마노하라(高天原)」,「강<가>본(江<家>本)」에 「타카아마(高天)」라고 되어있다고 기록하고 있다. 「이에혼(家本)」이라고 하는 것은 우라베케(卜部家)에 전래되는 것을 말하는 것이나, 그것과는 별도로 「하라(原)」가 없는 고태(古態)를 전하는 것이 있었다고 생각하는 것이 타당하다[109]. 그래서 타카아마노하라(高天原)라는 용례가 없다고 말할 수 있는 것이다.

『일본서기』는 타카아마노하라(高天原)가 없는 신화적 세계를 통하여, 천황의 세계의 근거를 이야기하고 있는 것이다. 그런 면에서 타카아마노하라(高天原)가 절대적인 권위를 가지는 『고사기』와는 동일할 수가 없다.

---

[109] 神野志隆光, 전게주103, P.47.

(3) 음양의 세계

『일본서기』의 모든 부분은 중국의 전적 『회남자(淮南子)』나 『삼오역기(三五曆紀)』를 인용한 문장이라는 것이 일반적인 인식이다110). 그것이 이야기하는 세계상을 요약하면 다음과 같다. 혼돈 속에서 자연의 기가 일어나, 음양으로 갈라져 하늘(天)과 땅(地)이 되었다. 양기(陽気)는 가볍고 맑아 높이 올라가 하늘이 되고, 음기(陰気)는 무겁고 탁하여 가라앉아 땅이 되었다.

맑고 가벼운 양기가 정리되어 먼저 하늘을 이루고 무겁고 탁한 음기가 나중에 굳어져 땅이 되고111), 그 천지에 신들이 화생되었다. 처음에는 하늘의 양기를 받은 순남(純男)의 3신이 화생하고, 그 다음에 음양이 서로 섞여 이자나키노미코토(伊奘諾尊)·이자나미노미코토(伊奘冉尊)에 이르는 남녀 8신을 화생시켰다.

양신과 음신으로 불리는 이자나키노미코토(伊奘諾尊)·이자나미노미코토(伊奘冉尊)는 음양 이기(二気)의 체현자로, 서로가 합하여 국토와 만물을 생성하는 원동(原動)을 이룬다. 이처럼 음양에 의해서 생성되는 것이 『일본서기』의 세계상이다. 그래서 『고사기』의 세계가 「생성에너지」에 의해서 생성된 「생성에너지의 세계상」이라면, 『일본서기』의 세계는 「음양의 세계상」이라 말할 수 있다.

이자나키노미코토(伊奘諾尊)·이자나미노미코토(伊奘冉尊) 두 신은 계속되는 활동으로 세계를 이루는 만물을 낳아, 세계를 만드는 것도 두 신이 함께 완성한다. 이점은, 도중에 불신(火神)을 낳다가 음신 이자나미노미코토(伊耶那美命)가 죽는 『고사기』와는 크게 다르다. 『고사기』에서는 천을 주재하는 아마테라스오호미카미(天照大御神)도 양신 이자나키노미코토(伊耶那岐命) 혼자서 낳은 것과는 달리, 『일본서기』

---

110) 未有天地之時, 混沌状如鷄子, 溟涬含牙 濛鴻滋萌, 歲在摂提, 元気肇始(『太平御覧』소인 『三五暦紀』).
111) 古, 天地未剖, 陰陽不分, 混沌如鷄子, 溟涬含牙 及其清陽者薄靡而為天, 重濁者淹滯而為地(『日本書紀』).

의 그는 이자나키노미코토(伊奘諾尊)·이자나미노미코토(伊奘冉尊) 두 신의 합의에 의해서 낳는다. 그리고 그 세계도 둘이 함께 완성시킨다. 그런 다음에 다음과 같이 은거한다.

> 是後伊奘諾尊神功既畢, 霊運当還. 是以構幽宮於淡路之洲, 寂然長隠者矣(神代上, 第六段)
> 그런 후에, 이자나키노미코토(伊奘諾尊)는 신으로서의 사업을 모두 마치시고, 저 세상으로 가시게 되었다. 그래서 은거하여 살 어전을 아와지의 나라에 준비하고, 조용하게 장구히 은거하셨다.

즉, 음신 이자나미노미코토(伊奘冉尊)가 죽는 일이 없다. 끝까지 양신 이자나키노미코토(伊奘諾尊)와 음신 이자나미노미코토(伊奘冉尊)는 서로 화합하여 세계를 완성한다. 그래서 『일본서기』의 세계를 「음양의 세계」라고 말하는 것이다. 이처럼 『일본서기』는 일관되게 음양의 조화로 생성되는 세계를 이야기하고 있다.

『고사기』의 세계에서는 설명도 없이 무조건 존재하는 하늘의 세계로서의 타카아마노하라(高天原)가 『일본서기』의 세계에는 존재하지 않는다. 『고사기』의 세계가 타카아마노하라에 나타난 신들에 의해 이끌어져 가는 세계인 것에 비해, 『일본서기』의 세계는 음양이 갈라져 천지가 된 세계로, 그 천지가 서로 병렬하는 세계이고, 천이 지상세계의 근거를 이루는 일이 없는 세계이다. 이처럼 음양의 분리로 생성된 천지가 병렬하는 음양의 세계이기에, 지상에 일방적으로 영향을 미치는 타카아마노하라가 존재할 필요가 없었던 것이다.

이자나키노미코토(伊奘諾尊)·이자나미노미코토(伊奘冉尊)는 아마테라스오호미카미(天照大神)·쯔키노카미(月神)·히루코(姪児)·스사노오노미코토(素戔嗚尊)를 낳아, 아마테라스오호미카미(天照大神)를 천상으로 보내 천계의 정무를 맡기고, 쯔키노카미(月神)도 승천시켜 해신(日神)과 더불어 다스리게 하였다. 그리고 불구인 히루코(姪児)는 강에 버리고, 스사노오노미코토(素戔嗚尊)는 네노쿠니(根国)로 보냈다. 그처럼 모든 신들을 외계로 보냈기 때문에 지상의 아시하라노나카쯔쿠니를 통치할 주신(主神), 천하를 통치할 자는 아직까지 없는 셈이다.

네노쿠니(根国)로 가기 전에, 스사노오노미코토(素戔嗚尊)는 아마테라스오호미카미(天照大神)가 있는 곳을 방문하여, 둘이서 우케히(誓約)라는 의식을 통하여 신들을 낳게 되는데, 그 때에 낳은 신들의 후손이 천하에 강림하여, 천하를 통치하게 된다. 그 후손들이 천하를 통치해야 된다는 정통성은, 아마테라스오호미카미가 일신(日神)이라는 사실과 그의 광채가 천지를 비춘다는 사실로 확인하고 있다.

그러나 그럴 경우의 아마테라스오호미카미(天照大神)의 권위는 『고사기』의 그것과는 크게 다르다. 하늘에 있으며 천하의 통치자의 강림을 사령하는 신이 아니며, 『고사기』에서처럼 천상과 지상을 통제하는 질서의 원리도 아니었다. 그는 천하를 통치하기 위해 강림하는 계보적 설명에 등장할 뿐이다. 따라서 천의 질서가 지상의 질서를 포함하는 것도 아니다.

그래서 천손을 천하의 통치자로 정하여 천강을 명하는 신도 아마테라스오호미카미(天照大神)가 아니라 타카미무스히노미코토(高皇産靈尊)였다. 천손을 지상의 통치자로 정하고 천강시키는 부분을 『일본서기』는, 「황조 타카미무스히노미코토는 특히 총애하고 귀엽게 양육하셨다. 그리고 이 황손 아마쯔히코히코호노니니기노미코토를 세워 아시하라노나카쯔쿠니의 주군으로 하려고 생각하였다(皇祖高皇産靈尊, 特尊憐愛, 以崇養焉.遂欲立皇孫天津彦彦火瓊瓊杵尊, 以為葦原中国)」라고 기술하였다. 그 기술에 의하면 아마테라스오호미카미가 아니라, 타카미무스히노미코토가 모든 것을 주재했다는 것을 알 수 있다.

그처럼 『일본서기』는 아마테라스오호미카미(天照大御神)가 주도하는 『고사기』와는 달리, 외조부에 해당하는 타카미무스히노미코토(高皇産靈尊)가 황손의 모든 것을 주도하고, 천손을 천강시키는 것도 그가 주도하고 있었다.

『일본서기』 신화의 세계에는, 지상의 생성에 관여한 사실을 근거로, 절대적인 영향력을 행사하는 『고사기』의 「타카아마노하라(高天原)」와 같은 세계가 존재하지 않는다. 만사가 이자나키노미코토(伊奘諾尊)·이자나미노미코토(伊奘冉尊)에 의해서 이루어지고 만물도 생성된다. 그래서 나라를 만들다 실패하고 다시 승천하여 천신의 지시를 구하는 일도 없다. 또 이자나미노미코토(伊奘冉尊)는 죽지 않고 이자나키노미코토(伊奘諾尊)와 더불어 모든 신을 낳고 세계를 만드는 작업도 두 신이 함께 완성하였다.

그 세계에서는 천과 지는 쌍을 이루는 세계여서, 천신의 의미도 『고사기』와는 전혀 다르다. 지상에 관여하는 천신은, 천과 지의 세계로서의 관계를 나타내는 것에 불과하다. 또 천신은 아마쯔히코히코호노니니기노미코토(天津彦彦火瓊瓊杵尊)만이 아니라, 그 외에도 복수로 존재한다. 이곳의 「천신」이란 천을 배경으로 해서 절대화 되는 것이 아니라, 「황조」「황손」으로서 천황에 이어지는 존재라는 것으로서 의미를 갖는다. 여러 「천신」들 속에 존재하면서, 천황세계의 시원으로서의 의미를 가지는 것이다. 「천하의 절대자」는 천황세계가 실현되면서 얻을 수 있게 되었다112).

요컨대 지상과 천계의 관계가 타카마무스히노미코토(高皇産靈尊)의 의도에 의해, 천황의 지상지배가 성립된 셈이다. 말하자면, 천손을 강림시키는 일은 아마테라스오호미카미가 아니라 타카마무스히노미코토의 주도로 이루어졌다. 천손이 내려가야 하는 지상세계의 이름도 여기서 명명되었는데, 그것이 아시하라나카쯔쿠니(葦原中国)였다. 그것은 하늘에서 부르는 것을 계기로 해서 나타나게 된 이름이었다. 요모쯔쿠니(黄泉国)에서 도망쳐오는 길에 이자나키노미코토가 이야기하는 것을 계기로하여 나타나는 『고사기』의 경우와는 다르다.

---

112) 神野志隆光 전게주87, P.182.

5) 천황의 세계로서의 천하
(1) 『고사기』의 천하

[천강과 동천의 의미]

타카아마노하라(高天原)의 기획과 관여로 완성된 지상의 아시하라노나카쯔쿠니(葦原中国)는 천손 니니기노미코토(迩迩芸命)에게 통치되면서, 요모쯔노쿠니(黄泉国)・네노카타스노쿠니(根之堅州国)・카이진노쿠니(海神国)를 주변국으로 하는 천하의 중심에 위치하였다. 타카아마노하라(高天原)를 주재하는 아마테라스오호미카미(天照大御神)의 혈통을 이은 천손이 통치한다는 것이 그 정통성이었다.

타카아마노하라(高天原)에서 지상으로 천강한 니니기노미코토(迩迩芸命)는 오호야마쯔미노카미(大山津見神)의 딸 코노하나노사쿠야비메(木花之佐久夜毘売)와 신혼을 맺어 아마쯔타카히코호호노데미노미코토(天津日高日子穂穂手見命)를 낳고, 아마쯔타카히코호호노데미노미코토(天津日高日子穂穂手見命)는 카이진노쿠니를 방문하여 해신의 딸 토요타마비메노미코토(豊玉毘売命)와 신혼을 맺어 우카야후키아헤즈노미코토(鵜葺草葺不合命)를 낳고, 우카야후키아헤즈노미코토(鵜葺草葺不合命)는 이모 타마요리비메노미코토(玉衣毘売命)와 신혼을 맺어 카무야마토이하레비코노미코토(神倭伊波礼毘古命)를 낳았다. 흔히 이것을 히무카(日向)의 3대라고 말한다.

히무카(日向)에 천강하여 3대에 이르자, 카무야마토이하레비코노미코토(神倭伊波礼毘古命)는 그의 형과 함께, 「어느 땅에 있으면 천하의 정치를 편안하게 들으시게 될까요. 역시 동쪽으로 가야한다고 생각한다」라고 상의한 끝에 야마토(大和)로 이동하였다. 도중에 형은 선주세력의 저항을 받아 죽게 되어, 카무야마토이하레비코노미코토(神倭伊波礼毘古命)가 초대 천황이 되었다. 이때부터가 신화시대와 일선을 그어야 하는 진무(神武)천황이 통치하는 역사시대이다.

진무(神武)천황이 야마토(大和)로 동천한 것은 그곳에 천황세계로서의 천하를 확립하였다는 데 의미가 있다. 야마토에 확립한 천하란 오호야시마노쿠니(大八島国)와 신라(新羅)・백제(百済)로 구성되는 세계를 말한다. 원래 오호야시마노쿠니(大八島国)는 이자나키노미코토(伊耶那岐命)와 이자나미노미코토(伊耶那美命)가 천강하여 생성한 섬으로, 신화의 세계에서는 아시하라노나카쯔쿠니(葦原中国)로 불려지던 곳이다. 그 오호야시마노쿠니(大八島国)가 천하의 중심으로 설정되는 것은, 오호야시마노쿠니(大八島国)」가 세계의 중심이라는 것을 신화가 보장하는 것으로, 아시하라노나카쯔쿠니(葦原中国)가 세계의 중심이라는 의의를 그대로 이어받고 있기 때문이다.

진무(神武)천황을 시조로 하는 역대천황은 오호야시마노쿠니(大八島国)와 신라 백제로 구성되는 천하를 통치하게 된다. 여기서 신라와 백제를 천황이 통치하는 천하에 포함시키는 것은, 『고사기』의 천하를 성립시키기 위한 방법에 지나지 않는다. 그것은 사실이 아니라 관념적 사고에 불과하다.

그런데 『고사기』는 오호야시마노쿠니(大八島国)와 신라 백제를 임의로 차별지우고 있다. 오호야시마노쿠니(大八島国)가 왕화되는 것은, 스스로 덕에 감화되어 복속의 말을 올린다는 코토무케(言向)에 의하는 것에 비해, 신라나 백제의 왕화는 조공국으로서의 의무를 완수하게 하는 것을 목적으로 한다. 오호야시마노쿠니(大八島国)는 내신(內臣)에 해당하고, 신라와 백제는 주변의 외신(外臣)에 해당하는 셈이다.

거칠게 날뛰는 신이나 거역하는 사람들 스스로가 복속을 서약하는 말을 바치게 한다는 것을 의미하는 코토무케(言向)가[113], 오호야시마노쿠니(大八島国)의 왕화였다. 서약하는 말(言)이 천통(天統)을 향해서 그것을 바치게 하는 것으로, 천통(天統)에 속하지 않는 무리들의 거칠음(荒)이 화(和)・평(平)으로 될 수 있는 것이다. 이것이 거칠음(荒)을 예(礼)의 질서 속에 포함시키는 것, 즉 예(礼)의 질서를 공유시켜 왕화시키는 일이었다[114].

---

113) 言向和平東方十二道之荒夫琉神及摩都楼波奴人等而(景行天皇記).

[신라와 백제정벌의 의미]

　그런 의미에서의 오호야시마노쿠니(大八島国)의 왕화는 진무(神武)천황의 동천에 의해 시작되어, 코우레이(孝靈)천황의 키비(吉備)평정, 스우진(崇神)천황의 평정과 장군의 파견, 야마토타케루노미코토(倭健命)의 평정으로 달성되었다. 야마토타케루노미코토(倭健命)의 평정 활동이 있은 그 이후에는 국내를 평정하는 기사가 없다. 야마토타케루에 의해 국내가 통일된 것이다. 이것은 오호야시마노쿠니(大八島国)의 왕화가 완성되어, 천하의 중심이 완성되었다는 것을 의미한다. 국외와 관계되는 사건을 이야기하는 쥬우아이(仲哀)천황조에 들어가기 전에, 세이무(成務)천황조에서 쿠니노미얏코(国造)·국경·아카타노누시(県主)를 정한 사실을 기술한 것은 오호야시마노쿠니(大八島国)의 조직이 끝났다는 것, 왕화가 완성되었다는 사실의 확인이었다.

　일단 국내의 정비, 왕화의 완성을 오호야시마노쿠니(大八島国)의 정비로 확인하고, 쥬우아이(仲哀)전황조에 이르면, 진구우황후(神功皇后)에 의한 국외 활동이 소개된다. 천하의 중심이 완성되었기 때문에 그에 속하는 주변국을 확보해야 하는 필요성이 생긴 것이다. 그 주변국의 확보는 신이 내리는 신탁으로 시작된다.

> 신이 일러 가르쳐 말씀하시길 「서방에 나라가 있다. 금·은을 비롯하여, 눈이 부실 것 같은 여러 가지 진귀한 보물이 그 나라에 많이 있다. 나는 지금 그 나라를 귀복시키려고 생각한다」라고 말씀하셨다. 그것을 듣고 천황은 답하여 「높은 곳에 올라서 서방을 보니 국토는 보이지 않고 다만 큰 바다가 있을 뿐입니다」라고 아뢰고, 거짓말을 하는 신으로 생각하고, 거문고를 밀쳐 놓은 채, 켜지도 않고 잠자코 계셨다. 그러자 그 신은 매우 노하여 「애당초 이 천하는 네가 통치할 나라가 아니다. 너는 어딘가 한 구석을 향하고 있는 것이 어울린다」라고 말씀하셨다. (중략) 천황은, 슬슬 그 거문고를 끌어 당겨, 마지못해 타고 계셨던 것

---

114) 神野志隆光 『고사기의 달성』(동경대학출판회, 1983년), P.154.

이었다. 그러자 또 얼마 지나지 않은 사이에, 거문고의 소리가 들리지 않게 되었다. 즉시 불을 높이 쳐들고 보니 천황은 이미 붕어하신 후였다. (중략) 전날의 탁선 그대로 「원래, 이 서방국은 그대의 뱃속에 계시는 어자가 통치하실 나라입니다」라고 가르쳐 깨우쳤다. (중략) 그래서 황후가 하나하나 신이 일러 가르쳐 준대로, 군세를 정리하고, 배를 늘어세우고 바다를 건너 가셨을 때, 바다의 고기가, 그 대소를 불문하고 모두, 배를 짊어지고 건넜다. 그리고, 순풍까지 불어서, 배는 파도를 따라 앞으로 나아갔다. 그리고 그 배를 실은 파도는 시라기노쿠니(新羅国)에 덮쳐올라, 배는 한 숨에 나라의 중앙에 이르렀다.

　그것을 보고, 시라기의 국왕은 두렵고 황송하여 아뢰길 「금후로는 천황의 명령에 따라 말지기가 되어, 매년 많은 배를 늘어세워, 배의 바닥이 마를 틈도 없이, 삿대나 노가 마를 틈도 없이, 항상 배에 공물을 실어 나르며, 천지와 함께 끝나는 일 없이, 받들어 모시겠습니다」라고 아뢰었다.

　그래서, 이에 의해, 시라기노쿠니를 말지기국(御馬甘)으로 정하고, 쿠다라노쿠니는 바다 건너의 관부(屯家)로 정하였다.

신의 도움으로 진구우황후(神功皇后)가 신라와 백제를 복속시켰다는 내용인데, 이것에 대해서는 4세기 말에서 5세기 초경에 야마토정권이 조선반도에 진출하여 신라를 제압한 것은 역사적 사실을 설화화한 것이라고 주장하는 의견도 있다. 그러나 이것은 오호야시마노쿠니(大八島国)가 중심이 되는 천하를 이야기하기 위한 관념적인 사실을 반영하는 기록에 불과하다.

　신의 교시에 따라 신라・백제를 미마카히(御馬甘)・미야케(屯家)로 삼아 천황에게 봉사하게 했다는 것은, 천황이 통치하는 천하를 구성할 주변국을 확보했다는 것을 의미한다. 그처럼 신의에 의해 신라와 백제를 정벌하였기에, 신라와 백제를 포함하는 천황의 세계, 즉 천하가 구성되게 된 셈이다. 그러한 사실을 확인하고 있는 것이 『고사기』이다.

　다시 말하자면, 국외의 신라와 백제는 천신의 신탁으로 천하의 구성국이 되었다. 그 탁선이 아마테라스오호미카미(天照大御神)의 뜻에 의한 것이었는데, 쯔쯔오(筒男) 3신이 활약한 것도 아마테라스오호미카미의 탁선을 받고 한 일이었다. 그 같은 신의에 따라 신라는 어마사(御馬使)가 되고, 백제는 둔가(屯家)가 된 것이다. 이렇게 해서 아마테라스오호미카미에게 통어되는 오호야시마노쿠니(大八島国)를 중심으로 하고, 신라와 백제를 번국(藩国)으로 하는 천하가 완성된 것이다.

5세기 이래의 왜는 중국의 천하가 아니라, 스스로가 독자의 천하를 추구하게 되는데, 그것이 8세기에는 율령국가의 완성으로, 그 세계와 현실이 무엇을 근거로 하는가를 확인할 수 있는 자료를 필요로 했다. 신들의 세계를 계승하는 것으로 그 정통성을 보장받지 않으면 안 되었다. 『고사기』와 『일본서기』는 그 필요에 응하여 편찬된 셈이다.

『고사기』의 경우는 국내 중심으로, 국외의 기사는 신라와 백제에 한정된다. 현실에 있어서는 신라와 백제만이 아니라, 고구려나 중국 등의 동아시아와도 교류하였다. 특히 중국에는 사절을 파견하고 있었는데도, 『고사기』에는 그러한 내용이 일체 기술되어 있지 않다.

그것은 중국과의 관계를 부정했다거나 자료상의 문제에 의한 결과라고는 생각할 수 없을 것이다. 오호야시마노쿠니(大八島国)를 천하의 중심으로 하고, 신라와 백제는 번국으로 하는 천하를 성립시키기 위한 방법상 중국에 관한 사항을 생략할 수밖에 없었다.

그것은 마치 「비문」이 중국에 관한 사항을 생략한 것과 같은 방법이었다. 신라와 백제를 천황의 세계에 포함되는 복속국으로 간주하고, 천황의 역사 속에 위치시켜 대국으로서의 자국을 확인하기 위해서 강구해낸 방법이었다. 그렇게 자국 중심의 천하관을 확증하는데 있어, 중국왕조에 책봉 받으면서 중국황제의 천하에 참가한 5세기 이전의 역사적 사실을 기록하는 것은 현실적 모순을 나타내고 만다. 그렇기 때문에 『고사기』는 중국과의 관계기사를 생략할 수밖에 없었던 것이다.

(2) 『일본서기』의 천하

『일본서기』와 『고사기』는 그 등장인물이나 내용의 유사성 때문에 동질의 신화를 전하고 있는 것으로 인식되어, 양서는 「기기(記紀)」로 호칭되고 있다. 그것은 원래부터 존재하는 일정한 신화를 체계화한 것, 그것에 다시 의도적인 요소를 첨가하면서 발전시킨 것, 고도의 정치적 의도를 반영시킨 것이 양서의 신화부분이라는 것이다. 그와 같은 신화의 연속적인 발전단계론에 있어서는 각 신화들이 보이는 차이는 문제가 되지 않고, 그것들의 공통점이 중시된다.

그러나 각 신화가 보이는 차이점은 중시되어야 한다. 간단히 「기기신화」라고 호칭하며, 양서가 보이는 공통점을 중시하기보다는 그것들이 보이는 차이에 관심을 가져야 한다. 말하자면 『고사기』에 등장하는 「요모쯔쿠니(黃泉國)」가 『일본서기』에는 존재하지 않는 반면에, 『고사기』에는 기록이 없는 중국에 관한 사항이 『일본서기』에는 기록되어 있는 이유 등을 규명해야, 그것들의 바른 이해도 가능하기 마련이다.

『고사기』에서는 국토를 생성하던 이자나미노미코토(伊耶那美命)가 중도에 사거하였으므로 요모쯔쿠니(黃泉國)가 존재하나, 『일본서기』의 이자나미노미코토(伊奘冉尊)는 죽는 일이 없기 때문에 그 세계가 필요하지 않았던 것이다. 또 『고사기』의 아시하라노나카쯔쿠니(葦原中國)나 신들은, 천의 세계로 무조건 존재하는 타카아마노하라(高天原)에 나타난 신들의 관여로 생성되고 완성되었기 때문에, 그 운영과 통치에 타카아마노하라(高天原)가 절대적인 권리를 가지고, 그 통치자까지도 혈통을 계승한 후손으로 한정되는 것이다. 그러나 『일본서기』의 천지는 음양의 분리에 의해 독자적으로 생성되었기 때문에, 천상이 지상에 대한 절대적인 권위를 가지지 못한다.

그런 면에서 『일본서기』에 중국이 등장한다는 것은 우연의 결과로 볼 것이 아니라 의도된 편찬의 결과로 보아야 할 것이다. 『고사기』와는 달리 『일본서기』에 중국이 등장한다는 것이 주목되는 것의 하나는, 중국의 전적에 등장하는 히미코(卑弥呼)를 진구우황후(神功皇后)와 중

복시켜서 등장시킨 일이다. 『일본서기』의 진구우코우황후(神功皇后)조
의 기록은 중국의 사서 『위지』의 내용과 유사하다.

> 三十九年. 是年也、太歲己未. 魏志云、明帝景初三年六月、倭女王遣大
> 夫難斗米等、詣郡、求詣天子朝獻. 太守鄧夏遣吏将送詣京都也.
> 四十年. 魏志云、正始元年、遣建忠校尉梯携等、奉詔書・印綬、詣倭
> 國也.
> 39년, 이 해, 태세을미(太歲乙未), 위지에 전하길, 명제(明帝)의 경초(景
> 初) 3년 6월, 왜의 여왕이 대부(大夫) 난두미(難斗米) 등을 파견하여,
> 군에 이르러, 천자를 뵙고 조헌(朝獻)하기를 원하였다. 태수 등하(鄧夏)
> 는 역인을 파견하여 데리고 가게 하여, 경도에 이르게 하였다 한다.
> 40년. 위지에 말하길, 「정시(正始) 원년에 건충교위(建忠校尉) 제휴(梯
> 携) 등을 파견하여 조서나 인주를 주어, 왜국으로 가게 하였다」한다115).

이것은 왜의 진구우황후(神功皇后)와 중국왕조가 행한 교류사실을 기
술한 것이다. 그러나 『일본서기』의 기록은 중국의 전적을 인용한 것으
로, 그 원전인 『위지』에서는 진구우황후(神功皇后)가 아니라, 히미코
(卑弥呼)에 관한 기록으로 되어있다. 238년에 조헌을 요구한 것도 히
미코(卑弥呼)였다116).

원래 『위지』에는 진구우황후(神功皇后)의 기사가 없었다. 『일본서
기』의 편자도 그것을 모를 리가 없었다. 알면서도 『일본서기』의 독자
적인 세계를 구성할 목적으로, 그 자료를 중국의 정사에서 구했던 것
이다. 그럴 경우, 중국 정사의 기사 전부를 인용하는 것이 아니라 선
별하여 인용하였다.

예를 들자면, 위의 명제가 조서를 내어 히미코를 「친위왜왕비미호(親

---

115) 『新編日本古典文学全集日本書紀』神功皇后(小学館, 1994年).
116) 景初二年六月. 倭女王遣大夫難升米等詣郡. 求詣天子朝獻. 太守劉夏遣使.
将送詣京都. 其年十二月. 詔書報倭女王曰. 制詔親魏倭王卑弥呼(『三国志』
東夷伝倭人)

魏倭王卑弥呼)」로 임명하고 인수를 주는 내용의 『위지』의 기사를 생략한 것, 책봉을 받은 일을 언급하지 않는다는 것 등으로, 그것이 의도된 결과라는 것을 추정할 수 있는 일이다. 그 같은 선별은 히미코라는 이름이 명시되어 있다는 것도 있으나, 중국왕조한테서 왜왕으로 임명된다고 하는 관계가 확실히 나타나는 것을 회피하기 위한 방법이었다.

　그 기사를 전후하여 백제 신라를 쳐서 귀복시킨 기사가 되풀이되고 있는데, 이것이 일본을 중심으로 하는 세계를 실현하는 하나의 방법이었다. 『일본서기』는 그러한 기사와 중국정사의 인용을 통하여, 백제와 신라까지 거느리는 여제(女帝)가 중국과의 교류에 임하였다는 것을 나타내려 했던 것이다.

　국내에 군림하기 위해서는 국제적인 독자성을 배경으로 할 필요가 있으며, 또 그것이 자국의 천하를 지탱하는 논리를 이루기 때문에, 그 필요성에 응하여 『일본서기』를 통하여 또 하나의 독자적인 세계를 구축한 셈이다. 그것은 백제 신라를 지배하는 대국으로서, 중국과 대등한 관계를 가지는 독자적인 세계였다. 그 목적을 달성하는 방법으로 『고사기』는 중국에 관한 내용을 생략하였는데, 『일본서기』는 중국을 생략하지 않고, 중국 기록의 일부를 변형시켜 인용하는 방법을 취하였다.

5 결론

　중국은 그 중화사상을 근거로 주변국을 자국이 중심이 되는 천하에 포섭하였으나, 그 천하에 참여하는 주변국은 조공하여 책봉을 받는 것을 조건으로 하였다. 고구려와 왜가 그 천하에 참여한 것은, 그 천하의 질서를 따라 조공을 바치고 책봉을 받았다는 것을 의미한다. 그러나 고구려나 왜는 그 천하에 참여하면서도 자국이 중심에 위치하는 천하관을 구축하고 있었다. 중국의 천하에 참여하며 독자적인 천하관을 구축하는 것은 모순되는 일 같으나, 주변국은 자신의 정통성을 확인하기 위해서라도, 독자적인 천하사상을 구축할 필요가 있었던 것이다. 그것은 한국·일본에 공통되는 문제였다. 또 그럴 경우 모델이 될 수 있는 것은 중국을 제외하고는 없었다.
　고구려의 장수왕은 중국의 천하에 참여한 경험을 바탕으로 하여, 고구려가 중심이 되는 천하를 구축하고,「비문」으로 그것을 실현하였다. 그 천하에서의 고구려는 천과의 교류는 물론, 모든 주변국과의 교류도 독점하는 방법으로 천하의 중심에 군림한다. 그리고 모든 주변국에 조공의 의무를 부과하고, 그것의 실행여부를 왕화의 척도로 삼았다. 조공의 의무를 충실히 이행하는 주변국은 왕화가 이루어진 것이나, 그렇지 않은 주변국은 왕화가 이루어지지 않은 것이 되기 때문에 정토해야만 했다. 따라서 고구려의 정토는 영토의 확장이 아니라, 주변국의 왕화를 진전시키기 위한 통치행위로 보아야 한다.
　「비문」의 정토는 주변국이 주어진 의무를 이행하지 않거나, 독자적인 교류를 행할 경우, 또는 천하의 질서 밖에 존재하는 왜와 같은 세력이 나타날 경우에 한해서 이루어진다. 그것은 고구려와 함께 천하를 구성하나 아직 동질적이지 못한, 말하자면 화이사상으로 구별되는 주변국을 왕은으로 포섭한다는 왕화사상의 실현을 목적으로 한다. 그럴 경우에도 천하질서의 권외에 존재하는 왜는 제외된다. 왜는 권외로 추방되어야 하는 대상에 불과했다.

그처럼, 고구려가 중심에 위치하는 천하관은 「비문」만이 아니라, 「묘지」나 「중원비」 등에서도 확인할 수 있어, 그러한 사상이 당시에 일반화된 사고였다는 것을 알 수 있다. 그러나 그것들이 역사적 사실만으로 구성되어 있는 것은 아니다. 또 사실에 입각해서는 도저히 이해할 수 없는 신화적인 요소도 포함되어 있다. 그것들은 기록한 자의 이상을 실현하는 방법으로 선별되어 하나의 세계를 구성하고 있는 것으로, 그것을 필요로 하는 집단의 텍스트이기 때문에 그것을 이해하는 데는 그것을 구성한 자의 입장의 이해가 우선되어야 한다. 그래야 바른 이해가 가능하게 된다.

자국이 중심에 위치하는 천하관은 특정한 나라만이 아니라, 일정한 세력을 갖춘 나라라면 그것을 필요로 하게 된다. 그것 없이는 존재의 방법을 갖지 못하는 것이 된다. 독자적인 천하관을 구축하고, 그 정통성을 확인하는 텍스트를 가지는 것은 일본도 마찬가지였다. 『고사기』나 『일본서기』가 그것을 실현한 기록물이다. 그 양서가 천황의 근원과 정통성을 확인한다는 점에서는 같으나, 그것을 실현하는 방법이나 그것들이 구성하는 세계상은 다르다.

『고사기』는 타카아마노하라(高天原)를 배경으로 하여, 천황세계의 근원이나 정통성을 확인한다. 그래서 그 세계는 타카아마노하라를 기점으로 하고, 그곳에서 나온 신들이 절대적인 권위를 가진다. 따라서 그곳을 주재하는 천신의 혈통을 계승한 천손에게 천하의 통치가 한정된다.

그에 비해 『일본서기』의 세계는 음양의 분리에 의해 창성된 천상과 지상이 독자적으로 병립하고, 음양의 화합으로 화성(化成)된 남여신이 활동하고 있다. 그곳에서는 천상의 질서가 지상의 질서를 포섭하는 일도 없고 타카아마노하라라는 천상의 세계도 존재하지 않는다. 이처럼 『일본서기』가 이야기하는 세계는 『고사기』가 이야기하는 그것과는 분명히 다르다. 목적은 같으나 방법을 달리하는 텍스트의 독자성에 의한 차이다.

자국의 정통성을 확인하는 텍스트가 동아시아 제국에 존재했다는 것은 중국에서 배운 천하사상을 가지고, 자국의 천하를 실현한 결과였다. 그 경우에 보이는 차이점들은 자국의 상황이 생성해내는 독자성이라고도 말할 수 있다. 고구려의 「비문」, 일본의 『고사기』『일본서기』도 그 필요성에 응하여 창출된 세계의 이야기인 것이다. 각 국가는 그같은 텍스트로 자국의 정통성을 확인하고 있었다.

종 장

후기

「비문」은 「국강상광개토경평안호태왕」으로 호칭되는 「왕비」에 명기된 약 1800자로 구성되는 문장이기에, 그곳에는 광개토왕이 생전에 수립한 훈적이 기술되어 있는 것으로 인식하는 것은 당연한 일이고, 또 그것을 내용으로 해서 구성되었다는 것도 사실이다. 그래서 그곳에서 역사적 사실을 구하려는 노력을 중심으로 하는 연구가 이루어져 왔던 것이다. 그 결과 고대에 있었던 한일간의 관계를 이해하고 많은 역사적 사실을 확인하게 되었다. 또 새로운 사실을 규명하여, 역사적 자료로서의 부동의 위치를 확보하게 되었다.

그러나 「왕비」를 사료로 보고 그 「비문」에서 역사적 사실을 규명하려는 사명감에 충실한 나머지, 「비문」이 전체적으로 무엇을 이야기하려는 것인가 하는 점을 간과하고 있었던 것도 사실이다. 「비문」이 광개토왕의 치적을 주 내용으로 하고 있다는 것은 사실이나, 그것만으로 해서 구성된 것도 아니다. 그 내용 중에는 도저히 사실이라고 인정할 수 없는 것들이 들어있는데, 그것들이 요소요소에서 광개토왕이나 왕통에 절대적인 권위를 부여해주고 있다.

고구려가 속국으로 한 사실이 없는 백제와 신라를 속국으로 기록한 사실이나, 천제와 하백여랑이 신혼을 맺어 추모왕을 난생시켰다는 사실 등은 합리적인 사고로는 도저히 납득할 수 없는 내용이다. 그렇다해서 그러한 요소들을 제외시키고 「비문」을 이해하는 노력을 할 수도 없는 일이다. 그것은 「비문」을 구성한 논리를 떠난 이해가 되고 말기 때문이다. 그런 면에서, 「왕비」를 건립하고 「비문」을 구성한 자나 세력의 의도가 중시되어야 한다. 다시 말하자면 신화적 요소와 역사적 사실을 접속하여 고구려 왕통의 유래를 이야기하고, 그것을 계승한 광개토왕의 치적을 이야기하고 있는 그 의도를 알아야 한다. 그렇지 않고 필요에 따라 해당부분의 의미만을 이해하려 한다면, 전체의 흐름과 다른 결과를 도출할 수도 있다. 그런 면에서 종래의 접근방식으로는 간과할 수 밖에 없었던 점들이 많았다.

3부로 구성되어 있는 「비문」은 전체가 조상과 후손간의 혈통을 축으로 하는 구성으로, 천하의 통치가 왕통을 계승하는 후손에게 한정된다는 사실을 이야기하고 있다. 말하자면 천제의 질서로 통어되는 천하이기에 천손들이 통치해야 한다는 정통성이 언급되어 있는 셈이다.

천제의 질서로 통치되는 천하에서, 천제의 아들이 건국하고 그 후손들이 통치하는 고구려가 그 천하의 중심에 위치한다는 것은 당연한 일이다. 그것이 「비문」이 확인하려는 고구려와 고구려 왕통의 정통성이다. 그런 점에서 「비문」은 고구려와 그 왕통의 정통성을 확인하는 「텍스트」라 말할 수 있다. 텍스트로 이해하는 것이 「비문」이해에 있어서 가장 중요한 조건이다. 본서에서는 「비문」의 텍스트성의 확인으로 그 본질을 파악하려 했다.

「왕비」의 「비문」을 사료로 보고 그곳에서 사실을 구하려는 목적에서 연구가 시작되었기 때문에 그 본질은 간과하고 있었다. 초창기의 연구자 요코이타다나오(橫井忠直)는 당시의 일본이 필요로 하는 5세기 역사를 그곳에서 구하려 하였다. 그것은 일본이 우위를 차지하는 한일교류의 확인을 목적으로 하는 것으로, 그것이 연구의 패러다임의 틀을 이루어 이후의 연구는 그 안에서 이루어져, 사실성을 둘러싼 논쟁이 되풀이되게 되었다. 그 중에서도 관심의 초미는 「신묘년」의 주역이 왜인가 고구려인가의 문제였다.

그 논쟁은 「비문」을 사료의 영역으로 한정할 뿐만이 아니라, 그것의 일부에 사로잡혀 전체적인 구조를 놓치고 있었다. 그 사실의 패러다임의 흐름은 사실을 논할 경우에 있어서도, 「비문」을 경시하고, 중국이나 후대의 기록물을 중시하는 결과를 초래하였다. 그것은 일계적 발전론에 의거하는 사고에 의한 편견으로, 근본적으로 다시 생각하지 않으면 안 되는 사고였다. 광개토왕의 훈적을 기록한 것이라 해도 중국인이 기록한 것과 고구려인이 기록한 것이 어찌 같을 수 있으며, 후세인들이 기록한 것이 어찌 장수왕의 의도를 반영한 것과 같을 수 있겠는가. 그럼에도 사실을 추구하는 자들은 그 점을 구별하고 있지 않았다. 그 같은 자세로 「비문」에 접근하는 연구자들은 장수왕대의 사회상이나 왕조의 입장을 고려할 여유도 가지지 못했던 것 같다.

그런 중에서도 「비문」을 국가의 방침·국시를 국내외에 공표하는 것을 목적으로 하는 일종의 「대표찰(代表札)」로 본 시라토리쿠라키찌(白鳥庫吉)나 유사한 신화가 동일한 신화의 다른 텍스트라고 하는 굴레에서 벗어나 「비문」에 한정하는 신화상의 해명에 노력할 것을 주장한 마쯔바라타카토시(松原孝俊)는 그 본질을 간파한 면이 있었다. 그처럼 「비문」을 국시를 나타내는 대표찰, 혹은 왕조의 정통성을 이야기하는 텍스트로 보고, 그 특성을 이해하려 하면 「비문」이 이야기하려는 천하상이나 그것을 성립시키는 자체의 논리도 보이기 마련이다.

주지하는 대로 「비문」은 사실만을 기록한 것도 아니고, 그저 부분을 나열하여 접속시킨 것도 아니다. 그것은 일정한 논리를 바탕으로 해서 구성된 텍스트로, 고구려를 통치하는 왕통의 정통성을 확인하고 있다. 즉 왕조의 정통성을 확인하는 왕실의 텍스트인 것이다. 그래서 「비문」은 신화적인 시간 「석(昔)」을 시점으로 하고, 공간을 천지간으로 하고 있다. 따라서 「비문」의 이해에는 그 세계가 「석(昔)」의 시점과 천지를 공간으로 해서 이루어졌다는 것, 신화와 역사적 사실이 연결된다는 것, 선택된 자료를 바탕으로 해서 구성되었다는 것, 왕통이 천제의 혈통으로 계승된다는 것 등의 이해가 선결되어야 한다.

그 세계가 「석(昔)」의 시점에서 시작된다는 것은 고구려의 건국이 신화적인 시점에서 이루어졌다는 것으로, 고구려가 지상에 세워진 최초의 나라였다는 것을 의미하고, 백잔·신라·동부여 등이 「구(旧)」부터 속민이었다는 사실에 근거를 제공한다. 또 정토활동의 결과로 기술된 영역에 관한 내용은 그것이 새로 확장한 영토가 아니라, 원초적으로 고구려의 영토에 대한 질서를 재조정하거나 통치내용을 재편성하는 통치행위였다는 것을 입증해 준다. 천하는 이미 추모왕대에 완성되었고 광개토왕을 비롯한 후손들은 그것을 계승하여 통치하고 있었기 때문에 통치내용의 변경은 있을 수 있어도 새로운 영토의 확장은 있을 수 없는 일이다.

「비문」의 시간은 「석(昔)」과 「구(旧)」로 구별되는데 「석」은 고구려가 건국되기 전까지의 신화적인 시간을 의미하고, 「구」는 천제의 아들 추모왕에 의해 고구려가 건국되는 것을 계기로, 고구려의 천하가 구성되기 시작할 때부터의 시간을 의미한다. 그 시점에는 천지간의 질서도 정립되어 있지 않았으므로, 천상은 천제가 주재하고 지상은 하백과 같은 지상신들이 주재하고 있었기 마련이었다.

그러한 질서 속에서 천지간의 왕래가 있었다. 천제와 하백여랑의 신혼이나 「천제지자」의 강세도 그 왕래의 일종이었다. 따라서 「비문」의 비려·백잔·신라·동부여 등도 「구」의 시점에 나타난 세력으로 그 이전의 「석」의 시점에는 하백과 같은 지상신들이 지배하는 집단으로 존재하고 있었을 것이다.

고구려의 건국을 기점으로 해서 지상은 천제의 질서 속에 포섭되어, 천이 우위를 차지하는 천지간의 질서가 정립되고, 천제의 후손이 통치하는 고구려가 주변국을 속민으로 하는 천하가 성립되게 된 것이다. 그 같은 고구려와 주변국의 관계를 「비문」은 「백잔신라구시속민」, 「동부여구시추모왕속민」 등으로 나타내고 있다. 그 「구」의 시점에 이르러, 「석」의 시점에는 하백과 같은 지상신들이 지배하고 있던 공간들이 비려·백잔·신라·동부여 등의 국가로 발전하여, 고구려의 천하에 참여하게 되었던 것이다.

추모왕에 의해 천하가 완성되었다는 것은 고구려와 주변국간의 관계가 그 시점에 정립되었다는 것으로, 그 이후의 왕들이 확장한 영토가 없다는 것을 의미한다. 따라서 「비문」이 이야기 하는 광개토왕의 정토는 영토의 확장이 아니라, 기존질서를 유지하는 활동으로 보아야 한다. 왕통을 계승한 후손왕은 추모왕이 완성한 천하를 계승받아 통치하다 후손에게 계승시켜 주고 있는 것이다. 그것이 왕통을 계승한 후손왕의 책무였다.

「비문」의 왕통이 천제의 혈통으로 계승된다는 사실은 천제가 주재하는 천과 천손이 주재하는 천하가 동질의 세계라는 사실을 의미한다. 또, 그것은 신화와 역사적 사실을 접속하는 형태로 구성된 「비문」의 혈통적 일관성을 부여하여, 천하를 통치하는 왕통의 정통성까지도 보장하게 된다. 그것은 왕통을 계승하는 후손이 천제와 동질적이라는 사실을 확인해주는 일이었다. 혈연에 의한 동질성의 확인인 것이다.

그러나 그러한 혈연적 관계는 사실일 수가 없다. 그것은 「비문」에서의 관념적 사실일 뿐이다. 추모왕이 천제의 아들이고 광개토왕이 그 후손이라는 것은 장수왕이 설정한 결과일 뿐이다. 그것은 추모왕이나 광개토왕의 의사에 의한 것이 아니라 장수왕의 의도에 따라 그렇게 설정된 것이다. 그러한 장수왕의 역할을 생각하면, 「비문」이 이야기하는 왕통보는 장수왕과 무관할 수가 없다. 그것은 그 왕통을 계승한 장수왕을 위하여 준비된 것이라고 보아도 무방할 것이다. 그것이 장수왕의 입장에서 「비문」에 접근해야 하는 이유이다.

장수왕이 천제에 발원하는 왕통의 계보를 이야기하는 것으로, 천제와 고구려왕이 동질적이라는 사실을 확인하고 있는 것은, 그것을 계승한 자신의 입장을 확인하는 일이기도 했다. 천제의 후손이라는 사실은 천제의 능력을 혈통으로 전승받았다는 사실을 의미한다. 또 그것은 조상의 훈적이 자신의 통치를 통해서도 재현될 수 있다는 가능성의 예고이기도 했다. 조상의 업적으로 자신이 통치하는 천하를 예고하는 셈이다.

자연히 그 천하는 실상의 그것과는 다르기 마련이다. 「비문」의 천하는 장수왕으로 대표되는 고구려인의 의도에 의해서 구성된 세계이고 고구려가 중심이 되는 세계이기 때문에, 고구려의 입장에 좋은 사실, 말하자면 사실을 떠난 내용도 포함되어 있기 마련이다. 백잔·신라가 고구려의 속국이라는 내용, 「비문」의 시대에는 동부여가 존재하지 않았던 사실, 추모왕이 천제의 아들이라는 것 등이 그러하다. 그처럼 사실로는 설명할 수 없는 내용이 포함되어 있다는 것은, 「비문」이 사실만을 기록한 것이 아니라 건비자가 필요로 하는 내용을 자체논리에 따라 구성하여 기록했다는 사실을 의미한다.

 예를 들자면, 「비문」의 천하에 참여할 수 있는 나라로서의 조건이 그렇다. 그곳에는 국가로 인정할 만한 집단들이 많이 등장한다. 그런데 「북부여」·「임나가라」··「안라」 등은 고구려에 조공한 일도 독자적인 교류를 가진 일도 없다. 그래서 그 집단들은 천하를 구성하고 참여하는 주변국으로 인정받을 수가 없다. 천하에 참여하는 주변국은 고구려에 조공하는 의무를 지게 된다. 따라서 조공한 일이 없는 집단들은 나라로 인정할 수가 없는 것이다. 그래서 조공한 일이 없는 왜는 주변국이 될 수 없는 것은 물론, 여타 주변국들과도 구별되어 천하의 권외에 존재한다.

 고구려가 정토전에서 전승을 거두는 것도 고구려의 절대성을 확인하는 「비문」이기에 있을 수 있는 일이다. 그것이 이야기하는 천하에는 고구려와 대등하거나 우세한 나라는 존재할 수가 없다. 만일 그러한 나라가 존재한다면, 그것은 그 천하관과 모순을 이루기 때문에 정토당하여 복속을 서약하거나 추방되어야 한다. 다시 말해 「비문」에 등장하는 국가들은 고구려와 대적할 자격을 갖지 못하는 나라들 뿐이다.

 이 논리에 입각하여 「신묘년」조를 추정하면 그곳에서의 주역은 고구려일 수밖에 없다. 왜를 주역으로 설정하는 것은, 긴밀한 관계였던 중국과의 관계를 생략하면서까지 구축한 고구려가 중심이 되는 천하가 성립시키고 있는 논리와 모순을 이루게 된다. 「신묘년」조의 왜를 백제의 부용국으로 하는 논리도 마찬가지이다. 백제가 왜와 같은 부용국을 갖는다는 것은 백제의 천하를 인정하는 것이 되어 자체모순을 이루게 된다.

종래에는 백잔과 신라를 왜의 신민으로 보기도 하고, 그것을 좀더 세분하여 백잔을 왜의 「신(臣)」으로, 신라를 왜의 「민(民)」으로 구분하는 의견이 제기되기도 했다. 또 왜를 백제의 부용국으로 간주하거나, 백제가 왜를 끌어들여 신라를 신민으로 삼았다는 주장도 제기되었다. 그러나 그것들은 백제나 왜가 중심이 되는 천하를 인정하는 것,「비문」이 고구려의 천하 이외에 다른 천하를 인정하는 것이 되어 자체 논리와 모순을 이룬다. 그것은 용납되지 않는 일로「비문」의 자체 논리를 벗어난 이야기이다.

그런데 자국의 정통성을 확인하는 텍스트를 소유하는 것은 고구려뿐만이 아니라, 동아시아 제국에게 공통되는 일이었다. 일본의 그것은 『고사기』『일본서기』 등을 통하여 실현되었다. 천황과 천황이 통치하는 천하의 정통성을 확인하는 기록은 흔히 「기기신화」라고 말해지는 『고사기』나 『일본서기』만이 아니라, 『만엽집』이나 『속일본기』 등에도 전하고 있다. 그것들의 내용은 유사하나 각각 독자적이다.

『고사기』가 이야기하는 신화의 세계는 아시하라노나키쯔쿠니가 요모쯔쿠니·네노카타쯔쿠니(根之堅州国)·카이진노쿠니(海神国)를 주변국으로 해서 천하를 구성하는데, 역사적 세계에서는 오호야시마노쿠니(大八島国)가 백제와 신라를 번국으로 하는 천하를 이야기한다. 그러면서 신화적 세계를 역사적 세계가 그대로 계승한다. 신화세계의 중심인 아시하라노나키쯔쿠니를 계승한 오호야시마노쿠니가 백제와 신라를 번국으로 하여 천하를 구성하는데, 아시하라노나카쯔쿠니가 오호야시마노쿠니로 전성되어 천하의 중심이 된다. 그 천하를 신화로 보장하는 것이 텍스트로서의 『고사기』이다.

그 『고사기』가 중국과의 역사적 사실을 인정하는 것은 자체의 천하관과 모순을 이루기 때문에, 『고사기』는 중국을 생략하는 방법으로 세계의 일관성을 유지시키고 있다. 그에 비해 『일본서기』는 중국을 회피하는 일 없이, 적극적으로 취급하는 방법으로 독자적인 천하를 실현시 킨다.

또 천지의 창생을 이야기하지 않는『고사기』와 달리 천지의 창세도 음양론을 취하여 설명하고, 만물의 생성도 음양신의 조화의 결과로 설명하고 있다. 따라서『일본서기』의 세계에는 타카아마노하라나 요모쯔쿠니(黃泉国)도 존재하지 않고, 아마테라스오호미카미의 권위도 절대적이지 못하다.

유사한 내용으로 구성된『고사기』와『일본서기』가 다른 방법으로 천황의 세계를 확인한다는 것은 그것들이 동일의 요소를 기반으로 하여 성립된 것이 아니라, 같은 요소라 해도 그것들을 필요로 하는 상황에 응하여 독자적으로 구성되었다는 것을 의미한다. 다시 말하자면, 민족사회 속에 구성된 신화가 있어 양자가 똑같이 그것을 뿌리로 해서 구성된 것이 아니라는 것이다. 유사한 내용의 신화를 동질의 신화로 보는 신화관은 그 신화가 성립되는 전체를 보는 것이 아니라, 부분의 의미에 집착하는 사고를 근거로 한다. 그러한 인식은 타민족의 신화와 비교해서 공통점을 찾아내는 작업을 통하여 형성되게 된다.

요컨대 모든 신화는 독자의 논리를 근거로 하여 성립되는 것이다. 「비문」의 경우도 마찬가지였다. 이야기하고 싶은 것을 성립시키기 위해 일정한 자체논리를 가지고 그것을 근거로 하기 마련이다. 그래서 그것이 이야기하는 내용은 반드시 사실을 근거로 하는 것은 아니다. 자국의 정통성을 확인할 필요성에 응하여 구성된 것이「비문」으로, 천하를 통치하는 왕통의 정통성의 확인을 목적으로 한다. 그래서「비문」을 왕실의 텍스트라고 말하는 것이다. 그곳에서 사실을 구한다는 것이 불가능한 일은 아니다. 그러나 그 사실이 그대로「비문」의 이해로 이어지는 것은 아니다.

그래서「비문」의 이해는 그것이 왕통의 정통성을 이야기하는 텍스트라는 것을 인정하고, 그것을 성립시키고 있는 논리를 이해하는 것에서부터 시작되어야 한다. 그러기 위해서는 사실적인 기술에 구애받지 말고 전체의 흐름에 따라서 접근할 필요가 있다. 그리고 이야기된 내용은 그 당사자의 입장이 아니라 그 세계를 계승한 장수왕, 「비문」의 세계를 재현해야 하는 장수왕의 입장에서 이해해야 된다. 본서는 그와 같은 「비문」을 이해하기 위한 조건으로서의 하나의 방법을 제기한 것이다.

찾아보기

- ㄱ -

가능성	213
가섭원	288
가획	332
간연	49
간첩	31
갈대	217
강	334
강계읍지	70, 107
강세	131, 177, 186, 190, 216, 225, 409
강출	290
개로	455
개로왕	171
개변	182
개전	250
개찬설	15, 27, 37, 76, 113
거란	315, 324
거만	413
거명	226
거문고	492
거북	217
거점	183, 310
건국	182
건국담	229, 255
건도	188
건비자	506
검	229
격퇴	82, 277
결락	392
결여	384
경쟁	223
경종	112
경토	332
경험	191, 222, 230, 356
계승	175
계승자	271
계체	470
고구려	81
고국	73
고국양왕	168, 241, 264
고국원왕	169, 240
고려고비고추가	19
고리국	185, 289
고마쯔노미야	36
고명	419
고사기	65, 91, 135, 228, 266, 391, 398
고석	94
고씨	139
고운	387, 414
고유섭	108
고주몽	280
골품	204
공간	54, 214, 220, 275
공간적	182
공덕비	129
공동전선	306, 413
공동체	307
공물	319, 493
공민왕	104
공유	133, 167, 186, 199, 269, 405
공인	23
공취	339
공통점	136, 142, 288
공파	360
공헌	412
과장	354
과정	352
관	298
관계개선	300

관계질서	407	국성	341
관념화	443	국연	49
관리	170, 240	국욕	100
관명	358	국적	288
관부	493	국제관계	75
관여	187	국제교류	50
관은	447	국제전	379
광개토왕	13, 50	국조신	272
광무제	411	국체존엄	102
광서	35	군공	53
광채	488	군림	389, 497
교	460	군장	193
교견	76, 297, 330	굴복	102
교견형	79	권능	91, 173, 190, 269
교란	121	권리	479
교란자	127	권외	88, 120, 338, 367, 371, 423, 498, 506
교류	119, 166, 224, 268, 282, 296, 498	궤왕자서	361
교만	411	궤파	79, 309, 349
교언	164, 165, 248, 256	궤패참살	373
교역	413	귀복	309, 345, 356, 497
교체	154	귀순	301
구	56, 297, 326, 337, 351, 504	귀신	264
구도	288	귀왕	75, 115, 300
구로이타	123	귀왕청명	361
구민	257	귀환	360
구별	336	극복	74
구복	242	근원	499
구사	242	근조	205
구성국	362	금기	476
구성논리	475	금문	402
구성요소	210	금석	124
구시	351	금석문	198, 203
구조	78, 503	금와	134, 280
구체적	192	기국	54, 194
구체화	164, 189, 218	기기	141, 495
국경	309, 349, 367	기기신화	507
국도	295	기년논쟁	67, 69, 98
국도최성	445	기본논리	84, 309
국명	87	기업	201, 202, 212, 214
국부민은	193, 255	기존질서	58, 62, 318, 505
국사	168, 241	기준	199

찾아보기 513

기준왕 ·················· 152, 174
길흉 ························· 250
길흉화복 ······················ 241
김상기 ······················· 145
김석형 ·········· 72, 73, 110, 114, 143, 328
김열규 ······················· 149
김영만 ·············· 38, 78, 122, 331
김유신 ······················· 262
김유철 ······················· 114
김정학 ······················· 146
김천령 ······················· 146
김현숙 ······················· 259
꿩 ·························· 223

노태돈 ·················· 329, 352
논리 ···················· 59, 313
논사 ··················· 308, 349
논형 ························· 136
누각 ·························· 30
누님 ························· 485
누대 ························· 448
누락 ·························· 54
니니기 ······················· 490
니시지마 ················ 406, 464
니시카와 ····················· 100

— ㄴ —

나경수 ······················· 150
나이토우 ······················ 34
나진옥 ······················· 34
나카 ················· 68, 98, 135, 283
나카쯔카 ······················ 28
난생 ········ 55, 56, 131, 177, 186, 214, 281
난생요소 ····················· 144
남선경영론 ··················· 304
남옥저 ······················· 352
남이 ························· 106
남진기사 ····················· 332
남하 ························· 149
내물왕 ······················· 206
내신 ························· 491
내항자 ······················· 420
네노카타스 ··················· 478
네노카타쯔쿠니 ················ 507
네노쿠니 ····················· 488
노객 ············ 300, 347, 432, 441, 447, 448
노민 ························· 123
노비 ························· 259
노예 ························· 265
노자 ························· 239

— ㄷ —

단구 ························· 288
달마대사 ····················· 204
담광경 ······················· 38
담국환 ······················· 36
답습 ·························· 74
답지 ························· 254
당사자 ······················ 189
대국 ························· 497
대궤 ························· 377
대극 ························· 448
대극전 ······················· 470
대금황제성 ··················· 105
대단우 ······················· 404
대당 ························· 470
대동여지도 ··················· 107
대등 ···················· 395, 397
대리자 ······················· 218
대무신왕 ····················· 202
대보원년 ····················· 469
대왕 ························· 455
대왕권 ······················· 299
대웅 ················ 254, 270, 407
대주류왕
     ···· 86, 152, 174, 198, 200, 208, 212, 236
대치 ························ 189

대표찰	137, 503
대항세력	129
대행	184
덕	202
덕행	245
도	210, 213
도교	219, 238
도론적	79, 126
도모	145
도전	299
도주	149
도하	149, 183, 217
독사방여기요	135
독자성	497
독자적	276, 415
독점	119, 244, 393, 479, 498
동격	165, 199
동격화	125, 131, 212
동국여지승람	105, 135
동국통감	67, 82, 133, 135, 280
동굴	481
동래	457
동명	145
동명왕	185
동명왕묘	167
동명왕편	142, 221
동명전설	137
동반	361
동방	466
동부여	59, 87, 120, 275, 283, 350
동서남북	445
동옥저	352
동음이역	315
동의	216
동이	455, 458
동이매금	389
동일설	144
동질	85, 132, 183, 380, 498
동질성	206, 505
동질적	119, 186, 213, 270
동질체	162
동질화	390
동천	228
두절	467
두찬	100, 134
둔가	494
등조	419

― ㄹ ―

레거리어	140

― ㅁ ―

마립간	459
마에자와	75, 115, 329
마적	23
마쯔바라	139, 191, 253
만리장성	404
만물	184
만이	405
말지기국	493
망명자	149
망찬	68, 98
매	223
매개	188
매금	308, 345, 388, 410, 418, 455
매매금지령	258, 265
매몰설	21
멸	310
명가	419
명계	263, 268, 273
모두루	432
모두루계	441
모두루묘지	90, 142, 272, 281, 293, 427
모순	89, 386, 392, 494, 506
모신	181, 235
모용보	414
모용씨	283

찾아보기 515

모용외 ·· 260
모조자 ·· 25
모화 ································ 356, 361, 373
목독 ·· 405
목적어 ·· 72
몽탁 ·· 266, 267
묘상 ·· 165, 265
묘지 ·· 388, 409
무례 ·· 320
무선신 ·· 401
무시 ·· 386
무열왕 ·· 204
무왕 ·· 465
무위 ······················ 86, 125, 189, 216, 230
묵가 ·· 426
묵객소인 ··· 26
묵수곽전본 ····························· 35, 37, 93
미마쯔 ·· 329
미마카히 ·· 493
미야케 ······························· 19, 101, 493
미즈타니 ············ 26, 32, 33, 82, 112, 290
미코토 ·· 237
민족의식 ··· 407

— ㅂ —

박두포 ·· 145
박시인 ·· 147
박시형
······· 72, 83, 110, 114, 174, 304, 328, 385
박식 ·· 384
박일용 ·· 144
박잔왕개로 ······························· 454, 458
박흥귀 ·· 459
박흥귀개로 ······································· 455
반고구려 ································· 346, 363
반고구려적 ··· 90
반대급부 ··· 391
반발 ·· 216

반신반인 ··· 185
반왜 ·· 90
반조음 ··· 34, 94
발전단계론 ······································· 471
발전론 ··· 471
발해 ·· 104
발현 ·································· 186, 216, 270
방법 ·· 61, 353
방위관념 ·································· 294, 417
방증 ·· 142, 158
배척 ·· 373
배타성 ··· 272
배타적 ··· 276
백록 ·· 251
백색동물 ··· 251
백신 ·· 297
백잔 ··························· 87, 120, 275, 326
백제 ··· 491, 493
번국 ································ 470, 494, 507
번병 ·· 466
번속국 ··· 467
번이 ·· 470
벽두 ································· 55, 143, 211
벽두신화 ··· 141
변란 ·· 100
변조 ·· 24
변조설 ··· 332
변태섭 ··· 453
별개설 ··· 144
별동대 ······································· 304, 308
보기 ··· 79, 340
보대의식 ··· 442
보물 ·· 492
보수 ·· 22
보수반동 ··· 67
보은 ·· 323
보은의례 ··································· 63, 246
보은행위 ··· 248
보입 ·· 485
보장 ········· 167, 214, 254, 323, 395, 406
보족 ·· 72

보천지하 ………………………………… 401
보충 ……………………………………… 110
복귀 ……………………………………… 300
복물 ……………………………………… 460
복수 ……………………………………… 489
복원 ……………………………………… 309
복인 ……………………………………… 401
복종 ……………………………………… 191
본문 ……………………………………… 483
본서 ……………………………………… 483
봉국 ……………………………………… 466
봉왕 ……………………………………… 419
봉천일칙 ………………………………… 94
부란강세 ……………………… 178, 282, 289
부모신명 ……………………………… 183, 247
부분 …………………………………… 60, 112
부여 …………………………………… 280, 421
부여왕 …………………………………… 137
부왕 ………………………………… 173, 271, 370
부용국 …………………………………… 507
부용세력 ………………………………… 333
부자관계 ……………………… 184, 186, 269
부조 ……………………………………… 195
북구주 ………………………………… 72, 111
북도 ……………………………………… 445
북부여
　59, 87, 179, 275, 276, 280, 281, 286, 311
북연 ……………………………………… 414
북연왕 …………………………………… 387
북위 …………………………………… 171, 416
분개 ……………………………………… 263
분주 ……………………………………… 484
불공 ……………………………………… 320
불교 …………………………………… 169, 240
불궤 …………………………………… 320, 373
불락세위 ………………………………… 197
불신 ………………………………… 476, 479, 486
불평등 …………………………………… 458
붕괴 ……………………………………… 173
붕어 ……………………………………… 493
비려 ………………………… 87, 120, 275, 314

비리 ……………………………………… 315
비명 ……………………………………… 161
비문 ……………………………………… 398
비문구조 ………………………………… 126
비열 ……………………………………… 315
비정 ……………………………………… 142
비하 …………………………………… 447, 450
빙례 ……………………………………… 413
빙문통 …………………………………… 415
빙우란 …………………………………… 239

— ㅅ —

사거 …………………………………… 187, 480
사기 ……………………………………… 403
사령 ……………………………………… 488
사료 …………………………………… 83, 112
사방 ……………………… 117, 294, 296, 402, 417
사방계 …………………………………… 417
사상 ……………………………………… 354
사슴 …………………………………… 223, 251
사실성 …………………………………… 215
사실적 ………………………………… 125, 211
사업 ……………………………………… 202
사에키 ……………………… 28, 67, 75, 115
사예 ……………………………………… 403
사우자 ………………………………… 193, 231
사이 ……………………………………… 403
사직 …………………………………… 168, 264
사찰명 …………………………………… 242
사출도 …………………………………… 446
사카모토 ………………………………… 415
사코우 ………………………………… 16, 34, 65
사해 ……………………………… 118, 388, 417
사후 ……………………………………… 477
삭탈 ……………………………………… 332
산신 ……………………………………… 233
산실 ……………………………………… 476
산해경 …………………………………… 287

찾아보기 517

삼국사기 ········ 50, 135, 142, 185, 202, 287	선조 ·· 86
삼국지 ·· 263	선주 ·· 424
삼국지위지 ······································ 287	선주민 ·· 190
삼오역기 ······································ 486	선주세력 ······························ 221, 229
삽입문 ································ 75, 115, 329	선진문화 ······································ 407
상모 ·· 145	선환 ·· 361
상서 ·· 401	선후 ·· 198
상제 ································ 184, 187, 293	성씨록 ·· 135
상징성 ·· 215	성인 ·· 397
상징적 ·· 192	성주사랑혜화상비 ···························· 204
상표문 ·· 465	성지 ·· 309
상하 ·· 291	성한 ·· 205
상해 ·· 145	세계관 ·· 415
색리국 ·· 289	세위 ··································· 187, 195
생구 ·· 320	세종실록지리지 ······························ 142
생략 ············ 201, 324, 341, 390, 494, 497	세키 ·· 21
생성 ·· 481	소가 ·· 473
생성에너지 ······················ 399, 482, 484	소수림왕 ························ 169, 240, 317
생성영력 ······································ 478	소승기업 ···················· 198, 200, 202, 208
생이성덕 ······································ 235	소열제 ································ 169, 419
샤머니즘 ······························ 242, 243	소제국 ·· 470
샤먼 ·· 240	속민 ································ 56, 66, 327, 368
샤반누 ·· 34	속일본기 ······································ 469
서건신 ································ 36, 38	손영종 ·· 114
서북학회월보 ······························ 70, 108	송덕비 ································ 161, 196
서상 ·· 459	송서 ·· 135
서상지 ································ 283, 447	송양왕 ································ 226, 251
서성산성 ······································ 182	송조 ·· 416
서약 ································ 320, 341, 456	쇠열제 ·· 420
서영수 ············ 38, 78, 116, 125, 128, 299, 322, 330, 335, 353	수달 ·· 223
	수렵 ·· 249
서종족 ································ 387, 414	수리고성 ······································ 480
서천왕 ·· 260	수묘 ········ 63, 132, 164, 165, 247, 254, 257
석 ············ 56, 220, 229, 281, 292, 422, 503	수묘의례 ······························ 165, 256
석회도말 ································ 18, 31	수묘인 ································ 78, 115
석회도포설 ···································· 20	수묘호 ·· 49
석회본 ·· 37	수병파수 ······································ 310
석회탁본 ······································ 18	수서 ·· 142
선가 ································ 321, 419	수신장 ·· 232
선별 ·· 269	수직이동 ······································ 182
선술 ·· 238	수찰 ·· 36

수천	409, 456, 458
수탁	93
수평이동	182
수한	232
수호	132, 183, 245, 425, 483
숙	297
숙신	87, 276, 278, 297
순수	79, 250, 322
순행	86, 190, 378, 419
순행남하	149, 182, 216, 225
숭배의례	273
숭신	266
스사노오	487, 488
스에마쯔	35, 139
스이코	474
스쿠나비코나	480
습용	402
승냥이	223
승천	53, 166, 177, 180, 182, 186, 188, 195, 214
시간	54, 275
시대적	450
시라기	493
시라사키	17, 179, 196, 289
시라토리	137, 146, 283
시발점	292
시베리아	108
시조	205
시조묘	167
시코오	480
식신	297
신공	68, 96, 135
신궁	167
신라	87, 120, 275, 470, 491, 493
신라성	346
신례	361
신묘년	52, 64, 121, 157, 301, 327, 506
신무천황	228
신민	66
신분제한	260
신속	196

신요소	211, 238
신이	186
신채호	70, 108
신충일	106, 109
신탁	492
신혼	56, 177, 215, 224, 233, 422, 490
신화관	508
신화성	53
신화소	140, 474
신화적	125, 211
실사구시	31
실정	370
실현	125, 190, 395
심언광	106
쌍구가묵본	94
쌍구본	19

— ㅇ —

아마테라스	473, 474, 481, 486, 508
아베	68, 402, 406, 417
아시하라	476, 477, 478, 479, 481, 507
아오에	65, 94, 133, 201, 280, 287
아카타노누시	492
악마	191
안라	87, 276
안라인	346
안라인수병	302
안라적	305
알타이	147
압로	358
애국	101
애도	196
야마오	305
야마토	465, 490
야마토타케루	492
야찌호코	480
약래	257
양계	481

양도	482	영희	38
양서	143	예	298, 491
양수경	34	예고	270, 274, 395, 505
양이	34	예기	239
어마사	494	예의	397
어별교	151	오곡	189
언명	191, 226	오곡풍숙	232
에타후나야마	90, 467, 468	오녀산성	105
여성	356	오대징	34, 93
여신	180	오락	323
여제	497	오시호미미	472
여형여제	458	오왕	465
역병	268	오찌아이	69, 99
역사	176	오초보	34
역사학	66	오카다	473
역전	145	오판	196
역할	200, 203	오호나무찌	472
연	172	오호야마	490
연가	419	오호야시마	491, 492, 494, 507
연가기국	194, 197	오호쿠니누시	473, 474, 480
연고지	293	와카타케루	469
연노부	264	완성	327, 351, 366, 481, 482
연단	238	왕	418
연대	324	왕건군	26, 30, 34, 59, 179, 287, 305, 365
연민수	80, 123, 127, 307, 379	왕궁솔	76, 79, 330
연산군	106	왕권	169
연선	371	왕도	446
연승	192, 195, 346	왕래	177
연침	332	왕망	391, 411
연합	306, 379	왕실	240
연합군	304, 378	왕업	201, 202
연합설	380	왕은	277, 321, 356, 498
연호	418	왕은보복	356, 362
염모	432	왕자	202, 353
엽창치	94	왕조초기	207
영	314, 359	왕통	174, 270
영락	65, 77, 276, 419	왕통보	62, 163, 175, 200
영류왕	239	왕화	88, 278, 324, 338, 498
영성	264	왕화사상	276, 381
영원	163, 275	왜	87, 120, 275, 365, 498
영자호	108	왜강	332

왜구	77, 304, 365, 372	원상	58, 62, 258, 304, 310, 317, 350, 377, 393
왜군	302	원석탁본	18, 37
왜무왕	469	원시군주	151
왜인	365	원조	205
왜인전	464	원초적	368
왜적	365, 372	위궤	377
왜진	465	위배	300, 311, 324, 334, 335, 384
왜찬	465	위서	89, 136, 142, 338, 347
외교관계	413	위수병	303
외방	402	위원중국	478
외손	193, 231	위임	350
외신	491	위지	280, 496
외연	81	위치	187
외연부	130	위호	359
외정	394	유관	314, 322
외조부	232, 488	유교	170, 219, 240
요	104	유구	175
요구	225	유기적	119
요모쯔	472	유덕	173, 390, 397, 406
요모쯔쿠니	475, 476, 477, 478, 495, 508	유래	78, 327
요소	158, 202, 209, 213, 243, 508	유류왕	86, 152, 174, 200, 208, 236
요시다	69, 99, 101	유미조공	57, 336, 424
요철	22	유사신화	155
요코이	29, 52, 65, 82, 94, 115, 174, 280, 285, 328	유사점	59
용기	237	유화	221
용명	470	육심원	174
용비어천가	105	육체	237
용자법	456	육촌	185
우가야후키아헤즈	472	윤색	89, 174
우라산성	106	율령	170
우메하라	29, 30	융병	303
우벌	332	은거	481
우세	415	은대	401
우에다	29	은택	130, 186
우월	200	음기	486
우케히	488	음양	399, 477, 484, 495, 499
우호관계	385	음양론	508
웅략	135, 468	응신	99, 135
웅진	171	응전	299
원리	488	응징	378, 384

찾아보기 521

의관 460
의도 274
의례 247, 321, 361
의무 318, 393
의복 389
의식 321
이계 86, 221, 222
이기백 452
이끼 93
이나리 467, 468
이노우에 30
이도흥치 200, 209
이동 137
이마니시 21, 22, 112, 136
이민족 407
이병도 109, 145, 452
이복규 148
이선근 145
이성계 104
이성시 377
이수광 106
이용범 145
이운종 34, 38
이위신민 96
이은창 152
이이다 98
이인영 109
이자교류 367
이자나미 472, 475, 486
이자나키 472, 475, 481, 486
이재수 151
이적 276, 397
이지린 147
이지영 144
이진희 ·· 15, 27, 35, 76, 112, 113, 116, 123
이질적 186, 200, 208, 288
이케다 428
이케우찌 26, 138, 146
이하레비코 473
이형구 76, 122
이홍예 94

이홍직 109, 147
인간 476
인과응보 242, 243
인덕 134
인덕천왕 96
인도 219
인명 358
인수 497
인신 193
인초 478
일계적 140, 211
일본 498
일본서기 52, 65, 133, 398
일서 483
일신 136, 472
일월 409, 442, 443, 444
일월지자 272, 293, 389
일자 443
임기중 59
임기환 259
임나가라 87, 276, 302, 311, 345
임나고 157
임창순 455
입장 165, 269
입증 223
잉어 223

- ㅈ -

자리매김 213
자발성 195
자연신 443
자연지배능력 232
자연지배력 193
자의 195
자체논리 59, 64, 130, 279, 506
자체모순 507
작성자 61
잔주 339, 340, 418

장소	177	제	184, 401
장수왕	13, 50, 61, 91, 102, 269, 498	제사권	168, 263, 264
장승두	151	제사왕	273
장월	93	제신	258
장주근	151	제왕운기	142
재능	262	제외	381
재현	166, 176, 274	제의	249, 251, 474
저널리즘	29	제주	268
저항	190, 191, 227	제하	407
전	249	조공	57, 81, 87, 276, 313, 338, 398
전거	407	조공국	491
전대준	114	조공논사	345, 348
전렵	248, 249, 314, 322	조동일	150
전리품	314, 319, 340, 368, 371, 383	조상	186, 211
전승	506	조상숭배	248, 253
전연	169	조상왕	164
전이	200, 231	조선병합	63
전제문	79, 126, 128	조선사략	133
전진	169	조선유민	185
전체	76, 509	조설	66, 97
전체구조	119	조술	67, 394
전치문	76, 77, 79, 116, 117	조형	72, 329
전파	296	조희승	114
전형	398	조희운	144
전형적	352	족보	441
전형화	212	졸본	280
전환	469	종묘	241
전후처리	306, 308	종족신	167
절대권위	407	종주국	110, 308, 310, 344, 460
접속	243, 270, 274, 502	좌절	192
접점지	282, 292	좌치	468
정경비	453	주군	488
정두희	77, 125	주능	217, 233
정립	222	주능적	190
정보원	20	주대	401
정복활동	250	주몽	67
정인보	71, 72, 109, 324, 328	주물	483
정토	81	주박	140
정토전	220	주변	56
정통성	91, 159, 172, 184, 214, 275, 398, 441, 478, 490, 499, 508	주변국	81, 277, 479, 492, 498
		주서	142

주술 ·· 223
주승택 ·· 148
주어 ·· 338
주역 ··· 73, 396
주재자 ··· 482
주적 ·· 380, 386
주적능력 ··· 225
주종 ·· 389
중계왕 ··· 162, 175, 188, 199, 205, 207, 211
중국 ································ 56, 82, 83, 298, 382
중모 ·· 145
중반불공 ······························· 331, 361, 424
중심 ·· 275, 478
중앙집권 ································· 170, 241
중외 ·· 405
중용 ·· 239
중원고구려비 ······························ 90, 171
중원비 ······················· 388, 410, 452, 459
중화 ·································· 56, 90, 276
중화사상 ································· 386, 498
증보동국문헌비고 ······························ 107
증보문헌비고 ····································· 70
증폭 ·· 233, 235
지 ·· 450
지명 ·· 301
지벌 ·· 261
지봉유설 ··· 106
지상 ·· 191
지상신 ····························· 220, 422, 443
지하 ·· 477
지하세계 ··· 140
직결 ·· 208
진공대사비 ······································ 205
진구우 ····································· 495, 496
진무 ·· 490, 492
진사예 ······································· 34, 93
진서 ·· 280
진시황 ··· 294
진좌 ·· 238
진출 ·· 395
진흥왕순수비 ···································· 203

질서 ··············· 81, 121, 188, 313, 384, 502
질서회복 ··· 357
집단 ·· 424
집약문 ··· 333
집적 ·· 156
쓰다 ················· 25, 140, 174, 283, 471, 473
쯔쯔오 ··· 494
쯔키노카미 ······································ 487

— ㅊ —

차기 ·· 460
차별 ································ 381, 406, 423
차이점 ··· 288
착란 ·· 99
착류 ·· 99
참모본부
······ 19, 26, 37, 51, 68, 95, 135, 157, 332
참살 ·· 373
참살탕진 ··· 340
채읍 ·· 398
채희국 ································ 153, 154, 155
책구루 ··· 358
책무 ································ 197, 200, 355
책봉 ················· 56, 90, 385, 398, 494, 497
책봉체제 ··· 406
책서 ·· 467
척도 ·· 277, 498
천 ··· 184, 401
천관우 ············· 76, 82, 122, 124, 379, 384
천남산 ··· 146
천명 ································ 87, 244, 425, 476
천민 ·· 259
천부지모 ··· 293
천사 ·· 259
천상 ·· 281
천손
·· 118, 136, 175, 214, 237, 409, 481, 483
천손강림 ··· 484

천손국 ································· 352
천수 ···································· 456
천신 ···································· 489
천우위 ································· 222
천자 ······························ 136, 426
천제 ············ 53, 86, 131, 177, 187, 292, 443
천제지자 ··························· 287, 409
천지간 ···················· 180, 190, 282, 504
천지쌍방 ····························· 272
천직 ···································· 258
천진인 ································· 238
천칭 ······························ 130, 372
천하 ······················ 90, 214, 296, 313
천하계 ································ 417
천하관 ··························· 397, 498
천하보장 ······························· 85
천하사방 ·························· 294, 409
천하사상 ·························· 88, 388, 426
천황 ···································· 400
철검 ···································· 467
철도 ···································· 467
첨가 ···································· 237
초균덕 ································· 32
초기 ································ 201, 209
초부족 ···························· 219, 240
초씨족 ································· 245
초왜침 ································· 332
최고신 ······························ 272, 449
최남선 ································· 109
최재석 ································· 154
최초 ···································· 185
추 ······································· 310
추고 ···································· 471
추모 ································ 67, 145
추모왕 ··················· 58, 152, 174, 200
추방 ······················ 366, 372, 393, 425
축 ······································· 275
출발지 ································· 291
출병 ···································· 394
출산 ···································· 182
출생담 ·························· 186, 187, 215

출생지 ································· 287
출자 ···································· 186
출자담 ································· 255
치국담 ································· 186
치국활동 ······························ 220
치천하 ································ 90, 471
친고구려 ·························· 334, 346
칠식 ······································ 27
침략 ···································· 191
침입 ······························ 229, 316
침입자 ································· 221

— ㅋ —

카나코 ·································· 34
카이진 ································· 478
카이진노쿠니 ·························· 507
칸 ························ 66, 68, 96, 102
코노하나 ······························ 490
코마쯔노미야 ····················· 19, 34
코우노시 ·························· 399, 471
코토무케 ······························ 491
쿠니노미얏코 ·························· 492
쿠다라 ································· 493
쿠라쯔지 ································ 20
쿠로이타 ································ 23
키노시타 ······························ 452
키비 ···································· 492

— ㅌ —

타의 ···································· 195
타카미무스히 ·························· 488
타카아마 ·························· 485, 508
타카아마노하라
 ················ 473, 477, 479, 481, 495, 499
타케다 ······· 18, 33, 35, 36, 38, 66, 75, 115,
 152, 174, 258, 284

찾아보기 525

탁경비 ································ 453
탁공 ································· 109
탁리국 ······························· 289
탁선 ································· 494
탕자 ································· 373
태고 ························ 163, 175, 275
태왕 ································· 418
태왕은사 ····························· 361
태왕은자 ····························· 361
태자 ································· 455
태조대왕 ····························· 412
태평환우기 ···················· 133, 280
태학 ··························· 169, 240
텍스트 ······· 59, 83, 155, 159, 398, 499, 502
텐무조 ······························ 473
토리이 ································ 21
토모노미얏코 ······················· 473
토코요 ······························ 480
통구 ································· 430
통설 ·································· 72
통어 ····························· 60, 481
통전 ···························· 142, 410
통치 ································ 188
통치계급 ····························· 449
퇴 ··································· 310
트릭스타 ····························· 377

— ㅍ —

파 ··································· 334
파견 ································· 198
파리 ································· 315
파탄 ································· 390
패러다임 ···················· 74, 80, 502
패수 ································· 146
편사 ································· 297
편재 ·································· 60
편집 ································· 176
평양 ································· 378

평양천도 ····························· 170
평정 ···························· 225, 492
폐위 ································· 231
포공 ································· 108
포로 ································· 317
포섭 ········ 184, 185, 188, 214, 224, 372, 395
포용 ···························· 277, 406
포함 ····················· 182, 191, 304
표절 ································· 137
풍수지배능력 ······················· 220
풍숙 ································· 193
풍작 ································· 190
풍흉 ································· 416
필열 ································· 315

— ㅎ —

하구려후 ····························· 411
하마다
     75, 77, 115, 116, 117, 124, 125, 330, 369
하백 ···························· 177, 182, 222
하백여랑 ····························· 218
하백지손 ····························· 293
하사 ···························· 389, 410
하신 ································· 232
하타 ································· 110
하향성 ······························ 460
한계 ································· 275
한국 ································· 498
한무제 ······························ 404
한비자 ······························ 239
한사 ····················· 67, 69, 97, 280
한시적 ······························· 129
한어 ································· 184
한예 ···························· 257, 298
한정 ································· 393
해군성 ································ 94
해내 ································· 417
해모수 ················ 59, 136, 151, 221, 286

해부루 185, 285, 286
해신 235, 490
해신국 181, 233
해씨 139
해씨왕조 153
해적 368
해표 403
행동반경 215
행행 456
허구 55, 127, 176, 337
허구설 78
허문 80, 124, 125, 337
현도 280
현세 263
현왕 166, 172, 194, 197, 255, 270
현창비 330
혈연 55, 86, 174, 187
혈통 198, 214, 313, 397, 427, 502
혈통적 270
형제관계 458
혜공왕 262
호노니니기 472
호리 23, 25
호시노 100
호천 53, 187, 443
호천부조 187, 195, 245
호태왕 418
호호데미 472
혼 237
혼란 306
혼절 229
홍기문 142, 143
화이 498
화이론적 353
화이사상 89, 215, 276, 381
화통 79, 120, 126, 311, 333, 334, 367,
                                        378, 393, 425
화하 407
화합 487
확보 234
확산 183

확인 175
확장 340, 357
환원 322
황성 105
황성신문 70, 108
황용 188, 197
황제 187, 398
황조 472, 488
황천 136, 187
황화기정 93
황후묘 107
회구 304
회군 321, 357
회남자 486
회여록 21, 66, 67, 96
효시 211
후루타 28
후반부 126
후손 86, 131, 133, 186, 211, 505
후손수호 63
후손왕 176
후연 82, 276, 278, 311, 384
후지타 33
후한서 143, 280
훈련 323
훈적 50, 61
훈적담 255
훼손 357
흉노 404
흐름 199, 279, 502
흘승골성 286
흠명 470
흡우황천 186
흥국 242
흥복 242
희생 250, 252, 323
히라오카 401, 406
히루코 487
히무카 228, 490
히미코 464, 495, 496

저자약력

권오엽 權五曄
- 전북 정읍(1945년 生) 군산고, 서울교육대학, 국제대학 졸업
- 일본 북해도대학원 수사 박사과정 중도퇴학(平家物語, 万葉集)
- 1989년부터 忠南大学校 일어일문학과
- 2003년 2월 동경대학 논문박사(학술)

【역서】
『古事記와 日本書紀』, 『独島와 竹島』
『古事記』上·中·下, 『好太王碑論争의 解明』, 『広開土王碑文의 研究』, 『独島』

廣開土王碑文의 世界

초판1쇄발행 2007년 9월 13일
초판2쇄발행 2008년 8월 1일

저자 권오엽
발행 제이앤씨
등록 제7-220호

132-040 서울시 도봉구 창동 624-1 북한산 현대홈시티 102-1206
TEL (02)992-3253 / FAX (02)991-1285
e-mail jncbook@hanmail.net / URL http://www.jncbook.co.kr

·저자 및 출판사의 허락없이 이 책의 일부 또는 전부를 무단복제·전재·발췌할 수 없습니다.
·잘못된 책은 바꿔 드립니다.

ⓒ 권오엽 2007 All rights reserved. Printed in KOREA

ISBN 978-89-5668-539-7 93900   정가 35,000원